CW00422075

EUGÉNIE,
LA DERNIÈRE IMPÉRATRICE

collection tempus

Jean des CARS

EUGÉNIE, LA DERNIÈRE IMPÉRATRICE

ou les larmes de la gloire

Grand Prix de la Fondation Napoléon

PERRIN
www.editions-perrin.fr

© Perrin, 2000
et 2008 pour la présente édition
ISBN : 978-2-262-02864-0

tempus est une collection des éditions Perrin.

A celles et à ceux qui m'ont aidé.
De tout cœur.

Et à Louis Nucéra, inoubliable rayon de soleil,
In memoriam.

Avant-propos

Un de mes oncles délicieux, le comte Lafond, parfait gentil-homme d'autrefois et qui avait connu « tout le monde », m'enchantait par ses récits bien ciselés, nourris de précieux souvenirs qui nous semblaient arrachés à des temps lointains mais que son témoignage direct nous rendait proches. Ainsi, dans les années 1970, cet homme, né avant 1900, illuminait nos réunions de famille. On se disputait, affectueusement, sa compagnie car sa mémoire des choses vues et entendues était extraordinaire. Il nous passionnait. Et nous nous amusions à l'interroger sur la traversée bien entamée du siècle, le sien, évidemment. Il enjambait les époques et les événements avec grâce. Cher oncle Hervé! S'il était demeuré aussi alerte, c'est parce qu'il était curieux et qu'il savait encore être étonné. Il en avait tant vu! Mais ce qui me fascinait était de l'entendre raconter, avec une gourmandise d'expert sûr de son effet, qu'il avait connu l'Impératrice Eugénie. « Je l'ai vue souvent... J'accompagnai ma mère lors de déjeuners avant 1914. J'étais très impressionné d'être à sa table et de lui avoir été présenté. Quand je songe à tous les malheurs qui l'ont accablée et aux horreurs qu'on a racontées sur elle, quelle injustice! »

Il s'ensuivait un silence complice. L'orateur nous captivait, une fois de plus. Et les enfants écoutaient, comme nous, ce vieux monsieur arrivé d'une autre planète. Après une pause, les yeux clos comme pour mieux fixer une image lointaine, il ajoutait : « Pauvre femme! Quelle dignité! On ne le dira jamais assez! »

Effectivement, on l'a peu dit. Au contraire, disparue seule-ment en 1920, il y a quatre-vingts ans, alors que l'Europe,

meurtrie, se réorganisait dans les illusions de la Paix, la dernière souveraine des Français n'a cessé d'être mise à l'index
de l'Histoire. Coupable de beauté, d'esprit futile, d'influence
politique désastreuse, Eugénie semblait désignée pour avoir
eu tort dans tous les domaines. D'ailleurs, n'était-elle pas le
symbole prolongé du parti des vaincus, ceux d'une fête impériale fracassée à Sedan, ceux d'une France amputée et d'une
cause dynastique non seulement perdue mais indéfendable ?
Même la mort de son fils unique, le courageux Prince Impérial, un Bonaparte engagé sous l'uniforme anglais dans les
combats d'Afrique Australe, même cette fin exemplaire qui
avait conduit le petit neveu de Napoléon Ier, seul et abandonné par son escorte, à faire face à des Zoulous qui le trans-
perçaient de leurs sagaies, même cette tragédie, qui marquait
aussi l'effondrement d'un espoir politique, n'apaisa pas les
sarcasmes. Pour beaucoup, contemporains ou commentateurs
a posteriori, Eugénie est restée « L'Espagnole », vouée à la
même vindicte qui avait conspué Marie-Antoinette, « L'Autrichienne ». Il est juste de relever que les jugements négatifs, les
pamphlets et les calomnies ne furent pas seulement lancés par
des républicains, surtout après 1870, ni même par des ennemis de la France. L'entourage de l'Impératrice, la plupart des
membres de la famille impériale, sauf exception, ne l'ont pas
ménagée et cela dès qu'elle fut dans les pensées officielles de
Napoléon III, à peine Empereur. Eugénie fut vite réduite à un
portrait de Winterhalter, figurante de l'Histoire, ravissante,
élégante mais avec plus de caractère que d'intelligence. On lui
accordait peu de qualités, peu d'atouts et si elle suscitait quelque admiration, elle déchaînait aussitôt des jalousies. Et des
cris horrifiés : Eugénie restait le symbole d'une époque d'affai-
risme, de spéculation, de parvenus, de femmes trop légères et
d'un goût trop lourd, elle-même étant réputée bigote. Une
époque d'imitation qui avait inspiré la caricature. Il a fallu
attendre l'entre-deux guerres pour pouvoir reconsidérer, avec
une honnêteté apaisée, la personnalité et le destin d'Eugénie,
dite, à tort, de Montijo, nous verrons pourquoi. La publication de ses *Lettres familières*, par son petit-neveu le duc d'Albe,
apporta des démentis cinglants à diverses accusations. On put
y lire la vérité d'une femme entraînée et malmenée par des
événements qui avaient dépassé bien d'autres acteurs qu'elle.
Des témoins directs, des survivants ayant conservé leur liberté

de jugement mais gardiens de souvenirs vécus, ont pris la plume pour que cesse l'acharnement. Octave Aubry, Frédric Loliée, Ferdinand Bac, Abel Hermant, par exemple, l'ont fait avec autant de courage que de talent. Sans doute, la Grande Guerre, dont Eugénie ne pouvait, cette fois, être tenue pour responsable, avait-elle, au-delà de l'horreur, permis cette prise de conscience. Et l'Impératrice, vieille dame de quatre-vingt-quatorze ans, fantôme errant d'un monde évanoui, venait de rejoindre son mari et son fils dans la crypte d'une église qu'elle avait fait élever à Farnborough, dans le Hampshire, au sud-ouest de Londres. Elle était morte en ayant juré que jamais elle ne répondrait à ses censeurs, refusant les polémiques car la France n'en avait que trop souffert. Elle a tenu parole. A l'éternelle critique, elle opposa le silence d'un tombeau.

Depuis, sur ce sujet comme sur d'autres, après les manipulations et les occultations, l'Histoire retrouvée, quelquefois intacte, a permis d'en savoir plus et, j'ajoute, d'en savoir mieux sur l'époque bondissante que fut le Second Empire. Des travaux solides, de Louis Girard à André Castelot, d'Adrien Dansette à Alain Decaux, ont familiarisé le public avec les réalités de l'époque. L'homme comme le souverain que fut Napoléon III a enfin réveillé des avocats. Une synthèse brillante, par un auteur inattendu, Philippe Séguin, a montré la grandeur effacée du règne ; des livres, plaisants et sérieux, comme ceux du professeur William Smith, ont apporté leur contribution à une meilleure connaissance d'Eugénie. Si, comme l'estime Jean Tulard, on peut réhabiliter le Second Empire et lui rendre ce que nous lui devons, le cas d'Eugénie est plus délicat. On avait réduit sa vie à un décor de fêtes. Elles furent données, ces réjouissances, mais derrière, n'y avait-il pas une autre réalité ? Mon oncle Hervé s'extasiait d'avoir côtoyé cette femme qui, petite fille, sautait sur les genoux de Stendhal, qu'elle appelait de son vrai nom Monsieur Beyle. Il lui avait même dédié, ainsi qu'à sa sœur, une page de *La Chartreuse de Parme* ; c'était au temps du roi Louis-Philippe. Quand elle mourut, le cinéma avait déjà vingt-cinq ans, la tour Eiffel dont elle avait fait l'ascension trente et un, et Clémenceau soixante-dix-neuf. Et à Versailles, dans les laborieuses négociations de paix, les vainqueurs imposaient le principe des Nations, une philosophie que son mari n'avait cessé de défendre. L'oncle Hervé me répétait, entre deux anecdotes : « Te rends-tu compte ? Sa vie est un album du destin européen... » A mon tour, sans a priori, ni revanche ni complaisance, je suis parti sur ses traces. Cette recherche ne propose pas la résurrection d'une vertu mais le rétablissement d'un équilibre. Entre « Le Rouge et le Noir », la destinée d'Eugénie est un incroyable roman, pourtant vécu. Et, d'une certaine façon, dans la diversité des opinions, nous en sommes les héritiers.

Jean des CARS

1

L'Andalouse

La ville de Grenade, en Andalousie, est d'une inoubliable beauté. Aucune autre cité du sud de l'Espagne ne peut se comparer à l'ancienne capitale du dernier royaume musulman en terre ibérique. Si l'empreinte arabe s'impose ici plus fortement qu'ailleurs, c'est peut-être parce que Grenade ne fut reconquise par les chrétiens qu'en 1492 et que les derniers Maures n'en furent expulsés qu'en 1571, après huit siècles d'une présence particulièrement enrichissante. Grenade est l'aboutissement, dans le temps et l'esthétique, de la civilisation arabo-hispanique. Aujourd'hui, lorsqu'on parcourt les ruelles, les marchés, si l'on s'intéresse à l'artisanat et si l'on perçoit les notes d'une guitare ou d'un chant rauque, si l'on est attentif aux dialectes qui ponctuent la vie quotidienne, cette marque est encore forte. Chansons gitanes, impressions mauresques. Ici, l'Espagne arabe a atteint des sommets d'art et d'architecture dans une séduisante douceur de vivre. Les rudes envahisseurs s'étaient mués en gens raffinés, épris de culture. Même si Grenade fut la résidence favorite de la reine Isabelle la Catholique, qui y fit son entrée le 2 janvier 1492, la ville n'a pu ni voulu effacer son glorieux passé : elle est jumelée avec les cités marocaines Marrakech et Tétouan, ce que la reine Isabelle n'aurait pu concevoir... Si, après les Rois Catholiques, la Renaissance apporte à Grenade un prolongement d'éclat, la montée de l'intolérance religieuse frappe la ville d'une longue léthargie. Dans cette décadence, quelques esprits du fameux Siècle d'Or espagnol, écrivains et peintres, nés à Grenade, symbolisent une nouvelle renaissance intellectuelle mais elle reste timide. Grenade ne rayonne plus, son

prestige s'évanouit dans une longue agonie; le centre vital
s'est déplacé vers le nord. On règne, on gouverne, on décide
et on se divertit désormais à Madrid. Au début du XIXᵉ siècle,
Grenade demeure comme assoupie sur ce site qui a séduit
tous ses occupants. Là-haut, les arêtes neigeuses de la Sierra
Nevada; en bas, la plaine irriguée en oasis d'où jaillissent les
jardins luxuriants du Generalife : à mi-hauteur, trois collines
soulignées par la rougeur de celle de l'*Alhambra,* une véritable
cité avec ses forteresses arabes – les seules qui nous soient par-
venues intactes –, la grâce irréelle et dentelée des colonnettes
de marbre blanc dans la cour des lions, le palais inachevé de
Charles Quint, ses boutiques, ses ateliers, ses casernes, ses
bains, sa grande mosquée et, à perte de vue, un panorama
splendide. Même le maître du monde dont l'empire ne permettait pas au soleil de se coucher a paru séduit par
l'ensemble qui invite à la méditation. Cette ultime floraison
du XVIᵉ siècle sur l'architecture musulmane fait, en effet, réfléchir sur les bienfaits de la tolérance. La coexistence inspirée fit
la grandeur de Tolède comme celle de Grenade. Cette célébrité a forgé un dicton encore répandu de nos jours : « ... il n'y
a pas de plus grand malheur que d'être aveugle à Grenade. »
    Dans ce décor sublime, le 5 mai 1826, la matinée du prin-
temps devrait être douce; le climat grenadin est sain et la relative altitude (moins de 700 mètres) tempère la chaleur. Hélas,
la population est dans l'angoisse, guettant des grondements
sourds comme venus des enfers. La terre tremble. Cela arrive
souvent mais comment s'habituer à ces séismes? Plusieurs
secousses font fuir les habitants. Les marchés sont désertés, la
vie s'arrête, les gens courent en criant. Pour aller où? Ils ne
savent pas. La mort frappe au hasard, ouvre la terre, lézarde
les murs blancs, abat les toits. Dans cette panique, une femme
se sent particulièrement mal. Enceinte, elle devait accoucher
dans une quinzaine de jours mais la peur, l'angoisse et le
désordre général bousculent son corps autant que les édifices.
Les douleurs deviennent plus fortes, le rythme des contrac-
tions s'accélère. L'enfant va naître! Dona Manuela de Teba,
qui a quitté sa maison en courant lourdement, s'est réfugiée
dans l'un des exquis jardins qui font le charme de Grenade.
Au milieu de roses, de lis et de bosquets verts, la délivrance
intervient, avec deux semaines d'avance. C'est une fille qui
naît, sur la terre andalouse, un jour de catastrophe naturelle,

le ciel en guise de baldaquin, des cyprès et des lauriers pour
seuls meubles, protégée par une simple toile de tente dressée
d'urgence dans un petit bois qui borde le jardin. Tout le
monde ne naît pas pendant un tremblement de terre. Le bébé,
deuxième fille de dona Manuela, est la future Impératrice des
Français, Eugénie. De cette arrivée singulière et romanesque,
elle conservera toujours la pire impression, déclarant, au soir
de sa vie : « (...) Qu'auraient pensé les Anciens d'un tel présage ? Ils auraient dit que je venais bouleverser le monde », ce
qui semble prétentieux. Elle bouleversera le monde par sa
beauté et son charme ; un autre monde la réduira à n'être plus
qu'une grande ombre, souvenir de temps révolus et dont la
mort ne semblait pas vouloir. Plus réfléchie, elle ajoutait
encore – c'était en 1920 – à propos de ce séisme : « C'était le
présage de ma destinée. » Et toute sa vie, elle restera traumatisée par les colères de la Nature, avouant à ses intimes : « Je ne
puis exprimer la terreur que me causent les éclairs et le ton-
nerre. »

Cette naissance sauvage est presque un symbole. Ses
parents, le comte et la comtesse de Teba, vivent un exil
pénible. Le père, Don Cipriano de Teba y Guzman y Palafox
y Portocarrero – une impressionnante cascade de noms, selon
l'usage espagnol – s'était battu dans les armées françaises lors
de l'épopée napoléonienne. Il a été officier du roi Joseph, ce
frère de l'Empereur qui fut un piètre roi d'Espagne. Sous le
patronyme de Portocarrero, Don Cipriano a participé aux
combats de Trafalgar et en conserve la preuve douloureuse
puisqu'il y a pratiquement perdu le bras gauche. La cause
napoléonienne lui coûtera décidément très cher : une jambe
brisée et un œil perdu en manipulant un fusil défectueux à
l'arsenal de Séville... Depuis, cet Espagnol libéral porte un
bandeau noir et, en dépit de ses infirmités dues à la guerre, il a
continué de suivre les idées de l'homme qui avait fait trembler
l'Europe mais échoué en Espagne, ce que Don Cipriano
déplorait.

Obligé de se replier en France, Don Cipriano fait partie des
hommes qui, fin mars 1814, défendent Paris contre l'invasion
des Cosaques. Au moment où le maréchal Moncey tient la
barrière de Clichy, l'Espagnol fait le coup de feu sur la montagne Sainte-Geneviève pour défendre la jeune Ecole poly-
technique que Napoléon venait, justement, d'appeler *la poule*

aux œufs d'or. Mais Don Cipriano, alias le colonel Portocarrero, et ses combattants parisiens succombent sous l'avancée
russe. La capitale est prise, le tsar Alexandre Ier entre en vainqueur par la porte Saint-Denis. Les alliés sont dans Paris.

Pauvre colonel! Dépité, il lui avait fallu reprendre le chemin de l'Espagne. La chute de 1815 n'ayant modifié ni son
opinion ni sa fidélité envers la France, l'aristocrate s'était
retrouvé en délicatesse avec le roi Ferdinand VII, jadis prince
prisonnier de l'Empereur mais confié à la garde raffinée de
Talleyrand en son château de Valençay, dans l'Indre, avant de
retrouver Madrid et son trône. C'était en son nom qu'avait été
conduite la guerre d'indépendance contre les Français dont
Goya a laissé des scènes saisissantes. Souverain médiocre,
Ferdinand avait voulu maintenir une monarchie absolue et
tenter d'effacer dans son pays l'évolution intellectuelle qui
avait porté la Révolution française par-delà les Pyrénées. Son
immobilisme et son obstination avaient provoqué une révolte
en 1820. Tout naturellement, le comte de Teba s'était associé
au soulèvement conduit par le colonel Riego, partisan d'un
régime constitutionnel qu'il avait proclamé à Malaga. Le
compromis avait duré trois ans, le roi, méfiant et peureux,
ayant fait semblant de s'accommoder des événements et rétabli la constitution de 1812, dite de Cadix. En 1823, la paren-
thèse était refermée par la chute du gouvernement et
l'intervention des troupes françaises pour restaurer l'ancien
système; le roi Louis XVIII engageait une armée, dite des
Cent Mille Fils de Saint Louis, pour défendre et rétablir
l'absolutisme. La crainte d'une nouvelle révolution en
Espagne avait poussé à cette solution le Congrès de Vérone,
fin 1822, où Chateaubriand représentait la France. Malheureusement, à peine restauré, Ferdinand VII n'avait tenu
aucune de ses promesses et s'était vengé de ceux qui, selon
lui, l'avaient trahi. Le comte de Teba n'était pas un traître;
simplement, il était toujours libéral, désespéré des échecs
répétés du libéralisme. Compromis, il s'était retrouvé d'abord
en prison puis exilé à Saint-Jacques de Compostelle, à l'extrémité nord de la péninsule et bien loin de sa terre, Grenade. Le
roi avait fini par consentir à ce qu'il y revienne sous un régime
de liberté très surveillée. De plus, il vivait chichement, son
frère aîné, le comte de Montijo, bien en cour et disposant, en
application du droit d'aînesse qui n'avait pas été aboli, de la

jouissance de ses terres et de ses biens. Il restait donc au comte de Teba ses mauvaises idées et sa glorieuse ascendance pour fortune : dans sa famille, établie au XIIe siècle, on compte de hauts personnages, saint Dominique qui avait fondé l'ordre des Dominicains, un roi du Portugal, un roi de Castille et un prélat, le cardinal Portocarrero, qui avait joué un rôle important dans l'accession au trône d'Espagne du petit-fils de Louis XIV, Philippe V. Un brillant lignage mais qui ne pouvait suffire au comte de Teba, l'un des Espagnols qui persistait à entretenir le culte des Bonaparte, ce qui n'était pas courant, et à se méfier de l'emprise du catholicisme, source de fanatisme selon lui, opinion qui n'était pas davantage confortable. Il est vrai que l'Inquisition, même très assouplie, existera en Espagne jusqu'au XIXe siècle. Il semble paradoxal que le christianisme revendiqué et pratiqué plus tard par l'Impératrice des Français ait été combattu, dans son enfance, par son père qui y voyait la preuve de la sclérose des idées et ne cessera de mettre en garde sa deuxième fille contre les exaltations fanatiques. Maria Eugenia Ignacia Augustina – il n'était pas question qu'elle ne reçoive qu'un seul prénom – sera élevée dans la méfiance de la religion et le culte de sa famille, en particulier des idées de son père. Du côté de sa mère, l'ascendance est d'un sang a priori plus modeste mais très respectable et parfait exemple des relations commerciales entre le Royaume-Uni et l'Espagne [1]. Dona Manuela est la fille d'un négociant aisé, William Kirkpatrick, d'origine écossaise, venu s'installer à la fin du XVIIIe siècle à Malaga, le port de Grenade. Le marchand se spécialise dans la vente du bon vin liquoreux de la région, dont le bouquet fera concurrence à celui de Porto et qui est très apprécié à Londres comme à Edimbourg au moment des desserts. L'Ecossais organise aussi, bien entendu, la vente du raisin, des fruits et des primeurs dont l'Andalousie est fière. Les Kirkpatrick sont des catholiques demeurés fidèles à la cause des Stuarts, en particulier à la résistance dite des Jacobites contre les Anglais et qui avaient trouvé refuge, jadis, à Saint-Germain-en-Laye, sous la protection de Louis XIV. Mais en 1745, lorsque l'Angleterre avait écrasé l'Ecosse à la bataille de Culloden, ruinant les

---

1. Il s'agit alors du Royaume-Uni de Grande-Bretagne comprenant, depuis 1707, l'Angleterre et l'Ecosse, le Parlement d'Edimbourg ayant été supprimé et ses membres siégeant à Londres.

espoirs du prétendant Charles-Edouard, le fameux Bonnie
Prince Charles, les Kirkpatrick quittent les cieux britanniques
hostiles. D'esprit libéral, lui aussi, et en dépit de son
catholicisme viscéral, William Kikpatrick soutient la cause de
la révolution américaine – c'est logique puisqu'il déteste
l'Angleterre! – puis celle de la Révolution française. Pour services rendus, le général Washington, devenu premier Président des jeunes Etats-Unis d'Amérique, nomme l'influent
William Kirkpatrick consul à Malaga. L'épicier devient diplomate; il a de la fortune, cela aidera au succès de sa mission. Il
ne lui manque plus qu'une femme; il épouse la fille d'un autre
négociant, d'origine belge, le baron de Grivégnée. Ils ont une
fille en 1794, Maria Manuela.

Née à Malaga, c'est là qu'elle rencontre un étrange colonel
espagnol au service du roi Joseph, le Français frère de Napoléon. Elle lui plaît et elle a autant de bon sens que d'espérances matérielles. De plus, elle vit dans une famille où l'on
pense comme lui, c'est-à-dire du mal du roi Ferdinand VII et
de la Cour de Madrid. Des idées qui sont un obstacle au
mariage car Don Cipriano, bien que mauvais sujet et turbulent Andalou, est toujours Grand d'Espagne. Pour se
marier, il doit recevoir, impérativement, l'agrément du roi.
William Kirkpatrick se met donc à la recherche d'illustres
ancêtres. Et, moyennant une somme coquette, selon les
commérages, il se trouve une parenté... royale écossaise. Un
généalogiste assure qu'il descend des anciens rois d'Ecosse
qui étaient couronnés sur une pierre devant le château de
Scone. Sollicité, le juge d'armes d'Edimbourg confirme le
lignage. Sans se soucier s'il est avéré, la Chancellerie espagnole se satisfait de savoir que la famille Kirkpatrick est d'origine noble depuis cinq siècles. Il n'y a plus d'obstacle et le
mariage est célébré le 15 octobre 1817. La fille du négociant
et consul est maintenant titrée comtesse de Teba. Elle rêverait
de s'installer à Madrid mais le souverain confirme l'exil de
Don Cipriano, interdit de séjour dans la capitale. C'est ainsi
que le couple, après quelques errances forcées, se résout à
habiter Grenade, Manuela n'étant pas trop éloignée de sa
famille mais hélas privée des salons madrilènes, à portée des
ragots croustillants de la Plaza Mayor.

Un couple? Plutôt une association un peu bancale à cause
des absences de Don Cipriano, incorrigible militant de la

cause libérale ; il parcourt volontiers – mais clandestinement –
la campagne andalouse pour glisser des propos contestataires,
conspirer dans les tavernes et tenter de soulever des partisans
d'une monarchie assouplie. Hélas, chaque soulèvement est
durement réprimé. Manuela est souvent seule mais ne le reste
jamais longtemps. Les déplacements de son époux favorisent
son propre rayonnement ; son charme séduit, réunissant
autour d'elle des hommes intéressants qui, parfois, l'accompagnent lorsqu'elle voyage elle-même, sans son mari.
N'ayant pas trente ans, elle aborde la maturité balzacienne des
femmes du XIXᵉ siècle et n'est pas insensible aux compliments
masculins, une situation idéale pour encourager les rumeurs.
Et quelles rumeurs ! Alors que les absences de son époux ne
gênent personne, si elle quitte sa maison du 12 Calle Gracia,
on lui prête toutes sortes d'aventures. Une femme délaissée ne
peut rester honnête, les commères andalouses en sont certaines ! On lui suppose des amants au point que la légitimité
paternelle de ses enfants est mise en doute. On prétendra que
sa première fille, Francesca, née le 24 janvier 1825, sept ans
après l'union et que l'on connaît universellement sous le surnom de Paca, puis Eugenia elle-même ne sont pas de Don
Cipriano. Après bien des investigations, les voisins et les partisans du roi seront déçus de ne pouvoir mettre un nom sur un
père de remplacement(s). Et la calomnie s'éteindra. En
revanche, on peut identifier quelques galants appréciés de
Manuela, dont un Français, Charles-Louis Gabriel de Salviac,
baron de Viel-Castel. Ce jeune diplomate de vingt-cinq ans
est, par sa mère, le petit-neveu de Mirabeau. Il fera une belle
carrière, dirigeant les Affaires politiques du Quai d'Orsay sous
la Deuxième République et entrera à l'Académie française, à
soixante-treize ans. Son frère cadet, Horace, historien d'art et
conservateur au Louvre, sera beaucoup plus célèbre que lui en
publiant de persiflants Mémoires sur le Second Empire, le
règne d'Eugénie, dont il sera le redouté concierge mondain et
demi-mondain, n'épargnant presque personne de ses talentueux sarcasmes.

Si Eugenia a reçu ce deuxième prénom, ce n'est pas par
hasard. L'attention est évidemment en référence au frère de
Cipriano, Eugenio. Ce dernier est au mieux avec le roi et on
espère toujours que Sa Majesté, qui l'apprécie, relâchera
l'étau de l'assignation de son frère à Grenade. Hélas ! Une

cocasse mésaventure familiale vient tout compromettre, comme dans un livret d'opéra. En effet, Don Eugenio est âgé, très diminué, veuf et sans enfants. De lui, on attend autant une influence sur le monarque qu'un héritage qui rendrait l'exil moins douloureux... Mais Don Eugenio s'ennuie. Alors, il fait venir chez lui une fille de rien (et même, selon Eugénie, « une fille des rues »!). Une fille audacieuse, en tout cas, puisqu'elle se fait vite épouser et annonce, fièrement, qu'elle est grosse du vieillard! Tout Malaga est stupéfait car Don Eugenio est quasiment grabataire, paralysé par une attaque cérébrale, incapable de dire un mot et de bouger... mais pas incapable de virilité, prétend la fille. Personne ne la croit : le comte de Montijo est paralysé de tout son corps! C'est alors que Manuela va révéler un sens pratique exemplaire. Cette histoire d'enfant du miracle, elle n'y croit pas. Et cet héritage qu'elle espère ne va pas lui être volé par cette fille. L'affaire tourne au feuilleton comme l'époque en fournira des exemples palpitants. Bien entendu, il faut faire vite car si Don Eugenio trépasse, tout est perdu. Il faut obtenir une dispense royale pour gagner Madrid où réside le comte de Montijo. Mais Madrid reste interdit aux Teba, épouse comprise. Par chance, le roi Ferdinand VII se rend à Valladolid, l'ancienne résidence favorite des Rois Catholiques, au nord-ouest de Madrid. Valladolid n'est pas interdite aux proscrits, Manuela part donc sur-le-champ pour un long voyage d'environ sept cents kilomètres par des routes sommaires. Son cocher crève les chevaux, elle atteint la Castille à temps. Mais comment approcher le monarque puisqu'elle reste suspecte? L'imagination d'une femme déterminée est le plus sûr des viatiques. Le roi assistera à un bal? Manuela parvient à s'y faire inviter et à se retrouver, au cours d'une danse, face à lui. Le moment est décisif. Au souverain méfiant, Manuela explique qu'elle doit se rendre d'urgence à Madrid pour s'assurer de la réalité de cette surprenante grossesse, qu'elle ira seule, bien sûr, sans son mari, que les intérêts du nom sont en jeu, qu'il s'agit, tout de même, de Grands d'Espagne qu'on tente – elle est en sûre – de ridiculiser. Ferdinand VII se laisse fléchir, impressionné par ces péripéties risibles dans la vie de Don Eugenio. Et il signe un sauf-conduit au nom de la comtesse de Teba, valable seulement pour se rendre chez son beau-frère. Elle a gagné!

Madrid. L'arrivée de la mère d'Eugénie au palais Montijo, dans les appartements de sa belle-sœur, est burlesque. A grands pas, repoussant les serviteurs et les objections, elle débarque dans la chambre. La comtesse de Montijo, qui a entendu les interjections de Manuela et les cris de sa domesticité, se précipite dans son lit et simule, à grands gémissements, un accouchement prématuré qui viendrait juste d'avoir lieu... Manuela n'est pas dupe. Une grossesse avant terme, elle sait ce que c'est; les signes techniques et les preuves manquent. Ce qui, en revanche, ne manque pas, ce sont les cris d'un nouveau-né qui hurle dans la chambre d'à côté, sous la garde d'une sage-femme! Un bébé que l'on présente à Manuela comme étant le fils du comte de Montijo, son beau-frère! Manuela sait immédiatement que le nourrisson ne sort pas des entrailles de sa belle-sœur et, comme une duègne avertie des rouectes féminines, elle découvre la vérité, un vrai complot pour capter l'héritage de Don Eugenio, lequel ne peut plus rien soupçonner. Il s'en est fallu de quelques minutes. Sans son intrusion imprévue, tout était joué. En fait, derrière cette comédie, il y avait une autre supercherie. L'aventurière était, bien entendu, la vraie maîtresse d'un neveu du comte de Montijo, le comte de Parcent; ce dernier n'était pas le père du nouveau-né; il s'était contenté, si l'on peut dire, d'acheter à une autre femme, une inconnue, l'enfant qu'elle venait d'avoir clandestinement. En un coup d'éventail, Manuela a démasqué l'infortune de son beau-frère et, agissant à la place de son époux selon une procuration royale, elle récupère les biens de Don Eugenio. Ajoutons que la comtesse de Teba prend en charge le nouveau-né, le ramène chez elle à Grenade et assurera toute son éducation d'homme; il deviendra un officier du Génie.

Evidemment, le prestige de Manuela sort encore grandi de cette intervention justicière. On l'entoure, on la fête, on vante sa perspicacité et sa rapidité d'action; désormais, on respecte son intuition et ses jugements. Vers la fin de la décennie, le souverain espagnol lève enfin l'interdit de paraître à Madrid et il est clair que l'autorité de Manuela a aidé Don Cipriano à être moins suspect. Sa femme fait vite de leur résidence un salon où des gens d'esprit de la Cour et de l'armée aiment à se retrouver. On y échange beaucoup d'idées, on parle bruyamment, on évoque les travaux d'agrandissement de la capitale, la construction et l'ouverture du musée du Prado par le roi – qui, d'ailleurs, avait repris le projet de Joseph Bonaparte – et on commente les impressions de voyageurs revenus des anciennes colonies émancipées depuis plus de dix ans, comme l'Argentine, le Chili et la Colombie. Sans être fastueuse, la demeure de la calle de Sordo brille de l'éclat des maisons vivantes, où il se passe quelque chose grâce à la maîtresse de maison dont le charme supplée la médiocrité de l'intendance. Mais derrière les fenêtres à fer forgé, Don Cipriano juge cette effervescence fatigante. Dans le fond, il est un solitaire, seulement préoccupé d'un bouleversement politique, lequel tarde à venir. Certes, les idées énoncées chez lui sont les siennes mais ces bavardages restent théoriques. Comme d'habitude, il est souvent absent et lorsque Louis-Philippe aura succédé en France à Charles X, la fréquentation de la branche d'Orléans lui semblera plus acceptable que celle de l'aînée des Bourbons; il prendra goût à la France de la monarchie de Juillet. Les soupirants de Manuela ont donc toute latitude pour séduire la comtesse de Teba, si enjôleuse. Remarquons que parmi les galants, outre des Espagnols bien nés, des Français – encore des diplomates – viennent, avec empressement, lui présenter des hommages appuyés...

L'intérêt mutuel que se portent Français et Espagnols en ce premier tiers du siècle est facilement démontré. Au pays qui a vu naître la gloire fulgurante de Bonaparte puis de Napoléon, Don Cipriano recherche ce qu'il y a d'acceptable, selon lui, dans les idées de la Révolution. De leur côté, les Français sont souvent fascinés par l'âpre beauté ibérique, celle des femmes et du pays, le sens pointilleux de l'honneur, les frémissements d'une âme fière et courageuse, la pureté du génie des peintres tels Vélasquez et Goya. De chaque côté des Pyrénées, il y a une séduction, une curiosité d'aller saisir une identité, les idées en France, le caractère en Espagne, par-delà le contentieux napoléonien. Et il se trouve un point commun entre les deux pays, leurs souverains. Charles X, comme Ferdinand VII, est ennemi de l'évolution, trop souvent synonyme de révolution, ce qui se comprend car tant d'événements tragiques ont eu lieu en si peu de temps! Charles X n'a retenu aucune leçon; malheureusement moins subtil que Louis XVIII, le dernier frère de Louis XVI se fige dans un conservatisme résistant, expliquant à son entourage : «... Que voulez-vous, j'ai mes vieilles idées!» Elles vont se révéler démodées. Passéiste, le roi de France n'a pas la per-

versité sournoise du roi d'Espagne qui avait parjuré ses engagements et appelé les troupes françaises au secours pour se
maintenir, ce qui avait réanimé de sanglants et récents souvenirs. Beaucoup de sujets de Leurs Majestés franchissent donc
cols et rivières pour visiter le pays voisin, comparer, s'émer-
veiller, s'étonner et tenter de se comprendre en dépit de
divers ressentiments. On peut parler d'un complexe des
Pyrénées, où l'admiration et l'acrimonie sont imbriquées et
dont Eugenia sera un exemple séduisant puis douloureux.

Cette attirance est à l'origine d'une rencontre comme seuls
les voyages en permettent. Au début de l'été 1830, une
malle-poste roule péniblement vers Madrid. Elle vient du
nord-est, de France, mais elle a reçu des voyageurs arrivés
d'autres régions d'Espagne, en particulier de Tolède. Quelle
chaleur! Depuis une dizaine d'années, dans certaines régions
européennes et sous l'influence anglaise, les modèles à quatre
roues équipés de ressorts ont enfin remplacé ceux à deux
roues. La force des quatre chevaux ne permet pas d'aller
aussi vite que prévu car les caisses sont encore lourdes. Pour
les trajets montagneux, les mules sont préférables aux chevaux; attelées à des harnais très longs, elles ont une grande
liberté de mouvement. Et, à l'intérieur, les trois voyageurs
assis de front sont à l'étroit, sans pouvoir vraiment étendre
leurs jambes. Leur vue est obstruée par la cloison de cuir qui
les sépare du courrier. Seul, le passager installé dans la partie
dite cabriolet, à côté de la poste, profite du paysage mais
aussi du froid, de la pluie ou de la neige. Il est vrai que la
place est moins chère. L'avantage de la malle-poste par rapport à une diligence ou une berline est qu'elle est prioritaire
et que les changements de chevaux aux relais sont accélérés,
réduits à quelques minutes. Les dépêches doivent passer... et
le cocher ou postillon les surveille sans cesse, surtout aux
haltes. L'inconvénient est que les bagages ne peuvent être
encombrants; pas question d'un lourd ou volumineux coffre
à bord...

Brinquebalés, deux hommes sont voisins de cahots et de
poussière, à travers sierras et plaines tandis que la température dépasse les quarante degrés. L'un des voyageurs est
espagnol, c'est Don Cipriano, rentré de Paris où l'effervescence des idées et la chute du ministère Polignac lui ont paru
de bon augure. Enfin! Il ne vivra pas les Trois Glorieuses qui

chasseront le dernier roi Bourbon car, après une longue
absence, il doit retrouver les siens et la petite Eugenia, quatre
ans, sa favorite, lui manque. Ses filles sont la vraie raison de
son retour. L'autre passager est un Français qui a entrepris
un long périple en Espagne, y compris à dos de mulet. Cet
étranger n'est pas non plus fasciné par l'absolutisme de
Charles X. Il préfère voyager, ayant l'aisance matérielle qui
permet de s'intéresser à tout. A vingt-sept ans, cet homme au
regard perçant et austère est de constitution faible, un aspect
qui lui a permis d'échapper à la conscription. Il a plusieurs
dons, s'est lancé dans l'écriture, le dessin – son père est
peintre – et se passionne pour les vieilles pierres et les vestiges d'architecture, prenant des notes sur tout ce qu'il voit.
Le paysage le fascine, les ruines le bouleversent. Reçu avocat,
il est entré au ministère du Commerce, sans réel enthousiasme. La littérature le démange mais par des aspects divers
qui vont de l'étude des civilisations anciennes et de leurs
langues à l'occultisme. Il s'est déjà fait un nom et a connu la
notoriété, notamment avec *La Chronique du règne de
Charles IX*, véritable succès d'édition, et la publication de
récits courts, concis, qu'on appellera des nouvelles, dont *Le
Vase étrusque*. Et il a voyagé en Istrie, sur la côte Dalmate, en
Serbie et en Croatie. Un homme passionnant mais qui est
froid, presque neutre comme s'il se méfiait de ses enthousiasmes. Inévitablement, lors des haltes roboratives dans les
auberges et l'excellent vin de Rioja aidant, la conversation
s'engage entre les deux hommes. L'Espagnol se présente, le
Français fait de même : Prosper Mérimée. A l'évidence, ces
deux voyageurs ont les mêmes idées et la conversation en
français est nourrie. Il faut dire que l'écrivain, qui se dit
enchanté par sa découverte de l'Espagne, a été intrigué par
ce sujet du roi Ferdinand VII qui arbore le ruban rouge de
l'honneur français créé par Napoléon. Une telle décoration
chez un Espagnol, comment est-ce possible ? Don Cipriano
explique son engagement et ses combats, son amour de la
cause napoléonienne, son chagrin à la mort de l'Empereur si
loin... mais précise que c'est le roi Louis XVIII qui l'a fait
chevalier de la Légion d'honneur, exemple de l'époque troublée des Cent-Jours, de ses ruptures et de ses continuités...
Mérimée en oublie que ce passager, Grand d'Espagne récal-
citrant, a l'aspect inquiétant d'un personnage de Goya. Lui-

même sera jugé par son contemporain Barbey d'Aurevilly comme « ... un Romantique de la première heure, un des plus vaillants, un des plus marquants. Talent brillant et noir comme l'Espagne, qu'il a peinte et d'un raffiné qui va jusqu'à la scélératesse. Il y a du Goya dans Monsieur Mérimée. » Il y a davantage : Mérimée est déjà habité d'une fièvre espagnole ; elle marquera son œuvre.

Cinq ans plus tôt, il a mystifié le public et la critique en se faisant passer pour le traducteur d'une œuvre écrite par une actrice de théâtre ibérique – en réalité, il en était l'auteur – et cela avait enchanté Mme Récamier autant qu'Alexandre Pouchkine, qui avait traduit en russe un autre essai, également publié sous un pseudonyme. Juste retour des choses, le malicieux Mérimée fera connaître aux Français la littérature venue de Saint-Pétersbourg en traduisant Pouchkine et Gogol. Pour l'instant, Mérimée, secoué dans la malle-poste, vient de faire la connaissance d'un Espagnol définitivement francophile dont la fille sera Impératrice des Français. Et son alliée.

Il n'y a rien de surprenant à ce que Don Cipriano invite chez lui ce voyageur qui sait tant de choses et s'intéresse à l'Espagne avec une telle fringale. D'emblée, Manuela est sous le charme de cet homme pourtant peu séduisant mais d'un esprit vif. Les mots valent des regards. La comtesse de Teba est enchantée de raconter son pays à l'écrivain qui a parlé de l'Espagne avant d'y aller, ce qui est la preuve d'un talent rare. Il apprécie son esprit cultivé, sa curiosité intellectuelle, aime l'entendre parler français. Son salon n'est-il pas considéré comme l'un des rendez-vous des étrangers de qualité, surtout s'ils ne sont pas des courtisans du régime ? On en oublie qu'elle reçoit avec peu de moyens, que sa table est peu garnie et que la maison est loin d'être un palais. Lorsqu'on lui présente ses deux filles, Prosper Mérimée fait leur conquête ; c'est réciproque et il remarque les merveilleux yeux bleus d'Eugenia, un bleu de porcelaine qui brillera comme un miroir de l'Europe.

Rapidement, le visiteur est appelé Don Prospero, signe d'une complicité adorable des enfants. Que de questions posées ! Comment est Paris ? Est-ce qu'on s'y amuse ? Quels sont les meilleurs gâteaux ? Et les Tuileries, est-ce plus beau que le Palais Royal de Madrid ? La fête autour de Don Pros-

pero dure quatre semaines, le temps de se plonger dans
l'exubérance madrilène, de s'extasier, lui aussi, au Prado
qu'il juge bien conçu, de s'initier aux rites de la corrida
comme à ceux d'un cérémonial antique. Le spectacle, barbare et fascinant, tantôt interdit, tantôt célébré, d'origine
noble et devenu plébéien, a pris des couleurs depuis qu'un
torero andalou, Francesco Montes, dit Paquiro, a revêtu un
costume brodé d'or et d'argent qu'on appelle l'habit de
lumière. Et puis, de même que Paris, Madrid est une capitale
égayée de jolies femmes. Les amies de la comtesse de Teba
semblent très disponibles pour guider ce dandy farceur dans
les ruelles, les palais et les salons; il y a même de la compétition et Manuela essaie de maintenir sa séduction sur ce Prospero, décidément très demandé. Le comte de Teba est
partagé dans ses sentiments. Le Français est passionnant et
d'une curiosité insatiable. Voilà un homme ouvert! Mais
beaucoup de femmes l'entourent, à commencer par la
sienne; pour Don Cipriano, ce n'est pas nouveau mais il y a
des jours – et des nuits – où cet éparpillement amoureux est
moins supportable. Lorsque Don Prospero repart, en direction du sud, il emporte, entre autres, l'image de la petite
Eugenia, de ses cheveux dorés, de son éclat et de cette
réserve teintée de tristesse des enfants qui ont mûri parce
qu'ils ont percé à jour les jeux hypocrites des grandes personnes.

Eugenia a senti les dissensions entre ses parents, l'obsession de revanche mondaine de sa mère, les silences ombrageux de son père. Elle souffre d'une gêne financière qui
contraint son géniteur à une existence modeste tandis que
Manuela, qui veut briller, dépense et s'endette. Pour sa
mère, il faut paraître pour exister. En attendant d'hériter de
son beau-frère... On aura compris que ce voyage qui scelle,
malgré une différence d'âge de plus de vingt ans, les premiers
échanges entre la future souveraine et l'un de ceux qui
allaient symboliser les réussites de son règne, est décisif. Il
l'est aussi dans la transposition littéraire des découvertes
espagnoles puisque, non loin de Valence, Mérimée entendra
parler d'une trop sensuelle chanteuse, il la rencontrera, fera
son portrait en quelques coups de crayon et sera impressionné par sa réputation de briseuse d'hommes. Elle sème le
drame et les femmes la jalousent. On la surnomme Carmen-

cita. Il l'appellera *Carmen* [1]... L'écrivain a encore un autre point commun avec le mari de la comtesse de Teba, il n'a pas vécu la révolution de Juillet à Paris. Même s'il répugne à l'émeute et aux violences de la rue qui, seules, imposent des idées nouvelles, bonnes ou mauvaises, Prosper Mérimée note, avec un humour glacé : « Je ne me console pas d'avoir manqué un spectacle qui ne se donne que tous les mille ans [2]. » Il y avait, c'est exact, du neuf dans la vie politique française puisque, au roi de France et de Navarre, avait succédé le roi des Français affichant la volonté bourgeoise d'être un *monarque citoyen*.

Une enfant dans la guerre civile

En Espagne, la situation politique est fort différente. Ferdinand VII a, lui aussi, ses problèmes de famille : la succession royale. Malgré trois mariages, le monarque n'a pas d'héritier mâle. Veuf pour la troisième fois en 1829, il se remarie rapidement. L'influence de sa dernière épouse, une princesse napolitaine qui est aussi une de ses nièces, Marie-Christine des Deux-Siciles, est visible et comme elle ne lui a donné qu'une fille, il souhaite écarter du trône son frère, Don Carlos, tout simplement parce qu'il ne l'aime pas. Pour y parvenir – et toujours inspiré par la reine –, il promulgue la *pragmatique sanction* qui annule la loi salique, venue de la tradition française et en vigueur depuis le règne de Philippe V, laquelle était, d'ailleurs, en rupture avec la coutume espagnole qui permettait à la fille d'un souverain de lui succéder. A sa mort, Ferdinand VII laissera donc la Couronne à sa fille. La décision provoque la colère des partisans de Don Carlos, regroupés sous le nom de Carlistes. Affaibli, Ferdinand VII cherche des appuis ailleurs. Où ? Chez les Libéraux. Et c'est ainsi que le comte de Teba bénéficie de mesures de clémence, octroyées par néces-

---

1. Le bref roman de Mérimée a été publié en 1845. L'action, autour de l'amour et de la mort, est située à Séville, en 1820. Sur un livret de Henri Meilhac et Ludovic Halévy, *Carmen* devient un opéra en quatre actes avec une musique de Georges Bizet, créé à Paris, à l'Opéra-Comique, le 3 mars 1875. Ce sera un échec qui reste surprenant si l'on note que *Carmen* est, à partir du début du XXᵉ siècle, un succès mondial... Le désespoir du compositeur fut tel qu'il en mourut trois mois plus tard. Reprise à Vienne avec succès en mai 1875, *Carmen* ne revint à Paris qu'en 1883. Sur cette superbe partition, Roland Petit créa un ballet en 1949, repris, notamment, au début de l'année 2000.
2. Jean Autin, *Prosper Mérimée*, Perrin, 1983.

sité et opportunisme. Aux Carlistes, conservateurs attachés au principe de légitimité ainsi qu'au traditionalisme politique et religieux, s'opposent les Libéraux, ouverts à la nouveauté. A Madrid, Don Cipriano est mieux considéré bien qu'il n'ait pas changé d'idées. Original il est, original il reste et ce caractère plaît à Eugenia, elle-même têtue. Installés dans une demeure mieux lotie, les Teba reçoivent davantage. A sept ans Paca et Eugenia se frottent déjà à ce mélange de nationalités et de langues qui fera du cosmopolitisme l'un des atouts du siècle. Le contact avec les étrangers de passage apporte l'air neuf très à la mode en Europe. Lorsque le roi borné décède, en 1833, sa veuve Marie-Christine exerce la régence pour le compte de leur fille, Isabelle II, qui n'a que trois ans. L'affrontement est immédiat. Il porte le nom de guerres carlistes ; il y en aura trois et elles dureront quarante ans, plongeant l'Espagne dans une instabilité quasi permanente, véritable guerre civile à répétition avec son cortège d'horreurs et d'abominations entre un soulèvement et des émeutes, des essais constitutionnels avortés et des intermèdes. Le *pronunciamiento* (proclamation d'un manifeste par un chef militaire de province) devient une pratique courante : en soixante ans, on en comptera... quarante-trois, vingt-huit en faveur du libéralisme, quinze pour le traditionalisme que l'on pourrait assimiler, avec quelques variantes, à la cause française des légitimistes. La lutte entre l'absolutisme et le progressisme, ce qui n'exclut pas des nuances paradoxales, place le pays sur l'échiquier européen d'une manière inattendue. Si, par la perte de son empire colonial, l'Espagne est affaiblie, elle suscite tout de même des appétits qui vont jusqu'à influencer sa vie intérieure. Par exemple, la France soutient plutôt les modérés tandis que l'Angleterre favorise les libéraux. Mais il y a une spécificité de la Péninsule : en effet, ces affrontements, d'une sauvagerie effroyable, annoncent, avec le recul de l'Histoire que nous avons aujourd'hui, la cruauté de la guerre d'Espagne un siècle plus tard. Et des conséquences européennes puis mondiales bien plus graves.

Les Carlistes sont davantage cachés dans les campagnes, notamment au Pays basque et en Navarre tandis que les villes sont plutôt libérales. En juillet 1834, Don Carlos de Bourbon, l'homme qui aurait dû être roi, marche sur Madrid, capitale, certes, mais surtout administrative et liée à la Cour. Le pré-

tendant évincé est précédé d'une brusque épidémie de choléra
et l'on déplore des centaines de victimes. Comme toujours
dans une guerre civile, les plus folles rumeurs aiguisent la vindicte populaire. On crie à n'importe quoi, on trouve des boucs
émissaires, on exécute par vengeance, souvent sans raison.
Déchaînés, les Libéraux soupçonnent les Jésuites, dont la
puissance est redoutée, d'être à l'origine du fléau. On les
accuse même d'encourager la hausse des prix alors que les
mauvaises récoltes et les difficultés d'approvisionnement
expliquent la rareté des arrivages. De même que, au Moyen
Age, les Juifs étaient coupables de tout, en particulier de
l'empoisonnement des sources et des puits, la Compagnie de
Jésus devient l'unique responsable des maux espagnols. Dans
le vieux Madrid des Habsbourg, une action de représailles
tourne à la boucherie : à quelque deux cents mètres au sud de
la Plaza Mayor, un religieux est égorgé et dépecé par des
émeutiers. Il y aura des scènes sacrilèges où des émeutiers
braillards danseront dans les vêtements sacerdotaux volés
dans la sacristie... Plaza del Angel, du balcon du palais Montijo où elle se trouvait, elle a tout vu. La petite Eugenia, qui a
huit ans, est témoin de cette scène atroce, entrée dans l'histoire espagnole sous le triste nom de *massacre des frères* parce
que près de quatre-vingts moines sont assassinés. San Isidro,
l'ancienne église des Jésuites du Collège impérial au
XVIIᵉ siècle, est saccagée ; la symbolique est forte puisque le
bâtiment abrite les reliques de San Isidro, patron de Madrid et
que, plus tard et jusqu'à 1993, l'église sera la cathédrale
madrilène. Ce premier contact avec la mort, l'émeute et la
sauvagerie criarde de la rue impressionnent évidemment la fillette, horrifiée. Souvenir indélébile du spectacle de la haine, il
traumatisera Eugenia et la vue des cadavres lui sera toujours
insupportable, la plongeant dans une répulsion figée. En fait,
elle a déjà vu la mort, les conditions étaient différentes. Quelques mois plus tôt, son oncle paralysé, Don Eugenio, a tré-
passé. Toute la famille a observé le deuil des grands noms,
dans un digne cortège noir. Sa nièce était comme tétanisée.
Cette disparition, attendue, avait eu d'heureuses conséquences matérielles préservées par le flair de Manuela.

La famille avait donc investi le palais Montijo, au midi du
Palais-Royal. De vastes pièces où s'était effondrée la comédie
du faux enfant... Et c'était là, depuis le balcon orné, qu'Euge-

nia avait assisté à l'agonie du moine, représentant du fanatisme pour les Libéraux, victime du fanatisme pour les
Carlistes. L'émeute gagne, l'Espagne se déchire et, en 1835,
Bilbao est assiégée par les Carlistes. Don Cipriano craint pour
sa famille. Comment de telles luttes peuvent-elles finir alors
qu'il n'y a pas de batailles rangées et que la technique de la
guérilla s'impose ? Les Carlistes sont experts dans le coup de
main puis la dispersion sur un terrain qu'ils connaissent bien
tandis que les Libéraux n'hésiteront pas à incendier des centaines de maisons pour répandre une terreur préventive. Les
assauts sont clandestins, il n'y a plus de règles. Où est le
temps de la guerre napoléonienne ? La haine fratricide est
apparue en Espagne, particulièrement cruelle ; elle agira
comme un lent et implacable poison qui ne sera éliminé que
cent cinquante ans plus tard. Une caractéristique nouvelle
sévit entre les Espagnols, la passion des extrêmes. Certes, la
régence existe mais c'est l'anarchie qui règne et Don Cipriano
le déplore. Et puis dans ce chaos, l'exemple de la régente n'est
guère édifiant même pour ses partisans, les Libéraux. Amoureuse d'un de ses gardes – un garde du corps, à l'évidence ! –,
Marie-Christine l'épouse. Son veuvage a duré trois mois, ce
qui est fort peu pour l'Espagne de ce temps... Il s'appelle
Munoz, il a vingt-cinq ans, elle en a vingt-neuf. Cette liaison
fait scandale et le mariage précipité n'apaise pas les critiques.
« La chose n'a jamais été annoncée officiellement car cela
aurait placé la reine mère dans l'incapacité d'exercer la
régence, mais c'était un secret de polichinelle : le mari ne quittait pas la reine mère qu'il appelait la patronne, *el ama*. Cela
n'était pas fait pour rehausser le prestige de l'institution
monarchique [1]. » Le choix dynastique de feu Ferdinand VII
discrédite les autorités qui devraient donner l'exemple. A
l'automne 1835, le Premier ministre, Mendizabal, un libéral
qui s'était opposé à Ferdinand VII en 1820 et avait trouvé
refuge et fortune en Angleterre, propose des mesures supprimant les monastères, les ordres religieux et confisquant leurs
biens sauf lorsqu'ils sont de véritables monuments liés à l'Histoire, comme l'Escurial de Philippe II. La décision, qui se
révélera désastreuse sur le plan de la conservation du patrimoine, plaît à Don Cipriano, adversaire de l'emprise multi-

---

1. Joseph Pérez, dans sa monumentale et remarquable *Histoire de l'Espagne*, aussi
complète que claire. (Fayard, 1996, réédition 1997.)

séculaire du catholicisme ibérique. Mais si la bourgeoisie et quelques aristocrates peuvent acquérir ces domaines, la spoliation crée un désordre de plus et isole l'Espagne religieuse de l'autorité pontificale. Dépassant la querelle dynastique, l'antagonisme s'enflamme au moindre prétexte. Les bouleversements atteignent tout le pays mais c'est surtout dans le Nord que les affrontements sont sans pitié. Face aux Carlistes qui essaient d'étendre la rébellion en Castille pour commencer, puis en Andalousie, Mendizabal lève une troupe de cent mille hommes. Une véritable armée gouvernementale qui brisera les succès carlistes mais au prix d'exécutions sommaires, de semblants de justice et de rage sanguinaire.

Trois éléments font leur entrée dans les comportements espagnols, l'anticléricalisme violent, le concept d'une armée régulière au service de l'ordre interne et non en lutte contre un envahisseur et, enfin, l'apparition de réactions régionales très marquées. En attendant, le pays, qui devrait suivre l'évolution européenne, se déchire et se détruit... Don Cipriano est très inquiet. Les deux camps sont tellement excités que tout est possible. Même dans le ravissant domaine de Carabanchel, une bâtisse datant du règne de Charles IV et dont Manuela avait hérité, la vie n'est plus sûre car Madrid est proche ; d'ailleurs, faute d'argent, la maison est mal entretenue et fermée les mois d'hiver. C'est décidé, Manuela et les fillettes vont partir pour la France où Don Cipriano a quelques amis. Il préfère mettre les siens à l'abri et, à tout prendre, le royaume de Louis-Philippe semble plus calme que son pays agité par d'inquiétants démons. Mais les routes ne sont pas sûres, en particulier celles du nord et du nord-est, en direction de la Navarre, région où les Carlistes sont maîtres du terrain, experts en harcèlement par petits groupes selon une technique comparable à celles des Chouans dans les impitoyables guerres de Vendée. La voie risque même d'être coupée. D'après ce qu'il sait, après Saragosse, le passage est dangereux. Don Cipriano choisit la voie orientale, par Barcelone et la côte, plus longue mais a priori moins téméraire. Seulement, comme il faut éviter de se faire remarquer par un départ suspect – car la délation, corollaire de la guerre civile, répand son fiel –, Manuela, ses fillettes et leurs bagages se glissent dans l'apparent et modeste convoi d'un torero... et sa famille. Un trajet long et risqué. Brisé de voir partir Paca et Eugenia, Don

Cipriano est catastrophé par les événements. Le libéralisme a tant de mal à triompher! Le vieux soldat en vient même à regretter le roi Joseph! Au moins, le calamiteux frère de Napoléon avait su prendre des mesures plaisantes, comme la distribution gratuite de vin rouge, ce qui lui avait valu le surnom de *Pepe botella (Joseph la bouteille)* ! Pour Eugenia, cette fuite – c'en est une – est un immense chagrin, surtout par la séparation d'avec son père qu'elle adore et à qui elle ressemble. Ce départ en exil, pour cause d'inquiétude, Eugenia ne l'oubliera jamais. Et à la première occasion, elle envoie un bref courrier à Don Cipriano, resté à Madrid : « Mon cher Papa, aucune de nous n'est morte, ce qui est heureux. Mais nous sommes bien malheureuses loin de toi. Pendant le voyage, j'ai pensé à toi et je n'ai pas eu peur. » Don Cipriano peut être fier de sa cadette qu'il a toujours considérée un peu comme un garçon manqué. Il aurait tant aimé avoir un fils ! Cheveux auburn, yeux d'un ciel andalou, gravité réfléchie d'une enfant chassée par l'angoisse, sentiment d'être une émigrée clandestine dans son pays, Eugenia roule douloureusement vers la Catalogne. Mais où s'arrêter sans éveiller des soupçons? Seul un couvent, qui a abrité bien des secrets et des fugitifs, est recommandable. Elles y passent une nuit à peu près reposante mais, quand elles en partent à l'aube, une horde déferle et massacre les moines. Après Saragosse, le trio a bifurqué en direction de Barcelone. Est-ce sûr? Non, mais pour une autre raison : les épidémies déciment la population et le maire impose une quarantaine. A force de palabres, la *famille du torero* – il a fallu acheter son silence –, la mère et ses filles peuvent repartir sous des regards ombrageux. Ensuite, si tout va bien, on se débrouillera pour atteindre la frontière française... Don Cipriano, vieux soldat claudiquant, blessé dans son corps, est meurtri dans son cœur d'être séparé de ses filles qu'il adore. Quand les reverra-t-il? Les images qu'elles emportent sont celles de la barbarie et d'aventuriers en guenilles, sans scrupules mais courageux. Sa famille traverse la Catalogne qui avait été française pendant quatre ans et dont la capitale, Gérone, est l'une des plus belles cités médiévales d'Europe. Après bien des détours, Manuela, Francesca et Eugenia atteignent enfin Perpignan. Les voilà en sécurité. L'ancienne capitale des rois de Majorque marque une transition dans leur exode et devrait leur permettre un séjour réparateur. Le passage n'a pas été simple car la cité est envahie de réfugiés et la frontière s'est transformée en un embarras d'équipages, diligences, voitures, chevaux, mulets chargés de familles angoissées et de colis hétéroclites; les uns fuient les Carlistes, les autres les Libéraux mais, quels qu'ils soient, tous ont peur de la brutalité qui secoue l'Espagne avec une violence sans précédent. La région et la ville sont contrôlées par le général de Castellane. Ce descendant d'une illustre famille provençale est, à quarante-sept ans, un vétéran de la campagne de Russie qui eut la main droite gelée pendant la retraite. Il s'était ensuite rallié à Louis XVIII; il connaît bien la nouvelle situation espagnole puisqu'il avait participé à l'expédition de 1823 au secours de l'absolutisme et avait commandé la brigade de cavalerie de la division de Catalogne. Ayant rétabli l'ordre à Lyon lors de la révolution de 1830, il est, en 1835, inspecteur général d'Infanterie et commande la 21e division militaire à Perpignan. Boniface de Castellane [1] se souviendra du passage de Manuela, la décrivant, dans son *Journal,* telle « une femme de trente-cinq ans, encore très bien et d'un esprit supérieur », accompagnée de ses deux filles. L'officier français et la fugitive espagnole seront rapprochés par le destin. Et Eugenia retrouvera, elle aussi, cet homme sur le chemin de sa gloire. La comtesse de Teba et ses filles gagnent Toulouse puis prennent une diligence pour Paris. C'est long! De Lyon à la capitale, il faut compter trente-quatre heures, à la moyenne horaire de huit kilomètres, quand tout va bien...

Une éducation parisienne

Le Paris que découvre Eugenia est celui de Balzac, c'est-à-dire une ville d'un million d'habitants qui vivent dans des conditions de saleté incommodantes. Le piéton patauge dans un cloaque d'immondices écrasées dégageant des odeurs pestilentielles. Quand *Rastignac* se rend de la montagne Sainte-Geneviève à la Chaussée-d'Antin, il doit, pour être présen-

---

1. Bien entendu, il ne faut pas confondre ce général, futur maréchal de France, avec son arrière petit-fils Boniface, dit Boni de Castellane, le fastueux dandy de la Belle Epoque, époux de la richissime héritière américaine Miss Anna Gould, fille du magnat des chemins de fer et des télégraphes. Boniface est d'ailleurs un prénom fréquent dans la famille.

table, faire décrotter ses bottes et brosser ses vêtements au moins deux fois... A cheval ou en voiture, la situation est moins pénible mais offre un autre danger car les essais de pavés en bois, trop glissants et gras, provoquent d'innombrables chutes. Manuela s'installe dans le quartier des Champs-Elysées, très différent de celui que nous connaissons. Un quartier? Plutôt une banlieue campagnarde, excentrée, appelée à de vastes transformations par décision du préfet de la Seine, l'économe Rambuteau, dont le budget est si réduit qu'on parle, avec mépris, de sa tirelire. Et pourtant, il a remplacé l'éclairage public à l'huile par celui au gaz.

Louis-Philippe vient de charger l'architecte Hittorf d'embellissements avec des carrés, des jardins, des fontaines ainsi que d'un projet grandiose qui est l'installation d'un obélisque égyptien place de la Concorde, cadeau du sultan Méhémet-Ali au roi des Français. L'Arc de triomphe, après bien des péripéties, est en cours d'achèvement. On prévoit de nombreuses améliorations et « le remplacement des misérables constructions qui existent en ce moment »... En attendant ces bouleversements indispensables, le quartier a un avantage qui a décidé du choix de Manuela, les prix y sont encore modestes; ils monteront dès que les allées et contre-allées seront recouvertes d'asphalte et éclairées au moyen de candélabres au gaz, un progrès qui réduira l'insécurité. En effet, ce quartier sans frontières réelles est fort mal fréquenté, la nuit en particulier. C'est là qu'on rencontrera les inquiétants héros d'Eugène Sue dans *Les Mystères de Paris*, publié sous la monarchie de Juillet mais situé sous la Restauration. Près du Cours-la-Reine, le cabaret souterrain *Au Cœur Saignant* n'est qu'un bouge où se retrouvent *le Maître d'école* et *la Chouette* qui préparent quelque mauvais coup. Il est certain que le début des mondanités attire envies et jalousies, il y a de l'argent à voler, des gens à compromettre... Tant pis pour ces inconvénients... La comtesse de Teba a peu de moyens; elle est arrivée avec quelques milliers de francs, espérant que Don Cipriano lui fera parvenir d'autres subsides mais l'agitation espagnole restreint, entre autres, la perception des revenus et le transport de numéraire est risqué. Il faut donc faire durer le petit pécule importé et le faire fructifier en lui ajoutant une valeur plus précieuse que l'or, les relations. Or, les Champs-Elysées ont un autre avantage, ils permettent une promenade à la campagne, effectuée selon un cérémonial mondain déjà élaboré, en deux temps, à l'heure du dîner (notre déjeuner) pour les enfants suivis de leur gouvernante, de midi à deux heures ; puis la bonne société s'y montre, élégante, flanquée de valets, suivie, selon la saison, de berlines ou de calèches allant au pas, souvent de couleur jaune. Un poète anglais note que l'avenue de Neuilly – c'est alors son nom – « est la promenade publique la plus commode, peut-être la plus fréquentée d'Europe ». Pourtant, l'avenir de cette artère demeure aléatoire, même si, selon Balzac, qui la compare aux Boulevards, « (...) Aujourd'hui, les gens distingués se promènent aux Champs-Elysées dans la contre-allée méridionale ; mais la même imprévoyance qui rend les Boulevards impraticables en temps de pluie, le temps le plus fréquent à Paris, arrêtera pendant longtemps le succès des Champs-Elysées ». C'est grâce au cheval qu'il viendra. En effet, l'univers hippique attire des artisans et de petites industries spécialisées, du maréchal-ferrant au marchand de chevaux, du carrossier au sellier. Sur l'axe, que Balzac nomme « la grande allée » dont l'air est réputé sain, on est sûr de rencontrer tout ce qui compte à Paris, qu'il ait un nom ou une fortune, voire un talent. C'est exactement ce que recherche la comtesse de Teba même si la plupart de ces personnages ne sont que de passage, car on est loin du centre des affaires, des théâtres et des cafés littéraires, encore plus loin des foisonnants boulevards. Cependant, l'instinct de Manuela ne la trompe pas : à défaut de passé, le quartier a certainement un futur ; elle pressent que la ville se développera vers l'ouest. Déjà, le *Père Goriot* y admire, en cachette, ses filles en somptueux équipage et *Rastignac* regarde, avec envie, les riches attelages. Manuela s'organise. Mais Paris ressemblerait-il à Madrid par la violence qui y fait la loi ? Le 28 juillet 1835, le roi Louis-Philippe échappe, de peu, à un attentat spectaculaire boulevard du Temple – ce *boulevard du Crime* qui aurait pu devenir celui du Régicide – dû à un Corse qui avait pris le pseudonyme de Fieschi. Sa machine infernale, très en avance d'un point de vue technique, est pourvue de vingt-cinq canons pour tirer deux cent cinquante balles. La rafale – c'en est une – n'atteint pas le monarque mais fait quarante-deux victimes, dont dix-huit tués. Parmi eux, le maréchal Mortier, grand chancelier de la Légion d'honneur. La chaussée est rouge d'un atroce mélange

de corps humains et de chevaux, la panique indescriptible.
Immédiatement, les caricatures satiriques représentant le roi
avec son visage en forme de poire et son légendaire parapluie
disparaissent des échoppes. L'opposition, républicaine ou
légitimiste, va trop loin. Le complot épouvante la population
et les colonies étrangères de Paris, Anglais et Russes, notamment. Malgré cet attentat, la comtesse de Teba n'a pas
l'intention de quitter une ville qu'elle a tant voulu connaître.
Et puis, en Espagne, n'est-ce pas pire? Elle inscrit donc ses
deux filles, en octobre, au couvent des Dames du Sacré-Cœur
de Jésus, sis rue de Varenne, près des Invalides. Cette maison
d'éducation, l'une des plus réputées de Paris, ce qui exige un
gros effort financier, est installée dans le bel hôtel Biron, élevé
au premier tiers du XVIIIᵉ siècle sur des plans de Gabriel. Après
avoir abrité la famille du maréchal de Biron, puis celle de son
frère le duc de Gontaut, divers ambassadeurs dont le nonce
apostolique et, ensuite, avoir servi d'écrin à de somptueuses
fêtes, l'hôtel est, depuis le 5 octobre 1820, la propriété d'une
communauté de religieuses fondée en 1800 et qui, après
1815, avait reçu la protection de Louis XVIII. Si Manuela a
choisi cette institution, c'est pour une double raison. D'abord,
la qualité de l'enseignement dispensé par une soixantaine de
religieuses ou novices pour un nombre équivalent de pensionnaires lui convient avec son obédience jésuitique; ensuite, la
qualité sociale des jeunes filles est ce que l'on peut trouver de
mieux à Paris : de grands noms, de bonnes familles, du sang
bleu, voilà ce qui convient à Francesca et à Eugenia qu'il est
temps d'élever comme il faut en leur permettant de connaître
des camarades de leur rang, conforme au bon ton des salons
du faubourg Saint-Germain. L'établissement est important
puisqu'il accueille des internes, des externes ainsi que les
élèves d'une école gratuite dont l'entrée donne sur la rue de
Babylone, de l'autre côté d'un vaste jardin à l'anglaise comme
il y en a beaucoup dans ce secteur. La présence de l'archevêque de Paris, qui y loge en voisin depuis l'incendie de
l'archevêché quatre ans plus tôt, apporte à la comtesse de
Teba une assurance complémentaire de bonne tenue; et la
mère supérieure, Sophie Barat, âgée de cinquante-sept ans,
est une femme de grande autorité, d'une rigueur infaillible.
Elle a fait enlever les dorures, les glaces, les tableaux qui rappelaient trop les futilités d'autrefois et a vendu une partie des

lambris aux barons de Rothschild. Même le grand bassin a été comblé. Derrière l'avant-corps central à fronton et les hautes fenêtres à plein cintre, la frivolité n'a laissé aucune trace; on étudie, on prie et on forme des jeunes filles du monde [1]. Francesca et Eugenia sont prisonnières, leur mère est libre de profiter, enfin, de ce Paris foisonnant d'idées et de vie. En apparence, les deux sœurs s'habituent à la discipline et à l'état d'esprit du couvent. Le programme éducatif n'est pas chargé, les classes n'ayant lieu que le matin; elles sont de bon niveau. L'après-midi est consacré aux bonnes manières, à des travaux charitables, notamment la confection de vêtements pour les pauvres. Et le soir, l'étude de l'histoire sainte et la prière sont de rigueur. Le plus dur est l'obligation des repas en silence alors qu'Eugenia est très bavarde. Dans ce domaine, le changement d'atmosphère avec ce que Eugenia a connu jusqu'ici est déconcertant. Et si elle s'accommode plus ou moins – et de moins en moins! – du règlement, la pensionnaire est gagnée par le climat de dévotion. Elle est atteinte d'une crise de mysticisme, ce qui n'a rien d'extraordinaire à un tel âge ni en un endroit pareil mais cette exaltation inquiète sa mère, surprise de sa réaction. Doit-on en conclure que le catholicisme extrême dont fera preuve l'Impératrice et qui lui sera tant reproché par les milieux radicaux était dans son esprit et n'attendait qu'un révélateur? Peut-on admettre que les principes anticléricaux de son père et ses critiques contre la puissance de l'Eglise en Espagne s'effondrent, en peu de temps, parce que sa fille est enfermée dans un couvent? Sans doute. Ainsi que l'observe la princesse Michael de Kent, sa naissance n'y est pour rien : « On attribue son rigoureux attachement à l'Eglise à son origine espagnole, mais il est plus vraisemblable qu'il était dû aux sœurs du Sacré-Cœur. Les sentiments reli-

---

1. Sophie Barat mourra dans ces lieux le 25 mai 1865; elle sera béatifiée par le pape Pie X, en 1908. Après la séparation de l'Eglise et de l'Etat, en 1905, la congrégation est dissoute. L'hôtel devient une école municipale mixte. Puis, des artistes y logent, comme la danseuse Isadora Duncan, Henri Matisse et Jean Cocteau. En 1910, quand l'Etat achète l'hôtel, Auguste Rodin est parmi les locataires et il a suggéré cette acquisition. Le sculpteur obtient d'y demeurer en s'engageant à léguer ses œuvres à l'Etat qui, de son côté, devra laisser cette donation sur place. Ainsi est né, en 1919, le musée Rodin. Outre les œuvres du sculpteur, il expose aussi celles de ses collections personnelles, en particulier de Camille Claudel. Une partie du bâtiment devient le lycée Victor Duruy. Restauré, l'hôtel Biron a retrouvé son état d'origine et, au rez-de-chaussée, sa décoration, récupérée, a été remise en place. La belle vasque de dix-huit mètres de diamètre a été, à nouveau, dégagée du sol. L'ensemble, hôtel et jardin, est classé monument historique.

gieux d'Eugénie l'inclinent plus à la spiritualité qu'au dogme. Comme elle est très émotive et douée d'une grande imagination, la religion est surtout pour elle une consolation qui l'aidera à supporter les tragédies qu'elle traversera à la fin de sa vie [1]. » Si Paca est, effectivement, proche de sa mère – qui la préfère à sa sœur –, Eugenia souffre énormément de l'absence de son père. Certes, il est fantasque, souvent absent de son enfance, obligé de se cacher pendant des années et ne faisant rien pour amadouer les autorités qui le surveillent. Bien sûr, il a, d'une certaine façon, le mauvais rôle puisqu'il n'est pas brillant ni mondain et qu'il doit serrer les cordons de la bourse du ménage, imposant à ses filles d'user leurs vieilles robes. Tant pis si leurs chaussures sont éculées, l'honneur est une forme d'élégance. D'ailleurs, même après avoir reçu l'héritage de son frère aîné, Don Cipriano doit continuer à payer les dettes de Manuela qui n'a pas mis à profit ce capital pour devenir raisonnable. Au contraire, elle s'étourdit de dépenses. Et c'est là l'une des causes majeures des frictions du couple. Mais, pour sa cadette, Don Cipriano est le père merveilleux qui l'a initiée au cheval comme si elle avait été un fils, un cavalier qui lui a fait aimer l'Andalousie, ses horizons sauvages, la barrière des sierras, la douceur sensuelle des jardins secrets, les villages blancs et les vagues d'oliviers vert argent. Malgré la gêne et les tracas policiers, en dépit de sa mauvaise réputation et de son aspect de soldat nostalgique versé dans la conspiration, Don Cipriano a appris à Eugenia la liberté. Pour la fillette, cette joie de vivre, hachée, imprévisible et pleine de désordres mais si précieuse, est restée en Espagne. Elle ne l'en aime que davantage.

La comtesse de Teba se constitue un petit cercle de fidèles. Parmi les habitués, revoici Prosper Mérimée, entre deux voyages qui sont des corvées. En effet, depuis le 27 mai 1834, l'écrivain a été nommé, à trente et un ans, inspecteur général des Monuments historiques, fonction créée par Guizot, en octobre 1830, pour dresser un inventaire des richesses de la France. C'est Thiers, le nouveau chef du gouvernement de Louis-Philippe, qui l'a désigné à ce poste marquant le début d'une politique élaborée et cohérente de ce qu'on appellera la

---

1. Princesse Michael de Kent, *Crowned in a Far Country*, Weidenfeld and Nicolson, Londres, 1986. Traduction française sous le titre *Ces reines venues d'ailleurs*, Perrin, 1987.

défense du patrimoine et des chefs-d'œuvre en péril. Face au vandalisme, Mérimée est pessimiste, suivant Victor Hugo qui, dans un article de la jeune *Revue des deux mondes* du 1er mars 1832 avait déclaré la « Guerre aux démolisseurs ». Vaste programme !

Froid, consciencieux, surtout intéressé par les vestiges de l'Antiquité et du Moyen Age, dédaignant les trésors de l'époque classique, M. l'inspecteur général accomplit une tâche considérable, sans précédent, obtenant de substantielles augmentations de crédits pour les travaux les plus urgents : en dix ans, les sommes fixées doublent. Partout où il s'arrête, il intrigue les populations lorsqu'il installe sa *chambre claire*, c'est-à-dire un appareil formé d'un miroir semi-argenté ou d'un prisme qui permet de voir, en même temps, l'image et un écran sur laquelle il la recopie. Mais à une amie anglaise avec laquelle il correspondra pendant trente ans, il confie l'ingratitude de sa mission, quatre mois après sa nomination : « Le métier que je fais est des plus fatigants. Tout le jour, il faut ou marcher ou courir la poste et, le soir, malgré la fatigue, il faut brocher une douzaine de pages de prose. Je ne parle que des écritures ordinaires, car, de temps en temps, j'ai à faire la chouette à mes ministres. Mais comme ils ne lisent pas, je puis impunément dire toutes les bêtises possibles » ! De ses tournées, le fonctionnaire rapporte une constatation toujours avérée : « Les réparateurs sont peut-être aussi dangereux que les destructeurs. » Si Mérimée est sans illusion et minimise l'importance de ses relevés, croquis, rapports et notes – il a tort – c'est parce que, dans le fond, il est d'abord un Parisien, à qui la saleté et l'inconfort de ses visites font prendre en dégoût la Province pourtant si riche de trésors et qu'il rêve de vrais voyages. Sillonner la France « dans le plus infâme de tous les tapeculs » est une obligation ; franchir les frontières, surtout vers les pays méditerranéens, est le véritable voyage, le seul qui lui convienne. Il rumine des rêves d'Italie, des souvenirs d'Espagne au point qu'Avignon lui semble la copie conforme d'une ville ibérique : « Les ouvriers se couchent à l'ombre ou se drapent dans leurs manteaux d'un air aussi tragique que les Andalous. Partout, les odeurs d'ail et d'huile se marient à celles des oranges et du jasmin. Les rues sont couvertes de toiles pendant le jour et les femmes ont de petits pieds bien chaussés. Il n'y a pas jusqu'au patois qui n'ait de

loin le son de l'espagnol. (...) » La comparaison est encore
plus... piquante : il y a, du côté de Tarascon, autant de moustiques, de punaises et de puces qu'au bord du Guadalquivir !
Ainsi, ayant regagné Paris « roué et moulu », chez la comtesse
de Teba, Mérimée retrouve le parfum hispanique et ce qu'il
nomme « des êtres humains »... De bien séduisants êtres
puisqu'il s'agit de femmes dont Mérimée est amateur. Dandy,
brillant causeur – et en six langues – cynique, l'inspecteur
général retrouve la civilisation, c'est-à-dire des femmes qui
ont des formes, des bas bien tirés et des jambes « qui ne sont
pas grosses comme mes cuisses » ! Il se plaint de ses laborieuses pérégrinations en France alors qu'en Espagne, pays
qualifié de « barbare », figurez-vous que « tout le monde,
depuis le grand jusqu'au muletier, mange du pain blanc ; qu'il
y a de l'encre dans les auberges et qu'on ne laisse pas tomber
en ruine les belles églises ». Il ajoute une observation à la fois
sociale et politique : « Se peut-il que des sauvages comme les
Français s'occupent de constitutions et de droits politiques
quand ils ont tant de choses à faire pour vivre supportable-
ment ? » Et il conclut sa diatribe par un aveu qui explique son
futur destin : « Plus je vois mes compatriotes et plus je vénère
Napoléon. Il est fâcheux qu'il n'ait pas régné vingt ans de
plus : il y aurait eu du pain et de l'encre à Vézelay ! » Apparemment, la colline sacrée, la basilique, abandonnée et dégra-
dée, de même que la vue admirable ne lui avaient pas suffi...
Mme la comtesse est une parfaite hôtesse même quand elle
reçoit aussi des Carlistes, les ennemis jurés de son mari qui
apprendra cette audace avec humeur. Manuela sourit mais
elle est soucieuse, déconcertée par la crise mystique de sa fille
cadette. Eugenia tombe dans des extases inquiétantes auxquelles la mère supérieure ne croit guère. Elle en a tant vu des
pensionnaires embrasées par une foi temporaire... La maman,
peu rassurée, se confie au visiteur, avouant que ce serait une
catastrophe si sa fille allait prendre l'habit. Pour elle, Manuela
a d'autres ambitions... Mérimée l'apaise :

– Ce n'est qu'une passade ! Imaginez-vous Eugenia en religieuse ? Attendez qu'elle ait seize ans et qu'elle tombe amoureuse...

Un conseil autorisé. Don Prospero a, en effet, remarqué
combien la petite fille est d'esprit indépendant, imprévisible
comme sa mère, à la fois réfléchie et enjouée ; c'est certain, la

méditation n'est pas dans son caractère, son attitude ne peut qu'être passagère, comme un refuge et une protestation. La crise est un cri, l'appel au secours d'une enfant déracinée qui, ne l'oublions pas, comprend mal le français, ce que Mérimée tentera d'améliorer avec les plus grandes difficultés et sans succès... Son nom ouvre les portes des salons, des endroits où l'on pense et où l'on brille, des cercles d'où il rapportera des mots et des secrets avouables. L'homme est, en effet, précieux puisqu'il est proche du ministère de l'Intérieur – dont dépendent la direction des Beaux-Arts et l'Inspection des monuments historiques –, passionnant bien que désabusé dans son inventaire de la France des vieilles pierres, très apprécié comme écrivain qui connaît les Romantiques (il était de ceux qui avaient soutenu *la bataille d'Hernani* aux côtés de Victor Hugo) et expert à conduire diverses aventures fémi-nines, entre l'amitié tendre et la passion physique. Dans ce domaine, une mauvaise réputation est une garantie de succès ! Grâce à Don Prospero, la comtesse de Teba s'initie à la France embourgeoisée dont la fortune se mesure à l'épaisseur des tapis, à la qualité des fauteuils et des rideaux tandis que, du côté du faubourg Saint-Germain, le cabinet de toilette des jolies femmes existe désormais, sorte de laboratoire secret embaumé de parfums proposés par des émules d'un héros bal-zacien, *César Birotteau*. Si Paris sent encore l'égout mal récuré, les appartements s'enrobent de puissantes fragrances, d'autant plus que, par un bizarre conseil d'hygiène, il est recommandé de ne pas ouvrir les fenêtres ! Ainsi, on reconnaît et on recherche l'*eau du bouquet du comte d'Orsay*, la future *Eau de Cologne*. Grâce aux Anglais, la vie quotidienne se trans-forme doublement. D'une part, on se baigne davantage, les baignoires remplacent les cuvettes même si les ablutions restent un tel événement qu'on en parle... à l'avance ! D'autre part, le chemin de fer est le vecteur de l'industrialisation et le chaudron roulant qu'est une locomotive, après avoir terrorisé les gens, transforme les rapports humains. Don Cipriano vient enfin à Paris mais choisit de ne pas s'installer sous le même toit que sa femme, laquelle a emménagé au 37 de la rue de la Ville-l'Evêque, une adresse plus centrale que la précédente, près de l'église de La Madeleine. L'Espagnol est surtout venu voir ses filles ; il a loué un appartement voisin, rue d'Anjou. L'époux de Manuela apporte de l'argent mais sans doute pas assez, car les scènes de ménage reprennent. Don Cipriano constate que sa femme est toujours aussi mondaine et dépensière, peu soucieuse des affaires d'Espagne. Inquiet, lui aussi, des prostrations d'Eugenia et connaissant son amour de la vie en plein air, il l'inscrit dans un gymnase où l'on soigne les troubles psychiques par de sains exercices. L'établissement n'est pas retenu par hasard : le directeur est un vieil ami de Don Cipriano, un ancien colonel qu'il avait connu lorsqu'il servait dans l'état-major du roi Joseph, à Madrid. Encore un Espagnol bonapartiste ! L'officier prône des méthodes d'avant-garde : n'a-t-il pas décidé que les filles et les garçons feraient de la culture physique ensemble ? On se scandalise de ces audaces mais Don Cipriano en rit, la mixité ne lui fait pas peur. Hélas, Eugenia juge l'endroit aussi détestable que celui des Dames du Sacré-Cœur. Et elle se met à parler toute seule pour éviter la compagnie des élèves de son âge. Les adultes sont tellement plus intéressants ! Pendant le séjour de son père, Eugenia se perfectionne à cheval, apprend l'escrime et, ce qui est inhabituel, la natation. Il l'emmène aussi voir des spectacles de cirque, de foire et s'étonne des transformations parisiennes, pourtant encore timides. Lorsqu'il repart, sa cadette est effondrée. Elle l'aime tant, il lui manque tant... Trois lettres qu'elle lui envoie à cette époque montrent la progression de sa détresse. Dans l'une, du 6 août 1836, elle dit : *Je n'ai pas besoin de cadeaux pour t'aimer davantage, car cela me serait impossible. J'ai été au feu d'artifice et j'ai eu un peu peur au commencement. Mais à la fin, j'ai voulu m'approcher davantage. Oh ! Que j'aurais voulu que tu fusses avec moi ! Ne crois pas, mon cher Papa, que c'est par devoir que je t'écris, cela me fait trop de plaisir pour qu'il soit nécessaire de m'y forcer. Mon cher Papa, quand te verrai-je ? Mon cœur soupire après toi. Il me tarde que le mois de septembre arrive. Adieu, je suis pour la vie ta petite fille qui t'aime.* Dans l'autre, du 2 janvier 1837, elle avoue : *Papa, que j'ai envie de t'embrasser et que je serai contente le jour où je serai avec toi et que j'apercevrai la fin des Pyrénées : mon cœur ne trouvera plus de place pour sa joie.* Dans la troisième, écrite trois mois plus tard alors que la guerre carliste retient Don Cipriano : *Je ne peux rester plus longtemps sans te voir. Pourquoi suis-je venue au monde, si ce n'est pour être avec mon père et ma maman ? Quel est donc ce bras qui nous sépare ? O guerre, quand auras-tu fini ta carrière ? Le temps s'avance et nous restons en arrière et nous avons moins de temps pour nous embrasser.* On note une réflexion amère chez Eugenia, qui vient d'avoir onze ans. Elle souffre de la mésentente conjugale plus que Paca à qui son père manque moins, ce père qui se bat toujours dans un conflit sanglant, enragé... Voilà quatre ans que les Espagnols s'entretuent. Cela ne finira-t-il donc jamais ? Loin des déchirements d'outre-Pyrénées, la comtesse de Teba poursuit sa découverte du Paris intellectuel et mondain ; peu à peu, elle s'y sent chez elle et en fait presque partie grâce à Mérimée, ce dandy très attaché à Manuela, si empressé qu'on s'interroge sur le degré de leurs relations. On peut apporter une réponse en notant que Mérimée vit alors une passion brûlante avec Valentine Delessert, épouse d'un haut-fonctionnaire ; elle le reçoit à Passy, alors un village des environs de Paris ; les jardins Delessert sont d'ailleurs une curiosité que l'on visite. Mérimée leur préfère la maîtresse de maison, qui hante son esprit et son corps depuis six ans. Il la surnomme « la perle des femmes » et avoue à l'un de ses intimes qu'il est « grandement et gravement amoureux ».

Calquant sa vie sur celle des dames de qualité, la comtesse de Teba, débarrassée de son ombrageux mari et de ses obsessions libérales, peut reprendre ses mondanités ; elle a son jour, le jeudi. Dans ce quartier près de La Madeleine, qui sera bouleversé par les travaux haussmanniens, la rue de la Ville-L'Evêque, alors dans le premier arrondissement – celui des Tuileries – est une adresse bien fréquentée. On y parle encore d'un fameux riverain, le maréchal Suchet, duc d'Albufera, qui avait dressé des perroquets à chanter les vêpres à l'heure où on les célébrait à l'église voisine... Chaque dimanche, les badauds se rassemblaient sous ses fenêtres pour entendre l'étrange récital... Manuela, qui est dans un quartier où résident divers anciens héros, compagnons ou parents de l'épopée napoléonienne, accueille elle-même quelques témoins et admirateurs de l'Empereur défunt. La passion bonapartiste de son mari a peut-être fini par la gagner. La comtesse veille à ne pas inviter les hommes mariés avec leur femme ; ainsi, elle est sûre d'être admirée. Parmi les visiteurs qui accompagnent l'inévitable Mérimée, voici un gros homme, assez laid, le confident des amours de Don Prospero. Eugenia et sa sœur sont subjuguées par cet hôte dès qu'il parle car il leur raconte des histoires passionnantes. Des histoires qui sont l'Histoire : le visiteur est

Henry Beyle, consul de son état, immense écrivain sous le
nom de Stendhal, un pseudonyme choisi, justement, alors
qu'il suivait Napoléon sur la route triomphale de Berlin ; le
Dauphinois Beyle était alors adjoint au commissaire des
Guerres et c'est en traversant une petite ville allemande, Stendhal, que ce nom s'était imposé à lui pour signer ses écrits
romanesques. Son premier chef-d'œuvre, *Le Rouge et le Noir*, a
été publié au début de la monarchie de Juillet. Cette chronique, très critique, de la société sous la Restauration à partir
d'un réel fait divers, n'a pas été comprise. Le ton était neuf,
les vérités blessantes, la réflexion lucide et l'affrontement
annonçait celui de la lutte des classes. Peu importe, son poste
consulaire à Civitavecchia, près de Rome, lui laissant des loi-
sirs, Henry Beyle devient, le plus souvent possible, Stendhal.
Et il arrive à cumuler des semaines de congés d'une incroyable
façon. A Mérimée, il avoue qu'il troque volontiers son habit
brodé de consul de France contre une vieille robe de chambre
balzacienne pour écrire des romans, dans un grenier. Quand il
arrive chez Manuela, Stendhal séduit par le récit de ses
voyages en Italie et tout le monde se tait pour l'écouter parler
de Napoléon, sujet encore provocant au temps d'un Louis-
Philippe qui vient, à nouveau, d'échapper à un attentat. Les
dames en chapeau de paille d'Italie, à mantelet en soie ou en
satin, souvent coiffées de plumes, portant capote en satin et,
selon la saison, un manteau de velours doublé d'hermine,
écoutent l'écrivain-consul. Francesca et Eugenia, qui ne sont
plus en pension, ont le droit de se taire et se tiennent sages.
Monsieur Beyle parle et, toute sa vie, Eugénie l'appellera ainsi,
Monsieur Beyle... Quels souvenirs ! Elle n'oubliera jamais ses
visites :
    Il venait le soir et nous prenait chacune sur un de ses genoux pour
nous raconter les campagnes de Napoléon. Les jours où il venait
étaient pour nous des jours de fête et quand il était là, on ne pouvait
pas nous décider à aller nous coucher. Et puis, il y a les jours où
elles sont autorisées à sortir avec *Monsieur Beyle* pour aller
déguster des pâtisseries chez un chocolatier célèbre de la rue
du Bac. De l'autre côté de la Seine ! Une aventure ! Il faut dire
que, selon le jugement de son ami Mérimée, Stendhal est,
dans la vie, rapide et enthousiaste, presque brutal ; les fillettes
sont enchantées car c'est bien la première fois qu'on les considère comme des adultes. A douze et dix ans, on apprécie la

démarche, si rare... Oui, *Monsieur Beyle* fait une forte impression sur Eugénie – car, comme une petite Française, on l'appelle maintenant Eugénie et non Eugenia, nuance qui vexe sa sœur Francesca, toujours surnommée Paca. Et quand on interrogera l'Impératrice bien plus tard, devenue une très vieille dame aux incroyables souvenirs, elle protestera quand on lui demandera si elle se souvient encore de ce *Monsieur Beyle* en déclarant, avec un sourire rêveur : « ... C'est le premier homme qui ait fait battre mon cœur et avec quelle violence ! »... Don Prospero avait vu juste : la crise de religiosité d'Eugénie n'était que passagère... Quelle excitation lorsque *Monsieur Beyle* est attendu, en général le jeudi ! *Nous n'en dînions pas, tant nous étions impatientes de l'entendre. A chaque coup de sonnette, nous courions à la porte d'entrée. Enfin, nous le ramenions, triomphantes, au salon, le tenant chacune par une main, et nous l'installions dans son fauteuil, près de la cheminée. Nous ne lui donnions pas le temps de respirer, nous lui rappelions la victoire où il avait laissé notre empereur, auquel nous avions pensé toute la semaine, attendant impatiemment le magicien qui le ressuscitait pour nous. Il nous avait communiqué son fanatisme. Nous pleurions, nous frémissions, nous étions folles...* A cinquante-neuf ans, Stendhal réanime ce qu'il a vécu, ce qu'il a su de cette épopée terminée il y a seulement deux décennies et dont les nostalgiques sont nombreux. Alerte, vif, il raconte comme il écrit, metteur en scène d'un rêve, cette rêverie que, dit-il, il a préféré à tout. Un soir, l'émotion des fillettes est à son comble : l'orateur relate l'exil à Sainte-Hélène, les dernières années de l'Aigle dans sa cage de l'Atlantique Sud, sa mort un 5 mai... jour anniversaire de la naissance d'Eugénie. Quelle coïncidence ! Elles sont en larmes ; et Eugénie n'en revient pas de cette date. Hasard ? Bon signe ? Mauvais présage ? On lui certifiera, plus tard, que des gitanes expertes en divinations avaient prédit à sa mère qu'Eugenia aurait un destin exceptionnel à cause du jour de sa naissance. Même si *Monsieur Beyle* n'est pas fatigué par ces récits qui tiennent du feuilleton hebdomadaire, la comtesse de Teba juge que ses enfants en demandent trop. *Monsieur Beyle* doit être épuisé. Quel souffle il faut !

– Laissez, laissez..., répond Stendhal, ajoutant : Il n'y a plus que les petites filles qui sentent les grandes choses. Leurs approbations me dédommagent des critiques des sots et des bourgeois.

Malheureux Stendhal, privé d'affection, aux amours laborieuses et marquées par l'échec, méconnu de ses contemporains sauf de géants à sa mesure, comme Balzac. Que c'est bon, l'enthousiasme de ces fillettes! Quelle jeunesse! Quelle tendresse derrière leur curiosité insatiable! Il leur en est reconnaissant d'une manière discrète mais originale. Lorsqu'il achèvera son deuxième chef-d'œuvre, *La Chartreuse de Parme* – rédigé en deux mois! – et qui paraîtra le 6 avril 1839, ses lecteurs et ceux des éditions qui suivront jusqu'au début du XXe siècle pourront lire une petite note en bas de page, celle où l'auteur raconte la fameuse journée de Fabrice del Dongo à la bataille de Waterloo.

Volontairement, le renvoi, avec dédicace, est en espagnol avec seulement deux initiales, *P* et *E*, c'est-à-dire Paca et Eugenia et la date. C'est pour elles deux, en souvenir de ces soirées historiques, que Stendhal a écrit, le 15 décembre 1838, ce passage qui deviendra si célèbre. Ainsi, d'une manière totalement imprévue, voici les deux sœurs plongées dans l'évocation du passé impérial au moment même où on apprend, par *Le Moniteur* du 13 novembre 1836, que Louis Napoléon Bonaparte, qui ne cesse de conspirer et a échoué lamentablement dans une équipée militaire ridicule à Strasbourg, est extrait de la maison d'arrêt alsacienne où il est détenu pour être transporté aux Etats-Unis d'Amérique, sur un bâtiment de la Marine royale, afin de lui faire passer l'envie de comploter contre Sa Majesté le roi des Français. Louis-Philippe, à bout de patience, pense qu'un océan entre sa personne et le turbulent neveu de Napoléon est préférable à sa présence sur le territoire national. Le monarque a lui-même échappé à un coup de canne-fusil sous un guichet des Tuileries, cinq mois plus tôt; cette fois, personne, ni lui, ni la reine Marie-Amélie ni Madame Adélaïde, sœur du roi, n'avaient été atteints. Ces événements sont contés de manière plutôt cocasse par Eugénie dans une lettre à son père : *Mon cher papa, il est impossible de vivre à Paris : on veut tuer le roi à tout moment, l'autre jour, le gaz a éclaté et a cassé beaucoup de carreaux et on nous a dit que c'étaient des hommes qui avaient mis le feu. Ce qu'il y a de plus drôle, c'est que les soldats sont venus croyant que c'était une révolution... Papa, que j'ai envie de t'embrasser. Le jour où je serai avec toi et que j'apercevrai les Pyrénées, mon cœur ne trouvera plus de place pour sa joie...*

L'absence de son père est le seul chagrin de la vie parisienne d'Eugénie. Il lui a expliqué que ses obligations le rappelaient à Madrid et sa femme a répété à ceux qui s'étonnaient de ces longues absences que son devoir était au-delà des Pyrénées. *Monsieur Beyle* a beau corriger les devoirs de français d'Eugénie et de Francesca, leur raconter l'histoire récente de la France et de l'Europe et leur apprendre beaucoup de choses qu'on ne vous dit pas chez les Sœurs du Sacré-Cœur, les résultats scolaires des fillettes s'en ressentent; le régime d'externat est trop laxiste et les mondanités anticipées prennent sur les études. Eugénie s'en soucierait peu s'il n'y avait son père, catastrophé du résultat. Elle lui jure qu'elle va s'appliquer pour être digne de sa confiance, d'autant plus que le décès du frère de Don Cipriano a libéré un siège de sénateur aux Cortes; l'enragé libéral semble s'assagir. Pour des raisons mystérieuses (une réputation un peu sulfureuse? L'envie de bouger?), Manuela décide de partir pour l'Angleterre où, ne l'oublions pas, elle a ses racines autant qu'en Espagne. En avril 1837, elle s'embarque avec ses deux filles et les inscrit dans une pension près de Bristol, à Clifton, presque face au Pays de Galles. Que c'est loin! Quelle tristesse de ne plus voir ni Don Prospero ni *Monsieur Beyle*...

Le collège de Clifton convient à la comtesse de Teba, qui souhaite mener une vie mondaine anglaise sans servitude, c'est-à-dire sans être gênée par ses enfants. Ses filles sont au milieu d'un parc; elles y font plus d'exercices physiques qu'en France, certes, mais le niveau des études reste sommaire. En revanche, les pensionnaires vont y côtoyer des jeunes filles du meilleur monde sans subir les remarques des religieuses du Sacré-Cœur ni risquer, selon Manuela, de contracter la scarlatine, prétexte qu'elle avait invoqué pour retirer sa progéniture de l'institution... Eugénie est effondrée. Son père est loin, sa mère plus qu'absente. Repliée sur elle-même, elle se lie d'amitié avec une princesse hindoue aussi malheureuse qu'elle. L'Inde fascinante, colorée, étrange, est encore plus loin des pelouses du sud-ouest de l'Angleterre. Les jeunes filles unissent leurs désespoirs et fomentent une évasion. Douze ans, c'est un bon âge pour les fugues. Et quelle fugue! L'objectif est de monter à bord d'un bateau en partance pour Bombay – rien que ça –, ce qui devrait être possible puisque, depuis le début du XVIIᵉ siècle, le port de Bristol, très actif, est en relations commerciales suivies avec les Indes... occidentales, destination qui ne risquait pas de conduire la princesse hindoue chez elle par la voie la plus rapide ! Affolée par cette expédition, Paca refuse de s'y associer. Tant pis ! Eugénie et sa complice parviennent à fausser compagnie à leur chaperon et, le cœur battant, se cachent dans la cale d'un bateau. Pas pour longtemps car dès leur disparition, la police a fouillé tous les navires qui allaient lever l'ancre et les deux fugueuses sont ramenées au collège de Clifton. Nul doute qu'on les y attendait avec une sévérité accrue alors que le règlement autorise une relative liberté. Adieu, le rêve indien, fou, romanesque, audacieux. Manuela est à la fois furieuse et honteuse ; au bout de quatre mois à peine, elle décide de repartir pour Paris, montrant une instabilité et une agitation incohérentes, celles-là mêmes qui exaspèrent son mari.

Retrouver la France, c'est, pour Eugénie, se rapprocher de son père. Elle lui écrit la veille du départ, le 24 août 1837, en indiquant la date en espagnol, seulement la date, le reste en français dans une orthographe approximative : *Mon cher papa, pardonne-moi de ne pas avoir répondu plus tôt à ton aimable lettre. Nous faisons de jolis ouvrages pour quand tu viendras. Que je serai heureuse le jour où tu viendras, ce sera le plus beau de ma vie... Adieu, mon cher papa, je t'aime de tout mon cœur.* Avait-elle songé à lui en préparant son évasion ?

La comtesse de Teba, sans doute inquiète de la volonté de s'enfuir chez sa cadette – l'aînée passe pour beaucoup plus sage –, choisit une gouvernante. Elle se nomme Miss Flowers, ressemble à un mouton mais, entêtée comme toute Anglaise, enseignera sa langue à ses élèves et trouvera même l'atmosphère plaisante puisqu'elle restera auprès d'Eugénie près d'un demi-siècle, ce qui est méritoire. « Pauvre Miss Flowers ! » avouera l'Impératrice en songeant à tout ce qu'elle lui fera endurer. Pour l'éducation de ses filles, Manuela adopte un compromis : outre la langue anglaise, la gouvernante assurera les bonnes manières. Le précieux Mérimée sera chargé de l'instruction et, ce qui manquera, Paca et Eugénie l'apprendront à l'école de la vie. L'ennui est que Miss Flowers est vite débordée, que M. Mérimée a tout de même des responsabilités qui le conduisent à voyager malgré l'inconfort, surtout à la belle saison ; M. l'inspecteur général n'est vraiment parisien que l'hiver, lorsqu'il rédige ses rapports. De plus, pour plaire à

la séduisante Valentine Delessert, il veut entreprendre une vie
de Jules César. Lorsqu'il se donne un mal fou pour ouvrir
l'esprit d'Eugénie à des études dignes de ce nom, il constate
que la jeune fille est d'un esprit mûr et cartésien :
– Tout ce que vous vous efforcez de m'apprendre avec tant
de mal, la vie se chargera bien de me l'apprendre plus tard...
En effet... Mais Mérimée lui répond, selon ses *Souvenirs* :
– Plus tard, c'est souvent trop tard.
Eugénie est de plus en plus indépendante, fantasque
comme sa mère, imprévisible et, pour tout dire, intenable.
Quand Manuela quitte Paris, en particulier pour Londres,
c'est pour profiter de l'hospitalité d'un grand ami, George Vil-
liers, le quatrième comte de Clarendon. Cet homme politique
et diplomate anglais connaît bien Manuela, ayant été ambassadeur à Madrid en 1833 – la première guerre carliste venait
d'éclater – et ayant travaillé à un compromis pour la succession espagnole. Alors, Miss Flowers tremble. Que va encore
inventer *Poil de carotte*, c'est-à-dire Eugénie qui avait reçu ce
surnom à Clifton à cause de sa chevelure rousse ? *Poil de
carotte* – Eugénie déteste qu'on l'appelle ainsi ! – déborde
d'idées pour s'échapper de la tutelle de Miss Flowers. Elle
entraîne Paca, nettement moins imaginative, dans ce fascinant
Paris. Ainsi, au hasard de leurs fugues pour admirer la Seine
ou les vitrines des modistes, elles tombent un jour sur un cor-
billard qui roule lentement.
Il n'y a que le cocher et deux croque-morts; personne
n'accompagne le ou la défunte. Pas une couronne, pas une
fleur et, dira Eugénie pour s'expliquer, pas même un chien...
C'est trop triste. Et voici Paca et Eugénie qui suivent ce cor-
billard, à la vive émotion des passants. Elles le suivent, à pied,
jusqu'au cimetière du Père-Lachaise, priant pour le ou la disparu, dont elles ignorent tout, avec une concentration qui
étonne même les fossoyeurs. Pauvre Miss Flowers ! C'est elle
qu'on a failli porter en terre, elle a eu si peur... La gouvernante se plaint auprès de M. Mérimée, lequel ne peut
qu'écrire à la comtesse de Teba que la surveillance de ses filles
est ingrate. Si ce goût de la liberté, accompagné d'exaltation,
est toujours aussi marqué chez Eugénie, son aspect physique
se transforme avec la puberté. La jeune fille mesure maintenant un mètre quarante-cinq et pèse trente-huit kilos; sa chevelure rousse ondule dans des reflets sombres mais Miss
Flowers veille à ce que cette couronne soit maintenue sagement.

Paris! Sur la suggestion de Mérimée, ces demoiselles ont le droit d'aborder l'un des plaisirs de la vie adulte, le théâtre. Certes, Don Prospero choisit ce qui doit convenir à ces jeunes âmes, quatorze et douze ans, la cadette étant, bien entendu, beaucoup plus éveillée que l'aînée. Le théâtre est risqué : rien qu'en six mois, deux incendies ont ravagé l'un le Théâtre Italien qui a dû déménager à l'Odéon, l'autre le Vaudeville, transféré dans un café-concert puis dans l'ancienne salle dite des Nouveautés. Ensuite, ce qu'on y joue est fort, romantique, imprégné d'histoire, de sentiments nobles et de désespoir. Les auteurs en vogue sont des géants d'hier, Corneille et Racine, et des nouveaux classiques, comme Hugo. L'événement de la rentrée 1838, ce sont les débuts d'une immense tragédienne, Mlle Rachel, qui n'a que seize ans et embrase la Comédie-Française au soir du 24 septembre; jouant le rôle de Camille, dans *Horace*, Rachel est sublime. La presse souligne le triomphe de cette jeune fille qui réveille le répertoire « ... sans l'aide d'aucune intrigue et sans l'appui d'aucune protection... », ce qui est très méritoire. D'emblée, on calcule que Rachel va rapporter à la Comédie-Française ses meilleures recettes. Eugénie et Francesca, leur mère et le mentor Mérimée sont dans une loge, éblouis par Rachel. Un journaliste note « ... Sa figure, d'une beauté fort ordinaire, excite le regard du spectateur par la passion qu'elle respire et surtout qu'elle communique. Son talent n'a rien d'emprunté et c'est une nouveauté que sa manière de jouer la tragédie. » Ayant dépoussiéré les vieux auteurs et prouvé leur éternelle jeunesse, Rachel va gagner, dit-on, 20 000 francs par an [1]. Et le chroniqueur de conclure, connaissant bien la fraternité relative entre les comédiens : « Déjà, cette jeune fille a soulevé bien des jalousies dans les coulisses de la Comédie-Française et elle est plus haïe de nos comédiennes, jeunes ou vieilles, que ne l'a jamais été et ne le sera jamais tête couronnée. » Sans doute mais Rachel, elle, ne risque pas d'être assassinée par un terroriste... Le succès est immense et, à chaque représentation, plus de mille cinq cents spectateurs applaudissent le nouveau nom de la Tragédie.

---

1. A titre de référence, les meilleures places coûtent alors 6, 60 francs. Rachel occupera la loge de l'illustre Mlle Mars, qui achève sa carrière et elle donnera son nom à l'un des cinq étages où sont installées les loges des comédiens-français.

Eugénie est très impressionnée par Rachel, qui n'a que quatre ans de plus qu'elle et déclame avec tant de sensibilité les vers du *Cid* ou de *Bérénice* devant une salle en extase. Quelle émotion ! Un soir, entre un rapport de tournée et son travail sur César, Mérimée arrive chez la comtesse de Teba accompagné de Rachel. Un éblouissement. Rachel est là, incarnation du théâtre mais elle est bien vivante. Mérimée sourit, s'amuse de la joyeuse stupéfaction d'Eugénie, qui n'était pas au courant de cette visite et parvient à poser toutes sortes de questions à la comédienne. Eugénie boit les réponses comme du miel. Allons, voici une nouvelle passion qui naît par le biais de l'identification. Mérimée, amusé, complète le portrait de Rachel, inconnue il y a trois ans, née de parents misérables et qui, à sept ans, avait dû chanter dans les rues comme une bohémienne et dire, avec une moue suppliante « Un petit sou, s'il vous plaît... » Un régisseur de théâtre l'avait remarquée sur le boulevard, transie, tremblante dans la neige et le vent. La chance dans la misère. Le reste était arrivé par un mélange de dons et de travail acharné. Manuela, si elle est également impressionnée, est enchantée de recevoir celle que tout Paris se dispute. Quelle fierté de savoir qu'on dira, demain, que c'est chez la comtesse de Teba qu'on pouvait approcher Rachel. Evidemment, ce qui devait arriver arrive : Eugénie a trouvé sa vocation – elle le pense – et déclare, quelque temps après, qu'elle fera du théâtre ! Sa décision sera encore avivée par d'autres visites de Mlle Rachel, joyau de quelques soirées. Sur les conseils de Mérimée, Manuela ne s'inquiète pas. Encore une passade, c'est normal, c'est de son âge. Comme on le sait, Eugénie ne fera pas précisément de théâtre, ce qui lui inspirera cette remarque désenchantée, vers la fin de l'Empire : « A l'âge de douze ans, je voulais devenir actrice. Je n'ai pas eu de chance : je suis devenue impératrice. »

Progressivement, Eugénie se transforme ; elle est complexée par sa sœur, souvent citée en exemple pour sa beauté et sa pondération. Ah ! ces comparaisons, ces préférences, ces petites vexations qui empoisonnent l'âge tendre... Et ce père qui ne revient pas, n'est-ce pas inquiétant ? Eugénie ne cesse de lui écrire au cours de cette année 1838 et au début de 1839. Elle lui crie combien il lui manque, comment elle voudrait le serrer dans ses bras, que son cœur ne vit que pour lui.

Ces touchants appels finissent par une question simple à la fin
d'une missive : « Ne peux-tu venir, même pour quelques
jours ? »

Non, Don Cipriano ne peut pas venir en France, même s'il
le souhaite, car sa santé est précaire. Ses innombrables blessures ont fini par mater son énergie ; il est presque immobilisé
et souffre sans se plaindre. Une douleur morale s'ajoute à ses
afflictions physiques : l'attitude politique de sa femme à Paris ;
tous les renseignements qu'il reçoit confirment ce qu'il redoutait : Manuela continue de recevoir ouvertement chez elle des
partisans de Don Carlos – et exclusivement eux – alors que,
en Espagne, en dépit de la confusion qui persiste, les partisans
de la régente Marie-Christine, surnommés les Cristinos, progressent avec des victoires militaires sanglantes ; il a fallu que,
du côté des troupes gouvernementales, le général Espartero,
qui s'apprête à couper la route de la France à Don Carlos,
fasse exécuter certains de ses hommes pour rétablir l'ordre.
Cette reprise en main avait été spectaculaire et les Carlistes,
désorganisés, sentent qu'ils ont perdu ; bientôt, ils entameront
des négociations secrètes avec leurs adversaires. Dans ces
conditions, le soutien du salon de Manuela à tous les opposants espagnols est très mal vu seulement de Madrid mais
aussi de Paris puisque, depuis 1834, la France de Louis-
Philippe, comme l'Angleterre, soutient le gouvernement légal
d'Espagne contre la rébellion légitimiste [1]. Aussi, Don
Cipriano n'a que peu apprécié un courrier confidentiel qu'il a
reçu du Premier ministre de la régente : « La maison de ta
femme à Paris est devenue le centre de réunions carlistes.
Tous ceux qui arrivent du quartier général de Don Carlos
vont chez elle avec des recommandations. Puis-je éviter d'en
rendre compte à Madrid ? C'est pour moi un gros souci. »

Afin que la résidence de la comtesse de Teba cesse d'être
une sorte d'ambassade de l'ombre, son mari lui envoie immédiatement un courrier incitatif en même temps que résigné :
« Pour couper court à tous ces bruits fâcheux qui courent
autour de toi comme un essaim de mouches, peut-être
serait-il bon que tu mettes quelque distance entre ces bruits et
toi. Tu pourrais aller passer quelques semaines à Bruxelles qui
est une ville que tu aimes. Sans doute serions-nous alors

---

1. On imagine mal qu'il ait pu en être autrement, la Maison d'Orléans étant, à l'évidence, opposée aux légitimistes de France.

encore un peu plus loin l'un de l'autre, mais j'ai appris, hélas !
depuis longtemps où se trouvait le chemin de la solitude... »
Un essaim de mouches ? Manuela proteste, ce qui ne lui coûte
guère. Ni Mérimée ni *Monsieur Beyle* ni les autres habitués de
son salon ne sont des parasites. Quant aux Espagnols, il est
normal qu'ils soient reçus par une de leurs compatriotes installée à Paris...

Elle ajoute même quelques amabilités et assure Don
Cipriano qu'ils se reverront avant l'été. Mais, fin février, le
médecin qui suit son mari l'informe qu'il est très mal et que,
sans doute, c'est la fin. Et voici le paradoxe d'un couple mal
assorti : elle qui n'avait cherché qu'à le tenir à distance se précipite sur ses malles pour partir au plus vite. Pas question
d'emmener ses filles et Miss Flowers, le mouton quotidiennement conduit à l'abattoir, est là. Manuela fait porter un billet
à Mérimée qui s'est fait rare, plongé dans la vie de César et
trouvant qu'elle n'est pas « amusante à écrire » ! La comtesse
de Teba fait plomber ses bagages à la douane de la rue
d'Enghien et prend la première voiture des messageries
royales. En dix jours elle est à Madrid, au chevet du mourant.
Elle s'active, l'entoure de soins, le veille jour et nuit comme si
elle cherchait à retenir le temps et empêcher la fuite d'une vie
évanescente. Mais rien, pas même une tardive tendresse, ne
peut sauver le grabataire. Le 15 mars 1839, Don Cipriano,
Grand d'Espagne qui avait vécu comme un proscrit, alias le
colonel Portocarrero de la Grande Armée qui s'était battu
comme un fauve pour l'idéal napoléonien, rend son âme fou-
gueuse à Dieu. Avec une distinction et une austérité bien ibériques, sans rien dire... Il avait cinquante-cinq ans. Ses
dernières semaines furent assombries par l'amertume
en voyant que l'héritier de la cause bonapartiste, Louis
Napoléon, ne réussissait qu'à écorner l'illustre nom par ses
complots ratés. Son chagrin le plus discret a été de ne pas
revoir ses filles. Manuela prévient Miss Flowers de se mettre
en route avec elles sans les avertir de la vérité. L'Anglaise est
déjà épuisée ; cette fois, Paca, la docile Francesca, a été infernale. Elle aussi !

Mérimée revient, accablé. Il écrit à la comtesse la veille de
leur départ : « Demain, on se met en route. Vous ne sauriez
croire, mon amie, le chagrin que j'en éprouve. Elles partent à
une époque de la vie des femmes où quelques mois les
changent beaucoup et il me semble que je vais les perdre.

Quand on se sépare d'une amie comme vous, on a la certitude de la retrouver un jour absolument telle qu'on l'a quittée, mais au lieu de nos deux petites amies, je crains de voir deux demoiselles m'ayant tout à fait oublié. Les journaux m'apprennent que lord Clarendon est en route pour revenir et c'est une perte pour vous. Les chagrins ne viennent donc jamais seuls [1]... »

Mérimée est très atteint par ce départ. Stendhal aussi, même s'il le montre moins. Il vient de publier *L'Abbesse de Castro*, dans *La Revue des deux mondes*, et attend les premiers exemplaires de *La Chartreuse de Parme*, avec cette dédicace encore secrète, qu'il a réservée à *P* et à *E*, au moment même où les deux fillettes quittent Paris. Dans son carnet, à la manière d'un comptable des émotions, il note le départ de celle qu'il surnomme *Eouk*, contraction fantaisiste d'Eugénie mais aussi de *Pakit*, déformation affectueuse de Paca. Pour Stendhal, Paris, qu'il nomme Lutèce, est non seulement triste sans les filles et leur mère mais « plutôt insipide ». Ce 17 mars, Don Prospero et *Monsieur Beyle* savent qu'ils disent adieu à des moments exceptionnels, ceux de l'adolescence en éveil qu'ils ont parrainée. Et on verra Eugénie longtemps à la portière de la diligence, dans le bruit presque ferroviaire des roues et des sabots sur les pavés de la cour des Messageries; plus encore que sa sœur, elle scrute, le cœur gros, les deux complices de son épanouissement jusqu'à ce que la voiture ait tourné.

Des succès et un chagrin d'amour

Le choc n'en est que plus dur. A Madrid, elles apprennent que leur père est mort depuis plusieurs jours. La réaction des demoiselles est exactement le contraire de leur tempérament affiché. L'aînée, Paca, s'abîme dans une douleur sonore, théâtrale, disons espagnole; la cadette, si exubérante, monte dans sa chambre sans faire d'éclat. Elle ne dit rien, ne verse pas une larme en public et demeure prostrée deux jours. Cette raideur digne, cette résignation silencieuse est, elle aussi, très espa-

---

1. Après avoir travaillé à un compromis, dit de Vergara, qui rapprochera, momentanément, le général Matoro, carliste et le général Espartero, libéral et cristino, Lord Clarendon quitte, en effet, son poste d'ambassadeur de Sa Majesté britannique à Madrid pour rejoindre, à Londres, le Cabinet libéral de Lord Melbourne.

gnole. Les deux sœurs sont métamorphosées par la douleur. L'aînée a réagi comme une gamine foudroyée de chagrin, la cadette davantage comme une personne mûrie. En un instant, les filles de Don Cipriano perdent leur insouciance ; voici le temps de la transformation, toujours plus spectaculaire et plus précoce chez les filles que chez les garçons. Elles ne sont pas encore des femmes mais des adultes. Eugénie avait adoré son père qui ressemblait à un personnage des souvenirs de *Monsieur Beyle*. Oui, ce père original avait vingt ans quand Napoléon avait imposé le régime impérial... En secret, Eugénie en veut à sa mère de ne pas avoir favorisé d'ultimes retrouvailles avec celui qui avait été son plus ancien allié. Ils se comprenaient si bien... Veuve, la comtesse de Teba, devenue la comtesse de Montijo, montre qu'elle a conservé son énergie légendaire [1]. Dans Madrid qui est également en mutation – Manuela n'entend plus les cloches de l'église voisine consacrée à saint François d'Assise car elle a été transformée en caserne –, dans Madrid où l'apaisement est visible alors qu'en Catalogne, des combats acharnés se déroulent encore, Eugénie et sa sœur réapprennent à vivre à l'heure espagnole. Leur mère peut enfin savourer pleinement le confort de ce palais qu'elle avait sauvé des manigances sexuelles d'une intrigante. La vie s'organise bien Plaza del Angel, alors que les Carlistes rendent leurs armes et que les deux généraux adversaires se donnent une fraternelle accolade, le 31 août, à Vergara. Ayant récupéré un peu d'argent, Manuela peut aussi entretenir le domaine de Carabanchel mais elle doit imposer ses droits successoraux face à une cohorte de parents avides ; on peut faire confiance à la comtesse qui n'est pas du genre à se laisser gruger.

Entre elle et ses filles, la déchirure est manifeste mais inégale. Paca reste la préférée, Eugénie l'indomptable. La cadette souffre de cette différence d'affection. Soudain, sa mère lui paraît trop présente, dirigiste « voulant faire le bonheur de tout le monde mais à sa manière », selon Eugénie, trop pres-

---

1. En France, une erreur permanente attribue à la future impératrice le nom de Montijo, ce qui est faux et résulte de la confusion entre le patronyme et le titre. Si on l'appelait Mlle de Montijo, c'est parce que, adolescente, elle était la fille de la comtesse de Montijo et que, à la différence de l'Ancien Régime, l'usage français ne distinguait plus le titre du nom. En droit, Eugénie ne pouvait porter le titre de Montijo. Son véritable nom était celui de son père, Guzman y Palafox, ainsi que ses lettres et papiers officiels l'attestent y compris son contrat de mariage avec Napoléon III. Rappelons que son père, titré comte de Teba, était devenu comte de Montijo à la mort de son frère aîné.

sante comme pour compenser le départ physique du père. La
comtesse montre ses filles, fait leur éloge comme elle dresse-
rait l'inventaire de ses biens; ses enfants sont à elle et elle
entend les conduire avec adresse jusqu'au mariage. Pour la
comtesse, elles sont une réserve, une monnaie d'avenir. Pour
ainsi dire, une revanche.

Francesca et Eugénie, surtout, rougissent de cet étalage;
elles ne sont plus de jeunes étrangères qui font le succès et le
charme de la vie parisienne mais des Espagnoles diluées dans
la vie madrilène et dont l'existence n'est qu'une façade. Paca
bénéficie, en raison de son âge, du droit d'accompagner sa
mère pendant qu'Eugénie reste sous la garde de Miss Flowers
qui ne parvient pas à apprécier comme il faut la cuisine un peu
lourde à l'huile d'olive. De plus, la vie des deux sœurs est
paradoxale. Si à Paris, elles avaient connu une liberté rare et
rencontré des gens intéressants, à Madrid, elles sont sous surveillance et les visiteurs de leur mère sont d'un ennui abyssal.
Ils n'ont rien à dire et même les ragots sont sinistres! Ah! si
seulement MM. Mérimée et Beyle étaient là! Mais il n'y a que
leurs lettres. Eugénie supplie par écrit : «Venez, venez. Cela
rendra bien heureuses vos petites amies et nous recommence-
rons nos bonnes causeries.» Comment trouver à Madrid des
hommes aussi passionnants, disponibles et affectueux? Cette
chance – elles mesurent que c'en est une et qui leur a ouvert
l'esprit – est-elle donc définitivement passée?

Eugénie se sent décalée par rapport aux préoccupations de
ses nouvelles amies. Au bon *Monsieur Beyle*, elle raconte : *Les
jeunes filles que nous connaissons ne parlent que de toilettes ou, pour
changer, ne font que médire de celle-ci ou celle-là. et moi, je ne goûte
pas des amies de ce genre. Quand je suis forcée de leur rendre visite,
je n'ouvre la bouche, en leur salon, que pour leur dire adieu.*
Toutes ces *historietas* sont sans intérêt. Et comme dans une
cage, dorée certes, les jeunes poulettes caquettent sans savoir
qu'Eugénie a été bercée de la conversation de deux hommes
remarquables qui l'ont fait mûrir. Sa mère, qui semble s'être
un peu rangée, s'étourdit de mondanités futiles. Eugénie la
méprise, aggravant le fossé des générations. La jeune fille
passe pour rebelle, dotée d'un caractère difficile et, cependant, elle est déjà très attirante et retient l'attention. Son
visage ovale au teint de porcelaine, son regard bleu et la rousseur de ses cheveux sont très commentés. Une beauté, dit-on.

Dommage qu'elle soit si renfermée... et si différente des autres. En décembre 1839, elle écrit à Stendhal qui a dû regagner son consulat de Civitavecchia pendant l'été. Sa *Chartreuse* n'a pas eu le succès qu'il espérait, en dépit d'un éloge vibrant de Balzac qui a écrit : « M. Beyle a fait un livre où le sublime éclate de chapitre en chapitre. » Aux portes de Rome, Stendhal s'ennuie de plus en plus, travaille à *Lamiel* sans vigueur ; la correspondance avec Eugénie le réconforte car lui aussi a un immense et désespéré besoin d'affection. Certes, ce serait merveilleux de pouvoir se rendre à Madrid et de comparer l'Espagne, qu'il ne connaît pas, à l'Italie, sa vraie patrie. Eugénie ose y croire : *J'ai reçu votre lettre avec grand plaisir. J'attends avec impatience l'année 1840, puisque vous nous faites espérer de vous revoir. Vous me demandez ce que je fais à présent. J'apprends à peindre un peu ; nous rions, travaillons comme par le passé et nous tâchons de ne pas oublier ce que nous avons appris à Paris... A Madrid, il y a eu de grandes fêtes en l'honneur de la proclamation de la paix, mais on la proclame tant de fois que je ne le crois plus...* Eugénie n'a pas quatorze ans et elle est déjà sans illusions sur bien des aspects de la politique. Elle n'a pas tort car si le gouvernement espagnol a décrété une amnistie, les officiers et fonctionnaires civils carlistes en sont exclus, de même que les ecclésiastiques. Résultat de ce pardon sélectif : des centaines d'Espagnols, marqués comme favorables à Don Carlos, franchissent les Pyrénées et demandent asile à la France, mesure qui leur est accordée par Rémusat, ministre de l'Intérieur dans le Cabinet de M. Thiers. Eugénie fait preuve d'une lucidité surprenante sur la situation réelle de son pays en expliquant le dessous des cartes à M. le Consul de France à Civitavecchia (Etats du pape) : *Maroto, général carliste, est passé au camp cristino moyennant une forte somme d'argent, ce qui n'est pas beau, et tous les autres petits officiers ont suivi son exemple. La Navarre, Alava, Guipuzcoa, Biscaye ont reconnu la reine légitime. On annonce que don Carlos et la duchesse de Bura ont passé en France (...) Maman, ma sœur et Miss Flowers vous présentent leurs respects, et moi, je suis, Monsieur, avec dévouement, votre affectionnée amie.* Cette lettre, signée de son nom de jeune fille, montre qu'à défaut d'une orthographe toujours sûre, M. Mérimée lui a inculqué un bon français. En dénonçant les combinaisons hypocrites, les accords secrets, les reniements et les trahisons, la jeune fille se montre visionnaire. En effet, si la guerre civile est officiellement arrêtée, les braises de la haine sont encore brûlantes. Un souffle et le feu repartira... Le général Espartero, devenu l'homme le plus populaire d'Espagne et nommé duc de la Victoire, va s'occuper de politique. D'abord prestigieux conseiller de la régente, il entre en conflit avec elle et prend, à l'été, la tête de l'opposition. A Barcelone, on crie : « A mort Marie-Christine ! » Des généraux carlistes, chefs estimés déçus des promesses non tenues, reprennent les armes. Le 12 octobre, la régente, dépassée et discréditée, n'a pas d'autre solution que de se retirer ; son parti avait gagné la guerre civile, elle a perdu la paix civile. Marie-Christine part, elle aussi, pour la France, victime du *pronunciamiento* réussi de Baldomero Espartero. La situation permet à Eugénie d'intéressantes réflexions sur l'atrocité d'une guerre entre citoyens d'un même pays. Très tôt, elle prend en horreur ce type d'affrontements que la vie ne lui épargnera pas. Cependant, un événement extérieur est bien plus excitant : le retour annoncé des cendres de l'Empereur et de ses funérailles aux Invalides. Qu'un roi, prince d'Orléans, prenne l'initiative de rapatrier les restes du plus illustre membre de la dynastie impériale déchue est déjà étonnant et risqué mais d'un symbole patriotique très fort. En accaparant – en récupérant – la gloire napoléonienne, Louis-Philippe accomplit un tour de force. Une réconciliation « au nom de la France » dira le roi, solennel, mais aussi le risque de réveiller une nostalgie et une cause. La cérémonie sera d'autant plus curieuse que le neveu de l'Empereur va encore s'illustrer d'une manière navrante à Boulogne et, après le fiasco, sera condamné, le 6 octobre, à la détention perpétuelle au fort de Ham, en Picardie. Eugénie ne manque pas d'être informée, par Mérimée, de ce cataclysme historique : avant d'accueillir l'oncle, Louis-Philippe fait enfermer le neveu ! Dès le mois de mai, dix jours après que la Chambre des députés eut voté le projet de loi d'un crédit d'un million pour le transfert des restes de l'Empereur depuis Sainte-Hélène, Mérimée écrit à Manuela qu'elle devrait assister à la cérémonie, prévue pour la fin de l'année : « En votre qualité de bonapartiste, vous serez enchantée de la translation du cercueil de Napoléon. Vous êtes obligée d'y assister. On dit que ce sera fort beau si quelque émeute ne vient pas tout gâcher. »

Mérimée est caustique, comme souvent. Entre les lignes, il laisse deviner qu'il n'est pas bonapartiste. Il est vrai qu'un an plus tôt, il a beaucoup souffert d'un voyage en Corse, le ministère de l'Intérieur ayant englobé ce département dans sa tournée d'inspection, ce qui est une première puisqu'on y trouve, selon l'arrêté de M. de Gasparin, secrétaire d'Etat à l'Intérieur, « des monuments antiques qui, jusqu'ici, n'ont pas été suffisamment explorés et décrits », et exige un rapport spécial. Si Mérimée ne garde pas de ses impressions de Corse un bon souvenir – alors qu'il s'apprête à publier, le 1ᵉʳ juillet, *Colomba*, roman mettant en scène l'honneur corse sur fond de vendetta et que son voyage lui a fourni une irremplaçable couleur locale – c'est parce qu'il est arrivé au milieu d'émeutes avec « des coups de fusils et voilà tout », précisant, dans une lettre à la comtesse de Montijo : « Ils n'y vont pas par quatre chemins et pour drapeau, ils déclarent la guerre aux propriétaires. »

A sa proposition de venir à Paris, Mérimée reçoit un refus poli de Manuela, trop prise à Madrid. Mais qu'il vienne, lui. On l'attend en battant des mains. Eugénie est déçue de ne pas être à Paris pour les fêtes grandioses qu'on prépare. Elle le dit à *Monsieur Beyle*, lequel, on le sait, est plutôt bonapartiste : « Vous devez être bien content à présent que l'on va rapporter les cendres de Napoléon. Moi aussi, je le suis, et je voudrais être à Paris pour voir cette cérémonie [1]. »

Hélas, cette missive sera l'ultime confidence de Mlle Guzman y Palafox à Stendhal. La santé du consul-écrivain se détériore. En fouillant la campagne romaine, il a rencontré une jeune fille, vraisemblablement son dernier amour, mais une attaque d'apoplexie le laisse épuisé et il n'a plus la force d'écrire, un état qu'Eugénie n'apprendra que plus tard. A l'été 1840, M. Mérimée repart pour une tournée dans le Sud-Ouest avec une triple intention. La première est que, désormais, seuls des gens qualifiés pourront intervenir sur les monuments qui exigent une restauration – car les amateurs, qui croient bien faire, aggravent le désastre des ruines avec une inconscience criminelle. La deuxième est d'obtenir le remboursement exact de ses frais de mission, en particulier de transports, remboursement aussi lent et pénible que le moyen de locomotion lui-même ! Il explose : « Maudit et trois fois maudit celui qui a inventé le mètre et le kilomètre. Vous ne

---

1. Il s'agit des cendres au sens antique du terme puisque le corps de Napoléon n'a pas été incinéré.

vous faites pas idée de l'ennui que l'on a maintenant à voyager. J'ai fait plusieurs essais quant au paiement des postillons. Quinze sous par kilomètre, on nous prend pour un prince russe, quatorze sous par kilomètre, on marche assez bien, treize sous, on marche mal et on grogne. » M. l'inspecteur général finit par d'invraisemblables calculs au... myriamètre près et obtiendra de son administration une réévaluation de son défraiement. La troisième, enfin, est de s'accorder un congé chez Mme de Montijo qui passe la fin de l'été dans sa résidence de Carabanchel. Il y arrive le 18 août, alors que la milice se soulève contre Marie-Christine, la régente, et que Madrid a, une fois de plus, la fièvre de la révolution. Francesca et Eugénie sont aux anges, Don Prospero est là ! Enfin, pas toujours car le matin, il écume les bibliothèques, visite les musées d'un œil expert ; le soir, il fait quelques ravages parmi les invitées de la comtesse de Montijo. Mais on lui a aussi fourni l'adresse d'une certaine Senora Augustina qui sait faire accompagner les célibataires de personnes qu'il qualifiera lui-même de « jeunesses très complaisantes ». Comme Eugénie a changé ! Elle est vraiment jolie – elle le sait – et son regard d'opale, qu'elle commence à poser sur les hommes, est bien troublant. Elle est grande, bien proportionnée, ses jambes, à peine aperçues bien sûr, sont longues et sa taille est d'une minceur idéale. Ses cheveux ont perdu la rousseur qui agaçait la fillette, ils virent au blond. Et sa conversation est élevée, dépourvue d'enfantillages. Désormais, sa mère l'autorise à assister aux dîners, en particulier ceux du dimanche soir, ceux où l'argenterie la mieux ciselée accompagne les plus beaux services. Que de changements ! Eugénie a tellement de succès que Mérimée en reste songeur. Il repart le 13 octobre et, c'est promis, il racontera à Eugénie tous les détails de la cérémonie funèbre mais aussi les nouvelles pièces de M. Scribe, les opéras de M. Donizetti et tout ce tintamarre d'idées et de talents qui font Paris.

Quand Don Prospero repart, Eugénie est triste mais quel bonheur que ce séjour ! Et quelle complicité avec ce séducteur et gentilhomme. Ce n'est pas lui qui contredirait Mme de Montijo quand elle prétend, contre l'évidence, que les arbustes de son domaine de Quanta Miranda, à Carabanchel, sont plus grands que les marronniers des Tuileries ! Les Tuileries, n'est-ce pas, M. Mérimée, c'est mieux ?

Après le décès de son père, le plus profond chagrin éprouvé
par Eugénie est d'apprendre, par Mérimée, que *Monsieur
Beyle* est mort. Celui-ci était, en somme, la continuité de
celui-là. Stendhal, qui avait regagné Paris le 8 novembre 1841
dans un état d'immense fatigue, s'était remis au travail; ses
forces revenaient, surtout au début de l'année 1842. Malheureusement, l'amélioration n'était qu'illusion; le 22 mars,
dans la rue des Petits-Champs, une nouvelle attaque d'apoplexie le terrasse et, après vingt-quatre heures de coma, il
s'éteint, âgé de cinquante-neuf ans. Pauvre *Monsieur Beyle*,
frappé en plein Paris et mort seul. Ce théoricien de l'amour
– on pourrait dire mathématicien – qui avait tout analysé et
avait souvent connu l'échec personnel, était apparu tel un
magicien à Eugénie. Quelques mots de lui et l'Empire revenait
dans la bouche de celui qui avait été présenté à l'Impératrice
Joséphine. Avec *Monsieur Beyle*, qui avait vu la bataille d'Iéna
et était entré dans Vienne, avec Stendhal qui détestait les
Bourbons et subissait, selon son aveu, une humiliation depuis
1814, le rêve impérial était passé dans les yeux si bleus de la
jeune Espagnole. Qui aurait pu pressentir la force de cette
empreinte? Plus tard, en lisant *Lamiel*, Eugénie, devenue
femme, se posera cette question que le romancier pose à son
personnage : « Faire l'amour? Mais comment peut-on faire un
sentiment? »

Le 5 mai 1843, la seconde fille de la comtesse de Montijo
fête ses dix-sept printemps. Manuela organise un grand bal
costumé dont tout Madrid bruisse car les soirées travesties y
sont rares. Paca choisit de se vêtir à la mode de Cracovie, cette
ville du sud de la Pologne étant alors la capitale d'une république semi-autonome entre deux étreintes autrichiennes.
Eugénie, elle, retient une tenue d'Ecossaise où dominent le
vert et le rouge; on remarque son petit calot, qui lui va bien,
posé sur ses beaux cheveux; ce costume écossais, influencé
par Walter Scott, est très la mode en Europe, chez les jeunes
filles, depuis la création, à Paris, de *La Sylphide*, le premier
ballet romantique où Maria Taglioni avait été sublime. Paca
et Eugénie ont eu un complice dans la préparation de ce bal
costumé, Mérimée lui-même, promu conseiller vestimentaire!
La comtesse de Montijo l'avait prié de lui envoyer des catalogues en sélectionnant les meilleures modistes et, ayant remis
les mensurations de ces demoiselles à des mains expertes, il

s'était chargé de surveiller la confection, les mises à la taille. Il est vrai que c'est Paris qui, déjà, donne le ton. Les ministères changent mais la mode évolue encore plus vite. M. Mérimée avait signalé les aimables extravagances du bal masqué de l'Opéra, le 1ᵉʳ janvier, animé par cent cinquante musiciens. Les chapeaux et bonnets sont alors la seule véritable originalité. Il y a ceux *à la du Barry*, en tulle neigeux, rappelant ce qu'on appelait l'œil de poudre, aguicheur, du temps de Louis XV.

Il y a ceux *à la Charlotte Corday*, considéré « élégant à force de simplicité comme l'héroïne dont il porte le nom » (!) ou encore *à la Mathilde* « où le velours et la dentelle se combinent de mille manières et rehaussent l'éclat des belles chevelures ». Don Prospero, revenu d'un long périple en Orient, a donc trouvé le temps de faire les boutiques spécialisées et les ateliers de théâtres, de dénicher ici des colifichets, là des fanfreluches, vite expédiés à Madrid, comme si la capitale espagnole était un désert sans un magasin.

Seulement, M. Mérimée a tout de même besoin d'avis autorisés. A une amie, il demande son aide dans un billet urgent : « J'ai couru tout Paris pour acheter des robes et des chapeaux, et mercredi, j'ai rendez-vous pour commander un costume de bergère rococo. Tout cela pour les deux filles de Madame de Montijo. Conseillez-moi. (...) Une Ecossaise et une Cracovienne sont en route. J'ai une bergère ; il me faut un autre déguisement. » Décidément, l'Inspection des monuments historiques mène à tout ! L'explication est pourtant simple : tout ce qui concerne l'univers féminin attire Prosper Mérimée ; dans ce domaine aussi, il est un connaisseur. Et quand il décrit les demoiselles Guzman à son amie Jenny Dacquin, dans une lettre du 7 février 1843, il les résume ainsi : « L'aînée est brune, pâle, très jolie... Expression gaie. L'autre est très grande, très blanche, prodigieusement belle, avec les cheveux qu'aimait le Titien. »

Eugénie commence à séduire. Mais elle a d'autres arguments que ses traits physiques ; son caractère est d'une indépendance totale, elle n'a rien de convenu ni aucun a priori. Sa façon de se comporter surprend tous ceux qui la rencontrent. Ainsi, Maxime Du Camp, alors âgé de vingt ans et qui est ébloui, comme tant d'autres, par la belle Valentine Delessert – laquelle est toujours la maîtresse officielle, bien que discrète et mariée, de Mérimée – est stupéfait du comportement de la demoiselle. Eugénie se permet des réactions incroyables qui frisent la provocation mais sont bien dans la tradition d'outre-Pyrénées. Alors que des messieurs fument le cigare au billard, comme il se doit, elle entre, proteste contre la tabagie et, pour s'amuser, saute sur le billard comme si elle était une fille de taverne et se met à danser un pas espagnol plutôt osé : « (...) Faisant jaillir ses hanches, poussant sa poitrine en avant, claquant des doigts, soulevant sa jupe et se trémoussant, la tête inclinée, les yeux mi-clos, elle chassait du pied les billes et riait. » Aguicheuse, Mlle de Guzman y Palafox ? Elle s'amuse à vérifier cet étrange pouvoir si inégalement distribué qu'est le charme. Du Camp, qui n'appréciera jamais l'Impératrice et la jugera de la manière la plus sévère, n'oubliera pas cette vision, ni son attitude lorsqu'un des invités, se permettant de frôler le mollet de la jeune fille, reçoit « une tape sur la tête », parfaitement méritée. Où se croyait-il donc ? Prosper Mérimée, à qui Eugénie avait dit un affectueux bonjour en espagnol, n'oubliera pas non plus ce petit divertissement imprévu.

Bien que fière, comme une véritable Andalouse, Eugénie est très attentive au sort des autres. Déjà. Généreuse comme on l'est à cet âge, elle partage les idées sociales des saint-simoniens et voit, avec bonheur, le progrès des thèmes de Fourier qui propose l'harmonie universelle autour de son phalanstère, cette communauté de travailleurs vivant ensemble. Et, comme le note Jean Autin : « Joignant le geste à la lecture, elle apprend à sculpter le bois, puisque dans la libre société de demain, chacun devra posséder un métier manuel [1]. » L'altruisme de Mlle de Guzman s'illustre encore lors d'un incident survenu un soir où elle est seulement sous la garde de Miss Flowers. Un homme, soupçonné de meurtre – coupable, en vérité – s'étant réfugié sous le toit de la comtesse de Montijo, Eugénie refuse de le livrer à la police, lui laissant une chance.

Autour des deux sœurs, les soupirants ne manquent pas. Leur mère veille, bien entendu, à la qualité de ces fréquentations mais comment prévoir l'accélération des battements de cœur ? Ainsi, on voit beaucoup un cousin éloigné des deux filles, Jaime, le duc d'Albe qui est de petite taille comme beaucoup de Grands d'Espagne mais représente, avec son illustre

1. Jean Autin, *L'Impératrice Eugénie*, Fayard, 1990.

nom et sa fortune, un candidat idéal. Il a vingt ans, il est d'une exquise courtoisie, timide et austère comme un personnage du Greco mais quand on peut vaincre sa réserve, il est, en réalité, sympathique. Eugénie et Jaime se connaissent depuis toujours ; elle appréciait son calme et sa pondération, voici qu'elle lui découvre d'autres qualités et s'enflamme pour lui. Elle vient souvent au palais de Liria, l'éblouissante demeure dès ducs d'Albe, achevée en 1780 et dont la collection d'œuvres d'art met en concurrence les maîtres espagnols, tels Zurbaran et Vélasquez, avec le Titien, Rubens, Rembrandt et Gainsborough, sans parler des tapisseries flamandes. Alors, Eugénie, habituée de la maison, ne peut que rêver devant l'un des fameux portraits de la duchesse d'Albe peinte par Goya, en 1795 [1]. Elle s'éprend du jeune duc et, contrairement aux usages, c'est elle, pratiquement, qui fait une véritable déclaration au jeune homme, surpris. Elle lui écrit : *Il n'est pas une chose que je ne ferais pour toi. Mets-moi à l'épreuve, je t'en prie...*
Demande-moi n'importe quelle folie, je l'accomplirai. Sur ton simple désir, je serais prête à mendier pour toi ou à me couvrir de honte. Oui, j'irais jusqu'au déshonneur s'il le fallait, pour te prouver la force de mon amour. Un véritable ultimatum sentimental qui ne souffre aucune hésitation. Eugénie a dix-sept ans, elle est impatiente ; Jaime en a trois de plus, il reste de marbre, comme le sol du palais ! Il se borne à répondre que cette lettre l'a beaucoup touché – c'est vraiment un minimum ! – et « qu'elle lui a permis de voir clair dans ses sentiments ». En effet ! Sa réserve lui interdit d'en dire davantage. Certes, Eugénie brûle ; elle a déjà l'audace d'une femme qui aime sans demi-mesure tandis que lui est encore un adolescent embarrassé. Bien que pudique et apaisante, la réponse du jeune duc agit à la manière d'un soufflet de forge. Eugénie laisse exploser sa passion en public. Un dimanche, sous les ombrages de

---

1. Il s'agit d'un portrait en pied de la treizième duchesse, en robe blanche, avec un nœud rouge dans les cheveux et un autre, également rouge, sur la poitrine. Son corset est rouge. Au bas de sa robe, on voit son petit chien, qu'elle désigne ainsi que la signature de Goya et la date. Le palais de Liria, le plus beau musée privé d'Espagne, incendié pendant la guerre civile, a été somptueusement restauré grâce à la ténacité de la dix-huitième et actuelle duchesse, Cayetana. Contrairement à une légende tenace, les deux célèbres « Majas », l'une habillée et l'autre nue mais chaque fois allongées sur des coussins et présentées au Prado, n'ont pas eu pour modèle la duchesse d'Albe mais Pepita Tudo, maîtresse de Godoy, le Premier ministre du roi Charles IV. La version dénudée, genre de peinture courant en Europe mais rare en Espagne à la fin du XVIIIe et au début du XIXe, ne sera exposée qu'en 1901, par crainte d'un scandale, soit près d'un siècle après avoir été achevée...

Carabanchel, elle se jette dans les bras du jeune homme, effaré, devant les invités de la comtesse. Quel tempérament! Hélas, le bonheur d'Eugénie est court car sa mère a décidé pour elle : c'est Paca, l'aînée, qui sera duchesse d'Albe et non la cadette... Et il semble bien que ce calcul soit déjà ancien chez la comtesse de Montijo, soucieuse d'unir Paca au plus prestigieux titre ducal d'Espagne. En cette époque de mères marieuses, Manuela estime que sa fille aînée, raisonnable et réfléchie, convient bien à un garçon de la même trempe. Eugénie est trop impulsive, elle le souligne à Jaime. L'ennui est que celui-ci a fini par se consumer aussi pour Eugénie; à celle qui se comporte, déjà, comme sa belle-mère, il avoue préférer Eugénie à Francesca, bien que son choix semble incertain... Les atermoiements du fiancé, l'intransigeance de la comtesse qui n'aime pas être contrariée et le désarroi des deux sœurs mises pour la première fois en rivalité sentimentale font rire et sourire. Il n'y a qu'une certitude; le duc est fiancé malgré lui, il ne sait pas encore à qui et l'une des filles de l'ancien mauvais sujet de Ferdinand VII sera duchesse d'Albe. N'est-ce pas le seul aspect qui compte pour l'intrigante comtesse? Eugénie est consternée de voir sa sœur en larmes et le garçon, qui commence à hésiter, ne sait plus qui aimer... Maîtresse femme, la comtesse ne cède pas, il n'est pas question qu'Eugénie devienne duchesse d'Albe! Nous sommes chez un petit cousin mondain de Corneille et de Racine. Devant une situation bloquée – où le jeune duc ne brille pas par esprit de décision, mais on lui a imposé un choix sans lui demander réellement son avis – Eugénie prend une plume romantique, désespérée et réaliste, pour lui écrire, au soir du mercredi 16 mai 1843, soit onze jours après le bal costumé de ses dix-sept ans. Le ton est étonnant dans le registre du sacrifice et de l'adieu à un sentiment aussi bref qu'ardent. Elle n'en peut plus de cet imbroglio et dresse d'elle-même un perçant autoportrait, sombre et amer comme le trait le plus noir de Goya dans la détresse de sa surdité :

Mon très cher cousin,

Tu trouveras très drôle que je t'écrive une lettre comme celle-ci, mais comme il y a une fin à toutes les choses de ce monde, ma fin est très près d'arriver et je veux t'expliquer tout ce que mon cœur contient et c'est plus que je peux supporter. Mon caractère est fort, il est vrai, je ne veux pas d'excuse pour ma conduite, mais quand on est aussi bon avec moi, je ferais tout ce que l'on voudrait de moi. Mais quand on me traite comme un âne, qu'on me bat devant le monde, c'est plus que je ne peux supporter. Mon sang bout et je ne sais ce que je fais. Beaucoup de monde croit qu'il n'y a personne au monde plus heureuse que moi, mais on se trompe. Je suis malheureuse parce que je me le fais être; j'aurais dû naître un siècle plus tôt, car mes idées les plus chéries sont à présent ridicules et je crains le ridicule plus que la mort. J'aime et j'abhorre avec extrême et je ne sais pas s'il vaut mieux mon amour ou ma haine; j'ai un mélange de passions terribles et toutes sont fortes; je combats contre elles mais je perds dans le combat et enfin ma vie finira misérablement perdue entre un amas de passions, de vertus et de folies.

Tu diras que je suis romantique et sotte; mais tu es bon et tu pardonneras à une pauvre fille qui a perdu tous ceux qui l'aimaient et qui est regardée avec indifférence par tout le monde, même par sa mère, sa sœur, et, oserai-je le dire, par l'homme qu'elle aime le plus, pour lequel elle aurait demandé l'aumône et même consenti à son propre déshonneur : cet homme, tu le connais. Ne dis pas que je suis folle, je t'en prie, aie pitié de moi : tu ne sais pas ce que c'est que d'aimer quelqu'un et en être méprisée. Mais Dieu me donnera du courage : il n'en refuse jamais à celui qui en a besoin et il me donnera le courage de finir ma vie tranquillement au fond d'un triste cloître et on ne saura jamais si j'ai existé. Il y a du monde qui sont nés pour être heureux [1] *: tu es de ceux là. Dieu veuille que ça te dure toujours. Ma sœur est bonne, elle t'aime, votre union ne sera pas retardée longtemps; alors, rien ne manquera à votre bonheur. Si vous avez des enfants, aime-les également : songez qu'ils sont tous vos fils et ne froissez jamais l'amitié de l'un pour montrer plus d'affection à l'autre. Suivez mes conseils et soyez heureux : ainsi vous le désire* [2]

Ta sœur, Eugénie.

Ne me persuade pas : c'est inutile. J'irai finir ma vie loin du monde et de ses affectations; avec l'assistance de Dieu, rien n'est impossible et mes résolutions sont prises car mon cœur est brisé.

---

1. *Sic.* Cette lettre est écrite en français. Elle fait partie des Lettres de jeune fille 1843-1853 incluses dans les *Lettres familières de l'Impératrice Eugénie* publiées par les soins du duc d'Albe (Paris, Le Divan, 1935) et conservées palais de Liria. Préface de Gabriel Hanotaux, de l'Académie française. Le premier volume contient cent trente lettres, le second cent quarante-deux; une minorité est rédigée en espagnol, qu'Eugénie commence à lire à l'âge de douze ans, après avoir appris le français...
2. *Sic.*

Tout est dit. Eugénie est en quête d'absolu, elle ignore les nuances, est impulsive, sans patience. Evidemment, elle est très jeune et on peut considérer que dix-sept ans n'est pas l'époque des compromis, des réalités de la vie. Pourtant, dans cette lettre essentielle, il y a à la fois les excès d'une adolescence blessée et malheureuse – ou qui pense l'être, ce qui a le même poids – et une vision adulte grâce à un détachement, une distance qu'on appelle la réflexion. Eugénie a le cœur chaud; elle s'efforce de refroidir son enthousiasme, voire de l'étouffer. Elle est aussi déraisonnable dans un sens que dans l'autre! L'abnégation au profit de sa sœur, les vœux de bonheur au jeune duc et, pour finir, la menace d'entrer en religion ont un effet contraire à ce qu'elle recherche : elle voudrait être indifférente, elle n'est que théâtrale. Elle prétend au renoncement mais en réalité, elle s'apitoie sur elle-même. Or, elle souffre, réellement. Mais peut-être davantage de son ambition blessée que d'un sentiment incompris. Sa seule conclusion est entre les lignes : on ne l'aime pas. Avec deux interrogations connexes : l'a-t-on aimée et l'aimera-t-on? Toute sa vie, Eugénie affrontera cette angoissante incertitude avec, en filigrane, la découverte de l'injustice, la plus amère des constatations. Il est dur de comprendre que sa mère préfère Paca au point de la marier au plus beau parti espagnol; jamais, l'inégalité d'affection entre les deux sœurs n'a été aussi humiliante. A sa première désillusion amoureuse – car elle avait des illusions –, Eugénie doit ajouter une amertume que rien n'adoucira. Mais quelle élégance de signer la lettre « ta sœur » alors que c'est une fiancée évincée qui l'a écrite! Une manière, plutôt sportive, d'admettre Jaime comme beau-frère. On aimerait savoir si le jeune duc d'Albe a été conscient de cet aveu spectaculaire et s'il a apprécié la sagesse proclamée de la cadette dans son abandon maniéré et sincère. Hélas, les archives demeurent muettes sur l'affaire; il n'est pas sûr que Jaime ait été à la hauteur de cette tragédie des erreurs comme on ignore si la comtesse de Montijo a connu les détails du sacrifice de sa seconde fille, car la correspondance disponible reprend... six ans seulement après cette confession diversifiée [1].

---

1. Lors du classement, difficile, et de la publication de ces lettres intimes en 1935, il fut précisé que certaines n'avaient pas été retenues. C'est regrettable. Il n'y a pas d'archives innocentes ni sans intérêt.

Quelques jours plus tard, Eugénie, prostrée comme si elle avait renoncé à toutes les joies du monde, tente de mettre à exécution sa menace, c'est-à-dire entrer en religion. Le couvent voisin – il n'en manque pas à Madrid – est indiqué. En cachette de sa mère, Eugénie parvient à s'entretenir avec la mère supérieure du monastère Santa Maria. Le verdict tombe vite : la religieuse connaît trop les ravages spirituels d'un chagrin d'amour chez les jeunes filles et elle explique à Eugénie, sans doute un peu vexée, qu'elle n'est pas sincère même si elle croit l'être, que la véritable vocation est un engagement réfléchi, non une fuite, et que dans quelque temps, quelques semaines peut-être, ce drame définitif s'estompera. Allons, mademoiselle, la vie du monde est devant vous, avec ses bonheurs, ses vanités, ses épreuves ; derrière, la clôture et le silence de la prière, ce n'est pas une solution pour vous. Eugénie est accablée. Décidément, personne ne comprend sa douleur, pourtant bien mise en scène, et personne ne l'aime ! Le seul conseil prodigué par la mère supérieure, avec le sourire de l'expérience, est une prophétie, comparable à l'annonce profane d'une bohémienne à propos du jour de naissance d'Eugénie, ce fameux 5 mai, si cher aux bonapartistes :

– Vous êtes faites pour ce monde et pour aller très loin dans ce monde.

Une jeune fille moderne

Dans l'immédiat, c'est-à-dire un mois plus tard, en juin 1843, Eugénie et Paca accompagnent leur mère à Paris pour la constitution du trousseau de la future duchesse, les noces étant prévues pour le mois d'octobre. Paris ! Heureusement que l'expert Mérimée n'est pas compétent pour dresser les listes d'un trousseau de mariée ! Quel bonheur de refranchir les Pyrénées. Et quelle revanche pour la comtesse de Montijo d'arriver avec, dans ses malles, l'annonce d'une telle promotion sociale... ou, pour être plus exact, la confirmation de la bonne nouvelle dont la concrétisation avait été retardée : voilà déjà un an que Manuela avait informé ses amis français. Elle retrouve une ville où la Cour reste marquée par le deuil de l'année dernière ; la disparition brutale du duc d'Orléans, l'héritier du trône, à la suite d'un accident en se rendant à Neuilly, laisse le couple royal vieilli.

Louis-Philippe et Marie-Amélie se préparent à recevoir la reine Victoria et le prince consort au château d'Eu, Rachel triomphe dans *Phèdre* et les lecteurs du *Journal des débats* se passionnent pour le feuilleton palpitant d'Eugène Sue, *Les Mystères de Paris*; le ministre de l'Intérieur lui-même, M. Duchatel, commente chaque épisode à ses collaborateurs. Mérimée, débordant d'activités, est le rapporteur d'un concours organisé pour la restauration de Notre-Dame de Paris, concours dont le vainqueur est le projet auquel est associé Viollet-le-Duc. En même temps, Mérimée se bat pour sauver le site de la Sainte-Chapelle, se révélant ainsi un pionnier de ce que nous appellerons l'environnement. Hélas, on ne l'écoute pas assez. En revanche, il est entendu sur un autre dossier et, grâce à son énergie, la création du musée de Cluny, consacré au Moyen Age, est décidée. Rien d'étonnant à ce que Don Prospero annonce à la comtesse de Montijo, lorsqu'elle débarque, qu'il est épuisé et se fait vieux. Or, il est seulement âgé de quarante ans... Manuela et ses filles ont à peine le temps de le voir car il prépare deux nouvelles tournées, en Bourgogne puis en Franche-Comté. La comtesse fait ses emplettes, essaie les chapeaux de Mme Lejay rue de Richelieu et les robes de la maison Brunel, rue Neuve-des-Petits-Champs. Elle constate l'influence des événements sur la mode; ainsi, la conquête de l'Algérie inspire des écharpes dite à *l'Algérienne*, plus seyantes que le bonnet dit *à la vieille* ou la redingote au nom balzacien de *à la propriétaire* ! Manuela observe que, en ces temps de monarchie bourgeoise, les modistes sont d'une respectable sagesse, privilégiant les étoffes lourdes et les couleurs sombres, comme si le deuil de la famille royale, qui a bouleversé la France, s'était étendu au goût. On s'habille de dignité. En feuilletant le *Petit Courrier des dames* de cette année 1843, Manuela est surprise : on a enterré la jeunesse et le romantisme. Même les bouclettes se font rares mais on suit l'exemple de Rachel, qui arbore des rubans plats. L'usage du mouchoir se répand, confident que l'on achète par douzaines pour essuyer une larme, surtout pas pour s'y moucher, ce qui serait disgracieux, mais comme accessoire de séduction; on le tient d'une main ou on le perd, en espérant qu'un inconnu se précipitera pour le ramasser. D'étranges parures entourent les épaules, on les nomme

boas, ce qui est exotique mais le surnom d'*infidèles* leur est vite
trouvé « sans doute parce qu'ils glissent et veulent toujours
nous quitter » assurent quelques femmes d'expérience(s).

« Florissantes toutes les trois », selon Mérimée, la comtesse
et ses filles repartent pour Madrid. Tout est prêt pour le
mariage de Paca et, pourtant, il est remis deux fois, d'abord
en novembre puis au début de l'année suivante. A qui la
faute ? Mystère, car Eugénie s'est résignée, du moins en
donne-t-elle l'impression. Le fiancé est-il encore hésitant,
celui que la comtesse définit à un ami comme « un très bon
enfant qui, j'espère, la rendra heureuse » ? Mérimée, qui est
alors en pleine campagne académique – il commence par
celle des Inscriptions et y est élu le 17 novembre –, fait semblant de penser que Manuela est l'unique cause de ces
reports, toujours fâcheux. Il écrit que c'est elle qui « fait
attendre étrangement » le duc, soupirant au sens strict du
terme ! Mais il est possible que ce soit, en réalité, la situation
politique espagnole qui ait encore contrarié la programma-
tion des noces. En effet, le général Espartero, que les Cortes
avaient désigné comme régent, est de plus en plus contesté ;
il a fait tirer au canon sur Barcelone où la bourgeoisie industrielle s'était révoltée contre sa doctrine libre-échangiste
favorable à l'Angleterre. Il avait pensé ramener le calme. Au
contraire, l'ébullition reprend. Deux autres généraux vont
s'opposer à lui, un à l'intérieur du pays, Prim, et l'autre, surtout, Narvaéz, officier de cavalerie qui a débarqué à Valence
et s'est dirigé vers Madrid sans rencontrer de réel obstacle.
Le 30 juillet 1843, Espartero a dû s'enfuir vers l'Angleterre
– on l'y a très bien reçu, comme un allié – sans avoir pu réaliser son rêve d'ordre musclé qui était, tout simplement, de
bombarder Séville. Avec Narvaéz, c'est encore un coup
d'Etat qui secoue l'Espagne mais d'allure modérée, sans bain
de sang. Le général fait pression sur les Cortes pour que la
reine, Isabelle, deuxième du nom, soit déclarée majeure et
donc apte à régner. Le fait qu'elle n'ait que treize ans ne
gêne pas les parlementaires. Avec Isabelle II, la révolution
marque une pause dans les complots en tout genre et, surtout, en prenant exemple sur la France, aborde une réorga-
nisation complète de la vie publique, étayée sur des
modifications constitutionnelles. Le monarque règne sur une
Espagne centralisée et la souveraineté est partagée entre le

roi ou la reine et les Cortes. Il est rappelé que le catholicisme demeure « la religion de la nation espagnole », une manière de fondre les régionalismes en une seule histoire et un destin unique. Et l'ordre sera désormais assuré, à partir de 1844, par un corps nouveau, la garde civile. Ce contexte permet à la comtesse de Montijo d'affirmer sa position sociale car le général Narvaéz est un de ses amis... Le mariage a donc enfin lieu le 14 février 1844 et c'est l'archevêque de Madrid qui bénit les époux. Paca devient la duchesse d'Albe, au milieu d'un faste brillant. Quelle est la réaction de sa sœur? On la guette, on l'épie. Est-elle effondrée? Jalouse? Mortifiée? Rien de tout cela, du moins en apparence. Au contraire, la façon dont elle serre dans ses bras les jeunes mariés est d'une touchante tendresse. La page noire de son espoir étouffé est tournée. Elle est heureuse pour sa sœur, en paix avec elle-même. Mérimée a offert un missel (lui qui ne croit en rien!) mais n'a pas pu venir, accaparé par la campagne pour son élection à l'Académie française où il sera élu, le 14 mars, au fauteuil de Charles Nodier. Au septième tour, certes, mais quand on s'assoit dans l'un des quarante fauteuils, on oublie vite ce genre d'humiliation. Pour Mérimée, le triomphe est réel puisque, deux jours plus tard, le musée de Cluny ouvre ses portes. La comtesse de Montijo envoie ses félicitations au nouvel immortel qui les mérite car, en quatre mois, il a été élu deux fois, un luxe rageant pour les recalés. Don Prospero a prouvé qu'un succès à une académie de très haut niveau, celle des Inscriptions, n'était pas nécessairement un obstacle à l'entrée dans la plus prestigieuse. Manuela comble son cher ami des temps difficiles en lui annonçant qu'elle lui offrira son épée, celle avec laquelle il pourfendra les massacreurs du passé.

Eugénie – elle a maintenant dix-huit ans – avait toujours montré son indépendance; maintenant, elle l'affirme; il n'y a plus de barrières à son épanouissement. Pendant les cinq années qui suivent, la jeune fille n'a rien d'une dépressive ou d'une timorée, au contraire. Son aspect physique séduit souvent; parfois, il dérange. Élancée, mince, elle passe des heures à cheval, ses beaux cheveux en désordre; son père aimait ces chevauchées dans une nature à la beauté âpre et il lui avait sans doute légué ce besoin de s'évader. Les voyages en diligence ou en berline n'apportaient qu'un sentiment étouffant d'être prisonnier tandis qu'un cheval bien conduit, c'était la liberté, l'espace, le départ immédiat. Tout naturellement, le coursier la conduit vers les élevages de taureaux, dans l'ambiance unique des corridas, spectacle que la cavalière apprécie dans une extase païenne et rituelle. Que de discussions enflammées avec Don Prospero! Il n'aime pas cette tradition si espagnole et insistera, dans *Carmen*, pour que la mise à mort de l'animal s'étende à celle des humains, en particulier de la trop belle cigarière. Une expiation littéraire, un mélange de fascination et de répulsion.

Quand Eugénie descend dans l'arène où s'entraînent les matadors, elle défie par son courage inconscient et sa volonté de provoquer. On la voit monter à cru, un poignard glissé sous une ceinture tandis qu'un boléro avantage sa taille. Elle n'a pas peur et, de toute manière, une jeune fille qui ne monterait pas aussi bien à cheval n'existerait pas en Espagne. Eugénie est vivante et le montre. Ensuite, il y a ses idées. Car elle a ses idées, généreuses, on l'a dit. Et elle les expose, raconte les livres (épouvantables, d'après sa mère!) qu'elle a lus, critique les inégalités sociales, les fortunes étalées devant la misère, et passe, souvent, pour une révolutionnaire. Erreur : c'est plus grave, elle est une révoltée. Elle avait pris connaissance des théories égalitaires de Fourier qui n'ont pas beaucoup d'adeptes et retenu, au milieu d'un étonnant catalogue d'utopies et de traits de génie, l'idée des passions utilisées dans un intérêt social; surtout, la conviction que le travail est plus agréable et mieux fait par un groupement ou une association que par un individu [1]. Manifestement, certaines idées sont dans l'air, nées avec le développement de l'industrie et de spectaculaires inventions comme les chemins de fer.

On ne peut que rappeler, car le parallèle est frappant, qu'au même moment, à quelques mois près, dans les brumes de la Picardie, le condamné *ordinaire* détenu au fort de Ham, qui travaille et écrit sans cesse en accumulant une prodi-

---

1. D'où le titre du journal de Charles Fourier *Le Phalanstère* publié de 1832 à 1834, vivotant puis interdit et qui reparut, en 1836, sous le titre *La Phalange*. En 1845, la publication prendra un nouveau titre *La Démocratie pacifique*, et disparaîtra... trois jours avant le coup d'Etat du 2 décembre 1851. La doctrine socialiste de Fourier avait été publiée, en trois livres, entre 1808 et 1829. Le succès très limité de ses idées avait rendu Fourier amer. Il était mort en 1837, âgé de soixante-cinq ans.

gieuse culture, vient de rédiger un essai d'avant-garde consacré à l'*Extinction du paupérisme*. Il est tout de même inouï
que Louis Napoléon Bonaparte, prince enfermé à perpétuité,
réfléchisse, lui aussi, aux malheurs du monde populaire.
Eugénie et lui ont deux importants points communs sur le
sujet : d'une part, ils osent en parler alors que peu de gens
imaginent même que le problème existe ; d'autre part, ni elle
ni lui ne prétendent supprimer l'iniquité sociale mais soutiennent qu'elle doit être réduite, ce qui est une préoccupation déjà remarquable.

La jeune fille rassemble un mélange explosif d'orgueil, de
courage, de discipline, d'austérité, de prodigalité et de timidité. Brandir une dague face à un taureau peut passer pour
de la folie ou pour une façon de se mesurer à soi-même :
son père lui a appris qu'il ne faut jamais avoir peur ; la peur
entraîne la lâcheté qui, elle-même, génère une cascade de
réactions désastreuses. Eugénie multiplie les apparitions
spectaculaires, elle fait de la natation, ce qui est encore peu
répandu, elle perfectionne son escrime et, dit-on, fume le
cigare, ce qui est faux et relève d'un mensonge ultérieur,
mélangeant les provocations de George Sand et la toile de
fond de *Carmen* car une femme qui fume ne peut être
qu'une dévoyée ! Notons que la fille non mariée de la
comtesse de Montijo pourrait très bien fumer sans passer
pour une dépravée, cette habitude s'étant répandue chez les
femmes en Espagne depuis ses échanges avec l'Amérique
latine. Mais c'est aussi faux que sa liaison, supposée à
l'époque mais colportée plus tard, avec un torero célèbre, *El
Chicanero*, qui est souvent invité par sa mère : cela, en
revanche, est exact, – comme d'autres célébrités taurauma-
chiques, lors de réceptions mondaines. L'Espagne de la reine
Isabelle II a beau prendre modèle sur la France de Louis-
Philippe, les usages restent divers de chaque côté des Pyrénées ; le souci, hypocrite, de la respectabilité qui règne aux
Tuileries érige les convenances étriquées en vertus. Quel
ennui !

La comtesse de Montijo ayant magnifiquement marié son
aînée, il lui reste à faire aussi bien pour la seconde. Elle va
s'y employer et, afin de renouveler son carnet d'adresses, elle
décide de voyager avec Eugénie. Commence alors une farandole de déplacements frénétiques en Europe où la mère et la

fille ne passent pas inaperçues, ce qui est le but recherché par Manuela, triomphante dans sa cinquantaine installée et toujours séduisante. Pour elle, le mariage est au bout d'un voyage. On les voit sur le versant français des Pyrénées, près d'Oloron-Sainte-Marie, dans la station bien nommée des Eaux-Bonnes où des sources permettent de soigner les affections respiratoires. L'époque instaure l'aube des mondanités médicales. Pour Manuela? Non, pour Eugénie qui semble souffrir d'une ulcération de la muqueuse nasale appelée ozène. Le résultat est peu gracieux car le sujet dégage une mauvaise haleine qui ne doit rien à un manque d'hygiène. Les seuls moyens connus pour atténuer cette affection restent des inhalations et fumigations; quand les eaux jaillies du centre de la terre sont inefficaces, respirer de l'eau de mer peut réussir, ce qui sera l'explication secrète de nombreux séjours balnéaires... La jeune fille n'en fait pas un complexe. On a vu pire dans la bonne société! On les rencontre en Hesse, à Hombourg, en Angleterre, dans le Bordelais. Mère et fille sont de toutes les fêtes, ce qui finit par lasser Eugénie qui ne se résout pas à n'être qu'un ornement de soirée. Et puis, quelles fatigues, ces malles, ces longs trajets qu'un réseau ferré encore embryonnaire ne raccourcit pas! Lors d'un de leurs retours, la comtesse et sa cadette s'arrêtent au château de Cognac. Le souvenir de François Ier, qui y est né, est éclipsé par une brève conversation avec un voisin de table de Mme de Montijo. Un curieux personnage, abbé de son état et versé dans la chiromancie. A Manuela, il demande l'autorisation, peu banale pour un homme d'Eglise, d'étudier les lignes de la main d'Eugénie. Silence étonné. La comtesse donne son accord. Le devin, drôlement nommé Boudinet, ne tarde pas à rendre son arrêt:

– Je vois une couronne...

Une couronne? Encore une couronne ducale? princière? Les convives sont très excités.

– Non, reprend l'abbé. Une couronne impériale. Oui... Impériale.

C'est tout, mais quel émoi! Il y a ceux qui rient, ceux qui doutent, ceux qui sont choqués de ces propos. C'est exactement le genre d'anecdote, pas toujours aisée à vérifier, qui forge un destin... même des années plus tard. Il y avait eu la bohémienne et sa prédiction autour du 5 mai; maintenant, il y a un abbé un peu trop galant, voire gênant. Comme Eugénie aime surtout être en Espagne où sa liberté suscite moins de commérages qu'ailleurs, elles regagnent Madrid où elles trouvent du courrier de Mérimée. Il remercie la comtesse de son cadeau d'entrée sous la Coupole, cette superbe épée qui, désormais, l'accompagnera lors des séances solennelles. Plusieurs fois, sa réception à l'Académie a dû être reportée, le confrère devant l'accueillir étant atteint d'une jaunisse. Mérimée est presque aussi jaune que lui, obligé, selon l'usage, de préparer l'éloge de son prédécesseur, Charles Nodier, pour lequel il a une estime fort limitée bien qu'ils aient plusieurs centres d'intérêt en commun. On ne choisit pas toujours le fauteuil dans lequel on va s'asseoir. Quelle « ennuyeuse affaire » écrit-il à son amie, laquelle s'amuse de ces échos parisiens et des coulisses du grand jour. Enfin le 6 février 1845, par un froid à ne pas faire sortir un académicien âgé, Prosper Mérimée prononce son discours. Le récipiendaire grelotte, autant de froid que de trac. Il serre le pommeau de la belle épée. Un peu de son Espagne mythique le rassure mais le discours, alambiqué, est mal lu. Des rosseries, il y en a ; hélas, le ton est lénifiant, prouvant qu'un remarquable écrivain n'est pas nécessairement un orateur. Mérimée est livide mais, enfin, la corvée est faite.

L'écrivain annonce son retour, lui-même immergé dans l'atmosphère andalouse et surtout gitane puisque, au printemps 1845, il a bâti son récit de *Carmen*. Il a rassemblé une copieuse documentation et avoue à Manuela : « Je viens de passer huit jours enfermé à écrire (...) une histoire que vous m'avez racontée, il y a quinze ans, et que je crains d'avoir gâtée. » Commencer cette nouvelle œuvre console l'écrivain des assauts de l'âge car il se désespère de voir ses cheveux blanchir « à vue d'œil », comme si l'immortalité décrétée par les hommes accélérait le temps. Don Prospero se sent trop jeune pour être vieux et écrit à la comtesse : « Cela m'est fort dur car je n'ai pas encore assez de philosophie pour ne pas regretter le beau temps où je faisais des sottises. » Il promet que, dès sa prochaine tournée achevée, il reviendra les voir bien que l'atmosphère en Espagne tourne, encore, à l'orage politique. Les Carlistes se réveillent et réussissent à inquiéter les campagnes. Sa mère prie Eugénie de suspendre quelque temps ses escapades à cheval car on ne sait jamais. Peine

perdue, Eugénie est déjà en selle, avec quelques amies, ne
redoutant rien ni personne, puisque son itinéraire passera
par les terres du duc d'Albe, son beau-frère. Mais la randonnée tourne mal, des Carlistes, qui ont besoin d'argent, cherchant à prendre des otages. Après des détours par la sierra
de Guadarrama vers le nord, des fuites, des cachettes et
quelques angoisses, l'équipée s'achève, palpitante. Et cuisante pour Eugénie qui revient la peau du visage enflammée,
tendue et douloureuse ; un microbe, plus agressif que les
coups de main carlistes, la griffe d'un pénible erysipèle. Le
temps de se soigner et elle est rétablie pour la magnifique
réception que donne sa mère le 17 juillet 1845, dans le parc
de Quanta Miranda, à Carabanchel. Le domaine est en
pleine beauté avec ses allées d'acacias et de lilas qui font une
haie d'honneur aux invités. Le parc, que la propriétaire a
garni de milliers d'arbres et de rosiers bien irrigués malgré
une terre aride, est somptueusement décoré. Et, souvenir des
largesses balzaciennes de son mari, on peut admirer des
toiles du Tintoret et de Van Dyck, sans oublier, bien
entendu, des œuvres de Goya et de Murillo où l'on retrouve
des scènes exemplaires de la vie espagnole, visages d'enfants,
petits métiers de la rue, travaux des champs, figures altières,
personnages dignes, grotesques ou sombres. Une fabuleuse
galerie de l'humanité dont aucun travers n'est atténué. Et,
après avoir tenté de balayer la chaleur à coups d'éventails en
traversant près de soixante-dix pièces (!), la comtesse de
Montijo réserve à ses hôtes un divertissement en vogue, le
théâtre à domicile. Selon un usage remontant au siècle précédent, les acteurs sont tous des Grands d'Espagne et des
gens très bien nés. Cette troupe d'un soir comprend donc,
entre autres, la duchesse d'Albe et sa jeune sœur, dans l'éclat
de sa vingtième année. Danses gitanes, farandoles paysannes,
figures andalouses, saynètes vaguement satiriques, on
s'amuse. Même les amateurs peuvent révéler un joli talent.
Mais la question de savoir si Eugénie a un don pour l'art
dramatique ou lyrique reste délicate. Il semble, dit-on,
qu'elle soit incapable de tenir un rôle, même de figurante.
Elle en fera la confidence plus tard, avec un humour et une
lucidité réjouissants, ainsi que le rapporte Augustin Filon [1].
Il s'agit d'une représentation de *Norma*, l'opéra de Bellini,

---

1. Augustin Fillon, *Souvenirs sur l'Impératrice Eugénie*, Calmann-Lévy, 1920.

créé à Milan en 1831 et que Paris a découvert en 1835. Raconté par Eugénie, le drame de la grande prêtresse des druides qui, dans la Gaule occupée, déclare « Guerre aux Romains ! », tourne au burlesque. Norma, vierge parjure qui a rompu son vœu de chasteté, a eu deux fils avant de périr sur le bûcher ; interprétée par Eugénie celle-ci introduit une scène inédite : ... *Comme je ne pouvais ni jouer ni chanter, on m'avait chargée de représenter une femme qui tient dans ses bras certain petit enfant dont la présence est nécessaire à l'action. J'entre en scène avec le baby. Il se met à crier, probablement parce que dans mon trouble, je le tenais avec la tête en bas et les pieds en l'air. Alors, je le jette sur une chaise et je me sauve. On ne m'a plus jamais rien demandé. Maintenant, vous connaissez toute ma carrière dramatique !* Dramatique ou comique ? En tout cas, cela montre que cette femme si décriée n'est pas de celles dont on se demande où est passé leur esprit et qu'il y a des domaines où elle est consciente de ses limites [1]. On la verra tenir le rôle de jeune première dans de petites comédies qui distraient les invités de sa mère ou ses propres amis. Et plus que l'opéra, la frénésie des danses, tsiganes surtout, déchaîne son jeune corps ; les pas du fandango ont permis de voir l'agilité de ses pieds, petits comme chez une véritable Andalouse. Le soir de cette magnifique fête, les yeux de Mlle de Montijo reflètent la lueur incertaine mais caressante de lanternes chinoises allumées dans le parc. Une nouveauté dans les habitudes madrilènes et c'est le précieux Mérimée qui a glissé cette idée à sa chère Manuela lorsqu'elle avait demandé au plus hispanisant des Parisiens quelques conseils pour que la fête soit inoubliable. Ces raffinements sont vite rapportés au Palais-Royal et commentés avec un réel intérêt dans l'entourage d'Isabelle II. La jeune reine, qui a quinze ans, ne tarde pas à visiter « les dames de Montijo », accompagnée de sa mère, jadis la régente décriée, Marie-Christine. Un tour de force, si l'on se souvient que la comtesse avait, jusqu'alors, ostensiblement ouvert ses portes aux Carlistes en provoquant la monarchie en place. Mais il y a des accommodements dont des femmes comme Manuela, habiles et rusées, se montrent expertes. Mérimée s'amuse

---

1. Si Eugénie souligne qu'elle ne peut ni jouer ni chanter, s'agit-il d'une incapacité scénique ou d'une interdiction protocolaire ? En Russie, avant 1910, un soir, dans le théâtre privé de la princesse Youssoupoff à Saint-Pétersbourg, le tsar Nicolas II a chanté un acte de l'opéra *Eugène Onéguine*... Personne n'avait ri.

d'apprendre ces rencontres entre partis adverses. Imagine-t-on en France les Orléans et les Légitimistes se fréquentant ouvertement? Il est vrai que, face à Louis-Philippe, il n'y a pas qu'une opposition mais au moins trois, avec les bonapartistes et les républicains, tous mécontents, sarcastiques, pleins d'espoirs et d'idées terroristes. La réconciliation de Carabanchel ne doit pas faire oublier, entre deux coups d'éventails et les révérences plongeantes d'Eugénie et de sa mère devant Leurs Majestés, que les déchirements entre Espagnols feront, au total, environ cent quarante mille morts lors de ces guerres civiles du XIXe siècle... En cet été 1845, cette rencontre n'est pas la seule à retenir. Il en est une autre qui montre que le hasard est un scénariste inspiré. Revoici Manuela et sa fille qui s'installent dans les Pyrénées, Eugénie poursuivant son fastidieux traitement, seul inconvénient à ses charmes mais, avec de l'obstination, elle espère y remédier. Heureusement, la région est belle. Entre la montée vers la haute vallée d'Ossau, quand les collines deviennent soudain des montagnes et les curiosités souterraines, comme les grottes de Bétharram que des bergers viennent de découvrir et qui sont en cours d'exploration, la nature pyrénéenne est majestueuse. On commence à l'apprécier aussi bien pour ses vertus curatives, connues depuis l'Antiquité, que pour ses randonnées, de la promenade à l'escalade, toutes activités sur le point de connaître un développement fiévreux. Depuis le milieu du siècle précédent, les Eaux-Bonnes ont été vantées par Théophile Bordeu, le plus illustre praticien d'une dynastie de médecins, dont les travaux, retentissants, sont considérés comme à la base du thermalisme pyrénéen.

Evidemment, y accéder relève encore de l'exploit et on utilise, à l'occasion, des chaises à porteurs. Eaux-Bonnes, qui n'est qu'à une quarantaine bien comptée de kilomètres au sud de Pau, est accroché à sept cent cinquante mètres d'altitude, pourtant le bourg est déjà connu. Gaston Phébus, belliqueux souverain du Béarn, aimait y chasser, Marguerite de Valois, Henri II et Montaigne, notamment, y étaient passés. Même George Sand s'est enthousiasmée de semaines revigorantes qu'elle y a vécues. Mais pour une jeune fille aussi pétulante qu'Eugénie, ces séjours obligatoires ressemblent encore à des punitions par leur uniformité et l'ennui qui semble faire partie de la cure. Gustave Flaubert, qui vient de

publier un récit de circonstance, observe : « ... Tous les établissements thermaux se ressemblent : une buvette, des baignoires et l'éternel salon que l'on retrouve pour les bals à
toutes les eaux du monde. » Sur la promenade dite horizon-
tale, les mondanités, relatives, font partie des soins. Entre
deux séances d'inhalation, quelques réjouissances sont appré-
ciées car Eugénie constate déjà le paradoxe de ces villégiatures, la rencontre entre la recherche de la nature et une vie
sociale très organisée en saison qui tente d'imiter les habitudes citadines. Nul doute que la mode des villes d'eaux en
France, et en particulier l'engouement pour les Pyrénées
dont Eugénie sera l'instigatrice, naît lors de ces soins répétés,
qui durent en moyenne trois semaines. C'est reposant et
monotone. Dans les stations thermales, les après-dîners sont
plus longs qu'ailleurs. Un soir, Manuela et sa fille sont les
hôtes du marquis de Castelbajac, dont la famille, ancrée dans
l'histoire de la Bigorre, compte un « ultra » qui, en 1828,
avait réclamé la peine de mort pour tous ceux qui arboraient
le drapeau tricolore [1]. Autant dire qu'on ne vénère pas les
Orléans chez les Castelbajac, d'autant moins qu'une des
femmes de cette lignée a inspiré Chateaubriand, actif représentant de la cause « ultra ». De même, les idées bonapartistes
n'y ont pas bonne presse. Chez M. le marquis de Castelbajac, comme chez de nombreux grands seigneurs et hobereaux
ruraux, on était resté fidèle aux Bourbons et aux Légitimistes. Or, voici une certaine Mrs Eleonore Gordon qui est priée
de donner un récital. Elle est anglaise, appréciant, comme
beaucoup de ses compatriotes, les environs de Pau depuis
le passage des troupes de Wellington et aussi après qu'un
médecin d'outre-Manche, le docteur Alexander Taylor,
eut écrit que le climat béarnais était sain. Elle aime ces pay-
sages grandioses. Veuve d'un aristocrate et sans beaucoup
de ressources, si elle chante devant un public choisi mais difficile et souvent peu connaisseur, ce n'est pas uniquement
par plaisir. Mrs Gordon éprouve une passion surprenante
pour la famille impériale française, malgré les souillures de sa

---

1. Rappelons que le qualificatif d'ultra est donné, sous la Restauration, par des libéraux à des monarchistes qui apparaissaient « plus royalistes que le roi », donc ultra-
royalistes. Ce mouvement s'était indigné qu'en 1816, le roi Louis XVIII ait renvoyé la
Chambre dite Introuvable, ardemment royaliste, pour choisir des ministres qui s'étaient
compromis avec la Révolution et l'épopée napoléonienne. On peut dire que, dans cette
situation, qui avait provoqué des divergences chez les conservateurs, le très habile roi
avait été jugé moins royaliste que son gouvernement. Un comble...

renommée. Tiens... Napoléon reste, pour elle, l'objet d'un
véritable culte. Et elle voue à son neveu, le prince prisonnier
au fort de Ham, une spectaculaire adulation. Tiens, tiens...
Quelle étrange atmosphère et quelle diversité politique en
cette soirée d'été! Une cure d'opinions... Mrs Gordon est
une héroïne de roman dont la présence agrémente une soirée
qui s'annonçait convenue. Eugénie apprend que la mystérieuse Mrs Gordon, qui se dit être la fille d'un capitaine de la
garde de Napoléon 1er, a joué un rôle important, neuf ans
plus tôt, dans la navrante équipée de Strasbourg quand Louis
Napoléon s'est risqué à vouloir soulever la garnison contre
Louis-Philippe, car il la savait plutôt hostile à la monarchie
de Juillet. La participation d'Eleonore Gordon à ce rêve
insensé excite Eugénie. Quel récit! Elle croit entendre son
père ou ce bon *Monsieur Beyle*... bien que, sincèrement, la
relation de ses aventures tienne davantage du roman galant
et policier que de la grandeur déchue à Waterloo, mais l'un
n'empêche pas l'autre. En réalité, Eugénie, comme toute
l'Europe, connaît l'existence de Mrs Gordon mais sans plus.
La voir et l'entendre, autrement que dans ses talents de cantatrice, voilà qui est nouveau. Elle raconte, elle fournit des
détails et, avec elle, la préparation du complot est évidemment passionnante même si la fin est un piteux échec. Ainsi,
Eleonore et son amant le colonel Vaudrey, ancien soldat lui
aussi de l'Empereur et qui commande la garnison de Strasbourg, avaient quitté Dijon sous le faux nom de M. et
Mme de Cernay pour gagner la Forêt-Noire, à Fribourg en
Brisgau. Là, ils avaient retrouvé un ancien officier devenu
journaliste, Fialin, futur duc de Persigny. Lui aussi, à
Londres, avait été l'amant de Mrs Gordon, décidément irrésistible. Ce détail, Eugénie le saura plus tard. En résumé,
avec ses grands yeux, sa jolie bouche, sa coiffure en bandeaux et son air résigné, Mrs Gordon, maîtresse de Fialin,
était devenue, sur son ordre, maîtresse du colonel commandant le quatrième régiment d'artillerie de Strasbourg; elle
avait « investi la place »! L'issue lamentable de cette affaire a
traîné Mrs Gordon à l'audience devant la cour de Colmar,
parmi les sept accusés présents, en 1837.

On saura que l'Anglaise a été parfaite, c'est-à-dire que,
sitôt prévenue du fiasco, elle s'est précipitée dans la maison à
double issue, dispositif très balzacien, où s'était réfugié Fia-

lin. Elle brûlait des papiers dans une cheminée quand le commissaire de police fit enfoncer la porte et saisir un sac ; magnifique, Mrs Gordon avait simulé un évanouissement puis s'était battue avec les gendarmes pour tenter de récupérer son sac.

Le temps de cette fausse crise de nerfs avait permis à son amant officiel de fuir... Lors du procès, Eleonore Gordon était apparue beaucoup plus calme. Coiffée d'un chapeau de satin blanc, elle avait rougi lorsqu'on avait évoqué ses relations avec son amant officieux, le colonel Vaudrey. On l'avait trouvée pudique ! Et l'acquittement général des complices par le jury ne pouvait que soulever l'enthousiasme du public. Ainsi, devant Eugénie et sa mère, Mrs Gordon tient le salon sous son charme. N'était-elle pas la seule femme de cette invraisemblable équipée strasbourgeoise ? Elle avait eu deux amants pour une seule cause, celle du prétendant bonapartiste, conspirateur-né, sans doute, mais qui avait encore beaucoup à apprendre et s'y employait derrière les murs du fort de Ham. Mlle de Montijo le reconnaîtra, ce récit de l'Anglaise exaltée l'excite : « Elle parlait sans cesse de son prince et je buvais ses paroles. » Bien que dévouée, Mrs Gordon n'est pas fidèle en amour ; elle l'est en politique et n'a pas renoncé à voir le succès du neveu de l'Empereur. Elle avoue qu'elle vient même d'obtenir le droit d'aller visiter Louis Napoléon dans sa prison, mesure qui atteste de la mansuétude du gouvernement de Louis-Philippe à l'encontre de ses adversaires. Et la jeune fille de conclure, d'une manière prémonitoire : « Il y avait tout ce qu'il faut pour me monter à la tête. » Un étourdissement qui ne doit rien à l'air vif des montagnes. Immédiatement, Eugénie suggère à sa mère d'accompagner l'ancienne conspiratrice auprès du prince, que l'on dit enchaîné... La comtesse est d'accord et la mère comme la fille préparent ce voyage, incroyable lui aussi. D'ailleurs, la cure est terminée. Mais alors que tout est prêt chez le trio féminin, un courrier arrivé d'Espagne contrarie la comtesse de Montijo. En effet, l'agitation a repris et l'instabilité peut déboucher sur des dégradations, des pillages, des destructions au milieu des affrontements sanglants. Manuela juge qu'elle doit regagner Madrid au plus tôt, ce qui désole Eugénie ; après le feuilleton de Strasbourg, elle rêvait de rencontrer ce prince indomptable. Elle devra encore attendre.

Mrs Gordon l'a promis, elle viendra à Madrid. Invitée par la comtesse de Montijo, elle racontera ses impressions de Ham, du prisonnier, les détails de sa vie et... ses projets !

Un mariage royal

Ayant regagné ses terres, Manuela est rassurée par le calme, relatif, du pays. Allons, ce n'était qu'une poussée de fièvre. En revanche, l'avenir d'Eugénie la préoccupe et elle s'en entretient avec Mérimée qui est sur le point de quitter Paris, le 15 août, pour une nouvelle tournée de six semaines en compagnie de son complice Viollet-le-Duc. Don Prospero est gagné par les soucis de son amie pour sa fille et pronostique tant d'amourettes pour Eugénie qu'il vaudrait mieux la marier au plus vite. Elle est si charmante et si adulte que tous les hommes en sont fous, et il redoute « les sous-lieutenants de hussards sans un sou vaillant mais pourvus de belles moustaches et d'un brillant uniforme. Voilà ce qui me fait désirer de la voir pourvue pas trop tard, c'est-à-dire avant qu'elle n'ait commencé le premier chapitre d'un roman ». Mérimée est en alerte, Manuela aussi, préoccupée d'une seule chose : arrière, les coureurs de dots ! Oui, Eugénie est trop jolie, trop effrontée et son cœur va s'emballer, c'est certain. La façon dont elle s'était embrasée pour le duc d'Albe est encore dans les mémoires. Sa liberté d'allure est trompeuse, on la dirait presque d'une femme. Il est naturel que les désirs du corps s'y ajoutent et stimulent ses enthousiasmes. Notons que Mérimée lui a réservé le mot *roman*, preuve littéraire qu'il connaît bien la jeune fille ; elle est, en effet, d'une nature romanesque. Et ambitieuse : personne ne choisira un mari pour elle.

On peut résumer les interrogations sentimentales qu'elle va connaître à cette époque et en compter trois. Le principal prétendant à son cœur est un garçon qu'elle connaît depuis toujours, le marquis d'Alcanices, fils du duc de Sesto et qu'Eugénie surnomme *Pepe*. Il est d'une grande famille, il est fortuné, ce que Mme de Montijo apprécie car ses dépenses pour s'imposer sont hors de proportion avec ses revenus, et il est fort épris d'Eugénie, ce qui ne peut nuire. On le voit beaucoup à Carabanchel, chez la duchesse d'Albe où Eugénie réside souvent et c'est un amoureux dans la tradition romantique, écrivant à la jeune fille chaque jour, pour ne pas dire chaque heure. Il se consume. Billets, lettres, messages sont entrecoupés d'attentes énamourées sous les fenêtres d'Eugénie. La tradition, la grande tradition d'une cour pressante. De l'amoureux, une rare lettre qui nous soit parvenue indique l'intensité de son émoi : « Cette nuit, je n'ai pas pu dormir. Je suis demeuré devant ton portrait, à baiser chaque coin de ton visage, à mouiller de mes larmes ces yeux adorés. *Querida Eugenia*, quand laisseras-tu mon cœur reposer près du tien ? » Quand ? Mais il suffirait qu'elle dise oui ! Or, elle ne répond pas à ce prétendant, du moins pas comme il l'espère. Des semaines passent et la rumeur de fiançailles se dilue. Une autre lui succède, moins agréable et elle correspond à la soudaine réserve de *Pepe*. On relate le passé de la comtesse, jugée frivole, surtout depuis qu'on ne peut plus faire le calcul exact de tous ses amants ni donner son nom à chacun. Agaçant ! On ajoute que, matériellement, ce mariage la sauverait d'un désastre imminent. Mesquin !

Et, enfin, il est question de cette indépendance d'esprit et de ces jugements sans nuances d'Eugénie qui a aussi eu le temps de trouver que Mrs Gordon avait les mêmes idées sociales qu'elle... Provocant ! Si ce projet de mariage s'éloigne, Manuela ne renonce pas et même si son plan de bataille a échoué, elle n'en change pas ; tout juste, elle renonce à certains voyages qui n'apparaissent plus nécessaires. Le temps des bals et des soirées revient. Eugénie s'amuse à remonter sur les planches du petit théâtre de Carabanchel. Elle y a pris goût bien qu'elle se juge ridicule dans ses prestations ; cela n'a aucune importance et on apprend beaucoup sur la vie en jouant la comédie. Un soir, au programme, la comtesse a choisi un chef-d'œuvre de délicatesse écrit par Alfred de Musset, *Un caprice*.

Ce texte, le poète, dandy vieilli prématurément et ivrogne empesé, l'avait destiné à la lecture et non à la scène où il avait connu des déboires. La finesse de l'écriture enchante Eugénie qui connaît, par Mérimée, le romantisme précoce de l'auteur qui savait si bien peindre les passions violentes et les observations locales dans ses *Contes d'Espagne et d'Italie*. Même si, dans l'écrin de verdure de Carabanchel, Eugénie donne la réplique à *Pepe*, ce n'est pas elle qui parle, ni lui, mais Musset [1]. Le répertoire espagnol est également honoré. Eugénie se produit dans *L'Homme du monde* de Ventura de la Vega, mis en scène par l'auteur qui est également professeur de littérature de la reine Isabelle II, directeur du Conservatoire et du Théâtre et membre de l'Académie royale espagnole. Parmi ses pièces, on relève ce titre, original, *Les gifles pleuvent*, moins romantique que les tourments du pauvre Musset !

Mérimée repasse les Pyrénées le 1er novembre, autant pour revoir ses amies que pour fouiller ce qu'il nomme des « paperasses curieuses » dans les archives madrilènes. Sa nouvelle *Carmen* vient de paraître, un mois plus tôt, dans la distinguée et sévère *Revue des deux mondes*, sans le dernier chapitre qui ne sera ajouté que deux ans plus tard. Ce n'est pas un succès. Critiques et lecteurs lui reprochent d'être amorale, ce que l'auteur reconnaît dans une lettre à Manuela, lui avouant « je n'ai rien trouvé de plus moral à offrir à nos belles dames » ! L'œuvre, dans laquelle il pourrait être le narrateur – personnage qui disparaîtra dans l'opéra-comique – passe pour sacrifier à la mode hispanisante alors qu'en réalité c'est une « histoire qui contourne l'hispanisme castillan des Romantiques et montre les confins de la péninsule : en Andalousie, entre Séville et Gibraltar, l'amour fou d'un Basque déraciné pour une enfant de Bohême, sans patrie ni attaches » (...) « La nouveauté, c'est que *Carmen* explore les marges de l'hispanisme, les zones d'ombre... », comme le

---

1. Cette représentation privée de *Un caprice* peut être considérée comme une première puisque l'œuvre, d'abord mise en scène en Russie, sera jouée à la Comédie-Française le 27 novembre 1847. Alfred de Musset est aussi l'auteur de nombreuses chansons dont une, sensuelle et populaire, *L'Andalouse*, est chantée par la France entière et reprise par les Romantiques mais aussi par Gustave Flaubert et Eugène Labiche. Extrait :

Qu'elle est superbe en son désordre
Quand elle tombe, les seins nus,
Qu'on la voit, béante, se tordre,
Dans un baiser de rage, et mordre
En criant des mots inconnus !
Et qu'elle est folle dans sa joie,
Lorsqu'elle chante le matin,
Lorsqu'en tirant son bas de soie,
Elle fait, sur son flanc qui ploie,
Craquer son corset de satin !

L'obsession *d'un enfant du siècle*... Mérimée, qui a entendu la première lecture de *L'Andalouse*, ne pouvait oublier la description de cette femme fatale « Andalouse au sein bruni », aperçue dans Barcelone. Sa *Carmen* lui ressemblera...

souligne Adrien Goetz dans sa remarquable préface [1]. Après avoir réinventé l'Espagne, Mérimée y retourne, plus pour dépenser ses droits d'auteur que pour vérifier l'exactitude de sa documentation! C'est un bonheur de retrouver la comtesse de Montijo, la duchesse d'Albe et Eugénie – dont les résistances amoureuses sont permanentes. Elle repousse les candidats au mariage. Parmi ces évincés, il n'y a pas, comme le craignait Mérimée, de sous-lieutenant moustachu et sans fortune mais Ferdinand Huddleston, sujet britannique, propriétaire terrien du côté de Cambridge, issu d'une famille demeurée catholique en pays protestant. Il n'émeut pas Eugénie. Il y a encore un Espagnol qui a pour principale activité de se ruiner dans les cercles de jeux. Ce genre ne convient guère à Eugénie qui connaît le garçon depuis longtemps car il est un de ses parents. José de Xifré, qu'elle surnomme Joseito – les surnoms sont une de ses manies – se languit d'amour. Pour séduire Eugénie, il lui promet de ne plus jouer et, d'après l'enquête amusée de Don Prospero, il respecte son serment. Hélas pour lui, Eugénie ne change pas d'idée, son cousin n'est pas assez sérieux et d'une apathie exaspérante. Un autre soupirant n'a pas plus de chance, c'est le prince Napoléon. Quatrième enfant du dernier frère de Napoléon 1er, il est le fils cadet de l'ex-roi de Westphalie, Jérôme. Ce prince Napoléon, le célèbre *Plon-Plon* pour la famille (encore un surnom...) a quatre ans de plus qu'Eugénie et il est cousin de Louis Napoléon, le prisonnier du fort de Ham. Le territoire français lui étant interdit, comme à tous les Bonaparte, *Plon-Plon*, qui a vécu en Allemagne, fait un séjour en Espagne. Il tente de séduire Eugénie mais sans succès. Ses idées républicaines et anticléricales ennuient Eugénie; de plus, s'étant maladroitement renseigné sur la dot de Mlle de Montijo, il juge que les soixante-dix mille francs annuels dont elle pourrait disposer sont insuffisants pour un garçon comme lui qui aime rappeler qu'il est fils de roi... De sorte qu'Eugénie cesse toute relation avec lui, une froideur qui, plus tard, déchaînera la méchanceté de *Plon-Plon* contre la souveraine.

Entre-temps, Mérimée, qui a achevé ses recherches dans tous les vieux papiers disponibles, regagne Paris à la mi-

---

1. Présentation et notes de l'édition de *Carmen* par Adrien Goetz, maître de conférences à l'Université de Paris-Sorbonne (Collection Folio Classique, Gallimard, 2000).

décembre. Il a quitté une Espagne bouillonnante où le Premier ministre Narvaéz a imposé une constitution autoritaire qui ne résout pas l'instabilité politique. Mais, en cette fin d'année et au début de 1846, la correspondance de l'auteur de *Carmen* avec Manuela témoigne encore de son ironie et de l'intérêt soucieux qu'il porte à Eugénie. En secret, il a continué son enquête sur Joseito, le joueur devenu raisonnable. Et il a trouvé qu'il cachait une douce et timide jeune fille dans sa chambre, vivant, selon son expression, comme « un rat » ! Un charmant rat dont Mérimée n'a pas voulu parler lors de son séjour. En confessant à Manuela sa découverte plus tard, il note que Joseito appartient bien à cette cohorte de jeunes gens amoureux. « (...) Ces messieurs m'ont l'air de postuler une place pour l'avenir. » Il ajoute, confirmant l'impression négative d'Eugénie, qu'il est cependant « trop mélancolique » et, ce qui n'a aucun rapport, « qu'il a un trop grand nez » ! On ignore si la jeune fille est de cet avis... Comme Manuela se désole des refus réitérés de sa fille, exigeante, déterminée et entêtée à la façon d'un garçon manqué, M. Mérimée, conseiller familial, styliste impeccable et deux fois académicien, lui assène, dans un courrier du 14 février 1846, une réflexion de philosophe : « Quel dommage qu'Eugénie ne soit pas un garçon ! Elle vous ferait enrager d'une autre manière, sans doute, mais les mères ne sont pas au monde pour autre chose. » Don Prospero *dixit*. Eugénie passe donc pour avoir plus de caractère que d'intelligence, selon les familles vexées de ses réticences. Sans doute cherche-t-elle quelqu'un qui sorte de l'ordinaire, un homme fascinant, passionnant et qui l'émeuve. Mais pourquoi se presser ? Pourquoi subir cette manie des mères marieuses, soupçonneuses et pratiquant une inquisition permanente ? Sur bien des points, Eugénie est une jeune fille moderne et non une de ces potiches qui se désespèrent de faire tapisserie. Elle ne veut pas se contenter de paraître, elle veut exister. En comptabilisant les bisbilles, bouderies et mauvaises humeurs de cette époque, on peut dire que, si d'un côté, Eugénie juge les prétendants falots, prétentieux, sans intérêt ou... intéressés, de l'autre, quelques audacieux candidats finissent par renoncer, désorientés par les extravagances, l'exaltation, la franchise et l'absence de nuances de Mlle de Montijo ; à ceux-là, son tempérament fait peur. Ajoutons, cependant, que si sa mère la surveille autant c'est peut-être, aussi, parce qu'une rumeur de tentative de suicide a circulé autour d'Eugénie. Vraie ou fausse, la menace a été certifiée, beaucoup plus tard, par des proches et des membres de la famille d'Albe. L'incertitude demeure encore aujourd'hui mais si Eugénie, atteinte d'une grave dépression, a réellement tenté de mettre fin à ses jours à cause d'un intolérable dépit amoureux, l'affaire remonterait plutôt au moment où sa sœur lui a été préférée pour devenir duchesse d'Albe. Et, selon cette hypothèse, l'évincée aurait cherché à s'empoisonner en avalant du phosphore gratté sur des allumettes, le poison étant dilué dans un innocent verre de lait. Elle aurait absorbé, in extremis, un antidote [1]. Le bilan : d'atroces brûlures d'estomac et des dérangements intestinaux... Sans oublier une blessure d'amour-propre qui, il faut le redire, n'a jamais empêché Eugénie d'adorer sa sœur ni de lui témoigner une indestructible et affectueuse tendresse, pour elle comme pour son mari.

Dans ce mélange d'agitation et de renoncement, la comtesse de Teba demeure au fait de la situation politique, toujours imprévisible, un peu comme sa fille. En 1846, les relations franco-espagnoles vont encore se resserrer par une alliance dynastique qui va fâcher quelques gouvernements européens car la monarchie de Juillet est le principal soutien du fragile royaume d'Isabelle II. Du côté français, le cinquième fils de Louis-Philippe, le duc de Montpensier, âgé de vingt-deux ans, est, malgré lui, candidat au mariage. Cela arrive donc aussi aux garçons! Officier d'artillerie, il a belle prestance dans son habit bleu foncé rehaussé de rouge, coiffé d'un shako noir à plumet. Du côté espagnol, la reine Isabelle II devrait aussi se marier ou plutôt être mariée; sa mère, Marie-Christine, est liée avec les Orléans et serait ravie que sa fille épousât un prince français. La paix des Pyrénées, quel joli contrat de mariage! Or, à Londres, le gouvernement de la jeune reine Victoria, très attentif à ce qui se déroule en Espagne, aimerait y rétablir son influence en mariant Isabelle à un prince de Saxe-Cobourg-Gotha, c'est-à-dire un cousin d'Albert, époux attentionné de Victoria et bientôt titré prince consort. Or, voici un inattendu prétendant qui surgit, Don

---

1. Selon les souvenirs et témoignages très indirects d'une Anglaise, compositeur de musique, qui fut proche de l'Impératrice en exil et raillait sa méconnaissance, supposée, des mélodies et même des hymnes officiels, au point de les confondre! (Ethel Smyth, *Streaks of Life*, Londres, 1921).

François d'Assise, duc de Cadix, autrement dit un Bourbon, cousin germain de la reine. Hélas, il n'a rien d'un prince charmeur. De petite taille, fluet même, la voix haut perchée, il choisit avec un soin minutieux ses habits et... ses parfums. Gracieusement, on le surnomme *Paquita* ! Rien d'étonnant à ce qu'Isabelle soit réservée à l'idée de devoir épouser un personnage aussi inconsistant et médiocre d'une troublante ambiguïté. Les chancelleries s'en mêlent – un certain équilibre européen est en jeu et on en parle depuis deux ans. Dans l'Histoire, ces combinaisons, plus importantes qu'il n'y paraît, porteront le nom de « mariages espagnols ». Pour résumer, Marie-Christine penchait pour le duc d'Aumale, quatrième fils du monarque français, qui s'était illustré en Algérie et présentait une allure aussi grande que son érudition mais, en 1844, il a épousé une princesse napolitaine, Caroline de Bourbon-Siciles. Trop tard ! Victoria ne peut que préférer Léopold de Saxe-Cobourg tandis que les autres cours d'Europe optent pour le duc de Cadix.

Le gouvernement de Londres propose un plan matrimonial à celui de Paris lors d'une rencontre, au château d'Eu, entre Leurs Excellences Lord Aberdeen et Guizot, respectivement ministres des Affaires étrangères de Victoria et de Louis-Philippe. Quelle négociation ! L'Angleterre serait prête à consentir à l'union d'Isabelle II avec le duc de Cadix mais aussi à celle de la sœur cadette de la reine, l'infante Fernanda, avec le duc de Montpensier, cinquième fils du roi des Français. Un mariage entre Espagnols et un autre franco-espagnol : les politiciens sont satisfaits ; seule, Isabelle se morfond... Survient un changement à Londres, Aberdeen cède son poste à Palmerston qui remet au premier plan la candidature du prince de Cobourg. Isabelle respire mais Guizot ne lui laisse pas le temps d'être soulagée ; après une rapide campagne auprès d'Isabelle II, on annonce, le 4 septembre 1846, les fiançailles de la reine d'Espagne avec *Paquita* tandis que l'infante Fernanda épousera Montpensier. Lord Palmerston, peu francophile, est furieux car si le duc de Cadix ne peut avoir d'enfant avec Isabelle, il se pourrait que sa sœur donne le trône d'Espagne à un prince français qui naîtrait de son mariage avec Montpensier. Pour l'Angleterre, la manœuvre est d'une insupportable arrogance. La forme n'arrange rien puisque Louis-Philippe n'a pas pris la peine

d'écrire lui-même à Victoria, se bornant à prier son épouse,
Marie-Amélie, d'informer la souveraine. Celle-ci répond elle-
même, puisqu'il s'agit d'une correspondance privée mais sur
un ton glacial. Un arrangement « infâme », selon une autre
confidence familiale de Victoria. La réaction officielle du
gouvernement de Sa Furieuse Majesté traite Guizot de
fourbe et Louis-Philippe de parjure. Un sérieux coup de froid
tombe sur les relations franco-anglaises et l'alliance cordiale
paraît rompue. Au prix d'une sérieuse brouille, cette union
franco-espagnole concrétise la dernière victoire diplomatique
de Louis-Philippe. Le double mariage est célébré à Madrid le
10 décembre 1846 et, comme il se doit, la comtesse de Montijo paraît aux festivités, notamment accompagnée d'Eugénie.
De telles cérémonies doivent être fastueuses, même si la
pauvre reine Isabelle semble davantage en deuil d'elle-même
qu'en extase conjugale. Mérimée, à peine revenu d'un voyage
à Barcelone, a fourni quelques idées vestimentaires à son
amie mais sans enthousiasme car, maintenant, Paris l'attriste.
Il s'y sent perdu, « plus isolé que dans la lointaine province,
comme un émigré qui rentre dans sa patrie et qui y trouve
une nouvelle génération ». En son absence, Paris change et
les gens aussi. Il semble que seuls les voyages, en dehors de
ses épuisantes tournées, l'intéressent. D'ailleurs au même
moment, son ministre de tutelle, celui de l'Intérieur, lui
annonce qu'il l'envoie en mission en Algérie. Voilà qui est
nouveau pour étudier l'ancien. Et il pourrait s'y rendre via
Madrid et l'Andalousie... Mais le ministre de la Guerre,
inquiet de l'aspect que pourrait prendre l'inventaire archéo-
logique algérien, fait annuler la mission. Guerre des ministères, guerre des bureaux, guerre des susceptibilités...
Décidément, on doit mieux se divertir à Madrid. Et c'est
exact. La reine mère, Marie-Christine, donne un immense
bal qui est animé par le maître d'une danse qui fait fureur et
enchante l'Europe, la valse. C'est, en effet, Johann Strauss
père qui est venu, à prix d'or, diriger l'orchestre. Ce magicien de la composition et de l'animation musicales est également un formidable organisateur de soirées dansantes, des
bals populaires du Prater aux bals amidonnés de la Cour. Il
vient donc en véritable maître de cérémonie jusqu'à Madrid
faire battre ce rythme à trois temps, initié par son collègue
Joseph Lanner, qui est en passe de devenir le symbole de

l'urbanité joyeuse de la capitale des Habsbourg[1]. Eugénie
entend, écoute et danse sous la baguette du célèbre
M. Strauss. C'est irrésistible et quel fabuleux brassage social
que la valse! On n'a jamais vu, en Espagne, des hommes
danser avec des femmes en se tenant aussi près l'un de
l'autre d'une manière continue. Quelle audace mais quel
entrain! Parmi les cavaliers d'Eugénie, voici Antoine, duc
d'Aumale, qui représente son père et le royaume des Français, également présent comme beau-frère de l'infante. Les
violons ne laissent aucun répit, Johann Strauss, quarante-
deux ans, directeur des bals de la Cour d'Autriche depuis dix
ans, enlève une soirée dont toute l'Europe parlera. En bien
presque partout, sauf en Angleterre où on est toujours très
fâché de cette alliance contrariante. A Londres, on boude et
la reine, par un euphémisme dont elle sera coutumière, a
exprimé ses « vifs regrets »... Chez les Montijo, l'année 1847
est à souligner. La comtesse a tant œuvré pour se faire
remarquer et soutenir la jeune reine Isabelle que le Premier
ministre, Narvaéz, souhaite récompenser son assiduité[2].

Le 4 avril, la souveraine nomme, par décret, Dona
Manuela *camarera mayor*, c'est-à-dire sa première dame
d'honneur. La plus haute charge de la Cour, témoignage de
« royale estime », selon les termes officiels. Une ascension, un
triomphe. Mieux : une reconnaissance. Dans le palais de la
Plaza del Angel, cette promotion suscite autant d'admiration
– et de jalousies – qu'au Palais Royal. La comtesse de Montijo explose de satisfaction et le fait savoir aux sourds et aux
aveugles qui oublient de la complimenter. N'est-elle pas sur
la plus haute marche du trône? Elle domine les petits et
prend tout de haut. Pour l'avenir d'Eugénie, quel poste
d'observation! Désormais, la vie de la reine passe par ses
volontés. Et par ses caprices... Manuela est sa pire ennemie.

---

1. La présence de Johann Strauss, bien que prestigieuse, n'est pas unique dans son
étonnante carrière. Il est le premier musicien à entreprendre de véritables tournées
européennes. Alternant les engagements les plus huppés et les divertissements moins
protocolaires, on le verra en Russie, donner des concerts dans la gare desservant le
palais de Pavlovsk, près de Saint-Pétersbourg, pour distraire les invités du tsar. Véritable idole qui déplace les foules, il mourra seul, en 1849, son fils n'ayant appris la nouvelle que par hasard et le lendemain. Ses obsèques, à Vienne, seront à la mesure de sa
notoriété : elles seront suivies par cent mille personnes.
2. Manuel Ramon Maria Narvaéz, alors âgé de quarante-sept ans, avait été créé duc
de Valence en 1844, par la reine mère Marie-Christine. Après avoir imposé la Constitution autoritaire de 1845, il avait dû se retirer. En 1847, il revient au pouvoir avec un
gouvernement de droite.

Au lieu d'agir avec prudence, alors qu'il serait habile d'intervenir en douceur et de ménager les sensibilités vite susceptibles, la première dame d'honneur de S. M. Isabelle II se mêle de tout, surtout de ce qu'elle ignore et donne son avis où sa compétence n'est pas reconnue. Elle succombe à la folie des honneurs. Elle les a tant espérés ! Sans autorité, elle se montre autoritaire. Avec un talent rarement observé, elle détruit, en quelques semaines, des années de patience et les efforts d'une interminable montée jusqu'à cette apothéose. Elle se rend insupportable, intraitable et veut tout diriger, y compris les affaires de l'Etat, déjà bien agitées et perpétuellement prêtes à se décomposer dans la violence. Le résultat est typique des intrigues de Cour mais intervient avec une célérité inouïe. En un temps record, la comtesse, qu'il fallait récompenser, devient celle qu'il faut remercier ; et Manuela, qui reproche tant à Eugénie son caractère fougueux, est la première à se révéler incapable de se maîtriser, de gommer son arrogance et de rester à sa place, quelle qu'elle soit. Donc, après quelques semaines d'énervements, de sautes d'humeur et d'incidents de frontières protocolaires, on cherche comment s'en débarrasser et la jeune reine est fort occupée à neutraliser l'insupportable audace de sa *camarera mayor*. Ce n'est pas *Ruy Blas* mais, comme dans le drame de Victor Hugo, l'atmosphère est empoisonnée. La reine trouvera elle-même la solution : mettre la comtesse en présence d'un personnage qu'elle ne peut supporter. Or, Manuela et le marquis de Miraflores, deux vieilles connaissances, se croisent en se jetant des regards assassins pour un vieux grief, du temps où Manuela, exilée à Paris, soutenait l'oncle de la reine, Don Carlos ; il avait même tenté de la faire expulser par le gouvernement de Louis-Philippe et, bien sûr, la comtesse l'avait su. Isabelle, enchantée de son idée, nomme donc le marquis gouverneur du Palais-Royal ; de cette manière et malgré les quelque deux cents pièces de l'imposant édifice reconstruit au XVIIIe siècle, ces deux ennemis ne vont pas pouvoir s'éviter. Entre la cérémonie dite de la *Couverture des Grands*, lorsque la reine autorise ces hauts personnages à rester chapeautés, et celle dite de la *Prise du Coussin*, sorte de privilège équivalent féminin qui permet à une dame de qualité de s'asseoir près du monarque, à un endroit précis, pour une brève audience, il y a de quoi se donner quelques coups de griffes! Et de rire, aussi, lorsque certaines de ces dames ont du mal à prendre place sur le fameux coussin et encore plus à s'en extraire; cet usage, oriental, finira par être abandonné à cause des situations risibles qu'il engendre. Le nouveau gouverneur ose répondre à la reine ce qu'elle attendait : « Demeurer à mon poste serait impossible si la comtesse de Montijo gardait le sien. » En effet. Comme la reine l'a espéré, c'est Manuela qui cède et démissionne, victime de ses outrances, exaspérée mais surtout mortifiée de cette révolution de palais. Son triomphe n'a duré que trois mois! Aussi, quand elle veut expliquer à ses familiers que la reine a bien voulu comprendre qu'elle devait « se consacrer exclusivement au soin et à l'éducation de sa plus jeune fille à l'époque la plus critique de sa jeunesse », les éventails cachent mal les sourires.

Quand Mérimée raconte la révolution

La comtesse renvoyée peut-elle surmonter une telle disgrâce? Elle écrit à Mérimée, qui l'avait félicitée lors de sa nomination. Il lui répond avec douceur, comme pour l'aider à se convaincre elle-même qu'elle ne pouvait que quitter ces couloirs, ces antichambres et ces galeries où, entre deux baise-mains, on susurre l'air de la calomnie : « Vous avez parfaitement bien fait d'accepter la première bataille qu'on vous a présentée et vous êtes sortie par la bonne porte. » Il adoucit sa blessure, ne lui parle pas du piège dans lequel elle est tombée... par sa seule faute. Le *punto de honor* doit être sans tache. Cet homme aux activités multiples ne s'attarde pas, les palais sont comme les ministères, truffés de chausse-trapes. Et puis, il bataille pour sauver les vitraux de la Sainte-Chapelle, le palais des Papes et les vieux remparts d'Avignon, sans oublier ce vaisseau rouge qu'est l'admirable cathédrale fortifiée d'Albi. Et pour lui faire plaisir et lui montrer qu'il ne l'oublie pas, il va offrir à son amie dépitée sa gratitude sous forme d'un cadeau, le plus beau que puisse offrir un écrivain. Son nouvel ouvrage, *Histoire de Don Pèdre Ier*, récit très solide du temps de la Couronne de Castille, est arrivé en épreuves sur son bureau. Il sera publié dans la *Revue des deux mondes* à la fin de l'année avant de sortir, plus tard, en librairie. Manuela, qui a introduit Mérimée auprès d'archivistes, d'historiens locaux et d'érudits au savoir rigoureux, mérite d'être considérée comme un collaborateur.

A son intention, il fera tirer, sur très beau papier, un exemplaire spécial, unique, pour « bibliomanes », car il ne s'agit plus d'amour des livres mais d'une passion maladive pour les éditions rares. En prime, Mérimée demande à son amie de cœur, Valentine Delessert, d'y ajouter un dessin de sa main.

Le destin de sa mère avait plongé Eugénie dans un tourbillon de gloire mais elle n'a guère eu le temps d'en profiter. A peine a-t-elle pu assister à la comédie des prétentions et elle juge sa mère plutôt sévèrement. Quelle occasion gâchée ! Elle a observé la reine qui a fait faire quelques travaux au Palais-Royal ; par exemple, dans la chambre jaune, ainsi appelée à cause des tentures de l'époque de Charles III et de Ferdinand VII, de nouvelles appliques ont été posées ; le duc de Cadix, prince consort que certains courtisans plus souples que d'autres appellent le roi, aime à y voir clair, c'est son salon d'essayage et d'habillage, occupation qui lui prend beaucoup de temps. Tout cela semble futile à Eugénie.

Elle a, en revanche, trouvé cocasse l'évasion du prisonnier de Ham dans la tenue d'un ouvrier maçon, Badinguet. Une allure populaire que le neveu de Napoléon ne reniera jamais. On a connu les détails de cette affaire, enfin réussie, en particulier le talent avec lequel le condamné (« à perpétuité », selon l'arrêt de la Chambre des pairs !) avait pu se grimer et donner le change aux compagnons mêmes du maçon. En fait, c'était une succession de miracles qui avait permis cette évasion ; elle avait montré chez l'intéressé une belle maîtrise de soi et une précision d'horloger. Et, en apprenant cette fâcheuse nouvelle, Louis-Philippe, plus rouge que d'habitude, était devenu ridicule. Il n'y avait pas de place chez le roi-bourgeois pour le romanesque ; chez les Bonaparte, il y en a, à profusion. Mrs Gordon avait raison et elle devait être aux anges. Le roi des Français avait fait semblant de mépriser l'incident qui faisait rire, surtout à Londres où s'était réfugié Louis Napoléon. Il avait semblé inutile, voire déplacé, de demander son extradition car le gouvernement de Victoria aurait sans doute, lui aussi, exprimé de « vifs regrets ». C'était une aventure qui commençait, ou qui continuait, selon les avis. Et son héros était bien un aventurier ; l'homme, insaisissable, peut-on dire, faisait rêver. Et la France s'était prise à rêver... A soixante-quatorze ans, le roi n'inspirait plus d'enthousiasme. Il était affaibli.

Pour Eugénie, la brève promotion royale de sa mère avait eu un air de vacances lorsque, en cet été 1847, elles avaient pris le chemin d'une villégiature qui commençait à être prisée des Espagnols depuis que les guerres carlistes les avaient obligés à délaisser Saint-Sébastien. Accompagnant leur mère, Paca et Eugénie étaient tombées sous le charme de l'endroit, déjà reconnu trois ans plus tôt par un couple d'amoureux, Victor Hugo et Juliette Drouet. C'était « ... un village à toits roux et à contrevents verts posé sur des croupes de gazon et de bruyère, dont il suit les ondulations ». En bas, la dune où le sable s'évanouit sous les pas, des rochers en labyrinthe, des grottes, un ciel d'azur, une mer d'écume, une fascinante lumière nacrée. Ce village portait un joli nom, chantant, que les gens prononçaient en deux temps, Biarritz. La *camarera mayor*, la duchesse d'Albe et Mlle de Montijo s'étaient installées à l'hôtel des Princes. Eugénie avait nagé, manquant de se noyer dans le flot violent parce que, comme d'habitude, elle n'en faisait qu'à sa tête, dépassant la limite de sécurité marquée par une corde tendue entre deux rochers. Elle avait aussi fait quelques parties de pêche ; les Basques racontaient de passionnantes traques à la baleine, autrefois. Biarritz ne serait-il qu'un doux souvenir ? On n'y percevait nul ragot, pas un commérage de duègne effarouchée. La nature et la liberté, deux quêtes inlassables d'Eugénie.

Déprimé et découragé, Mérimée écrit à Manuela, ci-devant *camarera mayor*, le 31 juillet, juste après qu'elle eut été congédiée par l'odieuse conspiration de la reine. Il lui raconte son impression sinistre de la vie en France où tout semble s'écrouler, calqué sur l'autorité du roi. Depuis que Proudhon a lancé sa formule cinglante « la propriété, c'est le vol », l'académicien craint l'imminence d'une insurrection ; la rue et le boulevard ont la fièvre. Et il note que les excités du pavé, soutenus par des nostalgiques de la révolution, font savoir « que l'incendie et le vol sont des moyens fort légitimes de remédier à l'inégalité dans la répartition de la propriété ». Servons-nous ! Et un grand poète, passé à l'opposition, Lamartine, dont l'*Histoire des girondins* est un éloge de la Révolution – la grande, la terrible – est un phénoménal succès de librairie, a un mot qui fait mouche et qui sera repris cent vingt ans plus tard : « La France s'ennuie [1]. » Louis-Philippe s'essaie à l'esprit, gratifiant Lamartine de « vain de Mâcon » puisqu'il en est le député.

Pour la comtesse de Teba, qui souhaitait s'éloigner des humiliations madrilènes, Paris aurait été un excellent but de voyage. Mais ce que raconte Mérimée l'en dissuade. Elle se contente donc de lire ce qu'il voit, ce qu'il entend et ce qu'il craint. Elle connaissait toutes les facettes de Don Prospero mais elle ignorait son talent de journaliste et de chroniqueur à chaud, un aspect aujourd'hui injustement oublié de ses dons. Observateur, informé, commentateur et témoin, il vit et relate, d'une manière exemplaire, les événements de 1848, sans excès ni parti pris. Un grand reporter, qui rédige des pages d'anthologie dont Mme de Montijo est la destinataire privilégiée. Les journaux qui arrivent chez la comtesse sont secs et orientés ou fragmentaires et censurés. Mérimée possède un avantage remarquable, digne d'un politologue moderne : il se livre à une analyse immédiate en décortiquant l'événement, ses causes et ses conséquences ; il dépasse l'actualité et, dans la mouvance de l'effervescence européenne, n'omet pas sa chère Espagne.

Il suffit de connaître, par exemple, la longue missive qu'il lui adresse le 8 mars 1848, soit deux semaines après les journées révolutionnaires et l'abdication du roi et cinq jours après son arrivée en territoire anglais, à Newhaven, après une fuite rocambolesque. Décidément, l'Angleterre est une île pour les exilés. La reine Victoria, qui, en définitive, décide seule d'accueillir Louis-Philippe et Marie-Amélie, malgré un gouvernement plus que réservé, veut bien leur accorder l'hospitalité mais à contre-cœur. Comment oublier les *trahisons* de ce monarque trop bourgeois pour le peuple et pas assez aristocrate pour les bourgeois ? Sa Majesté Victoria a, de plus en plus, de « vifs regrets »... Mérimée voit, avec justesse, que Louis-Philippe est déjà sorti de l'Histoire, sur une série de confusions et de décisions incohérentes qui n'ont permis aucune réforme et glorifié l'immobilisme. Manuela et ses filles lisent Don Prospero car, grâce au ciel, les communications ne sont pas coupées : « (...) La révolution a été faite par six cents hommes qui, la plupart, ne savaient ce qu'ils faisaient ni ce qu'ils voulaient. Maintenant, tout est accompli. Les gardes

---

1. En mai 1968, dans un article du journal *Le Monde*, de Pierre Viansson-Ponté.

nationaux, aussi magnanimes que les *Nacionales* de Madrid en 1840, se mordent les doigts. Tout le petit commerce qui criait " Vive la Réforme ! " se dit ruiné par elle, mais il n'est plus temps de se livrer aux regrets. Ministère, opposition, garde nationale, tout s'est montré d'une folie incroyable. Maintenant, une seule ressource reste, c'est de tâcher de conserver l'ordre en conservant ce qui existe. L'ordre matériel est rétabli et Paris a repris peu à peu sa physionomie ordinaire, mais on ne voit que des figures allongées. Voilà des banqueroutes qui commencent. L'inquiétude est immense, on craint l'avenir mais personne n'ose le sonder. Les Carlistes se réjouissent fort. Je crois qu'ils se font de grandes illusions. Nous attendons les élections. »

Dix jours plus tard, il formule, pour ses amies madrilènes, cette réflexion profonde, résultat d'une réelle familiarité avec le caractère populaire : « Vous savez que les Français s'attachent plus volontiers à un homme qu'à une idée, mais cet homme où est-il ? » Et Mérimée, qui veillera, avec autant de courage que d'efficacité, à éviter le pillage des Tuileries, juge que la situation « est aussi mauvaise qu'elle l'était au 18 Brumaire ». Mais existe-t-il un autre Bonaparte ? Il y en a un, rentré en hâte d'Angleterre, après un savoureux chassé-croisé historique ; c'est, bien sûr, Louis Napoléon, qui attendait en se préparant. Bientôt élu par quatre départements, il refuse astucieusement ce mandat, prudence qui lui évitera d'être à Paris pendant les tragiques journées de juin. Il observe le retour de l'horreur, de la guerre civile française qui ne le cède en rien à l'espagnole.

En technicien et en homme d'ordre, à l'occasion républicain puisque la République, deuxième du nom, a été proclamée, M. Mérimée conserve son calme, attitude louable alors que, selon son récit, « tous les traits d'héroïsme, de férocité, de générosité et de barbarie » se retrouvent dans la rue, sur les barricades. A Mme de Montijo, il confie son immense tristesse : « Voilà où en est arrivé le peuple le plus spirituel et le plus policé de l'Europe. » Déplorant la haine sociale faite d'envie, de lâcheté et de stupidité, Mérimée se détourne de ces visions revanchardes ; il se met à étudier la langue russe avec une ancienne demoiselle d'honneur de la grande-duchesse Marie, fille de Nicolas Ier, le redoutable *Tsar de fer*. Il est doué pour les langues – parler avec facilité l'anglais et l'espagnol est rare à l'époque – et, ayant vite vaincu l'obstacle de l'alphabet cyrillique (bien sûr, il maîtrise parfaitement le grec ancien), il se propose de traduire Pouchkine. Dona Manuela avait connu Mérimée l'Espagnol; on découvrira Mérimée le Russe.

A ce moment, apparaît un personnage passionnant, un géant de la seconde moitié du siècle. Il a quarante ans et, longtemps consul de France à Barcelone, ce diplomate a réussi à dénouer quelques écheveaux bien serrés. Cet homme, Ferdinand de Lesseps, se trouve être un cousin germain de la comtesse de Montijo. M. de Lesseps vient d'être nommé ambassadeur de France en Espagne, en remplacement du fils du duc Decazes. Un choix que Mérimée a largement approuvé en disant à Manuela qu'« il serait à désirer qu'on n'en fît que de semblables ». A peine arrivé à Madrid, l'épouse d'un général compromis dans une mutinerie et qui doit être fusillé se jette à ses pieds. La nuit de Son Excellence a été courte mais avec une remarquable pondération, il réussit à sauver le condamné. Cette intervention fait le tour de Madrid qui est en effervescence, le gouverneur de la capitale ayant été assassiné.

Eugénie est éblouie et, sans avertir sa mère, mais accompagnée de sa gouvernante, elle débarque à son tour chez l'ambassadeur. Que veut-elle, cette si jolie jeune fille qui déteste l'injustice? Une grâce? Non : treize! Elle veut que l'on sauve du peloton d'exécution treize officiers de la garnison de Valence qui, eux aussi, s'étaient mutinés. Lesseps est informé de la situation plus que désespérée. La sœur d'un des condamnés avait déjà supplié Narvaéz mais en vain. La reine elle-même, compatissante, avait souhaité la clémence. Mais Narvaéz, qui avait été nommé maréchal et n'entendait pas qu'on lui dicte sa conduite, était entré dans une vive colère et avait menacé de démissionner. Or, c'est lui qui gouverne. L'autorité lui tient lieu d'expérience politique. L'ambassadeur, bien informé sur le personnage, a déjà un avis bien senti sur le maréchal : « Il peuple une administration déjà bien mal composée d'une multitude d'intrigants et d'imbéciles et mécontente les hommes de son propre parti; et lorsque le moment arrivera, il se trouvera isolé au milieu d'une coterie sans prestige et sans valeur. »

C'est bien vu. Mais, dans l'instant, que peut-il faire qui ne risque pas de passer pour une ingérence dans la politique intérieure espagnole ? Eugénie a eu raison de venir, car Lesseps, comme elle, considère que toute justice expéditive est une injustice. Il est de ceux qui se battent pour donner une ultime chance aux condamnés. Eugénie insiste, l'ambassadeur lui promet de s'entremettre au plus vite, une démarche qui est tout de même anormale puisqu'il n'a pas encore pu présenter ses lettres de créances à la reine. Tant pis ! La Cour s'étant installée à Aranjuez, M. l'ambassadeur s'y fait conduire. Dans cette oasis au milieu de l'âpre plateau castillan, à une cinquantaine de kilomètres au sud de Madrid, Lesseps arrive au Palais Royal, vaste édifice en briques rouges et pierres blanches qui borde le Tage.

Il demande audience au maréchal qui, contre toute attente, le reçoit. Rien, pourtant, n'est encore gagné, Narvaéz détestant et réprimant autant les républicains que les carlistes. L'entrevue est brève. Lesseps va droit au but avec le génie de la dramatisation diplomatique assortie d'un bel aplomb : « Je viens prendre congé de vous. Vous comprenez que, les conditions de ma mission en Espagne ayant été acceptées par une assemblée souveraine, parce que je pouvais avoir une influence salutaire sur votre gouvernement, si l'on apprend que la fille de Mme de Montijo, apparentée à l'une des plus grandes familles d'Espagne, a vainement sollicité mon intervention pour obtenir un généreux pardon qui, dans ma pensée, vous fortifie au lieu de vous affaiblir, je n'ai plus qu'à me retirer et je vous fais mes adieux. » Est-il possible ? Le nouvel ambassadeur de France n'est pas encore accueilli que déjà il s'en irait ? Pour une affaire qui ne concerne pas la France et que, d'ailleurs, il ne connaît pas ? Quelle attaque ! Narvaéz, qui avait rempli une mission diplomatique à Paris un an et demi auparavant, est déstabilisé. Le maréchal, d'abord stupéfait de cette audace, se montre plus ouvert que sa détestable réputation ne le laissait prévoir. Il répond en espagnol, en termes peu diplomatiques : « Allez-vous-en, Ferdinand, avec la tête de ces gens dans votre poche [1]. »

Eugénie respire de bonheur. On imagine pourquoi, elle portera une estime particulière à l'étonnant M. de Lesseps, son oncle.

---

1. Lire la remarquable et monumentale biographie *Ferdinand de Lesseps*, de Ghislain de Diesbach, Perrin, 1998.

Allons, le pavé parisien, rincé du sang de l'émeute, s'est débarrassé du chaos. Le 10 décembre 1848, Louis Napoléon est élu, massivement, président de la République. Qui l'eût cru? Il avait paru si laid, si gauche, si mauvais orateur avec son accent suisse allemand! Ce triomphe est incroyable : les Français choisissent un homme qui a tenté deux coups d'Etat! Ils ignorent qu'il en prépare déjà un troisième mais l'excellent Mérimée a la réponse à la question qu'il avait posée à la comtesse de Montijo. Il s'était trompé ; ainsi que le note Victor Hugo à propos de ce président de la République neveu d'un Empereur au point d'être appelé, curieusement, le Prince-Président, pour que tout le monde soit content : « Ce n'est pas un homme, c'est une idée. » Et même une énigme, si on relit ce que Mérimée, revenu d'une tournée en Alsace et en Champagne, écrit, le jour de Noël, à son amie Manuela. Au moment où le Prince-Président procède, ès qualités, à sa première inspection des troupes, il déclare au général Petit, qui commande le détachement : « L'Empereur vous a embrassé lorsqu'il a passé sa dernière revue ; je suis heureux de vous serrer la main lorsque je passe ma première. » Don Prospero, en ce 25 décembre 1848, s'interroge ouvertement, livrant sa perplexité plutôt admirative à Manuela : « Nous venons d'avoir un curieux spectacle. Tout le monde aurait parié que l'année ne finirait pas sans coups de fusils et nous avons la plus parfaite tranquillité matérielle. ( ) On se perd en conjectures sur le nouveau Président. Il surprend tous ceux qui l'approchent par cet air de self-conscience particulier aux légitimes. Il est le seul que son élection n'ait pas surpris. D'ailleurs, on le dit entêté et résolu. A l'enthousiasme des premiers jours, a succédé une curiosité silencieuse. On se demande comment il s'en tirera, mais personne ne se hasarde à faire des prédictions. » Victor Hugo, lui aussi, se trompera. Louis Napoléon est plus qu'un homme et davantage qu'une idée ; c'est un programme.

2

L'ambitieuse

A Paris, la fièvre révolutionnaire est retombée mais, à Madrid, l'agitation reprend, favorisée par la faiblesse de la reine, les révolutions de palais, la brutalité de Narvaéz, les *pronunciamientos* et les rêves carlistes de retour à la légitimité. Les Français n'ont-ils pas chassé ces autres *usurpateurs* que sont les Orléans ? La même révolution pourrait être envisagée en Espagne, sans qu'il soit besoin d'instaurer une République. La deuxième guerre carliste est certes gagnée par Isabelle II mais au prix d'une impopularité grandissante et d'une avalanche de soulèvements, tantôt modérés, tantôt progressistes.

Pour la comtesse de Montijo, il n'est que temps de revoir Paris, d'y juger des changements durables après les spasmes de la colère. Des amis de Manuela lui ont écrit en se demandant, de même que Mérimée, « comment la plus élégante des villes, dans laquelle il est si doux de vivre, avait-elle pu s'écarter si vite de la mansuétude de ses mœurs » ? Il en avait fallu des maladresses pour en arriver, encore une fois, à la tragédie... Et à Paris, la comtesse ne peut qu'avoir envie de rencontrer, enfin, le Prince-Président. Vu son ascendance et l'exemple illustre de son oncle, il devrait être curieux de connaître la veuve d'un Espagnol qui s'était battu pour Napoléon, y avait beaucoup perdu sauf ses convictions ; cela changeait des pénibles souvenirs laissés dans les sierras par les guerres impériales. C'est décidé, Manuela et Eugénie font leurs malles. Une visite de famille et de courtoisie à l'ambassadeur de France leur apprend que leur parent risque de quitter son poste rapidement, non parce qu'il aurait échoué, bien au contraire, mais parce que le Prince-Président s'accommode

mal de la présence à Paris de son cousin Jérôme, le fameux
Plon-Plon. Ce dernier tient des propos de plus en plus républicains, fort déplaisants au Président qui est, d'abord, un
prince. Il est donc nommé ambassadeur à Madrid. Immédiatement, la colonie française manifeste ses regrets de voir
partir M. de Lesseps et lui offre une médaille d'or; Eugénie
n'oublie pas de remettre sa cotisation pour ce cadeau.

C'est encore long, ce voyage vers la France et le chemin de
fer se fait attendre; la mise sous séquestre des compagnies par
le gouvernement provisoire, les difficultés financières et les
indécisions semblent avoir stoppé l'essor de l'une des plus
grandes aventures humaines nées de l'industrie. En partant,
les deux femmes ne savent pas, enfin pas encore, qu'une nouvelle épidémie de choléra menace Paris [1]. Heureusement, la
vie renaît et la capitale s'anime après avoir à peu près pansé
ses plaies. Même avec des idées nouvelles, les vieilles habitudes sont reprises; les théâtres sont rouverts, les bals
recommencent, les restaurants sont pris d'assaut. Et
Mlle Rachel qui, il y a un an, avait pétrifié de patriotisme la
Comédie-Française en déclamant *La Marseillaise* drapeau tricolore en main, se contente cette année d'être admirable et
bouleversante en interprétant la Camille d'*Horace*. Dans les
deux cas, il n'y avait plus eu un strapontin de libre.

Ces dames de Madrid descendent à l'hôtel du Rhin. Coïncidence, c'est là que Louis Napoléon avait attendu le résultat
de son élection et que la foule s'était massée pour le féliciter.
Elles s'enquièrent d'un logement, tout près de préférence. A
sa sœur, Eugénie raconte l'affaire (...) *Je vais te dire une chose
qui te fera rire : l'autre jour, quand nous cherchions des appartements, nous en vîmes un assez grand à la place Vendôme qui plut
beaucoup à Maman, qui me dit : « Vois-tu, ceci est bien, parce que,
plus tard, nous pourrons donner des soirées. » Tu peux te figurer
quelle fut ma frayeur! Heureusement, nous avons un tout petit
appartement à présent et dix personnes ne tiendraient pas debout, ce
qui me tranquillise un peu sur ce point.* A vingt-trois ans, Eugénie
n'a toujours rien d'une mondaine forcenée. Si elle aime sortir,

---

1. Cette nouvelle épidémie, provoquée par la vétusté et la médiocrité de la distribution de l'eau, fera jusqu'à l'été et selon les chiffres officiels, seize mille cent soixante-
cinq victimes sur une population estimée à un million cent mille habitants. L'hygiène
publique sera l'une des priorités de Louis Napoléon. En prison et lors de ses séjours en
Angleterre, il a réfléchi aux diverses causes du paupérisme et aux solutions qu'il
convient d'y apporter. L'urbanisme et la rénovation des villes y figurent.

c'est surtout pour aller au théâtre mais, à son regret, sa mère n'est pas d'humeur à s'y rendre. « Elle aime mieux faire de l'esprit (comme elle dit), avec des dames de l'Ancien Régime, c'est si comme il faut ; moi, quand je les entends, je commence par avoir sommeil et puis une irritation nerveuse. (...) » A peine arrivée, Eugénie s'ennuie et le rond de dames louis-philippard l'assomme. Si seulement quelques amis espagnols pouvaient venir la rejoindre...

Il y a mondanités et mondanités. Les soirées les plus courues sont celles de l'Elysée où s'est installé le Prince-Président, en grande cérémonie pour un palais finalement petit. On ne peut pas encore parler d'une Cour mais le vainqueur a des partisans, des obligés et des admirateurs qui, selon le mot d'un chroniqueur blasé, sont « ... les éternels adorateurs du soleil levant, accourus pour partager le miel de sa bonne fortune ». En effet, l'Elysée est une ruche. On y bourdonne beaucoup. L'Institut de France, la magistrature, l'armée, la banque, quelques écrivains et artistes de renom sont conviés et défilent volontiers dans l'ancienne demeure de la reine Hortense et de la duchesse de Berry. Un prince, condamné, évadé, devenu Président et logé dans un ancien hôtel royal au lieu des Tuileries parce que la République redoute qu'il se prenne pour un monarque, c'est piquant, surtout quand on sait que cette ascension politique est due aux élections. Et quel exercice protocolaire d'appeler le locataire soit Monseigneur, soit Votre Altesse ou encore Prince ! Les convives, curieusement, s'adressent peu à monsieur le président de la République ! Peut-être parce que, avec un Bonaparte, la République n'est ni en bonne compagnie ni assurée de longévité. D'ailleurs, parmi les aigris qui enragent de ne pas être sur les listes, certains s'amusent à siffler cette prophétie : « Il fait danser la République en attendant de la faire sauter ! » Hélas, l'Elysée propose alors l'une des plus mauvaises chères de Paris et le personnel est médiocre. Victor Hugo se lève de table en ayant faim, ce qui se conçoit avant la révolution, moins facilement après. Hugo, qui se contente d'appeler Louis Napoléon *Prince*, fustige « le service en porcelaine blanche commune, l'argenterie bourgeoise, usée et grossière ». L'ancien hôtel d'Evreux, étroit, peu commode, est dans un triste état poussiéreux. Le Président était presque mieux nanti au fort de Ham et il se « plaint d'avoir à peine un matelas pour

se coucher »! Si l'on interroge son cuisinier, il revient de ses
explorations en tenant un des menus, oubliés au fond d'un
placard et datant de la Révolution, qui proposait « un lapin à
la Capet [1]! » Quelle abominable recette! Si l'intendance laisse
autant à désirer, le célibat officiel de Louis Napoléon en est,
largement, la cause. Dans ce palais de la jeune République, il
manque une maîtresse de maison. Pourtant le Prince-
Président a dans sa vie une belle Anglaise, Miss Howard, dont
la fortune considérable, déjà écornée pour son amant, va
encore lui servir. Il l'a installée en voisine, dans un hôtel particulier de la rue du Cirque. Ainsi, le Président vit seul à l'Elysée mais ne le regagne, souvent, qu'à l'aube. Qu'importe, les
convenances sont sauves [2].

Une femme, tout de même, est présente dans la vie
publique de Louis Napoléon, sa cousine Mathilde, fille du roi
Jérôme, autre frère de Napoléon Ier. Les deux cousins ont partagé les rigueurs de l'exil quand les Bonaparte étaient proscrits; en 1836, Mathilde, qui avait seize ans, a failli épouser
Louis Napoléon en Suisse mais l'insurrection manquée de
Strasbourg avait obligé la princesse à rompre ses fiançailles
avec l'apprenti conspirateur qui déshonorait le nom des Bonaparte. Elle était alors devenue l'épouse d'un richissime prince
russe, Anatole Demidoff, grossier, insupportable; il l'avait initiée brutalement à l'amour; elle avait vécu à Florence et à
Saint-Pétersbourg sans oublier le faubourg Saint-Germain où
elle recevait fort bien les gens qui comptent. Devant la
conduite scandaleuse de son mari, le tsar Nicolas Ier s'était
fâché et, dans une de ses rares interventions, il avait cassé le
mariage et imposé à Demidoff de verser une confortable rente
à sa femme. Depuis, elle s'est installée à Paris et l'hôtel qu'elle
loue rue de Courcelles est bien commode pour Louis Napoléon : on y rencontre une société de qualité dans un exceptionnel climat d'ouverture d'esprit. De plus, Mathilde peut
soutenir financièrement le Prince-Président dont la dotation
annuelle, de six cent mille francs, paraît insuffisante pour
assurer le train de vie qu'il souhaite, sans oublier que ses

---

1. Lors de son procès, Louis XVI, roi capétien, était appelé « Capet » et, après son
exécution, Marie-Antoinette fut nommée « la veuve Capet ». On peut supposer que le
lapin à la Capet est servi sans tête...
2. Ce magnifique hôtel fut acheté, en 1885, par le baron Gustave de Rothschild.
Transformé, ayant absorbé le jardin de l'ancienne construction, il est, aujourd'hui, la
résidence des chefs d'État en visite officielle en France. On l'appelle la Résidence Marigny, son entrée principale étant avenue de Marigny, face au palais de l'Elysée.

divers emprunts n'ont pas été remboursés. Le Prince-Président est criblé de dettes mais tous les espoirs sont permis à un homme qui a su attendre. Sa cousine n'est pas jolie mais elle a de l'allure, de l'esprit, une prodigieuse culture et se moque impérialement de l'opinion publique. Elle est l'alliée la plus sûre de Louis Napoléon et peut recevoir, avec lui ou pour lui, qui elle veut; son salon est de ceux où l'on rencontre la meilleure société, celle qui sait lancer un bon mot. A l'Elysée, Mathilde veille aux listes, aux plans de table, aux bienséances et son aisance naturelle autant que ses alliances dynastiques et son tempérament apportent à son cousin ce qui lui manque encore pour maîtriser ces questions domestiques, une femme du monde qui connaît toute l'Europe. Il est vrai que Louis Napoléon n'a encore rencontré que peu de gens à Paris; il s'est surtout fait des relations en dehors de France. Il commence par demander au colonel Vaudrey, son ancien compagnon de Strasbourg et l'un des amants de Mrs Gordon, de l'aider à s'y retrouver, car la campagne électorale, succédant à la prison et à l'exil, a fait du Président un provincial. Vaudrey, nommé aide de champ, multiplie les gaffes, invitant des gens inconnus de tous, y compris de lui-même. Il faut tout le savoir-faire d'un diplomate autrichien, d'origine hongroise, le comte Apponyi, pour faire les présentations. Il n'est rien de tel qu'un étranger astucieux pour devenir un vrai Parisien. Ainsi, le fils d'un adversaire de Napoléon sert de chambellan au neveu de Napoléon. Décidément, à l'Elysée, les usages sont curieux. Mathilde prend la situation en main, rectifie les erreurs, évite les cataclysmes et oblige les gens d'avis différents à bien se comporter. Elle sait qui est qui, qui est avec qui et qui aimerait être avec qui [1]. C'est au moment où la comtesse de Montijo et sa fille se sont mises en route que Louis Napoléon donne sa première soirée à l'Elysée, le 16 février, avec l'experte complicité de Mathilde, qui fait les honneurs du palais. Ces deux Bonaparte sont à leur affaire, n'ayant pas oublié les recommandations de leur oncle pour se faire connaître : « Surtout, donnez des dîners et soignez les femmes ! » Les cousins ont bien fait les choses; MM. Ingres, Delacroix, Musset et Sainte-Beuve sont de cette première fournée. Plus étonnant, Lamartine est aussi venu bien qu'il ait

---

1. Voir, du même auteur, *La Princesse Mathilde*, avec de nombreux documents inédits, Perrin, 1988, réédition 1996. Prix Napoléon III.

été un rival battu par le citoyen Bonaparte dans l'élection présidentielle. Lui qui avait annoncé *la révolution du mépris* contre Louis-Philippe et s'était prononcé pour la République (mais avec le drapeau tricolore au lieu du rouge) montre de la sympathie pour ce Napoléon qui sait être populaire, un talent que n'ont pas tous les politiciens. Seul, M. Thiers, toujours grincheux avec son pince-nez, a décliné l'invitation chez ce « crétin de neveu », mais peut-être le succès littéraire de Lamartine lui donne-t-il des aigreurs ; en tout cas, à Mathilde, Thiers explique qu'il a refusé son soutien politique à son cousin « qui n'est pas un César mais un Auguste ». On se passe fort bien de cette chouette de M. Thiers pour danser la polka, cette folie venue des bals de barrière « qui fait tourner les têtes et lever les pieds ». L'opposition socialiste décerne, ironiquement, un seul compliment au maître de maison : il danse mieux que son oncle ! Il est également meilleur cavalier.

En peu de temps, le Prince-Président, suivant les conseils de Mathilde, fait changer la décoration passée, améliorer le sinistre éclairage des salons, exige des bouquets de fleurs fraîches et choisit un mobilier de goût. Il organise sa Maison et le maréchal de Castellane, qui, autrefois, avait accueilli à Perpignan Manuela et ses filles, recense une « abondance de valets de chambre en noir », relevant l'anglomanie déjà bien connue du Bonaparte : « le prince a longtemps habité l'Angleterre, on voit qu'il s'y connaît en confortable ». En moins d'un mois, deux mille personnes s'écrasent aux réceptions élyséennes ; leur rythme est soutenu, il y en a deux par semaine. Le prince a été élu, maintenant le Président se fait connaître. Une gazette légitimiste, regrettant que les partisans de la véritable monarchie prennent aussi le chemin du palais, s'amuse à compter les voitures et les équipages dont la file s'allonge jusqu'à La Madeleine. Et le journal révèle que « les plus intimes aides de camp de Louis-Philippe accourent, tout chamarrés de plaques et de cordons, pour faire leur cour au prince. Et quelle cour ils lui font ! » Entre les sincères, les opportunistes et les curieux, que de monde ! Mais qui veut réellement voir le président de la République ? Un vieux Parisien, témoin de beaucoup de lâchetés depuis 1815, glisse à un diplomate danubien :

– Je vous donne cent écus pour tout républicain que vous me montrerez dans ce salon !

Le traquenard de Saint-Cloud

Si on se presse à l'Elysée comme pour visiter une ménagerie
d'animaux exotiques, être sur les listes de la princesse
Mathilde est plus difficile ; elle trie, elle sélectionne et reçoit
souvent à la demande de Louis Napoléon mais dans une
atmosphère plus intime. Pour la comtesse de Montijo, être
invitée chez la cousine du Président est une preuve qu'on
existe, une admission sur cette terre promise qu'est la vie parisienne, un brevet. Dans l'appartement, sans luxe mais convenable, où la mère et la fille ont finalement emménagé, 12,
place Vendôme, arrive un de ces précieux viatiques qui permettent de participer au banquet des célébrités. Manuela ne
regrette pas d'être absente de Madrid le jour où son cousin
l'ambassadeur de France prend officiellement congé de la
cour d'Espagne ; il eût été improbable qu'elle fût invitée à
l'audience accordée par la reine Isabelle II qui décore, ce
10 mars, Ferdinand de Lesseps de la grand-croix de l'ordre
d'Isabelle la Catholique. La comtesse est soulagée, elle n'aura
pas perdu trop de temps et sa fille pourra faire ses véritables
débuts parisiens. Cette perspective n'enchante guère Eugénie,
inquiète, il est vrai, des très mauvaises nouvelles, envoyées par
sa sœur, d'un de ses amis, diplomate fort mondain frappé par
la rougeole.

A Paca, Eugénie explique son humeur sombre : *J'ai l'air de
faire un sermon mais c'est que je suis très triste aujourd'hui et il me
faut aller avec maman chez la princesse Mathilde où je ne connais
absolument personne. J'ai bien peur de me mettre à pleurer, ce dont
j'ai bien plus envie que d'autre chose. Je vais mettre ma robe bleue,
la dernière que j'ai mise à Madrid. Heureusement que je penserai à
toi et à Madrid, car personne ne me parlera, je suppose...* Supposi-
tion avérée puisque, quelques heures plus tard, reprenant sa
lettre, elle confirme, presque avec contentement : *... Je reviens
de la soirée, mon pressentiment a été exact, personne, absolument
personne ne m'a adressé la parole. J'ai deux titres pour ça, comme
demoiselle et comme étrangère, mais ça m'a été égal ; mon corps y
était mais mon imagination était bien loin ; cependant, je crois que
je me passerai d'aller dans le monde chaque fois que je pourrai (...).*

A la lire, on pourrait penser qu'il s'agit d'une jeune fille en
plein chagrin d'amour. Mais personne à Paris, jusqu'à

présent, n'a assailli son cœur et ce vide peut être aussi pénible qu'une déception sentimentale. En réalité, le mal dont souffre Eugénie est d'une part une nostalgie de l'Espagne, de sa sœur, des bains de mer et des arbres de Carabanchel qu'elle ne manque jamais de saluer tels des gentilshommes de la nature. D'autre part, elle ne fréquente pas de gens ayant à peu près son âge et l'isolement de sa génération aggrave, dit-elle « ... ma solitude dans ce grand Paris... » où il fait exceptionnellement chaud. « C'est à s'étouffer ici », indique Eugénie en se plaignant, bizarrement, d'une « chaleur française » qu'elle juge plus lourde que l'espagnole. Enfin, la perspective de vivre à Paris plusieurs mois – Manuela parle de rester jusqu'en octobre, au moins – n'a rien de réjouissant. Et puis, il y a le choléra qui empêche de boire quand on veut se rafraîchir, car on redoute la contagion par l'eau. Bref, Mlle de Montijo se dessèche l'âme, constate qu'elle aime le danger – elle l'a prouvé dans l'arène ou dans la mer –, attirance qui « ... tient, peut-être au peu d'attachement que j'ai à la vie ». Enfin, elle essaiera de balayer ses noires pensées en commandant des robes pour sa sœur, en lui cherchant une femme de chambre et autres bonnes raisons de s'occuper. La complicité est telle entre Paca et Eugénie que celle-ci lui envoie « Adieu, Mademoiselle ma sœur », ajoutant « ... Souviens toi des exilés ».

Et Mérimée ? Ce qui se passe à l'Elysée le laisse froid. Ayant déclaré, en substance, il y a plusieurs années, que les Bona parte étaient tous des crétins ou des incapables, il confirme son jugement en ne parlant que de « ce pauvre Président » ! Don Prospero n'a pas de temps à perdre en futilités, il est très pris et prépare sa traduction de *La Dame de pique*, du grand Pouchkine. Paris, quel bagne !

Et pourtant... Mlle de Montijo a produit le meilleur effet sur la princesse Mathilde, qui n'est pas précisément indulgente. La jeune fille est séduisante, d'une beauté inhabituelle avec son visage très espagnol et sa chevelure très anglaise par sa rousseur. Aussi, un mois plus tard, est-elle priée d'accompagner à nouveau sa mère à un dîner rue de Courcelles. De plus en plus, l'hôtel de la charmante cousine apparaît comme une annexe de l'Elysée [1]. La chère y est aussi ordinaire mais il est évident, depuis une amère réflexion du

---

1. Il s'agit alors du premier hôtel habité par Mathilde rue de Courcelles, au n° 10 actuel, et qu'elle loue de 1847 à 1857. Sa construction date de 1812.

bon La Fontaine, que « l'honneur d'être invité dispense d'être
nourri ». Chez Mathilde, on se régale surtout d'esprit et d'une
conversation brillante, toujours liée aux événements, comme
la disparition de deux grands personnages fort différents, le
maréchal Bugeaud, héros de l'Algérie conquise et célèbre
pour sa casquette, victime du choléra, et Chopin, victime de
son génie troublé. Compte tenu du mauvais souvenir conservé
par Eugénie de sa première visite, la suite n'en est que plus
savoureuse. Mathilde accueille aimablement ses hôtes. Son
profil césarien, ses cheveux bruns, ses yeux petits mais
ardents, ses traits ne sont pas ceux d'une jolie femme ; à
vingt-six ans, sa taille s'enveloppe, elle est menacée d'embonpoint. A l'image de son décolleté, elle s'épanouit. En parlant
d'elle, son cousin formule un soupir et trace dans le vide un
grand cercle ! Et il précise « Quel dommage qu'elle ait de si
gros bras ! » Mais si Louis Napoléon n'apprécie pas ses rondeurs (il préfère les femmes minces), il aime l'esprit carré de
sa cousine. Leur complicité est totale, bien que lui soit secret
et elle d'une franchise sans nuance. Elle-même juge celui dont
elle a failli être la femme avec ces mots : « Nous ne pouvions
nous entendre qu'à demi. Qu'est-ce que vous voulez ? Cet
homme... Il n'est ni ouvert ni impressionnable ! Rien ne
l'émeut... Un homme qui ne se met jamais en colère et dont la
plus grosse parole de fureur est " C'est absurde ! " Il n'en
souffle jamais plus... Moi, moi, si je l'avais épousé, il me
semble que je lui aurais cassé la tête pour savoir ce qu'il y avait
dedans ... » Or, en jouant le rôle de maîtresse de maison pour
son cousin et en étant, extérieurement, la seule femme
comptant dans sa vie, Mathilde accrédite, malgré elle, la
rumeur d'un mariage avec Louis Napoléon [1]. La romance brisée à Arenenberg, sur les bords du lac de Constance, pourrait-
elle reprendre ? Non [2].

Mathilde a un amant et un seul lui suffit. C'est le comte
Alfred-Emilien de Nieuwerkerke, un avantageux géant blond,
surnommé le *Beau Batave* ; séducteur professionnel et
sculpteur amateur, il satisfait l'appétit sensuel de la princesse.

---

1. *Journal* d'Edmond et Jules de Goncourt, Fasquelle / Flammarion, 1956.
2. Bien que cassé par un oukase (décret) rarissime du tsar, son mariage avec Demidoff n'est pas annulé. Mathilde est séparée mais non divorcée. Juridiquement, elle est
donc toujours Mme Anatole Demidoff. Sur ordre du tsar, son richissime mari lui verse
une pension de 200 000 francs par an. Nicolas Iᵉʳ lui a interdit, jusqu'à nouvel ordre, de
se rendre à Paris et a fait confisquer son passeport.

Certes, sa nomination comme directeur des Musées fait jaser :
et si c'était un cadeau de rupture avant l'union des deux cousins ? Car personne ne peut concevoir que le Prince-Président
ne se marie pas et il a quarante ans... Mathilde ne se contente
pas de veiller à ce que ses invités soient contents chez elle. Elle
ne se cantonne pas non plus à bien recevoir d'innombrables
étrangers, plus ou moins apparentés (sa mère était une princesse de Wurtemberg) de manière à être une guide de la
renaissance parisienne.

Elle sait que le Prince-Président exerce un pouvoir personnel sur des assises fragiles. Il faut consolider cette République
princière [1]; dès que le Président apparaît, il est acclamé et
multiplie les revues, inaugurations, déplacements en province.
Il porte une tenue de général de la garde nationale, un choix
qui relève du port illégal d'uniforme pour celui qui était, militairement, capitaine dans l'artillerie suisse ! Devant cette soudaine et choquante promotion, la presse d'opposition attaque :
« Il nous semble fort extraordinaire que M. Bonaparte
s'affuble d'une paire d'épaulettes qu'il n'a pas plus le droit de
porter que le premier citoyen venu. » Chez Mathilde, il est en
habit. Il vient de quitter sa maîtresse, Miss Howard, qui n'a
droit qu'à une vie clandestine ; souvent, elle observe son vainqueur du fond de sa voiture, pendant qu'on l'acclame. La
princesse n'a pas une grande estime pour l'aventurière.
D'abord, parce qu'elle est anglaise et qu'elle juge fâcheux que
son cousin ait reçu cet appui étranger. Ensuite, parce que
l'origine de la fortune de Miss Howard se situe principalement
dans ses talents amoureux. Mathilde n'est pas prude, loin de
là – elle le prouvera ! – mais elle n'encourage pas la confusion
des genres ni le désordre sentimental ou érotique dont son
cousin est un expert.

Dès qu'il aperçoit Eugénie, le Président est intrigué. L'œil
mi-clos, selon son habitude, il l'observe attentivement.
Mathilde fait les présentations, la jeune comtesse de Teba
s'incline dans une révérence plus princière que présidentielle.

---

1. Aux élections législatives du 13 mai 1849, le parti de l'ordre remporte 450 sièges.
La droite triomphe avec une majorité de 53 %. Le grand philosophe politique Tocqueville observe : « La majorité est entre les mains des ennemis de la République. La droite
monarchique d'une part, la gauche révolutionnaire de l'autre n'attendent qu'une occasion pour sortir de la légalité et violer la Constitution. » Une course de vitesse est engagée entre le Prince-Président et l'Assemblée. Le prélude au coup d'État vient d'être
joué, avec le concours des électeurs. En termes actuels, nous pourrions dire que Louis
Napoléon n'aime pas la cohabitation !

La conversation, d'abord anodine, devient plus hardie avec une allusion d'Eugénie au fait qu'elle connaît la fameuse Mrs Gordon, autre Anglaise de l'entourage de Louis Napoléon. Il est surpris, car ce domaine ressort davantage de sa vie privée que de propos mondains. Une gaffe. Sans doute, ne l'a-t-elle pas fait exprès. Mais Eugénie est comme cela. Elle dira, plus tard : « Le prince me regarda d'un air singulier. Il savait ce que je ne savais pas : quel métier avait fait Mme Gordon avant de se faire accepter comme artiste dans les sociétés les plus collet monté. » Ensuite, c'est avec Mme de Montijo qu'il s'entretient d'Espagne et de souvenirs d'Empire. Rien de plus ce soir-là mais un engrenage mystérieux s'est mis en marche. Et Mathilde n'oubliera jamais que c'est elle qui a présenté Eugénie à son cousin, surtout quand elle le regrettera. L'Andalouse est piquante, particulièrement quand elle parle. Un peu confuse, elle a seulement remarqué que le neveu de Napoléon paraît songeur, défendant sa pensée par un regard terne, et que son français est lourd, de sonorité germanique. Un homme énigmatique mais qui, sans être séduisant, a du charme. La rencontre suivante est beaucoup plus révélatrice. Elle se situe au palais de Saint-Cloud où le Prince-Président s'est installé pour l'été afin de fuir la chaleur et les risques de choléra. Là encore, la princesse Mathilde est en général priée de recevoir avec lui, en particulier pour les soirées diplomatiques, essentielles pour un homme qui veut imposer sa nouvelle image en Europe et gommer sa réputation d'aventurier. Cette fois, l'invitation est arrivée de l'Elysée. La comtesse de Montijo, plus qu'enchantée, et sa fille se font conduire au palais élevé au XVIIᵉ siècle par les Orléans, habité par le frère de Louis XIV, où le régent avait reçu Pierre le Grand et où Charles X avait signé, en 1830, les funestes ordonnances qui devaient provoquer sa chute. Le site est magnifique, la vue sans égale, les arbres et les pièces d'eau apaisants dans le bel ordonnancement de Le Nôtre. On respire ! Les deux Espagnoles sont étonnées de ne trouver personne. La grille d'honneur est fermée, aucune lumière n'est visible. Au loin, la lanterne que Napoléon Iᵉʳ faisait allumer quand il résidait au château est éteinte. Personne. Deux voitures attendent les invitées pour les conduire à environ un kilomètre et demi, dans une petite clairière nommée Combleval, sur l'allée de Marnes. Il y a là une maisonnette, bien cachée dans l'immense parc. Ont-elles eu tort de se mettre « en toilette de gala » ? La soirée s'annonce très intime, ce qui n'était pas du tout prévu : (...) *Nous fûmes étonnées de ne trouver que le Prince-Président et Bacciochi* [1]. *Le dîner se passe. C'était dans les longs jours de l'été. En se levant de table, le prince m'offre son bras « pour faire un tour de parc ». Bacciochi s'approche de ma mère pour lui servir de cavalier. Mais je le préviens en disant au prince : « Monseigneur, ma mère est là » et je m'efface pour lui faire comprendre que c'est à elle que revient l'honneur de lui donner le bras. Le prince, sans mot dire, offre le bras à ma mère et je prends celui de Bacciochi.* Réfléchissant bien plus tard à cette leçon, elle dira : « Je ne crois pas qu'il se soit amusé beaucoup ce soir-là. » Rien n'est moins sûr. Une jeune fille ravissante qui se permettait de corriger une faute de protocole ne pouvait qu'intriguer favorablement un tel homme. N'était-ce pas, aussi, une façon de rappeler à ce prince distrait que la noblesse de ses invitées avait plusieurs siècles tandis que celle du Prince-Président remontait, de l'aveu même de son oncle, au 18 Brumaire ? Comme l'observe justement William Smith, en refusant d'être celle que l'on promène obligatoirement dans le parc « (...) elle devait démontrer à Louis Napoléon que, même si elle était très belle, Mlle de Montijo (comme chacun, désormais, devait l'appeler en France) n'était pas une conquête facile [2] ». D'ailleurs, à cet instant, il n'est pas question d'être conquise et le Président, tel un Don Juan prématurément usé, n'est pas, pour Manuela, un candidat au mariage avec sa fille. Prétextant une soudaine fatigue, Mme de Montijo demande sa voiture pour rentrer. Brève, la promenade semble interminable car il n'y avait sans doute rien à dire. Place Vendôme, les loca-

---

1. Le comte Félix Bacciochi, dont la mère, Elisa, était sœur de Napoléon Ier et tante de l'Aiglon (le duc de Reichstadt), est donc un parent et un confident très proches de Louis Napoléon. Il sera chargé de plusieurs missions diplomatiques en Europe orientale et deviendra, après le rétablissement de l'Empire, premier chambellan de S.M. Napoléon III, surintendant des spectacles de la Cour puis des Théâtres de l'Empire et enfin sénateur. Au moment de cette soirée, il est âgé de quarante-six ans. La maisonnette où se déroule le dîner, pavillon rustique en briques rouges encadrées de colombages, existe toujours. C'était un ancien rendez-vous de chasse de Charles X, selon l'inscription encore visible au-dessus de l'entrée. Au début du XXe siècle, il fut transformé en café où l'on pouvait boire du lait pur à 20 francs la tasse mais aussi de la bière et du vin. Il est aujourd'hui abandonné et sa remise en état serait judicieuse, en harmonie avec les cafés et restaurants installés dans le parc.

2. *Eugénie, impératrice et femme,* Olivier Orban, 1989. Réédition Bartillat, 1998. Une biographie solide écrite par un ancien professeur à l'Université de Londres et à l'Ecole pratique des hautes études. L'auteur, britannique, qui a eu accès aux archives de la famille royale d'Angleterre, a rédigé ce livre directement en français. Voir aussi, du même auteur, *Napoléon III,* Hachette, 1982.

taires espagnoles apprécient le silence. « On n'entend aucun
genre de bruit. On se croirait à la campagne », raconte Eugénie à sa sœur. Son récit de la soirée prouve autant la colère
que le désarroi d'Eugénie : *Je me suis complètement méprise sur
les sentiments du prince. Où je voyais le début d'une belle amitié,
peut-être même d'un sentiment, il n'y avait chez lui qu'une aventure de plus. En nous rendant à son invitation, maman et moi,
nous pensions que c'était un honneur qu'il nous faisait. Curieux
honneur en vérité ! Tu me diras peut-être que je suis folle et que mon
imagination une fois de plus m'a joué un tour ! je ne sais plus que
faire, sinon pleurer – et encore pleurer...*

Les larmes ! Encore ! Paca est incrédule. Est-il possible que
sa mère, jouant les entremetteuses, se soit permis de prendre
congé d'une manière grossière ? Et Eugénie qui ose remettre
en place un discret gentilhomme agissant sur ordre ? Paca est
stupéfaite ! Et elle admoneste sa mère vivement, une accusation injuste puisque c'est Eugénie, avec son franc-parler, qui a
pulvérisé le projet galant de Louis Napoléon au clair de lune :
« Je te trouve bien légère et bien imprudente d'exposer Eugénie à toutes les médisances. Je sais que tu n'en as pas
conscience, mais c'est là, justement, le plus grand reproche
qui peut t'être adressé. Tu vas dans la vie sans jamais regarder
ni à droite ni à gauche, ni devant toi, et tu entraînes Eugénie
sans te préoccuper de ce qu'il en sera de cette pauvre fille... »

On peut objecter à la duchesse d'Albe que ni sa mère ni sa
sœur ne pouvaient se douter que la grande soirée escomptée
se limiterait à un dîner conçu par un maître conspirateur.
Cependant si, chez la princesse Mathilde, Eugénie avait fait
une entrée peu remarquée, sa sortie de ce soir, quoi qu'elle en
pense, est une revanche. Louis Napoléon apprécie le caractère effronté. Il avait remarqué la jeune fille ; maintenant, il ne
peut l'oublier. Dès le lendemain, il lui fait porter une gerbe de
fleurs, place Vendôme N'est-ce pas un signe d'impatience ?
Mme de Montijo, qui connaît les hommes, suggère qu'Eugénie remercie d'une façon convenable et réservée. Après un tel
impair, la bonne éducation reprend sa place. Que Manuela ait
réagi sans calcul ou avec l'ébauche d'un projet, c'est exactement ce qu'il fallait faire. Suit rapidement une autre invitation, à l'Elysée cette fois, où, a priori, il n'y aura pas de piège.
De fait, Louis Napoléon donne le change, bavardant surtout
avec la comtesse de Montijo ; pour séduire la fille, il faut

d'abord conquérir la mère. Manuela peut donc répondre à Paca, si pointilleuse : « Physiquement, il n'a absolument rien de remarquable, mais il a de la prestance et il est clair qu'il est bien à sa place. Il a longuement causé avec moi, ce qui est inhabituel, car normalement, il ne bavarde jamais. » Exact. Ce soir-là, le prince fait un effort de courtoisie, sans le montrer, pour effacer le détestable fiasco de Saint-Cloud, l'un des rares échecs du neveu de *Poléon* dans ses manœuvres de séducteur. Après tout, l'incident a été gênant pour tout le monde, encore qu'il n'ait eu pratiquement aucun témoin en dehors du quatuor. Toutefois, la comtesse de Montijo juge prudent de ne pas insister. Il faut savoir profiter d'une chance mais ne jamais brusquer les natures ni forcer le hasard. La patience est une vertu des joueurs et Manuela, dont la vie a été, jusque-là, réglée par un jeu de dés, annonce son départ pour une station thermale vers le nord ; il fait si chaud à Paris et le choléra sert d'alibi aux dames de Montijo pour s'éloigner. D'ailleurs, le Prince-Président est absorbé par le conflit qui s'envenime entre l'Assemblée conservatrice, hantée par le *spectre rouge*, et les républicains de gauche ; avec une grande finesse d'analyse, Louis Napoléon commence à exploiter cet antagonisme à son profit.

Grandes manœuvres amoureuses et politiques

Voici Manuela et sa fille qui prennent les eaux de Spa, en Belgique. La station ardennaise, réputée pour son traitement des rhumatismes et des troubles circulatoires, a accueilli bien des têtes couronnées, tels Christine de Suède et Pierre le Grand. Spa est très à la mode. Il n'est donc pas difficile à Louis Napoléon, vexé de leur départ, de savoir où sont les deux Espagnoles, d'autant moins que le duc d'Ossuna, diplomate espagnol, s'est empressé de les accompagner à Bruxelles. Ce départ est à l'origine d'une rumeur parfaitement infondée : le représentant de la reine serait fiancé à Eugénie ! Quelque temps après, un autre ragot, encore plus délirant, annonce le décès brutal de la même Eugénie, provoquant une émotion notamment... présidentielle. Le fidèle Bacciochi enquête et rassure, la mère et la fille se distraient, dansent la valse convenable des villes d'eaux : « Ces dames prennent les eaux à

Spa... et du bon temps. » C'est faux, elles s'ennuient de cette lassitude distinguée qui berce le thermalisme.

Mérimée qui, une fois encore, boucle ses bagages pour une nouvelle tournée, se doute que la comtesse de Teba fait des ravages. Avec son ironie habituelle, il demande à Manuela : « Que devient votre aimable inhumaine ? De combien de Belges a-t-elle déjà la mort sur la conscience ? Si elle tarde encore quelque peu, je crains bien qu'elle n'ait à se reprocher celle d'Edouard Odier, qui parle sans cesse d'un soulier qu'on lui a promis [1]. Je ne sais s'il veut en faire ce que font les Russes des souliers des dames. Ils boivent dedans à la fin du dîner. Les pieds russes rendent cet usage dangereux pour les têtes faibles. Le pied d'Eugénie n'est qu'un petit verre. » Deux observations sur l'esprit de Don Prospero : il est plongé dans l'ambiance russe car, dans quinze jours, à la mi-juillet, sa traduction de *La Dame de pique* va être publiée ; ensuite, il a raison : Eugénie a de tout petits pieds !

Le 8 septembre, la mère et la fille sont particulièrement tristes. Ce jour est celui de la fête de Manuela, ordinairement célébrée à Carabanchel au milieu de ceux qu'elle aime. Malgré le charme lénifiant de Spa, Eugénie n'a qu'une occasion de sortir, celle d'aller à la messe. A sa sœur, elle avoue : « Au lieu d'être aujourd'hui un jour de réjouissance et de fête, c'est un jour bien triste pour nous, loin de tous. Il semble que l'isolement est encore plus grand, c'est le contraste des autres années. Au déjeuner, maman et moi nous n'avons fait que pleurer. » Décidément, c'est une habitude ! « Elle te regrettait bien et moi je ne puis jamais te remplacer.(...) » Toujours le complexe de ne pas être la préférée... En attendant, Eugénie, dont le vague à l'âme doit être guetté par les devins, a rencontré une voyante qui, ne sachant pas qui elle était, lui a dit qu'elle avait une sœur, qu'elle attendait un enfant, que ce serait un garçon et qu'il vivrait. Et de la convaincre d'observer une goutte d'encre pour connaître l'avenir, moyen plus efficace qu'une boule de cristal. La jeune fille a besoin de croyances. « C'est sans doute que j'ai une telle quantité de foi que j'ai été obligée de la dépenser en ça, quand tant de choses en quoi je croyais me manquent. »

En attendant des révélations plaisantes, Eugénie se languit ; voilà des mois qu'elle a quitté l'Espagne. Et des semaines

_____

1. Edouard Odier, peintre alors réputé, est l'auteur d'un portrait d'Eugénie à cheval.

qu'elle n'agrémente plus Paris. Lorsque les deux femmes y reviennent en octobre, elles apprennent par une indiscrétion de Valentine Delessert que, lors d'une réception à l'Elysée, Louis Napoléon, sachant les liens qu'elle a avec Manuela, lui a demandé si elle savait quand elles comptaient regagner Paris.

Une question dont la réponse intéresse aussi Mathilde qui a établi un véritable plan de bataille pour éliminer l'intruse, c'est-à-dire Miss Howard, celle qu'on ne voit jamais, bien qu'elle surveille son amant le sachant volage. La princesse, qui possède déjà un remarquable réseau d'informateurs, a appris que Miss Howard se nomme, en réalité, Haryett, ce qui n'a aucune importance, qu'elle est la fille d'un batelier de la Tamise, un état très honorable, et que, à vingt-cinq ans elle mène, depuis longtemps, une vie que l'on qualifie d'émancipée, ce qui n'est pas pour déplaire à Louis Napoléon qui la connaît depuis trois ans. On rapporte qu'à Londres son appartement de Oxford Street était un cercle où l'on jouait gros jeu et que son aisance financière vient de quelques bancos d'enfer perdus sous ses yeux. Cela, Mathilde ne peut l'admettre, ayant déjà un père aux mœurs financières relâchées bien que le Prince-Président ait nommé l'ex-roi Jérôme gouverneur des Invalides; le concierge du tombeau de l'Empereur, selon les mauvaises langues, mais avec un traitement impérial. En résumé, la jolie Ann Elizabeth a suivi son amant-prétendant à Paris afin de toucher les bénéfices de son investissement; elle était d'abord descendue à hôtel Meurice. Le prince élu Président l'entretenait, après avoir été financé par elle. Leur association était devenue une mutuelle. Pour Mathilde, Miss Howard peut être la maîtresse de son cousin mais pas davantage; c'est déjà trop!

Chez la comtesse de Montijo, une nouvelle invitation arrive pour une soirée donnée par la cousine du Président que, signe de l'évolution des mentalités, on n'appelle plus que la princesse Mathilde. Evidemment, la mère d'Eugénie n'attendait que cette bonne nouvelle bien que les dépenses de garde-robe saignent son budget limité. Et Paca souhaite quelques nouveaux effets pour ses soirées dites de « fantaisie ». Elle conduit donc sa fille à deux pas de leur appartement, chez la modiste Barenne, au 14, place Vendôme, soulignant déjà la vocation du quartier à « faire la mode ». Malheureusement,

Mme Barenne a aussi la réputation, justifiée, d'être chère. Lorsque Eugénie va chez elle – ce n'est pas la première fois – elle lui propose des modèles étourdissants et, après un âpre marchandage, confectionne deux chapeaux pour la duchesse d'Albe au prix d'un seul et deux pour Eugénie qui avoue son embarras à sa sœur : « Moi qui suis pauvre comme Job en ce moment (...) elle prétendait que je lui faisais des infidélités, il a bien fallu la désabuser, hélas ! C'est une maîtresse tyrannique et je n'entre là que pour recevoir des plaintes qu'il faut apaiser. » (...) Ah ! ces fournisseurs soupçonneux et jaloux ! « Je suis dans la position d'un amant qui n'aime plus beaucoup et n'ose rompre : c'est terrible. (...) » En effet...

Il y a, au-delà de cette gêne financière, une attitude qu'Eugénie observera toute sa vie et qui étonne : elle ne sera jamais dépensière pour ses atours, alors que le Second Empire, avec ses tournures amples exigeant beaucoup d'étoffes, passe pour ruineux. Et elle portera des robes de prix raisonnable, évitant ce qui est systématiquement lourd et somptueux, veillant, lorsqu'elles seront un peu passées, à les faire « retaper » pour continuer à les porter. L'autre magasin à la mode est celui de Mme Palmyre, 15, rue Laffitte, une maison qu'Eugénie juge sclérosée car « la révolution leur a volé toutes les idées » mais Paca y tient, pour le choix d'un tulle et d'une dentelle. La discussion dure deux heures pour commander quelque chose de nouveau, c'est-à-dire qu'on n'a pas encore vu à Madrid ! Verdict d'Eugénie : « Une femme qui fait la mode ne peut pas l'imiter. »

Rue de Courcelles, retenons, en cet automne, que le Prince-Président, qui a passé des troupes en revue où l'on a crié « Vive l'Empereur ! », est arrivé d'excellente humeur. En revoyant Eugénie et sa mère, duègne aux aguets, il s'attend à prolonger sa joie. A l'insaisissable Eugénie, très en beauté, il glisse :

– Vous m'avez beaucoup manqué ces derniers mois...

Et s'attire une réponse qui gâche sa soirée :

– Même loin de moi, Monseigneur, vous savez que vous pouvez compter sur mon amitié. L'amitié ! L'Andalouse esquive, se dérobe en ouvrant sa petite bouche pour distiller une stricte mise au point. Dans son regard bleu, il n'y a pas, non plus, d'espoir. C'est clair, c'est net. Mais, en réalité, que de paradoxes ! Sa langueur lui est pénible, elle a le sentiment de se perdre en agitations inutiles. Le dîner auquel elle participe chez l'ambassadeur d'Espagne, le duc de Soto Mayor, pour l'anniversaire de la reine, le 10 octobre, ne lui fait qu'un plaisir de circonstance. Et si on s'approche de son cœur, elle se défend; la fierté ibérique n'y est sans doute pas étrangère. Depuis qu'on lui a interdit d'être duchesse d'Albe, tous les hommes qui ont tenté leur chance ont reçu le même accueil, à cette différence près que le Président est, de loin, le plus âgé de tous; il est né au moment de la guerre d'Espagne, quand Don Cipriano, ce père qui manque tant à Eugénie, choisissait le parti de l'oncle. Pour Louis Napoléon, homme aussi déterminé qu'il a l'air absent, il faut attendre. Avec les femmes, il n'a jamais attendu. Attendre... Il a déjà réussi à anéantir les républicains avec l'aide des monarchistes; tout est donc possible. Il le croit lors de leur rencontre suivante, pendant le réveillon de la Saint-Sylvestre. Le passage à la nouvelle année, 1850, est fêté chez Mathilde. De son regard voilé, le prince (Thiers est furieux de ce seul titre qui s'impose) dévore Eugénie. Au moment de retrouver Miss Howard, à qui Mathilde interdit ostensiblement sa maison, il paraît hésiter. La princesse reprend le jeu et, après un coup d'œil complice, annonce :

– Minuit! Que tout le monde s'embrasse!

Elle connaît son cousin. Il s'approche de l'Andalouse et lui explique :

– C'est la coutume en France...

Regard bleu, réplique de fer :

– Ce n'est pas l'usage en Espagne! Mais je vous souhaite tout de même une très heureuse année, Monseigneur!

Et, avec un hypocrite respect, elle s'abîme dans une révérence de cour. On ne peut qu'imaginer ce que pense le destinataire. Mais nous pouvons croire que, comme les Français devant la situation politique régie par les ambiguïtés, il est sceptique... et frustré. La chronique domestique prétendra que la princesse Mathilde avait fait avancer les aiguilles de sa grande pendule. Son cousin, si longtemps en retard, est trop en avance.

Observant cette danse de la séduction, véritable ballet d'assauts et de fugues, la cousine du prince est dans une position privilégiée. Dans son journal, elle note l'ébauche de ce roman, marivaudage transpyrénéen : « Je recevais tous les

soirs, je donnais des bals et des concerts auxquels le prince se
montrait fort assidu. Rien ne m'échappa des petits manèges
de part et d'autre; je vis les brouilles, les raccommodements,
les petits billets passés et repassés. Cependant, le Président
flirtait de droite et de gauche, Miss Howard était toujours
malade, Mlle Eugénie toujours sage. » Selon Mathilde, la
situation ne peut durer; elle paraît figée par la comédie des
subterfuges mais la distribution des rôles a changé
« Miss Howard était passée à l'état de femme légitime délaissée et Mlle Eugénie était l'amoureuse. » Il y a une excellente
raison de se réjouir, l'Anglaise mystérieuse n'est plus la favorite cachée, Louis Napoléon est souvent retenu ailleurs. 1850.
Le conflit entre l'Assemblée et le Prince-Président s'envenime; Louis Napoléon s'attache à renforcer son pouvoir
encore temporaire puisque son mandat est de quatre ans et
que, selon la Constitution, il n'est pas renouvelable.

La comtesse de Montijo et sa fille ont quitté Paris. A
Madrid et à Carabanchel, l'atmosphère est tendue en raison
de difficultés financières. Don Lucas de Gracia y Gutierrez,
intendant des biens de Manuela, lui a recommandé de revenir
au plus vite car les factures non soldées s'accumulent et le personnel, bien que patient, ose dire qu'il aimerait recevoir ses
gages. On ne doit jamais oublier ces données dans le destin de
Mme de Montijo et d'Eugénie, perpétuellement au bord du
gouffre mais avec un entrain qui donne le change. Une autre
raison lui a commandé de regagner l'Espagne; le 4 décembre,
la duchesse d'Albe a accouché d'un garçon : Eugénie fait
remarquer à sa sœur que la pythonisse avait raison. Ayant mis
de l'ordre dans ses affaires et payé ses notes urgentes, la
comtesse part pour le Sud. Quel bonheur de retrouver l'Andalousie, les corridas, les longues courses à cheval et quelques
pièces de théâtre jouées, avec de moins en moins d'innocence,
pour les amis. Mérimée suit cette fringale de déplacements,
écrivant, en connaisseur « On me dit que vous courez l'Andalousie... » Il est vrai que Don Prospero et ses amies ont en
commun l'impossibilité de rester en place, quel qu'en soit le
motif. A Séville, la rousse Andalouse adore troquer sa robe
contre un pantalon noir, comme elle le fait lorsqu'elle est
seule, passer une veste courte et se coiffer du chapeau dont on
se découvre à l'entrée des arènes. Un couvre-chef tout de
même plus seyant que les créations parisiennes si plates
qu'elles « ont l'air d'assiettes à soupe en crêpe », d'après

Mme de Girardin et sont garnies de « plumes sans nom ». L'amazone rencontre le prince de Joinville, l'un des fils de Louis-Philippe qui avait tenté d'assouplir les idées figées de son père quand il régnait. Il la trouve ravissante et, de son joli coup de crayon, il fait son portrait en matador, intitulé *Mlle Eugénie de Montijo revenant des courses de Tablada*. Eugénie, replongée dans son milieu natal, est heureuse. Les traditions qu'elle retrouve sont les siennes. Elle vit à cheval et attend le bal que sa mère va donner avec castagnettes et gitanes, ce qui permettra à Mérimée de donner, enfin, un surnom d'une forte originalité à la jeune fille, *Castagnettes* ! Le prince de Joinville est ébloui de son allure. Une réflexion de Mlle de Montijo est à retenir. Une nuit de mai, sous les longues murailles crénelées de l'Alcazar, errant dans les jardins moins célébrés que ceux de Grenade et dont la seule brillance vient de la Lune, elle est subjuguée par la vision féérique. « C'était trop beau, ça me faisait peur. » Le vieux Séville s'est endormi.

Comme tout Sévillan qui est fier de la juxtaposition des styles à l'ombre de la Giralda, Eugénie aime cette coexistence et défend l'empreinte musulmane donnant à l'Andalousie son incomparable identité : *Il faut confesser que c'est bien dommage d'avoir chassé ces beaux Maures de ce pays ; on peut dire que les chrétiens ne sont venus que pour détruire (comme ça leur arrive toujours). Séville me plaît tous les jours plus et je ne regrette que la perte du beau costume et des mœurs qui la rendaient une ville exceptionnelle au milieu de toute la civilisation européenne (...)*. Les colères de Mérimée contre les barbares et le vandalisme trouvent, chez elle, une totale approbation.

Ce cher Don Prospero est bien critiqué, pas uniquement comme défenseur du patrimoine par les conseils municipaux ignares ou par les entrepreneurs cupides mais par le monde littéraire. Sa pièce, *Le Carrosse du Saint-Sacrement*, créée à la fin de l'hiver au théâtre de la République, dénomination ponctuelle de la Comédie-Française, est un échec. Pis : un four copieusement sifflé. Mérimée avait beau s'y attendre, il en est affecté [1]. Entre la préparation d'un hommage à Sten-

---

1. Texte bref, à l'ironie voltairienne, publié dès 1825 et signé alors d'une certaine Clara Gazul, Espagnole inconnue, en réalité Mérimée lui-même. *Le Carrosse du Saint-Sacrement* deviendra, en 1868, *La Périchole*, un opéra-bouffe d'Offenbach, sur un livret de Meilhac et Halévy. En 1952, le cinéaste Jean Renoir en tirera un film, *Le Carrosse d'or* avec Anna Magnani dans le rôle de Camilla.

dhal, qui sera également mal reçu, et ses tâches administratives, il va jouer un rôle discret mais essentiel dans les rapports entre le Prince-Président et l'Andalouse. Il devient le conseiller de littérature sentimentale d'Eugénie, il lui prépare les lettres qu'elle souhaite envoyer à Louis Napoléon, en réponse à ses missives. Car ils s'écrivent. Beaucoup. D'abord parce qu'ils ne se voient pas, lui parcourant la France pour prendre son pouls ; elle parce qu'elle suit sa mère dans ses nouvelles pérégrinations dont Paris n'est qu'une halte. Mérimée, écrivain secret d'Eugénie de Montijo ! Il est son porte-plume. La fonction n'est pas facile mais quel jeu subtil à étaler pour un auteur au style net, tranchant, qui peut raconter une histoire brûlante avec des mots glacés ! L'opposé des débordements romantiques, certes, mais il s'y connaît en mauvaise foi, en rebuffades et autres mensonges. Ce rôle, longtemps caché, a été révélé par Arsène Houssaye nommé, depuis 1849, administrateur de la Comédie-Française et lui-même écrivain habitué aux collaborations déguisées. Mérimée corrige les fautes de son élève – il s'y emploiera longtemps ! – et introduit une progression dans les écrits d'Eugénie : « La première lettre surprit Louis Napoléon, la seconde le fit rêver, la troisième le passionna, la quatrième le mit hors de lui. Mérimée s'amusa à ce roman en action. Il se surpassa dans l'art de prendre un cœur. »

A l'été, le Prince-Président est conforté dans son désir de se faire connaître au-delà de la légende de son oncle. Sur proposition du ministre des Finances, l'Assemblée vote une augmentation de l'indemnité de représentation du chef de l'Etat de six cent mille francs à trois millions. Un grand progrès mais l'opposition s'interroge : que va-t-il représenter exactement sinon une République où l'on rencontre de moins en moins de républicains dans les campagnes ? Il n'y a que dans les villes qu'elle est soutenue.

Loin de ces divisions dont Louis Napoléon étudie soigneusement les motivations et les influences, Mlle de Montijo a, de nouveau, suivi sa mère dans son thermalisme forcené. Elles sont à Wiesbaden, en Hesse. La région rhénane est plaisante et les vingt-six sources d'eau salée et chaude, déjà bien exploitées par les Romains, font de la station un rendez-vous qu'aucune personne de qualité ne manquerait. Eugénie fait le tour des curiosités, l'ancien hôtel de ville dont le dernier étage a été remanié dans l'esprit romantique et le château, qui n'a pas dix ans mais était la résidence des ducs de Nassau. La promenade sous les platanes est rituelle et soporifique bien que recommandée, puisque l'air des monts Taunus est sain et, derrière l'établissement thermal, un beau parc est en cours d'aménagement. Le monde, le demi-monde et quelques aventuriers élégants se retrouvent dans cet univers en miniature. On y trouve même une chapelle orthodoxe grecque; le cosmopolitisme sera de plus en plus à la mode. Manuela souffret-elle réellement de rhumatismes? Ou d'une bougeotte névrotique dont on ne guérit jamais? Il semble qu'Eugénie n'ait pas davantage besoin de soins, encore moins de s'immerger la tête dans un bassin d'eau rougeâtre qui, une fois séchée, servait de poudre aux Romaines pour se teindre les cheveux. La crinière d'Eugénie est suffisamment auburn!

Chaque matin, au plus tard à neuf heures, la sœur de la duchesse d'Albe lui écrit, préservant un lien de tendresse familiale et d'hispanisme dont elle a besoin dans ces forêts allemandes. Ainsi, le 22 juillet, elle bondit de joie et d'espoir mais laisse percevoir une légère frustration : « Qu'est-ce que je viens d'apprendre, chère Paca? Ainsi, tu es enceinte. Je t'en prie, ne fais pas de folie (...) Je n'ai rien dit à personne car je sais que tu détestes qu'on le sache. Seulement, ne te serre pas et surtout, pas de cheval, je t'en prie, car c'est des folies bonnes pour quand tu n'étais qu'une enfant (...) » Elle écrit comme une grande sœur, raisonnable, expérimentée et qu'on ne contrarie pas. Elle rêve à ses neveux, deux garçons pour sa sœur, et à un fils qu'elle aura car « le troisième sera pour moi et un jour, il sera comte de Teba. J'espère que cet arrangement te va; mais d'aucune façon, je ne veux que tu en aies davantage ». Il est possible que cet ordre (!) donné à la duchesse d'Albe de limiter ses grossesses vienne de sa santé, défaillante pendant l'hiver : elle a accouché il y a à peine sept mois. Mais cette lettre, mélange de propos adultes et puérils, contient deux réflexions séparées qui peignent la jeune fille en mal d'amour et d'enfant. S'excusant d'un passage morose, elle explique « ... les grandes joies, ainsi que les peines, font vibrer la même corde », ce qui est juste. Elle a donc dû pleurer! Et, notant que son beau-frère est bien paresseux car il ne lui écrit jamais, elle prévient la moindre divergence qui pourrait survenir entre elles, elle repousse l'idée du moindre

conflit, même passager : « ... malheureusement, nous sommes
nées pour nous aimer, non pour nous comprendre ». Des pensées d'une jeune fille résignée et mélancolique, comme il y en
a tant dans les villes d'eaux...

Avec la régularité des saisons, à l'automne, la comtesse et sa
fille repassent par Paris et s'installent place Vendôme. Elles
n'y restent pas longtemps mais Manuela observe des changements ou plutôt des continuités dans le changement. Le Président, chaque jour plus prince que la veille, est très aimé dans
les milieux populaires et l'armée. L'aristocratie boude, elle a
tort. Depuis la mort de Louis-Philippe pendant l'été, les orléanistes et les légitimistes n'étant pas parvenus à se mettre
d'accord, un vide dynastique se crée... que Louis Napoléon
Bonaparte comble progressivement. Et pourtant, que de
démarches ont été faites auprès du comte de Chambord pour
la branche aînée, et du comte de Paris pour la branche
cadette ! Les deux prétendants ont surtout prétendu à éliminer
la lignée rivale. Cet échec de la monarchie française dans son
ensemble sert le Prince-Président ; il s'est transformé en
Prince-Prétendant, ce que les députés devraient comprendre.
Il est significatif que, au moment où le roi des Français en exil
est mort, lui aussi en terre anglaise, Balzac, qui avait été le
plus puissant peintre de la société bourgeoise, s'éteint de
même. C'est alors qu'un fabuleux monument littéraire, qui
est également un testament politique irremplaçable, est enfin
disponible : la parution des *Mémoires d'outre-tombe* est un
signe et la princesse Mathilde est déjà plongée dans ces pages
fabuleuses. Cette année n'est pas seulement le tournant du
demi-siècle ; c'est, surtout, la fin d'une époque. Et le début
d'une autre. Quand, au début d'octobre, le Président passe en
revue des troupes au camp de Satory, où, dit-on, Mlle de
Montijo est présente, des cris montent des rangs : « Vive
l'Empereur ! », dont les échos parviennent jusqu'à l'Assemblée. Des députés, membres de la Commission de permanence, exigent des explications du ministre de la Guerre [1].
Comme elles ne sont pas jugées satisfaisantes, le général
Schramm est chargé du portefeuille de la Guerre, en remplacement du général d'Hautpoul. Et pour calmer les esprits
des nostalgiques de la Grande Armée, le 2 novembre, le géné-

---

1. Équivalent actuel des questions d'actualité, posées chaque semaine au gouvernement.

ral Changarnier, que l'on sait monarchiste et qui commande
la garde nationale du département de la Seine ainsi que la
1re division militaire, signe un ordre du jour interdisant à ceux
qui sont sous les armes de se livrer à des démonstrations ou de
pousser des cris. On attend de l'armée qu'elle soit muette, ce
qui n'empêche pas les murmures. L'année 1851 commence
avec la destitution du même général Changarnier et la formation d'un nouveau cabinet, plus favorable à Louis Napoléon.
Les remaniements vont se suivre. Le 17 janvier, M. Thiers
conclut un discours fracassant par une phrase inouïe :
« L'Empire est fait ! » Pas encore mais... à la comtesse de Montijo, Mérimée, exaspéré par la détestable atmosphère de suspicion, donne son sentiment qui est celui d'un homme écœuré :
« Que voulez-vous, nous sommes incorrigibles. La noblesse
française a fait tant de sottises que la bourgeoisie l'a mise à la
porte. A présent, la bourgeoisie est encore plus extravagante.
Il est impossible de parler politique à présent à Paris. » Le 29,
le Président frappe les imaginations en donnant un gigantesque bal avec souper pour... quatre mille personnes au palais
des Tuileries car l'Elysée est trop exigu.

Le symbole est fort puisque les Tuileries avaient été pillées
en 1848, comme en 1830 et comme en 1792. Le Président
brave ces tristes souvenirs, inquiétantes manifestations
rituelles de la colère populaire. Et il demande à Mathilde de
présider avec lui ces agapes servies sur des tables en fer à cheval dans une immense galerie. La princesse est songeuse : elle
occupe, de facto, la place qui, il y a trois ans, était celle de la
reine Marie-Amélie avec laquelle il était agréable de
s'entendre... Cette étonnante soirée a un avant-goût de fête
impériale. La preuve n'est pas politique mais plutôt sociolo-
gique. On y voit des femmes habillées d'une nouvelle façon,
avec des robes amples grâce à un jupon baleiné. Le tissu, du
moins à l'origine, est en crin solide ; le nom de crinoline
s'imposera et restera. Une véritable bénédiction pour toutes
les femmes. Elle avantage les femmes maigres, elle masque la
corpulence des autres, telle Mathilde qui, d'ailleurs, s'en
moque. Certes, franchir une porte étroite ne se passe pas sans
quelque difficulté mais les organisateurs y penseront. En
revanche, la crinoline sert, involontairement, la morale
puisqu'elle oblige les messieurs à garder leurs distances. Ou à
être inventif... Le bal des Tuileries indispose les députés de

gauche qui se méfient de la rengaine aux accents d'empire.
Devant l'aggravation du conflit entre le Président et l'Assemblée, un haut magistrat pense qu'un coup de force est inévitable. Tocqueville lui-même prédit un coup d'Etat. Quand?

De l'autre côté des Pyrénées, la situation est également tendue mais pour des raisons différentes. Mme de Montijo est catastrophée car l'impopularité du Premier ministre Narvaéz provoque sa chute et la reine est de plus en plus mal aimée, du peuple et de ses proches. Comme sa mère Marie-Christine en avait donné le déplorable exemple, elle a un penchant très affirmé pour les gardes du corps. Surtout s'ils dansent bien! A chaque tour de valse ou presque, on peut prévoir un nouveau candidat à des fonctions ministérielles, selon le degré d'extase de la souveraine. Il est vrai qu'elle est notoirement malheureuse et que son tempérament bouillonnant n'est pas comblé par le duc de Cadix, son époux. Il n'est pas véritablement un roi, encore moins un mari. «Aucune femme, explique-t-elle, n'a été plus trompée que moi dans son mariage! J'ai cherché un homme et j'ai trouvé... un infant!» Sans doute. En représailles, il est vrai qu'elle trompe joyeusement son mari. En janvier 1851, ces bals politiques aggravent l'influence des courtisans et donnent une piètre image de la Cour. Le nouveau gouvernement est soutenu par la reine mère, un choix que la comtesse de Montijo n'apprécie pas. Ainsi, en Espagne, la mère et la fille sont-elles en concurrence pour le choix des hommes et des ministres.

Au début de mai, alors que Louis Napoléon œuvre afin de faire abroger l'interdiction constitutionnelle de réélire le Président sortant, c'est-à-dire lui-même, Manuela et Eugénie sont de nouveau parisiennes. Pour peu de temps car la comtesse souhaite présenter sa fille à la meilleure société anglaise. Le prétexte de visiter la grande exposition qui s'ouvre au Crystal Palace, à Londres, est idéal. L'Espagnole, toujours mieux organisée dans ses relations que dans ses affaires, a conservé d'excellents contacts en Angleterre, au meilleur niveau. Le rendez-vous qu'il ne faut pas manquer est, cette année, dans Hyde Park où un palais de verre, érigé en six mois par un technicien des serres de jardins, célèbre la civilisation industrielle. Nouveaux matériaux, nouvelles formes et coordination de métiers en pleine expansion, puisque même des ingénieurs des chemins de fer ont travaillé à cette éton-

nante réalisation. Quelle fierté, cette cathédrale du progrès !
Londres offre au monde la première véritable Exposition universelle.

Manuela se prépare donc à Paris. « Maman, bien entendu,
est déjà en courses depuis ce matin car à Paris, elle ne peut
rester en place », écrit Eugénie à Paca, le 10 mai, lendemain
de leur arrivée. La frénésie de sa mère n'atteint pas la jeune
fille, qui refuse de sortir pour ne pas s'apercevoir qu'elle est
loin de chez elle, de son cocon familial si protecteur et si rassurant. Elle voudrait, déjà, des nouvelles de sa sœur mais n'a
trouvé que des journaux qu'elle va dévorer pour connaître le
compte rendu d'une corrida où elle aurait voulu se rendre.
Des valises, des malles, encore des bagages... Le train, le
bateau, le train... Eugénie se soutient en suçant des pastilles.
A Londres, l'exposition est passionnante, révélant un univers
d'acier, de fer, de fonte et de mécaniques qui réalisent des
prodiges, ainsi cette machine à coudre d'un Américain,
M. Isaac Singer, nettement perfectionnée par rapport à ce
qu'on connaissait [1]. Mais la comtesse de Montijo manœuvre
avec plus d'aisance dans les salons que sur le point de chaînette. A une réception chez Lady Palmerston, épouse de
l'autoritaire ministre des Affaires étrangères qui n'aimait pas
Louis-Philippe mais s'intéresse beaucoup à Louis Napoléon,
Manuela rencontre un vieil ami du Prince-Président, Lord
Malmesbury. La conversation accumule les éloges sur l'Exposition et soudain Eugénie paraît. Le politicien, qui n'a pas le
compliment facile, est subjugué, la jugeant « ... très belle, les
cheveux auburn, la peau magnifique et la taille superbe » et
précisant, avec un brin de chauvinisme britannique, qu'elle
doit sans doute « ce teint remarquable » à son ascendance car
« sa grand-mère était anglaise ou irlandaise [2] ». Mlle de Montijo est digne d'un lord ou d'un duc... Un bal est donné à Buckingham Palace et Manuela espère que sa fille sera présentée à
la reine. La soirée est costumée, Eugénie, sans aucun effort
d'imagination, se déguise en infante. Révérence... mais
l'espoir de Manuela s'effondre car sa fille n'est pas remarquée

---

1. Inaugurée le 1er mai par la reine Victoria et le prince Albert, actif initiateur de ce
projet grandiose, l'Exposition rassemble quatorze mille exposants et attirera, jusqu'au
15 octobre 1851, vingt-cinq mille visiteurs par jour, chiffre considérable qui décidera de
la tenue d'autres expositions universelles.
2. En fait, comme nous l'avons vu, elle était écossaise. Huit mois plus tard, Lord
Malmesbury sera nommé au Foreign Office, l'un des ministres favoris de Victoria à ce
poste.

par Sa Majesté. Le triomphe reste celui de la comtesse de Montijo même si la réputation de sa cadette a franchi la Manche.

Après quelques visites à d'anciennes connaissances et des séjours dans l'admirable campagne anglaise, ces dames sont de retour à Paris. L'ambiance s'est encore tendue, l'Assemblée ayant rejeté le projet de révision de la Constitution. Rien à faire : bientôt, le Président ne présidera plus, il sera redevenu seulement un prince. Et peut-être, à nouveau, en prison. Ses projets semblent s'enliser au point qu'il doit encore emprunter, d'abord à Mathilde puis à Miss Howard. La première octroie volontiers quatre mille francs, la seconde deux cent mille, ce qui est un tarif de maîtresse et de femme amoureuse. Le Président en sursis peut lui demander plus qu'à une cousine. Au moment où un nouveau ministère – le quatrième depuis le début de l'année – est formé, fin octobre, Eugénie narre à sa sœur qu'elle a fini ses courses pour elle, craignant seulement d'avoir trop dépensé : « Mais pour toi, il faut tout beau et tout est bien cher. » Et, au milieu des détails sur les commandes de la duchesse d'Albe, une mission qui accapare Eugénie, l'épuise, l'inquiète et la culpabilise, on trouve comme d'habitude une réflexion qui vise la politique en Espagne mais pourrait s'appliquer ailleurs : *C'est bien dommage que l'on s'amuse à faire écrouler notre prospérité naissante. Enfin, comme on disait avant, il y a un Dieu pour les fous... Il faut espérer qu'il y en a pour les rois et que nous ne sortirons pas trop mal de ce mauvais pas. Ce n'est pas les peuples qui les renvoient ; c'est eux qui, par toutes sortes de sottises, demandent leurs passeports.* En effet, la reine Isabelle II donne des réceptions tous les soirs et organise des représentations théâtrales d'une affligeante monotonie tandis que sa mère, Marie-Christine, rivalise de bals. Par décence, la duchesse d'Albe n'y assistait pas.

Il est temps de rentrer. D'ailleurs, Don Pedro Gil, banquier de la comtesse de Montijo, lui confirme l'état désastreux de ses finances ; ces achats parisiens sont une folie et, en Espagne, des créanciers ont le mauvais goût de vouloir se faire payer. Les deux femmes quittent la France au moment où le nouveau ministre de la Guerre, le général de Saint-Arnaud, prend la responsabilité de la situation militaire. L'Assemblée tente de paralyser le gouvernement, lequel discrédite ladite Assemblée. A ce rythme, Louis Napoléon sera bientôt obligé d'agir. Manuela et Eugénie, qui n'ont pas été conviées à des réceptions avant de partir, peuvent seulement percevoir l'état d'exaspération mutuelle entre les intervenants. Le 9 novembre, dans son message aux officiers récemment affectés à Paris, le président de la République lance un appel déguisé à leur dévouement. Par un *hasard* bien heureux, beaucoup sont bonapartistes et méprisent la République discréditée par son immobilisme. Qui, des députés faibles ou d'un homme en apparence apathique, va l'emporter? Les républicains sont scandalisés par l'omniprésence, dans la vie publique, du Président princier. Ils savent que, dans les intérieurs paysans, le portrait de l'oncle est accroché au mur le plus misérable et que la statuette du *Petit Caporal* trône en général sur la cheminée. Les braises du souvenir napoléonien sont encore chaudes; ni les monarchistes, qu'ils soient légitimistes ou orléanistes, ni les héros de la révolution de 1848, n'ont pu les refroidir. Il suffit d'un souffle... Face à ce danger, un immense talent se mobilise, celui d'Honoré Daumier, l'artiste qui fait trembler les puissants. Antibonapartiste notoire, Daumier invente un personnage caricatural à la maigreur doucereuse, le *Colonel Ratapoil*. Agent de propagande au service, glauque, de Louis Napoléon, *Ratapoil* devient le repoussoir du neveu qui aimerait être l'oncle. Michelet est enchanté, certain que le génie de Daumier, sa férocité, sa perspicacité pour trouver, d'un coup de crayon, la faille d'un être ou d'un programme, vont ridiculiser tout projet bonapartiste. *Ratapoil* a beau être représenté tel un soudard, le chapeau sur l'œil et la trique à la main, il n'empêche pas le cheminement des idées. Et un dessin, parmi une cinquantaine de chefs-d'œuvre de cette époque, illustre les pièges et la méfiance mutuels. Sous les traits de *Ratapoil*, dont la moustache est facile à reconnaître, on voit Louis Napoléon, la jambe tendue, la mine servile, offrir son bras à la République, dédaigneuse, méfiante mais gardienne de la Constitution. La légende pose d'abord une question : « Belle dame, voulez-vous bien accepter mon bras? » Puis, on lit la réponse : « Votre passion est trop subite pour que je puisse y croire. »

Tous se trompent car rien ne peut dompter le sentiment populaire de la frustration. Il suffit de le canaliser et de l'exploiter. C'est donc en Espagne que Manuela, Eugénie et leurs proches apprennent le coup d'État du 2 décembre 1851.

Enfin, le conspirateur est arrivé à ses fins, il concentre tous les pouvoirs et gouverne par décrets. L'Assemblée est dissoute et balayée, trente-deux départements sont en état de siège et la fièvre monte encore, puisque Louis Napoléon annonce la tenue d'un plébiscite dans un délai très court [1].

Le jeu de la chance

Que pense Eugénie? La réussite de l'opération, très attendue et très risquée, lui fait plaisir et cela change de la situation espagnole où il manque un Bonaparte. Ce sont toujours les mêmes qui sont chassés et qui reviennent, Narvaéz et Bravo, pour le *bal des modérés*. Mlle de Montijo envoie ses félicitations à celui qui lui a fait porter des fleurs : « Vous seul, Monseigneur, pouvez remplir la mission sacrée et sauver cette France que nous aimons tant et que mon père a servie avec tant de dévouement. » C'est adroit. Et l'Angleterre? Avec la mise en service, le 27 septembre, du télégraphe électrique sous-marin entre les côtes anglaise et française, l'événement du coup d'Etat est très rapidement connu. C'est le comte Walewski, ambassadeur de France à Londres, qui informe, le 3 décembre au matin, Lord Palmerston, lequel se hâte d'approuver l'audace de Louis Napoléon en déclarant : « Il n'aurait pu agir autrement », mais n'informe pas la reine tout de suite. Victoria, qui règne depuis quatorze ans, ne lui pardonnera pas cette dissimulation et cherchera à le remplacer. Lorsque, enfin mise au courant, Victoria en parle au roi des Belges, son oncle, c'est pour lui demander ce qu'il pense « (...) de l'admirable scénario parisien qui semble en effet sortir d'un roman ou d'une pièce de théâtre ». Il faut rappeler que Victoria n'est pas réellement étonnée de ce qui se passe en France, car depuis qu'elle est née, en 1819, trois souverains se sont succédé sur le trône de France et deux révolutions ont bouleversé le pays en lézardant l'ordre européen; d'autre part, la hâte de Palmerston à reconnaître une dictature – c'en est une – supplantant un régime constitutionnel s'explique sans doute

---

1. Sur les événements spécifiques entourant le 2 décembre 1851, qu'Eugénie apprend de loin, lire *Napoléon III* d'André Castelot, Perrin, tome I, 1973, réédition 1999, et *La Princesse Mathilde*, déjà cité, puisque la cousine du Prince-Président a tout vécu de près, entre l'Elysée et la rue de Courcelles.

par une considération européenne, celle de penser que les ennemis de Louis Napoléon sont aussi ceux de l'Angleterre.

Avec soulagement, Manuela et les siens apprennent le triomphal plébiscite du 20 décembre, qui recense six millions de voix favorables, et lisent, dans les journaux de Madrid, cette proclamation du vainqueur, formulée le 31 : « La France a compris que je n'étais sorti de la légalité que pour rentrer dans le droit. Plus de sept millions de suffrages viennent de m'absoudre en justifiant un acte qui n'avait d'autre but que d'épargner à la France et à l'Europe peut-être des années de troubles et de malheurs. » L'ambassadeur d'Autriche à Paris, le comte de Hübner, a déjà envoyé sa dépêche à Vienne : « L'Empire se fera, l'Empire se fait, l'Empire est fait. » Et Mérimée ? Lassé, selon son aimable expression, de « la boue et de la crotte de la sacro-sainte République », il est plutôt content. Et, dans les jours qui suivent le coup de force qui a célébré, notamment, l'anniversaire d'Austerlitz, il résume, en termes vigoureux, l'atmosphère étrange qui a vu Paris approuver et, parfois, apprécier l'audace et la relative frustration du complot : « Le mal, c'est qu'on n'a pas eu peur comme en 1848. La peur de 1848 a fait trouver que les coups de pieds au cul étaient peu de chose en comparaison de la guillotine que l'on craignait. En 1851, les coups de pieds au cul ont paru plus mortifiants. » Eugénie est bien inspirée d'avoir Don Prospero comme linguiste !

L'Elysée convient à la République, les Tuileries conviennent à un Bonaparte. Il s'y installe au début de l'année et n'est pas le seul à déménager, puisque Victor Hugo s'est exilé en Belgique et que son mobilier est vendu aux enchères. L'auteur d'*Hernani* est très vexé de ne pas avoir été mis en prison, le commissaire de police ayant refusé, sous prétexte qu'il n'arrêtait que les gens... dangereux ! Aux Tuileries, le président de la République – car il l'est toujours – organise une fête qui est une véritable nouvelle inauguration. Trente mille personnes demandent à entrer, huit mille seulement auront cette joie.

La comtesse de Montijo aimerait bien profiter de l'étonnante vie parisienne, aventureuse, certes, mais qui lui plaît. Hélas, l'instabilité chronique de l'Espagne n'arrange pas les affaires et elle songe à vendre une propriété pour couvrir un passif endémique. Or, Eugénie est transformée. Elle qui rechignait à quitter ses horizons ibériques, est lassée du désordre et des soupirants qui tournent autour d'elle, sans charme ni imagination. Cette fois, c'est elle qui a envie de partir, pas très loin pour des raisons matérielles, mais ailleurs.

Cet ailleurs a un nom, la Côte basque. Les voici donc à Bayonne, au printemps, mais ce n'est qu'une halte sur la route des Eaux-Bonnes : Eugénie a repris cette inquiétante – et séduisante – pâleur du visage. Et elle tousse. Comment ne pas craindre la terrible tuberculose, médicalement appelée phtisie, dont les ravages sont maintenant sur scène ? Depuis le 2 février, avec un succès extraordinaire, Alexandre Dumas fils raconte, en cinq actes, le destin poignant de celle dont il fut l'amant, *La Dame aux camélias*. Un coup de maître, ce drame. Oui, au théâtre du Vaudeville, moins gai que d'habitude, face à la Bourse, on tousse beaucoup et dans la salle on pleure davantage. Dans le rôle de la poitrinaire, Mme Doche est bouleversante.

Le Pays basque commence à susciter un profitable engouement. Deux hommes remarquables, les frères Emile et Isaac Pereire, créent, entre autres entreprises, la société des Chemins de Fer du Midi pour développer l'accès, l'hôtellerie et le thermalisme dans le Sud-Ouest. A Bayonne, sans doute éprouvée par son voyage et sa toux, Eugénie, impatiente, se précipite dans la mer, encore froide. Elle a deux malaises en sortant de l'eau, se rhabille mais chancelle à nouveau. *Là, je ne saurais te dire ce que j'ai eu*, confie-t-elle à sa sœur pour la rassurer, sans y parvenir. *Je n'y voyais plus et je suis tombée comme morte. On a été très bon pour moi. On m'a portée dans une maison, un monsieur que je ne connais pas m'a soignée parfaitement ; et avant que je ne fusse revenue à moi, il est parti, de manière que je n'ai pas pu le remercier.* Une hydrocution ? Un refroidissement ? En tout cas, une imprudence. Et, aussi, la joie vivifiante de l'océan avant les pénibles séances de cure. Elle a également acheté des robes « en jaconas et mousseline charmantes » pour prendre les eaux le matin, au prix de vingt-cinq francs chacune, « d'ailleurs, si elles avaient été plus chères, je ne les aurais pas prises ; je suis archiruinée [1] ». Aux Eaux-Bonnes, où Eugénie a ses habitudes, le médecin qui la suit la connaît

---

1. Tellement ruinée qu'en traversant la ville de Vitoria, au Pays basque espagnol, Mlle de Montijo a failli acheter un billet de tombola et s'est privée de la spécialité de l'endroit, les truffes au chocolat.

bien. Le docteur Darralde, directeur de l'établissement thermal, juge sa patiente en meilleur état que lors de son précédent séjour et assure la comtesse de Montijo que son état poitrinaire est plus satisfaisant. Mais ses examens minutieux sont une corvée assommante. A force de consultations, le docteur annonce qu'Eugénie devra faire deux cures au lieu d'une. « Il faut bien qu'ils trouvent quelque chose, ces pauvres médecins. Comment vivraient-ils si ce n'était ainsi ? » Heureusement, le docteur Darralde autorise les promenades. Le 19 juillet, Eugénie, qui est tout sauf raisonnable et ne peut vivre sans exercices physiques, participe à un jeu montagnard simple, le premier arrivé étant le gagnant, ce dont on pouvait se douter. Mais la compétition est entre Français et Espagnols, plus exactement trois Aragonais. Ils perdent et sont tellement épuisés et déçus que la comtesse de Teba, panier percé et cœur riche, leur donne un peu d'argent. Le geste est habituel chez elle et il lui arrive d'être guettée par des mendiants, vrais et faux, à la sortie de son hôtel, ce qui exaspère sa mère. A sa sœur, elle dit sa révolte ; ces garçons, en fait des frontaliers ouvriers agricoles qui n'arrivent pas à gagner leur vie en Espagne par suite des mauvaises récoltes, font des efforts terribles et touchent à peine vingt-cinq sous par jour. Eugénie ajoute ce commentaire critique : *C'est une honte que dans un pays aussi peu peuplé que l'Espagne, l'émigration soit nécessaire en raison du mauvais gouvernement. Je t'assure que cela fait pitié de voir de beaux hommes robustes comme ceux-là anéantis par l'excès de travail et par l'insuffisance de nourriture. (...)* Choquée, Mlle de Montijo déverse sa bile en espagnol car elle est très en colère. Elle ne dit pas que du bout du pied, en descendant de cette montagne qui a perdu l'honneur des Aragonais, elle éparpille les pierres du chemin. On lui demande pourquoi...

– Je démolis la France pour venger l'Espagne !

Qu'on se le dise !

Après l'indignation, la dépression... Dans une lettre adressée, un mois plus tard, à l'un de ses parents secrétaire à l'ambassade d'Espagne à Paris, Eugénie envisage de se marier, sans préciser avec qui, mais « peut-être... ou alors je deviendrai... Sœur de la Charité », deux orientations qu'elle estime « différentes » (!), observant que « chacune de ces voies a ses avantages et ses inconvénients ». En effet... Mais, poursuivant son introspection, elle dévoile son véritable projet : *Ce que j'ai l'intention de faire c'est de « jouer à la chance » et de faire ce qui en sortira. Cela peut sembler une folie de confier son existence au hasard, mais je répondrai à cela que je suis très fataliste, par expérience. J'ai fait tout ce qui était en mon pouvoir pour réaliser le rêve de ma vie, cela a toujours été impossible, je suis persuadée que mon destin s'y opposait. Par la suite, j'ai compris que nous ne sommes pas maîtres de notre existence... et que toute notre vie est dirigée par le hasard, de cela je déduis que ce n'est pas une folie de jouer sa vie aux cartes. De plus, à force d'avoir tant espéré, on se résigne à ne plus rien attendre.*

La chance, le hasard? C'est à croire que Mlle de Montijo qui ne consulte plus de bohémienne cartomancienne, estime qu'elle a fini sa vie (à vingt-six ans) et, surtout, ne sait plus ce qu'elle veut, sinon tomber amoureuse et être aimée. Sa mère, on ne peut en douter, suit le même raisonnement et se désespère. Eugénie prétend dire adieu à un destin assumé à l'instant où, par un engrenage invisible, elle va être attirée par Paris, cette ville où elle n'a pas d'impérissables souvenirs. Son esprit hésite, se perd, s'affole. Justement, à Paris, par un soir d'orage théâtral, lors d'un de ces banquets qui jalonnent l'ascension de Louis Napoléon et qui est, précisément, donné pour célébrer la fête de l'oncle, le fidèle Persigny, ministre de l'Intérieur, déclare : «L'Empire se fera pour ou contre l'Europe.» Il se fera presque malgré le président de la République, encore perplexe mais dont la liste civile a été portée à douze millions de francs. Les moyens de voir grand... et de ne plus hésiter.

Automne 1852. Paris n'est pas calme mais l'agitation, loin d'être inquiétante, est une fête quasi permanente; tout est prétexte à glorifier et à raviver le régime bonapartiste. L'Empire n'est plus un souvenir mais une imminence. Eugénie en est tellement persuadée qu'elle envoie un message à son beau-frère diplomate, également son cousin, demandant qu'on conduise son cheval à Saint-Cloud, où elle va monter, avec cette remarque : » (...) L'Empereur t'avait invité mais je t'ai excusé (...) » L'Empereur! Tout le monde en parle, Eugénie l'écrit! Elle n'est pas en retard... Pendant que l'on prépare le sénatus-consulte qui doit rétablir la dignité impériale, Louis Napoléon achève une tournée dans toute la France par un discours célèbre, prononcé à Bordeaux, à la chambre de commerce : «Par esprit de défiance, certaines personnes se disent " l'Empire, c'est la guerre "; moi, je dis " L'Empire, c'est la paix. ". » Des millions de gens entendent cette formule avec bonheur, dont le préfet de la Gironde, homme de haute taille, un certain Georges-Eugène Haussmann, organisateur des festivités [1]. Mérimée, qui sort d'une mésaventure judiciaire insensée l'ayant conduit à passer quinze jours en prison pour outrage à magistrat, est heureux d'être libéré quand Manuela débarque. Il l'accompagne volontiers chez les modistes et les couturières – on connaît ses compétences – et bavarde beaucoup avec elle et Eugénie. De qui, de quoi? De Louis Napoléon, qui a réussi à tordre le cou à la République, et de l'Empire, dont la résurrection sera proposée aux électeurs, par plébiscite, en novembre. En cette fin d'automne, Eugénie fait partie des personnes que le Président liquidateur aime avoir autour de lui. On croit souvent que la jeune fille va réapparaître soudainement et rapidement dans la seule perspective de son mariage mais c'est une erreur. Avant d'être impératrice, certains hauts lieux de l'Empire – et de l'histoire de France – lui sont familiers. Ainsi, le 13 novembre, la présidence de la République organise son ultime grande chasse en forêt de Fontainebleau. La comtesse de Montijo et sa fille sont sur la liste des invités personnels de Louis Napoléon. Mieux : le prince a retenu un superbe alezan, choisi dans ses écuries, pour Eugénie. Splendide, rapide et d'une audace rare, elle arrive la première à l'hallali, après une course intrépide entre les rochers et les arbres. En rentrant au château, caressant l'encolure du cheval, elle assure qu'il est d'une grande douceur. Le compliment est retenu, surtout venant d'une excellente cavalière, et le Président, fort intéressé par l'avis de Mlle de Montijo, lui adresse, avec ses félicitations, un bouquet de fleurs – il en avait fait livrer beaucoup place Vendôme... Ce sont des violettes; elles sont encore présidentielles. Et il lui offre ce cheval avec lequel, à Fontainebleau, elle a formé un de ces couples extraordinaires d'osmose entre l'humain et l'animal. Un cheval pour... la Sainte Eugénie, n'est-ce pas délicat? Confirmation de ce cadeau est faite par l'étonnante lettre qu'Emile Fleury, premier écuyer de Louis Napoléon, adresse le 20 novembre – le jour du plébiscite –, à la comtesse de Montijo. Ecrite à l'Elysée, sur papier à en-tête de la « Mai-

---

1. Voir, du même auteur, *Haussmann, la gloire du Second Empire*, Perrin, 1978. Réédition 1998.

son du Président de la République », elle accompagne le cadeau avec une grande sollicitude. Pour respecter les convenances, si le cheval est donné à Eugénie, c'est à sa mère qu'il est remis. Ce document est instructif car, d'une part, le président de la République est appelé « Son Altesse Impériale », un traitement qu'on ne reverra pas dans le protocole français ; d'autre part, l'attention est officielle « ... en présent à Mademoiselle votre fille », assortie d'un commentaire technique : « Bobby est un peu blessé sur le dos des suites de la dernière chasse et il sera bon de le laisser reposer quelques jours [1]. » Il reste à rappeler qu'offrir un cheval, à cette époque, dans de telles conditions, est un geste significatif. « Tu ne peux te figurer ce que l'on raconte sur moi depuis que j'ai accepté ce cheval du Diable », écrit-elle, furieuse, à son cousin diplomate espagnol. Si Eugénie n'était pas à Paris lors du coup d'Etat, depuis elle ne cesse de se rapprocher de son héros et, lors de ces événements capitaux, elle est fort bien placée. Près de son cœur.

Politiquement, l'affaire semble donc faite ; cependant, il y a des réactions surprenantes en marge d'un enthousiasme expansif. Ainsi, lorsque le Prince-Président, qu'on appelle Président tout court au moment où son régime se dilue, est rentré à Paris, l'accueil a été absolument royal, digne d'un souverain, avec des arcs de triomphe dressés sur les boulevards, des salves de canons et des cloches sonnées à toute volée. Mais quand, trois semaines plus tard, au Sénat, on examine la proposition de rétablissement de l'Empire, il n'y a qu'une seule voix contre, celle de M. Vieillard, un républicain qui se trouve être... l'ancien précepteur de Louis Napoléon ! Sans doute, connaît-il trop bien celui qui fut son élève... Ce vote isolé, contre l'unanimité, fait rire. Peu importe, le président est prêt à se dévouer pour le pays et « ... si la France veut l'Empire, c'est qu'elle pense que cette forme de gouvernement garantit mieux sa grandeur et son avenir ». Sur cette incitation, il quitte l'Elysée pour Saint-Cloud, qu'il apprécie et où il aime à séjourner. C'est d'ailleurs là qu'est donnée ce qui peut être considéré comme la première fête impériale, puisqu'elle est la dernière du régime républicain agonisant.

---

1. Extrait des *Lettres familières de l'Impératrice Eugénie*, publiées par le duc d'Albe (Le Divan, 1935, tome 1). Plus tard, Fleury sera ambassadeur à Florence puis à Saint-Pétersbourg.

S. E. l'ambassadeur d'Autriche, le comte de Hübner, qui, amusé, suit de près l'accouchement des nouvelles institutions, est invité au bal donné, selon lui, « pour fêter l'enterrement de la République ». On y retrouve une jeune personne, déjà familière de ce palais et du parc où elle avait été conviée à des promenades équestres : «La compagnie était mêlée, note le représentant de François-Joseph, le corps diplomatique, les femmes des ministres, la marquise de Contades, la jeune et belle fille de Montijo fort distinguée par le Président. » Des ambassadeurs et des jolies femmes? Louis Napoléon est assuré qu'on va parler de lui dans toute l'Europe. Le vote populaire se déroule les 20 et 21 novembre et le résultat, proclamé le 25, est écrasant; les électeurs ont choisi l'Empire. Massivement [1]. Quatre jours plus tard, se déroule une scène surréaliste. S'adressant au Corps législatif, ce qui reste de l'Assemblée, le président de la République lui demande « d'attester au monde la spontanéité du mouvement national qui le porte à l'Empire... en constatant la liberté du vote et le nombre des suffrages ». Les représentants de la République sont priés de fournir leur permis d'inhumer, la cause du décès étant populaire, autrement dit naturelle et incontestable. Toujours à Saint-Cloud, le 1er décembre, le même Corps législatif moribond se hisse jusqu'au palais, dès huit heures et demie du matin. Et il est constaté que « selon l'expression solennelle de la volonté nationale », l'Empire est demandé. Il était réclamé! A Paris, sur la place de l'Hôtel-de-Ville, le préfet de la Seine donne lecture du décret annonçant que le président de la République est devenu Sa Majesté l'Empereur Napoléon III! Et, le lendemain, le 2 décembre, l'émotion ne peut que se surpasser. Le nouveau souverain fait son entrée dans Paris à cheval par l'Arc de triomphe, bien nommé. *Le Moniteur,* ancêtre du *Journal officiel,* dont le ton est habituellement sobre, écrit : « Ce fut un spectacle saisissant que de voir le nouvel empereur passer sous cet arc de triomphe élevé par son oncle à la gloire de l'armée française... Dans les rangs de l'armée, de la garde nationale et de la population ce n'était qu'un cri puissant, unanime, dominant le bruit du canon des Invalides qui annonçait l'entrée de Napoléon III dans cet antique palais, tout plein encore de la gloire de son nom (...) » Ce parrainage, notamment militaire, illustre la permanence de la grande

---

1. Sur 8 140 660 votants, on recense 7 124 189 oui et seulement 280 000 non.

ombre plus que les exploits militaires du neveu de Napoléon Ier! Qu'importe, on crie « Vive l'Empereur! » La princesse Mathilde, à la droite de son cousin au balcon, en est bouleversée. Un tel cri, à Paris, en France, alors qu'au jour de sa naissance, en 1820, il était banni de même que son nom, n'est-ce pas incroyable? Elle s'y fait. Depuis huit jours, elle a été informée qu'elle avait droit au titre d'Altesse Impériale, à une Maison et à une liste civile de deux cent mille francs. Mais tout de même, son cousin... Quelle patience et quelle rapidité quand il le faut! Après toutes ses épreuves, dont Mathilde a beaucoup souffert pour lui, pour elle et pour la dynastie, il est devenu président de la République et, en à peine quatre ans, il a réussi à étouffer cette République hésitante! Avant de monter sur le trône, Louis XVIII avait dû se morfondre vingt-cinq ans... L'extraordinaire réconciliation d'une majorité de Français avec la cause et la famille impériales est spectaculaire. Au Théâtre Lyrique, on avait donné un opéra-comique sur une musique d'Adolphe Adam *Si j'étais roi* ; certains échotiers suggèrent de modifier le titre de ces trois actes, désormais inopportun et trop modeste. Pour la princesse Mathilde, c'est déjà fait; la cousine du Président est promue la cousine de l'Empereur et demeure le témoin le plus sensible de ses aventures en tout genre. Elle sait combien son appétit sensuel est insatiable. Et qu'il est toujours épris de Miss Howard. Ce jour de la restauration impériale ne signe-t-il pas également la victoire de cette mécène et amoureuse anglaise? Elle aussi, la jolie Ann Elizabeth attend depuis des années...

Mathilde sait fort bien que l'étape suivante pour Louis Napoléon est le choix d'une épouse, la consolidation dynastique du régime étant indispensable. Le sénatus-consulte a disposé que la succession au trône serait choisie dans la descendance masculine directe ou par adoption d'un membre de la famille impériale. Cette dernière hypothèse ne réjouit ni l'Empereur ni Mathilde car, en cas de vacance, elle permettrait à *Plon-Plon*, le grincheux frère de Mathilde, de recueillir l'héritage politique qui a demandé tant d'acharnement alors qu'il a condamné le coup d'Etat... Non, c'est impensable. Il faut donc marier Louis Napoléon d'urgence, le mieux possible et espérer une naissance rapide car le souverain a déjà quarante-quatre ans. Mais qui choisir?

Par ailleurs, on guette les réactions des principaux gouvernements étrangers, car leur appui, leur distance ou leur indifférence peuvent être des éléments essentiels du calcul matrimonial dans la stratégie politique. On ne peut dire que l'avènement du neveu de l'homme qui avait fait trembler l'Europe et provoqué autant de cataclysmes enchante Londres, Vienne, Saint-Pétersbourg et Berlin. Le *Times*, daté du 2 décembre, est très sévère : « (...) Le jour anniversaire de l'écrasement des libertés en France paraît bien choisi pour l'installation d'un pouvoir issu des ruines d'un gouvernement constitutionnel ; et les destructions criminelles de la Révolution française sont ainsi parachevées par la proclamation d'une monarchie qu'elle a renversée et le renoncement à une liberté qu'elle a proclamée. » Vus des bords de la Tamise, les Français sont incompréhensibles et illogiques. Qu'en penserait Descartes ? La reine, bien que fatiguée par une nouvelle grossesse, retirée dans sa résidence favorite de Osborne House, sur l'île de Wight, et fort mécontente de ne pas avoir été informée par ses ministres de tractations diplomatiques variées courant novembre, s'amuse tout de même de cette série de coups de théâtre. « Louis Napoléon Bonaparte, l'ancien carbonaro, l'hôte de l'Angleterre à deux reprises, l'amant de Miss Howard, le prisonnier du fort de Ham est l'empereur des Français. Il est installé au palais des Tuileries, sacré par le Parlement, le peuple et l'Eglise », résume Jacques de Langlade [1]. Cocasse, vraiment cocasse... Et tellement romanesque !

Avec quelque lenteur et des réticences masquées, les grandes puissances adoubent Napoléon III et reconnaissent le nouveau régime qui, il faut le rappeler, a été instauré non sans une dure répression et nombre de déportations. La ruse a été employée, certes, et il y a eu des victimes. Le message du tsar de Russie, Nicolas Ier, autocrate qui apprécie Mathilde et était intervenu pour la sauver d'un désastreux mariage, contient

---

1. Voir *La Reine Victoria* de Jacques de Langlade, préface de Robert Merle (Perrin, 2000), excellente biographie publiée à titre posthume, l'auteur étant décédé subitement, une semaine après avoir achevé son manuscrit. L'adhésion vraisemblable de Louis Napoléon à la société secrète des *Carbonari* se situe vers 1825, dans le rêve révolutionnaire et socialiste d'un homme épris de romantisme politique, soucieux de défendre des libertés nationales, comme celles des Grecs et des Italiens, et de promouvoir l'aide sociale aux plus démunis, selon les idées de gens qu'il connaît, comme George Sand et Louis Blanc. Ajoutons que son attitude, moins incohérente qu'il n'y paraît, est aussi celle d'un prince victime de l'Europe de la Sainte-Alliance, formée après 1815 et au Congrès de Vienne. Sa revanche vient de loin. Son véritable succès est celui d'un homme dit de gauche arrivé au pouvoir avec l'appui de la droite, une situation que les Français retrouveront, beaucoup plus tard... au siècle suivant.

cette dénomination de « Bon Ami » au lieu du convenu « Mon Frère ». La nuance restrictive permet à l'Empereur des Français de montrer sa finesse en remerciant l'ambassadeur russe ainsi : « On subit ses frères. On choisit ses amis. »

Même qualifié de « parvenu » – en français – par diverses Cours européennes, Louis Napoléon a fait ses preuves auprès de l'opinion ; il lui reste à conquérir une femme digne de son aventure. Avant le coup d'Etat, nombre de sceptiques le regardaient avec mépris ; depuis l'audace de la restauration impériale, qu'on l'accepte ou non, l'homme est souverain. La princesse Mathilde nous renseigne. Femme intelligente, elle a remarqué combien, dès son retour d'Espagne, « Mademoiselle Eugénie prit une attitude plus calme, se rapprocha de l'Elysée ; elle abandonnait les amis qui n'étaient pas ceux du Prince... Cette année, elle embellit considérablement ; elle me recherchait fort et me soignait beaucoup. » A l'évidence, aucune créature disponible ne peut échapper au jugement de la cousine, gardienne d'une moralité officielle souvent ébréchée. Eugénie, comme les maîtresses de Louis Napoléon, ne peut s'imposer sans la complicité attentive de Mathilde et encore moins si la fille du roi Jérôme ne donne pas son assentiment, même tacite. Or, trop jolie, trop voyante, trop indépendante et pas assez mesurée, Eugénie a une excellente mauvaise réputation. Elle passe pour intrigante (sa mère aussi !), pourvue d'un caractère ombrageux, très difficile avec les hommes qu'elle remet en place (ce pourrait être, également, une vertu), ambitieuse car elle refuse la médiocrité des attitudes et des sentiments. En bref, elle est fière. Pour la rabaisser, on la traite de « jolie gitane », ce qui déride Mérimée, expert en espagnolades. Et c'est là que la comtesse de Teba présente son plus grave défaut : étrangère, elle est de noblesse douteuse, sans fortune, d'une famille aventurière. Elle ne saurait convenir. Notons, par souci d'objectivité, qu'elle a persisté à ne pas devenir la maîtresse du Bonaparte – une parmi d'autres – en refusant d'être une nouvelle Mlle de La Vallière et qu'il ne l'a pas demandée en mariage.

Mais elle compte de plus en plus pour lui et la froideur apparente qu'elle observe ne peut qu'exciter un homme plus que mûr et qui a dû forcer les événements. C'est à peine croyable mais Louis Napoléon est d'une patience inédite avec Mlle de Montijo. Elle lui résiste ; il s'en accommode par quelques passades. Un jeu aguicheur mais dangereux. Si la famille Bonaparte, aux aguets des intentions matrimoniales de l'Empereur, ne veut pas s'enthousiasmer pour Eugénie, peut-être parce que les honneurs retrouvés rendent exigeants, il y a tout de même des partisans de l'Andalouse, telle Julie Bonaparte, fille du second mariage de Lucien et bientôt titrée princesse qui, dans ses confidences tardives, raconte : « La première fois que j'ai vu Mlle de Montijo, ce fut à une soirée que Mathilde donnait à la duchesse de Hamilton ; je fus saisie de la beauté, de la grâce de cette étrangère et je me demandai qui elle était. Elle était grande et ses bras comme ses épaules sont remarquables de beauté, ainsi que ses dents et son teint qui était alors éblouissant de fraîcheur ; ses cheveux blonds sont d'un beau blond vif ; elle s'habille à merveille et je dis toujours qu'elle a le génie de la toilette. » S'il n'y a qu'une femme pour juger, sans indulgence mais avec justesse, une autre femme, ces compliments ne concernent que l'aspect physique. Or, chez Louis Napoléon, cet aspect compte énormément. Il semble fait d'étoupe puisqu'il n'a cessé de s'enflammer en présence de femmes peu farouches. Pour lui, elles ont toujours été des anges de la Providence, de délicieux avant-coureurs du succès qui s'obstinait à ne pas venir. Et le fait qu'Eugénie soit un peu trop admirée et courtisée n'est, pour un tel chasseur de cœurs, qu'une raison supplémentaire de la séduire.

Courant décembre, l'Empereur inaugure une tradition qui sera l'un des symboles de son empire, les fameuses séries de Compiègne. Aucun de ses invités ne s'étonne que Mlle de Montijo fasse partie de ce cortège de mondanités transportées, à grands frais, vers ce beau château, lequel, comme Saint-Cloud, va bénéficier d'une nouvelle et durable célébrité. « Tous les participants au séjour seront frappés par les attentions dont elle est l'objet de la part de l'Empereur [1]. » Mais l'entourage impérial s'en tient à une courtoisie glacée. Quelques saluts ébauchés sont adressés, sans aucun empressement, à ces Espagnoles jugées envahissantes. Accompagnée de sa mère, bien entendu, et de Mathilde, obligatoirement, Eugénie suit les chasses à courre. Lors de la première, organisée le 20 décembre, l'Espagnole rentre fort tard parce que son che-

---

1. *Le Château de Compiègne*, de Jean-Marie Moulin, conservateur en chef, une très intéressante monographie (Éditions de la Réunion des Musées nationaux, 1987).

val boite. Mathilde constate que son cousin, inquiet, arpente
la salle des gardes, attend visiblement son retour et demande
plusieurs fois des nouvelles. Le lendemain, au théâtre, qui
n'est pas la salle actuelle, Eugénie est assise à côté de
Mathilde, dans sa loge. Les invités assistent au spectacle proposé par la troupe du Gymnase, venue exprès de Paris. Elle
joue un très grand succès, un vaudeville en trois actes de
MM. Bayard et Bieville, intitulé *Un fils de famille* [1]. A la chasse
suivante, le lendemain, la princesse Mathilde observe, un peu
agacée, qu'Eugénie monte un cheval des écuries impériales et
reçoit les honneurs du pied. C'est un signe. Il s'ajoute à des
cadeaux très remarqués : lors de la chasse à tir, la veille,
Mlle de Montijo a déjà reçu de l'Empereur deux magnifiques
fusils à un coup et on colporte que, lors d'une promenade
dans le parc, Eugénie étant émerveillée de l'effet des gouttes
de rosée sur un trèfle, une broche d'émeraude en forme de
trèfle, bordée de diamants, lui fut remise le lendemain. Vingt-
quatre heures pour réaliser un tel bijou, l'Empereur devenait
pressé... Un après-midi, la pluie froide oblige les invités à
renoncer à la chasse. L'hiver noie Compiègne de brume et,
dans les grandes cheminées, les flambées incitent à la rêverie.
La princesse Mathilde, lectrice acharnée et amie de nombreux
écrivains, est assise dans sa chambre, plongée dans un livre.
L'Empereur entre. Elle ne l'attendait pas. « Il s'assit au coin
de mon feu, se souvient-elle, et causa quelques instants en
homme qui ne veut pas trahir ses préoccupations. Enfin, il se
décida à mettre sur le tapis la question du mariage ; il me
disait qu'on le poussait beaucoup à prendre un parti, qu'il fallait fonder une dynastie... Avec toute la discrétion possible, je
lui demandai s'il avait quelque princesse en vue. » Question
piquante quand on sait que ce même homme avait failli épouser cette même cousine, il y a seize ans. Mathilde, confiante,
ne peut envisager qu'une princesse. Il est exact que la question du mariage est aussi débattue publiquement depuis

---

1. L'actuelle salle de théâtre du château de Compiègne fut commencée en 1867, à la
demande de Napoléon III. L'architecte Ancelet, qui avait été chargé de rénover
l'ancienne salle sur le modèle de l'Opéra royal de Versailles, n'aura pas le plaisir de voir
ses travaux achevés en raison de la chute de l'Empire. Longtemps abandonnée, la salle,
qui contient huit cents places, a été restaurée en 1988. Grâce à une association de sauvegarde et au concours de différentes autorités, le ravissant Théâtre Impérial a pu rouvrir en 1990, avec des spectacles puisés dans le répertoire lyrique français. Sous le
second Empire, les troupes qui se produiront à Compiègne joueront essentiellement des
succès du moment et, exceptionnellement, des œuvres du répertoire classique.

qu'une délégation de sénateurs s'était risquée à exprimer
« l'espoir que, dans un avenir non éloigné, une impératrice
viendra s'asseoir sur le trône aux côtés de l'empereur et lui
donner des héritiers dignes de son grand nom ».

Alors, dans cette journée terne, face à la seule femme à qui
il n'oserait mentir, le souverain célibataire énonce les candi-
dates auxquelles il a pensé. Il reconnaît qu'il a songé à une
princesse suédoise, Caroline Wasa, de l'ancienne maison
royale détrônée par Bernadotte ; elle est protestante mais a
l'avantage d'être la petite-fille de la grande-duchesse de Bade,
Stéphanie de Beauharnais, laquelle était une fille adoptive de
Napoléon Ier et donc une tante de Napoléon III. On resterait
en famille [1]... Hélas, Carola préfère épouser le prince héritier
de Saxe. Puis, il a pressenti la sœur de Carola, Marie de Bade ;
mais elle n'avait guère été enthousiaste avançant, d'après
Napoléon III lui-même, qu'il n'était « pas assez légitimiste à
ses yeux » ! Et elle épousera le douzième duc de Hamilton...
Egalement pressentie, la princesse Adelaïde de Hohenlohe-
Langenburg s'est trouvée au cœur d'une vive agitation, bien
que feutrée, entre la France et l'Angleterre. En effet, Adelaïde,
fille de la duchesse de Kent, et nièce de la reine Victoria, a été
informée du souhait de Napoléon III de resserrer les liens
d'amitié avec le pays qu'il admire tant et où il a séjourné, lui,
l'exilé... L'affaire a été maladroitement présentée, d'abord
parce que l'ambassadeur de France à Londres, le comte
Walewski, est un fils naturel de Napoléon Ier et qu'il n'est
donc pas l'émissaire idéal ; ensuite parce que la princesse est
protestante et que sa famille s'oppose formellement à un
mariage avec un catholique ; enfin parce que le prétendant a
une exécrable réputation de séducteur ! Ici, évidemment, la
liaison de Louis Napoléon avec Miss Howard, loin de satisfaire la fierté britannique, est plutôt gênante. Les échanges,
correspondances et consultations entre Walewski, Lord Cowley, ambassadeur de Victoria en France, les secrétaires au
Foreign Office, Russell et Lord Malmesbury et même le Premier ministre Aberdeen illustrent, en premier lieu, une instabilité gouvernementale britannique à cette époque qui lasse la
souveraine, exaspérée qu'un cabinet chute dès qu'une ques-

---

1. Stéphanie de Beauharnais est, comme la reine Victoria, une grand-mère de
l'Europe princière : elle a forgé la descendance des Maisons de Belgique, de Luxembourg, de Monaco et de Roumanie. Lire *Stéphanie de Beauharnais* de Françoise de Ber-
nardy, Grasset 1932, 1957. Réédition Perrin 1977.

tion délicate est abordée et, en second lieu, l'intérêt de Victoria pour ce qui se passe en France alors que, par son mariage et ses relations dynastiques, elle est soupçonnée d'être prussophile et de se germaniser. En réalité, Victoria refuse officiellement de se mêler de ce mariage ; elle a pris en compte l'opposition définitive du père de la jeune fille, le prince de Hohenloe, qui lui a écrit. *Vifs regrets...*

Le résumé fait par Napoléon III à Mathilde est édifiant : partout, on l'a éconduit. Le tour des princesses est vite fait. Ni en Angleterre, ni en Russie, ni en Autriche, le neveu de Napoléon ne parvient à surmonter les refus, les réticences et les objections quand ce ne sont pas des éclats de rire. Longtemps proscrit en politique, le Bonaparte demeure comme pestiféré en amour et cet isolement, aussi pénible que vexant, ne doit pas être oublié dans l'analyse de ce qui suit. Tandis que le feu crépite, Napoléon III se perd en hypothèses secondaires, les yeux mi-clos, comme à son habitude. Mathilde poursuit : « Je tremblais qu'il ne me parlât de Miss Howard, tant je pensais peu à Mlle de Montijo (...) Je m'empressai de lui dire qu'il n'y avait pas de péril en la demeure, qu'il n'était parvenu à l'Empire que depuis six semaines, qu'il avait une maîtresse en titre qu'il n'avait pas congédiée. » Mathilde tente de mettre de l'ordre. Oui, il faut d'abord se débarrasser de l'Anglaise intrigante. L'air las, son cousin répond :

– Je sais tout cela mais je sens la nécessité de me décider et je voudrais trouver une belle princesse dont je puis être amoureux.

Il n'en dit pas davantage et sort. Mathilde est absolument certaine qu'il a un projet dont il ne veut pas parler, un nom qu'il ne veut pas prononcer. « C'est alors que la pensée de Mlle de Montijo se présenta à mon esprit. Je la repoussai... Je ne le croyais pas capable d'un coup de tête qui le mît devant une situation fausse devant l'Europe. En n'épousant pas une princesse, il commettait une faute. » Le problème, vu par Mathilde, est insoluble puisque les princesses, même de deuxième et de troisième rang, déclinent la proposition. Ajoutons que, dans le contexte de l'époque, si les dynasties européennes ne se précipitent pas pour donner une épouse au nouvel Empereur, le souvenir du martyre de Marie-Antoinette et du destin de Marie-Louise, haïes, critiquées, assassinées ou chassées par les Français, n'encourage pas une étrangère à devenir souveraine en France, le pays, par excellence, des révolutions. Et les exilés des Maisons légitimiste ou orléaniste se répandent en horreurs et quolibets sur ces affreux Bonaparte...

Mathilde est mieux placée que personne pour examiner la situation et jauger les qualités de l'Espagnole, lesquelles sont, d'après la princesse, surtout physiques, ce qui est très insuffisant pour accéder au rang d'impératrice. Le seul agrément de Mlle de Montijo est d'être une rivale de Miss Howard dans l'emploi d'une favorite. Malheureusement, le remède peut être pire que le mal. Lord Cowley, l'ambassadeur de Sa Pointilleuse Majesté, envoie une dépêche à son gouvernement : « J'ai tout lieu de croire que Miss Howard est enfin congédiée. Mais l'entourage de l'Empereur se montre fort inquiet de l'admiration qu'il témoigne à une jeune Espagnole. La mère joue de la fille avec impudence dans l'espoir d'y gagner la couronne. La jeune personne continue à être l'objet des attentions les plus marquées de la part de l'Empereur. » Un bijou de langage diplomatique ! Tout est dit. Dans l'esprit de la princesse Mathilde, Miss Howard avait été utile, elle était maintenant encombrante. Mlle de Montijo ? Elle pourrait être une maîtresse, certainement pas une femme, qui plus est chargée de l'avenir dynastique. L'Empereur ne doit plus s'afficher avec une courtisane, il doit se marier. Mathilde a l'un de ses mots qui, à Paris, animeront toutes les conversations, car la princesse a le verbe haut et vert : « On couche avec une Mlle de Montijo, on ne l'épouse pas », crie-t-elle, porte-parole de la famille quasi unanime, relayée par *Plon-Plon*. Une réplique digne de Dumas fils dans *Le Demi-Monde*. Or, précisément, Eugénie de Montijo n'est pas de celles qui se prêtent pour un moment mais, au contraire, de celles qui se donnent une fois pour toutes. Devant Dieu et devant le genre humain. Le mariage ou rien. Son intransigeance confirme l'échange rapide entre elle et Louis Napoléon qui, selon une formule incisive, lui aurait demandé « Mais enfin, par quel chemin arrive-t-on à votre chambre ? », question pratique à laquelle elle aurait répondu : « Par la chapelle ! » L'un et l'autre ont assez d'esprit pour que ce superbe dialogue soit avéré. Il a le mérite d'être clair : pour être admis dans le lit d'Eugénie, il faut d'abord être son mari.

Mathilde comprend, un peu tard, qu'Eugénie n'acceptera que le mariage. Surveillée, voire sans doute encouragée, par sa mère, Mlle de Montijo laisse entendre, en cette fin décembre, qu'elle « était en situation d'obtenir des faveurs ». Pour Mathilde, catastrophée de l'entêtement de son cousin et de sa détermination aussi rapide – et imprévisible à ce degré d'empressement –, il faut absolument essayer de faire échouer ce plan. Ah ! Louis Napoléon et les femmes ! La difficulté dans cette affaire est que les arguments contre Eugénie sont balayés par sa beauté, son charme à la fois distant et chaleureux, son allure.

Sa cousine tente de le raisonner, après une enquête où, pour une fois, elle a demandé l'aide de son frère, *Plon-Plon*, qui avait été ambassadeur en Espagne. Il a obtenu de très mauvais renseignements financiers. Le frère et la sœur, provisoirement alliés, découvrent que Mlle de Montijo, grâce aux imprudences de sa mère, se trouverait à la tête de cinq cent mille francs de... dettes et non de rentes ! Une touche balzacienne manquait à cette situation romanesque. Il est possible que le prince Napoléon ait forcé la note sur la situation matérielle d'Eugénie. Ce genre d'argument n'est pas de ceux qui calment Louis Napoléon ; les dettes ne l'ont jamais empêché d'agir, de comploter, de tisser des alliances et, finalement, d'arriver au sommet. Ses emprunts ? Un investissement garanti par la certitude d'incarner le pouvoir. Les ministres s'inquiètent. Persigny, à l'Intérieur, Drouyn de Lhuys, aux Affaires étrangères et Walewski insistent pour un mariage avec l'héritière d'une cour d'Europe – il doit bien y en avoir d'acceptables ! – car l'Empire français a besoin de s'imposer et d'être pris au sérieux. Ils font valoir qu'en épousant Mlle de Montijo, le monarque contracterait « une union indigne de sa race, indigne de la France ». Peine perdue : Napoléon III déclare qu'il aime Eugénie. Peut-être, puisqu'il en est amoureux depuis trois ans. Mais il la veut et cela est davantage certain. Avec sa fidélité un peu rustre, Persigny ose saisir l'Empereur par un bouton de son habit et lui lâche, furieux :

– Ce n'est pas la peine d'avoir risqué le coup d'Etat avec nous tous pour épouser une lorette !

Le mot est dur et excessif : apparu dans le langage sous Louis-Philippe, il désigne une jeune femme élégante mais facile, aux mœurs légères, comme une courtisane. Or, Eugénie est exactement le contraire et n'affiche aucune vulgarité. En revanche, qu'elle soit un peu allumeuse, en termes fami-

liers, est établi. On lui trouve des défauts rédhibitoires : elle
serait sans gêne (disons, dans certaines occasions, sans
complexe), hystérique (ses réactions extrêmes, de la prostra-
tion à l'excitation, le prouvent) et même diabolique
puisqu'elle avait voulu se suicider quand le duc d'Albe refusait
d'être son époux. On ignore ses qualités, on ne voit que ses
sordides faiblesses. Une étrangère ? Cela ne susciterait aucune
critique si elle était fortunée et raisonnable... On glose même
sur sa santé en énumérant les cures imposées par la médecine.
Ne serait-elle pas réellement malade ? En fin de compte, son
attitude est responsable de l'obsession de l'Empereur ; elle a
donc tous les torts. Ainsi, les débuts marginaux de la belle
Andalouse dans la nouvelle société impériale dérangent tout le
monde. Mathilde poursuit son inventaire des beaux partis
dans l'aristocratie française mais son cousin lui fait
comprendre que cette recherche est inutile et même dégra-
dante.

L'entourage en viendrait presque à regretter l'ascendant de
Miss Howard sur Louis Napoléon car elle, au moins, était
effacée. Mais, créancière de la bonne fortune, serait-elle restée
éternellement dans l'ombre ? Non, sans doute. Les scènes,
pleines de sous-entendus, se multiplient. Ainsi, un autre soir
pluvieux, l'Empereur apprend à Mlle de Montijo le jeu de
vingt-et-un. Il la conseille :

– Vous êtes bien servie. Moi, je m'en tiendrais là !

– Pas moi ! Je veux tout ou rien ! Une carte, je vous prie.

Silence autour de la table. Eugénie scrute son jeu :

– Un as ! Qu'en dites-vous, Sire ?

Sa Majesté n'en dit rien ; les joueurs se taisent, le silence est
éloquent.

Dans la coulisse, Manuela, elle aussi, joue gros. N'a-t-elle
pas l'habitude de ces situations tendues où, sur un coup de
dés, tout bascule ? La gloire ou l'échec, en un instant. Depuis
leur retour à Paris, la mère et la fille sont engagées dans un
pari des plus risqués. « Cet homme est accroché, a noté la
comtesse, experte. A moins que son entourage ne réussisse à
le marier avant, avec quelque princesse étrangère... »

L'entourage n'y parvenant pas, le vieux roi Jérôme – il a
soixante-huit ans –, comblé d'honneurs, élevé à la dignité de
maréchal de France et président du Sénat, grommelle son
avis. Devant sa fille Mathilde, effarée, le dernier frère vivant

de Napoléon Ier répète : « Mon neveu épousera la première qui
lui montera la tête et qui lui refusera ses faveurs. » C'est bien
vu. Louis Napoléon, charmeur et sachant cultiver les poli-
tesses à double sens, a toujours eu du succès auprès des
femmes. Ses conquêtes sentimentales ont été plus faciles que
ses réussites politiques; désormais, il compense le temps
perdu. Et, avec le recul dont l'historien dispose et ce que nous
savons aujourd'hui, il est vraisemblable que, si Eugénie avait
cédé à Louis Napoléon, Prince-Président ou sur le point
d'être Empereur, sans exiger d'être d'abord son épouse, son
intérêt pour elle aurait été moins empressé. Et rien ne permet
de penser qu'il l'aurait épousée après en avoir fait sa maîtresse. L'ex-roi de Westphalie, dont la vie personnelle a également été agitée, résume bien ce point d'équilibre; on peut
aussi inverser son observation et soutenir qu'Eugénie, refusant
ses faveurs, devient une excitante réfractaire qu'il faut
conquérir par les grands moyens. Le prix de la victoire n'est
plus un mystère puisqu'il s'agit, en termes clairs, de la vertu
d'Eugénie. La seule question non résolue est celle du temps;
il semble que Mlle de Montijo soit maîtresse du jeu, elle ne
cédera pas. Ajoutons le paramètre diplomatique : l'Empire,
bien que rétabli et finalement applaudi, accepté ou toléré
selon les cas, a besoin de respectabilité; aux Tuileries, la
monarchie bourgeoise avait laissé sa digne empreinte. Pendant cette période cruciale, Mérimée est très attentif aux
manœuvres de sa chère Manuela et au destin de l'Andalouse
qui est le sujet de toutes les conversations. De détails en
détails, il suit l'évolution de l'affaire. Quel jeu risqué! Don
Prospero est sceptique, cela peut facilement mal tourner. Avec
son ironie cinglante, le vieux confident et complice de
Manuela ne croit pas à la destinée impériale d'Eugénie et il
juge la stratégie de sa mère vouée à un désastre spectaculaire :
« Ça durera ce que ça durera, mais la fin est un peu effrayante.
Puisque vous aimez les précipices, ma chère amie, je ne vous
retiens pas. Laissez-moi m'attacher à votre crinoline pour
tomber plus mollement avec vous au moyen de ce parachute. »
Curieuse prémonition car si Mérimée refuse de voir Eugénie
en impératrice, en revanche, il a le pressentiment d'une catastrophe inévitable, évoquée dans une belle image.
    Alors qu'on abreuve l'Andalouse de médisances, certaines
fondées et d'autres inventées, un observateur inattendu

résume son impression. Proudhon, le fougueux théoricien de la révolution sociale, libéré de prison six mois plus tôt, note : «... Très appréciateur de l'élément féminin et habitué à la satisfaction immédiate de ses caprices, de ses désirs, il lui arriva de tomber amoureux de Mlle de Montijo et, comme seule de toutes les femmes qu'il aime ou qu'il semble aimer, elle ne lui permit aucune privauté, elle le tient sans cesse dans un éloignement de son cœur, il se piqua au jeu, eut l'obsession de son amour et comme pour le faire palpable, il n'eut devant lui que ce moyen, le mariage ; ainsi que tous les amoureux obstinés dans sa passion, il se jura d'être heureux sans calculer les conséquences politiques de l'acte qu'il accomplissait, ou mieux en refusant de les envisager. » Un diagnostic froid qui conclut qu'Eugénie «... fut assez semblable à ces jolis oiseaux des pays ensoleillés qui paraissent insaisissables... ». C'est pourtant l'oiseau du soleil qui va mettre Napoléon III dans la cage du mariage avant la satisfaction du désir.

Le fidèle Bacciochi se fait annoncer rue de Courcelles. Il est très ennuyé et rapporte les derniers potins de Compiègne où l'Empereur est resté quarante-huit heures de plus. A Mathilde, soucieuse, il raconte :

– Les choses ont vivement marché depuis votre départ et si l'on ne vient pas à notre aide, nous serons contraints d'en passer par là. Mlle Eugénie n'est guère éprise mais elle joue sa partie admirablement. La mère n'en revient pas. Elle ne comptait guère que sur une liaison profitable, or la jeune personne se joue de l'Empereur.

Bacciochi est l'un des très rares témoins de la manière dont l'Andalouse a su se faire respecter – et désirer – dans la clairière de Combleval. La princesse ne se fait plus d'illusion, ce séjour à Compiègne est décisif. Napoléon III est devenu impatient. Après le coup d'Etat politique, il est prêt pour le coup d'Etat sentimental. La lutte est celle qui oppose deux forces, les sens échauffés d'un homme et l'ambition réfléchie d'une femme. Car, dans cette façon de se dérober, de poser des conditions, de promettre sans rien dire, Eugénie est une femme accomplie.

Un incident l'atteste, au matin du 31 décembre. Aux Tuileries, Napoléon III et Mathilde assistent à la messe célébrée dans la chapelle du palais. L'office terminé, l'Empereur donne le bras à sa cousine qui s'accroche à son rôle de première dame. A leur grande surprise, dans la galerie d'honneur réservée aux personnages officiels et aux membres de la famille impériale, la comtesse de Montijo et sa fille sont là, ayant bousculé la garde et pulvérisé le protocole. Si Napoléon III, qui ne s'attendait pas à les voir, est visiblement heureux de cette surprise, Mathilde se contente d'être polie. A peine... c'est dire si elle est contrariée. Mais que font-elles ici? Elles rassurent la princesse puisqu'elles annoncent leur départ. Pour Rome, affirment-elles. Leur peine et leur air contrit sont parfaitement étudiés, la mère et la fille jouent leur dernière carte; elles font semblant de quitter Paris et la France pour forcer l'indécis à choisir. Un véritable banco de l'ambition! Le piège, risqué, doit fonctionner, sinon la comtesse de Montijo traînera éternellement le plus tangible de ses échecs.

Napoléon III, navré de ce départ inattendu, veut empêcher ce qui ressemble à une fuite et n'est, en fait, qu'un ultimatum. Certain qu'il peut infléchir l'attitude de Manuela, il fait inviter ces dames au prochain bal. Alors que la situation de l'Empire ottoman et des Balkans (déjà!) agite les chancelleries russe, autrichienne et anglaise, la mère et la fille attendent, perplexes, la confirmation de leur invitation. L'incertitude est grande dans le petit appartement de la place Vendôme. Qui sait si quelque intrigue malveillante ne va pas tout gâcher? Bacciochi, de tous les secrets, informe Manuela et Eugénie qu'on les espère à ce fameux bal et qu'elles souperont à la table du souverain. De bonne grâce, la comtesse de Montijo annonce qu'elle retarde son départ... Quel soulagement : on les retient! Le 12 janvier 1853, les Tuileries brillent d'un bel éclat. De nombreux témoins de cette soirée raconteront ce qu'ils ont vu et entendu; le plus sérieux est l'ambassadeur d'Autriche, qui consigne parfaitement l'atmosphère qui est celle d'un véritable quitte ou double pour les deux intruses : «... L'Empereur est en culotte. Ce vêtement, qu'on n'a plus vu depuis la Restauration, est une révélation pour la génération actuelle; un souvenir pour les vieux et un sujet de commentaires, pas tous bienveillants, pour les uns et pour les autres. A cette fête, un incident a fait sensation parmi les privilégiés admis dans la Salle des Maréchaux. Mlle de Montijo parut au bras de James de Rothschild, toujours sous le charme mais maintenant plus que jamais, car il est de ceux qui croient au mariage. Un de ses fils conduisait Mme de Montijo. Ces messieurs comptaient placer leurs dames sur la banquette

occupée par les femmes des ministres. L'une d'elles, passionnément opposée au mariage et ne voulant pas l'admettre
comme possible, dit sèchement à Mlle de Montijo que ces
places étaient réservées aux femmes des ministres [1]. » Et la
femme du ministre ponctue sa remarque de la pire des injures,
adressée à Eugénie :

– Aventurière !

Comme une déflagration, le mot fait chanceler la belle
Andalouse, incapable d'articuler, sans force aucune pour
répliquer que, précisément, elle n'a rien d'une favorite et n'en
veut surtout pas jouer le rôle. Très pâle, elle s'avance vers une
place qui, elle en est sûre, lui est réservée. Elle paraît souffrante. « L'Empereur s'en aperçut, se précipita vers les deux
dames espagnoles en détresse et leur assigna des tabourets
près des membres de sa famille. » L'Ancien Régime avait
honoré *les duchesses à tabouret* ; le second Empire allait protéger le rang des comtesses bien en cour. En jetant une avanie à
Mlle de Montijo, Mme Fortoul se trompe. D'abord, le qualificatif d'aventurière convient davantage à Manuela qu'à sa fille,
ce qui est une grave confusion de cible. Ensuite, en laissant
exploser sa rage, Mme Fortoul ne fait qu'attirer l'attention de
Napoléon III sur l'inconfortable situation de l'Andalouse et,
ainsi, confirmer son souhait d'aller vite. Car, après s'être
inquiété de la santé d'Eugénie, il n'a obtenu qu'un silence
renfrogné :

– Qu'y a-t-il ?

– Rien. Mais je ne puis parler...

Elle parlera tout de même, sous les yeux de Mathilde, à la
fin du souper, révélant à un Napoléon III très attentif la raison
de sa pâleur :

– Il y a que je viens d'être insultée chez vous comme jamais
je ne l'ai été, n'ayant personne pour me défendre. Dès
demain, ma mère et moi quitterons Paris et vous n'entendrez
plus parler de nous.

---

1. Le comte de Hubner, bien qu'ambassadeur neuf ans à Paris, commet cependant
une erreur d'identité dans son récit mais qui ne change rien à la portée de l'événement.
En effet, ce n'est pas l'épouse du ministre des Affaires étrangères, Drouyn de Lhuys, qui
veut rabaisser Eugénie mais Mme Fortoul dont le mari, qui avait été ministre de la
Marine du Prince-Président, est maintenant en charge de l'Instruction publique et des
Cultes et auteur d'une importante réforme de l'enseignement. Lui aussi est hostile au
mariage dont l'éventualité se précise. L'ambassadeur de François-Joseph s'amuse à
détailler, dans ses souvenirs, cette « scène presque burlesque », selon ses propres
termes.

Et comment ne pas songer à ce conseil de Mérimée, stratège en chambre et confident émoustillé des battements de cœur qui avait dit à Eugénie de ne pas fuir alors que Lesseps avait suggéré une retraite élégante ? Elle n'a pas fui, on l'a traitée d'aventurière, un mot chargé de boue... Mais il y a des insultes qui agissent tel un tiroir secret, ouvert un peu par hasard, par une pression là où il faut. La réponse de l'Empereur des Français tombe :

— Demain, plus personne n'aura l'audace de vous insulter.

Mme Fortoul a perdu. Par la faute d'une épouse de ministre trop sûre d'elle, Eugénie a gagné plus vite que prévu. Napoléon III brûle, les adversaires de son projet viennent de lui fournir le meilleur des prétextes pour agir ; il a toujours été l'homme qui s'en remet aux circonstances, il en profite. Et personne n'insultera celle qu'il a choisie pour femme. Mme Fortoul est d'autant moins bien inspirée que, depuis cinq jours, la princesse Mathilde sait que son cousin ne changera plus d'avis. Seul le délai pour l'annoncer restait inconnu. En effet, Bacciochi avait débarqué chez elle, porteur d'une lettre de l'Empereur. Comme d'habitude, il était chargé d'une mission des plus délicates. Ce 7 janvier, à 9 heures du matin, Mathilde avait ouvert le pli aux armes impériales, interrogé l'émissaire du regard. Il lui avait répondu sur un ton neutre : « Lisez, lisez. Nous causerons après. » Elle avait lu ce texte :

Ma chère cousine,

Je vous écris pour vous faire part d'une chose qui m'intéresse vivement et pour laquelle je réclame toute votre amitié. Vous vous êtes bien aperçue combien j'aimais Mlle de Montijo. Et, appréciant toutes ses solides et bonnes qualités, j'ai résolu d'une manière irrévocable de l'épouser ; lorsqu'elle sera impératrice, je n'aurai plus besoin d'avoir recours à la bienveillance de ceux qui la connaissent pour qu'elle soit traitée comme elle le mérite ; sa position et sa conduite commanderont le respect. Mais avant que cet événement s'accomplisse, il y a bien des préjugés et des préventions à vaincre. Aussi, ce serait me donner une preuve d'amitié et de dévouement à laquelle je serais bien sensible que de la traiter avec distinction aujourd'hui et de la défendre contre la médisance du monde. C'est parce que j'ai toujours eu une entière confiance dans votre amitié pour moi, ma chère Matilde, que je vous fais cet aveu.

Recevez l'assurance de mes tendres sentiments pour vous,

Napoléon.

Ainsi, Mathilde fut la première dans la confidence. Si elle s'en doutait, elle est d'abord furieuse de cette décision qu'elle juge trop rapide, ce qui n'est pas une critique, a priori, d'Eugénie mais plutôt de son cousin qui ne peut réfréner sa sensualité. Mais, au bout de quelques instants, la franchise de l'Empereur (franchise que Louis Napoléon n'avait pas eue au moment de leurs fiançailles rompues...), sa résolution de faire face à la terre entière, lui qui a toujours l'air de fuir, d'éluder et de repousser, forcent son adhésion. Elle avait prié Bacciochi d'attendre et, les yeux baignés de larmes, elle avait écrit une réponse à destination des Tuileries, en évitant qu'un mot malheureux ne puisse faire de la peine :

Sire,

Votre lettre m'a émue jusqu'aux larmes. Comptez toujours et dans toutes les occasions sur mon affection : je saurai vous la prouver et accomplir vos désirs dans tout ce qui dépendra de moi. Permettez-moi de vous serrer bien affectueusement la main et de vous répéter encore, Sire, que je serai toujours heureuse de ce qui fera votre bonheur. De Votre Majesté, la très dévouée,

Mathilde.

Un chef-d'œuvre de résignation, de tendresse discrète, de courtoisie distante. Mais on ne peut qu'observer l'absence de toute référence à Eugénie. La princesse n'apparaît ni pour ni contre ; elle est seulement heureuse si son cousin pense épouser le bonheur. La nuance, qui est alors confidentielle, montre que la princesse est habile dans sa sincérité. Elle est du côté de Napoléon III ; soutenir Eugénie est une tout autre affaire... Lorsque Bacciochi eut remis cette déclaration de fidélité à l'Empereur, ce dernier en fut soulagé. Il était anxieux car tous ses alliés ou presque s'étaient regroupés en une seule famille, le clan des anti-Eugénie. Ils n'étaient que quelques dizaines de personnes, souvent très influentes ; un jour, ils seraient des millions... Dès le début de la révélation de son destin, Eugénie est critiquée avec une férocité tenace. Tout est comptabilisé, analysé et déformé quand il le faut. Une sourde jalousie, décelable dans tous les milieux, accuse Mlle de Montijo d'être trop jolie, donc coquette. Ambitieuse, donc égoïste. Espagnole – et même trois fois dans la grandeur d'Espagne, donc une étrangère. Les Bourbons avaient imposé une Autrichienne, Napoléon avait fait de même et voilà que le neveu se fixait sur une fille exaltée, qui s'adonnait scandaleusement aux exercices physiques et aimait vivre comme une gitane révoltée. Bref, en ce début de 1853, Mlle de Montijo accumule les torts dont celui, insupportable, de n'avoir laissé aucune chance à une Française...

Pour le monarque, l'essentiel était acquis, Mathilde ne s'élèverait pas publiquement contre ce mariage même si elle le désapprouvait ; elle garderait son esprit caustique pour les cuistres et, à ce jeu, elle était imbattable. On pouvait penser que la neutralité de la princesse passerait pour de la bienveillance et ferait taire les critiques. Et si, après tout ce qui a été colporté en un temps record, il y avait un véritable roman entre Louis Napoléon et l'Andalouse ? Mathilde a trop souffert, dans sa famille et dans sa vie de femme, des arrangements conjugaux pour ne pas admettre, en filigrane, l'attrait irrésistible d'un amour... qui résiste. Napoléon III est son obligé. Le même jour, en fin de matinée, il lui fait porter un billet qui poursuit le va-et-vient entre les Tuileries et la rue de Courcelles :

Ma chère Mathilde,

Les circonstances sont rares dans cette vie où l'on peut montrer son affection à ceux que l'on aime. Aujourd'hui, il s'en est présenté une pour vous ; vous l'avez saisie avec empressement et avec joie. Recevez-en mes remerciements et comptez sur mon amitié à toute épreuve. Je vous recevrai à cinq heures et demie aujourd'hui. Croyez à ma tendresse.

Napoléon.

En une matinée, le ton a changé. On y décèle un pacte d'alliance fondé sur une mutuelle estime que rien ne pourra affaiblir. Il arrivera plus d'une fois que les deux cousins soient en complet désaccord mais Mathilde ne trahira pas Louis Napoléon, même en désavouant ou en critiquant vertement Eugénie. Ce 7 janvier n'est aucunement une journée de ralliement à l'heureuse (?) élue mais la reconnaissance d'une situation et la nécessité de s'y adapter. Arrivée ponctuellement au palais, la princesse est introduite dans le cabinet de travail du souverain. L'Empereur, sur ses talons, lui tend la main :

– Eh bien, ma cousine, que pensez-vous de la résolution que j'ai prise?

– Sire, vous tentez la fortune. L'Europe sera mécontente. La France se trouvera peu flattée que vous ne choisissiez pas une Française. Si l'on avait le courage de s'opposer à votre mariage, vos parents, le Sénat, le Corps législatif, qu'adviendrait-il? Quel parti prendriez-vous si les membres de votre famille signaient une adresse collective protestant respectueusement contre votre résolution? Cela modifierait-il vos intentions?

– Il est trop tard. On veut que je me marie en vue d'avoir un héritier; le reste me regarde seul. Je vous demande, ma chère cousine, d'être aimable pour Eugénie : elle s'effraie beaucoup de votre accueil et s'inquiète extrêmement de votre opinion.

En effet, il est trop tard : Louis Napoléon Bonaparte va franchir le Rubicon de l'amour. Avec le recul du temps et l'analyse que l'on peut tirer de ces cinq semaines, pouvons-nous dire qu'il avait, réellement, arrêté son choix? Non, si l'on se réfère aux réflexions de la princesse dans ses souvenirs écrits avec une belle lucidité : «... Ce qui m'a toujours paru étrange, c'est que l'Empereur, en même temps qu'il poussait les choses aussi loin que possible avec Mlle de Montijo, laissait faire des démarches auprès de la princesse de Hohenlohe, personne belle et douce qui nous eût convenu beaucoup. Elle objecta la différence de religion; cette hésitation fut considérée comme un refus et c'est fort peu de temps après que l'Empereur déclara son mariage. J'en conclus que l'amour seul ne l'a pas décidé, mais que le dépit de voir ses offres déclinées pour la seconde fois avait beaucoup pesé sur sa détermination définitive.» Ainsi, ce mariage devenait la réponse d'un homme humilié, devenu souverain, et que l'on avait persisté à traiter comme un rêveur, un utopiste, un velléitaire. L'Europe avait, tout simplement, oublié qu'il avait rendu l'Empire populaire après trente-sept ans de honte et d'effacement, qu'il l'avait rétabli et que si l'aventurier avait fait sourire, le souverain s'était imposé en déjouant tous les calculs. Il est intéressant de rapprocher le jugement de Mathilde de l'explication, à la fois naïve et fondée, d'Eugénie qui, à la veille de son engagement, écrira à sa sœur, sans être relue par Mérimée : «C'est des affaires d'Etat qui ont fait

avancer mon mariage de tout un mois. » En effet, tout avance.
Deux jours après l'adhésion navrée et résignée de Mathilde et
tandis que les fiançailles, si l'on peut utiliser ce mot ici, ne
sont pas encore officielles, la princesse reçoit le couple chez
elle... On se souvient que c'était dans ce même salon que le
Prince-Président, hôte régulier de sa cousine, avait aperçu
Mlle de Montijo sans savoir qui elle était et s'était fait présenter la jeune Espagnole. En somme, presque une soirée d'anniversaire donnée par cette princesse peu conventionnelle qui,
méprisant les cloisonnements du monde, recevait sans mari
mais avec un amant, était fille de roi et alors cousine d'un Président que les soldats saluaient tel un empereur. La réception
est brillante et le bal, qui dure jusqu'à l'aube, se déroule
comme une bénédiction profane accordée par la plus équili-
brée des Bonaparte. Les protestations s'étouffent à sa porte,
comme celle-ci, formulée par un des ministres de son cousin :
« Ce projet de mariage réjouit vos ennemis et abat vos amis. »
On caquette beaucoup autour des plus grands noms d'avant-
hier, d'hier et de maintenant, les Noailles, les Galliera, les
Ségur, les Castellane, les Broglie, les Suchet. On sonde Mérimée – Mme Delessert est fort curieuse – sur l'enfance d'Eugénie, ses origines exactes (Trois fois Grande d'Espagne ? Dix
fois comtesse ? Est-ce bien vrai ?). Et on interroge Viollet-le-
Duc, comme si ce génial architecte avait, dans ses dossiers, un
carton sur la situation réelle de Mlle de Montijo. Car elle est
pourvue d'une légende insensée. Bien entendu, on s'inquiète
de savoir – c'est-à-dire qu'on insinue le contraire – si Eugénie,
qui a rendu des hommes fous, est intacte... Sur ce délicat
sujet, d'invraisemblables ragots circulent aussi, à croire que
les commères ont même examiné le corps de l'Andalouse.
N'aurait-elle pas, une parenté avec *Carmen* dans les ravages
qu'elle provoque ? Napoléon III s'est, lui aussi, interrogé.
Hésitant, il a demandé à l'Andalouse :

– Votre cœur est-il libre ? Avez-vous déjà aimé ?

Elle avait répondu avec sa franchise coutumière :

– Sire, je sais que l'on m'a calomniée auprès de vous. Mais
si mon cœur a déjà battu, je puis vous assurer que je suis toujours Mlle de Montijo.

Parmi ceux qui suivent la progression des sentiments impériaux, il est un personnage essentiel, Morny, le demi-frère de
l'Empereur. Lors du coup d'Etat, qui était selon lui un coup

de balai, il fut du côté du manche. Homme d'affaires, dans tous les sens du terme, esprit remarquable, ce député, futur président du Corps législatif notamment, est aussi intéressé par les femmes que Napoléon III. Elles lui rendent bien son empressement, en particulier la belle comtesse Le Hon, sa maîtresse la plus célèbre, fille de banquier, par ailleurs ambassadrice de Belgique et sa voisine, ce qui est bien commode pour entretenir une liaison et la dissimuler en la montrant. Le comte de Morny, surnommé le comte Hortensia sur le boulevard, est de ceux qui, immédiatement, prennent le parti d'Eugénie, bien qu'on ait longtemps pensé le contraire. D'abord, cet autre fils de la reine Hortense connaît son frère légitime et juge qu'Eugénie a bien les qualités d'une impératrice. Il est l'un des premiers contemporains de l'aventure à savoir qu'une jolie femme attire ses semblables et que la vie parisienne, où l'on s'ébroue après une pénible léthargie, n'en sera que plus charmante. Donc, comme on le dira de ses aventures financières et industrielles étonnantes : «Morny est dans l'affaire.»

Lui aussi va vite. Le lendemain du bal offert par Mathilde – où l'Empereur a courtisé sa future femme jusqu'à deux heures du matin – l'influent Morny devance l'événement et offre un dîner chez lui, en l'honneur de la future souveraine. Certes, on pourrait y parler de la vente, organisée le lendemain en l'hôtel des commissaires-priseurs, des tableaux de feu le roi Louis-Philippe. Tout un symbole, cette monarchie aux enchères... Morny avait montré son indépendance le 23 janvier 1852 en démissionnant de son poste de ministre de l'Intérieur car il désapprouvait le décret, signé la veille, confisquant les biens de la famille d'Orléans ; la mesure lui avait semblé aussi inutile qu'inopportune. Mais, chez Morny, l'intérêt, ce soir, est brûlant. Puisque son adversaire, Persigny, est opposé à Eugénie, Morny lui est favorable. C'est, également, une façon d'éviter une probable disgrâce de la part de l'Empereur. Napoléon III a peu apprécié la grossière remarque de Persigny sur les précautions d'Eugénie à ne pas se compromettre. Ce fidèle de Louis Napoléon, emporté et rustre, a osé dire : «Je me demande pourquoi cette petite intrigante vous refuse avec autant d'obstination ce qu'elle a accordé à tant d'autres ! » Un silence avait suivi cette déclaration de guerre, imprudente et vulgaire. Avec le génie d'un formidable organisateur et la per-

fidie d'un expert en bassesse, Morny a invité des femmes du
monde dont les maris ont la faveur impériale, dans les ministères et les ambassades. Aucune ne s'est trouvée déjà prise ailleurs; puisqu'il y aura, dit-on, très prochainement une
impératrice, autant la voir et la jauger avant les autres... Quel
délice! Et Morny, habile spéculateur des cœurs comme des
terrains constructibles, juge inutile de se présenter comme
ennemi de Mlle de Montijo. Il est vrai qu'à la différence de la
plupart de ses invités, il la connaît depuis longtemps, l'ayant
côtoyée, avec sa mère, chez la reine du Paris d'alors,
Mme Delessert. De plus, lorsque Napoléon III l'a consulté, il
y a une dizaine de jours, Morny a donné un avis plus que favorable en insistant sur le fait que l'élue n'appartient pas à l'une
des familles de France et d'Europe qui, depuis cinquante ans,
ont combattu et dénigré la dynastie Bonaparte. Une rareté! Et
à l'un de ses collègues du Corps législatif qui parle de ce
mariage comme d'une mésalliance, Morny réplique, par écrit :
« Mlle de Montijo est belle, d'une dignité naturelle et d'une
grâce parfaite. Elle a été élevée en France. Elle est Française
de cœur, son père a été dévoué à la France. L'Empereur aime
le bonheur intérieur; il veut tout bonnement aimer sa femme.
De tout cela, lui ferez-vous un crime? »

C'est donc une Eugénie plus française qu'espagnole que
Morny, faux comte et vrai duc [1], véritable artisan du coup
d'Etat et négociateur méconnu de la cause impériale auprès
des principales cours étrangères, accueille dans son bel hôtel
du bas des Champs-Elysées, Eugénie, la jeune femme qui a
embrasé Louis Napoléon comme personne n'avait su le faire.
Une soirée instructive. La résidence de cet homme élégant et
fort écouté est moins grande que l'hôtel Le Hon, qualifié de
« niche à fidèle » (!), mais meublée et décorée avec goût. Pour
Manuela, c'est l'occasion de mesurer la transformation
annoncée des Champs-Elysées qu'elle avait arpentés dans la
gêne. Pour Eugénie, ce dîner est un examen de passage. Mais
qu'attend donc le maître de maison? Il attend Eugénie et sa
mère pour passer à table. Les voici et Morny se précipite, ce

---

1. Morny recevra le titre du duc en juillet 1862. Sa vie étonnante inspirera son secré-
taire, Alphonse Daudet, pour son roman *Le Nabab*. En 1856, la fille de la comtesse Le
Hon épouse un Poniatowski. De toute évidence, la mariée est une fille naturelle de
Morny et se marie... six mois avant son père ! Un quatrain circule dans Paris :« Quel est
donc ce visage blond / Qui ressemble à la reine Hortense ? / C'est la fille de M. Le Hon.
/ Morny soit qui mal y pense. »

qui est remarqué par deux catégories d'invitées, de manière contrastée. L'une est personnifiée par la charmante comtesse Walewska dont le mari, ambassadeur à Londres, avait plaidé la cause de Louis Napoléon auprès de la princesse de Hohenlohe. D'un coup d'œil, elle apprécie l'aisance, le naturel d'Eugénie ainsi que sa toilette, charmante et sans provocation. Elle sait, et pour cause, qu'elle est devant la future souveraine des Français. Comme le signale Frédéric Loliée dans sa précieuse étude : « (...) Pendant que Mme Walewska, qui n'était pas en vain la femme d'un diplomate, allait à son approche, lui glissant ces mots à l'oreille « Je vous félicite, Madame, de la destinée qui vous attend », d'autres restaient immobiles, dévisageant l'étrangère avec un air de surprise offusquée. C'était une jolie comédie pour ceux qui en avaient le secret, un secret qui, tantôt, n'en serait plus un pour personne [1]. » Et puis il y a les réfractaires, celles qui refusent obstinément l'évidence, voulant ignorer ce secret de polichinelle. Cette coterie est incarnée par l'entêtée Mme Fortoul, qui n'a rien retenu de son échec et ne peut que promener son indignation monotone, ainsi que par Mme Ducos, dont le mari, d'une famille d'armateur bordelais, a remplacé Fortoul à la Marine et aux colonies le lendemain du coup d'Etat [2].

L'Empereur doit faire face à un mur de réclamations, d'allusions, d'objections en tout genre. D'un côté, les romanesques, les romantiques, qui préfèrent une jolie jeune femme avec une forte personnalité et dont la beauté annonce le triomphe de l'amour ; de l'autre, les calculateurs, les moralisateurs, les inquiets de toute aventure précipitée. Ces derniers, lorsqu'ils sont membres de la famille – par exemple, *Plon-Plon*, somptueusement installé au Palais-Royal – oublient les honneurs substantiels, les avantages divers et la résurrection de leur rang sur la scène européenne qu'ils doivent, sans exception, à Louis Napoléon, le plus obstiné et le plus excentrique des Bonaparte... L'Empire retrouvé leur convient, la future Impératrice les gêne car elle dit ce qu'elle pense. Elle n'a

1. Frédéric Loliée, *La Vie d'une Impératrice*, Jules Tallandier, Bibliothèque Historia, 1928. Ajoutons que Walewski, fils de Napoléon 1ᵉʳ et de Marie Walewska, a du mal à supporter que Morny, fils naturel d'Hortense et de Flahaut, général et aide-de-camp de l'Empereur, se considère son égal. Les relations entre les deux hommes sont souvent tendues. La comtesse Walewska intervient alors, habile diplomate familiale et ambassadrice de premier ordre. L'ambitieux Morny la respecte et veille à lui plaire.

2. Mme Ducos, qui, ce soir-là, recueille les doléances de Mme Fortoul, ne s'en souviendra plus lorsqu'elle sollicitera d'être la nourrice du prince impérial...

encore commis aucune faute majeure mais elle est déjà impopulaire dans le petit monde des grands et de ceux qui croient l'être. L'Empereur, d'une calme autorité, convoque ses ministres. Ils s'apprêtent à lui faire toutes les représentations possibles contre son choix quand il les arrête :

– Messieurs, il n'y a pas d'objections à faire, de discussions à entamer ; ce mariage est chose arrêtée et j'y suis résolu.

Que pense Eugénie de ce duel ? Elle ne veut voir que la détermination d'un homme qui ne se laisse pas fléchir. Le 15 janvier, elle informe sa sœur de la bonne nouvelle : « Je veux être la première à t'annoncer mon mariage avec l'Empereur. Il a été si noble, si généreux avec moi, il m'a montré tant d'affection que je suis encore toute émue. Il a lutté et vaincu. Les ministres sont d'accord (...). » La duchesse d'Albe est instruite que l'annonce sera faite le 15 février, lors du discours de la Couronne et le mariage fixé au 1ᵉʳ mars, deux dates qui seront, en réalité, anticipées. Rappelant que le destin semble les séparer mais espérant qu'il puisse les réunir, Eugénie ajoute une remarque lucide : « ... si un jour, la fortune nous est hostile, c'est vers toi que nous tournerons nos regards. Je te prie de ne rien dire pour l'instant afin d'éviter des lettres anonymes et des ennuis de toute sorte. »

Mlle de Montijo garde la tête froide pour maîtriser une avalanche de critiques. Déjà, elle sait qu'on ne lui pardonnera rien... Elle joint une copie de la lettre du souverain adressée, ce même jour, à sa mère car il faut bien formuler une demande en mariage :

Au palais des Tuileries, le 15 janvier 1853.

Madame la Comtesse, Il y a longtemps que j'aime Mademoiselle votre fille et que je désire en faire ma femme. Je viens donc aujourd'hui vous demander sa main, car personne plus qu'elle n'est capable de faire mon bonheur ni plus digne de porter une couronne. Je vous prierai, si vous y consentez, de ne pas ébruiter ce projet avant que nous ayons pris nos arrangements.

Recevez, Madame la Comtesse, mes sentiments de sincère amitié.

Napoléon.

Le billet est confié à Mocquard, chef du Cabinet particulier de l'Empereur, ancien avocat libéral et sous-préfet dans le Sud-Ouest. Jean-François Mocquard avait connu Louis

Napoléon à Londres et, devenu un fidèle du Prince-Président, il a été dans le secret du coup d'Etat. Il est significatif que ce dévoué et sûr collaborateur soit choisi pour porter la lettre et non Bacciochi, intendant discret des menus plaisirs de Saint-Cloud ; il ne s'agit plus d'un souper fin avec une arrière-pensée galante mais de la demande en mariage d'une impératrice. Immédiatement, Mocquard s'annonce place Vendôme, dans cet appartement où les dames Montijo avaient failli faire leurs malles. Autant pour ne plus subir les commérages que pour fausser compagnie à quelques huissiers... La modiste Palmyre réclamait le paiement d'une note, désordre financier exploité par les mesquins. A quelques heures près, Manuela serait partie, ruminant un jugement défavorable sur Napoléon III devant Mérimée : « Cet homme-là nous trompe, comme il a trompé tout le monde. » Oui, l'attente place Vendôme aurait pu être le dernier acte, raté, d'une ambition hissée jusqu'à l'arrivisme. C'était au moment où Eugénie avait été insultée, il y avait seulement... trois jours ! Au bas de la lettre, la prestigieuse signature, qui impressionne ou fait sourire, selon les opinions, concrétise une aventure qui tient du coup de foudre. Chez Louis Napoléon, pourtant, il s'agit d'une décision prise dans la réflexion et la certitude qu'il ne faut obéir à aucun préjugé. Les conventions et les a priori ont fait tant de malheureux ! Chez Eugénie, le bouleversement se signale d'abord par une rupture dans ses habitudes, par l'adoption de nouveaux usages et l'observation d'un nouveau code de conduite. Son post-scriptum est touchant ; elle charge Paca de lui acheter « deux éventails écarlates, les plus beaux que tu pourras découvrir, et si aucun ne te satisfait, pousse tes recherches jusqu'à Cadix ». Puis, elle en voudrait deux autres, « un en bois de santal à filigrane d'argent et un autre doré mais ils devront avoir de longues tiges et les panneaux les plus élégants que tu pourras trouver ».

D'habitude, Eugénie faisait des emplettes pour Paca ; voici l'inverse, qui révèle une nostalgie de la terre natale. Mlle de Montijo va devenir impératrice des Français ; en attendant, elle s'efforce de prolonger son statut d'Andalouse par quelques achats d'accessoires qui sont autant de parcelles d'identité. Mais elle ne s'abuse pas, puisqu'elle pousse un cri, celui par lequel elle prend congé de sa jeunesse en s'installant dans un autre pays : « Adios, toros ! » Il est superflu de préciser que

la plus longue partie de cette lettre est rédigée en castillan.
« Adios, toros ! »... L'Espagnole va devoir travailler son français.

Le mariage du « parvenu »

Le 18 janvier, la princesse Mathilde tient sa promesse en
soutenant la candidature de l'Espagnole. En son honneur, une
nouvelle soirée rue de Courcelles fait enrager les opposants.
Ils ont des appuis partout. De son exil anglo-normand, Victor
Hugo tempête avec une irrespectueuse mauvaise foi : « Il faut
se presser car le Bonaparte me fait l'effet de se faisander. Il
n'en a pas pour longtemps. L'Empire l'a devancé, le mariage
Montijo l'achève. » Victor Hugo, le petit... M. Thiers fait, lui
aussi, de l'ironie à sa hauteur, avançant que, dans cette affaire,
Louis Napoléon gagne des quartiers de noblesse qui lui faisaient défaut :
– L'Empereur m'a toujours paru un homme d'esprit.
Aujourd'hui, je le reconnais un homme prévoyant ; par son
mariage, il se réserve la grandesse espagnole.
Quant aux dynasties évincées, elles se vengent par des quolibets et des allusions pour ridiculiser les noces du neveu de
l'Usurpateur avec l'Intrigante. Légitimistes et orléanistes
lancent des flèches, donnant leur avis même si on ne l'a pas
demandé. Leurs partisans sont pires que les républicains. Précisant que son grand-père était marchand de raisins – ce qui
n'a rien de déshonorant ! –, ils insinuent que Mlle de Montijo
a eu diverses aventures, qu'elle a partagé des amants avec sa
mère, dansé sur les tables en montrant ses mollets, couru les
villes d'eaux pour aguicher de beaux partis, accumulé les
dettes et qu'elle ressemble à cette prostituée qui provoque, au
théâtre, des « fureurs lascives » devant des salles combles, *La
Dame aux camélias*. La future impératrice ? Une ambitieuse
fille d'intrigante ! L'amour frelaté, revenu en force dans la
société impériale, est, pour l'opposition à Eugénie, une tache
indélébile. Autour de Louis Napoléon, il y a toujours eu des
femmes, trop de femmes. Un bain permanent de frivolité ! Et
quand, bien plus tard, Mathilde passera en revue les souvenirs
de ce début 1853, elle notera, dépitée : « (...) La France s'était
jetée dans les bras de l'Empereur. Les princesses furent moins

confiantes. Je l'ai regretté amèrement. » Eugénie? Il n'y a pas
mieux, selon quelques-uns; il n'y a eu aucune autre postu-
lante, selon les autres. Les récriminations des jaloux avancent
que les fiancés sont faits pour s'entendre puisque tous deux
pratiquent la duplicité et la fourberie. Il est léger, elle est
rouée. Un mariage? Plutôt une association de manipulateurs.
Dans cette cacophonie de ragots, surtout distillés par les
femmes, il importe de se reporter aux témoignages les moins
subjectifs et dont la trace, écrite, est incontestable. Hübner,
l'ambassadeur autrichien, trie les impressions : (...) « Des personnes sérieuses et impartiales, qui voyaient de près Eugénie,
la jugeaient pleine de vivacité, coquette, curieuse, et bien
assurée de plaire aux hommes dès qu'elle le voulait (...) Elle
aime la nouveauté jusqu'à la folie, tout ce qui est merveilleux,
exceptionnel, inattendu (...) Elle est capricieuse, excentrique,
sans suite dans les idées mais d'une force de volonté, d'une
audace peu communes (...) Elle est tout à fait créée pour
plaire à un futur époux, le rendre fou et parfaitement capable
d'avoir sur lui, dans le bien comme dans le mal, selon son
caprice momentané, une grande influence. » De son côté,
Lord Cowley, l'ambassadeur britannique qui s'était entremis
en faveur du mariage avec la princesse de Hohenlohe, tout en
reconnaissant le concert de chuchotements négatifs dont ce
mariage est entouré, est plus perfide, comme il se doit : « (...)
En fait, elle a joué son jeu si bien qu'il n'a pu l'avoir autrement et c'est pour assouvir sa passion qu'il l'épouse. On envisage déjà leur divorce (...) » ! A Londres, on restait vexé que la
nièce de Victoria ait été aussi rapidement éliminée dans le
cœur de Napoléon III. Son ambassadeur, Walewski, rentré à
Paris pour rendre compte de la situation, avait été accueilli par
un aveu confondant : « Mon cher, je suis pris ! » C'était il y a à
peine trois semaines... Et d'après la reine Victoria, dans son
journal du 29 janvier, Louis Napoléon « va épouser une jeune
et belle Espagnole (...) dont il était amoureux depuis deux
mois ».

Le 22 janvier, à midi, au palais des Tuileries, la victime de
cette passion, l'Empereur, les bureaux du Sénat, du Corps
législatif ainsi que les membres du Conseil d'Etat et les
ambassadeurs sont réunis pour entendre le souverain. De sa
voix sourde et son tenace accent germanique acquis en Suisse,
il leur communique officiellement son mariage très proche

avec Mlle de Montijo, comtesse de Teba. Il est intéressant de
lire le discours du Trône par lequel Napoléon III justifie son
choix, pour faire taire les polémiques. La volonté d'un changement dans les usages y est manifeste; politicien aux idées
avancées, l'ancien *carbonaro*, considérant sa vie privée qui est
obligatoirement publique et d'importance nationale, est un
homme moderne. Son mariage s'intègre dans son programme
de gouvernement et participe, aussi, à l'avènement de temps
nouveaux. Il en est fier : « Messieurs, la France par ses révolutions successives, s'est brusquement séparée du reste de
l'Europe. Tout gouvernement doit chercher à la faire rentrer
dans le giron des vieilles monarchies; mais ce résultat sera
bien plus sûrement atteint par une politique franche et par la
loyauté des transactions, que par des alliances royales qui
créent de fausses sécurités et substituent souvent l'intérêt de la
famille à l'intérêt national. D'ailleurs, les exemples du passé
ont laissé dans l'esprit du peuple des croyances super-
stitieuses. L'union que je contracte n'est pas d'accord avec les
traditions de l'ancienne politique. C'est là son avantage. Le
peuple n'a pas oublié que depuis soixante-dix ans, les princesses étrangères n'ont monté les degrés du trône que pour
voir leur race dispersée et proscrite par la guerre ou la révolution. » Un euphémisme... Après le constat, la leçon : « Quand,
en face de la vieille Europe, on est porté par la force d'un nouveau principe à la hauteur des anciennes dynasties, ce n'est
pas en vieillissant son blason et en cherchant à s'introduire à
tout prix dans la famille des rois qu'on se fait accepter. C'est
bien plutôt en se souvenant de son origine, en conservant son
caractère propre et en prenant franchement, vis-à-vis de
l'Europe, la position de *parvenu*, titre glorieux lorsqu'on parvient par les suffrages d'un grand peuple. » Un mélange
d'humilité réaliste et de légitimité populaire bien envoyé.
« Ainsi obligé de s'écarter des précédents suivis jusqu'à ce
jour, mon mariage n'était plus qu'une affaire privée. Il restait
seulement le choix de la personne. Celle qui est devenue
l'objet de mes préférences est d'une naissance élevée. Française par le cœur, par l'éducation, par le souvenir du sang que
versa son père pour la cause de l'Empire, elle a, comme Espagnole, l'avantage de ne pas avoir en France de famille à
laquelle il faille donner honneurs et dignités. » Le monarque
gomme les inévitables retombées internationales de son

mariage dans un régime à peine restauré, alors que la question
ottomane s'envenime, et va obliger sans doute la France à se
prononcer et, peut-être, à s'engager. A l'inverse, il crédite
Eugénie de sentiments français, lesquels sont, jusqu'à présent,
limités à l'influence de Mérimée et au climat revigorant des
Pyrénées. Mais l'allusion à la dynastie Bonaparte, dont certains représentants sont gourmands, est féroce. Et claire : le
vieux roi Jérôme et *Plon-Plon* sont là, debout, autour de l'orateur ! Ce joli coup de griffe annonce une dispute qui opposera,
un jour prochain, Napoléon III à son cousin *Plon-Plon*, quand
le frère de Mathilde, excédé, lancera, à propos de Napoléon Ier :
« L'Empereur ? Mais tu n'as rien de lui ! », ce qui lui vaudra
cette réplique argumentée : « Pardon ! J'ai sa famille ! » Vient le
portrait moral de l'élue : « Douée de toutes les qualités de
l'âme, elle sera l'ornement du trône, comme au jour du danger, elle deviendrait un de ses courageux appuis. Catholique
et pieuse, elle adressera au ciel les mêmes prières que moi
pour le bonheur de la France ; gracieuse et bonne, elle fera
revivre, dans la même position, j'en ai le ferme espoir, les vertus de l'impératrice Joséphine. » Cette dernière référence n'est
pas heureuse si l'on se souvient que Joséphine s'était distinguée par ses prodigalités financières et que son mariage avait
sombré, malgré elle, dans un retentissant divorce... La comparaison vaut seulement par le fait que Joséphine avait été populaire et qu'elle « n'était pas issue d'un sang royal ». Enfin, le
souverain conclut son enthousiasme de futur époux : « (...)
Messieurs, en apprenant à la connaître, vous serez convaincu
que, cette fois encore, j'ai été inspiré par la Providence. Je
tiens donc, Messieurs, à dire à la France : j'ai préféré une
femme que j'aime et que je respecte à une femme inconnue,
dont l'alliance eût eu des avantages mêlés de sacrifices (...)
Bientôt, en me rendant à Notre-Dame, je présenterai l'Impératrice au peuple et à l'armée. » La motivation secrète de
Napoléon III est révélée : il aime Eugénie ou croit l'aimer
après l'avoir seulement désirée. Il la désire d'une manière irrésistible que l'on peut confondre avec l'amour, une vérité qui,
après ce discours « fort remarquable à certains points de vue »,
conduit l'ambassadeur d'Autriche à une nouvelle pique : « Un
homme qui, à l'âge de quarante-cinq ans, se décide, pour
satisfaire un caprice, à faire un mariage d'amour, surtout
lorsque cet homme est un empereur, et à métamorphoser sa

femme en impératrice, au risque de se perdre dans l'opinion du pays et de l'étranger; un homme pareil, il faut en convenir, est fait pour inspirer des appréhensions. »

Les Cours d'Europe vont attendre. Il faut reconnaître que, par son exposé courageux, Napoléon III les nargue. Peu après cette déclaration amoureuse qui impose l'acquiescement aux revêches de tous bords – Eugénie a droit à une rare méfiance unanime ! –, Mlle de Montijo écrit à sa sœur sa dernière lettre en qualité de comtesse de Teba. Depuis que l'Empereur a décidé que les Tuileries seraient sa résidence officielle à Paris, il a déserté l'Elysée. Jusqu'au mariage, l'idée a été lancée que la comtesse de Montijo et sa fille devraient y loger. Une imminente impératrice vivant dans un meublé, même place de la Concorde, n'est pas souhaitable. Et on devine que les huissiers ou les créanciers obtus hésiteraient à se présenter à l'Elysée en attendant qu'on leur règle leurs comptes. Même le ministre des Affaires étrangères, Drouyn de Lhuys, soudain sous le charme, approuve cet hébergement provisoire. Eugénie revient donc de l'Elysée inoccupé, mais qui reste l'écrin du coup d'Etat, lorsqu'elle s'adresse à Paca avec inquiétude : *(...) Tout ce moment est bien triste. Je dis adieu à ma famille, à mon pays, pour me consacrer exclusivement à l'homme qui m'a aimée au point de m'élever jusqu'à son trône. Je l'aime, c'est une grande garantie pour notre bonheur, il est noble de cœur et dévoué; il faut le connaître dans sa vie intime pour savoir à quel point il faut l'estimer. Son discours a produit un effet magique parce qu'il parle au peuple et au cœur, deux choses qu'on n'invoque jamais inutilement en France. Aujourd'hui, je regarde encore avec effroi la responsabilité qui va peser sur moi et cependant j'accomplis ma destinée, je tremble non de peur des assassins mais de paraître moindre dans l'histoire que Blanche de Castille et Anne d'Autriche. Je t'envoie le discours de Louis Napoléon, je suis sûre qu'il te plaira. Adieu, aujourd'hui c'est pour la première fois qu'on a crié Vive l'Impératrice. Dieu veuille que ça ne change jamais, mais l'adversité me trouvera plus ferme et courageuse que la prospérité. Ta sœur qui t'adore, Eugénie.* Dans huit jours, elle sera la souveraine des Français. Déjà, ce soir, elle n'est plus la même. Son ambition affronte le doute. Dès le lendemain, la presse l'encense, comme elle a applaudi au discours, cette leçon de psychologie sociale. Viel-Castel, dans sa chronique acide et implacable, est furieux de voir fondre le clan des opposants : « Les journaux passent à la courtisanerie la plus musquée : depuis deux jours, ils ne tarissent pas. Mlle de Montijo est proclamée une des plus grandes d'Europe, presque royale. Qu'est-ce que cela fait, bon Dieu, au mariage actuel pour un empereur qui se targue du titre de parvenu ? » Rappelons que, depuis une quinzaine de mois, l'autorisation préalable a été rétablie, d'où une autocensure sévère ; et les délits de presse sont, de nouveau, de la compétence des juridictions correctionnelles. Les quelque cent cinquante mille exemplaires des onze titres qui paraissent alors répandent un optimisme guère spontané mais, après tout, la manière dont Louis Napoléon s'y est pris est habile et humaine. Partout, le mariage fait un « bruit du diable ». Qu'en pense le peuple dont Napoléon III a rappelé le soutien ? Il assiste de très loin à ce spectacle et montre peu d'hostilité, oscillant entre une curiosité fataliste et une indifférence polie. En revanche, quelques grands noms de la politique et du théâtre s'en mêlent. Pas toujours avec la finesse dont les Français se réclament. Il y a des réactions drôles, vulgaires et même paillardes. L'Empereur ayant avoué ses sentiments, il s'est rapproché de ses sujets ; humain, passionnément humain, il s'est mis à la portée des réactions les plus triviales. Alexandre Dumas fils applaudit ce « coup de passion » qui scelle le « triomphe de l'amour sur les préjugés, de la beauté sur la tradition, des sentiments sur la politique », balayant les sinistres calculs diplomatiques.

Quelle fraîcheur ! Il y a longtemps que l'amour n'a pas joué un tel rôle dans la vie officielle française... Dupin, l'ancien président de la Chambre des députés sous Louis-Philippe, résume vertement – et tout haut ! – une opinion répandue sur Louis Napoléon : « Il fait bien de ne pas se laisser marchander quelque scrofuleuse princesse allemande. Au moins, quand il baisera sa femme, ce sera par plaisir et non par devoir. » La plupart des hommes se verraient bien dans le lit de Mlle de Montijo. L'Impératrice est d'abord une femme et pour ceux qui l'ont approchée, sa plastique, sa taille irréelle, ses épaules dont beaucoup de regards profitent et ses yeux constituent une vraie tentation. Evidemment, ce n'est pas la chère et digne reine Marie-Amélie qui aurait eu droit à des plaisanteries de garnison comme celles colportées par le roi Jérôme. Le dernier frère vivant de Napoléon Ier, joyeux viveur qui n'aime pas dormir seul, chante un quatrain délicat qui circule sous ses fenêtres du Palais-Royal :

Montijo, plus belle que sage,
De l'empereur comble les vœux,
Ce soir, s'il trouve un pucelage,
C'est que la belle en avait deux!

Sa fille, Mathilde, a deux raisons d'être mécontente. La première lorsqu'elle croise Jérôme au théâtre des Italiens où il est accompagné de sa maîtresse. La princesse a un coup de sang. La deuxième, dans le même registre, procède de son inquiétude; elle connaît trop l'importance du plaisir et des joies charnelles dans sa famille. Que Louis Napoléon soit excité par Eugénie, elle le comprend en s'y résignant, mais combien de temps son cousin sera-t-il comblé par les appas de la belle comtesse espagnole? Le désir, chez lui, est si inconstant! Voilà la véritable préoccupation de la princesse; une passade déguisée en mariage, ce serait un désastre... Le comte Molé, qui avait servi l'Empire, les Bourbons et les Orléans, en particulier en succédant à Thiers comme Premier ministre, et n'avait pas apprécié le coup d'Etat, est à soixante-douze ans contre ce mariage et l'auteur d'un mot, qu'il répète volontiers, peut-être en rêvant : « Parce qu'il n'a pas pu l'enlever à la hussarde, il se marie comme un sous-lieutenant. » Une double erreur : l'amoureux n'est pas un hussard et il a plus d'autorité qu'un sous-lieutenant!

Le temps passe vite, le mariage approche. Les femmes restent réticentes, reléguant les considérations physiques et les gauloiseries à des propos d'auberge et de mauvais garçons. Mlle de Montijo n'aurait-elle donc qu'un corps et aucun esprit? Jérôme ose faire remarquer à sa fille que « après tout, Eugénie est bien belle », un compliment qu'il gâche aussitôt par une grossièreté supplémentaire : « (...) Dommage qu'une femme aussi charmante soit obligée de coucher avec un homme qui, bien qu'empereur, n'est pas plus beau pour cela. » Jamais en France l'épouse d'un souverain n'a eu droit, à la veille de son mariage, à des commentaires aussi précis! Les financiers, qui se méfient de la sensualité, ne sont guère séduits : à l'annonce du mariage, la rente servie par l'Etat perd deux points. Les républicains ricanent : voyez donc, l'étrangère n'est pas une valeur sûre.

L'étrangère s'active, entre les courriers (à la reine d'Espagne pour l'assurer de sa fidélité et de sa loyauté, au

pape pour implorer sa présence mais sans succès) et le choix
d'un trousseau, donc de l'inévitable et attendue robe, la première qui sera portée par la nouvelle Impératrice. Mme Palmyre, enfin désintéressée et dont la clientèle atteint, soudain,
le sommet, travaille sur des tons clairs, allant du parme à
l'oranger en passant par le rose. On veut faire gai mais c'est
surtout pâle. Enfin, tout doit être prêt dans huit jours. Décidément, l'Empereur est un homme moderne, vivant déjà à
l'heure du chemin de fer et du télégraphe ; il est pressé.

Le samedi 29 janvier, en fin d'après-midi, au palais de l'Elysée, Cambacérès, neveu de l'archichancelier de Napoléon Ier,
se présente, ès qualités. Récemment devenu sénateur et titré
duc, il est le grand maître des Cérémonies de Napoléon III.
Accompagné de l'ambassadeur d'Espagne, il arrive en
calèche, encadrée d'un peloton de carabiniers.

Escortée de sa mère, dont la fierté est visible, Eugénie prend
place. Elle ruisselle de satin rosé et de dentelle anglaise. Sa
coiffure est simple, composée d'une couronne de clématites
blanches. En arrivant aux Tuileries, elle est accueillie par
l'Empereur ; le mariage civil va pouvoir être célébré. Juste
avant la signature, la princesse Mathilde s'est entretenue une
dernière fois avec son cousin, le suppliant de réfléchir encore,
comme pour retarder une catastrophe inéluctable. Avec
anxiété, Mathilde a questionné Louis Napoléon : « N'y a-t-il
plus rien à faire ? » A l'entendre, on pourrait craindre qu'il
s'agit d'un condamné à mort, par la justice ou par la médecine. Il avait répliqué : « Tout est consommé », un propos
bizarre sur un ton de tragédie tout de même surprenant. Dans
le secret des deux cousins, la vérité du mariage se faufilait :
Napoléon III voulait Eugénie, celle-ci exigeait l'union légitime, devant Dieu et devant les hommes.

On peut comprendre l'intransigeance de Mlle de Montijo.
Elle a su quelles opérations sordides ont accompagné la disgrâce définitive de Miss Howard dont il avait fallu obtenir le
départ. L'Empereur n'avait pas acheté son silence mais rem-
boursé ses investissements, en y ajoutant une prime de rupture. Miss Howard avait parié sur Louis Napoléon ; elle avait
gagné son enjeu mais n'en profitait pas, n'ayant jamais
dépassé le rang de maîtresse. Eugénie apprendra que l'Empereur rendra à l'Anglaise éconduite tout ce qu'elle lui avait
prêté, soit cinq millions ; les paiements annuels ou mensuels

dureront près de deux ans; l'ancien conspirateur exilé y ajoutera une somme de cinq cent mille francs pour les travaux du domaine de Beauregard, à La Celle-Saint-Cloud, donc pas loin du palais de Saint-Cloud, qu'elle avait acheté en septembre 1852. Ayant organisé ses comptes et restitué les sommes qui, notamment, avaient permis le coup d'Etat, Napoléon III résume la fin officielle de sa liaison : «Je la quitte, je m'acquitte, partant quitte.» Quel poète! Et quel homme prudent : il charge des policiers discrets de cambrioler le domicile de la belle Ann, faisant ainsi disparaître des papiers compromettants. Il paie : aucun chantage n'aura de prise sur lui; Miss Howard est donc priée de s'effacer. Eugénie n'est pas de cette trempe, ni créancière ni débitrice. Elle, on l'épouse. En présence de la famille impériale, Eugénie de Montijo écoute Achille Fould, ministre d'Etat qui fait fonction d'officier d'état civil, énumérer les devoirs et obligations des époux, selon les articles d'un certain Code Napoléon. Fould, puissant personnage et homme remarquable, est celui qui a, pour ainsi dire, porté la restauration impériale sur les fonts baptismaux de l'histoire. Il est le deuxième personnage du régime après l'Empereur. Tout le monde est debout et entend la formule qu'il prononce : «Au nom de l'Empereur, de la Constitution et de la Loi, je déclare que Sa Majesté Napoléon III, Empereur des Français par la grâce de Dieu et la volonté nationale, et Son Excellence Mlle Eugénie de Montijo, comtesse de Teba, sont unis en mariage.» L'instant est solennel, ils ont dit oui. Le oui du souverain est sourd, celui de l'Espagnole est si clair qu'il inspire à *Plon-Plon*, incorrigible et qui ne sait pas se tenir, ce fin commentaire à sa sœur Mathilde :

– On sait maintenant qui portera la culotte!

La princesse le foudroie du regard en silence. Etant dame d'honneur, elle notera l'émotion visible de la mariée : «(...) Elle était très troublée. Elle me prit la main et ne voulut pas me quitter. (...)» Eugénie l'Espagnole entre ainsi dans l'Histoire de France. Le registre, rouge à coins dorés, sur lequel elle va signer, est une pièce historique depuis près de cinquante ans : le dernier acte d'état civil concernant la famille qui y a été enregistré est celui de la naissance du roi de Rome, le pauvre Aiglon, en 1811... Ce souvenir bouleverse Eugénie, sa main tremble, elle peine à aligner son paraphe. Ce n'est pas tout! Vient le défilé des parents, ces Bonaparte dont elle fait désormais partie. Certains hommes, tels le fils de *Plon-Plon* et Pierre, fils de Lucien, infligent à l'épouse de l'Empereur ses premiers affronts en refusant de la saluer. Ils étaient déjà opposés à leur oncle et cousin, opposés au coup d'Etat, voire opposés à l'Empire (!); maintenant, ils sont contre Eugénie puisque Louis Napoléon l'a choisie. Cette cérémonie, qui dure trois quarts d'heure dans la salle des maréchaux, bien que d'un protocole encore réduit, est un calvaire pour Eugénie. A sa sœur, elle confiera : « J'ai manqué me trouver mal avant d'entrer dans ce salon où nous avons signé. Je ne puis te peindre tout ce que j'ai souffert (...) » Sa pâleur est plus grande que celle des fleurs sur sa tête, une parure bien légère et qui lui sied bien. Après l'acte officiel, le grand maître des Cérémonies a prévu un divertissement car il faut essayer de réchauffer une atmosphère froide qui ne doit rien à la saison. S'il est vrai qu'un peu de musique serait bienvenu, le choix d'Auber n'est pas exaltant. Son troisième prénom, Esprit, n'est pas facile à porter. Esprit Auber est un compositeur fort doué, certes à succès, né sous Louis XVI, musicien sous la Révolution, il a mis en musique l'hymne des cantinières de la Grande Armée, contribution essentielle, on s'en doute, à la cause impériale! Auber, associé au librettiste polygraphe Scribe, est l'auteur d'une œuvre au sens propre monumentale, environ cinquante opéras. Le plus connu est *La Muette de Portici*, qui date de 1828 et contient un chœur fameux *Amour sacré de la patrie*. L'ennui est que cette œuvre avait déclenché, lors d'une représentation à Bruxelles en 1830, le soulèvement des Belges contre les Pays-Bas. Un chant révolutionnaire pour honorer le couple impérial! Auber, malgré cette notoriété inattendue, n'est pas Verdi, hélas... ni Berlioz, ni Gounod qu'on aurait pu choisir au nom de la bonne musique. C'est long, pompeux et fade. A onze heures du soir, la noce est épuisée. L'Empereur se change, passe son habit et prie sa femme et sa belle-mère de gagner l'Elysée pour un souper intime et rapide. Car demain est un grand jour. Eugénie sera Impératrice d'un pays catholique. Mal acceptée par la tribu Bonaparte, à l'exception de Mathilde qui a rentré ses griffes, Eugénie mérite-t-elle d'être traitée de cette manière ? En cette journée, elle s'est contentée d'être émue. La veille, elle a eu un beau geste qu'il faut rappeler puisque c'est le premier de sa vie officielle. Le conseil municipal de Paris avait décidé de lui offrir un collier de diamants, cadeau de la capitale à sa souveraine et le vote avait inscrit un budget de six cent mille francs. Elle avait décliné le présent et le préfet, qui présidait alors l'assemblée, avait lu une lettre de celle qui était encore Mlle de Montijo demandant de consacrer ce montant à une œuvre charitable. Il avait donc été décidé de créer un établissement, placé sous le patronage de la souveraine, où des jeunes filles pauvres recevraient un enseignement professionnel. Eugénie tient à montrer son souci des autres, moins favorisés qu'elle, et ce n'est pas une mode pour s'attirer des jugements favorables. Hélas, sa générosité passe inaperçue. Or, l'indifférence des Parisiens lui pèse; il précède la solitude des personnages en vue. A Paca, Eugénie, épouse Bonaparte pour l'état civil, confie encore son inquiétude qui la taraude : *A la veille de monter sur un des plus grands trônes d'Europe, je ne puis me défendre d'une certaine terreur : la responsabilité est immense, le bien comme le mal me sera souvent attribué. Je n'ai jamais eu d'ambition et cependant mon destin m'a entraînée et sur le haut d'une pente dont un rien vous précipite mais je ne suis pas montée d'assez bas pour en avoir le vertige. Deux choses me protégeront, je l'espère, la foi que j'ai en Dieu et l'immense désir que j'ai d'aider de malheureuses classes dénuées de tout, même d'ouvrage. Si le doigt de la Providence m'a marqué une place si élevée, c'est pour servir de médiatrice entre ceux qui souffrent et celui qui peut y porter remède; aussi, j'ai accepté ces grandeurs comme une mission divine et en même temps, je remercie Dieu d'avoir mis sur mon chemin un cœur aussi noble et aussi dévoué que celui de l'Empereur. J'ai bien souffert dans ma vie, la foi au bonheur était presque éteinte, eh bien! A présent, je crois en lui! J'étais si peu habituée à être aimée! Ma vie à moi était un grand désert, seule je vivais, et quand, par hasard, lasse de cette vie, je tâchais d'avoir une affection quelconque, on m'aimait par secousse et je n'en sortais que fatiguée.* (...) L'amour donc, enfin, et une finalité sociale qu'elle veut imprimer à son rôle, faire le bien, répandre des bienfaits. Et puis, voici l'angoisse d'être isolée au milieu de courtisans qui vous guettent : (...) *Bientôt, je serai seule ici, sans amis; toute les destinées ont leur côté triste : par exemple, moi qui étais folle à la seule idée de liberté, j'enchaîne ma vie : jamais seule, jamais libre, toute une étiquette de cour dont je serai la principale victime, mais ma croyance sur le fatalisme est chaque fois enracinée.* (...) Sur cette note peu encourageante où, à la manière antique, la crainte du malheur est inséparable du bonheur, Eugénie relate une anecdote qui révèle le côté superstitieux de Louis Napoléon qu'elle partage avec lui. On lui a rapporté – et l'ambassadeur d'Espagne en France, le marquis de Valdegamas, le confirme dans une dépêche secrète –, un curieux phénomène botanique. Au début du siècle, un savant versé dans le monde végétal avait ramené en France une plante d'Amérique, alors inconnue, appelée *Pageria*. Elle ne fleurissait jamais, sauf une fois, l'année où le général Bonaparte avait épousé Joséphine de Beauharnais, c'est-à-dire en 1796. Puis, la *Pageria*, installée au jardin des Plantes, était restée sans fleur. Et voici qu'elle venait de se couvrir de fleurs après cinquante-sept ans de stérilité ! Le mystère restait complet mais quand il en fut informé, Napoléon III décida de se marier... La fleur était un signe « comme pour annoncer la nouvelle ère des Bonaparte », pense Eugénie.

30 janvier. La journée la plus longue. Eugénie avait signifié à Louis Napoléon qu'il devrait passer « par la chapelle » : c'est à Notre-Dame de Paris qu'est célébré le mariage religieux. La cathédrale est magnifiquement décorée mais avec lourdeur par Viollet-le-Duc, qui s'est surpassé dans la mise en valeur éphémère du monument qu'il restaure. Devant le portail, un porche gothique est élevé ; ses panneaux, imitant des tapisseries, représentent des figures de saints et de rois de France. Des statues équestres de Charlemagne et de Napoléon Ier sont figées sur les principaux pilastres. La continuité dynastique est symbolisée par quatre aigles et deux larges bannières tricolores au sommet des tours. Les piliers sont tendus de velours rouge brodé de palmes d'or. Tentures doublées d'hermine, écussons, guirlandes de fleurs, bouquets de verdure, quinze mille bougies, cinq cents musiciens et des invités qui attendent, du Sénat au corps diplomatique, du Conseil d'Etat aux femmes des ministères, une foison d'uniformes, des épaulettes de maréchaux et d'amiraux ; selon *Le Moniteur*, observateur consciencieux et bien intentionné, il y a « ... l'élite de la France et des étrangers présents à Paris ». A une heure de l'après-midi, le cortège arrive. Les écuries impériales ont restauré le carrosse du sacre de Napoléon, tiré par huit chevaux noirs. Leurs harnais sont rouges, leurs plumes blanches. Les battants des cloches martèlent le bronze à pleine volée et le

canon tonne depuis les Invalides. La foule, très dense, reste, selon l'ambassadeur autrichien, « froide et muette ». Peut-être est-ce l'effet de la température, pourtant douce en cette fin janvier ? Il fait très beau et Paris brille sous un ciel pur comme l'espérait Eugénie. La voici, vue par les commentaires techniques du *Magasin des demoiselles*, dont les abonnées cherchent toutes un mari : elle « portait une robe à queue en velours blanc épinglé. Le corsage montant était à basques, tout chargé de diamants et de saphirs mêlés de fleurs d'oranger. La jupe était couverte d'un point d'Angleterre ; on avait pris l'Angleterre à cause du voile, qu'il avait été impossible de trouver en point d'Alençon. Le livre de mariage de l'Impératrice était recouvert en velours blanc orné de ciselures en argent. On voit, d'un côté, l'aigle surmontée d'une couronne impériale et, de l'autre, les initiales de Sa Majesté, chargées également de la couronne. » En longue robe ponctuée de dentelles, la mariée est coiffée d'un diadème. On remarque la ceinture de saphirs que Napoléon Ier avait offerte à Marie-Louise, dans cette même cathédrale, en 1810. La parure de l'Autrichienne est devenue celle de l'Espagnole, comme si l'Europe était un vivier de jolies femmes pour les Empires français. Eugénie porte également un collier chargé d'une inquiétante prémonition que seul l'entourage immédiat de la comtesse de Teba a entendue. Encore une histoire de bohémienne, de sorcière, de voyante ? Peut-être. Une dévouée servante espagnole, dans l'intimité complète d'Eugénie, lui a dit, deux heures plus tôt, en l'aidant à s'habiller : « Je vous en prie... Ne mettez pas ce collier de perles. Rappelez-vous le proverbe de chez nous : plus on porte de perles le jour de son mariage, plus on verse de larmes dans sa vie. » Eugénie n'a pas écouté la vieille femme qui ne raisonne plus que par maximes et dictons, ressassant des peurs et des croyances séculaires.

On peut aussi admirer le travail du célèbre Félix Escalier, dit Félix, coiffeur réputé, qui a associé « deux bandeaux par-devant, l'un relevé en forme Marie Stuart, l'autre roulé partant du sommet de la tête et descendant, pour accompagner le cou, en petites boucles. » Cette coiffure à l'Impératrice aura tant de succès qu'elle sera à la mode pendant deux années. En s'extrayant de la voiture, Eugénie hésite un instant puis, par un réflexe heureux, se retourne face au parvis noir de monde et plonge dans une révérence profonde, une vraie révérence de cour, en souriant. Un salut à ce peuple de Paris, plus gaulois qu'hostile, un hommage à ses sujets qui laissent éclater leur joie. «Vive l'Impératrice!» Le protocole n'avait rien prévu, elle le supplée, gracieuse et souple, comme si, depuis toujours, son éducation l'avait préparée à ce rôle. Le nouvel Empereur a revêtu son uniforme de lieutenant-général, bardé du grand cordon de la Légion d'honneur, celui-là même qui ornait son oncle, le jour de son sacre [1]. S'y ajoute le collier de la Toison d'or, lequel, d'après les journaux, était porté il y a trois siècles, par Charles Quint, sans que l'on explique cette provenance. L'orchestre exécute une marche lente, un peu lourde. L'archevêque de Paris, Mgr Sibour, accueille le couple. Que la cérémonie commence – eau bénite, encens, installation sur l'estrade. On peut détailler les personnalités.

À droite du trône de Napoléon III, sont placés le roi Jérôme, *Plon-Plon* et Mathilde; le reste de la famille Bonaparte occupe des pliants, à la gauche d'Eugénie. Derrière elle, la souveraine peut sentir et deviner la présence d'une gardienne des usages réglant, désormais, sa vie. Hier encore, elle pouvait se déplacer, apparaître, vivre seule ou à peu près. En ce 30 janvier 1853, pour la première fois, la souveraine est accompagnée de sa Maison. Sur une banquette, dite volante pour être là où il faut, la grande maîtresse, la dame d'honneur (qui peut changer chaque jour) et les dames du palais ont pris place, surveillant Eugénie et prêtes à intervenir au cas où elle serait empêtrée dans sa robe, sa traîne ou ses voiles. C'est sa Cour. Elle ne la quittera plus, elle ne s'appartient plus. L'Empire est véritablement revenu; les officiers de la Maison de l'Empereur n'ont pas droit à une banquette, ils restent debout.

Les époux se jurent fidélité, échangent les pièces d'or et les anneaux; à genoux, ils entendent le prélat, accompagné du curé de Saint-Germain l'Auxerrois, la paroisse des Tuileries, invoquer le dieu d'Abraham, d'Isaac et de Jacob. L'orchestre répand la *Messe du sacre* de Cherubini, un *Sanctus* d'Adolphe Adam (par ailleurs compositeur d'opéras-comiques et du ballet romantique *Giselle*), sans oublier des motets de l'inévitable Auber et un *Te Deum* de Lesueur.

De ces moments, quelques particularités doivent être retenues. Le registre religieux, contenant l'acte de mariage, s'il

---

1. Le grade de lieutenant-général, qui n'existe plus aujourd'hui dans l'armée française, correspondrait actuellement à celui de général de division, signalé par trois étoiles sur les épaulettes.

aligne les titres espagnols d'Eugénie et précise qu'elle est Grande d'Espagne de première classe, prétend qu'elle est née en 1828 alors que la date exacte est 1826 [1]...

La question n'a jamais été résolue de savoir s'il s'agit d'une courtoisie trop zélée, d'une coquetterie à la demande de la mariée qui n'aurait ainsi, officiellement, que vingt-cinq ans ou, au contraire, d'une simple mais étonnante erreur de rédaction. Ce même document ne mentionne pas Mlle de Montijo mais seulement la comtesse de Teba. Enfin, s'agissant de sa mère, l'acte indique qu'elle est grande maîtresse honoraire de Sa Majesté la reine *des Espagnes,* une appellation curieuse puisque, depuis le milieu du siècle, les anciennes divisions historiques espagnoles ont été fondues dans un Etat de plus en plus centralisé. Néanmoins, la dénomination plurielle est reprise par *Le Moniteur* lorsqu'il mentionne la délégation diplomatique de cinq personnes envoyée par Madrid, l'ambassadeur étant le témoin d'Eugénie.

Lorsqu'il ressort de Notre-Dame, le couple impérial est salué par des cris chaleureux : « Vive l'Empereur ! Vive l'Impératrice ! » Puis, le cortège prend la direction des Tuileries, en longeant les quais jusqu'à la Concorde. Au passage, les souverains peuvent apercevoir des anciens de la Grande Armée qui ont ressorti des uniformes fatigués, vendent des souvenirs, racontent leurs exploits ; ces survivants, qui avaient connu deux rois de France, un roi des Français et un Prince-Président, sont des cautions vivantes du régime. Dans les jardins, des délégations d'ouvriers et de jeunes filles offrent des fleurs ; les vivats du peuple sont portés par l'annonce de diverses mesures, dont la grâce accordée à trois mille condamnés. Et, devant ces fastes onéreux, tandis que Napoléon III et son épouse paraissent aux balcons, d'abord celui sur la cour du Carrousel puis celui sur les jardins, la Cour fait savoir que l'Empereur supportera tous les frais sur le budget de sa liste civile, une mesure qu'Eugénie trouve juste. Elle tient à déclarer : « Je désire que mon mariage ne soit l'occasion d'aucune charge nouvelle pour le pays auquel j'appartiens désormais et la seule chose que j'ambitionne, c'est de partager avec l'Empereur l'amour et l'estime du peuple français. » L'Impé-

---

1. Document extrait des Archives Napoléon, fonds déposé aux Archives nationales en 1979 par LL.AA.II. le prince et la princesse Napoléon. L'ensemble, auparavant conservé en Suisse, à la villa de Prangins, est composé de deux cent vingt cartons qui ont fait l'objet d'une patiente mise sur fichiers.

ratrice, consciente que ce peuple attend une nouvelle dose de joie, se change; parée d'une robe rubis plus chaude dans la lumière oblique de l'hiver et emmitouflée dans de la zibeline, Eugénie obtient un succès populaire que les plus bougons ne voulaient pas voir. Il met en évidence un supplément de charme, une touche intime et oubliée au mariage d'un Empereur, basée sur un amour triomphant : il y a un ménage impérial. Et il ne demande qu'à être un couple. Même si cette union tient à la fois de l'intrigue, de l'ambition, du hasard et du défi, l'Empire est amoureux, quel réconfort! Quelle fraîcheur! Le sentiment a vaincu une sinistre raison d'État.

Après avoir congédié, difficilement, les familles et les personnalités qui s'incrustent toujours, après avoir subi un dîner superflu et aussi épuisant qu'interminable, les quatre chevaux d'un attelage à la daumont traversent dans la nuit le parc de Saint-Cloud en direction de l'ouest, pour rejoindre le charmant pavillon de Villeneuve-l'Etang. Tout a été préparé, dit-on [1]...

Sont-ils enfin seuls? Pas encore, une suite, réduite à quatre personnes, les accompagne, dont Adrienne de Montebello, belle-fille du maréchal du premier Empire et dont le mari, général de brigade, avait été l'aide-de-camp du Prince-Président; la veille du mariage, Mme de Montebello avait été nommée dame du palais. Manifestant son impatience, quelques instants plus tôt, Napoléon III avait tutoyé sa femme pour la première fois devant des tiers. Lissant sa moustache, selon un geste qui, chez lui, trahissait un urgent besoin de solitude à deux, l'Empereur s'était adressé à Eugénie en ces termes : « Renvoie donc tous ces gens! » Il avait pris l'habitude de l'appeler *Ugénie*, dans un curieux mélange de sonorités hispano-francophones. Elle avait répondu plus civilement : « Dirigez-vous vers la porte, je vous suivrai. » L'heure de l'intimité était venue.

Ici se situe un de ces incidents cocasses comme il peut en arriver dans tous les mariages : les mariés ont oublié la belle-

---

1. Ce pavillon cubique à fronton, alors séparé du domaine de Saint-Cloud par un mur, dont les anciens propriétaires étaient le duc d'Angoulême et Soult, avait été acheté par Louis Napoléon à l'été 1852, lorsqu'il était Prince-Président. Touché par le charme des lieux, il avait même dit qu'il souhaitait y vivre ou y mourir. Aujourd'hui disparu, comme le château, son souvenir n'est plus marqué que par l'étang et son île boisée. On peut encore y pêcher, avec autorisation, des poissons dits carnassiers. Le site se trouve entre l'autoroute de l'Ouest et le boulevard Raymond-Poincaré, à Garches, à mi-chemin du mémorial de l'Escadrille La Fayette et des bâtiments de l'Institut Pasteur.

mère! Est-ce exprès que l'Empereur n'a pas souhaité – ce qui se comprend! – que la comtesse de Montijo suive sa fille jusqu'à la porte de sa chambre nuptiale? Avait-il déjà pris la décision de prier Manuela de regagner l'Espagne? On dira qu'elle dut partir en hâte mais c'est faux, elle restera à Paris au moins encore deux mois. Eugénie et sa mère ayant des caractères marqués, il n'était évidemment pas indispensable que la mère, en dépit de sa grandeur, rôde dans l'atmosphère de la lune de miel... Manuela, chaperon envahissant? La rumeur réjouira dans les estaminets où la réputation légère de la comtesse permet un effroyable calembour : « Le matin, la mère a été tirée à quatre épingles et le soir... à cinq clous! » Ravissant! La réalité? La comtesse de Montijo, abandonnée par tout le monde aux Tuileries, s'était fait conduire à l'Elysée. Triste Elysée! Comme le racontera la marquise de la Ferronays, avec une fausse compassion : « Le soir du mariage, une déconvenue attendait la pauvre Mme de Montijo, comme il en arrive aux mères de débutante. Sa fille partie pour Saint-Cloud, il n'y avait plus de service à l'Elysée et elle s'estima fort heureuse de trouver une bonne femme, Mme Gould, un peu juive, un peu portugaise, son amie, qui lui donna à dîner » ! Il est bien connu que les émotions creusent l'estomac...

Pendant que l'Empereur et l'Impératrice savourent les joies d'un amour neuf, la princesse Mathilde, qui avait pris soin de ne pas raccompagner Mme de Montijo, est rentrée rue de Courcelles, « fort théâtralement arrangée » dans une robe de velours vert, ce qui lui avait permis de se faire bien voir, résultat sans doute recherché. Mathilde s'effaçait mais ne disparaissait pas. Chez elle, à l'inverse de l'Elysée ce soir, il y a du service et elle retient quelques amis à sa table. Elle détaille ses impressions sur Eugénie : « Elle était sans éclat. Trop de blanc lui donnait l'air maladif. Elle portait autour du cou un médaillon entouré de diamants contenant le portrait de l'Empereur, bijou d'une valeur de plus de cinquante mille francs. » En matière de joyaux, Mathilde est imbattable. Déjà, aux Tuileries, l'intransigeante cousine avait noté combien l'Espagnole regardait avidement les trésors de la Couronne, « caressait les perles et les passait sur ses joues ». Mathilde essaie d'être honnête en réfléchissant, plus tard : « (...) J'étais la seule femme de la famille politique, j'avais été jusqu'à ce jour en première ligne. Je fis mon examen de conscience et j'affirme que je n'éprouvais aucun sentiment de jalousie... J'aurais souhaité qu'Eugénie eût été pour nous une amie, un intermédiaire gracieux. Hélas! ce devait être le contraire. » Un pressentiment étreint la princesse, elle n'est pas dupe. On s'est embrassé, on s'est félicité puis « ... Chacun de nous regagna sa demeure, fatigué de corps et le cœur serré : nous sentions que l'Empereur nous échappait. » Napoléon III étant dans les bras d'Eugénie – on peut le supposer –, n'est-ce pas, tout de même, chez celle qui aurait pu être impératrice et malgré ses dénégations, une forme de jalousie intellectuelle?

Le ton monte chez Mathilde, comme si elle venait de prendre la mesure de l'événement. Maxime Du Camp affirme même que les propos de la princesse deviennent d'une verdeur inouïe ; plusieurs obscénités tombent dans les assiettes. Nieuwerkerke, le bel Emilien, son amant, aiguise le courroux princier. D'un ton dégagé, il lui demande :

– Avez-vous remarqué que l'Impératrice est comme toutes les rousses et qu'elle sent un peu fort?

La princesse rugit :

– Un peu fort? Vous voulez dire qu'elle sent mauvais!

C'est délicat... La vivacité de cette réaction ne cache pas que Mathilde, qui a tant souffert du grossier Demidoff, apprécie peu les souvenirs et allusions de son amant, grand connaisseur de femmes... comme Louis Napoléon. On pourrait penser que ces propos se limitent au cercle des esprits frondeurs, au milieu des antibonapartistes notoires, aux républicains qui ne pardonnent pas au rêveur de justice sociale d'avoir succombé à l'or d'un trône après avoir légalement assassiné cette fragile mais prometteuse République. On pourrait croire que les monarchistes, qu'ils soient de la branche aînée ou de la branche cadette, trempent dans ce complot des aigris. Enfin, il pourrait simplement s'agir de gens qui décochent un mot féroce pour faire le succès d'une soirée, d'un dîner, et des ravages.

Quand on recense les divers courants, tous sont contre cette union. Quelques littérateurs opposants à l'Empire, qui ont le courage de l'anonymat, n'y vont pas d'une plume tiède et cela dès le soir du mariage. Par exemple :

Chacun son goût et sa marotte
Les cheveux roux sont en faveur.

Rien ne peut plaire au carotteur
Autant que la couleur carotte.
Depuis que de César, en ses sacrés parvis,
Un archevêque a béni l'amourette, Notre-Dame de Paris
C'est Notre-Dame de Lorette [1].

Même les murs des Tuileries ne sont pas épargnés; les gardes retireront une petite affiche ainsi libellée, qui a étonné, amusé ou scandalisé les passants :

Amis du pouvoir,
Voulez-vous savoir,
Comment Badinguette,
D'un coup de baguette,
Devint par hasard
Madame César?

A une lettre près, la devinette aurait pu être pire... On songe aux pamphlets contre Marie-Antoinette et l'Espagnole n'est pas mieux traitée que l'Autrichienne. Au soir du 30 janvier 1853, l'Impératrice, sa beauté évanescente, ses cheveux roux (et dorés), sa légende (vraie : sa fierté et son ambition) et fausse (elle aurait déjà eu des amants, elle serait déjà enceinte, ce qui expliquerait des noces aussi rapides), son caractère qui serait exécrable à tous moments, sa sensibilité sociale qui serait suspecte alimentent l'ensemble, exagérément négatif. C'est un amalgame nauséabond où la méchanceté le dispute à l'invention. Tout se déroule comme si, des salons aux faubourgs, l'Empereur avait fait le pire des choix. Le règne d'Eugénie, Impératrice des Français à vingt-six ans, débute par des avalanches de calomnies.

Serait-elle, au moins, sincèrement amoureuse? On ne l'admet pas; en revanche, on sait – oui, on sait – qu'elle a réussi à exciter un homme de plaisir et à le contraindre au mariage, ce qui est la marque des aventurières sans le sou et

----

1. L'église Notre-Dame-de-Lorette, commencée en 1823 et achevée en 1836, était devenue, sous Louis-Philippe, le centre d'un quartier fréquenté, nous l'avons dit, par des filles réputées faciles et en tout cas jolies. Selon Balzac, une « lorette est un mot décent pour exprimer l'état d'une fille d'un état difficile à nommer et que, par pudeur, l'Académie française a négligé de définir, vu l'âge de ses quarante membres »! Balzac n'a jamais été élu à l'Académie... Dans la rue du même nom, au moment du mariage impérial, Eugène Delacroix a son appartement et son atelier, depuis 1844 et jusqu'en 1857.

des dépravées. En réalité, peu de gens connaissent la véritable Eugénie et l'Impératrice va devoir faire ses preuves, c'est-à-dire se forger une nouvelle réputation, au grand jour.

Effarée de ce qui se dit, s'écrit et s'insinue, une dame bien née et qui, pourtant, préférait la monarchie bourgeoise à l'Empire des sens, note, scandalisée : « Il est malheureux de voir notre pauvre pays tombé si bas ; les pamphlets et les calembours pleuvent de tous les côtés et dans tous les salons. Cette malheureuse impératrice a été tellement traînée dans la boue que, ne fût-ce que par charité chrétienne, on serait portée à la défendre [1]. » Un rare témoignage de compréhension féminine. Il en faudra beaucoup à Eugénie pour se faire pardonner, aussi bien ce qu'elle n'est pas que ce qu'elle est. C'est sans doute Alexandre Dumas fils qui a le mieux percé les atouts et les défauts d'Eugénie au moment de son mariage. Dumas fils, implacable sociologue et dégagé de toute considération politique favorable ou critique, résume la nouveauté de Mlle de Montijo, dans une conversation avec le comte Primoli, un intime de la princesse Mathilde. Il reconnaît que la jeune et belle comtesse est « gracieuse, souriante, libre... », sa liberté déplaisant à tous les organisateurs de bonheur puisqu'il n'a pas été fait appel à leurs intrigues. Elle « rejetait dans l'ombre tout à coup les importances héréditaires et convenues de toutes les autres princesses de l'Europe. C'était le triomphe de l'amour sur les préjugés, de la beauté sur la tradition, du sentiment sur la politique. C'était l'avènement de la liberté, de la fantaisie même, dans les dogmes rigides et sacrés de la monarchie. » Judicieuse observation qui atteste la modernité du personnage, autant par son origine que par son comportement. Eugénie symbolise une rupture avec les idées reçues alors qu'elle est censée incarner l'ordre, convenu et respecté ; à peine assise sur le trône, elle doit affronter les pires malentendus, nés, bien souvent, de ressentiments féminins ou relayés par des jalousies. La nouvelle souveraine doit s'imposer dans un rôle jadis tenu par des personnages dont le souvenir est davantage marqué par le blâme que par l'éloge, telle Marie-Antoinette, qualifiée de frivole, ou Joséphine, taxée de légèreté. Devant l'Impératrice, beaucoup de gens, notamment dans l'entou-

---

1. Article de G. Lenôtre, « Aux Tuileries jadis, l'Impératrice Eugénie », *La Revue des deux mondes*, 12 janvier 1933.

rage féminin, sont désarçonnés – nous dirions déstabilisés –
car la réalité ne cadre guère avec ce qu'on attendait. Et
puisque, somme toute, on sait peu de chose sur elle, le plus
gratifiant est d'en dire du mal. On avait connu la guerre en
dentelles ; voici le temps de la guerre en crinolines.

3

L'apprentie

Son bonheur secret a duré une semaine. L'Impératrice, protégée par la retraite discrète de Villeneuve-l'Etang, passe huit jours seule avec son mari. Un voyage de noces qui a le parc de Saint-Cloud pour décor, agrémenté de quelques visites aux environs immédiats comme la manufacture de Sèvres, le petit Trianon de Marie-Antoinette – sans admiration maladive pour la reine martyre – et des promenades pour contempler la grande perspective, le chef-d'œuvre de l'illustre Le Nôtre. L'hiver, certes, n'autorise pas les flâneries printanières mais Eugénie apprend à aimer Saint-Cloud où elle est maintenant chez elle. Napoléon III lui explique l'histoire du château, la magie des cascades qui n'attendent qu'une saison plus clémente pour être remises en marche, le charme des longues allées, la succession des terrasses plates. Et le plaisir de retrouver un feu crépitant, joie simple d'une femme désormais parmi les plus regardées du monde. Son existence d'Impératrice doit maintenant être organisée et codifiée. Se remémorant ses prestations de comédienne amateur en Espagne, Eugénie écrit à Paca, dont elle a regretté l'absence à son mariage pour raison de santé : « ... Quand je faisais mon rôle d'impératrice, je ne savais pas que je le jouerais nature. » L'écriture est allongée, rapide ; le ton candide, toujours d'une tendre affection pour cette sœur qui lui manque. Comment la comtesse de Teba vit-elle la double transformation de sa vie personnelle et de son destin public ? Pas de la manière la plus agréable... Concernant sa félicité la plus intime, nous disposons de sa confidence, peu de temps après sa nuit de noces, à son amie d'enfance, Cécile Delessert, dont la famille est

opposée au régime et que la souveraine reçoit à titre personnel :

– L'amour physique, quelle saleté !... Mais enfin, comment
se fait-il que les hommes ne pensent qu'à ça ?

Louis Napoléon pense beaucoup à « ça ». Il est possible que
son impatience, son ardeur et sa grande expérience amoureuse ne soient pas les plus souhaitables en de pareilles circonstances. A-t-il été brutal parce que trop amoureux ?
Eugénie a peut-être été inhibée, réaction parfaitement normale chez une jeune fille cérébrale, romantique, à la sensualité
réservée. Son teint, marmoréen, signifie-t-il que son corps soit
de marbre ? Le décalage entre un homme sexuellement insatiable, prématurément vieilli bien que d'une énergie inlassable, le manque d'harmonie charnelle sont courants et le
temps seul, parfois, permet cette fusion des désirs et des plaisirs. Eugénie n'aura pas la réputation d'aimer « ça ». On la dira
peu sensuelle, on la présumera frigide et, de là, avec autant de
bêtise que d'ignorance, on la jugera bigote ! Et on confondra
la pudeur avec l'indifférence. En quelques jours, Eugénie
passe de la courtisane experte à la réfractaire au plaisir, ce qui
permet de s'interroger sur les arguments d'un côté comme de
l'autre... En apparence peu intéressée par la chair, Eugénie
remplace la sensualité par l'ambition ou, plus exactement,
seule l'ambition peut la satisfaire. Cette froideur aura deux
conséquences ; la première, évidente, est de ne pas rassasier
les sens exigeants de Napoléon III. On objectera que, de toute
façon, Louis Napoléon est incapable de se contenter d'une
seule femme, même si elle aime « ça ». Question de temps et
de tempérament. La seconde est de fournir à la princesse
Mathilde, bien renseignée sur les appétits de son cousin et la
tiédeur d'Eugénie en amour, le prétexte d'un mot cruel et
vigoureux :

– L'Impératrice ? Elle n'a pas plus de cœur que de c... !

Mais il est également possible qu'Eugénie ait été outrée
d'apprendre, selon une autre version, que l'obstinée Miss
Howard était encore installée à Saint-Cloud ! Contre toute
attente et ravie d'embêter les tourtereaux, l'Anglaise aurait
mijoté une savoureuse vengeance, obligeant le couple impérial
à se replier vers Villeneuve-l'Etang ! Un indice étaye cette
hypothèse : le chauffage du petit château était à peine allumé à
leur arrivée, comme si l'intendance avait dû improviser...

Deux oublis le même soir, l'un recommandé, l'autre fâcheux,
la belle-mère et la maîtresse, il y a de quoi rire! Et, chez Eugénie, de passer de l'humiliation à la mortification. D'autre part,
le lendemain matin, un promeneur dans les bois voisins de
Ville-d'Avray, au sud du parc de Saint-Cloud, croise une
calèche découverte. L'Empereur et l'Impératrice y ont pris
place. Ce témoin, qui n'avait jamais vu Eugénie, la trouve
« fort jolie » mais remarque aussi que tous deux se tiennent
« chacun dans un coin, en un tête-à-tête qui m'a semblé bien
froid pour des mariés de quarante-huit heures »! Une première scène? La gêne d'être observés? Eugénie a toujours été
prude mais, d'habitude, Louis Napoléon est un séducteur
démonstratif. Mlle de Montijo sait-elle être une maîtresse en
devenant une épouse? Et lui, se contente-t-il d'être un amoureux blasé – déjà lassé – en constatant que la femme qu'il a
tant désirée n'est pas et ne sera pas une amante après
l'éblouissement de la nouveauté? Qui sait quels désenchante-
ments mutuels succèdent aux révélations physiques? Et quelle
alchimie préside au fonctionnement du couple? Le manque,
réciproque, de patience va peser sur la solidité de l'union. Et,
d'une manière indirecte, sur la réputation de l'Empire.

Un proche est convié. Il sera le témoin des balbutiements
du couple. C'est Morny que son demi-frère invite à Villeneuve-l'Etang pour dîner, à la fin de cette première semaine.
L'Empereur a demandé à Eugénie si elle était d'accord; elle a
acquiescé car, au-delà de ses fanfaronnades et de sa liberté de
mœurs, son beau-frère par la main gauche est et son allié et il est
même le seul des Bonaparte à s'être entremis pour la
défendre. Elle déplore sa vie sentimentale et ses spéculations
boursières mais apprécie son esprit pratique, souple, et sa
façon d'être un audacieux entrepreneur en restant un parfait
homme du monde. Le billet que lui envoie l'Empereur,
ampoulé et truffé de subjonctifs, est un geste de gratitude
pour permettre à l'autre aventurier de la famille de savourer,
dès ce samedi 4 février « ... cette douce intimité à laquelle vous
avez coopéré par votre amitié dévouée ». Le vouvoiement n'est
pas seulement un signe d'époque : les deux demi-frères ne se
connaissent pas depuis si longtemps, leur rencontre remontant à 1849, quand Louis Napoléon était président de la
République! Et la démission de Morny du ministère de l'Intérieur, après qu'il eut pris la défense des Orléans, s'était trans-

formée en brouille passagère entre les deux hommes. Elle
s'était dissipée quand Morny, avec beaucoup d'adresse, avait
conseillé Eugénie dans le labyrinthe diplomatico-mondain où
elle avançait il y a à peine trois semaines. La connaissant
depuis longtemps, cet arbitre des élégances, des usages et des
modes avait noté, avec une satisfaction d'esthète, que la
comtesse de Teba n'était « point embarrassée de prendre la
première place, de passer la première aux portes et tout cela,
dit-on, de fort bonne grâce ». Charles de Flahaut – son vrai
patronyme – n'a cessé d'encourager ce mariage, répétant que
l'Empereur « (...) a trouvé dans Mlle de Montijo tant d'esprit,
de bon sens, d'élévation de sentiments et de caractère que
l'admiration pour sa beauté s'est changée en un sentiment
profond et respectueux (...) » La demi-disgrâce du demi-frère
n'est plus qu'un souvenir. Morny vient avec plaisir à ce dîner
plus qu'intime, cinq jours après le mariage, un samedi, à six
heures et demie. C'est la première fois que l'Empereur écrit
une lettre conjugale avec ces mots « Eugénie et moi... ». Les
deux fils de la reine Hortense parleront du musée des souverains, qui doit être inauguré dans quatre jours, de l'ouverture
de la session législative et de quelques affaires juteuses,
comme l'achat, par la maîtresse de Morny mais pour lui,
d'une propriété en Auvergne et d'un projet ferroviaire parmi
d'autres, celui d'acquérir des chemins de fer en Espagne pour
prolonger les lignes pyrénéennes, un axe de circonstance, sans
oublier la présidence d'un vaste réseau appelé le *Grand Central*. Napoléon III et Morny sont bien du même sang mater-
nel, passionnés par l'extension du rail, les concentrations
industrielles, le développement des voies de communication
et les investissements qu'exigent les temps modernes.

Après ces journées de découvertes, de promesses, d'espoirs
et d'illusions d'éternité, la jeune Impératrice ne doit plus se
contenter d'être belle, charmante à défaut de charmeuse, en
un mot décorative ; d'ailleurs, on le sait, elle entend jouer un
rôle. Lequel ? Le premier qu'on lui réserve est celui de mère.
Rapidement, Eugénie tombe enceinte – elle ne l'était donc
pas ! – et sa joie est totale. L'heureuse nouvelle compense les
soucis que lui cause sa mère car, en effet, la comtesse de Montijo a du mal à s'éloigner. Elle aussi ! Convenons-en, Manuela
a réussi, ses deux filles sont bien mariées... Mais rester à Paris,
jouer les duègnes ou la mère très espagnole d'une Impératrice

des Français, n'est plus de mise. Et personne, à dire vrai, ne retient plus la mère de l'Impératrice en France sauf quelques créanciers qui ont trop de mémoire(s). Ils insistent. L'Empereur paie des arriérés considérables, apure le banco d'une vie qui a failli sombrer, ce qui aurait modifié l'histoire européenne. Napoléon III espère en être quitte mais l'ennui c'est que les dettes de la comtesse sont comparables à celles de Richard Wagner, elles sont sans fin... Eugénie complétera discrètement, sur sa liste civile, les remboursements, Napoléon III ayant la courtoisie de faire comme s'il n'était pas au courant. Une transaction familiale est conclue, laissant plusieurs semaines à Manuela pour s'organiser, partir la tête tout à fait haute; élégamment, Napoléon III lui accorde le temps de prendre congé, contrairement à une légende rapportant qu'elle a été mise à la porte après avoir placé sa fille. C'est ici qu'intervient le fidèle des fidèles, l'indispensable Mérimée. Il a été très sollicité, prêtant sa plume et ses connaissances, remplissant mille et une missions délicates avant le mariage, de la généalogie aux usages français. L'Empereur et l'Impératrice tombent vite d'accord sur une bonne idée qui est de prier l'écrivain archéologue d'accompagner la comtesse de Montijo sur la route de l'Espagne afin d'atténuer la séparation. Avec humeur et humour, la mère de l'Impératrice lance à Don Prospero, au moment de partir :

– Que voulez-vous, j'ai deux défauts incurables : je suis belle-mère et étrangère !

Et dépensière... Et intrigante... Manuela a du mal à admettre qu'elle a joué son rôle – avec quelle efficacité ! – et qu'elle doit se retirer. Dans une lettre à sa sœur écrite trois semaines après ses noces, Eugénie annonce : « Je donnerai à maman différentes petites choses pour toi. Elle pense partir en mars. Je crois que malgré la triste situation où nous vivions, en raison de l'incompatibilité de nos caractères, elle sera maintenant très seule et très triste. Notre maison de Madrid est pleine de souvenirs de moi et, de loin, les défauts disparaissent, ne laissant que les bons souvenirs. » Ajoutant qu'il lui tarde de retrouver Paca, supposée venir à Paris quand leur mère en partira (!), Eugénie avoue qu'elle n'a plus un instant à elle : « J'ai oublié maintenant ce qu'est le dolce farniente et les journées passent sans que je trouve un moment pour lire ou écrire. » La comtesse de Montijo part, comme convenu,

accompagnée de Mérimée, jusqu'à Poitiers, mission délicate
dont il s'acquitte bien, complétée par une inspection, car la
ville est riche de monuments – une centaine – comme le pont
Joubert, dont les tours de défense avaient été détruites en
1829 parce qu'elle gênaient... la circulation et sa fontaine en
arc brisé, retenue par Viollet-le-Duc comme l'une des plus
intéressantes de France. Mérimée ouvre l'œil... Don Prospero
promet à Manuela qu'il viendra en Espagne et qu'il lui écrira
régulièrement, ce qu'il fera chaque samedi, sauf pendant ses
voyages. Mérimée est très précieux à Eugénie, au point qu'elle
lui propose d'assurer son secrétariat, ce qu'il refuse. Même
réponse quand Napoléon III le pressent pour diriger les Archives impériales et c'est encore non lorsque l'Empereur songe à
lui offrir un portefeuille ministériel. Il n'a pas peur d'être
compromis avec le régime – c'est fait! – et peu lui importe le
commentaire de quelques écrivains et artistes comme Victor
Hugo. Pour lui, l'essentiel est de continuer sa mission, comme
il l'explique à un architecte :

« L'Empereur a eu la bonté de m'offrir une très belle place...
Mais je lui ai répondu que je tenais à mes vieux monuments et
aux vauriens d'architectes qui les réparent et que, s'il voulait
bien le permettre, je resterais gros Jean comme devant. Voilà
l'exacte vérité. J'ai essayé de lui extirper quelques millions
pour activer la chose, mais il ne m'a pas paru trop mordre à
l'hameçon de mes arguments. Roulons, en attendant, notre
brouette [1]. » A la mi-avril, l'Impératrice fait une chute de cheval, dont elle conservera une douleur au genou. Elle perd
l'enfant qu'elle portait. Obligée de rester alitée trois semaines,
elle raconte à sa sœur qui est elle-même enceinte pour la troisième fois, qu'elle a atrocement souffert pendant dix-sept
heures avant de faire une fausse-couche et qu'elle était trempée de sueurs froides. *Les douleurs aiguës ont cessé et au moment
même où je commençais à avoir de l'espoir, j'ai eu le chagrin de
voir que j'avais tant souffert en vain. Je me réjouissais beaucoup à
l'idée d'avoir un joli bébé comme le tien, et j'ai été désespérée mais
je rends grâces à Dieu que cet accident ne me soit pas arrivé plus
tard, j'aurais eu encore plus de peine. D'autre part, peut-être est-il*

---

1. Lettre du 27 mars 1853 à M. Mallay, architecte à Clermont-Ferrand. Voir la *Correspondance générale* établie et annotée par Maurice Parturier (dix-sept volumes, Privat,
Toulouse, 1953-1964). Egalement, du même auteur, *Morny et son temps* (Cercle du
nouveau livre d'Histoire, Hachette Tallandier, 1969, édition dotée d'une remarquable
suite iconographique).

préférable pour ma santé que je ne me rétablisse pas trop vite. Ce
que je puis t'assurer, c'est que la patience me manque déjà pour res-
ter au lit. Adieu. Ta sœur qui t'aime. Eugénie. La lettre, en espagnol, est suivie d'un post-scriptum d'une autre écriture, celle
de la dévouée Pepa, devenue première femme de chambre de
l'Impératrice. La pauvre Pepa supplie la duchesse d'Albe de
ne rien dire à sa mère car « ... elle serait froissée et Sa Majesté
ne veut pas de disputes ». Les précautions de la fidèle camériste sont illusoires puisque, évidemment, la comtesse de
Montijo est informée du drame. Comme tout Paris, comme
toute l'Europe. Fidèle à son engagement, Mérimée a écrit à
Manuela dès le 27 avril en amenuisant la déception : « Ce sont
deux mois de perdus et voilà tout. A son âge, c'est un malheur
facile à réparer. C'était un peu trop pour le début que d'avoir
à la fois les travaux du mariage et ceux de l'Empire. » Toujours incisif, ce cher Don Prospero! A l'ambassadeur d'Angleterre, Napoléon confirme, avec une désinvolture toute
masculine, que c'est «facile à réparer»! L'indiscrétion se
répand. C'est maintenant la reine Victoria qui est informée;
elle-même vient d'accoucher de son huitième enfant, Léopold, duc d'Albany, hélas hémophile... Victoria, très éprouvée
par ses grossesses répétées, demande au comte de Clarendon,
son secrétaire au Foreign Office, son avis sur ce qui vient
d'arriver à Eugénie, question qui change des inquiétantes
affaires d'Orient. Le diplomate, très lié à la famille de Montijo, a un commentaire dignement pessimiste :
    — Madame, l'habitude des fausses-couches se fait très faci-
lement...
    Est-il besoin de dire que l'état psychologique de l'Impéra-
trice est dépressif? Ses médecins lui avaient recommandé de
suspendre ses exercices équestres mais elle ne les avait pas
écoutés, le cheval étant symbole d'indépendance et de liberté
pour échapper à un protocole qui s'alourdit. De plus, elle a
appris, par sa sœur, la mort d'un de ses anciens amoureux, le
comte Camerata, qui s'est suicidé parce qu'un mauvais coup
de Bourse l'avait ruiné, puis le décès d'un fameux torero, El
Chiclanero. Aucun taureau ne l'avait éventré; la tuberculose
l'avait terrassé en trois jours, à l'âge de trente-trois ans. Le
deuil a été suivi par toute l'Andalousie et Eugénie ne peut
oublier sa façon magistrale de toréer.
    Enfin, l'ambassadeur d'Espagne en France, le marquis de
Valdegamas, témoin d'Eugénie à son mariage religieux, est

également disparu au début de mai. Eugénie en a une peine
réelle. « Moi qui ne l'aimais pas, il a gagné mon cœur. De
plus, c'est une perte d'autant plus grande pour l'Espagne que
le nombre des hommes éminents va en diminuant. L'Empereur l'aimait beaucoup. » La souveraine apprend le jugement
de Hübner, l'ambassadeur d'Autriche, sur son homologue
espagnol : « un anachorète perdu dans les steppes arides de la
diplomatie, apôtre prêchant aux sauvages des salons, ascète
sous l'habit brodé de l'ambassadeur... » Quelle oraison
funèbre ! Autant de liens d'Eugénie avec son pays natal qui se
brisent...

L'Impératrice, toujours alitée, est enfin autorisée à gagner
une chaise longue. L'effort l'épuise. « Je commence à être
d'une humeur atroce car j'ai mal à tous les os à force d'être
toujours dans la même position ; aujourd'hui, j'ai voulu
essayer de me tenir debout mais je n'ai pas pu, si grande est
ma faiblesse qui résulte sans doute de la perte de sang. » La
dépression, la faiblesse physique et l'inquiétude n'arrangent
pas le moral de l'Impératrice qui mêle diverses considérations
et exemples historiques ayant pour seul point commun la
mort : « Je pense avec terreur au pauvre dauphin Louis XVII,
à Charles Iᵉʳ, à Marie Stuart et à Marie-Antoinette. Qui sait
quel eût été le triste destin de mon enfant ! Je préférerais mille
fois pour mes fils une couronne moins resplendissante mais
plus sûre. »

Curieux et sinistre amalgame ! Dès l'annonce de son
mariage, Eugénie, selon un penchant espagnol bien connu, a
songé aux désastres qui pourraient lui arriver, à des calamités
inévitables, comme si son bonheur n'était qu'un sursis. Ces
sombres visions l'empêchent de se réjouir sans réserve ; elle vit
dans la crainte que le rêve soit brisé. Souvent apeurée et
angoissée, l'Impératrice s'attend à payer, tôt ou tard, le tribut
imposé aux familles illustres. Comment ne pas songer à la
célèbre réflexion de Laetitia, Madame Mère, l'illustre maman
de Napoléon Iᵉʳ, qui avait déclaré un jour « Pourvu que ça
dure ! » ? Enfin, il est clair que cet enfant mort-né laisse, pour
l'instant, ouverte la succession au trône impérial.

Si la princesse Mathilde a manifesté une compassion sincère et une solidarité féminine de bon aloi, *Plon-Plon* n'a pu
cacher son absence de réel chagrin tant il exècre celle qu'il
nomme toujours *L'Espagnole* ; si le couple impérial ne pouvait

avoir d'héritier mâle, c'est à lui, fils du dernier frère vivant de
Napoléon Ier, que reviendrait l'avenir de la dynastie, hypothèse qu'Eugénie ne peut envisager sans en être malade...
Sans effort particulier, *Plon-Plon* cultive soigneusement sa ressemblance avec *l'Homme de Sainte-Hélène* : nez aquilin, men-
ton proéminent, teint mat, regard dur, épaules un peu
bombées, démarche saccadée et, bien sûr, la mèche légendaire
qui tombe sur le front. Avec, comme ultime preuve de sa filia-
tion, la main droite dans le gilet... Seule, sa haute taille trahit
l'ascendance de sa mère, qui était une Wurtemberg. En
dehors de cette différence, il se promène tel le fantôme du
véritable Empereur. Dans son épreuve, Eugénie reçoit le soutien de Morny, véritable avocat de la jeune femme chez les
Bonaparte. N'avait-il pas déclaré, lorsque le mariage avait été
envisagé : « L'Empereur comprend que son premier devoir
est de se marier et de donner des héritiers directs à son
trône » (...) ? Il avait insisté sur le lignage direct, lui, l'enfant de
l'amour adultère et, de surcroît, le petit-fils d'un évêque, oui
mais d'un prélat pas comme les autres puisqu'il s'agit de
Talleyrand !
		La douleur d'Eugénie tient aussi à l'origine de la fausse-
couche. Elle ne sait pas réellement si cette chute de cheval en
est la véritable cause. Donc, elle se sent coupable puisque ses
deux médecins et sa sage-femme n'ont pas trouvé d'autre
explication. Mérimée, un peu plus nuancé, précise à Manuela,
tel un obstétricien, que les longues cérémonies, les heures
debout qui ont suivi les noces de sa fille, toutes ces obligations
interminables « ne valent rien pour les nouvelles mariées ». Et
le bon docteur Prospero se réjouit d'apprendre que, bientôt,
l'Impératrice ira se reposer à la campagne au bon air et
mènera une vie moins harassante qu'à Paris. Il assure
Manuela que, c'est certain, sa fille cadette la fera grand-mère.
Gourmand, se souvenant du temps où il apportait des frian-
dises aux filles de la comtesse, il ajoute : « (...) Je me
recommande d'avance à vous pour les dragées dont je suis très
friand. »

L'apprentissage d'un premier rôle

		Depuis son mariage, depuis qu'elle est l'Impératrice, quelle
a été la vie d'Eugénie ? En apparence, une succession de fêtes

et de plaisirs obligatoires pour que les hésitants puissent vérifier que l'Empire, c'est la joie. Il y a eu des bals somptueux
dans des lieux inattendus, tels le Sénat et le Corps législatif. A
celui du Sénat, le couple impérial a valsé au milieu de trois
mille invités qui n'étaient pas tous bonapartistes mais sans
doute des gens cherchant à renouer avec une tradition d'élégance, de beauté et d'amusements. La fièvre révolutionnaire
semble passée. « Et, observe Jacques Bainville, les rares Parisiens qui ont conservé du goût pour les débats parlementaires
déplorent que la tribune de Thiers et de Guizot soient transformée en orchestre à danser. » Il y a eu, aussi, une soirée à
l'Opéra, alors rue Le Peltier. L'Académie nationale de
musique est devenue, le 2 décembre, l'Académie impériale de
musique. Sept jours après son mariage, l'Empereur y a été
accueilli dans l'enthousiasme public qui a applaudi une cantate chantée par Mme Mélanie Waldor. Le directeur de la
salle, Nestor Roqueplan, un dandy, a veillé à ce que les musiciens – qu'il n'aime pas – portent désormais une cravate
blanche tandis que les claqueurs, chargés de donner le signal
des applaudissements et répartis aux balcons, arborent une
cravate noire. De la tenue, de la tenue ! A ce propos, on peut
relever l'opinion d'un républicain, l'avocat Emile Ollivier, un
moment préfet et qui, après avoir ébloui les prétoires de son
éloquence, renouera avec la politique et présidera le dernier
gouvernement impérial. Eugénie et sa mère avaient une loge
au théâtre du Gymnase ; l'Impératrice l'a conservée, ce qui
n'était pas indispensable pour être sûre d'avoir de la place. Le
témoignage est sec et à l'opposé du dithyrambe : « Hier, au
Gymnase, j'ai vu Napoléon et sa Montijo. Que le pouvoir
embellit ! Je m'attendais à voir une merveille devant laquelle il
faudrait rester désarmé : j'ai vu une femme jolie, mais comme
tant d'autres ! Il y a dans cette physionomie quelque chose de
plat et de terne. Nulle clarté. On ne sent le reflet d'aucune
lampe intérieure (...) Tous deux paraissent fatigués et
ennuyés. La femme tenait la main devant sa bouche pour dissimuler les bâillements continuels. Quelques claqueurs les ont
accueillis par des applaudissements... » On avait restauré la
salle du théâtre, rajeuni le répertoire mais certains spectateurs
en demandent davantage...
    Eugénie a dû organiser son rôle, qui n'a pas de base consti-
tutionnelle mais dont on attend beaucoup puisqu'il n'est pas

précisé, et s'habituer à sa nouvelle vie officielle. Dans les premières semaines, l'Impératrice reçoit une visite clandestine,
imprévue, de son amie Cécile Delessert. Celle-ci trouve la
souveraine en larmes « se lamentant d'être enfermée dans une
cage, dorée certes, mais hermétiquement close ». La visiteuse,
inquiète, ajoute : « Elle n'était maîtresse de rien ; on ne l'avait
même pas consultée pour la composition de sa Maison. » La
cage dorée ? C'est le palais des Tuileries, une fort belle cage...
Comme son oncle, Napoléon III juge indispensable au prestige de la France d'avoir une Cour brillante, à l'image des
vieilles dynasties toujours enclines à traiter les Bonaparte de
parvenus. L'Empereur sait aussi que le peuple aime l'apparat.
Mais les souverains ont du mal à constituer cette Cour car la
noblesse légitimiste et orléaniste reste boudeuse : hautaine,
elle regarde avec un certain mépris l'organisation de la vie officielle supposée être une imitation du précédent Empire,
lequel n'était, selon ses détracteurs, qu'une caricature des
usages de l'Ancien Régime. Si à Saint-Cloud, le couple impérial reçoit ses hôtes de marque, si à Fontainebleau le canotage
est au programme, si Compiègne est le lieu de villégiature préféré de l'Empereur et Biarritz celui de l'Impératrice, c'est aux
Tuileries qu'ils résident ; le Second Empire y a son adresse
permanente. L'Impératrice va y donner un style et une impul-
sion mémorables qui feront oublier les règnes précédents, la
vie bourgeoise de Louis-Philippe et la révolution de 1848.
   Mais il est vrai qu'Eugénie ne réussira pas sans d'immenses
difficultés, obligée de choisir entre les souvenirs de l'ancien
palais des rois, les symboles du premier Empire et des innova-
tions contemporaines. Un délicat conflit entre la continuité
dynastique et les temps nouveaux. Il y a, d'abord, le décor.
Un escalier, imposant, dû à l'architecte Fontaine au temps de
Napoléon Ier, conduit au grand appartement du premier étage,
célèbre pour ses colonnes dites toscanes. Dans la salle du
trône, on a rétabli celui du sacre de Napoléon et fait faire une
copie pour Eugénie, preuve de son importance ; les deux fauteuils sont dominés par un large dais de velours piqué des
abeilles et des armes impériales. En revanche, la salle des
gardes du corps est encore, en partie, dans son cadre du
XVIIe siècle avec des tabourets du XVIIIe. Le nouvel Empire y
ajoute une cheminée de style Louis XV adapté et des meubles
selon la technique Boulle, plus lourds que les originaux mais

qui auront une grande vogue. Car nous sommes bien sous le
signe de l'Aigle : un vaste tableau de Vernet montre Bonaparte passant des troupes en revue. Ensuite, on trouve le
grand cabinet, avec son plafond à voussures, qui servira pour
les dîners de gala. La salle des maréchaux, où s'est déroulé le
mariage civil d'Eugénie, a gardé, avec sa galerie haute, les portraits de douze illustres soldats, en pied, comme une haie
d'honneur ancrée dans l'Histoire.

Le premier étage, vers le sud et donnant sur la cour, étire le
long rectangle de sa galerie de Diane dans une décoration de
style Louis XIV dotée d'un plafond orné de scènes mytholo-
giques comme les appréciait le Roi-Soleil. La chapelle est
demeurée d'allure néo-classique, selon les plans de Percier et
de Fontaine, tandis que la vaste salle d'apparat est appelée
salle de la paix en raison de la présence d'une statue de *La
Paix* due au sculpteur Chaudet, un travail en argent, à l'une
des extrémités. La salle du conseil, où se traitent, en temps
normal, les affaires de la France, est tendue de velours rouge ;
d'immenses portraits impériaux sont accrochés, bientôt
complétés par ceux de la jeune Impératrice. La table de réunion, ronde pour faciliter les interventions, est recouverte,
comme il se doit, d'un tapis de soie vert, un lampas qui avait
été à la mode sous Louis XV ; en levant les yeux, on peut
admirer le plafond et la corniche, style XVIIIe. Le cabinet de
travail de l'Empereur, aux murs tendus de soie bleu ciel, outre
son mobilier pratique, montre un immense plan de Paris ; la
transformation et la rénovation de la capitale, œuvre essentielle pour le souverain, dominent son labeur et, dans chacune
de ses résidences, Napoléon III gardera sous les yeux l'état de
cette métamorphose titanesque. Derrière le bureau, un
meuble creusé d'une cinquantaine de tiroirs permet de classer
les dossiers soumis à l'examen du maître et à sa signature.
C'est sur le jardin, au premier étage, que l'on trouve les appartements privés de l'Impératrice. Que de souvenirs poignants !

Louis XVI, Napoléon, Louis XVIII et Charles X y ont vécu.
Sous Louis-Philippe, on y avait installé une bibliothèque, un
billard et de petits salons douillets. Ici va intervenir plus particulièrement un homme essentiel, l'architecte Louis Visconti.
Né sous la Révolution, ce génie classique ouvert à l'éclectisme
fut, notamment, le véritable metteur en scène du retour des
Cendres en 1840. Il sera celui des fastes du Second Empire à

son début, avant sa disparition brutale à la fin de 1853. Dès l'année précédente, Louis Napoléon l'avait chargé des travaux du nouveau Louvre et, dans l'immense projet de réunion de ce palais aux Tuileries, il avait été nommé architecte des mêmes Tuileries. Depuis, les travaux sont menés à une vitesse étonnante – et périlleuse – les deux mille ouvriers travaillant sans relâche, encouragés par les visites attentives de l'Empereur, ses remarques bienveillantes et... des gratifications. Le 16 février 1853, au moment où vient de s'installer le couple impérial, Visconti est nommé, par décret, « architecte de S.M. l'Empereur [1] ».

Egalement décorateur de goût, il intervient, entre autres, dans la galerie de la paix en accrochant un tableau de Louis Napoléon à cheval, le bicorne sur la tête et le poing droit sur la hanche, allusion au fameux discours de Bordeaux annonçant, le 9 octobre 1852 : « L'Empire, c'est la Paix. » En cet hiver 1853, Visconti se concentre surtout sur l'aménagement des appartements des nouveaux dignitaires de la Cour, œuvrant, en priorité, sur ceux d'Eugénie, organisant dans les trois premières pièces des salons de réception que, selon leur teinte dominante, on appellera salon vert, salon rose et salon bleu ; ce dernier sera le préféré de la souveraine pour y accorder ses audiences. Successeur de Visconti, Lefuel s'activera sous la direction de l'Impératrice. Si elle aime les pastiches du XVIIIe, elle y introduit de la fantaisie et une joyeuse liberté, aussi bien dans la peinture que l'ornementation. Certes, l'esthétique n'est guère originale mais le résultat combine la somptuosité avec le charme. Le mobilier qu'elle retient est bien choisi ; son cabinet et le petit salon attenant sont confortables ; le visiteur s'enfonce dans des sièges capitonnés, s'extrait d'un fauteuil crapaud pour se poser, délicatement, sur un pouf. Rapidement, ces pièces intimes sont encombrées de bibliothèques, de vitrines et d'une quantité innombrable de bibelots dont on ne sait plus que faire. Eugénie, férue d'arts décoratifs, qui aime dessiner et faire de l'aquarelle, se fera aménager un ate-

---

1. Visconti ne cessera de réclamer une surveillance effective du chantier, des consignes de sécurité pour les entrepreneurs et les ouvriers, des médecins, une ambulance, un traitement décent des chevaux. Il harcèlera les diverses administrations de notes, mémoires et instructions mais on ne l'écoutera guère : de juillet 1852 à décembre 1853, on comptera 527 blessés et 9 morts, dont les familles, sur intervention de l'Empereur et de l'architecte, seront indemnisées et secourues. En 1991, la délégation à l'Action artistique de la Ville de Paris a consacré à Visconti une belle exposition et un somptueux catalogue.

lier dans les combles d'un des pavillons du palais. Son jardin secret. Si les divers travaux, aménagements, modifications se dérouleront sur plusieurs années, au gré des choix, des caprices, des modes, des nécessités et des moyens disponibles, on saura vite – et on s'en moquera gentiment – que l'Impératrice a une marotte qui est de changer souvent les meubles de place, comme si elle n'était jamais satisfaite de leur disposition. Ainsi, traçant des chemins inconnus la veille, le jour suivant elle impose à son entourage une véritable navigation pour circuler « avec mille précautions comme des navires au milieu des écueils [1] ».

Le décor principal posé, qui sont les acteurs réguliers de cette Cour ? Ils sont nombreux, trop nombreux car Napoléon III veut venger les Tuileries – et la France – des austérités de Charles X et des conventions bourgeoises du Roi-Citoyen et il a donc restauré un protocole qui impressionne, un décorum, en somme un spectacle chargé de séduire les Français et d'impressionner l'étranger. Immédiatement, se pose donc la question de la place des uns et des autres, comme à Versailles sous Louis XIV. Et autant les salons de réception paraissent bien éclairés, ouverts à l'air et à la lumière, intelligemment conçus et aménagés dans la cohérence, autant les logements de fonction restent, dans la surcharge des bureaux, cabinets, antichambres, galeries, escaliers en colimaçon et couloirs, incommodes et incommodants. C'est une ruche surpeuplée ; on s'entasse sous les toits pour le bonheur d'être « près du soleil », près des souverains. L'une des familières de l'Impératrice, Mme Carette qui habite les Tuileries car elle est la principale lectrice d'Eugénie, se plaint des improvisations hâtives : « En dehors des grands appartements, toutes les communications intérieures étaient obscures et il fallait, été comme hiver, avoir constamment des lampes allumées dans les petits escaliers et les corridors, ce qui devenait presque pénible à cause de la chaleur et du manque d'air dès les premiers jours du printemps. » Dignitaires et fonctionnaires, gens de la Maison de l'Empereur et de celle de l'Impératrice, domestiques, personnel d'intendance, se heurtent, se bousculent, se disputent un espace rare. Même les femmes travaillant autour de l'Impératrice sont logées dans des entresols bas de plafond,

1. N. Sainte-Fare Garnot et E. Jacquin, *Le Château des Tuileries*, Paris, 1988, et Jacques Boulenger *Les Tuileries sous le Second Empire*, Calmann-Lévy, 1932.

aussi étriqués qu'inconfortables où la seule lumière du jour est dispensée par des fenestrons carrés, d'où l'importance – et le danger – de lampes à pétrole fonctionnant jour et nuit. Ainsi, dans ces Tuileries qui retrouvent une vie grouillante, il y a « une enfilade de salons et de galeries, d'une uniformité telle que, tout en étant digne d'un palais princier et quoique meublé et arrangé avec une véritable magnificence, on n'y trouve ni ce confort ni cette diversité qui plaisent à l'œil et au goût. (...) On installera un calorifère pour les appartements impériaux. Mais ailleurs, pas de chauffage et nulle part d'eau courante, les étages élevés sont parfois pestilentiels. Une foule de porteurs d'eau et de bois, de feutiers dessert le château [1]. » A bien des égards, l'installation de centaines de personnes ne s'est guère améliorée depuis l'époque de Louis XIV dont un portrait, par Rigaud, orne la salle à manger des souverains. Visconti lui-même fera procéder à des essais de ventilateurs pour renouveler l'air vicié. Naturellement, la Maison de l'Impératrice est moins importante que celle de l'Empereur mais son fonctionnement obéit aussi à des règles impératives. Composée, à l'origine, de sept dames du palais aux missions permanentes (et non, comme on le croit, des dames d'honneur, aux fonctions ponctuelles), la Maison de l'Impératrice en comptera plus tard douze. Si cet entourage est célébré pour l'éternité par le fameux tableau de Winterhalter où ces dames dégagent les épaules et le décolleté, Eugénie subit quelques avanies de la part du faubourg Saint-Germain, ce monde à part qui refuse la réalité ; des femmes, porteuses de grands noms, déclinent la proposition d'accompagner l'Impératrice. On boude. On boudera longtemps et chez certaines, ce sera l'essentiel de leur activité. Celles qui acceptent ou se hâtent de devancer la proposition appartiennent donc à la noblesse d'Empire. Des noms symboles d'exploits, de batailles et de conquêtes qui compensent la nouveauté, toute relative, des titres. Au sommet, il y a la grande maîtresse de la Maison, la princesse d'Essling. Petite, autoritaire, elle est gratifiée d'un surnom redoutable : « Madame Caporal », préfigurant un personnage d'Offenbach, plus impressionnante qu'un maréchal et, derrière un sourire laborieux, plus intraitable qu'un huissier dans la vie de Balzac. Elle est assistée de la duchesse de Bassano, belle-fille de l'ancien ministre de Napoléon Ier et

1. Louis Girard, *Napoléon III*, Fayard, 1984, réédition 1986.

dont le mari, après avoir été diplomate, est grand chambellan
de Napoléon III. Ainsi, certains descendants des compagnons
du *Petit Caporal* assurent-ils un relais entre les deux empires et
exercent des fonctions pour ainsi dire en ménage, au service
du couple impérial. Mme de Bassano est une Flamande
solide, dotée de la santé de fer indispensable à son ministère
des intrigues et n'aime pas la mauvaise éducation. Ces deux
femmes ont la charge de tenir compagnie à l'Impératrice, en
général à partir de deux heures de l'après-midi et, surtout, de
veiller à ce que les audiences accordées se déroulent comme il
faut, selon le temps prévu, sans importuner ni gêner la souveraine. Elles doivent tout savoir... et le reste. S'occupant des
présentations, elles ne paraissent pas dans les cérémonies.
Mme de Bassano règle le service des dames du palais pour
chaque semaine. Ensuite, l'entourage est plus plaisant. Les
dames du Palais peuvent être très jolies, décoratives, charmantes; certaines apportent au Second Empire un charme et
une finesse qu'on a sans doute idéalisés mais qui ont beaucoup séduit. Un officier devenu diplomate, le comte de Mau-
gny, nous renseigne sur elles. Il y aura la princesse de la
Moskowa, veuve de M. de Labédoyère, ravissante mais qui
multiplie les gaffes; on lui pardonne car elle est «remariée
depuis peu avec le grand veneur, une jolie personne s'il en fut,
qui avait à ses pieds la fine fleur des courtisans et des mondains; la comtesse de Montebello, dont le mari, aide de camp
de l'Empereur, avait commandé à Rome pendant l'occupation [1]; la comtesse de la Poêze, beauté plantureuse, pleine
d'animation et de brio et excellente femme par-dessus le marché». N'oublions pas dans cet essaim la baronne de Piennes,
la marquise de Latour-Maubourg et la vicomtesse Aguado,
ainsi que deux lectrices entourant Mme Carette, la plus
ancienne dans cet emploi. Napoléon III, qui a chargé Fleury

---

1. En juin 1849, le pape Pie IX ayant été chassé de Rome par une révolution, Louis
Napoléon, alors Prince-Président, avait envoyé un corps expéditionnaire de quatorze
mille hommes au secours du Saint-Père. Cette décision avait avivé la crise entre l'opposition de gauche à l'Assemblée – représentée par l'un de ses tribuns, Ledru-Rollin – et
l'Élysée. Rome avait été prise par le général Oudinot, qui s'était chargé de rétablir le
pape dans son pouvoir et ses États, mais son opposition au 2 décembre lui avait valu un
séjour en prison... Au moment de l'affaire romaine, Montebello, fils du maréchal
Lannes, était colonel d'un régiment de dragons et il a servi en Algérie. En 1847, il a
épousé Mathilde Roseline Adrienne de Villeneuve-Bargémont. Voir, notamment, le
précieux *Dictionnaire du Second Empire*, ouvrage collectif sous la direction de Jean
Tulard (Fayard, 1995) qui fait suite au remarquable *Dictionnaire Napoléon* (Fayard,
1987, nouvelle édition augmentée, en deux tomes, 1999).

de cette minutieuse organisation, prévoit, en accord avec Eugénie, que les dames du palais, affectées au service deux par deux, n'habiteront pas les Tuileries, déjà surchargées, mais qu'une voiture viendra les chercher chaque jour après le déjeuner. L'Impératrice n'a pas eu, en revanche, la possibilité de choisir cet état-major féminin, l'Empereur ayant veillé à récompenser et à honorer les fidèles des mauvais jours, qualité de ce souverain dont la mémoire ne sera jamais courte. Chez Eugénie, il y a deux chambellans, chargés directement des questions de protocole comme les placements et les annonces et qui représentent deux courants historiques : le premier, le duc Tascher de La Pagerie, est issu de l'univers de Joséphine, tandis que le second, le comte de Cossé-Brissac, « fort bien en cour et ayant une réputation d'esprit des mieux établies », appartient à l'une des plus anciennes familles françaises. On lui reprochera sa compromission... Pour ses activités et déplacements équestres, Eugénie sera suivie par deux écuyers, « le baron de Pierre et le marquis de Lagrange, jouissant, l'un et l'autre, d'une réputation de sportsmen émérites ». Enfin, on notera que s'il n'y a pas de lecteur chez l'Empereur car il est lui-même un dévoreur de livres et d'une culture largement approfondie lorsqu'il était en prison, il y a, encore et toujours, l'inusable M. Auber, « directeur de la Musique de la chapelle et de la chambre », dont se moque Rossini en sifflant « M. Auber, le grand musicien qui faisait de la petite musique... »

Peu à peu, la grande machine de l'étiquette tourne, bien huilée. Et l'Impératrice essaie de s'en accommoder, ce qui n'est pas facile car les usages, mélangeant d'anciennes notions et de nouvelles idées, compliquent plus la vie quotidienne qu'ils ne la facilitent. Et le niveau des propos échangés ou des comportements peut être au sommet de la niaiserie lorsqu'ils émanent de courtisans qui ne s'efforcent que de plaire. Le cas le plus consternant nous est rapporté par Horace de Viel-Castel qui commence à tremper sa plume dans le fiel et nous raconte, tel un concierge aigri, les frasques et les travers du Second Empire. Ravi d'être choqué, rarement indulgent, ignorant la mansuétude et donneur de leçons, son témoignage, drôle et nourri d'images fortes, nous permet de voir que l'Impératrice peut valoir mieux que l'entourage qu'elle n'a pas choisi. Ainsi, le chambellan Tascher de La Pagerie, neveu de l'Impératrice Joséphine et qui n'a pas cinquante ans, se distingue par une totale bonne volonté et une bêtise abyssale. Eugénie obtient de lui ce qu'elle veut. Le résultat? Grotesque, selon Viel-Castel : « " Imitez le dindon ", lui a dit l'Impératrice. Et aussitôt, le drôle a imité le dindon; il a gloussé, il s'est pavané, enfin il s'est montré plus dindon qu'un vrai dindon. " Imitez le soleil ", a dit l'Impératrice, le chambellan, par la plus sotte des grimaces, est devenu soleil. " Imitez la Lune ", il a pris un air bête et il a dit " Voilà la Lune ". Puis, il a fait la tempête et toutes les farces que comporte son état. C'est misérable et ignoble ! » Ce curieux talent de société est alors très à la mode, avec charades et devinettes. On comprend que, plus tard, l'opposition se déchaînera dans de féroces caricatures brossant La Ménagerie impériale. Le chambellan imitateur perçoit vingt mille francs par an, ce qui est bien payé, même pour un dindon farceur. Ce genre de divertissement fera, on s'en doute, beaucoup de tort à Eugénie. Et plusieurs critiques ne viennent pas des républicains ou des monarchistes mais de la rue de Courcelles.

Pour la plus grande jubilation des chroniqueurs, deux clans se forment, celui de la souveraine et celui de la princesse. Ce talent très français d'entêtement dans la division va engendrer dix-sept années de mots, de flèches, d'explosions de rage, de jalousies et de jugements à l'emporte-pièce. Ce sera un spectacle pour initiés, avec son code et ses sous-entendus. Chez l'Impératrice, on vantera sa beauté, on soulignera son ambition, sa manie de l'ordre et du rangement; on remarquera son autorité, pas toujours bien placée, ses efforts pour devenir vraiment française. Chez la princesse, on appréciera les plaisirs de l'esprit et des arts – Mathilde recevra de Sainte-Beuve, le joli surnom de *Notre Dame des Arts* – on redoutera la franchise du propos tout en l'espérant, on aimera la fidélité en amitié, un point commun avec l'Empereur, en dépit de difficultés protocolaires qui ne manqueront pas. Etre reçu chez la souveraine sera, on ne peut en douter, un honneur. Etre invité chez la princesse et, plus encore, devenir l'un de ses familiers, sera une qualité. Quelques personnalités parviendront à être des deux côtés, sans se brouiller avec l'une ou l'autre. Mérimée navigue au milieu, annonçant même à sa chère Eugénie qu'il y a tant d'esprit dans le salon de Mathilde qu'elle est une réincarnation de Marguerite de Navarre... Bel exploit! Des acrobaties mondaines où l'arrière-plan politique n'est pas absent. En observant ce duel féminin, moins futile qu'il n'y paraît puisqu'il participe d'un aveuglement qui provoquera une tragédie nationale, il faut ajouter trois autres considérations.

En premier lieu, l'Impératrice souffre d'un complexe... social ! Elle a du mal à supporter son extraction ou, du moins, l'idée qu'on s'en fait en France et ne manque pas de rappeler, au contraire, ses origines prestigieuses ! Elle appelle Mérimée à l'aide ; le commensal sceptique ne peut se dérober car s'il s'est rallié au régime, c'est surtout grâce à la jolie Eugénie dont il a protégé l'enfance et conseillé la jeunesse. Ce faisant, elle ne s'aperçoit pas du ridicule de ses assertions. Affirmant qu'elle descend, en toute simplicité, de saint Dominique, devant les commentaires amusés de l'Empereur – qui, lui, n'est jamais dupe de ce genre de déclarations –, Eugénie entre dans une colère grotesque, jette sa serviette au nez de Napoléon III, se lève et disparaît dans ses appartements. Mathilde, ravie, note : « On était avant le dessert ! » Ensuite, Eugénie souffre d'un autre complexe, celui de ne pas avoir un esprit qui puisse rivaliser avec la vivacité de la princesse. Elle en oublie son rang, obtenu par son mariage. Aux Tuileries, à Saint-Cloud, à Compiègne, l'Impératrice joue à l'intelligente, s'entoure de gens cultivés pour relever le niveau de l'entourage de service. Il lui arrivera de réussir mais laborieusement. Rue de Courcelles ou dans sa propriété de Saint-Gratien, en Seine-et-Oise, Mathilde agit naturellement ; chez elle, les activités de l'esprit sont une vieille habitude et elle sait qui est qui. Au salon d'une grande dame, elle ajoute celui d'une femme de goût, entourée de talents divers. Enfin, sur ce contentieux psychologique, se greffe un dernier élément. Farouchement catholique, prônant la vertu dont l'Empire ne donnera guère l'exemple, l'Impératrice fustige la liaison tangible de la princesse avec Nieuwerkerke. Eugénie est fière de son mariage par lequel elle a évité la marginalité d'une aventure parmi d'autres, fière de ne pas avoir été salie par une vie « dissipée ». De plus, l'amant officiel de Son Altesse Impériale occupe de hautes fonctions artistiques, il est le très actif directeur des Musées impériaux et règne sur le Louvre depuis un imposant bureau. Maîtresse de ce sculpteur – il a fait un buste de Mathilde en 1852, il en fera un d'Eugénie en 1853 – la prin-

cesse est fidèle à son « beau Batave »; lui est volage. Elle le
sait, elle patiente... Il est également possible que la différence
de tempérament entre les deux femmes s'inscrive dans cette
rivalité. Si la jeune Impératrice paraît répugner aux plaisirs
physiques, Mathilde, de six ans son aînée, beaucoup moins
belle et nettement plus enrobée, ne cessera pas d'avoir les exigences sensuelles d'une femme aimante. Entre les deux
femmes qui personnifient la Cour et l'entourage de Napoléon III, ce dernier, tantôt diverti, tantôt lassé, passera beaucoup de temps à arrondir les angles et à atténuer les frictions [1].
On verra ainsi la souveraine commettre une entorse au protocole en ne réservant pas à Mathilde son rang. Et on verra aussi
la princesse observer une distance hautaine et répéter que
l'Impératrice est « espagnole », qu'il est choquant qu'elle soit
toujours autant attachée à l'Espagne et que sa femme de
chambre, acariâtre, noiraude comme un crayon de Goya, fait
sûrement exprès de ne pas parler un seul mot de français !
Mathilde a du mal à accepter l'intruse qu'est Eugénie. On
n'en finirait pas d'énumérer les incidents qui se répètent et les
réconciliations qui s'ensuivent. Personne, dans ce trio, ne veut
rien briser définitivement.

L'Empereur ne peut désavouer son épouse; il ne peut
davantage se priver de l'intelligence et de l'aura de sa cousine
à laquelle il porte autant d'affection que de reconnaissance.
La solution la plus sage est que les deux femmes respectent,
officiellement, la personnalité et les attributions de l'autre,
comme un territoire de chasse défendu. Précisons, c'est
important, que si Mathilde est rude dans son jugement, si elle
est naturelle et dit ce qu'elle pense, elle ne met pas l'Impératrice en difficulté, car ce serait atteindre la personne de
l'Empereur. En privé, chacune aura sa Cour. Les brillantes
mondanités dont Mathilde est l'égérie – elle veille à être la
seule femme au milieu d'hommes ! – transforment son salon
en une sorte de ministère parallèle des beaux-arts et des

---

1. Titrée Altesse Impériale, la princesse Mathilde dispose également d'une Maison
dont les membres seront particulièrement stables. Par ordre protocolaire, citons une
dame d'honneur, trois dames pour accompagner en alternance, un chevalier d'honneur
– le seul homme ayant un rôle officiel –, un secrétaire des commandements, chargé
d'une volumineuse correspondance et de l'intendance, un médecin particulier et son
assistant, tous sur sa liste civile. Elle paie elle-même sa domesticité, valets, cochers, etc.
Elle a une réputation de grande générosité. Depuis quelques mois (novembre 1852),
elle a déménagé du 10 au 24 rue de Courcelles, dans un hôtel plus vaste que le premier
et qui est celui de son véritable salon. Jadis, dans cette demeure, la reine mère
d'Espagne, Marie-Christine, s'était réfugiée.

belles-lettres. Comme, d'Alexandre Dumas aux frères Goncourt en passant par Gustave Flaubert, elle invite les talents les plus incisifs, il lui est inutile de se rendre aux Tuileries en dehors des obligations de la vie publique et des manifestations officielles. La princesse réduira ses déplacements au maximum; en revanche, elle multipliera les rencontres chez elle. Avec ces deux femmes au sommet, la comparaison des existences et des caractères illustre la cohabitation forcée interdisant toute réelle intimité. Il arrivera que la femme et la cousine de l'Empereur s'esquivent, manipulant l'étiquette pour éviter un froissement de crinolines. Quel dommage, alors, pour les commères du grand monde! Eugénie a le rôle ingrat, Mathilde pouvant se permettre des impertinences car, à condition que l'on respecte les convenances, on peut tout dire chez elle. Elle-même donne le ton, elle est franche. A la fin d'un dîner, elle déclare à ses hôtes, dont certains sont de tièdes bonapartistes :

– Je n'ai jamais désiré la chute de Louis-Philippe. J'étais plus heureuse sous son règne. A la colère d'Eugénie, rue de Courcelles se tient le plus cinglant salon de l'opposition. Chez la cousine de son mari! C'est, évidemment, parfois difficile à admettre mais Mathilde tient à sa liberté de pensée et de verbe. Le rapport entre les deux influences n'est pas équilibré. Chez l'une, les fastes du pouvoir et ce qu'on nommera, dans toute l'Europe, la Fête impériale. Chez l'autre, des mots, des répliques dont certains feront le tour des Tuileries d'où, justement, aucune saillie de l'esprit n'est observée. La princesse collectionne les mémorialistes, ils sont les scribes des vanités. Il est vrai que chez Mathilde tourne un véritable moulin à calomnies, selon l'expression de William Smith, et la critique de l'Impératrice, systématique, finira par faire du tort à la dynastie.

A force de vanter la beauté de la souveraine – bien qu'elle soit discutable, selon certains –, on ne lui accorde pas d'autres qualités. Or, il est un domaine où les deux femmes ont la même sensibilité et peuvent agir ensemble ou d'une manière complémentaire, celui de la générosité et de l'aide aux plus démunis. A peine installée aux Tuileries, Eugénie se préoccupe du sort des malheureux. Elle organise des collectes, fait des dons, se montre perpétuellement charitable car, chez elle, cette seconde nature tend à s'imposer. Elle institue des asiles, des hospices, des hôpitaux. Ses œuvres de bienfaisance naissent presque en même temps que son éclat de souveraine. Sur le fond, elle est sincèrement disponible, attentive aux conséquences de l'expansion industrielle et aux pièges du monde capitaliste qui irrigue l'économie, aux banques, à la Bourse, aux premières spéculations immobilières ; elle accompagne l'univers du progrès de sa compassion pour les victimes de maladies ou d'accidents professionnels. Or, comme elle tient à ce qu'on ne sache pas la réalité de cette action – Mathilde non plus – mais que le secret, même bien gardé, n'est pas absolu, l'Impératrice est, rapidement, victime de sa charité. Là où il n'est question que de fêtes, de bals et de bluettes impériales, se dissimule, en fait, une autre Eugénie, l'Espagnole qui a manqué d'argent mais parvenait à en donner à ceux qui n'en avaient pas du tout.

Dès son installation au palais, elle affecte la plus grande partie de ses cadeaux de mariage aux miséreux, faisant convertir la valeur en numéraire quand c'est possible, toujours avec l'accord des donateurs ; cependant, certains seront vexés de cette métamorphose en bonnes œuvres ! Puis, une ou deux matinées par semaine, parfois davantage, l'Impératrice, qui n'est, officiellement, jamais visible le matin, s'habille de la manière la plus austère qui soit, dissimule sa chevelure et son regard et sort, par une porte discrète, seulement accompagnée d'une dame d'honneur ; elle utilise une voiture que nous dirions banalisée et se rend dans le Paris de la misère qui subit des bouleversements dont l'Empereur espère des résultats heureux. L'hygiène, l'insalubrité, le manque d'air, de lumière, d'eau potable, les baraques sordides, les fumées âcres, la promiscuité permanente, la tuberculose, l'alcoolisme, les enfants abandonnés ou martyrisés, les troupeaux d'animaux qui nourrissent la ville affamée, le programme de l'Impératrice est sans fin.

On la croit, on la dit seulement occupée à danser et à essayer de se faire admettre, elle est déjà accueillie ailleurs. Dans un autre monde. Cette attitude n'est pas un alibi pour se faire pardonner les lumières de la gloire ni la chance, inespérée, d'avoir échappé à un destin terne. En agissant ainsi, l'Impératrice ne sacrifie pas seulement au devoir obligé d'une très grande dame, la première en France, contrainte de faire la charité. Derrière ces conventions, on trouve la réalité d'un

tempérament altruiste, la marque d'un caractère scandalisé
par l'injustice. Nous avons dit quelles lectures elle avait eues.
Sur le tard, Eugénie expliquera les motivations de son action,
bien antérieures à son statut souverain ; quelle qu'ait été sa
vie, le secours aux autres en aurait fait partie et son état
d'impératrice lui a seulement permis, si l'on ose dire, d'amplifier et de fortifier cette œuvre. En effet, dans une conversation
avec le comte Primoli – proche de Mathilde, ce qui est savoureux –, elle dira, avec une lucidité implacable, l'un des ressorts
secrets l'ayant rapprochée de Louis-Napoléon, contrepoint de
sa réputation d'ambitieuse et d'intellectuelle limitée : *L'Empereur et moi nous appartenions à la même génération d'exaltés ; il y
avait dans nos deux natures du romantisme de 1830 et de l'uto-
pisme de 1848. A quinze ans, je croyais conspirer avec Falco... et
mon livre de chevet était* Mes prisons *de Silvio Pellico... Le prince,
dans sa prison, avait écrit un ouvrage sur l'extinction du paupérisme qui m'avait passionnée ; nous cherchions le moyen de mettre
sa théorie en pratique et nous rêvions de travailler au bonheur des
peuples et d'améliorer le sort des ouvriers.*

Cette facette d'Eugénie a été totalement occultée par ses
détracteurs. Ils lui reconnaissent éventuellement un corps
attrayant, ils lui dénient un esprit. Le soir où Emile Ollivier la
contemple, sans enthousiasme, dans sa loge au théâtre du
Gymnase – c'est le 22 février 1853, trois semaines après son
mariage –, il conclut sa page de journal : « (...) Elle peut être
une femme intelligente selon le monde. Elle n'est pas visiblement une femme supérieure, qui pourrait, au besoin, retenir
de sa main un empire penché sur l'abîme. » Autrement dit,
l'Impératrice peut abuser son entourage mais elle n'a pas une
réelle autorité. L'une de ses dames de Cour, sans doute pour
venger son mari puisque c'est Mme Tascher de La Pagerie qui
parle (la femme du dindon !), considère qu'elle « (...) pourrait,
en tant que femme, simplement résumer la personnalité de
l'impératrice Eugénie dans une comparaison et prononcer
qu'elle fut assez semblable à ces jolis oiseaux des pays ensoleillés qui passent insaisissables ; et, complétant cette comparaison par une sorte de formule, on pourrait ajouter qu'elle fut
moralement une incohérence, un mélange de bonté et d'indifférence inconsciente, de légèreté et d'autorité sans fondement,
de sentiments chevaleresques et de raison pratique, presque
terre à terre ». L'Impératrice ne parviendra pas à enrichir son

image, ses activités caritatives étant regardées, par l'opposition, comme un minimum. Eugénie, d'une discrétion totale, sait que le bien ne fait pas de bruit et que le bruit ne fait pas de bien.

Elle le confirmera à l'heure du bilan : « Ma légende est faite ; au début du règne, je fus la femme frivole, ne s'occupant que de chiffons (...) » Comment corriger une légende ? Elle poursuit son action. A peine remise, le 27 mai, elle fait distribuer une somme de cent mille francs aux sociétés de charité maternelle, un geste douloureux pour celle qui redoute de ne pas avoir d'enfant. La presse reconnaît et souligne « la bonté de Sa Majesté ».

En ce début de règne, la question qui se pose est de savoir si l'Impératrice a une influence – et si oui, laquelle – sur la politique suivie par Napoléon III. Elle en est le témoin et assiste à certains moments clés de l'histoire qui se fait. Ainsi, le 29 juin, à Saint-Cloud, elle attend l'arrivée d'un géant en grand uniforme – un mètre quatre-vingt-douze –, Georges-Eugène Haussmann, que l'Empereur a nommé, sept jours plus tôt, préfet de la Seine et qu'il avait promu au grade de commandeur de la Légion d'honneur le 1er janvier. Ce remarquable administrateur, élevé dans le culte impérial – il était le filleul du prince Eugène, fils adoptif de Napoléon Ier – a derrière lui vingt ans de carrière préfectorale. L'Empereur l'a choisi pour conduire la transformation de Paris et en faire une monumentale capitale moderne. Il faut abattre les immeubles vétustes, redresser les rues tortueuses, percer de grandes artères, créer des parcs et des squares à l'instar de ce qui a été fait à Londres. Paris est dans un état déplorable et, avant de subir l'enfer de travaux sans précédent, la ville, il faut le redire, tombe en morceaux et se détruit elle-même par manque d'entretien. Haussmann, homme à poigne, doué d'une infatigable capacité de travail, est tout désigné pour réaliser ces ouvrages urgents : une épidémie de choléra vient encore de faire de nombreuses victimes ; l'eau, ce perpétuel coupable, doit être canalisée et assainie : Louis Napoléon a visité les égouts qui semblent dater de la Rome de Néron... A dix heures du matin, franchissant, avec fierté, le perron central du château, le préfet Haussmann vient prêter serment « d'obéissance à la Constitution et de fidélité à l'Empereur ». D'escalier en antichambre, Haussmann arrive dans un billard où il est prié d'attendre. A onze heures, le Conseil, qui se réunit deux fois par semaine, a fini de siéger et Persigny, ministre de l'Intérieur, présente le nouveau préfet au souverain, qui le connaît bien, et à Eugénie, qu'il n'a jamais vue de très près. Elle le trouve impressionnant dans sa grande tenue composée d'un habit bleu à broderies d'argent, avec des motifs de chêne et d'olivier au collet; son gilet est blanc, de même que son pantalon avec bande d'argent. Il est coiffé de ce qu'on appelle un chapeau français, à plumes noires avec ganse brodée d'argent. Son épée a une poignée de nacre et une garde argentée. Enfin, il a ceint sa taille d'une écharpe tricolore aux glands argentés. Vraiment, une grande tenue pour un homme qui ne plaisante pas avec l'étiquette. L'Impératrice peut, de vive voix, remercier le préfet qui, lorsqu'il était en poste à Bordeaux, avait fait voter par le département de la Gironde un crédit de cinquante mille francs pour la création d'un établissement régional de bienfaisance, portant le nom de l'Impératrice et placé sous son patronage. Si cette contribution au mariage d'Eugénie l'avait touchée, elle n'approuve guère sa nomination, sans doute pour des raisons religieuses : il est protestant, elle aurait préféré un catholique, mais il est l'homme providentiel, la synthèse d'un tempérament et d'une nécessité, et c'est ce qui importe. L'entrevue, un peu guindée, est soudain divertie par une gaffe de Napoléon III.

Comme on lui présente d'autres préfets qui viennent de recevoir leurs nouvelles affectations, voici celui du Cantal, un certain M. Paillard. Un peu distrait, Napoléon III comprend qu'il s'appelle... Bayard. Et, en pensant au Chevalier sans peur et sans reproche, l'Empereur lui lance :

– Je compte que vous vous montrerez toujours digne de votre nom !

Stupeur. On rit. Eugénie s'amuse, ce qui est rare. A Haussmann, en effet, le souverain a tenu un autre compliment : « Je suis heureux de pouvoir vous confier un poste auquel j'attache une importance exceptionnelle dans les circonstances présentes. »

L'Empereur retient ministres et préfets à déjeuner. Privilège particulier, le préfet de la Seine est placé à la droite de l'Impératrice. Pas de doute, le nouveau venu de la politique impériale est à l'honneur. Bien entendu, il attend que sa voisine s'adresse à lui. Eugénie lui parle du Sud-Ouest, de Bordeaux et de Blaye ; quand il en était le sous-préfet, Haussmann avait remarqué la beauté d'Eugénie lors d'un bal et il l'avait trouvée plutôt sympathique. Soudain, avec cette familiarité qui fait le charme des séjours à Saint-Cloud, Louis Napoléon s'adresse à sa femme :

– Sais-tu que M. Haussmann eut, comme toi, pour parrain mon oncle, le prince Eugène ?

– Ah !

Haussmann se risque :

– Oui, madame. Mais parmi les filleuls du prince, je suis, de beaucoup, l'aîné de Votre Majesté.

M. le préfet est un homme du monde. Eugénie avoue vingt-sept printemps, il en a quarante-quatre. Après le déjeuner, l'Empereur entraîne le haut-fonctionnaire dans son cabinet et lui montre le plan de Paris sur lequel il a tracé lui-même des voies nouvelles, en bleu, en jaune, en rouge et en vert, selon le degré d'urgence qu'il leur accorde. Si l'oncle examinait des plans de bataille, le neveu se penche sur le terrain de son combat qui se révélera le plus long, dix-sept années pour transformer Paris et passer d'un médiévalisme glauque au XIXe siècle avec l'électricité et l'eau courante. En quittant Saint-Cloud, où il n'était jamais venu, Haussmann n'a pas conscience – et Eugénie non plus – qu'ils ont un autre point en commun, l'opposition, ardente et passionnée, des gouvernements et de l'opinion publique. Toujours ce 23 juin, Mérimée ne peut refuser un honneur que l'Impératrice a tenu à lui réserver : elle est intervenue pour qu'il soit nommé sénateur... Manuela a dû s'en mêler car il résistait, au nom de sa liberté. Manuela l'avait affectueusement mis en demeure : « Aimez-vous, oui ou non, Eugénie ? (...) Soyez notre ennemi ou lais-sez-vous faire ! » Il avait cédé, certain de ne pas y perdre son âme et, en réalité, heureux de cet honneur qui lui est fait, à lui, le cynique qui se compare à « un vieux rat qui s'est retiré du monde ».

Les salons, souvent orléanistes, vont bouder le nouveau sénateur, lui reprochant d'accepter la faveur d'une petite fille promue grande dame envers un vieux monsieur ! Pour faire taire les jaloux, Mérimée, la cinquantaine plus que grisonnante, donne sa démission d'inspecteur général des Monuments historiques, ce qu'Achille Fould, le ministre d'Etat en charge des Beaux-Arts, fait savoir à Eugénie. Fould précise qu'il refuse cette démission. Mérimée continuera donc sa mission sans cumul de traitement puisqu'il perçoit une indemnité annuelle de trente mille francs comme sénateur [1]. L'Impératrice voit, peinée, des fidèles comme les Delessert se détourner de Don Prospero parce qu'il a définitivement choisi l'Empire, accusation sans fondement politique, Mérimée étant surtout attaché personnellement à Eugénie et à sa mère. Encore le même jour, Mérimée écrit à Mme de Montijo qu'il sait, par Eugénie, que sa sœur, la duchesse d'Albe (qu'il appelle *la duquesita, la petite duchesse*) est en route pour Paris. Elle y arrivera le 25 et l'Impératrice est transportée de bonheur, elles ne se sont pas vues depuis si longtemps, quand la cadette n'était encore que la comtesse de Teba... Elle donnera un bal pour elle à Saint-Cloud, malgré le mauvais temps. « Ici, écrit Eugénie, il pleut sans cesse et nous avons du feu constamment dans les cheminées. Aujourd'hui, nous n'avons pas vu un instant le bleu du ciel. Je ne connais rien de plus triste que cela, surtout à la campagne. Le printemps mouillé de l'Ile-de-France ne réussit pas à l'Impératrice, désespérée d'avoir laissé la lumière étincelante de son Andalousie. Une vague de nostalgie la recouvre. Plus grave, elle se plaint : *Je vois tout ce à quoi j'ai renoncé pour toujours (...) En échange de cela, j'ai gagné une couronne, mais qu'est-ce que cela signifie, sinon que je suis la première esclave de mon royaume, isolée au milieu des gens, sans une amie et il va sans dire sans un ami, jamais seule un instant ; vie insupportable.*

Que le Cirque national ait été rebaptisé Cirque de l'Impératrice n'adoucit pas cette amertume. Elle a posé pour Edouard Dubufe, deuxième peintre d'une dynastie d'artistes et rival de Franz Winterhalter dans l'art du portrait. Le résul-

---

1. Il y a alors 150 sénateurs, nommés à vie, inamovibles et donc indépendants. Gardiens de la Constitution et des libertés publiques face à l'action du gouvernement, ils peuvent annuler des votes du Corps législatif et voter des sénatus-consultes pour interpréter ou modifier la Constitution. Cette seconde assemblée avait été rétablie par le coup d'Etat du 2 décembre, Napoléon III étant convaincu que l'existence d'une seule chambre était source « permanente de trouble et de discorde ». L'Empereur, qui seul détient le pouvoir de nomination, n'a pas à justifier ou à motiver son choix. Une quinzaine de membres de droit viennent en plus : cardinaux, maréchaux, amiraux, princes français de la lignée impériale susceptibles d'être appelés à régner. Le Sénat dispose aussi de pouvoirs spéciaux concernant l'Algérie et les colonies. Par comparaison avec les institutions actuelles, le Sénat du Second Empire peut être considéré comme un mélange de « Cour de cassation politique », (selon Raymond Troplong qui fut président de la Cour de cassation puis du Sénat) et de Conseil constitutionnel. Ses débats ne sont pas publics. Mérimée est nommé dans la tranche d'âge des plus jeunes, à partir de quarante-cinq ans.

tat est exposé au Salon réorganisé par Nieuwerkerke et
ouvert le 15 mai, aux Menus-Plaisirs [1]. Parmi mille deux cent
huit tableaux et dessins, trois cent vingt et une sculptures et
cent trois gravures. Après les images approximatives distri-
buées au moment du mariage, c'est la première représentation d'Eugénie en Impératrice des Français. Regardons
l'œuvre qui était très en vue, plus que celles de Winterhalter,
Meissonier et Hébert, et très attendue en raison de son sujet.
Elle porte une robe de cour très décolletée en velours noir
incrusté de dentelle d'or. Une cascade de perles magnifiques,
sur cinq rangs, met en valeur ses épaules ; la mode suivra,
offrant de ravissants spectacles bien dégagés... La taille,
d'une minceur déjà légendaire – et réelle – allonge encore la
silhouette. L'Impératrice tient un éventail fermé de la main
droite, l'avant-bras abandonné sur un coussin où apparaît
une couronne impériale. Le fond du décor est constitué d'un
rideau, de pompons et de glands, selon les choix de l'artiste.
Un tableau soigné, léché, joliment exécuté. Comment cette
peinture est-elle accueillie ? Le chroniqueur Claude Vignon
écrit avec une élogieuse sensualité : « On attendait surtout, au
salon de 1853, un portrait ressemblant de cette jeune Impératrice, aussi célèbre par sa beauté que par son noble caractère. On connaissait un buste et l'on savait déjà que
l'Impératrice Eugénie avait un beau et fier visage ; mais on
voulait voir les teintes de la vie colorer les traits charmants ;
on voulait voir cette opulente chevelure se masser autour de
la tête en rouleaux d'or. On voulait voir s'animer ces yeux
aux purs contours, et sourire ces lèvres, à la fois si fières et
si bienveillantes. Après les lithographies, plus ou moins malheureuses des étalages, des portraits véritablement artistiques étaient nécessaires. » Mais, selon ce critique « (...)
La vérité nous oblige à dire que l'œuvre de Monsieur
Dubufe est loin de lui valoir un triomphe. Il était impossible, suivant nous, de dénaturer davantage l'expression sympathique et gracieuse de la physionomie de Sa Majesté et de
concevoir d'une manière moins noble et moins grandiose

---

1. L'hôtel des Menus-Plaisirs, à l'angle des rues Richer et du Faubourg-Poissonnière
(actuel IXᵉ arrondissement), qui datait de la seconde moitié du XVIIIᵉ siècle, abritait le
matériel des spectacles de la Cour et servait pour des répétitions. Ce fut le noyau du
conservatoire d'art dramatique. Il servit aussi, jusqu'en 1854, de garde-meubles de la
Couronne. Le premier Salon du Second Empire s'y tient en 1853 dans des installations
provisoires, transférées, mais qui reconstituent le salon carré du Louvre où la manifestation se déroulait avant 1848. Puis, il avait eu lieu aux Tuileries et au Palais-Royal.

le portrait d'une impératrice. » Edouard Dubufe, à qui l'on devra aussi un portrait de Napoléon III et de la princesse Mathilde, sera souvent maltraité par les gens gravitant autour des Beaux-Arts et apprécié du public qui applaudit son talent frais, charmant et d'« une coquetterie exquise », d'après Théophile Gautier. Un notoire exemple de divorce entre la critique et l'amateur. Passe Mérimée au Salon ; il examine le travail du peintre. Connaissant bien le modèle, son opinion est caustique. Dans une lettre à Manuela, il en fait une analyse plus psychologique que picturale : le tableau « a le défaut d'être très ressemblant avec l'expression qu'a votre fille quand elle s'ennuie ». L'ennui ? Peut-être une lassitude distinguée, mais elle ravit les femmes qui aimeraient être peintes par Dubufe ; dans son *Journal*, Delacroix note, le lendemain même de l'inauguration, que « ce nom a provoqué, parmi ces dames, une explosion d'admiration ». A son habitude, l'acariâtre Viel-Castel n'est pas content, d'autant moins que le portrait d'Eugénie vaut à Edouard Dubufe la Légion d'honneur : « (...) Dubufe, peintre à la mode pour les portraits, a fait cette année un mauvais portrait de l'Impératrice, ce qui est cause du propos suivant, tenu par une Russe fort spirituelle : " Cette croix donnée à Monsieur Dubufe est une nouvelle preuve de la bonté de l'Impératrice. Monsieur Dubufe la défigure, elle ne s'en venge qu'en le décorant. " » D'autres déclarent : « Monsieur Dubufe crucifié en 1853 pour crime de lèse-majesté. » Pauvre Edouard Dubufe, coupable d'avoir l'Impératrice pour modèle, un ruban rouge en récompense et trop de succès pour avoir du talent [1] !

---

1. La dynastie des Dubufe (Claude-Marie, Edouard et Guillaume) a été honorée par une fort belle exposition « Portraits d'un siècle d'élégance parisienne » organisée par la délégation à l'Action artistique à la Ville de Paris en 1988 ainsi que l'édition d'un catalogue de référence dirigé par Emmanuel Bréon, conservateur du musée municipal de Boulogne-Billancourt (92100). Du père, Claude-Marie, Baudelaire disait : « Monsieur Dubufe est depuis plusieurs années la victime de tous les feuilletonistes artistiques. Nous trouvons, quant à nous, que le bourgeois a bien raison de chérir l'homme qui a créé de si jolies femmes, presque toujours bien ajustées. » Et d'Edouard : « Monsieur Dubufe a un fils qui n'a pas voulu marcher sur les traces de son père et qui s'est fourvoyé dans la peinture sérieuse. » Son œuvre sera méprisée par Zola mais le jugement le plus féroce sur lui viendra, une dizaine d'années plus tard, de la princesse Pauline de Metternich, épouse très en vue de l'ambassadeur d'Autriche auprès de Napoléon III à partir de 1859 : « Il faisait toutes les femmes bêtes. Mais ça leur est bien égal. Pourvu qu'on leur fasse des têtes de coiffeur, elles se trouvent toujours ressemblantes » ! Sans pitié pour l'artiste ni pour ses modèles...

Tables tournantes et nuages sur la mer Noire

La duchesse d'Albe, enfin arrivée, peut juger de la transformation d'Eugénie. Elle reste trois mois, découvre un Paris qui se lance dans les travaux, une sœur débordante d'activités et une cour partagée entre un programme de festivités de Saint-Cloud, à Fontainebleau. Mais les nouvelles venues d'Orient sont inquiétantes. En effet, Napoléon III, qui entend restaurer le prestige français par une politique active en Europe, s'est lancé dans une aventure hasardeuse. Un coup de dés diplomatique et militaire qui se fonde, à l'origine, sur une préoccupation religieuse. Il s'agit de la garde des Lieux saints de Jérusalem, confiée à des catholiques latins et à des orthodoxes ; les premiers ont l'appui de la France, les seconds du tsar de Russie. L'affaire, spirituelle, devient d'une autre nature lorsque le sultan, qui contrôle géographiquement Jérusalem, refuse au tsar de s'imposer dans les détroits, selon l'éternel vieux rêve russe. Inquiets du possible effondrement de l'Empire ottoman et de l'installation des Russes dans les Balkans, les Anglais, par ailleurs soucieux de protéger la route des Indes, et les Français envoient leurs flottes devant les Dardanelles. Londres espère que l'intimidation suffira à calmer et le sultan et le tsar.

L'Empereur des Français en profite pour initier Eugénie aux ressorts de la politique européenne ; il lui montre les dépêches des agents diplomatiques, les notes des ambassadeurs, les rapports du ministre des Affaires étrangères. Souvent, lors d'un Conseil consacré à ces questions extérieures, l'Impératrice est présente ; le gouvernement n'ose pas, d'abord, s'y opposer puis il l'accepte. Eugénie, qui s'informe des dossiers, en sait bientôt assez pour suivre l'évolution des problèmes, les solutions possibles, les intérêts à défendre. S'il est vrai que Napoléon III règne et gouverne seul, s'il est exact qu'il tient à ce qu'Eugénie soit bien instruite de la politique extérieure, on ne doit pas en conclure que le souverain partage son pouvoir. Il l'aime trop, il l'a trop attendu pour lui céder une part au bout de six mois ; en revanche, il ne se contente pas d'avoir une femme décorative et passive et, chaque fois qu'il le peut, il associe Eugénie à des conversations officielles, voire à des entrevues plus discrètes. L'Impératrice, contrairement à ce qui a été dit et déformé par la suite, se montre une bonne élève dans les premières années. A noter : elle reste éloignée de la politique intérieure en dehors de ce qui est courant. En juillet, la Russie occupe les principautés danubiennes de Moldavie et de Valachie, vassales du sultan. Par l'Empereur, Eugénie est non seulement informée des événements, en l'occurrence la tension entre Constantinople et Saint-Pétersbourg mais elle suit un entraînement diplomatique. Expert en ambiguïtés, Napoléon III initie sa femme au secret, au silence, à la métaphore. Voici donc une nouvelle Eugénie, après la rebelle qui avait envie de dire ce qu'elle pensait, différente de l'impulsive qui réagissait sans réfléchir. Il y a, en cet été 1853, une Eugénie qui se familiarise avec la dissimulation, la prudence et s'efforce de ne pas laisser deviner l'état exact de ses connaissances et son opinion. L'Impératrice apprend la politique entre deux bals, ce qui n'était pas prévu. L'ambassadeur d'Autriche observe l'évolution de son attitude : « Ce n'est plus la jeune mariée, la souveraine improvisée dont la timidité ajoutait à ses attraits naturels ; c'est la maîtresse de maison qui se sent et s'affirme par ses manières, par ses gestes, par les ordres qu'elle donne à ses dames, par le regard, un peu dédaigneux, un peu blasé mais scrutateur qu'elle promène dans la salle où rien ne lui échappe. » Et le comte de Hübner envoie une note à Vienne sur l'influence exercée par l'Impératrice en quelques semaines. Elle a appris à dissimuler sa véritable nature en face de tiers et de personnages importants. Les remarques, neutres, du diplomate autrichien sont intéressantes car elles sont souvent critiques et négatives. Surpris, il redouble de vigilance. Eugénie de Montijo n'est peut-être pas tout à fait la femme aussi fade et imprévisible qu'on le répète faubourg Saint-Germain, ce quartier des bouderies... De même qu'il y a une Impératrice qui sort tôt le matin dans un landau de couleur sombre pour ses visites aux pauvres, il y en a une autre que l'on peut apercevoir en brillant équipage l'après-midi vers l'ouest de Paris ou celle qui, enfermée dans son cabinet de travail jouxtant le salon bleu, écrit, annote, lit et se fait lire les dossiers, les projets, toutes les affaires qui l'intéressent. Elle apprend certaines données par cœur...

Avec l'été, elle fait aussi l'expérience des risques de la politique intérieure. Le 6 juillet, le couple impérial assiste à une représentation à l'Opéra-Comique. Pendant l'hiver, la création d'un acte, *Les Noces de Jeannette* mis en musique par Victor Massé, y a remporté un succès durable. Soudain, un long tumulte couvre les voix des chanteurs, des policiers arrêtent une douzaine de personnes et révèlent qu'un complot vient d'être découvert, fomenté par une société secrète rappelant à l'Empereur certaines de ses idées. On parle d'une bombe qui allait être jetée dans la loge officielle ; on constate seulement que les suspects sont armés de poignards. Napoléon III et Eugénie ne laissent voir aucune peur ni même une émotion ; le calme revient, l'Empereur donne l'ordre qu'on reprenne le spectacle. Le projet d'attentat est sans doute, cette fois, une invention policière. Ce ne sera pas toujours le cas... L'Impératrice, dont l'enfance a été jalonnée d'horreurs et de violences, qui ne peut oublier la rage terroriste contre Louis-Philippe, est tout juste devenue un peu plus pâle. C'est la première fois qu'elle est confrontée à une telle menace. Elle a découvert la peur que les opposants communiquent à leurs victimes, lorsqu'ils deviennent des assassins. Rentrée aux Tuileries, elle se couche. Pepa, la femme de chambre gardienne des secrets les plus intimes, la sait choquée par cette alerte bizarre. L'essentiel est que, face à une salle comble dans ce théâtre étroit, elle soit restée sereine. Evoquant plus tard cette pénible soirée, elle dira : « La police est là pour découvrir les complots. Contre des fanatiques comme les derniers régicides de Madrid et de Vienne, il n'y a pas de ressources, ni de remèdes. Ainsi, au petit bonheur ! » Mais, derrière ce fatalisme, ses nerfs seront désormais tendus à chaque sortie dans la foule. Elle dont les lettres trahissent une angoisse permanente déclare : « Vivre dans l'inquiétude, ce n'est pas vivre. »

Quel contraste avec les fêtes si brillantes et si populaires organisées le 15 août pour la Saint-Napoléon, de nouveau fête nationale. Visconti en est le metteur en scène, le budget sans précédent et le spectacle grandiose. Le cadre est cher à l'architecte, très à l'aise puisque c'est son principal chantier. *Le Moniteur* souligne qu'il a su « convertir en un immense salon pour le peuple tout l'espace compris entre le palais des Tuileries et l'Arc de l'Etoile. Cette ligne infinie d'élégants portiques mauresques, étincelants de mille couleurs encadrant l'avenue des Champs-Elysées, la place de la Concorde, la grande allée du jardin des Tuileries, cette profusion de lustres et de girandoles, d'où ruisselaient des torrents de lumière : tout cet

ensemble de merveilles vraiment féériques dépassait les rêves
de la plus brillante imagination ! ». En présence des souverains, la fête propose la Terre entière en ambassade à Paris, où
l'exotisme domine, hommage aux territoires de l'Empire en
Afrique du Nord. Portes arabes, bateaux à aubes sur la Seine,
feu d'artifice de la maison Ruggieri tiré depuis les ailes
courbes du Trocadéro, foule admirative, il y a dans ces
réjouissances un avant-goût d'exposition universelle. Ce n'est
d'ailleurs pas un secret puisque, le jour où Haussmann a été
nommé préfet de la Seine, un décret a organisé la préparation
de manifestations pour les Beaux-Arts, la production industrielle et commerciale en 1855. L'Empereur joue la carte d'un
monde ouvert sur le progrès. Impressionnante carte de visite [1].
Le même jour, en matinée, la Comédie-Française donne deux
spectacles gratuits, *Phèdre* et *Le Médecin malgré lui.* Racine et
Molière sont réquisitionnés pour la Saint-Napoléon.

Pendant l'été, les négociations sur la question d'Orient se
poursuivent, l'Autriche s'efforçant d'éviter un conflit car elle
craint un changement d'équilibre en Europe. Napoléon III
agit dans ce sens, pratiquant un jeu très fin en évitant de cho-
quer l'Angleterre (qui lui a remis le testament de Napoléon Ier)
et en affichant la modération ; il évite tout préparatif militaire.
A Saint-Cloud, les souverains reçoivent d'ailleurs à la mode
britannique en offrant une *dinner party* au corps diplomatique.
Eugénie, qui revient de Dieppe où elle s'est baignée, apparaît
belle, amaigrie et hâlée. Elle bavarde beaucoup avec ses invités, « encore davantage lorsque l'Empereur, qui souffrait
d'une violente migraine, avait déjà, pendant le premier service, dû quitter la table », écrit l'ambassadeur autrichien qui,
par ailleurs, juge la soirée « select » même si, selon lui,
l'aristocratie française y est peu représentée. Encore une critique !

Le 22 septembre, après le départ de Paca, les souverains
entament un voyage officiel dans le nord de la France. Le premier contact de l'Impératrice ès qualités avec la province. Le

---

1. Le Trocadéro doit son nom à un fort espagnol, près de Cadix, enlevé le 31 août
1823 par le corps expéditionnaire français commandé par le duc d'Angoulême, vainqueur des insurgés contre le pouvoir royal intransigeant de Ferdinand VIII. La Restauration (Charles X) avait fait élever, en 1827, un hideux fort... en carton pour
commémorer cette victoire. Il fut remplacé, en 1877, par une construction lourde et
particulièrement laide. Ce vieux Trocadéro a été détruit et, en 1937, sur son emplace-
ment, on a construit l'actuel palais de Chaillot.

contexte économique n'est pas favorable car la récolte de blé s'annonce médiocre et des maladies frappent la pomme de terre mais aussi la vigne et le ver à soie. Une question taraude Eugénie : saura-t-elle se faire aimer ? Elle réussit à être fêtée et le voyage est un succès. A sa sœur, qui lui manque déjà (« Nos destinées sont si différentes que nous ne pouvons être long-temps réunies. Tout te réclame en Espagne et tout me retient ici »), l'Impératrice raconte : *Tu ne peux te figurer combien j'ai été fatiguée de tant de bals et de cérémonies, mais maintenant, grâce à Dieu, c'est fini. Je ne sais si tu lis les journaux anglais ; si tu le fais, tu verras les éloges trop flatteurs qu'ils font de moi. Je t'envoie ci-joint un passage du discours de l'évêque d'Amiens, c'est d'autant plus remarquable que celui qui l'a prononcé a été, jusqu'à présent, très légitimiste. Je t'assure que notre voyage a été un vrai triomphe et que dans les deux villes que nous croyions les plus mau-vaises, nous avons trouvé l'enthousiasme le plus grand.*

Mais quel épuisement ! Eugénie sait que son ami Mérimée est reparti pour l'Espagne, à l'invitation de Manuela. Elle sait aussi que sa mère s'est mise en tête de... marier Don Pros-pero, incorrigible célibataire. Elle croit avoir trouvé la femme qui convient. Hélas, lui la considère « trop parfaite » (Eugénie la jugera « trop savante ») et l'amourette n'ira pas loin. En revanche, M. Mérimée, de l'Académie française, passe des moments torrides avec quelques Andalouses qui jouent les féroces. Il les amuse, leur dessine des costumes, invente des jeux ambigus. Il en est très excité, avouant, sans retenue, à une amie anglaise : « Elles ont une attitude et une marche qui jettent les étrangers dans une rêverie profonde. La nature a été prodigue de ses biens pour elles et les a répartis avec tant de précision qu'elles se tiennent fort droites en vertu d'une loi de statique d'après laquelle les corps sollicités en sens contraire par des poids considérables demeurent dans un équilibre par-fait. » Coquin de Mérimée. L'amour est enfant de Bohême et il obéit à une loi plus exaltante que le principe d'Archimède !

Ce n'est pourtant pas en compagnie de ces créatures qu'il finit ses soirées mais avec d'autres, vénales, qui opèrent dans une maison accueillante où, dit-il joliment « ... la chemise de chair vive coûte cher mais on en a pour son argent ». C'est clair.

Lorsque l'Impératrice avait séjourné à Dieppe, pour la plus grande notoriété de la station balnéaire, le préfet Haussmann y avait été invité. Pendant deux jours, il avait exposé à l'Empereur le programme des travaux parisiens ; depuis, l'entreprise, sans précédent dans une ville existante, est sortie des cartons. Haussmann abat, creuse, élargit, redresse, sauve (un peu), détruit (beaucoup) et avance, l'œil sur le calendrier établi avec ses ingénieurs. Dans ce Paris où l'octroi rapporte, cette année, quarante et un mille francs, dans cette cité étriquée et asphyxiée, les leviers à vapeur, les centaines de chevaux, les charrettes de gravats et les nuées de poussière font achever le boulevard de Strasbourg, commencer la rue des Ecoles et tant d'autres chantiers. Le bouleversement est total, affolant, spectaculaire. Car c'est un spectacle, observé par les badauds, curieux et inquiets. Quel enfer avant le paradis de l'urbanisme !

Personne ne songe à interroger l'au-delà sur ce qu'il adviendra exactement de Paris et, cependant, la période est celle qui voit se développer une épidémie aussi difficile à éradiquer que le choléra, le spiritisme. Depuis la fin de la monarchie de Juillet, la mode, venue d'Amérique, fait des ravages. Cartomanciennes et pythonisses tiennent salon, des médiums sont consultés par les gens les plus sensés. Evidemment, on trouve de tout dans ces réunions, des charlatans et des gens dotés d'un fluide, des sceptiques et des naïfs, des complices involontaires ou non. Et on y trouve même l'Impératrice ! Dans quel but ? Pour faire tourner les tables. Eugénie, rapporte Frédéric Loliée, « cédait à des curiosités d'esprit et d'imagination, qui n'étaient pas toujours si raisonnables. De nature mystique, pour ne pas dire superstitieuse, elle fut des premières à faire école de spiritisme. Grâce à ses encouragements, les tables tournantes eurent leur période de grand succès mondain. Elle-même en avait donné le signal et consacré la mode par la faveur qu'elle accordait aux expériences du fameux médium Hume, un Ecossais devenu citoyen américain qui subitement se révéla dans Paris, fit merveille à la Cour et non moins vite disparu [1]. » L'énigmatique sieur Hume, qui ressemble à un fantôme – c'est conseillé – est paré de tous les pouvoirs, de la divination à la guérison miraculeuse. Hélas, il ruinera sa réputation en annonçant, entre autres, à Alexandre Dumas père qu'il vivrait cent treize ans et serait tué en duel... Il pouvait difficilement se tromper davantage. Dans l'immédiat, l'Impé-

---

1. *La Vie d'une Impératrice*, Tallandier, 1928.

ratrice, fort curieuse, se rend chez ce personnage qui plaît aux exaltés, ou bien organise des séances dans ses appartements, ce qui impressionne Napoléon III et attire, dans un premier temps, son intérêt. Gouverner, n'est-ce pas prévoir?

On a deux exemples significatifs de cet engouement chez la souveraine, passionnée par le surnaturel. Un soir, Eugénie sent la présence de son père. Que va-t-il se passer? Elle le raconte à la duchesse d'Albe : *Dès que nous sommes unis autour de la table, une main n'a jamais cessé de presser la mienne ou de tirer sur ma robe pour me la faire donner. Etonnée de cette insistance, je demande « Vous m'aimez donc bien? » et, de suite, elle me répond : « Oui » en serrant très distinctement ma main. « Vous ai-je connu? » « Oui. » « Dites-moi, je vous prie, le nom que vous portiez sur terre. » Et par lettres de l'alphabet, elle me répond : « C'est aujourd'hui l'anniversaire de ma mort. » Tout le monde me demande « Qui cela peut-il être? » J'ai répondu « Mon père » et, de suite, la main pressa la mienne avec beaucoup d'affection.* Une seule certitude : l'Impératrice, très influencée par les prévisions depuis son enfance, est sincèrement convaincue de pouvoir entrer en communication avec les disparus. Un soir, Eugénie, accompagnée d'une dame d'honneur partagée entre la curiosité et l'inquiétude, se rend chez M. Hume. Il vit dans un univers étrange, ayant constaté ses pouvoirs d'abord en étant poursuivi par... une chaise. Des coups frappés, d'autres meubles en mouvement, des bruits inexplicables, des lueurs flottantes, rien n'est rationnel chez lui. Et si sa main effleure un accordéon, l'instrument se met à jouer. M. Hume a trié soigneusement les témoins et participants à ces prodiges, l'Impératrice ayant été, on s'en doute, sélectionnée avec une attentive bienveillance. La séance commence, dans une obscurité complice. Si Eugénie pressent une âme communicative, elle va se concentrer sur un guéridon. Elle est très sérieuse; si l'on est distrait, incrédule ou inappliqué, elle s'impatiente. Le charme est rompu. Alors, il est inutile d'insister, Eugénie se lève et part; il faudra reprendre l'expérience quand l'atmosphère sera favorable. A l'occasion, les Tuileries se transforment en salon de magnétisme. Voici le brave Bacciochi soumis aux pouvoirs de M. Hume, que certains appellent docteur. L'Américain fixe le discret chambellan de l'Empereur, un sujet de choix qui, par ailleurs, est le surintendant des spectacles de la Cour, donc un personnage à ménager. Il

donne l'impression d'être endormi par le magnétiseur, trans-
pire, répond d'une voix bizarre aux questions du maître :
   – Vous souffrez ?
   – Oh ! Oui, beaucoup...
   – Où donc ?
   – Au cœur.
   – Où voudriez-vous être ?
L'Impératrice interrompt vivement cet échange :
   – Ne lui posez pas cette question-là. Il dit parfois des
bêtises.
   Pourquoi Eugénie arrête-t-elle cette séance ? Peur d'une
révélation ? Sentiment d'une supercherie ? Crainte du ridicule ? Malaise partagé avec le sujet hypnotisé ? On ne sait.
   Le spiritisme, les tables tournantes et autres phénomènes
fascinants continueront d'attirer des adeptes et de susciter
des vocations pendant une dizaine d'années et s'y mêleront
des professionnels de l'illusion, ayant mis au point des numéros extraordinaires dans la tradition de Robert Houdin, certains prétendant qu'il n'y a aucun effet de magie dans leurs
démonstrations. On verra s'ouvrir, rue de Rivoli (en face des
Tuileries...), au n° 34, la *Maison du magnétisme* où, pour des
prix modérés, on assure la formation de somnambules par
une « voyante, somnambule d'une lucidité supérieure ». On
rapporte à Eugénie le scepticisme d'Edmond About et la
colère de Gustave Flaubert qui enrage dans une lettre :
« Avouez que c'est fort, les tables tournantes. O lumière ! O
progrès ! O humanité ! Et on se moque du Moyen Age, de
l'Antiquité ! (...) Quelle éternelle horloge à bêtises que le
cours des âges ! Les sauvages qui croient dissiper les éclipses
de soleil en tapant sur des chaudrons valent bien les Parisiens
qui pensent faire tourner les tables en appuyant leur petit
doigt sur le petit doigt du voisin », tempête le romancier,
furieux dans son ermitage de Croisset, au bord de la Seine,
cette même année 1853. Au début décembre, le théâtre du
Palais-Royal proposera une revue de circonstance « L'Esprit
frappeur ou les merveilles du jour », cinq actes troussés par
quatre vieux routiers du spectacle. Henri d'Alméras, dans sa
célèbre étude sur la vie parisienne, refuse l'inexplicable alors
qu'Eugénie s'y soumet : « (...) Des esprits frappeurs, il n'y en
avait assurément pas, mais les esprits frappés étaient innombrables, dans les milieux les plus raffinés comme dans les

plus incultes [1]. La croyance, en effet, ignore les frontières sociales.

Aucune boule de cristal, aucun marc de café ne peut prédire l'avenir de la question d'Orient. L'attitude conciliante de la France semblait avoir réglé la querelle des Lieux saints mais le contentieux s'est concentré à l'automne, sur la rivalité entre la Russie et la Turquie. En novembre, après un ultimatum adressé au tsar et resté sans effet, les troupes ottomanes franchissent le Danube et attaquent les unités russes. Une guerre ? Un conflit localisé. Napoléon III, à Compiègne, poursuit sa médiation et veille à calmer l'irritation anglaise. Mais tout s'envenime le 30 novembre, quand une escadre russe détruit la flotte turque à l'ancre dans le port de Sinope, sur la mer Noire. Treize vaisseaux sont coulés. Ce désastre va déboucher, contre toute probabilité, sur un affrontement européen. Première nation à réagir, l'Angleterre, qui s'estime insultée, avait espéré tempérer Nicolas Iᵉʳ, en vain. Napoléon III joue subtilement une partie en deux temps, qu'il explique d'ailleurs à l'Impératrice, entre deux mondanités et futilités.

L'Empereur a d'abord voulu protéger les intérêts des catholiques en Orient et Eugénie le pousse dans ce sens, inquiète de la domination éventuelle de la croix de Saint-André et des orthodoxes sur le Saint-Sépulcre. Ce serait une défaite des Latins en faveur des Slaves et une victoire pour le *tsar de fer*, Nicolas Iᵉʳ, orgueilleux autocrate, qui se croit inspiré par Dieu. Cette phase est celle du prétexte. Napoléon III y est étranger, seulement attaché à la tradition qui attribue à la France le rôle de gardien des Lieux saints pour les catholiques. En un deuxième temps, après l'affaire de Sinope, la victoire russe confirmerait l'esprit du Congrès de Vienne et des traités de 1815 ; or, c'est précisément cet état du monde figé depuis trente-huit ans que l'Empereur des Français entend changer. Le neveu de Napoléon Iᵉʳ va, en somme, utiliser cette situation imprévue et rompre l'équilibre imposé par les vainqueurs de son oncle. L'occasion est, certes, belle bien que risquée et les ministres sont perplexes car les modalités et l'issue de l'engagement ne sont pas claires. Ainsi, pour une question de partage d'influence religieuse, Napoléon III dévoile son ambi-

---

1. Henri d'Alméras, *La Vie parisienne sous...* Six volumes, du Consulat à la Belle Epoque, complétés par Pierre Villoteau, Albin Michel, 1933. Réédition Edito-Service, Genève, Cercle du Bibliophile, 1968.

tion européenne, la politique dite des Nationalités. Dans un ultime effort de conciliation, le 29 janvier 1854, Napoléon III envoie une lettre personnelle au tsar. Nicolas Ier y répond avec hauteur. Sa formule se réfère à la victoire d'Alexandre Ier sur Napoléon Ier : « La Russie se montrera en 1854 ce qu'elle a été en 1812. » La rupture est cinglante. Entre le frère du vainqueur de Napoléon Ier et son neveu, la guerre semble inévitable. L'Autriche demeure neutre, se contentant de sommer le tsar d'évacuer les provinces danubiennes qu'il a envahies, et la Prusse se borne à s'indigner que l'Angleterre, avec laquelle elle a de nombreux liens, se range du côté de l'Empire ottoman, un pays musulman.

Les dépêches, fiévreuses, pleuvent dans les chancelleries ; pour la première fois, le télégraphe électrique intervient dans une crise internationale et la rapidité des messages accroît la tension. Jour et nuit, des préposés guettent la noria des bobines et le crépitement des mots codes. La guerre se rapproche.

Aux Tuileries, la saison des bals d'hiver se poursuit, prévue jusqu'au carême. Un soir, l'Impératrice, enjouée, bavarde beaucoup, rit et agite son éventail avec une dextérité toute espagnole. A l'ambassadeur d'Autriche, elle accorde la première contredanse [1]. Elle lui explique qu'elle aurait trouvé de mauvais goût de paraître à la manière de Marie-Antoinette, comme cela avait été envisagé. Hübner pousse la conversation ; il ne résiste pas au plaisir, un peu pervers, de sonder l'esprit de la souveraine alors que les arsenaux sont en alerte. Il la juge en ne voulant pas être dupe : « (...) Elle était pétillante, je ne dirais pas d'esprit mais de vivacité, de cette vivacité andalouse qui fait un de ses charmes. Nous effleurons toutes sortes de sujets, frivoles ou sérieux et elle revient sans cesse à la question brûlante du jour. Elle est parfaitement au courant des négociations, trop pour ne pas me faire penser qu'elle a appris sa leçon avant de m'entreprendre. Enfin, c'est une manière de faire les affaires comme une autre, mais elle a ses inconvénients et rappelle un peu trop l'Opéra-Comique et certaines comédies de Scribe... » Diplomate de métier, le

---

1. Inventée au XVIIe siècle et venue d'Angleterre comme une danse de la campagne (country dance), elle place les couples face à face, en général par groupes de huit. Le quadrille en est une forme modifiée, très en vogue au XIXe siècle. Ce n'est qu'au début du XXe que le terme de contredanse a signifié un non-respect d'usages puis une contravention aux règles, codifiées, de circulation.

comte de Hübner entend distinguer les amateurs des professionnels de la politique étrangère. Eugénie est une novice mais elle veut savoir et elle est déjà mieux informée que la plupart des jolies femmes de sa Cour. Qu'il est dur de se faire une opinion personnelle !

Peu à peu, la question d'Orient a changé de nom pour s'appeler la guerre. L'Empire ne serait-il donc pas la paix annoncée, promise, affirmée ? Le doute s'éloigne et on sent que la France appuiera l'Angleterre contre la Russie. Eugénie ne cesse d'écrire à sa sœur. Excepté avec les fonctionnaires de l'ambassade d'Espagne, les occasions de parler castillan se font rares, elle en oublie ses mots « (...) car je n'ai l'occasion de le parler qu'avec Pepa et, sans apprendre le français, elle est en train d'oublier sa langue. Je lutte tant que je peux pour ne pas faire comme elle ». Alors l'Impératrice des Français inonde la duchesse d'Albe de pages en espagnol. On y apprend que Napoléon III, absorbé par la situation en mer Noire et enfermé dans son cabinet avec les ministres entre deux dépêches, n'a même plus le temps de déjeuner avec sa femme. Eugénie s'accorde quand même une soirée au Théâtre Italien, dans cette salle où Verdi vient de faire entendre la superbe musique de son *Trouvère*. Eugénie se déplace pour les débuts à Paris de Mme Frezzolini – la Frezzolini ! – qu'elle avait applaudie à Madrid. Hélas, en passant les Pyrénées, la cantatrice a perdu sa voix et elle gesticule, ce qui ne remplace pas le chant devenu un souffle. « Elle me faisait pitié, car, en revanche, on l'entendait respirer dans toute la salle. Tu n'imagines pas ce qu'elle était laide, elle était coiffée comme moi et comme elle a une figure très longue et des narines très grandes, elle avait l'air d'un cheval. Elle est bien enlaidie, la pauvre femme. »

Le carnaval, alors fêté somptueusement aussi bien à Madrid qu'à Paris, déroule ses fastes. Le 18 février, aux Tuileries, un bal costumé rassemble six cents invités. L'Impératrice, affichant une sérénité apaisante et maîtrisant une mélancolie à peine voilée, préside la manifestation costumée en Grecque, sous une avalanche de bijoux. Une gazette madrilène décrira cette toilette pour ses lectrices « de moire antique couleur de canari et, par-dessus, une autre jupe de la même étoffe, mais bleue, relevée de quatre côtés par des nœuds de velours noir, chacun portant un brillant plus gris qu'une peseta. Le plastron était tout en jolis brillants. Et au cou, lui pendait une perle d'une grosseur et d'un éclat extraordinaires ». L'allusion à la Grèce évoque la lutte, récente, des Hellènes contre les Turcs et l'indépendance reconnue, après des combats en Méditerranée, par la Sublime Porte. Dans cette affaire, la France, l'Angleterre et la Russie étaient alliées. Comment se fier aux alliances, faites et défaites sur un mouvement d'humeur et d'opinion ? Les Européens ne cessent de changer d'adversaires et de nouer des ententes ponctuelles, ce qui ne facilite guère l'apprentissage d'Eugénie en diplomatie.

En cet hiver 1854, l'Impératrice se tient de plus en plus au courant des positions officielles, des négociations secrètes de la dernière chance. Elle ne supporterait pas d'être tenue à l'écart et l'Empereur ne le veut pas, au contraire. En revanche, si elle en parle, si elle donne son avis, ses propos sont sans conséquence directe ni effective depuis qu'elle a manifesté son soutien aux catholiques en Orient. A cette époque, elle ne cherche pas à intervenir ; elle se contente de savoir, un peu prise au dépourvu par les développements inattendus de la situation, mais tout le monde l'est. L'opinion publique elle-même, si versatile, se demande comment l'Europe, une fois de plus, est prête à en découdre. De bals en soupers servis après le dernier cotillon, Eugénie mène la danse, passant de futilités puériles (certaines lettres le prouvent largement) à la gravité d'une souveraine dont le nationalisme français est attendu et même espéré. Lors de ces soirées, elle multiplie les entretiens avec les diplomates ; ils l'informent autant qu'elle les renseigne. Il y a tant de fausses nouvelles...

Avec une obstination glacée, Eugénie veille à ce que les usages et le cérémonial soient respectés pour en imposer aux tenants de l'ancienne monarchie. Un chroniqueur note, sévèrement : « L'étiquette, on la voulait d'autant plus stricte qu'elle était de date récente. L'Impératrice y veillait plus jalousement que l'Empereur. Napoléon, avec son air habituel d'indifférence, aurait fermé les yeux sur une infraction au respect de la formule, ou peut-être ne l'aurait-il pas seulement aperçue. Eugénie n'admettait pas d'omission, en un chapitre qui lui tenait essentiellement à cœur par la triple raison qu'elle était femme, espagnole et princesse de fortune. » Le laisser-aller serait désastreux ; si l'Empire doit s'imposer dans la

durée et convaincre sans réticence, sa plus haute représen-
tante ne peut décevoir ou susciter la critique qui, de toute
manière, la guette dans les salons des Tuileries. Eugénie se
surveille, condamne le laxisme des temps républicains où le
désordre était à la mode ; sous son toit, on se tient et dans les
palais officiels, l'Empire, protocolairement autoritaire,
s'amuse en essayant de bannir la vulgarité. Entre les uns, for-
malistes jusqu'à la caricature, et les autres, d'une étourderie
digne des pièces d'Eugène Labiche, la vie officielle tient beaucoup du théâtre. A bien des égards, la dernière Cour de l'histoire de France sera la plus fastueuse. Elle avait été organisée
avec rapidité, comme si Napoléon III, là encore, s'était préparé depuis longtemps. On doit ajouter que les apparitions de
l'Impératrice agissent tel un sortilège.

Même si elle n'est plus dans la fraîcheur de sa première jeunesse, en dépit des fatigues de son accident de grossesse et
d'un rythme soutenu d'activités, elle rayonne d'éclat. Son
regard bleu vif, profond et, dit-on, « enveloppé d'ombres », a
encore la douceur d'une certaine innocence mais, en un instant, il révèle l'énergie. Sa peau est si transparente qu'on
pourrait la comparer à certaines représentations de Marie
Stuart dont on devinait les veines ; ses cheveux ont pris une
teinte que les échotiers ne peuvent plus définir, ni roux, ni
blonds, ni même auburn ; ils ont un reflet qui retient la
lumière et sans doute les soigne-t-elle avec quelque produit
secret dont les Vénitiennes usent derrière leurs fenêtres
gothiques. Ses épaules et ses bras, maintenant bien connus, et
son allure générale élégante font oublier sa taille, moins
grande qu'on l'a cru mais au-dessus de la moyenne de
l'époque et en harmonie avec celle, modeste, de l'Empereur.
Et le buste d'Eugénie, souligné par Mme Palmyre et ses
modistes, allonge sa silhouette ; il arrive même que l'Impératrice, dont l'amour du dessin n'est pas un secret, croque elle-
même l'esquisse d'une robe ou d'une tenue que l'atelier de
Mme Palmyre se charge de confectionner. Ses mains sont
fluettes et ses pieds sont restés ceux d'une adolescente ; son
visage ovale présente, de profil surtout, des lignes ravissantes
rappelant une médaille antique. Selon Mme Carette, sa lectrice, obligatoirement dévouée à l'Impératrice et admirative,
elle présente « (...) de la noblesse avec beaucoup de grâce dans
le maintien, une distinction native, une démarche aisée et

souple ; par-dessus tout, une harmonie complète entre la personne physique et la personne morale : c'était là, je crois, le secret d'un charme incomparable. » Ce témoin insiste beaucoup sur « ce charme tout personnel, un peu étrange même, qui faisait qu'on ne pouvait la comparer à une autre femme ». Dans ce règne largement dominé par la femme, Eugénie ne renvoie à aucune référence et ne peut être en rivalité avec aucun personnage ayant tenu un rang identique. Elle apporte une nouveauté.

Il arrive qu'elle reçoive seule quand l'Empereur est souffrant. Car, alors que deux activités sont conduites dans une agitation croissante, les bals et les préparatifs de guerre, Napoléon III est souvent torturé, assure-t-on, par des rhumatismes et des crises de goutte. On a remarqué combien il fait plus vieux que son âge. Sa résistance physique a été remarquable, aussi bien aux côtés des *carbonari* que dans ses tentatives de complots en France, sa vie en prison, sans oublier son ardeur amoureuse et un tempérament exigeant...

La santé de l'Empereur, qui sera déterminante dans la conduite catastrophique des affaires, est surveillée, dès son avènement, par un homme qui est tout dévoué à Napoléon III, le docteur Henri Conneau. Curieux destin que celui de ce fils de fonctionnaire ; il avait été secrétaire du roi Louis de Hollande et Louis Napoléon l'a associé à sa vie d'aventures. Médecin en Italie, Conneau a soigné la reine Hortense, ce que son fils n'oubliera jamais ; ayant partagé les heures sombres de la prison avec le prince conspirateur, il revient dans la lumière en étant élu député de la Somme à la veille de la restauration impériale et, confident intime de Napoléon III, il est nommé son premier médecin. Cet homme, dont la fidélité est exemplaire, ne semble pas le clinicien le plus éminent de son temps mais les compagnons des mauvais jours ont, bien entendu, une qualité que les autres n'ont pas... et n'auront jamais. Un excellent spécialiste de l'épopée napoléonienne qui était également médecin et historien de la médecine, le docteur Paul Ganière, a longuement étudié le dossier médical de Napoléon III et le suivi assuré par son entourage. Disons-le : la vérité est accablante. « Louis Conneau est assisté dans sa tâche par un certain nombre de praticiens, dont les plus connus sont le professeur Pierre Rayer, avec le titre de médecin ordinaire, le docteur Lucien Corvisart, d'abord médecin par quartier puis adjoint au premier médecin, spécialiste des affections digestives, le docteur Hippolyte Larrey, chirurgien militaire et fils du grand Dominique Larrey, chirurgien de la Grande Armée, Paul Dubois, professeur d'obstétrique à la Faculté et fils de l'ancien accoucheur de l'Impératrice Marie-Louise. De toute évidence, ces trois derniers praticiens, dont la valeur et l'honorabilité ne sauraient être mises en doute, ont dû essentiellement leur nomination au souvenir des fonctions exercées par leurs ascendants auprès du premier Napoléon [1]. » L'Empereur et la France paieront très cher cette reconnaissance et ce prolongement doublement dynastique, touchant et émouvant bien sûr, mais scientifiquement et politiquement désastreux. Si, dès 1852, on parle, officiellement, de l'arthrite dont souffre Louis Napoléon, officieusement une version différente circule en comité très restreint. Un rapport secret, daté du 1er mai 1853 et adressé, curieusement, à Maupas, le préfet de Police qui a joué un rôle difficile à cerner dans le coup d'Etat, souligne que le souverain « était toujours dans un état de maladie et de souffrance ». Les informateurs de Maupas, qui a réorganisé ses services, ajoutent cette terrible nouveauté : « La vessie paraissait être l'organe particulièrement atteint. » Ainsi, tandis que, vraisemblablement, l'Impératrice n'est pas tenue au courant de ce diagnostic médico-policier, c'est un Napoléon III gêné dans sa vie quotidienne qui, le 27 février, envoie, conjointement avec le gouvernement anglais, un ultimatum au tsar. Nicolas Ier, qui n'est pas de nature à se laisser impressionner, n'en prend même pas connaissance. Son dernier mot, il l'a formulé il y a un mois. La parole n'est plus aux diplomates. Cinq jours plus tard, aux Tuileries, on ne danse pas. Dans la salle des maréchaux, l'Empereur préside l'ouverture de la session législative et Eugénie est à ses côtés, une présence fort remarquée. Devant le corps diplomatique et les dignitaires impériaux Napoléon III est soucieux, admettant que la situation est grave. Le danger extérieur est imminent et le souverain confirme son plan « pour défendre le Sultan, maintenir l'influence française en Méditerranée et protéger

1. Conférence du docteur Paul Ganière prononcée à Londres le lundi 23 mai 1988 lors d'un voyage d'étude organisé par le Souvenir Napoléonien et publiée dans le n° 362 de l'excellente revue de cette association, en décembre 1988. Paul Ganière, dont j'appréciais le grand talent de conteur, fut, notamment, l'auteur de *Sainte-Hélène*, Perrin, 1965, grand prix Gobert de l'Académie française.

l'Allemagne contre un voisin trop puissant », en clair la Russie.

Mais les difficultés intérieures se greffent sur cette inquiétude, la dernière récolte de blé étant insuffisante. Eugénie y a fait allusion dans une lettre à Paca : « Amuse-toi bien, ma fille, toi qui le peux. Tu ne peux te figurer combien j'aspire à ce que cet hiver si plein de calamités soit terminé. Dieu veuille que l'été ne nous apporte pas une mauvaise récolte. » Et, plus loin, regrettant de manquer d'argent pour acheter une maison à sa mère pour l'installer lors de ses séjours parisiens : ... *Le choléra est le seul mal que nous n'ayons pas, grâce à Dieu* [1]. *On pense beaucoup à la guerre. Depuis quelques jours, les troupes partent. Tu n'imagines pas quel effet cela produit de penser que beaucoup de ces hommes robustes, pleins de vie, qui partent remplis d'espérance, ne reverront ni leur patrie ni leurs familles. Je t'assure que quand je considère la guerre sous ce point de vue, elle me fait horreur et je regrette chaque soldat comme s'il était mon propre fils. Cependant, je suis contente de la guerre, car au point où sont toutes choses, c'est un bien.* Ces dernières lignes sont en français, puis Eugénie s'excuse d'évoquer cette atmosphère devant sa sœur « que la politique ennuie », mais elle avoue être si soucieuse qu'elle ne peut parler d'autre chose. On comprend que, dans le conflit qui va éclater, l'Impératrice ne voie qu'une motivation positive, la défense des sentiments catholiques en Terre sainte. Le 12 mars, la France et l'Angleterre promettent l'envoi d'une armée au sultan et, parallèlement, afin de dissiper les nuages internes, l'Empereur annonce des mesures de soutien face à la crise du pain cher. Des mesures, telles que la hausse des salaires, la création de la Caisse de la Boulangerie et de sociétés de crédit, figurent parmi les premières avancées sociales du régime [2]. Eugénie est directement associée à ces événements, telle la visite d'un nouvel hôpital pour les enfants du faubourg Saint-Antoine (9 mars) ou le placement, sous sa protection directe, des salles d'asiles de l'enfance (16 mai). Il

---

1. ... Et, plus certainement, aux travaux urgents d'assainissement commandés par Haussmann et dirigés, remarquablement, par Eugène Belgrand, polytechnicien et ingénieur des Ponts et Chaussées, véritable inventeur de l'hydrologie parisienne, qui a capté des sources aux environs et a développé l'eau potable par un réseau de canalisations apportant l'hygiène et des habitudes « modernes »...

2. Il y en a d'autres, par exemple la loi du 1er juin 1853 instituant les Conseils de prud'hommes, juridictions paritaires chargées de régler les litiges du travail, ou la décision impériale du 6 novembre 1853 créant le traitement et les soins gratuits à domicile des indigents de Paris, ancêtre du SAMU social.

y a, chez elle, une prise de conscience qui contraste avec les futilités et autres bêtises domestiques qui émaillent sa correspondance. Les tendances de la mode, les achats de babioles pour la famille, les considérations pessimistes sur les Grands d'Espagne qui « à force de se nuire les uns les autres sont devenus bien petits et ont perdu tout ce qui pourrait les distinguer », cèdent devant la réalité diplomatique – laquelle semble échapper à la duchesse d'Albe aux prises, il est vrai, avec l'agitation espagnole. « Ne parlant que de choses sérieuses », écrit Eugénie en soulignant l'adjectif pour montrer qu'elle est appliquée « je suis devenue sérieuse [souligné] on me donne tant de conseils que je t'en donne par ricochet et tu es bien heureuse encore que je ne te parle pas de la question d'Orient!!! » (encore souligné).

Le 27 mars, le ministre d'Etat donne lecture au Corps législatif de la déclaration de la guerre à la Russie et, deux jours plus tard, Mgr Sibour, l'archevêque de Paris – qui avait marié Napoléon III et Eugénie – lance une prière éminemment politique : « La guerre est une nécessité ; il en sortira assurément quelque bien. » Dans les églises, on prie ; le clergé sollicite les pensées des fidèles pour que le dieu des batailles soit favorable à la France. Eugénie prie. L'opinion est tendue, plutôt favorable à cette expédition que l'on affirme préparée avec sagesse et résolution. L'opposition tonne : l'Empire, c'est la guerre, nous l'avions dit ! Aux Tuileries, le couple impérial reçoit, début avril, le duc de Cambridge, cousin de la reine Victoria, et Lord Raglan, général en chef des armées britanniques ; au total, vingt-cinq mille Anglais et trente mille Français sont en route pour les Dardanelles. Certains s'inquiètent : Napoléon III est bien le neveu de Napoléon Ier, il part en guerre. Le 25 mai, après que le préfet de la Seine eut posé la première pierre de l'église de Belleville, un dîner de soixante-quatre couverts est servi dans la grande galerie de Saint-Cloud. L'Impératrice, qui vient d'apprendre que l'Autriche avait, tout de même, mobilisé des troupes et réitéré sa demande au tsar d'évacuer les fameuses principautés de Moldavie et de Valachie, fait placer l'ambassadeur de François-Joseph à sa droite. L'Impératrice est gaie et parle beaucoup de l'Espagne. C'est un prétexte pour lancer la conversation.

En réalité, les relations entre Napoléon III et l'empereur d'Autriche se sont détériorées, Vienne jugeant défavorablement la position française. Le comte Hübner, qui ne s'attend pas à d'autres propos que des mondanités, avance sur le terrain galant; il l'estime sans risque, ce qui est un tort :

– Mon culte pour vous, madame, augmente chaque jour.

Une véritable déclaration! La réplique est immédiate :

– Mais à votre cour, il diminue. Vous êtes trop aigre...

Eugénie, à propos d'un incident qu'on lui a rapporté, cite le propos d'un ministre autrichien ayant déclaré « il est temps de mettre un terme aux envahissements de la France ». L'ambassadeur n'a pas le temps de répondre, Eugénie enchaînant :

– Vous êtes trop aigre dans les petites choses et nous ne nous entendons pas assez dans les grandes.

C'est dit avec le sourire mais sur un ton grave. Chez la souveraine, il y a des imprévus, des coqs-à-l'âne, du sans-gêne et une susceptibilité chatouilleuse. En fait, chaque jour, l'Impératrice des Français suit d'aussi près que possible ce qui se passe et des notes confidentielles lui sont soumises. Rien ne l'exaspère davantage que lorsqu'on veut la reléguer à un rôle de superbe figurante.

Le 13 juin, les alliés franco-anglais font des propositions au tsar. Comme d'habitude, Nicolas Ier oublie de les lire; ce sera donc une guerre étonnante puisque catholiques et protestants vont défendre le Croissant contre la croix orthodoxe de Saint-André. A l'horizon de la mer Noire, se dessine une presqu'île où va éclater l'orage, la Crimée... Sans l'avoir cherché, Napoléon III a trouvé le ferment de son rêve d'une confédération européenne de pays groupés par affinités; mais le jeu est risqué car les puissances peuvent renouer les coalitions de 1814. L'Empereur, réactionnaire à l'intérieur et libéral à l'extérieur, juge que la Russie est alors la nation dominante. Pour la rabaisser, il a noué avec l'Angleterre – pays qu'il admire en même temps qu'il le craint – une alliance qu'il veut rassurante. La difficulté est que le sultan, Abd ul Medjid, homme intelligent, est faible et usé par les voluptés du harem. Peu importe, l'Empereur des Français tient une revanche à portée de canons. Elle s'étaie aussi, il faut le rappeler, sur une humiliation, Nicolas Ier ayant dédaigné l'arrivée de Napoléon III au pouvoir, et sur la volonté de détruire la Sainte Alliance forgée à Vienne à l'instigation de la Russie qui est le véritable vainqueur de Napoléon Ier. Le sort en est jeté, comme pour le coup d'Etat, et le hasard va jouer un rôle essentiel dans les opérations.

L'Impératrice est de plus préoccupée par la situation espagnole : une nouvelle révolution contre Isabelle II, des soulèvements de garnisons et des coups de mains de généraux. Encore et toujours. S'il est clair que l'Espagne, déchirée, cherche l'appui de la France, il est faux de prétendre que le gouvernement de Napoléon III met de l'huile sur le feu en soutenant la révolte contre la reine, et cela sous l'influence d'Eugénie. Le 18 juillet 1854, la veille de son départ pour le Sud-Ouest, elle écrit à son beau-frère un courrier balayant cette hypothèse et montrant la solidité du couple impérial face aux événements : (...) *J'ai montré ma lettre à l'Empereur et il pense de même : seulement, il ne veut en rien se mêler des événements des autres pays : il est d'opinion que le fou en sait plus chez lui que le sage dans la maison d'autrui. Un homme comme lui, c'est ce qu'il vous faudrait. On dit qu'il n'y a pas de grand homme pour son valet de chambre, à plus forte raison pour sa femme. Eh bien! Moi, de jour en jour je l'admire plus et je vous en désire un autre aussi capable (s'il vous est possible d'en trouver).*

Pour la première fois depuis son mariage, Eugénie retrouve son cher Biarritz. Quel bonheur! Lors de la cérémonie, elle avait reçu de la municipalité biarrote un témoignage enthousiaste : « Adresse à Madame Sa Majesté l'Impératrice. Les bienfaits que votre illustre famille a répandus sur la population souffrante de Biarritz ne s'effaceront jamais du souvenir des pauvres, des malheureux. Ils occuperont toujours la première place dans leurs cœurs reconnaissants. Nous aussi, Madame, nous n'oublierons jamais que toutes les années, vous paraissiez heureuse d'habiter nos rivages et que vous daigniez vous associer aux progrès naissants de notre pays... » Un doux souvenir. Et la joie de retrouver l'eau, un peu froide, mais tonique car les souverains sont très las. En trois jours, ils passent par Bayonne sous les acclamations et gagnent Biarritz, l'Empereur ne conservant qu'une escorte réduite et un télégraphe pour suivre la situation en mer Noire. Pour cette raison, on ne peut parler de vraies vacances mais plutôt d'un entracte revigorant dans les obligations du pouvoir. Ils séjournent dans une grande villa appartenant au maire de Bayonne, M. Jules Labat, appelée le Château Gramont [1]. A peine arrivée en

---

1. Voir le délicieux et précieux travail d'un spécialiste de la Côte basque et de toute la région, le chroniqueur et historien Alexandre de La Cerda, *Napoléon III, Eugénie et la chapelle impériale de Biarritz*, CBR Editions, 1998. Ouvrage publié avec le concours du conseil régional d'Aquitaine.

milieu d'après-midi, Eugénie a grimpé sur la terrasse au sommet de la maison pour voir les côtes d'Espagne et rêver d'une corrida à San Sebastian. L'Empereur, à qui ses médecins ont recommandé la marche à pied, est heureux de se promener avec sa femme. On les reconnaît vite et les habitants acclament ces illustres visiteurs qui les honorent. Eugénie, venue autrefois en bienfaitrice, revient en souveraine; on la surnomme, avec emphase, «l'ange de bonté»; et, comme du temps de sa mère qui en était contrariée, les mendiants et miséreux accourent. Le plus connu est un certain Martin, un pauvre aveugle, surnommé, on ne sait pourquoi, «Oua Oua» dont l'Impératrice se souvient fort bien. C'est une chance pour lui : Eugénie ayant expliqué à son mari qui était ce malheureux, «... Sa Majesté laissa tomber une pluie de pièces blanches, qui toutes ont été achetées à Martin, et furent conservées comme souvenir». En quelques jours, Napoléon III se sent beaucoup mieux et l'Impératrice, arrivée pâle, reprend des forces. Ce séjour leur est si bénéfique que les monarques décident de revenir souvent à Biarritz et d'y faire construire une résidence. Eugénie y avait des souvenirs; elle y a maintenant des projets.

La célébration du 15 août est l'occasion de fêtes inouïes. Pour la troisième fois depuis la restauration impériale, la population parisienne est invitée à de brillantes réjouissances. Mais cette année, l'ambiance est surexcitée; tout y prend une allure patriotique. C'est la fête d'un Empereur qui refuse les prétentions russes. Sur les omnibus et autres voitures publiques, de petits drapeaux tricolores, surmontés d'aigles dorées et encadrés de bouquets fleuris, sont accrochés. Une idée qui sera conservée. En début d'après-midi, les théâtres, qui jouent gratuitement, accueillent vingt mille spectateurs; la grande Rachel elle-même est venue de Bruxelles pour reprendre le rôle d'*Andromaque*. La guerre serait-elle déjà oubliée? Au contraire, elle est présente, aux Champs-Elysées comme sur les Boulevards. En référence directe aux événements, tels qu'ils peuvent être connus, des pantomimes militaires retracent les premiers épisodes. Au Champ-de-Mars, dans un astucieux décor qui utilise les arbres de l'esplanade, la résistance et la digne mort du général ottoman Mussa Pacha deviennent un spectacle. Les déclarations de ce personnage, un aventurier d'origine croate qui a refusé de se

laisser acheter par les Russes, arrachent les bravos des spectateurs. La scène est non seulement réaliste, à la manière de ce
que seront, plus tard, les *actualités* reconstituées par le génial
Méliès pour le cinématographe, mais encore un moyen
d'informations, comme des journaux animés. Il y a, en effet,
moins de quinze jours que l'épisode mis en scène s'est
déroulé à Silistrie, au-delà du Danube. L'union des forces
anglaises et françaises avait obligé le général russe Paskevtich
à lever le siège.

A cinq heures du soir, un immense ballon, portant en
lettres d'or les noms de France, Angleterre et Turquie s'élève
dans le ciel parisien aux cris de « Vive l'Empereur ! » pendant
qu'à l'Hôtel de Ville, drapé et pavoisé dans un mélange des
trois couleurs, d'abeilles et de fleurs, M. et Mme Haussmann
font danser avec deux orchestres militaires de chaque côté de
l'entrée principale. Plus tard, les illuminations électriques
embrasent l'Arc de triomphe et soulignent l'architecture des
Tuileries ; deux mille pièces de feux d'artifice sont tirées,
sans aucun accident malgré une foule dense.

Etonnante Saint-Napoléon... sans Napoléon III, en voyage
dans le Midi où il est acclamé. La mode des spectacles inspirés par la guerre se poursuivra pendant l'été en multipliant
les échecs commerciaux ! Le Danube comme si vous y étiez !
Les œuvres, admirablement médiocres, sont toutes dirigées
contre la Russie, satires politico-administratives à la manière
de Gogol, quelquefois traduites en hâte, montées de la même
manière et disparues à la même vitesse. Il y est largement
question de Cosaques ; leur présence, en 1814, sur les
Champs-Elysés, n'a laissé qu'un seul bon souvenir, le mot
russe *bistro* pour signifier qu'on veut s'alimenter rapidement... A la porte Saint-Martin, *Les Russes peints par eux-
mêmes* n'ont droit qu'à une seule représentation ! Le lendemain, le théâtre programme une autre pièce ayant pour
thème les Chinois. On s'interroge : la France serait-elle aussi
en guerre contre l'Empire de Chine ? « Espérons que ce ne
sont pas des Chinois peints par eux-mêmes », écrit le chroniqueur Auguste Villemot, sans pitié pour les improvisateurs.
Le théâtre des Variétés proposera un *Grand Panorama de la
guerre d'Orient* qui présente l'avantage essentiel d'être une
leçon de géographie.

Une visite officielle chez la reine Victoria

Le 4 septembre 1854 est déjà une date historique, celle du jour où les troupes françaises s'embarquent pour la Crimée. Le 20, une attaque franco-anglaise, commandée par Saint-Arnaud et Lord Raglan, met en déroute l'armée russe de Menchikov, soit près de cinquante mille hommes. L'affrontement se situe sur un fleuve côtier qui se jette dans la mer Noire, l'Alma. Les zouaves, entraînés par Bosquet, le franchissent et se distinguent par une bravoure qui deviendra légendaire [1]. Lorsqu'on parlera de leur courage devant la princesse Mathilde, elle reconnaîtra leurs qualités de soldats, principal atout de ce conflit, mais ajoutera, par un de ces mots lestes qui réjouissent ses hôtes et scandalisent Eugénie :

– C'est entendu, les zouaves ont droit à notre éloge. Mais, voyez-vous, je n'aime pas les hommes qui portent des culottes de zouaves car on ne sait pas ce qu'ils pensent !

A cinq heures du soir, quand les Russes battent en retraite, l'objectif suivant semble à portée de fusil, Sébastopol, un port au fond d'une baie étroite créé par Catherine II. Le 25 septembre, l'Impératrice part pour Boulogne-sur-Mer rejoindre l'Empereur qui y séjourne depuis quinze jours. Il a reçu le roi des Belges, Léopold Ier, le roi de Portugal et le prince Albert, le mari adoré de Victoria. Sa présence au milieu de l'armée française incite Napoléon III à un compliment adressé à la reine : « La présence du digne époux de Votre Majesté au milieu d'un camp français est un fait d'une grande signification politique, puisqu'il prouve l'union intime des deux pays. »

L'Empereur préside de grandes manœuvres réunissant soixante-dix mille hommes. Il est heureux de retrouver sa femme après lui avoir écrit, en plaisantant, qu'elle a tort d'avoir plus confiance dans les tables tournantes qu'en lui-même. Eugénie participe aux mouvements de cavalerie dans ce qu'elle nomme « la petite guerre », épuisante : « (...) J'ai été près de sept heures à cheval, j'ai trouvé que c'était un peu

---

1. Le célèbre Zouave du pont de l'Alma, à Paris, est la statue d'un soldat de cette victoire. Un marbrier, du nom de Louis-André Gody (1833-1896) a servi de modèle au sculpteur Diebolt. Et comme à la bataille de l'Alma, le zouave parisien a les pieds dans l'eau en cas de crue de la Seine. Le pont de l'Alma, construit par Gariel entre 1854 et 1856, sera inauguré le 2 avril 1856, à l'occasion de la remise des drapeaux aux régiments revenus de Crimée. Son budget était, à l'époque, de 1 700 000 francs.

long, n'étant pas montée depuis près d'un an, mais il fallait, une fois commencé, aller jusqu'au bout et comme je voyais les bonnes figures des soldats me regarder en souriant quand je passais, je me sentais dédommagée au-delà de ma fatigue. » Pour se remettre, l'Impératrice se baigne mais avoue qu'elle préfère Biarritz où les travaux de sa maison ont commencé. Il lui tarde de les voir. Dans cette agitation (retour à Saint-Cloud, préparatifs pour Compiègne) l'optimisme né sur l'Alma est brisé par la nouvelle de la mort de Saint-Arnaud, le commandant en chef français qui est emporté par le choléra, alors que le siège de Sébastopol s'organise. Le duc et la duchesse d'Albe arrivent à Paris avec le projet d'acheter ou de faire acheter un hôtel particulier par Eugénie pour leurs séjours. L'Impératrice recommande à sa sœur de visiter sans se faire connaître, pour éviter de faire monter le prix. Après diverses négociations, le choix se portera sur l'ancien hôtel du maréchal Lauriston, aux Champs-Elysées. Les travaux en feront l'hôtel d'Albe [1].

Le 1er octobre, la nouvelle se répand dans Paris que Sébastopol est tombé. C'est faux. Le lendemain, une dépêche, affichée à dessein sur les murs de la Bourse, dément la nouvelle. Déception et inquiétude se succèdent. La Crimée est loin et on redoute un enlisement des opérations à la veille de l'hiver. Le 25, à Balaklava, port d'approvisionnement des Anglais et où pour la première fois dans un conflit sont utilisés des bateaux à vapeur, les Russes prennent l'offensive. L'engagement est terrible ; Lord Cardigan conduit, héroïquement, ses troupes lors de la fameuse *Charge de la brigade légère*. Les Français volent à leur secours, récoltant des *Hurrah!*. La bataille s'achève à la baïonnette. Une boucherie, tellement sanglante que le nom d'abattoir restera dans ce coin de Crimée. Malgré leur infériorité numérique, les Alliés résistent. De même dix jours plus tard à Inkermann où soixante-cinq mille Franco-Anglais tiennent tête à cent mille soldats du tsar. Nicolas Ier n'est pas pour rien le frère d'Alexandre Ier et il compte bien que le général Hiver va paralyser les troupes adverses. Comme pendant la campagne de Russie... La neige, en effet, arrive et Sébastopol est toujours aux mains des Russes. Les Alliés

---

1. Annexé à un hôtel voisin qui avait appartenu à Emile de Girardin, le fondateur du journalisme moderne, et à sa femme Delphine Gay, il se trouvait entre les actuelles rues Quentin-Bauchart et Lincoln. La rue d'Albe, nommée en l'honneur de la sœur d'Eugénie, est devenue la rue Lincoln.

souffrent énormément des conditions climatiques auxquelles s'ajoute une épidémie de choléra. L'opposition exulte, répétant que l'Empire, c'est la défaite. Victor Hugo lance un nouvel avertissement : « L'Empereur commence par 1812. » Cependant, contrairement aux prévisions, les Russes souffrent également de ce bourbier glacé. Fièvres et dysenterie les accablent. Les Alliés s'installent pour l'hiver, certains qu'il ne se passera plus rien de décisif avant la fonte des neiges. Une guerre de tranchées. Déjà...

Le moral des Français est remarquable mais il faut que l'intendance suive. L'Impératrice est confrontée à ces questions vitales. Une expérience lointaine, certes, mais qu'elle ne pourra oublier. Eugénie s'affaire avec le ministère de la Guerre qui fait envoyer soixante mille capotes à capuchons (on les nommera les Criméennes), quinze mille paletots en peau de mouton, des chaussons et des gants de laine. On y joint cent mille ceintures de flanelle qui, selon l'illustre maréchal Bugeaud, sont « la santé du soldat ». Ainsi équipé mais la moustache prise par la glace, le soldat tient. Aucune plainte, aucune désertion. Si, en voici une et qui n'est pas glorieuse : le prince Napoléon, qui s'était bien conduit à l'Alma, envoie une dépêche à l'Empereur, lui expliquant qu'il est très fatigué et doit rester des journées entières à cheval. Il demande à rentrer en France ! Un Napoléon qui abandonne le champ de bataille ? Pas question, répond Napoléon III car une telle défection ferait un effet déplorable. Et, pour encourager le frère de Mathilde, il l'autorise à porter la médaille militaire gagnée à l'Alma. C'est tout mais c'est une leçon, un Bonaparte ne plaisante pas avec la discipline. Le 3 décembre, une maison condamnée à la démolition s'écroule de vétusté près de l'Hôtel de Ville, l'accident fait quatre victimes, quatre femmes. On s'émeut et on parle, pour la première fois, du danger des travaux haussmanniens. Le préfet enquête, établit que l'immeuble, lézardé et vermoulu, aurait dû être évacué. Raison de plus pour agir rapidement car les taudis du centre paraissent sensibles à la moindre brise ; le drame va servir à anticiper les opérations et à reloger les habitants de quartiers en putréfaction.

Le soir même, un télégramme apprend à l'Empereur que François-Joseph, lassé de l'arrogance russe, étudie la possibilité d'une alliance avec la France et l'Angleterre. L'ambassadeur d'Autriche en est tellement heureux que, d'émotion, oubliant tout protocole, il court embrasser Eugénie! Elle en reste abasourdie mais sourit. Or, le diplomate autrichien ne sait pas que l'Impératrice, dont il n'appréciait que le charme sans prendre au sérieux ses considérations politiques, est impliquée dans une action quasi secrète et fort délicate, en liaison avec la guerre de Crimée. De quoi s'agit-il? En résumé, du projet de lever, en Espagne, une sorte de légion étrangère qui viendrait se joindre aux troupes alliées.

Cette idée est d'Eugénie mais procède d'une réaction anglaise. Napoléon III, qui revenait de Saint-Cloud, a révélé à sa femme que Lord Palmerston, le Premier ministre, inquiet de l'immobilisme de la situation à Sébastopol et contraint d'y envoyer des renforts, comptait demander au Piémont d'expédier des troupes, et même à la Suisse, ce qui est plus improbable, ces contingents étant payés par l'Angleterre. On peut observer que cette extension des belligérants alliés correspond exactement à l'analyse faite par la reine Victoria et le prince Albert puisqu'elle écrit : « Le succès en Crimée doit être suivi d'un renforcement des alliances avec les Puissances européennes; sauf à n'obtenir qu'une victoire inutile... Car, supposant même que la Crimée tombe entre nos mains (...) comment la France et l'Angleterre pourraient-elles en finir seules [1]? » Remarque fort pertinente et qui va dans le sens du dessein de Napoléon III : la Crimée n'est pas un engagement lointain pour repousser des frontières géographiques ou agrandir un territoire; c'est une guerre européenne contre des puissances qui gardent sous tutelle des peuples aspirant à se libérer, une bataille pour imposer des idées nouvelles de générosité et de justice; le terrain favori de Napoléon III – tous ses écrits et discours en témoignent – est celui des idées; l'Empereur combat au nom du droit des peuples. Eugénie réagit : pourquoi ne pas recruter des hommes en Espagne où, dit-elle, « les soldats sont sobres et courageux et je ne doute pas qu'ils aient aussi leur rôle auprès des nôtres »? L'Empereur juge l'idée bonne, en parle à Palmerston qui propose de charger Eugénie de faire sonder le gouvernement espagnol, dans le plus grand secret, pour garder à la démarche un caractère officieux. Une mission périlleuse car, d'une part, l'Espagne est

---

1. *Letters of Queen Victoria*, édition en neuf volumes dont trois tomes pour la période 1837-1861, Benson and Esher, Londres, 1907.

encore dans la fièvre du *pronunciamento* progressiste réussi fin juin par le nouvel homme fort, le général Leopoldo O' Donnell et, d'autre part, il faut agir rapidement car l'opinion britannique est bouleversée d'apprendre, par le récit des journaux, les pénibles conditions de cette guerre de taupes pour laquelle, dans le fond, personne n'a été préparé, ni l'armée ni les sujets de Sa Majesté. D'ailleurs, le cabinet de Londres est très divisé et c'est la reine qui, contrairement à la tradition, gouverne au milieu des dissensions de ses ministres ; Victoria envoie elle-même l'infirmière Florence Nightingale organiser des hôpitaux militaires sur place.

Pour contacter le cabinet espagnol, l'Impératrice doit agir sans pouvoir se rendre à Madrid et sans que l'ambassadeur de France soit informé, du moins dans un premier temps. Aussi, Eugénie confie-t-elle ce soin à son beau-frère auprès de O' Donnell. Le duc d'Albe, prénommé Jaime mais qu'elle appelle toujours James lorsqu'elle lui écrit en français, se révèle piètre diplomate. Il échoue d'une façon lamentable. Tout le monde est au courant alors que seul O' Donnell devrait être informé de la proposition. Incapable d'éviter des fuites qui sont exploitées par la presse de Madrid, le duc d'Albe fait capoter la proposition d'un contingent espagnol qui serait envoyé en Crimée. L'ambassadeur de France, le marquis de Turgot, un parent de l'ancien ministre économiste de Louis XVI et lui-même ancien chargé des Affaires étrangères, examine les détails de la proposition anglaise avec le ministère espagnol Or, à cause de la maladresse du duc d'Albe, l'entourage de O' Donnell est braqué contre l'idée, sans doute parce que l'Angleterre entendait dicter sa conduite à l'Espagne. Et c'est un refus de principe, sous un prétexte secondaire, qui est opposé par l'Espagne avant même que l'idée de son engagement militaire ait été réellement suggérée et discutée. Autrement dit, le négociateur choisi – faute de mieux – par l'Impératrice ne parvient qu'à embrouiller la situation et à vexer les Espagnols. Pis : il humilie l'Impératrice, scandalisée que son pays ne soit même pas pressenti pour participer à la guerre de Crimée, et écœurée de son effacement européen. Dans une lettre à son beau-frère, datée du 12 décembre, elle fulmine à chaque mot. Commençant par constater que, sauf erreur de sa part, « il y a dans les destinées de l'Espagne une fatalité qui lui fait repousser ce qui peut lui être utile, pour se jeter à corps perdu dans les bras de ceux qui peuvent la perdre », l'Impératrice précise : « Je ne me mêlerai pas de ses luttes intestines, elles ne me regardent pas, je n'ai des préjugés pour aucun homme et je ne leur donne d'autre valeur qu'en mesure du bonheur qu'ils lui donnent. » De même, on peut noter que, du côté français, c'est-à-dire de son pays officiel, Eugénie ne cherche pas non plus à se mêler de politique intérieure, domaine qui, d'ailleurs, ne la passionne pas. L'étranger la rapproche de son mari – ils forment un couple international – et ses évolutions mondaines lui ont servi de marchepied à des préoccupations diplomatiques. Hélas, inévitablement, la mise au jour du projet d'Eugénie, la révélation par les journalistes d'une opération encore imaginaire, au lieu de mettre l'Espagne révoltée au niveau européen, la tient à l'écart. Et c'est ce qui fait mal à la souveraine qui, entre les lignes, est restée la comtesse de Teba. Elle enrage : (...) *J'étais blessée dans mon amour-propre dans un moment aussi critique, où le plus petit État d'Allemagne vient donner son vote et son avis, de voir l'éloignement de l'Espagne : pas un mot sur elle ni pour elle* [souligné]. *Vous craignez une intervention ? Craignez plutôt le profond oubli dans lequel on vous laisse : vous n'avez plus de voix au chapitre, vous n'êtes plus au deuxième ordre, vous descendez au troisième, car en 1814 même, vous représentiez encore quelque chose.* Jamais l'ancienne fiancée du duc d'Albe n'est apparue aussi dure envers lui et les prétentions madrilènes. Il est clair que l'Espagne perd beaucoup d'honneur en étant oubliée. Quelle erreur, enrage Eugénie, poursuivant : « (...) Vous êtes trop méfiants, vous ne pouvez comprendre que les jours des jalousies sont passés et qu'on est bienveillant parce qu'on ne craint plus rien d'elle. »

Pauvre Espagne qui ne saisit pas l'occasion de revenir sur l'échiquier européen et sombre dans les chamailleries de clans ! Enfin, la sœur de Paca achève sa mise au point par une considération essentielle, le rôle de son influence sur Napoléon III : (...) *Un autre préjugé c'est de croire que par le fait seul qu'il règne un Napoléon en France, un jour ou l'autre la guerre de l'indépendance doit se renouveler : les circonstances ont bien changé et l'Empereur est porté par son affection pour moi vers l'Espagne. Il veut son bien autant que je le désire, mais il faut aussi qu'elle justifie cette préférence qu'il lui donnera dans toutes les occasions où son devoir* [souligné] *ne sera pas contrarié et il ne demande pas même*

*mieux d'être lié lui-même si son concours peut amener celui de
l'Angleterre.* (...) Madrid doit comprendre qu'il n'y aura aucun
favoritisme pour l'Espagne ; cette précaution de l'Impératrice,
alors ignorée, doit être comparée à l'accusation d'avoir soutenu les intérêts espagnols dans le sillage de l'Empire. Conclusion : que le duc d'Albe fasse très attention ! Il ne faut pas
qu'on sache qu'Eugénie a franchi la limite, floue, de son
influence. Si O'Donnel lit cette lettre, qu'il soit seul et qu'il ne
la garde pas, il faut la brûler. Et, surtout, que l'ambassadeur
Turgot, un ancien légitimiste, ne sache rien de la suite de la
manœuvre. Enfin, il est inutile d'envoyer des dépêches
chiffrées, cela ne fait qu'attirer l'attention des décrypteurs ! En
bref, le duc d'Albe est un amateur à qui il faut tout
apprendre !

Ce que l'Espagne n'a pas pressenti, le royaume de Piémont-
Sardaigne le comprend vite grâce à l'intelligence de son
ministre Cavour qui décide, le 10 janvier 1855, l'envoi d'un
contingent de quinze mille hommes en Crimée. C'est d'une
belle adresse politique car, bien entendu, le Piémont-Sardaigne n'a que faire de cette guerre en Crimée mais, en affichant le contraire, il s'attire la reconnaissance des Etats plus
puissants que lui ; à l'heure de la paix, le petit royaume aura
donc le droit de s'asseoir à la table de l'Europe. Ajoutons
– mais ce n'était pas prévu ! – que les soldats du roi Victor-
Emmanuel ne risqueront presque rien puisqu'ils ne se bat-
tront pas... Eugénie soupire... Si seulement l'Espagne pouvait
trouver un autre Cavour ! Malheureusement, le projet est rapidement enterré. L'Impératrice confirme son dépit en écrivant
à son beau-frère, le dimanche 9 janvier, juste avant de se
rendre à la messe, dans la chapelle des Tuileries, au rez-de-
chaussée du pavillon de Marsan. Plus calme, elle le remercie
de ses efforts « ... pour mener à bonne fin une chose qui eût
été peut-être pour le bien de l'Espagne ; mais tant qu'il restera
un Espagnol, c'est impossible : les basses jalousies font toujours échouer les grands moyens de sauver le pays ». La tentative d'Eugénie pour redonner à son pays une dimension
internationale, si elle lui laisse le goût amer de l'échec, a révélé
son désir d'intervenir dans les coulisses de la politique européenne. Elle aura du mal à ne pas récidiver...

Cependant, l'emprunt de cinq cents millions pour couvrir
les dépenses de la guerre connaît un grand succès et Eugénie

est au côté de Napoléon III dans la cour des Tuileries lorsqu'il passe en revue la garde impériale en partance pour rejoindre l'armée d'Orient. L'opinion, qui attend des nouvelles de Sébastopol et une hypothétique amélioration des conditions climatiques, est confiante. Le peuple est soudé aux décisions du souverain ; il veille à participer financièrement à une souscription complémentaire ouverte par les ouvriers d'une usine parisienne qui avaient travaillé une heure de plus pendant douze jours pour envoyer de l'argent aux retranchés de Sébastopol. En secret, Napoléon III et sa femme envisagent de se rendre en Crimée ; les ministres sont partagés sur cette initiative mais en discutent. Occupée à installer l'hôtel Lauriston pour sa mère et sa famille, l'Impératrice est choquée que le prince Napoléon, désobéissant à l'ordre impérial, ait regagné la France à la fin du mois. Quel déplorable exemple ! Un déserteur dans la famille ! *Plon-Plon* reçoit un nouveau surnom, peu glorieux, *Crain-Plomb*... Aussi, quand à l'occasion d'une cérémonie Eugénie côtoie le maréchal Vaillant, ministre de la Guerre qui a succédé à Saint-Arnaud, elle ne peut s'empêcher de faire un mot que n'eût pas désavoué Mathilde :

– Je voudrais bien que le prince Napoléon me donnât son pantalon en échange de mes jupons !

Le maréchal, qui n'a pas non plus apprécié l'attitude de *Crain-Plomb*, réplique :

– Je vais lui donner une armée à commander en Italie, sur le Pô...

Une lézarde dans le patriotisme de l'effort national.

Mais Paris a aussi ses drames : on vient de découvrir, le vendredi 25 janvier, à sept heures trois minutes du matin, le corps d'un homme qui s'est pendu avec un lacet blanc attaché à un croisillon de fer, dans la sinistre ruelle de la Vieille-Lanterne, une des taches de lèpre urbaine que le préfet Haussmann nettoie vigoureusement. Le malheureux s'appelait Gérard Labrunie mais on le connaissait sous son pseudonyme de Gérard de Nerval. Un poète, un prosateur qui avait fréquenté les Romantiques, voyagé en Orient et publié *Les Filles du feu*. Le désespéré portait encore son chapeau sur la tête, détail qui incitera Alexandre Dumas, arrivé rapidement sur les lieux de cette descente aux enfers entre égouts et écuries, à penser que « l'agonie a été douce puisque le chapeau n'est pas tombé ». Nerval est mort à vingt pas d'un garni sordide dont

les services se résument à cette annonce. « On loge à la nuit.
Café à l'eau ». Dans les milieux littéraires, chez la princesse
Mathilde entre autres, cette disparition est un choc [1]. Elle
convainc aussi l'Empereur et le préfet que ces misères cachées
sont une honte. Est-il normal qu'une autre ruelle, voisine et
grasse, s'appelle rue de la Tuerie ? Non, c'est inadmissible,
d'autant plus que Paris va accueillir le monde à son Exposition universelle... si la guerre se termine et se termine bien.
Emu, Napoléon III ordonne que les funérailles de l'écrivain,
le 30 janvier, soient aux frais de l'Etat.

Au bal donné, le 10 février, à l'ambassade ottomane, il est
beaucoup question de la décision prise par la Diète allemande
de préparer l'envoi de troupes, initiative qui tempère une
inquiétude grandissante à Paris car devant Sébastopol, où la
température est de moins dix degrés centigrades, sur quatre
vingt mille Français, près de neuf mille sont hospitalisés. Chevaux et mulets meurent par centaines. Si la situation est plus
que préoccupante en Crimée, son interprétation à Paris
aggrave l'angoisse. La mise en service de lignes télégraphiques
apporte les nouvelles en seulement quelques heures ; elle
entraîne un effet émotionnel jamais vu, inaugurant un phénomène qui ne fera que s'amplifier, avec toutes les déformations
imaginables, la guerre presque en direct. On critique l'immobilisme et le commandement hésitant de Canrobert, qui
semble mal porter son curieux prénom, Certain. Mais on sait
peu, à Paris, que le tsar est très affecté, lui aussi, de cette
guerre de position, interminable, coûteuse en vies et en
matériel.

Le 2 mars, Nicolas Ier meurt brusquement. A Paris, la
Bourse monte ; est-ce la paix ? Non car Alexandre II veut
continuer la politique de son père. Napoléon III étudie les
possibilités de son voyage en Crimée, que l'on tient pour
acquis. Mérimée, qui, en tant que sénateur, avait prêté serment devant l'Empereur, n'est pas devenu muet ni servile
pour autant. Aller en Crimée ? Pure folie ! Il le dit à Eugénie et
le répète à Manuela : « J'ai tâché de lui faire comprendre tous
les dangers que courrait l'Empereur... » il a une réflexion de
type haussmannien : « Je frémis quand je pense à ces rues

1. A l'endroit où est mort Gérard de Nerval – il avait quarante-sept ans –, se trouve aujourd'hui le trou du souffleur du théâtre de la Ville, ex-théâtre Sarah Bernhardt, place du Châtelet.

étroites de Constantinople. D'un autre côté, la présence de
l'Impératrice à Constantinople serait pour les Turcs un scandale effroyable. » A-t-il peur qu'on ne l'enferme dans le harem
de Topkapi ? Décidément, ce voyage doit être annulé.
Diverses rumeurs circulent ; Eugénie prend sa plume et
répond à Paca, le 22 mars : « Je suis obligée de démentir les
deux nouvelles que tu as lues. Je ne suis pas enceinte et je partirai vers le milieu d'avril pour Constantinople. » Personnellement, l'Impératrice est partagée ; comme beaucoup, elle
s'inquiète de voir partir son mari vers la Crimée et tient à être
à ses côtés. A l'inverse des ministres et de hautes personnalités, tel Morny, elle ne met pas en doute les capacités stratégiques et tactiques de l'Empereur. L'opposition et les
bonapartistes, pour une fois unis, critiquent ce projet, rappelant volontiers que Napoléon Ier avait commis la faute de quitter Paris pour Moscou, ce qui avait favorisé la conspiration du
général Malet. D'un autre point de vue, elle sait combien
Napoléon III veut imposer ses idées dans cette crise.

La question essentielle est celle de l'état de l'opinion, réti-
cente et désemparée depuis quelques semaines ; la crise alimentaire est plus grave qu'on le redoutait (farines et pommes
de terre sont interdites d'exportation), le choléra frappe toujours et il a fallu lever cent quarante mille hommes sur la
classe 1854.

Ajoutons un élément qui tient à l'attitude des Alliés. Le
cabinet britannique pense que, si Napoléon III quitte Paris,
les pacifistes retourneront définitivement les esprits : on risque
de parler de paix sans avoir tenté l'offensive du printemps.
Victoria elle-même, si elle souhaite l'arrêt des hostilités, préfère d'abord assister à la chute de Sébastopol puis à l'évacuation de la Crimée, seules conditions d'une paix réelle. Le
calcul paraît logique, séduisant ; mais le gouvernement de Sa
Majesté est affaibli par une cascade de démissions et, en
France aussi, on s'en plaint. On pointe du doigt le rôle de
l'Angleterre qui a entraîné Napoléon III dans ce conflit.
Londres, en fait, n'aurait-il pas agi surtout dans l'intérêt de sa
Couronne ? Et chaque jour, la révélation d'atrocités par la
presse indigne le Parlement de Westminster. L'état-major est
malmené, réagissant mal aux bourrasques, à l'entêtement
russe, au scorbut, à la typhoïde. L'héroïsme de Lord Raglan,
ce vétéran de Waterloo, qui a chargé malgré son handicap,

n'est-il pas celui d'une guerre dépassée [1] ? Ses officiers l'ont entendu, à maintes reprises, parler de l'ennemi en citant « The French » ! Confondre Waterloo et Sébastopol, voilà qui est fâcheux ! Cependant, les diplomates progressent puisque le nouveau tsar, soudain libéral, demande à l'Autriche d'organiser une conférence à Vienne. Le gouvernement de François-Joseph s'attaque aux deux points essentiels, la protection des chrétiens et la neutralité de la mer Noire, proposant la présence, en nombre égal, de navires turcs et russes. Ce dernier compromis, transmis aux chancelleries intéressées, est mal accueilli mais on l'examine.

En attendant que la situation évolue dans la boue glacée de Crimée, c'est de Londres que va venir un profond et imprévisible changement. D'audiences en audiences, la reine Victoria épuise tous les choix de candidats et finit par confier le gouvernement, une nouvelle fois, à Palmerston. A priori, le Premier ministre, démissionné il y a trois ans, a les mêmes défauts que Raglan, il est vieux – soixante et onze ans –, sourd (et pas uniquement quand cela l'arrange !) et à moitié aveugle. Et s'il ne peut se déplacer qu'avec deux cannes, il a conservé son légendaire entêtement. En revanche, il entretient de régulières conversations secrètes avec Napoléon III. Et sa première démarche est de lui écrire, en français, pour le rassurer sur la solidité, la franchise et la loyauté de l'alliance franco-anglaise « qui promet des résultats si avantageux pour toute l'Europe »(!), perspective prématurée, et avoue : « Nous allons mettre un peu d'ordre à notre camp devant Sébastopol. » Il est grand temps ! Aussi, lorsqu'il apprend que Napoléon III veut réellement partir pour la Crimée, l'idée que le neveu de Napoléon Ier puisse conduire des troupes britanniques à la victoire... ou à la défaite l'horrifie. Il est vraisemblable que, s'étant précipité à Buckingham Palace, il insiste auprès de Victoria et la convainc de tout faire pour éviter cette aventure. Au Foreign Office, Lord Clarendon fait savoir que si le souverain français se rendait en Crimée, cela ne ferait que confirmer l'incompétence des généraux anglais, dont beaucoup ne se sont pas battus depuis... quarante ans !

---

1. Lord Raglan, qui a soixante-six ans, avait été grièvement blessé à Waterloo ; on a dû l'amputer du bras droit après la bataille. Véritable gloire nationale et parfait gentleman qu'on ne doit pas déranger à l'heure du thé, il a épousé la fille de Wellington, autre héros britannique. Pour masquer son infirmité, ses tailleurs ont inventé une manche coupée en biais devenue la célèbre « manche Raglan ».

La reine réagit immédiatement, avec sagesse : elle invite Napoléon III et Eugénie en Angleterre. Sans tarder. Adieu la Crimée. Ouf! Le lundi 16 avril 1855, le couple impérial est à bord du *Pélican*, un aviso à vapeur français qui est perdu dans la brume, au large de Douvres. La mer est forte. Arrivé de Windsor la veille, le prince Albert a essayé de sortir du port pour accueillir les visiteurs mais le yacht de la reine a peiné deux heures avant de percer le brouillard. Enfin, le soleil l'emporte mais le bâtiment d'escorte, le *Pétrel*, n'est toujours pas en vue. Napoléon III et Eugénie sont – ils le diront et ne l'oublieront jamais – très émus. Dans le ressac, on perçoit les musiques militaires ; l'orchestre n'a cessé de jouer pour calmer les impatients. Cette visite d'Etat, l'Empereur l'attendait depuis longtemps, à la fois comme une revanche sur ses années maudites et comme la consécration de sa vision européenne, animée par la France et l'Angleterre, dans l'élaboration d'un nouvel ordre mondial. En recevant le prince Albert à Boulogne l'année précédente, Louis Napoléon préparait déjà ce voyage qui, en pratique, a été organisé en quelques jours. Pour Eugénie, mettre le pied sur le sol britannique marque son premier contact avec l'étranger depuis qu'elle est Impératrice. Une jeune Impératrice de vingt-neuf ans qui s'initie, lourdement et secrètement, à la politique et va se trouver face à une reine de trente-six ans, qui règne depuis la moitié de sa vie sur la plus prestigieuse monarchie occidentale et a su s'imposer, au milieu d'hommes, avec une autorité parfois intraitable. Et quel romantisme que sa vie avec son mari qu'elle aime tant au point, souvent, de constituer une monarchie à deux? La visite du couple français doit permettre à l'Empire restauré de se hisser au niveau de son allié en même temps que de consolider son régime. Si, de chaque côté de la Manche, il y a des opinions partagées et des divergences notoires, il y a aussi une immense curiosité mutuelle, à l'image de l'attente populaire.

Quelques feuilles de chou brocardent les visiteurs dans un mauvais français :

L'empereur de France et sa joyeuse épouse
Arrivent en Angleterre, dégagez donc la route...
Il y aura des grenouilles braisées et frites et en ragoût...

Réputé être, comme tout Français, un « mangeur de grenouilles », Napoléon III franchit enfin la coupée, escorté de son Eugénie ravissante en tartan écossais, à la fois en souvenir de sa grand-mère et de la mode, lancée par Victoria, de séjourner en Ecosse, à Balmoral. Mais sous son chapeau, l'Impératrice a pris la couleur de l'inimitable gazon britannique : elle a eu le mal de mer et avance d'un pas mal assuré. Quelle arrivée ! Heureusement, la foule est chaleureuse et les fanfares entraînantes. Ce voyage n'est-il pas incroyable ? Le neveu du plus tenace ennemi qu'ait jamais eu l'Angleterre et qui a réussi à rétablir sa dynastie, est accueilli avec de grands égards ! On croit rêver et, d'ailleurs, le prince Albert, avec un humour calme, a écrit à l'un de ses cousins prussiens : « Quel événement historique ! Je ferai prendre, dans la crypte de la chapelle Saint-George, les précautions nécessaires pour que George III ne se retourne pas dans sa tombe ! » C'était, en effet, prudent. La foule anglaise, sportive, oublieuse du blocus continental décrété par l'oncle, acclame le train spécial qui gagne la gare de Bricklayers' Arms, dans Old Kent Road. La traversée de Londres à pied, jusqu'au nord de Hyde Park vers la gare de Paddington desservant Windsor, est scandée par les vivats. On évite, heureusement, le quartier limitrophe de Maida, du nom d'une défaite napoléonienne en Calabre... On voit même, à certaines fenêtres, des portraits et des bustes du prisonnier de Sainte-Hélène ! Pour arriver à ce prodige, il fallait bien un ennemi aussi inquiétant que le tsar de Russie ! Et puisque Napoléon III ménage les intérêts d'Albion, on le considère avec intérêt.

Un nouveau train spécial conduit la suite française jusqu'à Windsor, principale résidence officielle des souverains britanniques avec Buckingham. Le château, très restauré sous George IV en 1824 dans un médiévalisme bâtard, est paré pour la grande visite. La reine attend ses hôtes, entourée de ses deux enfants aînés, Victoria, une future impératrice d'Allemagne et un futur roi d'Angleterre, Edouard VII. La reine avait connu et estimé Louis-Philippe ; la fin de son règne n'avait pas maintenu l'intensité du contact. L'exil du roi des Français sur le sol britannique puis son décès n'avaient pas davantage ému en Angleterre. Avec Napoléon III, tout est différent et plus intéressant. Dans son journal, la reine écrit : « Je m'avançai et j'embrassai l'Empereur deux fois sur chaque joue après qu'il m'eut baisé la main. J'embrassai ensuite l'Impératrice, très douce, très gracieuse et visiblement très émue. » Dès les premiers instants passés à Windsor, Victoria est sous le charme du charmeur, lequel, on peut le croire, déploie tous ses talents. Presque sur-le-champ, elle est fascinée, littéralement captivée. « Cette épouse modèle, cette matrone féconde, ce prototype de toutes les respectabilités se sent invinciblement attirée vers l'aventurier au passé trouble, à l'uniforme scintillant, aux yeux mi-clos qui, d'une voix sourde mais caressante, lui tient des propos aimables, écoute attentivement Albert, s'intéresse aux enfants et parle avec simplicité de son passé mystérieux », écrit Jacques Chastenet, académicien français auteur de travaux nombreux et autorisés sur le XIXe siècle, en particulier sur le règne de Victoria. Or, l'éblouissement de la souveraine par un Bonaparte est surprenant si l'on se souvient que la reine, fervente orléaniste, a aussi un oncle qui a épousé une fille de Louis-Philippe. Son ralliement à Louis Napoléon était, a priori, peu probable. Compte tenu des enjeux militaires, une entente cordiale eût été concevable mais c'est une entente chaleureuse qui va caractériser ce séjour, premier voyage officiel de l'Empereur hors de ses frontières. La chance l'accompagne puisqu'un télégramme l'attendait à Douvres, l'informant que les canons français avaient commencé l'attaque de Sébastopol. Courtoisement – et Victoria y est sensible –, Napoléon III avait confié cette dépêche au prince qui, d'ailleurs, la conserva... Charme et efficacité : la France brille.

Et l'Impératrice ? Sans être grisée, Victoria juge Eugénie une fort agréable personne, « d'une beauté peu banale » mais qui semble de santé délicate, un peu lasse. La fatigue du voyage ? L'angoisse protocolaire succédant à ses nausées pendant la traversée ? Rien d'extraordinaire si ce n'est qu'Eugénie, intimidée, est aussi contrariée car le bateau qui accompagnait le leur, le *Pétrel*, étant arrivé très en retard, certains bagages de l'Impératrice n'ont pu être transbordés à temps pour le premier dîner de gala à Windsor. Des robes et des bijoux qui manquent, voilà qui est déjà désagréable. Mais, dans les malles, si l'on ose dire, il y avait l'indispensable M. Félix, le coiffeur de Sa Majesté... Consternation dans la suite impériale, il va falloir faire comme si... Comme l'avait été Vatel, M. Félix est victime de la marée. Eugénie se débrouille avec ses dames d'honneur. On comprend mieux que Victoria, après avoir relevé la grâce d'Eugénie, remarque qu'elle est « de toute évidence fort nerveuse ».

De toute évidence aussi, les deux femmes sont très différentes. Victoria est petite, dressant un mètre cinquante d'énergie et d'intelligence ; elle est un peu enveloppée après plusieurs maternités, son teint vire au rouge et elle transpire quand elle s'emporte. Le portrait que Winterhalter a fait d'elle a déjà treize ans – il est accroché dans le salon blanc de Windsor – et, en sus du poids du pouvoir très personnel qu'elle exerce, elle est, en général, mal habillée. Mais elle est reine d'Angleterre, souveraine en titre, et sa personne domine déjà l'époque. Eugénie est plus grande, mince, la crinoline ajoute à son aisance naturelle, ses épaules éblouissantes et son teint d'une blancheur raffinée. Elle n'est impératrice que par mariage et son expérience politique ne dépasse pas l'échelon le plus élémentaire, disputé entre les antiques considérations espagnoles et les problèmes français. Une cousine de Victoria, la duchesse de Cobourg, remarque la simplicité et la gêne d'Eugénie : « Ce n'est ni une impératrice ni une princesse mais juste une jeune femme charmante et comme il faut. » A la cour de Saint-James, l'examen de passage est difficile.

Lors de cette première soirée, Eugénie paraît dans une seyante robe bleue, qui efface son embarras ; il est vrai qu'elle peut porter un paletot de cocher et demeurer élégante. Et un bouquet improvisé de myosotis remplace les bijoux. Tout ce qui manque arrivera le soir ; dans le même bateau, d'ailleurs, se trouvait le préfet Haussmann qui avait rendez-vous avec le lord maire de Londres et les autorités de la grande ville pour examiner d'austères questions de voirie, d'égouts et d'éclairage et emprunter à la si moderne Angleterre certaines de ses réalisations.

Le lendemain, dans la chapelle Saint-George, Victoria honore Napoléon III en le décorant de l'Ordre de la jarretière, ce fameux ruban bleu institué au XIVe siècle, la plus distinguée des décorations dont la devise, non moins célèbre, est « Honni soit qui mal y pense ». Napoléon III devient chevalier de la reine d'Angleterre, après avoir prêté serment de fidélité. Les dignitaires, qui ne sont que vingt-cinq, sont rarement une personnalité étrangère et le dernier monarque français qui en avait bénéficié était Louis XVIII alors en exil. Un bal suit,

donné dans une immense galerie – trente mètres de long sur
quatorze – ordinairement appelée salle Waterloo car on y a
accroché, dans les années 1820, les portraits des vainqueurs
de Napoléon à sa dernière bataille. Finement, le protocole la
rebaptise ce soir salle des peintures, ce qui n'empêche pas que
les tableaux sont restés, y compris celui de Charles X... Dans
son journal, Victoria résume ses impressions sur l'Empereur :
courage indomptable, fermeté inexorable dans les desseins
qu'il a choisis, confiance en soi, persévérance, beaucoup de
réserve, croyance dans les signes et les incidents, contrôle de
soi, douceur, pouvoir de fascination « ... dont on perçoit de
façon très sensible l'effet sur ceux qui apprennent à le
connaître intimement ». Après une longue conversation,
Eugénie a gravi quelques échelons dans la considération de la
reine : « Sa tenue est ce que j'ai vu de plus parfait, si douce, si
gracieuse et bonne, une courtoisie si charmante et en même
temps si modeste et discrète. » Bien que débutante, l'Impératrice marque des points. La journée suivante est consacrée à
un conseil de guerre anglo-français auquel assistent les deux
souverains, Napoléon III n'ayant aucune difficulté à s'exprimer en anglais. Il en ressort que l'Empereur renonce à son
voyage en Crimée, laissant les opérations à des généraux,
même décevants. La discussion a duré quatre heures, le prince
Albert a beaucoup insisté et Victoria a fait de même auprès
d'Eugénie mais Napoléon III a cédé ; le cabinet respire ! Après
trois jours de ce programme, les Français quittent Windsor
par le train royal. Lorsqu'elle entend l'hymne impérial *Partant
pour la Syrie* – dont la musique et les paroles avaient été
composées, dit-on, par la reine Hortense, la mère de Napoléon III –, Victoria est fort émue de cette partition mélancolique et observe qu'Eugénie est également triste de quitter
Windsor.

On pouvait, en effet, penser que George III, enseveli dans la
chapelle comme d'autres monarques, qu'ils soient Plantage-
nêt, Lancastre, Tudor, Stuart ou Hanovre, s'était retourné
dans sa tombe lorsque Victoria et Napoléon III avaient ouvert
le bal ! La reine note encore, au sujet d'Eugénie : « (...) Dans
l'ensemble, je suis enchantée de voir à quel point Albert sympathise avec elle et l'admire car c'est bien rarement que je le
vois ainsi avec une femme, quelle qu'elle soit. » Ainsi, elle
n'est pas seule à avoir été conquis par ses hôtes.

A Londres, les festivités se poursuivent par une réception du lord maire à l'Hôtel de Ville. Discours, compliments, le terrain est glissant quand on sait que Louis Napoléon a connu Miss Howard, qu'il a vécu indigent, proscrit, exilé, n'ayant que ses rêves. Le soir, un spectacle d'opéra est prévu. Au programme, *Fidelio*, l'œuvre remaniée de Beethoven où la liberté et l'amour conjugal sont glorifiés. Venant de Buckingham Palace, où ils résident, l'Empereur et l'Impératrice arrivent pendant le premier entracte et retrouvent le préfet Haussmann. Tout Londres s'est déplacé, certains spectateurs ayant payé cent livres pour voir Victoria, Napoléon III et Eugénie dans la loge royale. Hymnes nationaux, salves d'applaudissements, une véritable lune de miel politico-diplomatique.

Aux chants écoutés debout est ajouté un texte de circonstance, d'une grande élévation :

Daigne, ô Seigneur bénir
L'Empereur et l'Impératrice ;
Abaisse ton regard sur nous.
Et puissions-nous voir à jamais,
Entrelacés par les liens de la Paix,
L'Angleterre et la France alliées
Que Dieu protège la Reine !

Le 20 avril, Victoria découvre que c'est l'anniversaire de l'Empereur. Il a quarante-sept ans. Rien n'a été prévu pour une fête publique. « Il nous sembla que nous ne pouvions faire autrement que de le lui souhaiter en privé », note Victoria. Napoléon III est surpris et reçoit, en cadeau, une boîte de crayons. Le troisième fils de la reine et d'Albert lui offre deux violettes, « la fleur des Bonaparte ». Cette fois, ce sont bien des *violettes impériales*. En repartant pour la France, le 21 avril, l'Empereur signe le livre d'or personnel de Sa Majesté en l'assurant de sa « tendre amitié ». Très émue, au bord des larmes, Victoria regarde partir le couple. Le prince de Galles, futur Edouard VII, pleure aussi. La reine conclut ces cinq jours en écrivant qu'elle a vécu « un rêve, un rêve brillant, réussi, agréable [1] ». Dans les courriers qu'ils échangeront les

---

1. Voir le livre minutieux et très complet de Stanley Weintraub, *Victoria, an Intimate Biography*, Truman Talley books / E.P. Dutton, New York, 1987. Traduction française, *Victoria, une biographie intime*, par Béatrice Vierne, Robert Laffont, collection les Hommes et l'Histoire, 1988.

jours suivants, Napoléon III et Victoria rivaliseront de joie et
de gratitude. La reine semble avoir retrouvé un enthousiasme
presque juvénile que ses soucis et son maintien dissimulaient :
« Nous ne cessons de repasser en revue ces moments et de
parler de ces beaux jours que nous avons eu le bonheur de
passer avec vous et l'Impératrice. » Eugénie peut s'écrouler de
fatigue, elle a été à la hauteur de la situation. L'Empereur
apprécie, tout comme il a apprécié l'attitude de Victoria
envers Eugénie « (...) Votre Majesté m'a aussi bien touché par
ses prévenances délicates envers l'Impératrice car rien ne fait
plus plaisir que de voir la personne qu'on aime devenir l'objet
d'aussi flatteuses attentions. »

Un attentat et une exposition universelle

En Crimée, point de rêve mais un cauchemar. Sébastopol
est bombardé mais résiste toujours. La mésentente entre Lord
Raglan et le général Canrobert aboutit à la démission du
commandant en chef français. L'Empereur l'accepte, Canrobert ayant déployé une incapacité proportionnelle à son
immense désir de bien faire... Eugénie se propose d'adoucir sa
mise à l'écart – tout de même un commandement de corps
d'armée – en lui écrivant ; il a passé des mois épuisants en Crimée, c'est un homme brave et un brave homme. La lettre est
un exemple de duo littéraire constitué par Napoléon III et sa
femme, joliment truffé de fautes de grammaire que l'Empereur laisse exprès (à moins qu'il ne les ait pas toutes décé-
lées !). L'Impératrice est chaleureuse : « (...) J'espère que
bientôt vos aigles brilleront dans les rues de Sébastopol, ce
jour-là seulement nous pourrons oublier tout ce que nous
avons souffert, l'Empereur et moi, loin de cette armée près de
laquelle tous nos vœux nous appelaient et que l'impitoyable
politique nous a empêché d'accomplir... » Le souverain remplace Canrobert par Pélissier mais ces flottements font revenir
chez lui l'idée de son voyage. Il demande même qu'on se prépare à expédier son argenterie et ses cigares ! Pour mieux
suivre les événements, il fait installer un câble télégraphique
sous-marin entre Varna, port sur la mer Noire, et Paris. En
moins de vingt-quatre heures, la réponse à une demande
arrive. Ce progrès, remarquable, a toutefois ses limites car les

discussions stratégiques par dépêches sont laborieuses. La rapidité des informations et leur accumulation entraînent de nouveaux malentendus et plusieurs entretiens écrits sont des ordres impossibles à appliquer sur le terrain. Ne serait-ce pas mieux, tout de même, d'aller sur place? Il y songe sérieusement lorsque le destin s'en mêle, le 28 avril. A cinq heures trente du soir, Napoléon III apparaît à cheval sur les Champs-Elysées et se rend au bois de Boulogne pour juger de ses aménagements. Une promenade quasi quotidienne avec une escorte réduite à l'aide de camp et à l'écuyer de l'Empereur. En principe... A hauteur de l'actuelle rue Balzac, à environ vingt-cinq pas, un homme d'allure paisible porte la main à sa poche; ayant reconnu le souverain, il va sans doute lui remettre une requête... En fait de supplique, il ajuste Napoléon III d'un pistolet et tire. Coup manqué. L'Empereur rit de mépris (« en le regardant en face », dira un témoin admiratif et très écouté, dînant chez Mathilde trois jours après). L'aide de camp interpose son cheval, l'homme l'évite et tire une seconde fois, toujours à côté, ayant été gêné par une voiture. Le destin... Il est désarmé et maîtrisé par un brigadier nommé Alessandri mais qui répond au surnom évocateur de *Bouledogue*. Affecté à la sécurité des résidences officielles mais se trouvant là par hasard, il avait repéré le comportement suspect de l'inconnu. L'Empereur n'a pas cillé, son cheval a fait un léger écart et la foule des passants s'est précipitée, criant « A mort! » et acclamant Louis Napoléon. Ses compagnons sont indemnes, comme lui. Le souverain se contente d'un ordre « Ne le tuez pas! » et reprend sa promenade. Au bois, où elle l'avait précédé de quelques minutes, il retrouve Eugénie. Toujours incroyablement calme, Napoléon III lui lance, gaiement :

– Singulier pays où l'on tire sur les gens comme sur des moineaux!

L'Impératrice pâlit, encore plus qu'à l'accoutumée. Mise au courant de ce qui vient de se passer, bouleversée, elle ne peut retenir ses sanglots. Il semble qu'Eugénie ait eu un pressentiment. En effet, au moment de sortir des Tuileries, Napoléon III avait prié son écuyer de service d'accompagner l'Impératrice. Assez rapidement, elle s'inquiète, l'Empereur ayant pour seule escorte son aide de camp; selon l'usage, celui-ci s'est placé à la gauche de Louis Napoléon. Eugénie

demande à l'écuyer, Edgar Ney, de rejoindre immédiatement
l'Empereur, qu'il retrouve place de la Concorde, sans aucune
protection sur sa droite. L'écuyer se range donc à droite. Or,
c'est sur la droite que l'assassin guettait l'Empereur des
Français ; la prémonition d'Eugénie l'a sauvé. L'attentat a été
commis par un Italien, un ancien compagnon de Garibaldi,
Giovanni Pianori, qui attendait sa victime depuis quatre
heures de l'après-midi, connaissant parfaitement les habitudes et l'itinéraire du souverain [1]. Eugénie est prostrée. Son
mari la rassure. Avec cette détermination qui tient de l'obsession, il pense qu'il « existe des êtres qui sont les instruments
de la providence ; tant que je n'aurai pas rempli ma mission,
je ne serai pas en danger ». Et pour le prouver, à son entourage comme à lui-même, il maintient son programme prévu,
avec Eugénie, le soir même à l'Opéra-Comique. Le couple
est accueilli par une ovation tonitruante, preuve que le terroriste, outre sa maladresse, a mal choisi son moment, la popularité impériale étant soutenue par le triomphe du voyage
anglais. Le lendemain, une forte délégation de sénateurs
vient apporter son réconfort à l'Empereur et le féliciter
d'avoir échappé aux coups du terroriste. L'Impératrice est
très marquée par l'événement. Ainsi, dans l'ombre ou en
pleine lumière, n'importe quand, n'importe où, un ou plusieurs assassins peuvent guetter son mari et le tuer... Un
attentat ! Comme ceux contre Napoléon Ier, contre Louis-
Philippe, contre François-Joseph... Certes, des conspirations
il y en a toujours – son mari est plutôt averti de ces affaires –
et elles sont déjouées à temps. Il y avait eu des alertes, des
menaces, mais Pianori n'est pas une invention ; il voulait tuer
et portait un arsenal de poche. Il visait l'Empereur car, alors
qu'il était Prince-Président, Louis Napoléon avait envoyé des
troupes pour mater l'émeute républicaine contre la papauté.
Un contentieux de six ans... L'affaire Pianori prouve aussi
que le régime ne tient en fait qu'à un homme. S'il disparaît
sans héritier, la restauration impériale sera un échec, tout
s'effondrera, les opposants s'uniront pour abattre les reve-

---

1. Arrêté, il sera jugé le 1er mai, condamné à mort et exécuté le 15. Pianori, alias
Gelino, trente-cinq ans au moment de cet attentat, avait déjà été condamné pour assassinat politique à douze ans de bagne mais s'était évadé au bout de quatre ans. En 1849,
il avait combattu les Français à Rome et s'était réfugié en Angleterre, dans les milieux
d'exilés révolutionnaires. Pour tuer Napoléon III, cause, selon lui, de tous ses malheurs,
il avait trois pistolets, un poignard et un rasoir, celui-ci devant lui permettre de couper
sa barbe noire immédiatement après l'assassinat, en signe de liberté retrouvée...

nants bonapartistes puis se déchireront et le chaos s'installera, encore... Découvrant que son mari est réellement en danger, Eugénie essaie de conserver son calme. Comment fait-il pour se maîtriser ainsi? Parce qu'il a été lui-même *carbonaro* ? Mais il n'était pas un assassin... Avant de se rendre au théâtre, elle a envoyé un télégramme à sa mère qui, ayant un dîner chez elle, en a informé ses invités, insistant sur les mots de sa fille : « Personne n'a été touché. » En deux heures et demie, tout Madrid est au courant. Lorsque Victoria apprend ce qui s'est passé, elle est bouleversée. Il est intéressant de relever ce qu'elle écrit, peu après, au roi des Belges, Léopold Ier, son oncle – qui, jeune, avait participé aux guerres contre Napoléon : « ... J'ai été d'autant plus frappée que nous avions veillé sur lui avec tant d'inquiétude durant sa visite parmi nous. » Un propos qui révèle combien l'Empire est fragile; derrière l'allégresse officielle, l'angoisse officieuse. Le gouvernement anglais avait dû prendre de multiples précautions pour assurer la sécurité du couple français. Les conséquences de l'attentat sont multiples. Politiquement, les partisans de l'Empire sont aussi concernés que les opposants. Les uns et les autres s'accusent de manœuvres et de provocations alors qu'il est établi que Pianori, républicain acharné, a agi seul, même s'il représente l'internationale des anarchistes, en pleine expansion. Diplomatiquement, le projet de Napoléon III est écarté. « Notre voyage en Crimée est abandonné pour le moment car les affaires graves se font à présent à Paris en attendant qu'on aille ailleurs », écrit l'Impératrice à la duchesse d'Albe. Mme de Montijo, qui n'avait pu s'endormir après le télégramme de sa fille, confirme son soulagement : « Ce qui me charme à présent, c'est que le voyage d'Orient ne se fera plus. »

Eugénie apprend à vivre avec la peur pour la dominer. Le 8 mai 1855, elle écrit à sa sœur : *... Grâce à Dieu, le danger est passé, c'est bien vite oublié ou du moins on tâche de ne pas y penser car vivre dans l'inquiétude, ce n'est pas vivre, je t'assure. Enfin, Dieu a si bien protégé l'Empereur cette fois que j'espère qu'il continuera ainsi dans l'avenir. C'est cet espoir qui double mon courage, d'ailleurs, quand on a partagé le danger, on a moins peur.* Désormais, chaque promenade, chaque visite, chaque cérémonie et, bien entendu, chaque voyage officiel sera risqué. La hantise de l'attentat ne quittera plus Eugénie

pendant près de quinze ans. Comme il est inutile de se
lamenter, elle aura, dans sa correspondance, des propos parfois décousus, passant d'un détail d'ameublement pour
l'hôtel de sa sœur à des préoccupations spirituelles. On s'y
perd quelquefois, on s'étonne de ce débit abondant – elle
répond en général le jour même – de ce bric-à-brac d'idées
généreuses, de susceptibilités, de rappels à l'ordre, le tout
pouvant être rédigé dans une mixture hispano-française qui
demande une grande attention. Elle est spontanée, on le sait,
plutôt nerveuse ; mais au-delà de sa boulimie d'activités,
Eugénie est soudée à la crainte du terrorisme. Et, cependant,
ayant su le déroulement du procès de Pianori, l'Impératrice
– il faut le rappeler – demande à son mari sa grâce. La vie
pour l'homme qui a voulu assassiner l'Empereur... La
démarche est bien dans son caractère, elle a horreur des exécutions, fussent-elles prononcées par une justice équitable.
Napoléon III réfléchit, hésite, semble opter pour la clémence.
Mais les ministres, scandalisés, s'y opposent ; l'émotion
populaire a été si forte que Pianori ne peut que monter sur
l'échafaud.

La guillotine tombe le jour même de l'ouverture de l'Exposition universelle. Vive l'Empereur ! Vive l'Empire ! Cette
manifestation est la première du genre en France. On a vu
grand : vingt-quatre mille exposants dont neuf mille cinq
cents Français, quatre-vingt-deux mille mètres carrés de
superficie. Le résultat sera colossal : cinq millions cent
soixante-trois mille visiteurs et tous les records seront battus
autour des Champs-Elysées. Ardent inspirateur de l'Exposition pour que Paris soit le rendez-vous du monde, Napoléon III réunit le prestige national et dynastique, l'exaltation
de l'industrie qui, dans les idées saint-simoniennes, doit
apporter le bonheur, le triomphe du libre-échange afin de
briser le protectionnisme français, et toutes les disciplines
possibles puisque les beaux-arts sont invités, ce qui est nouveau. Dans ce domaine, les chiffres sont éloquents puisque
vingt-huit nations ont envoyé cinq mille tableaux ! Delacroix
en expose trente-cinq, Ingres quarante. Mais Courbet
déclenche une nouvelle polémique à la suite du refus, par le
jury, de ses œuvres, *L'Enterrement à Ornans* et *L'Atelier*. Le
peintre, dont le talent est taxé de « démocrate » (!), se venge
en organisant sa propre exposition dans des baraquements à

part qu'il appelle « Pavillon du réalisme ». Un spectaculaire geste d'indépendance qui va creuser l'opposition entre l'art officiel, académique, et l'art dissident, longtemps refusé puis acclamé. Napoléon III peut être satisfait car, autour de l'Exposition, un vaste mouvement d'affaires est lancé : on n'a jamais vu à Paris tant d'étrangers et de provinciaux rassemblés dans un but purement pacifique et commercial. Cinq cent mille voyageurs prennent d'assaut les hôtels et les chemins de fer, bondés, transportent quatre millions de voyageurs. L'inauguration, le mardi 15 mai, à une heure de l'après-midi, place l'Impératrice à gauche de Napoléon III qui accueille Mathilde à sa droite. Les deux premières dames du régime encadrent l'homme qui croit au triomphe du progrès, au mariage de l'humanisme avec la technique. Selon un témoin, « l'éclatante beauté de l'Impératrice était encore relevée par une toilette d'une incomparable richesse ». Les femmes des fonctionnaires de l'Etat et de la Ville ont été priées, malgré l'horaire, « de ne se rendre à la cérémonie qu'en grande toilette du soir ».

L'Impératrice salue l'Empereur avant de s'asseoir sur son fauteuil adossé à un rideau de velours cramoisi. La visite, détaillée, dure une heure trente bien que des étalages soient encore incomplets, voire vides en raison de retards techniques. Eugénie pose de nombreuses questions, en particulier sur les machines qui aident à la confection des vêtements : elle entend soutenir un artisanat qui deviendra aussi une industrie, la mode. Cent cinquante musiciens enchaînent l'air de la *Reine Hortense* et des morceaux de grands maîtres, Gounod et Berlioz. Le départ sera donné aux accents de la marche finale du *Guillaume Tell* de l'illustre Rossini. L'enthousiasme est sans réserve et *L'Illustration, journal universel*, au titre adéquat, note que la journée sera inoubliable : « C'est la plus grande fête que notre pays ait jamais célébrée en l'honneur du travail. » La délégation russe est absente, défection fermement soulignée par le président de la Commission impériale, le prince Napoléon, à la fin de son discours. Son cousin lui répond brièvement mais ses mots se veulent confiants :

– J'ouvre, avec bonheur, ce temple de la paix qui convie tous les peuples à la concorde.

Est-ce le signe d'une proche fin de conflit en Crimée? A Sébastopol, un mois plus tard, les soldats de Pélissier donnent l'assaut à un bastion, la tour de Malakoff... Il a choisi sa date, le 18 juin, jour du triste anniversaire de Waterloo qu'il souhaite effacer par une victoire en Crimée. Le pari est hélas perdu, les troupes n'ayant attaqué qu'à l'aube alors que, la nuit, elles auraient profité d'un effet de surprise. Le 18 juin reste une date néfaste à la cause impériale et les pertes françaises sont lourdes. Emile Ollivier notera, grinçant : « On s'amusait à Paris pendant qu'on mourait dans les tranchées de Sébastopol. »

S'amuser ? Paris fera beaucoup mieux : depuis trois jours, exactement le 15 juin, le privilège d'ouvrir une salle de spectacles au Carré Marigny a été accordé à un certain Jacques Offenbach [1]. Le demi-frère de l'Empereur, président du Corps législatif qui se divertit à écrire des parodies et des comédies chantées, l'a aidé. Comme d'habitude, *Morny est dans l'affaire.*

Une quinzaine de jours après l'inauguration de la grande fête, Eugénie s'aperçoit qu'elle est enceinte. Un bonheur ombré d'angoisse. Elle va devoir être prudente, se ménager, rayer des obligations qui n'en sont pas ; sa grossesse est prioritaire, l'avenir dynastique est en jeu et, songeant à la nombreuse progéniture de Victoria, elle en a presque un complexe. Les dames d'honneur, informées, guettant des symptômes, ne disent rien ; c'est pourquoi, en ce début d'été, le palais des Tuileries ne bruit que de cette rumeur. Très fatiguée, l'Impératrice, suivant les conseils de ses médecins, part pour Eaux-Bonnes où elle prévoit de rester un mois,

---

1. Le système du privilège, en vigueur de 1806 à 1864, limite le nombre des théâtres à Paris. Offenbach, arrivé de Cologne en 1833 à 14 ans, a mené une existence précaire. Fabuleux musicien, déjà surnommé, en 1838, *le Liszt du violoncelle*, il sera, selon Rossini, *le Mozart des Champs-Elysées.* Une ordonnance du préfet de police lui accorde le droit de donner des spectacles dans une salle de trois cents places, en face des palais de l'Exposition. Il peut proposer des pantomimes, des scènes dialoguées et musicales à trois personnages au maximum pour éviter de concurrencer les scènes lyriques. Ses deux premiers spectacles, le 5 juillet 1855, *Les Deux Aveugles* et *Une nuit blanche*, sont des succès. Fantaisie, bouffonnerie, légèreté et grâce enthousiasment le public. Le 31 août, dans *Le Violoneux*, il révèle au public une débutante qui deviendra célèbre, Hortense Schneider. Son théâtre, provisoire, les *Bouffes-Parisiens* sera transféré, sous le même nom, à son adresse actuelle, affichant le 29 décembre 1855, *Ba-Ta-Clan*, avec quatre personnages, sur un livret de Ludovic Halévy. Le musée d'Orsay a consacré, du 26 mars au 23 juin 1996, une excellente exposition-dossier à Offenbach, avec l'édition d'un catalogue (n° 58) établi et rédigé par Jean-Claude Yon, maître de conférences à l'Université de Versailles-Saint-Quentin en Yvelines, chargé de mission au musée d'Orsay, Laurent Fraison avec la collaboration de Dominique Ghesquière (Réunion des musées nationaux, diffusion le Seuil). Depuis, Jean-Claude Yon a également publié un *Offenbach*, Gallimard, 2000.

observant un repos absolu, une cure de grand air et de calme. Ce répit lui est indispensable car un voyage officiel de la reine Victoria en France est annoncé pour la mi-août. Par superstition, l'Impératrice décide d'attendre cette date pour annoncer son état qui ne pourra plus être dissimulé malgré l'ampleur de certaines tournures. Un enfant, donc, atteste la bonne entente entre cet homme de quarante-sept ans et cette femme de bientôt trente, une différence d'âge qui peut donner des unions bien équilibrées. Est-ce le bonheur complet, l'harmonie parfaite dans le couple?

On peut dire que Napoléon III est très amoureux. D'Eugénie mais pas uniquement d'elle... Et l'Impératrice, qui sera, vraisemblablement, d'une fidélité irréprochable, aime son mari mais avec un tempérament plus tiède. Emile Ollivier n'a pas besoin de se glisser sous les lits ou les canapés confortables pour affirmer que Louis Napoléon est « un torturé de la chair ». Il lui suffit de voir les regards impériaux sur les femmes, et beaucoup sont aussi jolies que disponibles. Quelques indiscrétions complètent la légende, avérée. On parle de garçonnières dans Paris, de chambres aménagées « dans les bas étages des Tuileries », de rendez-vous dans des pavillons où l'on chasse un gibier peu sauvage. En fait, le couple est, physiquement – dans la mesure où l'on peut se prononcer! – déséquilibré. Trop de besoins chez lui, pas assez chez elle. Il a des désirs, fréquents, fulgurants; elle s'en passe, ses sens sont moins exigeants. Et, selon les témoignages les plus fiables, assez rapidement, sa femme a cessé de suffire à Louis Napoléon. Qui est coupable? Personne, sinon la nature. Sur le sujet, il mentira souvent mais il aura une fois – une fois! – une réponse franche à une question franche. La question ne peut être posée que par la princesse Mathilde. Oui, l'Empereur a des maîtresses, certaines régulières, d'autres de simples passades sans conséquences. Et il n'y a qu'à l'astucieuse Mathilde qu'il peut avouer, quand elle l'interroge : « L'Impératrice? Je lui ai été fidèle pendant les six premiers mois mais j'ai besoin de petites distractions. » Six mois, c'était, chez lui, une preuve d'amour. S'il est sincère sur la première partie de sa confession, il ne l'est pas sur la seconde car ses « petites distractions » sont, en réalité, de grands divertissements, des liaisons nombreuses, parfois entre deux audiences ou réunions ministérielles car, et ceci n'empêche nullement cela, il

travaille beaucoup. Napoléon III appartient à cette catégorie
d'hommes que le pouvoir place dans la situation de transformer leurs succès en conquêtes.

Pourtant, malgré les innombrables accrocs à la fidélité
conjugale commis par le souverain aux sens vite échauffés, le
ménage impérial fonctionne plutôt bien. Le mari et la
femme, s'ils ont peu de rapports physiques, forment une
association intime cohérente, faite de complémentarités. Ils
s'aiment bien, ce qui est trop et pas assez. Ils s'entendent
bien, ce qui est un atout considérable. Les heurts viendront
des différences de caractères ; ils seront violents, il y aura des
cris, des crises. A l'exaspération d'Eugénie, Napoléon oppose
la candeur des séducteurs inconscients et lâches, proteste
mollement, puis ne dit rien. Alors, il allume une cigarette, ses
yeux suivant la fumée. Eugénie peut devenir un déluge de
colères, une avalanche de scènes... Il attend que l'orage
passe. Et il passe, car ils sont aussi malheureux l'un sans
l'autre. En résumé, un couple comme des millions d'autres
mais dont l'étalage des humeurs devrait être plus contrôlé,
fonction oblige. L'enfant, que tous deux espèrent avec émotion, incite Eugénie à une réflexion intime, obscure, dans une
lettre à sa sœur, écrite dès son arrivée aux Eaux-Bonnes :
« (...) Figure-toi que les médecins ont dit à l'Empereur que,
heureusement, ils étaient encore à temps, mais si je l'avais
négligé pour plus de temps, jamais je n'aurais eu d'enfants. »
Il est probable qu'Eugénie a été informée qu'elle n'avait plus
beaucoup de chances de tomber enceinte, surtout après sa
fausse-couche. On peut rapprocher ce propos d'une confidence écrite par la comtesse de Montijo à une amie, juste
avant la visite de Victoria, d'où il ressort que Sa Majesté la
reine, rompue aux enfantements, serait particulièrement heureuse de cette grossesse « car elle croit y avoir contribué par
les bons conseils qu'elle a donnés ». Secrets de femmes...

Or, la vie étant perfide, au moment où Eugénie se repose
dans ses chères Pyrénées, plus tôt que d'habitude en raison
de son état, quelques ragots circulent. C'est l'Empereur lui-
même qui en parle ! Un comble ! Le 2 juillet, il prend les
devants, racontant à Eugénie qu'on insinue qu'il s'est installé
à Villeneuve-l'Etang pour être voisin de Miss Howard, son
ancienne favorite, maintenant titrée comtesse de Beauregard.
L'Anglaise ! Encore elle ! Napoléon III proteste, il a vu

quelqu'un d'autre et précise qu'il ne s'amuse guère et que ces insinuations, stupides, lui font de la peine : « (...) On croit donc que je ne t'aime pas ?... Hier, après le dîner, j'ai conduit en bateau au clair de lune une bien ravissante personne; j'espère cependant que tu n'en seras pas jalouse. (...) » L'Empereur ne s'amuse pas, il se distrait. La vérité oblige à préciser que la maîtresse d'autrefois est encore une maîtresse d'aujourd'hui. Bien qu'elle sache que Louis Napoléon est très épris de sa femme, Ann Elizabeth n'a pas renoncé à reconquérir l'homme qu'elle a connu, aimé et soutenu dans l'adversité. Qu'en cette année 1855 Napoléon III achève de la rembourser n'éteint pas la créance sensuelle qu'elle a sur lui. A trente-deux ans, sa beauté étincelle. Tenace, elle se trouve souvent sur le passage de l'Empereur, magnifiquement provocante. Si elle a tout de même quitté Saint-Cloud, le domaine de Beauregard où elle réside n'est qu'à La-Celle-Saint-Cloud; voisine du parc, elle s'est lancée dans de vastes travaux et ses terres s'étendent sur deux cents hectares. Miss Howard, qui fait tout pour se faire remarquer, reste une liaison qu'on pourrait qualifier d'intérimaire même si, en ce soir d'été où l'Empereur joue les rameurs romantiques, elle n'est pas coupable. Des Pyrénées où le temps est exécrable, Eugénie écrit à Paca : « (...) Tu ne vois pas celui que nous avons ici : il pleut sans cesse et nous commençons à être inquiets sur les récoltes; ce serait pourtant affreux. Une seconde année mauvaise serait bien à craindre, tu ne peux te figurer combien toutes ces choses sont tourmentantes. » Entre la pluie, l'idée fixe craintive de sa grossesse menée à terme, les nouvelles de Turquie où « rien n'est commencé, tout va bien lentement mais il vaut mieux ainsi car le premier coup doit être sûr », les soupçons sur son mari et des recettes miraculeuses pour rajeunir de dix ans en une seule cure (!), l'Impératrice déprime. Elle ferme sa lettre avec ces mots : « Je suis d'une humeur noire et je ne veux pas te la communiquer et je te quitte. » Une petite brouille avec l'Empereur, l'ennui implacable des villes d'eaux sous les trombes ne fortifient pas le moral.

La duchesse d'Albe et leur mère arrivent à Paris, s'installent dans l'hôtel acheté et transformé sur les Champs-Elysées et visitent ainsi l'Exposition à plusieurs reprises. Toutes ces machines, quel spectacle! La comtesse de Mon-

tijo redevient parisienne avec fierté : sa fille, l'Impératrice, est
« grosse de deux mois » et, bien entendu, c'est un secret
« Mais n'en parlez à personne », ose-t-elle écrire à une amie,
mère d'un ancien amoureux d'Eugénie. La diffusion de la
nouvelle est encore mieux assurée que par le télégraphe, installé entre Paris et Madrid depuis moins d'un an. Manuela et
Eugénie partagent la même peur, cette visite de Victoria et
son programme infernal ; il y a au moins deux jours où elle
n'aura pas un instant de repos. Une vraie folie. Aucun risque
ne doit être pris, les médecins l'ont dit ; rester debout des
heures est particulièrement déconseillé. Mais Eugénie veut
tenir son rang, la reine lui a manifesté une si exquise sympathie qu'elle sent une alliée, presque une amie, chez ce petit
bout de femme qui tient tête aux hommes.

16 août. A Sébastopol, l'armée russe tente un ultime effort
pour dégager la place qui n'était plus approvisionnée, les
Alliés ayant détruit ses magasins de réserves. Les troupes
françaises, qui tiennent le passage du fleuve Tchernaya,
mettent en déroute soixante mille Russes qui devaient libérer
Sébastopol. Une lettre est interceptée : le tsar considère, en
secret, que Sébastopol est perdu. L'espoir revient à Paris et à
Londres, il faut en finir... Napoléon III vient de décider que
les sommes prévues pour la Saint-Napoléon seront affectées
au secours des familles de soldats de l'armée d'Orient.

Ce même 16 août, dans l'atmosphère d'une situation favorable en Crimée, la reine Victoria et le prince Albert arrivent
à Paris. Un événement en soi, aucun monarque anglais n'y
étant venu depuis... Henri VI, c'est-à-dire en 1431, dans le
contexte sanglant de la guerre de Cent Ans. A oublier
d'urgence. Napoléon III s'est rendu à Boulogne pour accueillir ses hôtes, sans Eugénie, qui se ménage. A sa descente du
train royal, une dame d'honneur, Mary Ponsonby, est stupéfaite des transformations de la capitale. L'Empereur et le préfet Haussmann ont réussi une époustouflante mise en scène.
La voûte en fer de la gare de Strasbourg est décorée, illumi-
née [1]. On dirait un immense théâtre où se pressent des milliers de personnes. « Le sol de la gare était couvert d'épais

---

1. Logiquement, le train royal aurait dû arriver gare du Nord. Mais la première de ce
nom, trop exiguë et insuffisante pour absorber un trafic de plus en plus dense, est en
travaux. Par raccordement via Creil, la rame est dirigée sur la gare de Strasbourg, future
gare de l'Est. L'actuelle gare du Nord, due au remarquable architecte Hittorf, sera mise
en service en 1864 mais seulement achevée en 1865.

velours rouge, des portières de même velours, bordées d'une frange d'or, pendaient des immenses arcades », raconte la suivante de la reine. Seule fausse note : les bagages ont disparu ! Décidément, les voyages officiels ont des défaillances répétitives et vexantes... Pendant que la foule, estimée à huit cent mille personnes, ovationne les visiteurs en début de soirée, on s'active enfin au Louvre où M. de Nieuwerkerke a été réticent à prêter des œuvres des musées nationaux pour décorer les appartements des Tuileries réservés aux hôtes de la France. Pourquoi cette mauvaise humeur ? On ne sait, mais il a mis du temps à obtempérer aux ordres de l'Impératrice qui a encore dans les yeux les trésors de Windsor. Heureusement, le train officiel a deux heures de retard.

Les Goncourt, souvent aussi venimeux que Viel-Castel dans leur *Journal*, se réjouissent de ces frictions ; ils signalent que Victoria, ayant soigneusement préparé sa visite, s'était informée des tableaux qu'elle pourrait voir au Louvre. Aussi, arrivant aux Tuileries, se serait-elle étonnée d'y voir une œuvre habituellement exposée dans le salon carré du musée. Et, accompagnée d'Eugénie pour visiter le Louvre, elle aurait découvert, sans broncher, avec l'Impératrice, elle même fort embarrassée, des écriteaux faussement laconiques à la place des tableaux habituels « Enlevé par ordre spécial et transporté momentanément aux Tuileries ». Les rapports entre la femme de Napoléon III et l'amant de sa cousine ne vont pas vers la détente ! Pendant neuf jours, Paris vit amplement à l'heure britannique. Des centaines de milliers de personnes, dont beaucoup d'étrangers – une tour de Babel, selon Théophile Gautier – se déplacent pour suivre le cortège, non sans mal entre les travaux haussmanniens et la cohue de l'Exposition. Retenons quelques temps forts. Il y a le baptême de la nouvelle rue conduisant à l'Hôtel de Ville. Le préfet aimerait qu'on lui donne le nom d'avenue Victoria. La reine est flattée et acquiesce « si l'Empereur le permet et il donna aussitôt son cordial assentiment », note la dédicataire. Les journalistes qui accompagnent la souveraine font un compliment à Haussmann, en l'assurant que sa ville sent bon ! Un autre moment exceptionnel est la visite aux Invalides, théâtrale et insolite. « Etrange, note le prince Albert qui savoure l'originalité de ces instants, nous allâmes en uniforme, à la lueur des torches, avec l'Empereur et le prince Napoléon, au tombeau du premier Napoléon, tandis que l'orgue des Invalides jouait le *God save the Queen* »! Un peu plus de quarante ans après Waterloo, la France montre qu'elle a changé d'ennemi héréditaire. On ne saura que plus tard l'impression esthétique de Victoria sur le tombeau du grand Empereur : certes, elle l'a trouvé beau mais... « qu'il ressemblait à une piscine »! Quelques journaux d'outre-Manche, comme le *Morning Post* du 20 août, sont plus que réservés : « Cet hommage adressé à une reine dont les droits au trône sont fondés sur l'hérédité consacre l'élévation de ce parvenu. »

Au Trianon, Eugénie, qui a mis Victoria dans le relatif secret de sa grossesse, resplendit dans des nuées de dentelles de Valenciennes, une simple rose fixée dans ses cheveux. A la confusion des demoiselles d'honneur de Victoria, cette dernière paraît dans une robe lilas démodée, recouverte d'une capote. Mais quelle dignité! Et quel savoir-faire : pour se rendre à Saint-Cloud, Victoria renonce au carrosse de gala fermé, sachant que les Parisiens veulent la voir; elle choisit une voiture découverte et fait allumer ses lanternes à l'intérieur; l'intention est fort appréciée. A Versailles, le feu d'artifice parvient à reconstituer, en millions d'étincelles, le château de Windsor. A l'Opéra-Comique, le programme est trop chargé. Eugénie manque d'air, il fait beau et chaud. Composé d'extraits d'œuvres françaises, il se continue par « un long, trop long, ballet en trois actes », ponctué de l'hymne britannique chanté avec plus de ferveur qu'en Angleterre.

On signale que la comtesse de Montijo et la duchesse d'Albe ont été bousculées, « plusieurs fois pressées et froissées comme de simples mortelles », ce qui ne peine l'Empereur que modérément, à la mesure de son plaisir de voir sa belle-mère et sa belle-sœur tenter de s'intégrer à la Cour, le temps de leur séjour. Pour se détendre, au grand amusement de Victoria et d'Eugénie, Napoléon III et le prince Albert entonnent, aux Tuileries « toutes sortes de vieilles chansons allemandes ». Si les deux femmes ont appris à se mieux connaître, la maternité étant un délicieux sujet de conversation, Victoria, quittant Paris le 27 août, note son affection grandissante pour l'Empereur, confirmée par Lord Clarendon, ancien ami intime de la comtesse de Montijo et en charge du Foreign Office, qui accompagne le couple royal.

Le ministre parle même d'une « cour pressante » faite par Napoléon III mais « honni soit qui mal y pense » ! Peu d'hommes auront le privilège d'émouvoir Victoria, qui avoue avoir envie de se confier à lui et de lui parler sans réserve. « (...) Je me suis sentie – je ne sais comment exprimer cela – en sécurité avec lui... J'aime son visage. Il possède indéniablement une faculté extraordinaire de s'attacher les gens ! » Eugénie, épuisée, le sait trop bien : son mari a un charme ravageur. L'entente cordiale passera par une entente personnelle. Dès le surlendemain, Victoria, adresse, en français, une exquise lettre à l'Impératrice : « (...) Mes pensées sont beaucoup auprès de vous et je ne cesserai de former des vœux pour que votre chère santé se fortifie et que vos espérances se réalisent. Souvenez-vous de mes conseils, je vous prie, et ne vous affaiblissez pas trop. Surtout, sortez autant que vous pouvez à l'air, sans vous fatiguer. » La reine est d'ailleurs une des rares hautes personnalités instruites de l'état d'Eugénie. Epouse féconde, elle s'en réjouit, elle qui avait noté, attendrie, dans son Journal : « Ils font tout ce qu'ils peuvent pour avoir un enfant. » Et, de femme à femme, elle suggère à l'Impératrice si inquiète de consulter son gynécologue, Sir Charles Locock.

De l'air, du repos ? Eugénie part pour Biarritz. Sa villa, commencée l'été précédent, est achevée depuis le 28 juillet. Deux cents ouvriers ont élevé la vaste maison de couleur rouge ornée de chaînages de pierre blanche. Face à l'océan, la vue est splendide. Cette villa, la villa Eugénie, est celle d'une souveraine mais davantage celle d'une femme. Elle s'y sent chez elle et ce sentiment ira grandissant. Elle s'attachera à la décoration et au confort. péristyle, grand escalier, salle d'attente des gardes conduiront vers un salon dit de famille, intime. On installera des fauteuils Pompadour, une cheminée en marbre Louis XV, des porcelaines de Sèvres de teinte blanche à filet d'or. Au premier étage, l'Impératrice aura sa chambre embrassant un paysage de rêve, le village en échelons, les drapés de sable des Landes et les côtes espagnoles [1].

En Crimée, les opérations atteignent le paroxysme du bombardement. A Sébastopol, c'est l'enfer du 5 au 7 sep-

---

1. La villa Eugénie, encore appelée château de Biarritz ou de l'Empereur, sera transformée en 1893 en hôtel et appelé le palais Biarritz. Détruit par un incendie le 2 février 1903, il sera reconstruit et rehaussé pour devenir le prestigieux hôtel du Palais-Villa Eugénie, situé, comme il se doit, avenue de l'Impératrice...

tembre; le 8, par quatre accès, les Alliés réattaquent la tour
de Malakoff avec succès. On avertit Mac-Mahon que la
redoute est minée mais peu lui importe : il y est, il y reste. Le
10, Français et Anglais entrent dans Sébastopol. Le siège a
duré trois cent cinquante jours, la guerre a été meurtrière,
elle a révélé de graves lacunes de commandement et d'organisation mais elle est gagnée. Les dépêches parlent de paix,
l'opinion et les milieux économiques aussi. Napoléon III
peut être satisfait, son obstination a fait céder la Russie. Une
tardive revanche...

La Castiglione entre en scène

Le même jour, en contrepoint de l'euphorie générale d'une
victoire tant attendue qui rehausse le prestige de l'Empereur,
sa popularité et son autorité, un nouvel attentat vise Napoléon III. Au moment où il descend de voiture pour gagner le
Théâtre Italien, un huissier, nommé Delmarre, tire sur lui
deux coups de pistolet, sans l'atteindre.

L'Impératrice est proche du malaise. L'agression est due à
un Français, ce qui est une exception. Curieusement, elle est
souvent oubliée alors qu'Eugénie, enceinte de trois mois, est
à un moment critique et que le choc aurait pu avoir les pires
conséquences.

Flegmatique, sûr d'être sous la protection divine, l'Empereur fait célébrer, trois jours plus tard, un *Te Deum* à Notre-
Dame, en action de grâces après la chute de Sébastopol, et
l'Opéra-Comique offre une représentation gratuite où l'on
chante la cantate d'Adolphe Adam intitulée *Victoire* !
Lorsque, fin septembre, les premiers soldats reviennent de
Crimée, accueillis en héros par la foule qui jette, depuis les
maisons, des bouquets de fleurs, le régime sort grandi.
L'Empereur, général en chef par télégraphe, est à cheval en
tête des troupes. Finalement, il a vu juste. Maxime Du
Camp note que la griserie est contagieuse, « très populaire
chez nous où les âmes sont volontiers émues par la gloriole ».
En revanche, M. Thiers, de fort mauvaise humeur, souligne
que les opérations ont coûté au moins soixante mille morts,
essentiellement de froid et de maladies, que ce Bonaparte est
bien le neveu de son oncle et que cet insolent a de la chance.

« Napoléon III n'est qu'un aventurier heureux », lance-t-il à son entourage et, visiblement, il le regrette. D'ailleurs, en Crimée, on continue à se battre ; la Russie ne dit rien mais elle entendra tôt ou tard un langage de paix.

En l'attendant, le bonheur patriotique français est complété par le développement de la grossesse d'Eugénie, annoncée officiellement en octobre. A partir de cette date et jusqu'à sa délivrance, Eugénie n'est plus placée à table face à son mari, pour partager la présidence, mais à sa droite ; c'est un usage de l'Ancien Régime, un signe de protection affectueuse. La remise à la mode de cette vieille coutume fait un peu sourire faubourg Saint-Germain, moins chez le prince Napoléon, aigri par la perspective d'un héritier qui le supplanterait. Eugénie demeure prudente, remplaçant les bains chauds par des ablutions froides et supprimant le cheval. A Saint-Cloud, elle se promène au calme ; la mode des crinolines est accommodante mais il faut commencer à lui desserrer la taille ; avec la mauvaise saison, l'embonpoint sera dissimulé.

Le 22 novembre, après la clôture de l'Exposition, arrivent à Paris les représentants d'une puissance qui avait eu le flair de se joindre aux adversaires de la Russie, le royaume de Piémont-Sardaigne. Ils incarnent une grande part du destin de l'Europe et du rêve de Napoléon III, un mondialiste qui croit à l'union des peuples. Le roi Victor-Emmanuel II est accompagné de son Premier ministre Cavour. Autant Cavour, tout en rondeur, en finesse et en intelligence est un très habile politique, autant le souverain est un personnage extravagant, affublé de moustaches démesurées, pointilleux sur le protocole, d'une vulgarité et d'une lourdeur regrettables. Un sous-officier serait plus digne que lui, selon les échotiers, mais il a accordé une constitution à son peuple et elle est appliquée, ce qui le rend populaire. Et, rusé, il a su confier les affaires du gouvernement à Cavour depuis trois ans, avec le plus grand profit. Cavour est myope mais il voit loin, il est petit mais il rêve d'une grande Italie, il n'a pas l'air d'un condotierre car sa volonté dépasse son courage. Pour accueillir ses hôtes qui arrivent par Lyon, Napoléon III se fait représenter par son cousin. Le roi en est vexé, on le reçoit mal. Comme il a aussi la réputation d'être un homme à femmes, Eugénie est dispensée de paraître à l'Opéra. Déjà,

Victor Emmanuel n'a pas remarqué que l'Impératrice était enceinte de cinq mois mais, en plus, il s'est permis quelque compliment graveleux d'un effet déplorable. Le Roi Galant Homme, comme on le surnomme à Turin, est exécuté par Viel-Castel : « Il fréquente beaucoup les filles et paraît fort disposé à traiter cavalièrement toutes les femmes (...) » On en a un exemple lors de cette soirée égayée d'un ballet. Sa Majesté a l'œil rougi par la lorgnette qu'il ne quitte pas et lui permet d'apprécier le talent d'une danseuse. Elle est vraiment charmante. Quel corps délicieux ! Soudain, il s'adresse à Napoléon III :

– Combien me coûterait cette jolie fille ?

L'Empereur sourit et ne sait que répondre. Il n'a pas l'habitude de payer pour aimer. Il s'adresse donc à Bacciochi, certainement au courant de ce genre de tarifs. Le premier chambellan n'hésite pas :

– Sire, pour Votre Majesté, ce serait cinq mille francs.

– Que c'est cher !

En plus, le roi est avare ! Réprimant un éclat de rire, Napoléon III rassure son hôte, le divertissement sera aux frais de l'Empereur des Français. Il est probable que l'Impératrice n'est pas instruite de ce cadeau. Or, si le roi de Piémont-Sardaigne est émoustillé par une danseuse, l'influence des événements et des idées en Italie poussera Napoléon III à s'intéresser à une fort jolie femme, la comtesse de Castiglione. Cavour ne croit pas à la formule selon laquelle « l'Italie se fera d'elle-même » et il a raison. Il faudra, pour parvenir à son unité, l'aide de la France, le soutien de Napoléon III et les charmes de la Castiglione. Le Roi Galant va, très vite, rembourser l'Empereur avec une monnaie d'échange non dépréciée.

1856. Une année de fastes, de bonheur et, surtout, de paix retrouvée commence par la décision du tsar Alexandre II : le 16 janvier, il accepte la neutralité de la mer Noire. La Bourse de Paris a confiance : la rente bondit de cinq francs. L'armée française ayant joué un rôle prépondérant dans la victoire sur la Russie, il est décidé que la conférence de la paix se tiendra à Paris. Quelle revanche ! Un Congrès de Paris qui, tel le Congrès de Vienne, va réorganiser une partie du monde ; l'adversaire vaincu n'est plus la France mais la Russie qui a signé un protocole de principe, le 1er février. Il faut reconnaître que, jusqu'à cette acceptation, Napoléon III est soucieux, comme l'Impératrice, ayant la même analyse de la situation :

– Nous ne pouvons pas avoir l'air d'avoir besoin de la paix...

Elle est pourtant urgente car le conflit est coûteux et l'Empire, qui a su partir en guerre sur le terrain oriental, doit montrer ses capacités pacifiques face à l'Angleterre, à l'Autriche, à la Turquie, à la Russie et au Piémont-Sardaigne. Les négociations, prévues à la fin de février, seront présidées par Waleswski, devenu ministre des Affaires étrangères. Encore une revanche dans la revanche, le fils naturel de Napoléon Ier dirigeant les travaux du Congrès voulu par Napoléon III... Eugénie se prépare à une double tâche, des apparitions publiques à la fin du mois pour honorer les plénipotentiaires, même brièvement, et mettre au monde son enfant le mois suivant. Pour sa première mission, elle précise : *On doit toujours accepter les charges des avantages qu'on a (...) nous sommes bien obligés de donner des dîners sans fin, des réceptions où il faut rester trois ou quatre heures debout, cherchant un mot à dire à tout le monde. (...) La morale de tout ceci est qu'on doit s'estimer heureux dans toutes les positions, qui ont toujours un bon et un mauvais côté...* Voilà pour le principe des mondanités obligatoires, qui font partie de sa fonction. En pratique, dans son état – elle est au huitième mois – les belles résolutions s'évanouissent. Le 14 février, dans un courrier à Paca, elle avoue : *(...) J'ai été un peu souffrante ces jours-ci. Sans doute, je m'étais trop fatiguée dans ces derniers temps et à présent, je commence à être un peu lourde. Ça me fait rire de voir ma taille, mais je ne m'arrange encore pas trop mal et, le soir, jusqu'à il y a seulement quinze jours, on ne voyait rien de nouveau. A présent, je vais être obligée de faire des frais pour les plénipotentiaires et je crains que les dîners et les concerts ne me fassent pas trop de bien, surtout quand il me manque seulement un mois pour en finir. C'est bien ennuyeux d'être toujours en public et n'avoir jamais le droit d'être malade, quand, malheureusement, on est assujetti aux mêmes maladies que tout le monde.*

Trois jours plus tard, le 17 février, un bal, fameux dans les annales du Second Empire, est donné au ministère des Affaires étrangères par la comtesse Walewska, l'épouse du ministre. La maîtresse de maison, ravissante et que l'on dit

d'une vertu vacillante, a déjà beaucoup contribué à relancer
les mondanités mal aimées de Louis-Philippe et ses soirées
n'ont rien à envier à celles des Tuileries. Elle raffole des
déguisements et les siens sont toujours remarqués. Or, ce
soir-là, son accoutrement est dépassé par celui d'une autre
très jolie femme, habillée en dame de cœur. L'Empereur est
vêtu d'un domino. L'Impératrice, qui a fait l'effort de venir,
observe la dame qui porte un cœur à un endroit plus intime
que de coutume. Elle a ce mot :

– Le cœur est un peu bas !

Effectivement, il est... à sa place puisque c'est celui de la
comtesse de Castiglione. Une femme galante de plus ?
Mieux : un véritable agent secret des intérêts italiens envoyée
en mission politique auprès de Napoléon III. Il y a beaucoup
de choses à dire sur elle, qui sera, sans doute, la plus célèbre
des femmes ayant eu les faveurs de l'Empereur. En raison
des ordres qui lui ont été donnés et de la manière dont elle
va les exécuter, son cas dépasse celui de l'anecdote adultère.
Elle est une synthèse, brillante puis pathétique, des combinaisons que le pouvoir peut engendrer entre la politique,
l'amour et l'argent, hier comme aujourd'hui. Elle incarne
également le comble de la galanterie et de la liberté de
mœurs dans une époque où le demi-monde, cher à Dumas
fils, brouille les cartes du vrai monde tandis que, au sommet,
l'Impératrice ne cède à aucun élan scabreux.

Née à Florence en 1837 – elle n'a donc que dix-neuf ans
quand elle fait ses débuts à Paris ! – Virginie Oldoini est la
fille d'un diplomate génois. A dix-sept ans, elle a épousé
François Verasis, comte de Castiglione, qui sera aide de
camp de Victor-Emmanuel II de Savoie, roi de Piémont-
Sardaigne. Belle, d'une blancheur nacrée – comme Eugénie... –, elle avait reçu, à l'âge de treize ans déjà, le surnom
de *Madona*. La Madone profane a un fils unique, en 1855.
Elle s'ennuie, prend un amant mais s'ennuie toujours... A ce
moment, l'idée de confier une mission secrète à la comtesse
est étudiée discrètement par les autorités de Turin. On a
longtemps cru que seul Cavour fut à l'origine de ce projet
parce que Virginie était une de ses parentes ; si, effectivement, le Premier ministre est celui qui organise l'opération
après avoir choisi la candidate, le roi lui-même a tenu à
connaître la jeune femme et on peut être certain qu'il y a

apporté une conscience professionnelle soutenue. En courtier
scrupuleux, si l'on peut dire, le roi a voulu s'assurer que la
jeune femme était digne de sa mission[1]. Quelle mission ?
Victor-Emmanuel et Cavour prévoient de poser la question
italienne au Congrès qui va se tenir à Paris. En effet, la
guerre de Crimée et la victoire ont ébréché la tutelle de certains États sur des possessions qui aspirent à la liberté. A
Turin, on connaît la sensibilité de l'Empereur des Français à
l'indépendance des peuples ; elle se greffe sur le désir de donner une leçon à l'Autriche, qui occupe, justement, le nord de
l'Italie. Et comme l'Autriche symbolise la vieille Europe du
Congrès de Vienne, Cavour va aiguiser le souhait de
revanche qu'on nourrit aux Tuileries. Selon ce scénario,
l'Empereur devrait être approché au préalable et, de préférence, d'une façon agréable. La diplomatie peut prendre les
aspects les plus divers. Discrètement, la jeune comtesse est
instruite. Elle va aller à Paris, officiellement pour rendre
visite aux Waleswki, Marie-Anne Waleswska étant, elle aussi,
une cousine de Virginie. Des intrigues en famille ! En réalité,
la comtesse va devoir faire avancer la cause piémontaise – qui
n'est pas à l'ordre du jour du Congrès – et obtenir l'appui du
gouvernement français dans la création d'une Italie unifiée et
indépendante. Virginie de Castiglione accepte, y compris les
risques, elle ne s'ennuie plus. Elle et son mari arrivent à Paris
le 25 décembre 1855. Par un hasard étonnant, joliment
romanesque, ils s'installent dans une rue qui porte leur nom,
la rue de Castiglione, ouverte au début du XIXe siècle pour
commémorer une victoire de Bonaparte, le 5 août 1796,
sur... les Autrichiens ! Le couple emménage au n° 10, au premier étage ; la chambre de Virginie est une incitation aux
secrets d'alcôve, le plafond étant recouvert de miroirs ainsi
que le mur contre lequel est adossé son lit. L'espionne de
Cavour va pouvoir travailler ; son domicile est proche des

---

1. Sur ce personnage, voir le livre très détaillé d'Alain Decaux, de l'Académie française, *La Castiglione, dame de cœur de l'Europe*, Perrin, 1953, rééditions 1964 et 1999.
Voir, également, le catalogue de l'exposition organisée au musée d'Orsay, du 12 octobre
1999 au 25 janvier 2000, en collaboration avec la Fondation Howard Gilman, de New
York, *La Comtesse de Castiglione par elle-même*, sous la direction de Pierre Apraxine et
Xavier Demange, avec la collaboration de Françoise Heilbrun. Préface de Henri Loy-
rette, directeur du musée d'Orsay. L'exposition présentait, pour la première fois, une
remarquable collection de portraits pris, pendant quarante ans, par le photographe personnel de la comtesse, Pierre-Louis Pierson. Au total, près de quatre cents documents,
dont certains collectionnés par Robert de Montesquiou, qui voua un culte – et un livre,
en 1913 – à *La Divine Comtesse*.

Tuileries. Le 9 janvier, elle est invitée à un bal chez la princesse Mathilde. Du temps de ses séjours florentins, la cousine de Louis Napoléon avait rencontré les Castiglione dont un aïeul avait servi de conseil aux Bonaparte en exil.

Au bras de son mari, la comtesse fait une entrée spectaculaire, éclatante de beauté. Un témoin note : « Elle avait des plumes roses dans ses cheveux bouffants sur les tempes. Le reste de sa chevelure était rejetée en arrière avec deux boucles pendantes. Elle semblait une marquise d'autrefois coiffée à l'oiseau royal. » Elle salue la maîtresse de maison lorsque l'Empereur paraît. Il est seul, Eugénie, lasse, ayant préféré se reposer. Mathilde fait les présentations, Napoléon III dit quelques mots aimables mais il est subjugué par le rayonnement de la jeune femme. Et, de sa main gauche, il se met à tortiller sa moustache effilée. Serait-il intéressé ? Le piège paraît fonctionner. Précisons que ce n'est pas pour déplaire à Mathilde de jouer les entremetteuses. Puisque Eugénie ne manque jamais de lui rappeler qu'elle n'est que la cousine de l'Empereur, Mathilde veille à lui rappeler qu'elle n'est qu'une épouse trompée. Or, Napoléon III, passé quelques instants d'intérêt, n'est pas bouleversé. Le comtesse bredouille et ne sait que dire. A Mathilde, il dit en partant :

– Elle est belle mais elle paraît sans esprit.

Aurait-elle échoué ? Pas complètement car Mathilde a remarqué ce que tous les hommes avaient pu apprécier, la comtesse ne porte pas de corset ! Une audace vestimentaire qui fait profiter l'assistance d'une gorge parfaitement modelée. Malgré ses yeux mi-clos, l'Empereur voit bien ce genre de perspective.

Quelques jours plus tard, à un bal chez le roi Jérôme, la comtesse arrive très tard. Sur les marches du Palais-Royal, elle croise l'Empereur qui lui fait observer combien l'heure est avancée. Elle répond avec un sourire impertinent :

– C'est vous, Sire, qui partez bien tôt !

Elle a fait de rapides progrès. Elle a reçu l'ordre de séduire, selon une lettre de Cavour précisant : « Réussissez ma cousine, par les moyens qu'il vous plaira, mais réussissez. » Une injonction que l'on peut rapprocher d'une communication ultérieure faite par Cavour à son ministre des Affaires étrangères : « J'ai stimulé le patriotisme de la bellissime Castiglione afin qu'elle séduise l'Empereur. »

Le 29 janvier, aux Tuileries, se déroule le plus grand bal de la saison, en prélude à la rencontre diplomatique. Six mille invités se pressent. A l'annonce, par le chambellan de Leurs Majestés, du nom de la comtesse, il y a comme une dispersion de la foule. On en admire mieux sa taille de nymphe, ses mains, son cou et ses épaules comme sculptés dans du marbre rose (il faut se méfier des femmes dites de marbre!). Visage ovale, dent de perles, yeux verts qu'on croirait en velours, elle est, selon la princesse de Metternich qui l'observera avec grande attention : « En un mot, Vénus descendue de l'Olympe! Jamais je n'ai vu une beauté pareille, jamais je n'en verrai plus comme celle-là!»

Après les révérences, selon le protocole, la belle Virginie disparaît vers les salons de jeux. Alors, on se précipite autour d'elle – Morny est le premier –, on l'entoure. Son succès est total. Soudain, dans un mouvement de reflux, la marée des courtisans s'écarte. Napoléon III s'avance, de son pas traînant et lent. Signe particulier, il taquine sa moustache! Cette fois, ils se parlent. Elle est radieuse. L'affaire se présente bien, si bien que, moins d'une semaine après, le 5 février, lors du bal masqué de mardi gras donné chez l'ambassadrice de Belgique, la maîtresse de Morny, dans son hôtel du rond-point des Champs-Elysées, on jase. Et on écrit, comme Lord Cowley, l'ambassadeur d'Angleterre, une dépêche signalant que « Tout Paris est en émoi au sujet d'une escapade de l'Empereur qui est allé masqué au bal de Mme Le Hon ». Un émoi qui ne fera que s'amplifier, d'où la réaction d'Eugénie. En concurrence avec le Congrès, qui s'ouvre le 25 février, l'état de l'Impératrice devient un autre sujet de conversations, à la Cour, bien sûr, dans les salons et même dans la rue. D'invraisemblables suppositions sont avancées; la plus ahurissante prétend que, dans les caves des Tuileries, on a caché une douzaine de femmes prêtes à accoucher d'un garçon (sur commande?) dans le cas où Eugénie aurait une fille! Entre deux séances, le Congrès s'amuse, comme celui de Vienne en 1815. Bals et réceptions, souvent sans Eugénie – elle ne sort plus à partir du 9 mars – alternent avec les discussions qui vont durer cinq semaines. Paris est la capitale du monde.

Palais des Tuileries, nuit du 14 au 15 mars. Dans sa vaste chambre tendue de bleu, Eugénie ressent les premières dou-

leurs. Il y a beaucoup de monde autour d'elle, trop sans
doute. Les médecins mais aussi la comtesse de Montijo, fort
agitée, une amie anglaise envoyée par Victoria, Cécile Delessert, l'amie d'enfance d'Eugénie qui oublie ses opinions
orléanistes, et quelques dames du palais ès qualités, la princesse d'Essling, grande maîtresse, et la femme de l'amiral
Bruat, gouvernante des enfants de France, comme sous
l'Ancien Régime. L'équipe médicale suit chaque convulsion ;
il y a le docteur Conneau et le docteur Darralde, venu des
Pyrénées puisque c'est lui qui a soigné Eugénie aux Eaux-
Bonnes mais dont la spécialité n'est pas l'obstétrique... Le
docteur Dubois est l'accoucheur désigné. Divers membres de
la dynastie sont dans un salon voisin, dont Mathilde et son
frère, d'humeur sombre. Les ministres, dont le garde des
Sceaux, attendent eux aussi. Et de même que sous l'Ancien
Régime, il a été prévu que l'accouchement serait public et
constaté par diverses autorités.

Eugénie souffre. Le travail est lent. On lui demande de
faire quelques pas. Soutenue par l'Empereur, elle se cram-
ponne à son bras. Il l'encourage mais son calme naturel est
chassé par l'émotion. Il est nerveux, on ne l'a jamais vu ainsi.
Même si la légende lui attribuera quelques enfants naturels,
dont deux fils d'Eléonore Vergeot, il s'agit, cette fois, d'un
héritier légitime. Un garçon, tous l'espèrent, sauf *Plon-Plon*.
A dix heures passées, les douleurs deviennent terribles. On
envoie chercher M. Baroche, le président du Conseil d'Etat
car c'est lui qui devra dresser l'acte de naissance, en qualité
d'officier d'état civil des souverains. Lui et son épouse offrent
un dîner de quarante-cinq couverts qui doit être suivi d'un
concert pour six cents invités. Quand il arrive, la situation
médicale n'est pas brillante. Le docteur Darralde préconise
les fers, sinon Eugénie et son enfant seront en péril immédiat. La voix de Napoléon III, d'habitude sourde, s'étrangle :
  – Sauvez l'Impératrice !

On la sauve, grâce aux terribles instruments. Et on sauve
l'enfant qui naît à trois heures du matin. Eugénie est pratiquement inconsciente. C'est un garçon ! Et ses cheveux
bruns et roux sont bien ceux de sa mère. Le nouveau-né
paraît tout à fait sain mais le docteur Dubois l'a blessé au
front. Un affreux présage pour sa mère qui dira, plus tard :
« Son sang coula en arrivant au monde. » On réveille les gens

qui s'étaient endormis. *Plon-Plon* n'avait pas sommeil et son « monocle intense », *dixit* Eugénie revenue à elle, scrute l'enfant en lui reprochant de vivre. L'Empereur est père! Il est transporté de joie, rit et commence à embrasser tout le monde puis, se reprenant, déclare :

– Je ne puis vous embrasser tous!

« *Le Prince Impérial est né!* »

Plus tard, quelques témoins assureront avoir entendu ce dialogue surréaliste entre la mère et le père : « C'est une fille? » « Non! » « Alors, c'est un garçon? » « Non! » Effondrée, Eugénie murmure « Mon Dieu, qu'est-ce que c'est? » Dans la joie libératrice, c'est possible. Le prince Napoléon est gris de dépit. Lui, qui se proclame républicain, était, jusqu'à cette aube, l'héritier désigné du trône. Et voilà que *La Montijo*, comme il s'obstine à désigner l'Impératrice, vient d'assurer l'avenir de la Couronne en ligne directe. Il n'en peut plus... On le savait bougon, rouspéteur et mal embouché et, dans le fond, pas méchant homme mais, sur les quatre heures du matin, il devient puéril et son comportement choque après un accouchement aussi douloureux...

Il s'en va, il fuit cette réalité qui n'est pour lui qu'une fatalité. Maudite soit l'Espagnole! Dans les couloirs, Morny et Baroche le rattrapent et tombent sur Mathilde. Son frère est mal inspiré car Mathilde, épuisée par cette attente, est exaspérée. Sa colère s'entend. Comment? Croit-il qu'en disparaissant il va changer la succession? Elle crie :

– Le Prince Impérial est né!

Et, pour elle, c'est ce qui compte. Il faut signer. Et vite! Stupéfait de cette vigueur contre lui, il se soumet et signe, prince du sang rageur et furieux.

A l'écart de cette scène, Eugénie, exténuée, rassurée sur le sexe de son enfant, dort.

A sept heures du matin, en ce dimanche des Rameaux, les Parisiens sont réveillés par le canon des Invalides, annonciateur protocolaire des grands événements. L'enfant est né! Fille ou garçon? On va compter les tirs. Or, ces tirs sont commandés par un vieil adjudant dont les oreilles ont entendu annoncer la naissance du roi de Rome – l'Aiglon –, du duc de Bordeaux – fils posthume du duc de Berry, dernier prétendant légitimiste sous le nom d'Henry V et futur comte de Chambord – et du comte de Paris, héritier de la branche des Orléans. Ses canonnades dynastiques sont éclectiques! Farceur, il ordonne de marquer une pause après le vingt et unième coup. Une fille! Et le tir reprend jusqu'à cent. Un garçon! L'Empereur a un fils, l'Empire un héritier au moment où la France est l'arbitre de la paix. Une chance et un signe.

Dans la journée des affiches blanches sont placardées sur les murs, confirmant officiellement la naissance. A l'initiative d'Haussmann, le conseil municipal vote une somme de deux cent mille francs pour payer des mois de nourrice aux familles indigentes et libérer des objets que ces familles avaient dû engager au mont-de-piété. Les lycées et collèges sont en congé pour six jours. Une souscription, ouverte dans Paris et sa banlieue, fixée à vingt-cinq centimes au maximum par personne, est ouverte pour offrir un cadeau à l'Impératrice. Il y aura six cent mille souscripteurs, soit un Parisien sur deux, totalisant quatre-vingt mille francs affectés à l'orphelinat du Prince Impérial. L'Empereur et l'Impératrice décident d'être parrains et marraines des enfants nés le même jour; le ministère de l'Intérieur est assailli : les fonctionnaires enregistrent plus de trois mille six cents demandes. L'Empereur annonce une amnistie pour les proscrits du 2 décembre et la libération de huit cents prisonniers. Deux jours plus tard, les plénipotentiaires du Congrès ainsi que tous les corps constitués se rendent aux Tuileries pour féliciter l'Impératrice. Elle est pâle. Mais si heureuse et si fière! Le 19 mars, les théâtres de Paris jouent gratuitement, aux frais de Napoléon III, devant des salles combles. Parmi les messages envoyés à Eugénie, celui de Victoria lui est précieux. La reine révélera plus tard que l'Impératrice, au plus fort de son angoisse, avait craint que son accoucheur « pourrait être acheté pour de l'argent et elle et son enfant assassinés, c'est trop horrible! Il est affreux de penser au nombre de groupes qui veulent que ce pauvre enfant ne vienne pas au monde! » Victoria se dira sincèrement apaisée de savoir que tout s'est bien terminé, si ce n'est le travail lui-même qui aura duré douze heures et que, certainement, avec Sir Lacock et « du chloroforme dûment administré, tout aurait pu être différent». Et elle recommande une nurse, Miss Shaw, compétente mais au caractère de duègne. La reine sera choquée que le *Times*, plus retenu que ses confrères, ose évoquer le destin de précédentes dynasties françaises dont les fils ont grandi en exil. *Shocking, yes!* Chez lui, *Plon-Plon* se déclare malade. Il boude, portant le deuil de ses prétentions. Son fils avoue : « (...) Ce que nous pensons et éprouvons tous les deux n'a pas besoin de s'exprimer et nous ne le communiquons pas. » Une amertume digne de l'opposition... En revanche, comme on le pense, la comtesse de Montijo se réjouit de lire, sous la plume d'un journaliste espagnol : « Je serai tranquille tant qu'il y aura un napoléon dans ma poche et un autre sur le trône de France. » Sa fille a bien œuvré et, du paradis des bonapartistes historiques, *los Afrancesados*, son défunt mari doit trinquer avec les anges.

Le Traité de Paris, signé le 30 mars, consacre le talent diplomatique de l'Empereur. Sans avoir revendiqué la moindre parcelle de territoire, ce qui était adroit, Napoléon III a su gérer la victoire militaire. A l'impatience éprouvée lors du siège de Sébastopol avait succédé la joie des succès. La Russie est arrêtée dans son expansion brutale et le prestige de la France en Orient s'étend; les années suivantes le prouveront avec l'union des fameuses principautés de Moldavie et de Valachie en 1859, embryon du royaume de Roumanie. L'avancée orientale française est accentuée par la concession, qui vient d'être accordée à Ferdinand de Lesseps, de commencer les travaux de percement de l'isthme de Suez. Le cousin d'Eugénie est passé de la diplomatie aux rêves pharaoniques soigneusement étayés puisque le promoteur connaît bien l'Egypte où son père avait été consul. La plus fantastique opération de relations extérieures de l'Empire débute mais l'Angleterre ne va pas la soutenir, au contraire... Et la question italienne? On en parle deux fois, d'abord le jour de la signature, l'Empereur faisant savoir qu'on doit se soucier des «problèmes du mauvais gouvernement dans certains Etats italiens». L'Autriche n'est pas encore désignée mais visée. Puis, le 8 avril – le Congrès est achevé mais règle des questions annexes et techniques – Cavour ose poser ouvertement le problème : il faut revoir le statut des Etats de la Péninsule. Un vœu pieux? Non, le mécanisme est mis en marche mais il faudra encore du temps

pour atteindre le but. Peu importe, à cette conférence des
Etats puissants, le modeste Piémont-Sardaigne a pu s'exprimer et faire inscrire un mémorandum inattendu. La comtesse
de Castiglione a dû être convaincante.

Après un dernier banquet offert par l'Empereur, le 12 avril,
aux délégations quittant Paris, Napoléon III est si captivé par
sa paternité qu'il vient voir son fils plusieurs fois par jour, se
heurtant à la nurse, tellement comblé qu'il en est méta-
morphosé. Il en oublie de faire la cour aux jolies femmes qui
passent, c'est tout dire. Avec Eugénie, il est attentif, gentil,
prévenant et reconnaissant. L'Impératrice se remet très lentement de sa délivrance ; il lui faudra six semaines avant de
faire, comme on dit, ses relevailles. Un événement ! Dans une
atmosphère digne du Grand Siècle et alors que, dehors, le
printemps est très pluvieux, voici le défilé autorisé, le 2 mai,
au chevet de l'Impératrice et de l'enfant, dans un essaim
féminin bourdonnant d'agitation inutile. Le ministre Fortoul,
accompagné de son épouse gaffeuse, observe : « Les dames
passent les premières devant Sa Majesté. Elle est couchée
dans son salon, habillée, dans un vrai lit recouvert, elle est
charmante et de la plus jolie couleur mais on la dit toujours
souffrante. » La douleur est d'abord psychologique. Certes,
Eugénie subit la fameuse dépression de l'accouchée et il lui
tarde de quitter Paris, dès le baptême du Prince Impérial,
prévu à la mi-juin. A l'opposé, quel bonheur que cet enfant !
Son mari est méconnaissable.

Sera-t-il un peu plus fidèle ? Un peu moins infidèle ? Sans
doute, les sentiments qui sont les siens tandis que l'enfant
sert d'alibi convenable à toutes sortes de générosités sous le
contrôle de sa mère (26 avril : fondation de la société du Prêt
au travail) sont contradictoires. Le prince est l'avenir de la
tradition ; dès le 28 avril, il est inscrit comme enfant de
troupes sur les rôles du premier régiment des grenadiers de la
garde impériale.

Mais Eugénie a appris ce qu'elle redoutait ; la naissance a
été si laborieuse que sa vie et celle de son fils ont été en danger. Il faut donc éviter une nouvelle grossesse, ce qui signifie
que les rapports avec son mari seront encore plus probléma-
tiques. On ne peut, évidemment, être précis dans ce domaine
délicat mais, dans sa vie de femme, l'Impératrice voit son
bonheur hypothéqué par la nature. Elle pense à Victoria,

bientôt enceinte pour la neuvième fois – la dernière – et qui pond des enfants entre deux démissions du cabinet, avec une facilité inouïe. Eugénie a eu du mal à être épousée comme elle le souhaitait; peut-être, dit-on, a-t-elle du mal à être femme à cause d'une éventuelle malformation (ceci expliquant cela) et du mal à être mère. Elle n'aura que cet enfant et on comprend qu'au-delà de sa réaction naturelle, elle éprouve une fierté mêlée d'inquiétude. Toutefois, à cette période de repos anormalement longue, il y a également une explication physique inattendue. On le constate lorsque Eugénie, posant un pied par terre, chancelle et tombe dans les bras de ses femmes de chambre affolées. L'Impératrice pousse un cri, souffre énormément. Mais que s'est-il donc passé? Ces messieurs de la faculté diagnostiquent une fracture du bassin qui exige une immobilisation absolue. Apprendre que c'est à cause des fers que l'accident s'est produit est affreux. On comprend, encore mieux, pourquoi la malheureuse Eugénie a souffert le martyre pendant ses couches... et après, sans qu'un examen spécifique ait été entrepris car au moindre mouvement, ne serait-ce que lors de sa toilette, Eugénie devait souffrir... On peut, sans mauvais procès, s'interroger sur la compétence de l'équipe médicale, comme l'a fait la reine Victoria. La convalescence durera, au total, deux mois. «L'orgueil d'avoir donné un héritier à l'Empire, la satisfaction d'entendre chaque jour à côté de son lit les compliments des nombreux visiteurs qui se pressent autour d'elle, l'importance de cette nouvelle situation qu'elle a si longtemps attendue, lui sont infiniment agréables. Elle donne des audiences dans sa chambre très fraîche dans une toilette de lit blanc ou lilas, la couleur qu'elle affectionne mêlant la soie à la dentelle, la tête nue laissant admirer sa merveilleuse chevelure d'un blond vénitien tirant sur le roux. Jamais, sans doute, elle n'a été aussi belle [1]. »

La naissance du Prince Impérial détend les relations entre Eugénie et Mathilde. La princesse a même été virulente lorsque son frère a insinué que, n'ayant pas assisté à l'accouchement, il mettait en doute la légitimité de la succession!

---

1. Jean-Claude Lachnitt, *Le Prince impérial Napoléon IV*, Perrin, 1997, excellent ouvrage, très émouvant et qui, en apportant des éléments nouveaux, fait le point des recherches les plus récentes sur ce destin tragique et trop méconnu.

Qu'on le veuille ou non, l'Andalouse a assuré la dynastie
d'une lignée incontestable. Mathilde en vient presque à pardonner à Eugénie ses ambitions et les rancœurs s'apaisent.
L'Empereur et sa femme lui demandent d'être la marraine de
l'enfant. Touchée, elle accepte sans réserve. Mathilde, qui a
trente-six ans, ignore les joies de la maternité et sait qu'elle
ne sera sans doute jamais mère. Demidoff n'est plus qu'un
odieux souvenir et Nieuwerkerke un séducteur qui profite
d'elle. Un enfant n'est pas dans ses préoccupations même si,
inconsciemment, cette joie lui manque. Par bravade, elle
répondra un soir, à ceux qui lui demandaient, imprudemment, si elle ne le regrettait pas :

– Un enfant ? J'en ai commencé cent et n'en ai fini aucun !

Elle sera une marraine attentive et affectueuse. Elle partagera cette responsabilité avec le pape Pie IX car, à la
demande pressante d'Eugénie, Sa Sainteté accepte d'être le
parrain du futur Napoléon IV, comme certains l'appellent
déjà. Le souverain pontife enverra sa bénédiction d'une
manière résolument moderne, par télégraphe, certainement
l'une des premières accordées par câble. Fixé au 14 juin, le
baptême inspire à Mathilde ce courrier à sa cousine, la princesse Murat : «L'Impératrice, que j'ai vue avant-hier, m'a
priée de vous faire savoir que pour la cérémonie, nous
devrons porter un voile de tulle illuminé attaché derrière la
tête et qui enveloppe les épaules afin d'être moins nues dans
l'église [1].» Ce sera, bien sûr, Notre-Dame. Eugénie est dans
la joie malgré une ambiance morose dans le pays à cause du
printemps pluvieux, comme l'atteste sa lettre, du même
moment, à sa sœur. Elle parle beaucoup des inondations
catastrophiques ayant ruiné des milliers de paysans qui ont
reçu la visite et les secours de l'Empereur. Passant en revue
les épreuves subies depuis son mariage – les disettes, la
guerre et le choléra –, elle reconnaît : «Toutes ces calamités
publiques m'affectent encore plus que tout le monde. Mon
petit garçon va bien, grâce à Dieu. C'est le seul côté couleur
rose où mes yeux puissent se porter.(...)» Son bonheur de
mère, elle le sait, sera son refuge et sa principale raison de
vivre. A la fin du baptême, elle racontera : «Lorsque l'Empereur a élevé notre fils dans ses bras pour le montrer au
peuple, mon émotion est devenue soudain si poignante que

---

1. Lettre du samedi 7 juin 1856. Archives Murat, aux Archives nationales.

mes jambes se sont dérobées sous moi et que j'ai dû m'asseoir précipitamment... »

Six mille invités sont venus, par un temps gris plus serein vers la fin, assister à la première sortie du couple et de son enfant. La foule est heureuse et curieuse. On lance des cris « Vive l'Empereur! Vive l'Impératrice! Vive le Prince Impérial! » jamais entendus simultanément. « Ce baptême vaut un sacre », dit l'Empereur. Mais cette population, enthousiaste et chaleureuse, ne ressemble-t-elle pas à celle qui avait fêté, au même endroit, sur fond de cloches à toute volée, des espoirs dynastiques aussi prometteurs que le dauphin Louis XVII, le roi de Rome et aussi le duc de Bordeaux et le comte de Paris? « Et qu'étaient-ils devenus, ces pauvres enfants? La prison, la mort, l'exil [1]! » Dans son cœur, Eugénie aura cette crainte sourde de voir son fils contraint de n'être qu'un prétendant. Il est certain que le peuple et les invités en grande tenue n'ont d'yeux que pour Eugénie, parée de blanc, un manteau de cour bleu recouvrant ses épaules, coiffée d'un diadème où brillent les feux de ses cent trente-six carats, le Régent. Toutefois, cet éclat rivalise avec la décoration de Notre-Dame, que l'architecte Ballu a transformée en opéra à larges rideaux et voûte étoilée. Dans *Son Excellence Eugène Rougon*, Emile Zola évoquera « une vision surhumaine de tabernacle »! Le bonheur et le pouvoir de Napoléon III, arbitre de l'Europe et à la tête d'une dynastie refondée, sont sans partage. L'ambassadeur d'Autriche, conspué lorsqu'on l'avait reconnu dans sa voiture, refuse ces instants sereins et de communion nationale, prétendant, toujours aigri et comme s'il guettait les fautes : « Cette popularité nouvelle, l'Empereur la doit à ses voyages improvisés dans les régions inondées », observation injustifiée puisque l'attitude de Napoléon III et les mesures prises s'ajoutent à ses récentes félicités diplomatiques et personnelles. Des jours heureux où la France – Jacques Bainville l'a magistralement souligné – retrouve un rôle directeur et protecteur. A la limite, M. Thiers est davantage honnête lorsqu'il considère le travail politique accompli : « Je n'aime pas le cuisinier mais je trouve sa cuisine excellente. » Quand on avait rapporté cette image au « cuisinier » des Tuileries, il avait rétorqué, sur le

1. Maurice Paléologue, *Les Entretiens de l'Impératrice Eugénie*, Plon, 1928.

même ton : « Dites à M. Thiers que je ne le prendrai pas pour marmiton car il gâterait mes sauces. »

Aucun risque de ce genre à la table du préfet de la Seine qui, le soir du baptême, offre à l'Hôtel de Ville un banquet mémorable en l'honneur du couple impérial, présent, avec un menu sérieux : bisque d'écrevisses, dindonneaux truffés, filets de bœuf provençale, quelques carpes ventrues et de délicates asperges. Le tout arrosé de grands crus bordelais, M. Haussmann ayant été initié à leurs bouquets par un connaisseur, le consul britannique à Bordeaux lorsqu'il était préfet de la Gironde. Mémorable, ce dîner servi dans la salle des fêtes l'est aussi par le nombre des convives : il y a quatre-vingt-six évêques ! Une féerie qui mélange allègrement les époques. Le plaisir est à l'ordre du jour.

Et à celui de la nuit... Le 27 juin, Napoléon et Eugénie offrent une fête champêtre à Villeneuve-l'Etang pour quelques intimes, en l'honneur de la grande duchesse Stéphanie de Bade. Cousine de l'Empereur, elle représente la reine de Suède, fille d'Eugène de Beauharnais. Le temps est doux. L'Empereur, qui aime les eaux limpides du lac artificiel, a sans doute la nostalgie de sa jeunesse en Suisse, au château d'Arenenberg, sur le lac de Constance. En souvenir de ces années – il avait failli y épouser Mathilde – il fera construire un chalet suisse, une ferme dite valaisane, dans le goût forestier du moment.

Voici qu'apparaît la Castiglione car c'est ainsi qu'on la surnomme, comme une artiste d'un genre spécial, d'autres préférant la qualifier de sultane. Artiste, elle l'est dans la provocation. Etrange, sculpturale bien sûr, mais le visage dur et les lèvres serrées, elle a le don de la transformation vestimentaire. L'une de ses facéties est de disparaître à la fin d'un dîner où elle est brune pour reparaître en blonde. Ses toilettes sont volontairement théâtrales et elle pose, narcissique, devant son photographe. Elle se complaît à se regarder, ici avec un châle bordé de chinchilla ou bien en velours moiré ou encore en taffetas lourd. Ses coiffures sont très bizarres, souvent poudrées, dans un mélange de perles, de pensées et de plumes d'autruche. On ne saurait faire plus compliqué ; elle est l'opposé d'Eugénie, dont le chic naturel se passe d'extravagances. Chez la belle comtesse, en revanche, l'accessoire est essentiel et la manière de se vêtir sert de langage, jouant presque le rôle d'un code. Dans une bien moindre mesure, le modèle de *la Dame aux camélias* y avait également recours, arborant ostensiblement ses fleurs de couleur blanche lorsqu'elle était disponible...

Napoléon III, dont on sait le penchant lamartinien à ramer sur un lac, conduit, en barque, la comtesse vers l'île. Un isolement fort peu discret puisque Viel-Castel, le concierge de service qui a ses informateurs, nous apprend : « A la dernière fête de Villeneuve-l'Etang, la comtesse de Castiglione s'est longuement égarée dans une île placée au milieu du petit lac avec l'Empereur. Elle est revenue, dit-on, un peu chiffonnée et l'Impératrice a laissé voir quelque dépit... » En effet, Eugénie est pâle de rage et de stupéfaction. Les invités sont choqués. Ce grossier aparté, de nature peu diplomatique, est tout de même consigné en une dépêche envoyé par Lord Cowley à l'attention de son ministre, Lord Clarendon, qui lit ce rapport presque gêné en raison de ses liens avec la mère d'Eugénie : « Les libertés que Sa Majesté a prises récemment avec la Castiglione font scandale dans tout Paris. A la Cour même, on parle d'une fête champêtre donnée, l'autre nuit, à Villeneuve-l'Etang à laquelle uniquement de rares privilégiés étaient invités. Dans un petit bateau à rames, l'Empereur s'est embarqué seul avec ladite dame, pour des régions obscures où ils ont ensemble passé toute la soirée. La pauvre Impératrice, qui faisait peine à voir, s'est mise à danser pour apaiser ses nerfs surexcités. Comme elle est encore très faible, elle a fait une chute et s'est évanouie... Tout cela est bien triste. Politiquement parlant, de telles choses font à l'Empereur un mal infini... » Et à sa femme ? Et à la mère de son fils ? Si, jusqu'à cette soirée Napoléon III s'arrangeait pour être plus ou moins discret, sa faute est ici flagrante. Les invités étaient peu nombreux et après l'arrivée exhibitionniste de la comtesse, personne n'allait la quitter des yeux. Sa présence même était une maladresse. Pourtant, on doit se poser la question : qui et sous quel prétexte l'a invitée ?

La réponse mérite son poids de violettes, c'est Eugénie ! En effet, en dépit de l'exécrable réputation de Virginie, l'Impératrice ne peut imaginer autre chose qu'une possibilité d'amourette, voire d'une liaison furtive. De plus, Eugénie est absorbée par les premières semaines de son fils et tout ce que cela comporte de bouleversements, même en ayant un personnel adéquat; elle est mère, elle entend être une excellente mère. Enfin, l'Impératrice reste un peu troublée que la comtesse de Montijo ait été priée, dit-on, de regagner Madrid le lendemain du baptême et, en même temps, elle le souhaitait car sa mère, dans son rôle de grand-mère, était encore plus bruyante et voyante que d'habitude. Mérimée lui-même avait conseillé cette retraite hâtive « tout en larmes, sans wagon d'honneur, sans être escortée, même par un chambellan ». Quelle disgrâce! Déjà au baptême, les écuries impériales n'avaient pu la transporter et, courroucée, elle s'était résignée à louer une voiture pour se rendre à Notre-Dame.

Ajoutons, car c'est un élément essentiel, la situation en Espagne, de nouveau éruptive. Madrid est au bord d'une révolution – on ne les compte plus! – et les dépêches envoyées par Paca à sa mère la supplient de rentrer au plus vite, car elle risque d'être bloquée à la frontière.

Avec une relative innocence doublée de la volonté de faire plaisir à son mari, Eugénie fait adresser une invitation à la comtesse, Napoléon III lui ayant parlé, sur un ton de conspirateur, des liens qui unissent Mme de Castiglione à la Couronne de Piémont-Sardaigne. Un parfait stratagème, d'un classicisme éprouvé : sur ordre de l'Impératrice, qui croit agir dans un sens diplomatique, la comtesse reçoit un billet lui annonçant qu'on l'attendra à Villeneuve-l'Etang avec cette instruction vestimentaire savoureuse quand on connaît la suite : « Vous êtes priée d'y aller en robe montante et en chapeau parce qu'on se promènera sur le lac et dans le parc. » Elle avait respecté ce programme! Il est donc probable que c'est au cours de cette nuit que l'agent de Cavour obtient le résultat assigné et prévisible. Elle est la maîtresse de l'Empereur. Elle a mis six mois... On peut supposer que, tôt ou tard, elle y serait parvenue puisqu'elle avait l'ordre de céder rapidement. La Castiglione se rend plus vite que le bastion de Malakoff. Mais, outre sa mise en scène, humiliante pour la souveraine, celle-ci a donné à l'incident un éclat supplémentaire. Le soir même, l'Empereur affronte un orage espagnol du nom d'Eugénie; la colère et les mots courent sous les arbres de Saint-Cloud jusque sur la belle esplanade d'où l'on voit Paris, un Paris cancanier qui, dès demain matin, connaîtra l'esclandre; la douce harmonie des jardins de Le Nôtre est insuffisante pour calmer l'Impératrice bafouée et ridiculisée avec, raffinement extrême, sa propre complicité. Non seulement, pour la première fois, l'Empereur affiche publiquement une liaison imminente mais, en plus, cette félonie se déroule à Villeneuve-l'Etang, là où ils avaient passé leur lune de miel !

Qu'en est-il de la partie diplomatique que la comtesse est censée faire avancer et dont elle rend compte, au roi et à Cavour, par des dépêches chiffrées bien qu'envoyées, parfois, sous le diminutif coquin de « Nini » [1] ? Cet aspect de sa mission est évidemment le plus difficile, le gouvernement français étant moins prompt que Napoléon III à être séduit par une aventurière qui traîne derrière elle « un relent de vice ». L'entourage impérial est hostile à la cause italienne, à l'exception de deux personnes, la princesse Mathilde, Italienne de cœur et qui a de nombreux souvenirs familiaux et artistiques en Italie, et le docteur Conneau, le médecin personnel de l'Empereur, qui eût sans doute été mieux inspiré de se limiter à soigner son patient plutôt que d'exercer une vague et aléatoire influence sur les décisions impériales. Les ministres souhaitent ne pas précipiter une campagne en faveur des réalités italiennes car la France sort d'une guerre ; et il n'est pas urgent d'indisposer davantage l'Autriche, les questions intérieures françaises étant prioritaires.

L'enthousiasme de Napoléon III pour une Italie enfin unifiée n'étant pas partagé, la mission de « Nini » va s'en trouver prolongée ; le but final est encore loin. En attendant, Eugénie, qui tient à peine debout, s'inquiète de la santé de son mari. Que la Castiglione soit un agent du Piémont-Sardaigne est déjà exaspérant car ses manigances peuvent bouleverser et ruiner la position du pape à Rome. Eugénie la catholique ne peut l'admettre. Mais que son mari ajoute, aux soucis de sa charge, un épuisement sensuel et sexuel est également grave. On rapporte à l'Impératrice que, partout où elle passe, la comtesse a une telle façon de regarder les hommes et de provoquer leur désir qu'un témoin, lors d'un bal, note, comme le ferait Mathilde en colère : « Oh ! Oh ! Les pantalons des hommes vont devenir trop étroits [2] ! » Question de mode...

En accord avec l'Empereur, l'ambassadeur d'Angleterre lui propose de consulter un médecin britannique très sérieux, de

1. Cavour la surnomme Nicchia, dérivé de Virginia.
2. Georges Roux, *Napoléon III*. Une synthèse exemplaire. (Flammarion, 1969.)

passage à Paris, le docteur William Fergussen. Il est professeur au King's College et chirurgien ordinaire de la reine Victoria. Un examen si discret que, semble-t-il, Eugénie l'ignore. Le secret médical devient un secret diplomatique, le médecin ayant constaté que Napoléon III paraît vieilli prématurément et souffrir d'une asthénie généralisée. Cette fatigue est le résultat d'un double surmenage, intellectuel et sensuel. Lord Cowley envoie une dépêche à son ministre : « De graves altérations de caractère sont à craindre : apathie, irritabilité, caprices, paralysie de la volonté. » C'est alarmant. Lord Clarendon répond : « L'histoire Castiglione me désole, parce qu'elle va nuire à l'Empereur et qu'elle doit tourmenter l'Impératrice. Il me paraît certain que la dame est, à tous points de vue, une coquine. Tenez-moi au courant de cette affaire. »

On conclut que, en cet été 1856, personne ne soupçonne la raison de la séduction sur commande exigée par Cavour. On ignore la motivation politique de cette débauche confirmée par une autre lettre de Cavour à un de ses proches, écrivant, amusé : « Une belle comtesse est enrôlée dans la diplomatie italienne. Je l'ai invitée à coqueter avec l'Empereur. » Charmante expression du marivaudage... Mais le petit coq est un empereur... La Castiglione passe pour n'être qu'une courtisane plus délurée que les autres, plus spectaculaire qu'intéressante et se donnant un mal fou pour faire des ravages. Comme elle est encombrante, elle peut se livrer à ses activités secrètes, sa couverture étant la galanterie et l'adultère au plus haut niveau. Le seul fait qu'elle défie l'Impératrice, très populaire depuis la naissance de l'héritier, fausse le jugement. On ne la voit qu'en favorite alors qu'elle veut être une maîtresse politique. Sa finalité est de jouer un rôle et d'être... utile. La princesse Mathilde s'inquiète de l'influence de cette étrangère sur son cousin ; elle le trouve épuisé. Quelle fatalité a voulu que Mathilde ait présenté à Louis Napoléon sa femme puis cette maîtresse incroyable ! Chez elle ! On peut d'ailleurs se demander comment la princesse, qui hait la galanterie, la prétention et le narcissisme, peut supporter le voisinage de la Castiglione sinon pour favoriser sa joute, reprise en faveur de son cousin et contre Eugénie. Il y a plus grave. La princesse apprend que Nieuwerkerke, enflammé lui aussi par la comtesse, lui a pro posé de visiter le Louvre... la nuit! Mathilde fulmine et, après un bavardage consternant avec cette rivale en puissance, elle déclare :

– Mme de Castiglione est bête à couper au couteau!

C'est peut-être exagéré. Mais on ne lui a pas demandé d'être intelligente; on l'a priée d'être irrésistible...

En dépit de ses égarements, Napoléon III songe sérieusement à l'avenir. Il est possible que son état de santé l'y incite mais on sait qu'il veut calmer diverses ambitions. Alors qu'Eugénie reste fâchée de sa conduite, l'Empereur fait voter, le 17 juillet, un sénatus-consulte capital, autrement dit une modification de la Constitution de 1852 qui a été étudiée pendant une semaine. Est-ce pour se faire pardonner ses frasques? Il ne semble pas. En revanche, très admiratif de sa femme, de ses efforts pour s'imposer, conscient d'un environnement souvent jaloux et hostile, reconnaissant, enfin, qu'elle lui ait donné, dans d'atroces conditions et au péril de sa vie, un fils, il veut la remercier autant que la protéger et protéger leur enfant. Eugénie a fait de lui un père à l'âge de quarante-huit ans, c'est tard pour l'époque... L'Empereur décide que l'Impératrice est également régente et qu'elle a la garde de son fils mineur. Cette disposition, essentielle, qui favorise hautement Eugénie, n'a pas été bien estimée dans son contexte, qui est celui d'une France en paix et d'un souverain vivant. La régence s'exercerait, par définition, en cas de décès de l'Empereur et avant que le Prince Impérial n'ait atteint sa majorité, fixée à dix-huit ans. Mais le texte, combiné aux événements, permettra à l'Impératrice de recevoir, en toute légalité, l'autorité impériale en cas de simple absence physique de son mari – un voyage hors de France, par exemple – et, bien entendu, d'empêchement pour des raisons graves, de santé notamment. Cette mesure prouve la confiance absolue de Napoléon III dans les capacités de sa femme. Chez *Plon-Plon*, la rancœur tourne à l'hostilité; l'ultime possibilité d'accéder au trône – une crise ou une circonstance très grave – s'éloigne. Selon les traditions monarchiques, ne voulant pas laisser Eugénie face à une meute d'ambitieux, Napoléon III l'entoure d'un Conseil de régence, composé de princes français choisis par lui-même et présidé par le roi Jérôme, et d'un Conseil privé, définitivement installé un an et demi plus tard, dont feront partie des gens sûrs, tels Morny, Persigny et Baroche. Ainsi, l'Empereur volage ne mélange pas ses écarts avec l'avenir dynastique et l'autorité impériale. Son épouse et son fils sont au-dessus des querelles ; pendant la minorité, la continuité de l'Etat est assurée par une femme qui, sans être la favorite, demeure la préférée. Eugénie a des droits reconnus.

Les frictions conjugales continuent tout de même car l'Impératrice n'a pas envie d'oublier si vite l'affront de l'escapade lacustre. Eugénie obtient que son mari aille faire une cure dans un endroit qui entrera dans l'histoire, Plombières, petite station des Vosges dont les eaux passent pour avoir des vertus diurétiques et sédatives ; Napoléon III souffre toujours des voies urinaires et il a besoin d'un autre genre d'exercices physiques que ceux pratiqués dans les bras d'une belle.

Des lettres anonymes, adressées à l'Impératrice aux Tuileries, n'arrangent pas son humeur. Jamais, on ne l'a traitée ainsi ! Elle a tort de se soucier du contenu de ces torchons, l'Empereur, qui en a une longue expérience, lui donne ce conseil, en regrettant qu'elle soit préoccupée : « (...) J'en reçois des centaines par an depuis huit ans. Il ne faut plus y faire attention », ce qui est plus facile à dire qu'à faire quand on débute dans le monde, fétide, de la lâcheté par correspondance. Eugénie demeurant irritée, le curiste de Plombières reprend sa plume trois jours plus tard, trouve des mots tendres – il est sincère – et tente de désamorcer la bombe qu'il a lui-même allumée : « J'ai été désolé de t'avoir fait de la peine et que tu m'aies si mal compris. J'avais trouvé que ta lettre, quoique très sévère et souvent injuste, disait des choses vraies sur bien des personnes qui nous entourent ! » Il y a de la réconciliation dans l'air...

Si l'Impératrice est aussi rancunière et tendue, la situation espagnole en est certainement une cause partielle. Depuis le 15 juillet, la milice nationale s'est soulevée contre le gouvernement du général O'Donnell ; le sang coule dans Madrid et la reine Isabelle II est sur un trône chancelant. Pendant deux jours, troupes loyalistes et troupes rebelles s'affrontent, les premières finissant par l'emporter à coups de canonnades. Maisons éventrées ou à ciel ouvert, pauvre Madrid ! Le palais del Angel, celui de Manuela, où s'étaient retranchés les miliciens du 6ᵉ bataillon, n'a pas trop souffert. Eugénie est apeurée : *Aujourd'hui, rien n'est venu par le télégraphe : il est sans doute coupé*, écrit-elle à sa sœur. *Aussi, tu ne peux te faire une idée de l'état d'angoisse dans lequel je suis. Les révolutions d'aujourd'hui sont plus terribles qu'avant. Est-ce donc mon sort que de trembler constamment pour tout ce que j'aime ? Ici, je ne crains que les assassins, là j'ai peur de tout car tout est sens dessus dessous (...).* Au passage, Eugénie distingue la France, où règne l'ordre mais où circulent des tueurs, et l'Espagne où tout n'est que chaos. A Paris, on peut être tué par un anarchiste étranger ; à Madrid, on meurt entre Espagnols. Mérimée, dont l'esprit caustique ne s'émousse guère, écrit à Manuela : « Quand on me dit qu'il y a un foyer de socialisme dans la Vieille Castille, c'est comme si on m'annonçait que l'Empereur de Chine veut se faire capucin. Il paraît que la chose est malheureusement vraie. Je crains bien que vous n'en soyez qu'aux premiers symptômes d'une maladie chronique que nous avons eue et dont nous sommes à peine rétablis. » Le calme revenant progressivement et le télégraphe fonctionnant de nouveau, Eugénie retrouve une relative sérénité. Un ministère fort s'installe et elle écrit à son beau-frère « (...) Nous serons heureux s'il peut rétablir l'Espagne dans une position autre, car en Europe, grâce aux mille bêtises qu'on ne cesse de faire, elle a abdiqué le rang même de puissance de second ordre. » La fille cadette de Manuela a honte de son pays natal et tremble pour lui.

Malgré ses soucis – et une santé qui tarde à revenir – Eugénie aime la France où son mari a repoussé le cauchemar des révolutions et où l'opposition, affaiblie par les succès diplomatiques et la vitalité économique, ronge ses contestations.

Le 19 août, l'Empereur, l'Impératrice et le Prince Impérial (Napoléon-Eugène-Louis-Joseph sont ses prénoms mais Louis sera l'usuel) partent pour leur premier voyage ensemble. Direction Biarritz. Le train impérial est encore modeste et le voyage, inconfortable, prend une fin d'après-midi et une nuit pour atteindre Bayonne, dans l'attente de l'achèvement des lignes. Il n'y a ni wagons-lits ni wagon-restaurant. L'éclairage des appliques en bronze est faible, les fenêtres à guillotines étroites et la poussière constelle les voyageurs. On connaît les ambitions de Napoléon III pour le développement des chemins de fer mais l'aventure demeure embryonnaire. Ce premier train impérial, cadeau de la

Compagnie du Paris-Orléans et qui circule pour la première fois, est composé de quatre voitures et de deux fourgons à bagages, ornés de la lettre N et des armes impériales. La voiture de l'Empereur comprend un grand salon et un plus petit pour ses aides de camp. Une autre dispose d'une plate-forme pour prendre l'air et saluer la foule ; les deux dernières sont réservées à l'Impératrice et à sa suite. Deux toilettes et un vestiaire sont installés [1]. A sept heures, on dresse une table dans la voiture-salon. L'Impératrice et ses dames rejoignent les messieurs. Un médecin de la suite, le docteur Barthez, raconte : « (...) On se mit à table, un peu gênés, il faut bien l'avouer, la table trop étroite n'arrivait pas jusqu'aux divans ; trop courte, elle ne permettait pas à tous d'être assis commodément ; cependant, on se serra et l'on finit par se caser. L'Empereur était à un tout petit coin avec un angle saillant sur son estomac et n'ayant que la place de son assiette par habitude ; car en réalité, c'était de la vaisselle en argent. » Ce luxe est alors inhabituel car aux Tuileries, Napoléon III refuse l'argent massif, préférant le métal argenté qu'un chimiste, le comte de Ruolz, vient de mettre au point. Ce nouveau procédé, le Ruolz, aura l'avantage d'être moins cher et d'encourager le progrès technique au service de la vie bourgeoise. Comme il n'y a pas de cuisine à bord, il faut se contenter d'un dîner froid. Un vrai pique-nique roulant : volailles, quelques perdreaux, du jambon, des fromages et des fruits, avec un peu de vin, jugé « excellent ». La conversation est gaie, Eugénie parle beaucoup, rit autant. « Il était impossible de mettre les gens plus convenablement à leur aise. Nous avions l'air d'une société riche et sans façons qui se donnait le plaisir d'une partie de voyage. » Après la collation, Eugénie se retire dans sa voiture, embrasse son fils surveillé par sa nurse – il sera un peu perturbé par les mouvements et les bruits – et l'Empereur reste avec ses compagnons, fumant quelques cigarettes et invitant les amateurs à en faire autant. La nuit tombe. La tenue nocturne consiste d'abord à troquer le chapeau contre une casquette et on s'installe comme on peut « chacun adoptant une pose plus ou moins pittoresque se mit à ronfler ». Arrêts, essieux grinçants, prises d'eau pour les locomotives, la nuit est morcelée.

---

1. *Les Trains des rois et des présidents*, Jean des Cars et Jean-Paul Caracalla, Denoël, 1992.

« Vers trois heures du matin, dit encore le docteur Barthez, je m'éveillai, entendant un peu de bruit et, à travers une des glaces de notre salon, je vis une figure rieuse qui avait tout l'air de se moquer de nous. C'était l'Impératrice qui venait nous surprendre et qui riait de tout cœur de notre façon de dormir. Bientôt, on fut debout et après quelques instants, Sa Majesté se retira, nous disant que les représailles n'étaient pas permises... » Ainsi, dans un convoi qui reste digne des voyages illustrés par Daumier et Labiche, Eugénie roule vers cette Côte basque qu'elle aime. L'Impératrice est transformée par la joie, tant attendue, des semaines à venir, jusqu'au 30 septembre. Le doux refuge d'un simple bonheur familial.

4

L'Impératrice

Après un séjour revigorant et triomphal, le premier dans *sa* belle villa, Eugénie quitte à regret son cher Biarritz, l'endroit de France où elle se sent la plus heureuse, dans la quiétude d'une vie bourgeoise. Diverses créations d'organismes et constitutions de sociétés de bienfaisance passent sous son patronage, telle la reconnaissance d'autorité publique de l'orphelinat du Prince Impérial (15 septembre). L'Empereur ne cesse lui-même de développer des activités du même ordre et sa sensibilité aux difficultés quotidiennes est tangible ; le 7 octobre, à Saint-Cloud, il reçoit une délégation d'ouvriers parisiens protestant contre la cherté des loyers – une des conséquences des travaux d'Haussmann – et un mois plus tard, sur sa cassette personnelle, il prélève une somme de cent mille francs et la remet au préfet de Police pour la création de *Fourneaux économiques* qui permettront aux plus modestes de trouver une alimentation décente au début de l'hiver [1]. A Eugénie, il souligne combien il n'y a pas que *la grande politique*.

Or, sous le Second Empire, le couple souverain mène de front des occupations fort diverses, des plus humbles aux

---

1. Entre le 7 novembre et le 5 décembre 1856, huit de ces « fourneaux » vont distribuer, à prix symbolique, 1 244 756 repas chauds. L'expérience, très appréciée, sera renouvelée ; elle constitue les prémisses d'opérations comme « la soupe populaire » et de notre actuelle solidarité sociale, comparables aux « Restaurants du Cœur ». La popularité de Napoléon III devra beaucoup à sa constante générosité personnelle, devançant et incitant l'Etat à le suivre sur cette voie. La législation n'interviendra qu'après. Un exemple dès 1854 : la loi créant les Caisses de retraite pour la vieillesse. Le souverain répète : « Je n'ai qu'un regret, c'est que mes moyens soient toujours au-dessous de ce que je voudrais faire. » Aucun chef d'Etat en France n'avait eu à ce point le souci d'améliorer le sort des pauvres ; ses libéralités en tout genre, chiffrées en millions, vont absorber une bonne partie de ses ressources.

plus mondaines, les unes et les autres ayant leur justification
et leur utilité, parvenant même à une surprenante complé-
mentarité. De cet hiver 1856 date, véritablement, l'organisation des fameux séjours à Compiègne, répartis en *séries* dont
la notoriété et l'esprit ont été déformés mais qui ont laissé, à
ceux qui ont eu le privilège d'en faire partie, d'inoubliables
souvenirs. Il y a «Les Compiègne» et... les autres, souvent
jaloux et dépités. De ces villégiatures rituelles, nous conser-
vons, d'abord, une image élégante et célèbre, le tableau que
Winterhalter signa l'année précédente *L'Impératrice Eugénie
entourée des dames de sa cour.*

Grande par ses dimensions (quatre mètres vingt sur trois),
l'œuvre du peintre, recherché par toutes les Cours d'Europe,
sert d'introduction à cet univers. En tout, huit femmes,
Eugénie dominant légèrement le groupe; dans une robe de
soie blanche recouverte de tulle blanc et garnie de ruban de
soie lilas, une de ses couleurs préférées, elle est coiffée d'un
chignon tombant sur la nuque, encadré de lilas. L'Impératrice se détourne légèrement sur sa droite, tendant un bouquet de chèvrefeuille à la princesse d'Essling, grande
maîtresse de sa Maison que l'artiste représente de profil, en
taffetas rose. A la gauche d'Eugénie, la duchesse de Bassano,
dame d'honneur, incline son visage sur sa main gauche; elle
est en rouge mais on remarque surtout sa garniture en dentelle de Chantilly noire. Ces deux femmes, qui assurent les
plus hautes fonctions de la Maison de l'Impératrice, ne sont
requises que lors des cérémonies officielles. Winterhalter
nous montre encore des dames du palais, la vicomtesse de
Lezay-Marnésia, la baronne de Malaret, la baronne de
Pierres, la marquise de Las Marismas, la marquise de
Latour-Maubourg. Des violettes, des rubans, des boucles à
l'anglaise, de crinolines épanouies, beaucoup de tulle, un seul
chapeau et un gros bouquet, au premier plan, arrangé par la
marquise de Montebello, composent une scène de mondanités champêtres et rafraîchissantes. Le groupe est dans une
clairière, sous de grands arbres; une ville se distingue dans le
lointain. La réputation du tableau, symbole d'un moment
d'insouciance figée et d'académisme respectueux, fera regretter aux dames du palais absentes – leur nombre était passé de
sept à treize au début de 1855 – de n'avoir pas eu droit au
pinceau du maître.

Or, la toile, demandée et payée par l'Impératrice sur sa cassette puisqu'il ne s'agit pas d'une commande officielle, avait été présentée à l'Exposition universelle et avait essuyé un tir feutré de la critique, étouffé par une censure vigilante. On en parla peu car cela eût ressemblé à une critique du modèle principal mais on en parla mal. On la compara à du papier peint, à une fade décoration théâtrale. Mérimée lui-même estime que c'est une peinture à l'eau de violette, plutôt vulgaire : « Le portrait de l'Impératrice par Winterhalter est détestable à mon avis, mais il n'en faut rien dire à la Cour. C'est un troupeau de lorettes dans un jardin avec des toilettes de Palmyre et des petites mines maniérées. Cela pourrait servir d'enseigne au bal Mabille » ! Maxime Du Camp, fâché par cette débauche de rubans et de dentelles qui noient le personnage, lui reproche « sa facture sèche et heurtée, sa couleur criarde et dure ». Théophile Gautier pense, dans sa revue *Les Beaux-Arts en Europe*, que Winterhalter, tombé dans le piège de l'élégance, « n'a pas tiré tout le parti possible de ces étoffes aux nuances fraîches et claires, de ces chairs satinées, de ces chevelures brunes ou blondes ; il n'a pas donné assez de souplesse aux plis, assez de solidité aux tons ; il a fait abus de luisant et de la transparence ». Et, dans *La Revue des deux mondes*, le critique Planche parle d'une parodie de Watteau – l'inspiration XVIIIe est évidente – et conclut, sévèrement : « (...) C'est un défi porté à toutes les lois de la peinture. Ces robes si coquettement étalées ne contiennent rien. » Rarement, un tableau aura été aussi éreinté sans faire scandale mais il résume la destinée d'un peintre qu'aiment les monarchies et le public tandis qu'il déchaîne les sarcasmes de la critique d'art. Pourtant, tel quel, il demeure la carte de visite nostalgique des festivités de Compiègne quand le château connut son ultime apogée, sous le signe de la joie de vivre [1].

---

[1]. Sous le règne de Napoléon III, paradoxalement, le tableau n'est pas à Compiègne mais à Fontainebleau. Considéré comme propriété personnelle d'Eugénie, il lui fut rendu, en 1881 et accroché dans sa résidence d'exil, en Angleterre. Il fut vendu le 1er juillet 1927 pour 3 937 livres et... dix shillings. Acquis par un petit groupe dont les familles étaient liées à l'Empire, il fut offert à la Malmaison. Il est entré dans les collections du château de Compiègne le 19 décembre 1952 où il est exposé, toujours avec son imposant cadre doré d'origine, frappé, en trois endroits, des initiales entrelacées de l'Impératrice. Voir, notamment les catalogues des expositions *Franz-Xavier Winterhalter et les Cours d'Europe de 1830 à 1870* (National Portrait Gallery, Londres, 1987 et Petit Palais, Paris, 1988).

L'idée des *séries* revient à l'Empereur; il souhaite grouper autour de lui et de sa femme ce que la France et les étrangers qui y résident comptent de gens talentueux et illustres ou simplement importants, démarche déjà suivie par Napoléon Ier. A Compiègne, comme le remarque Alain Decaux, « l'Empereur et l'Impératrice apparaissent moins comme des souverains que comme des châtelains, faisant à leurs invités les honneurs de leur résidence et de leur chasse ». Car la chasse est appréciée de Napoléon III et les futaies abondent en gros gibier; la curée aux flambeaux, dans la cour, est une vision impressionnante et des chasses à tir se déroulent dans les clairières. Dans les détails – et on sait que « le Diable est dans les détails! » – c'est Eugénie qui s'occupe d'organiser ces grands mouvements auxquels elle donne, pour chacun, une tonalité dominante; il y a donc plusieurs types de séries. Elles commencent à la fin octobre ou au début en novembre, durent chacune sept jours, jusqu'à la mi-décembre où, le 15, on y célèbre souvent la Sainte-Eugénie. Comment procéder? Quel ordre d'importance faut-il observer pour mécontenter un minimum d'hôtes? Un casse-tête!

– C'est le problème du chou, de la chèvre et du loup! soupire Eugénie en compulsant les listes dressées par son chambellan.

Et le casse-tête reviendra avec une régularité quasi mécanique, trois séries en 1856 (le rodage), cinq en 1858 et 1859, six en 1861 (le record), en moyenne quatre par an; il n'y en aura ni en 1860 ni en 1867, respectivement à cause de l'affaire mexicaine et de l'Exposition universelle. Eugénie commence par la série sérieuse pour les personnages officiels; a priori, c'est celle où l'on s'amuse le moins. Puis vient la série élégante où les plus jolies femmes rivalisent d'atours, de charmes et d'inventions avec plus ou moins de bonheur et d'intelligence. Pour une dame en vue – et, en principe, respectable! –, ne pas en faire partie est une avanie. Ainsi, la ravissante Mme de Beyens, jolie mais pas très fine, demande à une autre invitée:

– Etes-vous de la série élégante?

L'intéressée répond, acide:

– Non. Je suis de la vôtre!

Ensuite, on trouve les séries diplomatique, militaire, artistique, ce qui n'exclut pas quelques mélanges de milieux, cer-

tains invités restant deux ou trois semaines. Etre reçu(e) à
Compiègne suppose des tenues, des bijoux, des chapeaux et
à cause de la saison, des capes, des châles, des fourrures que,
parfois, les invités n'ont pas en quantité suffisante. Etre
convié(e) coûte cher. Ainsi, une dame qui vient pour la première fois et a dû se mettre en frais, répète à son entourage,
admiratif :

– Je suis invitée à Compiègne ! J'ai vendu un moulin !

On l'appela la *Belle Meunière*...

Quelques jours avant la série prévue, les pressentis
reçoivent un carton du grand chambellan les informant que
« Par ordre de l'Empereur et de l'Impératrice », cet important
personnage a l'honneur de les inviter « à passer sept jours au
palais de Compiègne, du... au... ». Suivent les informations
pratiques. Tel un mécanisme d'horlogerie, la machinerie
mondaine se met en marche. Gare du Nord, un train spécial
est sous pression. Il part toujours à deux heures trente de
l'après-midi mais, avec les années, le trafic se développera et
il y aura jusqu'à cinq trains par jour dans chaque sens pour
les invités de la Cour mais un seul *express impérial*. Il y a dix
voitures de première classe (car il n'y a pas d'invité de
deuxième ni de troisième classe), dont six, avec des salons,
sont pour les heureux élus et quatre pour leurs domestiques.
Deux fourgons sont à peine suffisants pour les bagages. Que
de drames ! Une saison, très chargée, la princesse de Metternich et la comtesse de Pourtalès, toujours somptueuses, se
distingueront en mobilisant, pour elles seules, l'un des fourgons transformé en magasin de robes du soir. Après discussions techniques, on rajoutera un autre fourgon.

Au bout d'environ une heure trente, le convoi atteint la
ravissante gare de Compiègne. En 1856, au début de ces
migrations de caravansérails, on est très curieux de découvrir
ce qui a été prévu ; ensuite, on pourra comparer. De grands
breaks, coupés en poste, tirés par deux ou quatre chevaux,
partent au galop. Mais comme il fait frais, un coupé fermé
est prévu pour les frileux. Devant le perron, la nuée d'invités
descend ; ils sont au moins soixante, souvent quatre-vingts,
quelquefois cent. Quelques familiers, déjà arrivés, s'amusent
à regarder les nouveaux venus dans une invraisemblable
cohue de malles en pyramides sur les vieux pavés. Huissiers
et valets, listes en main, indiquent les appartements. Ils sont

confortables, rarement luxueux. Etre envoyé dans les étages supérieurs n'est pas le plus agréable car les logis sont étroits. Jean-Marie Moulin, alors conservateur en chef du palais de Compiègne, observait, si l'on ajoute aux invités leurs valets de chambre, femmes de chambre et autres, que « Compiègne se transformait pendant un mois en une sorte de grand hôtel où les moindres recoins sont habités [1] ». On compte mille trois cent quatre-vingts pièces et c'est insuffisant ! Alors, on se pousse, on s'installe comme on peut et certains manquent de place, se demandant comment ils vont tenir une semaine dans un placard. Eugénie négocie des transferts, replace les mécontents, sourit pour apaiser les vanités blessées. Il y a ceux qui lorgnent le logis des autres – les mal élevés – et il y a ceux qui, ravis d'être là, s'en contentent. Ils pourraient ne pas y être... Le peintre Thomas Couture, auteur du monumental tableau *Les Romains de la décadence*, présenté à l'Exposition, prépare une étude pour *Le Baptême du Prince Impérial*. Courtois, il avait fait poser Eugénie mais pour lui éviter la fatigue des séances, il s'était vite contenté d'une photographie de la mère à Saint-Cloud, agenouillée sur un prie-Dieu, dans la robe qu'elle portait lors de la cérémonie. Il apprécie le profil de l'Impératrice. Celle-ci l'a invité pour le remercier de ses prévenances et s'informe de son installation. Est-il bien ?

– Je me trouve d'autant mieux, madame, que ma chambre me rappelle la mansarde où j'ai fait mes débuts artistiques...

Il est sincère. Attentif lui aussi, Napoléon III interroge le chansonnier Gustave Nadaud, auteur prolifique et à succès de textes satriques, voire un peu lestes :

– Eh bien ! monsieur Nadaud, j'espère qu'on vous verra souvent. Considérez-vous ici comme chez vous.

– Ah ! Sire, c'est que j'espérais bien me trouver ici beaucoup mieux que chez moi !

En dehors de quelques obligations spéciales, comme un déjeuner ou un dîner à la table des souverains, honneur dont on est prévenu à l'avance, l'Empereur et sa femme veillent à ce que leurs hôtes aient la plus grande liberté. De ses séjours forcés en Angleterre, Louis Napoléon a retenu que l'avantage

---

1. « La Cour à Compiègne sous le Second Empire », revue du *Souvenir napoléonien*, juillet 1978.

des châteaux d'outre-Manche est qu'on vous y laisse tranquille tandis que, dans les châteaux français, on s'obstine à vous organiser des programmes...

Les invités une fois installés, vient l'heure des présentations, seul rendez-vous protocolaire impératif, et il est fixé, évidemment, le premier soir. Le rituel a lieu dans le salon des aides de camp, encore appelé salon des cartes, à sept heures du soir. Tout le monde s'est changé, les dames en robe de dîner simple – est-ce possible à Compiègne? – et les messieurs en frac et culotte à la française, tenue que Mérimée n'appréciera pas car on y a froid! De fait, le seul véritable inconvénient des séjours à Compiègne à cette saison est la température plutôt fraîche. Et pourtant, en plus des immenses cheminées où brûle une partie de la forêt, des calorifères avec des bouches de chaleur ont été installés. Tant pis, Napoléon Ier n'avait pas eu cet agrément mais il est vrai que, pour sa nuit de noces à Compiègne, l'ardeur de Marie-Louise l'avait certainement réchauffé. A sept heures, donc, Eugénie et Napoléon, arrivés ensemble par le salon dit de la famille, se séparent; l'Empereur passe devant les hommes, l'Impératrice devant les dames. Révérences, poignées de mains. Puis, Eugénie va de l'autre côté et, guidée par le chambellan, accueille les messieurs. Baisemains plus ou moins appuyés. Et l'Empereur fait de même. Baisemains plus ou moins tenus.

Or, parmi les invitées de la série élégante du 27 octobre au 2 novembre 1856 se trouve... la Castiglione! Comme il ne peut s'agir d'une erreur et que le couple impérial s'accorde sur les noms des gens attendus, Eugénie est au courant et elle sait que l'élimination mondaine de la comtesse ne ferait que conduire son mari à la retrouver ailleurs. En revanche, lui permettre de se montrer et, éventuellement, de se ridiculiser devant un public expectatif et hostile à l'intrigante, peut être une efficace stratégie de défense. Le jeu est risqué tant l'Empereur semble excité par la Florentine; cet intérêt pourrait signifier que, contrairement au scandale de Villeneuve-l'Etang et à ce qu'on en avait conclu, Virginia n'est pas encore la maîtresse de Louis Napoléon ou, du moins, qu'elle ne lui a pas encore accordé le principal... Selon une chronique de l'automne, Eugénie, apprenant l'obstination de la Castiglione, aurait laissé éclater une colère plus vive que d'habitude et averti son mari : « Il faudra quand même que vous vous décidiez à choisir entre cette putain et moi ! »

L'Empereur n'a pas encore choisi. A Compiègne, les deux femmes se mesurent. Pour donner le change, la belle comtesse est accompagnée de son mari, lequel est plus que complaisant. Ce cher François, qui n'avait jamais tenu beaucoup de place dans le cœur de sa femme même quand il partageait son lit, n'a plus droit à la moindre effusion conjugale spontanée. Avec sa Virginia, il ne correspond plus que par billets. Cela évite les scènes, les mots faisant moins de bruit que les paroles. Mais, il faut lui accorder un mélange d'humour et de candeur quand on lit ses réclamations, écrites, qu'il formule comme un constat d'huissier. Citons-en quelques fragments : « Premièrement, refus de la comtesse de se soumettre aux devoirs naturels du mariage sous prétexte qu'elle ne veut pas être grosse une deuxième fois, ce qui oblige le mari à des scènes ridicules et ennuyeuses pour obtenir ce qui lui est légitimement dû. Deuxièmement, manque d'obéissance complète envers son mari que la comtesse traite sans cesse avec la plus grande dureté, ayant toujours l'air, même devant des étrangers, de le regarder comme un imbécile qui n'est bon à rien. (...) Quatrièmement, conduite souvent blâmable, surtout dans les apparences, la comtesse affichant sans cesse une intimité qui, quoique innocente peut-être, dans le fond, lui fait du tort, surtout aux yeux du monde, ce qui ne convient pas au mari. (...) Huitièmement, enfin, manque total d'usage du monde, ce qui fait passer le mari pour être lui-même grossier. » Rien n'y manque, sauf le constat d'adultère ! Aussi, quand, lors d'une excursion en forêt, la comtesse glisse et se casse le poignet, on s'empresse peu autour d'elle. Mme Baroche, témoin, est heureuse de voir que malgré ses cris de douleur « personne ne la plaignait ». Le mari et l'Impératrice marquent un point ; les invités sont du côté d'Eugénie.

Dans la journée, selon le temps qu'il fait, on peut visiter les ruines grandioses du château voisin de Pierrefonds dont Viollet-le-Duc a commencé la restauration du donjon, l'architecte étant par ailleurs un organisateur de jeux, de charades et de divertissements innocents, parfois un peu surprenants de puérilité pour des ambassadeurs, des princes, des ministres, des maréchaux. Il y a un inattendu manège de

chevaux de bois, un croquet, un tir à l'arc. Eugénie préside le
thé, servi vers cinq heures, dans le salon de musique où
l'Empereur aime s'asseoir dans son fauteuil préféré, très bas
et de couleur prune, à droite de la cheminée. On cause, de
tout et de rien ; dans le salon de famille, Eugénie a placé
d'admirables chaises en citronnier, d'un style étonnamment
moderne. Comme elle aime les mélanges, les petits fauteuils
XVIIIe voisinent avec leurs répliques contemporaines, plus
larges et plus lourds ; la faute en revient à la crinoline ! Pour
bavarder, on a le choix entre des petits canapés à sièges
inversés ; à deux places, on est dans un *confident*, à trois on
occupe un *indiscret* ; leurs formes arrondies et leurs tons roses
incitent à tous les propos. On lit aussi dans la bibliothèque
installée pour les invités au deuxième étage sur la cour
d'honneur, où l'Empereur, bibliophile et archéologue amateur, conserve de précieuses éditions.

Après le dîner, le château s'anime de manière différente.
On peut jouer au billard japonais, avec ses onze couloirs et
son plan incliné, au palet, écouter un auteur lire un de ses
textes. Eugénie ne joue guère ; dans un salon voisin, on peut
danser, surtout au son d'un excellent piano mécanique, qui
amusera l'éternel Auber, le digne Meyerbeer et même le fougueux Verdi qui, en octobre, avait été condamné par le tribunal civil de la Seine à payer mille francs de dommages et
intérêts au directeur du Théâtre Italien après s'être opposé à
une représentation de son *Trouvère* pour une obscure raison.
Ce piano à manivelle, hélas disparu aujourd'hui, est une
attraction et les aides de camp sont requis pour le faire fonctionner. Mais il arrive que l'Empereur, sortant de son cabinet de travail vers dix heures du soir après avoir suivi les
affaires publiques – chaque jeudi, il préside le Conseil des
ministres –, s'amuse lui-même à faire entendre des mélodies
populaires, comme *La Boulangère* ou *Le Carillon de Dunkerque*. Le répertoire est limité à trois chansons. Suit une
farandole, menée, à l'occasion, par Eugénie. Le théâtre tient
également une place importante, professionnel ou amateur.
Dans la salle aménagée au temps de Louis-Philippe, les
meilleures troupes des spectacles parisiens à succès se pro-
duisent. La comtesse de Castiglione va encore s'y faire
remarquer. Montrant qu'elle s'ennuie, elle se lève et quitte la
salle, sous les regards courroucés de son mari. A-t-elle un

malaise? Non, il s'agit d'une urgence d'un autre ordre puisque l'Empereur se lève lui aussi dans sa loge, interpellé par Eugénie qui, selon son habitude, le vouvoie toujours en public.

– Où allez-vous?

– Excusez-moi...

C'est sa seule réponse. Les invités sont pétrifiés, certains scandalisés, d'autres enchantés car ils vont avoir quelque chose de croustillant à raconter. L'affaire s'envenimera le lendemain, lorsque l'Impératrice devra subir des regards faussement compatissants. C'est dur, elle fait front. Le soir, avant le dîner, l'insolente comtesse fait sa révérence à l'Impératrice. Eugénie la fixe d'un regard métallique puis, sans un mot, l'ignore et s'avance vers la salle à manger. C'est la guerre. Pour combien de temps et jusqu'où?

Les spectacles les plus originaux sont les programmes assurés par les invités eux-mêmes... Ils se déroulent dans le fond de la salle à manger, sur une petite scène escamotable. On joue aux tableaux vivants, dont l'opposition et la postérité feront de scandaleuses orgies romaines et qui, pourtant, ne dépassent pas le niveau de l'amateurisme appliqué. On traitera l'Empereur de *Sardanapale* et l'Impératrice de *Messaline*, ce qui est un comble de désinformation. Il est vrai que ces réjouissances peuvent avoir des résonances burlesques. Dans ce ton, la fille du maréchal Magnan, grand veneur des Chasses impériales qui a dû regagner Paris, est sollicitée pour jouer un personnage imaginaire, dans une revue *antique*. Jugeant qu'il lui manque des accessoires, elle envoie un télégramme ainsi rédigé: « Mon père, je fais l'Amour ce soir à Compiègne. Envoyez-moi tout ce qu'il faut pour cela. » Le câble n'étant pas codé, son contenu aura un effet dévastateur! Il y a aussi les parodies où l'on pastiche des pièces en vogue. Viollet-le-Duc fait des miracles, dirigeant les invités dans leurs rôles, surveillant l'éclairage, metteur en fête de pochades.

L'Impératrice, qui raffole de ce genre, regrette de n'être pas douée. Octave Feuillet écrira une petite pièce pour elle *Les Portraits de la marquise* où elle s'estimera exécrable; elle ne recommencera pas, sauf, en 1863, pour une parodie. On osera faire rire – elle la première – en se moquant de son goût pour les drapés, les rideaux et autres étoffes tombantes. Une vraie tapissière, cette Impératrice!

Eugénie est d'ailleurs la personne qui s'amuse le plus à Compiègne, sauf quand la Castiglione se permet ses provocations racoleuses. Mérimée, qui a son rond de serviette au château et ne peut échapper à une série, avoue dans une lettre : « Je suis à moitié mort. Le destin ne m'avait pas fait pour être courtisan. » Mais il reconnaît qu'Eugénie et son mari, lorsqu'il n'y a pas d'orage dans l'air de leur intimité, sont de parfaits maîtres de maison : « D'ailleurs, impossible d'imaginer châtelain plus aimable et châtelaine plus gracieuse. » On peut relever aussi ce commentaire, tardif, d'une femme qui aura son importance, la princesse de Metternich, bientôt ambassadrice d'Autriche et peu indulgente pour Eugénie : « Une femme du monde devenue Impératrice pouvait seule arriver à créer semblable réunion... Les princesses du sang n'ont pas l'usage du monde qu'avait l'Impératrice ; elles auront beau faire, elles restent des êtres hybrides qui gênent les autres et se sentent gênées elles-mêmes. » Ainsi, en mélangeant des futilités et des réceptions de personnalités – le grand-duc de Toscane réside à Compiègne du 28 octobre au 6 novembre 1856, ce qui suppose des entretiens sur l'Italie – Eugénie acquiert une réputation de charme et de savoir-faire auprès de gens qui la connaissent encore mal. On recherche son amitié. Elle est la digne épouse d'un homme qui a su relever la France et lui redonner un rôle majeur qu'il faut observer de près. « La position clé de la France en Europe doit être actuellement le fondement et le point de départ de toutes les spéculations », a déclaré un brillant diplomate allemand au début d'un discours essentiel, le 28 avril. Qui tient ces propos ? Le représentant de la Prusse à la Diète de Francfort, Bismarck.

Ayant reçu et entretenu près de trois cents invités pendant cinq semaines, l'Impératrice, qui a été souffrante trois jours, décide de passer sa fête à Saint-Cloud où l'étiquette est pratiquement absente et, à cette saison, les visiteurs réduits aux intimes. Après tant d'apparitions publiques et d'obligations pour vivifier le rayonnement impérial, un peu de calme et son fils auprès d'elle lui sont bien agréables. Le 28 décembre, elle inaugure l'orphelinat Eugénie-Napoléon, dans le quartier du faubourg Saint-Antoine. Cet établissement, destiné à l'instruction professionnelle des jeunes filles pauvres, est né de la volonté de l'Impératrice lorsqu'elle avait fait vendre, dans un

but charitable, le collier que lui offrait la Ville de Paris pour
son mariage ; on en avait tiré six cent mille francs et, en souvenir du geste, l'immeuble construit a la forme d'un collier [1].

2 janvier 1857. Depuis trois ans, aux Tuileries, il est
d'usage de recevoir toutes les autorités françaises et diplomatiques pour une cérémonie de présentation des vœux.

Sous le dais de la salle du Trône, Eugénie, à gauche de
l'Empereur, reçoit les compliments des femmes annoncées
par la princesse d'Essling, « basse sur jambes mais de fort
grand air ». Selon son humeur constante, l'ambassadeur
d'Autriche scrute les défauts ou les travers de la cérémonie, ce
qui n'est pas une préoccupation digne d'un ambassadeur...
Hübner vérifie qu'à de rares exceptions près, les femmes de la
haute société ne paraissent pas au palais. Paris n'est pas
Vienne... La volonté de dévaloriser ce qui se fait, ce qui se dit
et la manière dont tout est agencé est l'un des obstacles
qu'Eugénie doit affronter. Le comte de Hübner, insupportable de snobisme, semble venir uniquement pour critiquer, se
gausser et donner au passage des leçons de bonnes manières.
Or, l'Impératrice le guette également car elle connaît son
manège. Aussi, quand arrive la femme d'un général ressemblant à une paysanne déguisée, ce qui déchaîne une hilarité
mal contenue, on voit Eugénie, furieuse, lancer un regard
assassin aux turbulents. Il en faut de la patience et de la santé
pour accueillir quatre cents femmes qui font le plongeon,
comme on dit, renvoient leur traîne d'un coup de pied sûr et
s'éloignent, plus en glissant qu'en marchant !

Interminablement, un orchestre militaire joue une marche,
dite du *Prophète*. Il est exact que le protocole et les usages du
Second Empire concernent souvent des gens peu familiers de
ces conventions, représentants d'une société en totale transformation. Quelques richesses récentes auront du mal à se

---

1. Alors situé au n° 262, aujourd'hui au n° 254, il fut élevé, par Hittorf, sur l'emplace-
ment d'un ancien marché aux fourrages appartenant à la Ville de Paris et qui servait
de réserve. Rappelant l'origine du don, l'architecte conçut les ailes du bâtiment en figu-
rant les branches du bijou tandis que le salon d'honneur était le fermoir et la chapelle le
pendentif. Accueillant trois cents orphelines, âgées de 8 à 10 ans et qui y restaient
jusqu'à 21 ans, leurs travaux, rémunérés, permettaient de constituer une dot pour ces
jeunes filles. Le prix du collier, élevé, ne suffit pas à la construction ; il fallut ajouter plus
d'un million, mobilier compris. Eugénie contribua, pendant tout son règne, aux frais de
fonctionnement, prélevant cent cinquante mille francs par an sur sa cassette personnelle. Devenu l'orphelinat du Faubourg Saint-Antoine, il retrouva son nom en
1942. Propriété de la Ville et géré par la congrégation des Filles de la Charité, il dispense un enseignement technique et commercial féminin.

fondre dans une patine discrète. Mais il y a également ceux
dont les parents ont été liés à l'Empire, le premier, et qui
s'étaient trouvés écartés des réjouissances par les monarchies
restaurées; alors, heureux de retrouver leur monde, ils
prennent une revanche de salons illuminés, de musiques
altières et de noms prestigieux. C'est leur tour, leur chance. Et
tant pis si l'huissier qui les annonce a « une voix grêle, tenant
du poulet étique et du chaudron fêlé », remarque supposant
que l'on connaisse la voix d'un chaudron!

Heureusement, l'Impératrice arrive, aérienne avec sa
démarche d'amazone libre, impétueuse s'il le faut, très attentionnée s'il le faut aussi. Quand c'est elle qui passe en revue
ses visiteurs, ils sont fixés, chacun à leur tour, par son regard
velouté. Elle a une manière de saluer en s'inclinant légèrement
qui fait grand effet avant d'ajouter quelques mots, souhaitant
toujours que les gens restent le plus longtemps possible; cela
voudrait dire qu'ils ont passé un moment agréable, au-delà de
la bienséance. Dehors, les promeneurs, qui ne seront peut-
être jamais reçus par Leurs Majestés, profitent des jardins qui
ont été, depuis Catherine de Médicis, accessibles aux Parisiens, sauf au XVIIe siècle s'ils étaient miséreux, soldats ou
laquais, par une curieuse interdiction. Baudelaire observe :
« Nous voyons se promener nonchalamment, dans les allées
des jardins publics, d'élégantes familles, les femmes se traînant avec un air tranquille au bras de leur mari dont l'air
solide et satisfait révèle une fortune faite et le contentement de
soi-même [1]. »

Le 15 janvier, toujours aux Tuileries, a lieu l'un des trois
bals somptueux donnés avant Pâques. Le duc de Bassano, qui
lance les invitations, s'arrête à cinq mille personnes; il en vient
au moins trois mille, voire quatre mille. Il faut d'abord y accéder et comme les fiacres sont interdits dans la cour, on vient
dans une voiture dite de maître ou de remise, à condition de
s'y prendre à l'avance. Une incroyable file s'allonge sur le quai
et rue de Rivoli et, à partir de la Concorde, on avance au pas.
L'arrivée à la fête impériale prend souvent plus d'une heure,
entre deux opérations délicates, le passage de la crinoline par
la portière, pour entrer puis sortir de la caisse, jamais assez

---

1. Les concessions accordées pour l'exploitation de petits commerces dans les jardins
des Tuileries, propriété impériale, ont été organisées dès 1852. Les recettes des cafés et
de la location de chaises financent les premières Caisses de retraite pour les ouvriers des
manufactures de Sèvres et des Gobelins.

grande ! Les messieurs sont priés de garder leur calme après ce long moment où ils ont voyagé « immobiles au milieu de ces nuages fragiles où le moindre geste peut causer des désastres ». Chez les hommes, la culotte blanche ou noire côtoie le vert à aiguillettes des dragons et les brandebourgs dorés des artilleurs. Les bottes, de luisant cuir de Russie, dites à la Souvaroff, alternent avec les souliers vernis. On franchit des barrages d'huissiers, d'officiers d'ordonnance, on jette un œil sur les buffets qui n'ont pas la meilleure réputation. « Une honnête table d'hôte de second ordre », prétendra la princesse de Metternich.

Leurs Majestés paraissent à neuf heures. Eugénie a un don, celui de se souvenir des noms, des titres, des fonctions. L'Empereur, la voix évasive et le regard distrait, est aimable mais, en dépit des annonces à son oreille, s'emmêle régulièrement. Fort courtoisement, il félicitera Sainte-Beuve de ses chroniques dans *Le Moniteur*... où il n'écrit plus depuis deux ans. Et la mode selon l'Impératrice ? En ces premiers temps, Eugénie veille à dégager son front, refusant la tyrannie de frisettes en pièces montées. Ses cheveux, très simplement coiffés par la dextérité du précieux M. Félix, sont souvent soutenus par deux grosses boucles en brillants. Elle aime mêler des feuillages, vrais ou en pierreries et porte, admirablement, des robes claires nimbées de tulle, soulignées, par exemple, de velours rouge. Il arrive que l'Empereur et l'Impératrice ouvrent le bal, surtout les premières années.

Le plus remarquable dans cette brillante féerie, de plus en plus courue en Europe, est la manière dont Eugénie, parvenue à son fauteuil, enchaîne ses trois révérences. A droite pour les princes et les représentants des Maisons royales et régnantes ; à gauche pour les diplomates ; enfin, en face pour le reste de ses invités. A chaque mouvement, son regard circulaire, à la fois rapide et attentif, semble se poser sur chacun. C'est à croire qu'elle a toujours accompli cette triple gymnastique sans faute. Et l'on ne peut surprendre une éventuelle contrariété ou un souci.

Pourtant, au début de février, elle s'inquiète de la santé de sa sœur, altérée par des douleurs névralgiques dont Paca souffre depuis l'enfance. Eugénie, qui ne peut plus se passer du télégraphe – elle en parle très souvent dans sa correspondance – peste contre le silence du fil. « (...) Est-ce du mieux ou du plus mal, je n'en sais rien, ça me désespère. (...) C'est une invention superbe, mais quand on a son âme suspendue à ce fil, on trouve encore qu'il est bien imparfait. » Les migraines de la duchesse d'Albe disparaissant, sa sœur lui envoie une série de billets plus optimistes et quelques conseils « ... surtout, sois bien sage et ne pense pas trop à reprendre ta vie habituelle, surtout pas de cheval, voilà mes ordonnances ». Et, complice, elle signe « Dr Eugénie ».

Une encombrante comtesse

Contre la Castiglione, quel peut être le remède ? Car elle s'incruste toujours dans l'environnement impérial, sans que l'on puisse établir que sa mission progresse réellement. Ayant quitté la rue de son patronyme, elle s'est installée avenue Montaigne, dans un immeuble de style « égyptien » qu'elle loue à la famille de Lesseps. Ses apparitions deviennent des événements tant son imagination vestimentaire est débridée. Mais l'Empereur semble un peu moins séduit par ses extravagances, d'autant moins qu'à partir de la fin février, il s'intéresse beaucoup à la comtesse Walewska. Et il s'y intéressera longuement, au moins pendant quatre ans. Napoléon III a le cœur innombrable. Rude concurrence pour la divine comtesse qui, au bal du mardi gras chez la princesse Mathilde, se montre en marquise du XVIIIᵉ siècle, défi supplémentaire à l'Impératrice puisque Eugénie s'était prêtée à quelques travestissements du même genre qui donneront naissance à un style « Louis XVI Impératrice »... typiquement Second Empire ! Entre autres excentricités, la comtesse-espionne multiplie ses photographies exposées chez elle. Virginia s'aime. Elle annonce qu'elle va montrer quelques clichés de ses pieds et de ses mollets mais que la vue du reste sera réservée à quelques-uns de ses amoureux, nécessairement béats ! Mérimée explose, indigné. Il menace de donner une fessée à la scandaleuse, un traitement que la princesse Mathilde lui déconseille, car Virginia risquerait d'apprécier la main, vigoureuse, d'un académicien.

La comtesse vante tellement sa beauté que son égocentrisme finit par gêner une femme qui n'a rien à voir avec l'agent de Cavour mais porte le même nom que l'intrigante. Il s'agit de la duchesse Colonna de Castiglione, sculpteur sous le nom de Marcello [1]. Exaspérée qu'à l'annonce de son nom, tous les visages se tournent vers la nouvelle venue, furieuse d'être un sujet de curiosité politico-lubrique, la duchesse prie les laquais et les huissiers qui l'introduisent d'adopter cette formule insolite :

– Annoncez Madame de Castiglione... La laide!

La princesse Mathilde et Mérimée éclatent de rire. A la Cour, on s'amuse aussi; grâce à une femme intelligente, l'esprit triomphe du corps... Napoléon III suit l'évolution de la situation politique en Italie et conserve une relation à la fois régulière et distante avec la comtesse. François-Joseph, face à l'agitation anti-autrichienne en Lombardie et en Vénétie, nomme son frère Maximilien vice-roi de ces provinces; l'archiduc remplace le maréchal Radetzky que Strauss père a immortalisé dans une irrésistible marche mais qui est haï du côté de Milan et de Venise. La rupture des relations entre Vienne et le gouvernement de Cavour est consommée en mars. La comtesse multiplie les messages à ses hauts destinataires; Victor-Emmanuel est en contact permanent avec elle. Il arrive même qu'une lettre chiffrée circule par la voie diplomatique officielle et que l'ambassadeur de Piémont-Sardaigne à Paris, le marquis de Villamarina, serve de boîte aux lettres. On saura plus tard que la Castiglione est aussi chargée de vérifier l'état d'esprit de l'Empereur des Français à l'égard de la cause italienne. Est-il réellement décidé à construire l'unité ou, du moins, à y participer de manière décisive? Quel est le sentiment des ministres? Y sont-ils tous opposés ou certains y seraient-ils favorables? Quelle est l'influence de l'Impératrice, que l'on sait hostile à une remise en cause du statut de la papauté? Lentement, en tout cas moins vite que les stratèges de Turin ne l'espéraient, la belle comtesse rapporte à ses commandos l'essentiel des idées de l'Empereur. Une lettre d'un collaborateur de Cavour sera sans équivoque sur ce point : « Essayez de tirer les vers du nez du vieux... » Eugénie est en alerte. Apprenant que Napoléon III a osé installer un des inévitables portraits de l'aventurière dans son cabinet de travail aux Tuileries, l'Impératrice descend de l'étage par son

---

1. Ghislain de Diesbach en a tracé un savoureux portrait dans *La Double Vie de la duchesse Colonna*, Perrin, 1988. Contemporaines, les deux femmes ont souvent été confondues!

escalier, bouscule chambellan et secrétaires qui s'écartent et fait une scène brève mais cinglante à son mari. Jetant la photographie par terre, elle lui lance :

– Contentez-vous de l'original !

C'est trop demander... L'Empereur se distrait sans doute avec Virginia. Mais si elle s'applique à réciter sa leçon, c'est à peine si lui l'écoute. Elle croit jouer un rôle ; elle en joue un, vraisemblablement moins essentiel que prévu. En attendant, elle reçoit des bijoux, en particulier une splendide émeraude d'une valeur de cent mille francs et, curieusement, de l'argent. Or, par Cavour elle a été pourvue des moyens de sa mission. Alors ? La Castiglione est aussi avare que dépensière. Si elle n'a pas le génie diplomatique de Talleyrand, son talent dans le gaspillage n'égale que ses extravagances. Ainsi, d'une certaine manière, elle se retrouve presque dans la situation d'un agent double puisque Napoléon III la soutient financièrement. Qui soudoie qui ? Aux rares questions d'Eugénie, il répond que la France doit être informée de ce qui se trame à Vienne et à Turin.

Est-ce pour faire diversion ou un simple hasard ? Voici que les divertissements spirites de l'Impératrice reprennent au printemps. Le fameux M. Hume, cet Ecossais naturalisé américain qui a la réputation de faire apparaître des fantômes, revient pour initier des postulants à l'inexplicable. Toujours aussi famélique et d'aspect inquiétant, ce personnage, qui n'a que vingt et un ans, entretient le mystère sur tout, y compris sur lui-même. Ses détracteurs assurent que son comportement ne fait que cacher sa bêtise et qu'il n'est qu'un imposteur. Eugénie est fort excitée à l'idée de rencontrer un homme qui annonce des choses extraordinaires... sans savoir lesquelles ! « Il parle peu. Quand on lui demande ce qu'on va voir, il dit : je n'en sais rien, je ne suis qu'un instrument », raconte l'Impératrice à sa sœur dans une lettre, longue et détaillée. Mais, on juge mal venu que ce spirite soit reçu aux Tuileries car n'est-ce pas lui accorder une reconnaissance ou un brevet de sérieux ? Dès le 4 mars, Mérimée manifeste sa réprobation dans un courrier à sa chère Manuela. Ce M. Hume « ... est allé plusieurs fois aux Tuileries, ce qui ne fait pas un trop bon effet... Si l'on compare les farceurs du siècle dernier, le comte de Saint-Germain et Cagliostro avec ce M. Hume, il y a la même différence qu'entre le XVIIIᵉ siècle et le nôtre. Cagliostro faisait de l'or, à ce qu'il disait, prêchait la philosophie et la révolution, devinait des secrets d'Etat, etc. M. Hume fait tourner les tables. Hélas ! Les esprits de notre temps sont bien médiocres. » Que l'Impératrice s'intéresse aux tables tournantes, pourquoi pas ? Elle aime l'insolite et elle est aussi fascinée par l'inexplicable que par la science appliquée, tel son télégraphe adulé.

Elle n'est pas la seule à être victime de la mode déjà évoquée. Qui, par exemple, peut prendre au sérieux, chez Victor Hugo à Guernesey, cette séance où l'exilé volontaire, dans une mise en scène savante, dialogue, en toute simplicité, avec Molière ? Une communication entre deux génies, bien sûr... Mais, curieusement, Molière lui répond en vers d'une facture si romantique qu'ils ressemblent... à du Victor Hugo ! Donc, tout est possible. On se demande, tout de même, comment l'Impératrice, dont le catholicisme n'est pas de parade, peut se laisser approcher de cette façon alors que l'Eglise foudroie les adeptes du spiritisme, acolytes de Lucifer ? Le plus grave – et le plus intéressant – est que Napoléon III lui-même soit fasciné par ces pratiques. A la demande de sa femme, il convie M. Hume à plusieurs interventions au palais impérial. A la première, il ne se passe pas grand-chose, quelques trépignements de table... Puis, avec une obscurité très utilisée – Eugénie paraît se méfier d'une ruse technique – on passe aux choses sérieuses. L'Impératrice, consciencieuse et crédule, dresse un plan de la table pour sa sœur. Le dessin ne nous apprend rien, sinon qu'Eugénie a Mme de Montebello sur sa gauche et qu'elle est face à l'Empereur. M. Hume, à gauche, est entre l'Empereur et les deux femmes. A droite, le général Espinasse, l'un des aides de camp de Napoléon III, héros des assauts, hélas réels, de Malakoff. Le bal des objets commence : deux sonnettes, posées sur la table, disparaissent ; un tabouret s'approche, tout seul, d'Eugénie ; un accordéon, confié à l'Empereur puis retiré, joue des notes charmantes. Eugénie sent une force inconnue, elle n'a pas peur et voit – croit voir – des phénomènes modestes, certes, mais qui échappent à toute explication. Ce qui étonne le plus la souveraine, ce soir-là – et l'Empereur en est également intrigué – est la manière dont le tapis de la table se met à bouger ; vers Napoléon III, saisi par des mains – oui, des mains – qui n'appartiennent... à personne. Ici une main d'adulte, là une main d'enfant ! Eugénie se lève mais, dans l'absence de lumière, elle est gênée par sa robe, se retourne et voit le coussin de son fauteuil pris par une autre main... Elle n'a pas peur et se promet de revoir M. Hume. Elle est impressionnable, il l'impressionne.

Or, Eugénie ne se contente pas de relater ses impressions enthousiastes à la duchesse d'Albe; elle les confie également, par le menu, à l'ambassadeur autrichien, ce comte Hübner dont pourtant elle se méfie. Lors d'un dîner aux Tuileries, le 12 mars, il a droit à ce récit de la jolie bouche de l'Impératrice. Eugénie commet une faute, en révélant son innocence un peu maladroite au représentant d'un pays qui n'a pas applaudi à la restauration impériale et ne voit, avec suffisance, que des aventuriers et des profiteurs partout. Mais son imprudence va engendrer d'autres surprises. Le comte Walewski, qui est aux Affaires étrangères et très attentif aux influences occultes – de cette manière, il surveille moins sa jolie femme – informé des visites du sieur Hume aux Tuileries, fait prendre des renseignements sur l'individu. Les résultats de l'enquête sont désastreux, à deux degrés. D'abord, il s'agit d'un imposteur qui a dû fuir diverses polices. Evidemment, il est malin, habile, certainement doté de pouvoirs et, s'ils ne suffisent pas, il les aide... Ainsi, lors d'une séance où un pied nu du médium se balance dans l'air, un témoin soupçonneux fait remettre le courant électrique sans prévenir et on découvre le pied... enduit de phosphore! C'est un faux magicien, puisqu'il prétend n'être au courant de rien. Plus grave est que Walewski le soupçonne, sur des bases difficiles à prouver, d'être un agent de la Prusse. Un espion envoyé par Berlin!

Le ministre, effaré des séances que M. Hume anime aux Tuileries et de son influence, éventuelle mais supposée, sur le couple souverain, menace l'Empereur de démissionner si le spirite continue à être reçu chez Leurs Majestés. Sur ce point, Walewski n'est pas entendu. Le médium ne perdra définitivement son prestige que lorsqu'il osera annoncer à l'Impératrice que le Prince Impérial ne régnerait pas sur la France... Bouleversée, Eugénie a une scène pénible avec Napoléon III, jusque-là plutôt diverti par les manigances plus ou moins efficaces de M. Hume. Walewski insiste : il faut se débarrasser de ce personnage inquiétant. Ses prophéties sont inadmissibles. Il semble qu'Eugénie ne puisse croire, réellement, ce qu'il a prédit à propos de son fils. Cependant, l'historien doit s'inter-

roger : dans ses révélations, Hume est-il sincère? Intéressé?
On ne peut réellement trancher, sinon constater que sa triste
prédiction concernant l'héritier du trône sera avérée. Sur la
curiosité passive de l'Empereur, Ferdinand Bac, dans ses brillantes évocations intimes de l'époque, mettra en cause
« l'empreinte italienne », une attitude mêlée de résignation, de
fatalisme et de diverses croyances [1].

L'empreinte italienne... Elle se manifeste le 6 avril, un peu
avant l'aube. A trois heures du matin, en sortant de l'hôtel
particulier de la Castiglione, avenue Montaigne, Napoléon III
est agressé par trois inconnus. L'Empereur doit la vie au
réflexe de son cocher qui fouette les chevaux. Il est sain et sauf
mais les policiers et l'entourage rapproché ont eu peur.
L'enquête, complexe, permet d'arrêter, deux mois plus tard,
trois sujets d'outre-Piémont, des *carbonari*, dont un ouvrier
opticien. On implique la belle comtesse. A-t-elle renseigné les
agresseurs? Ou bien ont-ils pris leurs renseignements eux-
mêmes, les promenades en ville de l'Empereur n'étant pas
faciles à protéger? Une seule certitude : Napoléon III venait
de quitter cette maîtresse dont le domicile est fort connu;
indirectement, au moins, elle est donc liée à l'affaire. Et si les
trois hommes parlent, ils peuvent compromettre le souverain,
une raison de plus pour agir discrètement mais fermement. Le
ministère de l'Intérieur et le Quai d'Orsay prennent donc ce
prétexte pour éloigner Virginia. On la prie de quitter Paris,
elle annonce son départ pour l'Angleterre; les autorités de
Turin s'abstiennent de réagir, ne pouvant plus protéger cette
envoyée très spéciale, maintenant surveillée par la police.

L'examen ultérieur de diverses archives et de messages
chiffrés (la lettre F signifie qu'elle s'est donnée à un homme)
nous permet de conclure que la comtesse n'a pas réussi à
modifier les idées de Napoléon III sur l'Italie; elle n'était là
que pour les lui rappeler – ce qu'elle fit lourdement – et les
faire triompher. Elle fut une turbulente agente de relations
publiques et de communication; au-delà de son comportement tumultueux qui attirait toutes les curiosités, elle fut un
médiocre agent diplomatique et une espionne particulièrement imprudente. Elle s'exprimait trop, y compris, on l'a dit,
dans sa manière d'élaborer ses vêtements, de véritables échafaudages d'étoffes et des harmonies calculées de couleurs. Elle

---

1. *Napoléon III inconnu*, Félix Alcan, 1932.

n'existait qu'en dérangeant. Elle laissait voir des dentelles dont on ne pouvait ignorer la provenance, portait des bijoux d'un fournisseur de la Cour. Le spectaculaire lui tenait lieu d'intelligence ; insipide, elle avait fini par lasser Napoléon III ; il était fatigué de l'entendre dire qu'il fallait s'occuper de l'Italie ; cela, il le savait depuis ses années noires et mieux qu'elle. Et il détestait qu'on lui indique la marche à suivre sur un dossier qu'il avait lui-même enrichi. En quelques mois, la comtesse avait montré ses limites et ses véritables compétences. Si la rupture avec l'Empereur fut brutale, on peut penser qu'il était mieux informé sur elle qu'elle ne pensait l'être sur lui. Dans la galanterie, elle était sans doute experte et imaginative ; dans l'infiltration diplomatique, elle avait échoué. Sa dernière erreur de l'époque fut de croire qu'elle pouvait rendre à l'Empereur les bijoux qu'il lui avait offerts, par une sorte de chantage à l'envers. Or, il n'était pas amant à se renier ; il avait apprécié son savoir-faire amoureux et récompensé ses attentions. Il l'avait donc remise à sa place, celle d'une prostituée de luxe égarée dans une question européenne essentielle, pas très astucieuse mais qui avait le génie de se faire remarquer, ce qui masquait un grand vide. Elle était restée un amateur. Quelles que fussent son obsession et ses exigences sexuelles, Napoléon III a toujours séparé la politique du plaisir même si un examen superficiel de son comportement peut faire croire le contraire. Soudain, dans cette aube de printemps, la Castiglione est de trop et elle est inutile. Les gens chargés de la mettre à l'écart agissent rapidement et l'Empereur se félicite de cette mesure. Pour la plupart des Parisiens, ce 6 avril restera le jour de l'inauguration d'un nouveau champ de courses en bordure du bois de Boulogne où l'architecte Davioud construit des chalets et même un kiosque qui sera réservé au couple impérial.

La Castiglione chassée de Paris ! Le soulagement d'Eugénie est encore avivé lorsqu'elle apprend que le comte de Castiglione a décidé de partir, lui aussi – pour l'Italie –, excédé par les perpétuelles incartades de sa femme et ruiné par les dépenses, ahurissantes, qu'elle n'a cessé d'engager ; on parle de deux millions de dettes ! Il avait, d'ailleurs, profité des largesses récoltées par cette épouse vénale, sans que sa conscience ni son honneur en fussent atteints... Lui qui n'avait cessé de déclarer « je suis le modèle des maris, je

n'entends rien et je ne vois jamais rien » a fini par retrouver
l'usage de ses oreilles et de ses yeux. On a dû l'aider. La séparation du couple est effective le 26 mai. Quatre jours plus
tard, au Salon, la Castiglione n'est plus présente que par un
pastel d'Eugène Giraud, familier de Mathilde et dont le frère,
Charles, peindra le salon de la princesse. Pastellisée, la Castiglione ne recueille qu'un de ces succès d'estime comme les
expositions en connaissent régulièrement. Pour beaucoup de
gens, elle s'efface avant de nuire davantage.

L'Impératrice, frappée par un deuil en Espagne qui l'atteint
beaucoup, n'échappe pas à une nouvelle séance de spiritisme.
Le souvenir de son père l'envahit ; un soir, elle croit tenir sa
main et s'abandonne à des pensées mystiques. Comme ce
père lui manque, toujours... Elle est entrée en communication
avec lui mais pense qu'elle ne ressentira plus sa « présence ». A
Paca, Eugénie, visiblement perturbée, écrit : *Je trouve que
l'impression de la mort n'est plus si triste quand on pense qu'ils sont
quelquefois près de nous, quoiqu'invisibles, jusqu'au moment où ils
entrent au Ciel. Ne penses-tu pas comme moi, chère sœur ? Ne crois
pas que c'est de l'imagination. C'est une réalité et j'espère te
convaincre toi-même (...)*. M. Hume a un point commun avec
la Castiglione : il dérangeait et il a été prié d'aller exercer ses
étranges talents ailleurs. L'Impératrice, regrette tout de même
le départ de celui qu'elle appelait l'Ecossais, car il ne pouvait
qu'entretenir des relations privilégiées avec les fantômes...

En juillet, un voyage privé en Angleterre réunit Victoria,
Albert, Eugénie et Napoléon III dans la résidence que la reine
affectionne tant, Osborne, dans l'île de Wight. Ces retrouvailles se situent dans un contexte qui a changé depuis le
Traité de Paris. L'interprétation de ce dernier a entraîné des
divergences, en particulier sur le statut des principautés de la
future Roumanie. En marge de la position britannique, toujours hostile au jeu compliqué des Russes dans les Balkans,
Victoria avait écrit à Eugénie combien elle était peinée de ces
malentendus. Il est révélateur que la reine ait tenu à donner
son point de vue directement à l'Impératrice, une courtoisie
qui consolide la naissance entre les deux femmes de considérations politiques. Lorsqu'elle la revoit, elle est fort heureuse
de trouver une Eugénie « pleine d'énergie et beaucoup mieux
informée que lors de son précédent voyage ». Pendant six
jours, la mère du Prince Impérial assiste à tous les entretiens

des deux souverains, en présence d'Albert, désormais porteur du titre de prince consort. Les nuances et les prévenances de Napoléon III à l'égard de la Russie ne plaisent guère à Eugénie qui cherche à en comprendre la logique, comme elles indisposent Victoria. Pourquoi donc avoir fait la guerre en Crimée si l'autocrate de Saint-Pétersbourg, le tsar Alexandre II, peut être fréquenté? Et l'envoi de Morny au sacre du tsar, en qualité d'ambassadeur extraordinaire, lui a déplu.

Or, en ménageant la Russie, totalement déconsidérée en Crimée, Napoléon III applique d'abord un vieux et sage principe selon lequel on ne doit jamais humilier un adversaire vaincu, la défaite étant déjà l'épreuve de la honte. Ensuite, pour parvenir à ses objectifs dans « les Italies », selon le mot de Mathilde, Napoléon III devra affronter l'Autriche qui occupe le nord de la péninsule. Comme l'Empire français ne pourrait être, en même temps, en conflit avec l'Empire russe, il faut ménager ce dernier et même se réconcilier avec lui.

En ce sens, l'Empereur des Français a la hauteur de vues d'un visionnaire européen. S'il a œuvré pour la conception de l'Entente cordiale franco-anglaise, il pressent, mais on l'a moins noté, la fameuse alliance franco-russe des années 1880, étonnant mariage à distance des tsars avec la République. Eugénie apprend beaucoup avec son mari qui, tel le cardinal de Retz, a noté que « les Etats n'ont pas d'amis, ils n'ont que des intérêts ».

Heureuse d'avoir été traitée comme une personne qu'on instruit des coulisses des tractations mondiales, Eugénie regagne la France. Intellectuellement, elle est réconfortée; on tient compte d'elle. Diplomatiquement, elle n'ira pas à Stuttgart où Napoléon III doit rencontrer le tsar. Affectivement, elle a appris que la Castiglione, qui séjourne chez Lord et Lady Holland à Londres, vient de commander son portrait par Watts, qui a également fixé les traits de Mathilde. Encore un portrait d'elle! Elle continue de s'aimer, incorrigible Narcisse mais, au moins, elle est loin.

En se frottant, progressivement, à la politique européenne, à ses engagements et à ses hypocrisies, Eugénie a été éclaboussée par des rumeurs d'une violence inouïe. On s'acharne contre elle, même si on vise principalement Napoléon III. Des billets plus ou moins anonymes circulent en dehors de France.

Ainsi, à Londres, le *Times* a reçu des ignominies qu'un journaliste honnête, exigeant des preuves et qui avait vécu en Espagne, a refusé de cautionner et de publier. Eugénie s'en réjouit en saluant le libre arbitre du prestigieux quotidien, « car ici la liberté de la presse n'existe plus », ce qui est parfaitement exact en France... un joli coup de griffe, surtout réservé à la duchesse d'Albe ! Un journal de Bruxelles, *La Nation belge* – Napoléon III l'a révélé à Eugénie –, allait imprimer des infamies, mais cette publication a été arrêtée à temps, peut-être contre une somme d'argent. « Pour me consoler, on me dit : ce n'est pas vous qu'on attaque, c'est lui ; c'est la politique qui s'en mêle. Perdre une femme n'est rien, pourvu qu'on ait le plaisir d'attaquer un parti. Tu penses, chère sœur, combien j'ai d'ennemis et sans savoir vers qui tourner les yeux (...) », raconte-t-elle à Paca.

Et puis, il y a les potins, nauséabonds et scandaleusement alléchants, sur les liaisons de l'Empereur. Tous ne sont pas répandus au même moment mais tous font mal car, bien entendu, la fumée révèle le feu et l'étendue des trahisons est effroyable : « La comtesse Walewska est décidément la favorite actuelle. L'Impératrice ne peut se passer d'elle et Walewski se pavane à l'ombre de la nouvelle dignité de sa femme » (11 septembre 1857).

Ainsi, les fielleux font jouer à Eugénie le rôle d'une épouse complaisante ou d'un aveuglement stupide. Mais les insinuations tournent aussi au vaudeville scabreux parce que la belle Walewska, sa blondeur et ses yeux gris-bleu pétillant, craint... le retour de la Castiglione ! Une peur justifiée, d'ailleurs, puisque l'espionne de Cavour est de nouveau invitée à Compiègne ! Voici la série des éliminées... Certes, ce sera la dernière fois qu'on la verra braver la Cour à Compiègne où elle connut une apothéose intime si l'on en croit sa dernière volonté, inscrite dans son testament – elle mourra en 1899 – qui est d'« être enterrée dans la chemise de nuit de Compiègne, 1857 » ! Pour son ultime prestation, la créature aux tuniques fendues montrant ses jambes du « haut en bas » avait dû être fort bien accueillie mais son souhait funéraire ne fut pas exaucé... En revanche, *Plon-Plon* se délectera de raconter qu'à Londres, Lord Hertford avait donné un million à la comtesse pour coucher avec elle et certifie qu'il a vu un reçu du montant signé de la Castiglione ! Viel-Castel se préci-

pite sur l'affaire et nous plonge dans le vice avec une satisfaction de voyeur : « Comme une nuit payée un million est
une nuit exceptionnelle, Hertford a voulu expérimenter la
comtesse en toute sortes de volupté. Il payait et payait cher, il
s'était réservé de dicter ses lois. La comtesse a dû passer par
toutes les épreuves du libertinage le plus raffiné, rien n'a été
omis. Après cette nuit, la comtesse est restée trois jours au lit
mais elle paraît aujourd'hui complètement remise, elle est plus
brillante que jamais. » On ne sait pas au bout de combien de
temps, ni dans quel état, le lord mécène de ce corps en feu a
retrouvé tous ses esprits...

Sentant le danger d'un retour de la Messaline de Turin, la
comtesse Walewska ose une formidable audace en se dirigeant
vers Eugénie :

– Je me vois forcée de demander à Votre Majesté de ne plus
m'inviter à ses soirées particulières, car dans le monde, on
m'accuse d'être la maîtresse de l'Empereur et je ne veux pas
que cette calomnie me nuise dans l'esprit de Votre Majesté.
Qu'elle m'éloigne donc de sa personne jusqu'à ce que tous ces
vilains bruits soient apaisés.

Quel discours hypocrite ! Marie-Anne Walewska est bien
plus habile que Virginia de Castiglione ; elle ne s'aliène pas
Eugénie, elle se place sous sa protection... Le chroniqueur
ajoute, enchanté de ces turpitudes et de ces roueries « L'Impératrice, très émue, l'a embrassée et l'intimité est devenue plus
grande (...) » La situation d'Eugénie est des plus inconfortables. Autour d'elle, ses suivantes. Parmi celles-ci, une ou
plusieurs maîtresses de son mari, durables ou déjà remerciées.
Aucune, d'ailleurs, ne se plaint d'avoir été séduite ; leur seul
regret est de ne plus être désirée. En élargissant son environnement protocolaire et ses fréquentations politiques,
Eugénie rencontre, croise et peut se lier d'amitié avec d'autres
femmes distinguées par l'Empereur. Elle le sait, feint d'ignorer telle ou telle aventure car certains transports amoureux
sont si brefs qu'ils ne sont même pas anecdotiques. Adroitement et avec un aplomb bien espagnol, Eugénie prend le parti
d'accepter la complexité de cet écheveau de désirs où, d'ailleurs, l'Empereur lui-même se perd un peu ! L'Impératrice
essaie – et souvent elle réussit – de muer ses rivales en amies
ou du moins en alliées ; de cette manière, elle aura moins
d'ennemies et pourra les affronter une par une, avec le secours

des autres. On rapporte que, devant un essaim de jolies femmes présentes à la Cour et qui s'inclinaient respectueusement sur son passage, Eugénie aurait dit, entre ses dents serrées : «Je me demande laquelle n'a pas couché avec l'Empereur...» Il y a, en effet, quelques usages, négligés par une Castiglione, qui a sans doute aussi perdu parce qu'elle avait mal jaugé l'importance et le prestige de l'Impératrice.

Bien des auteurs de théâtre entendront répliques, mots et reparties dans cette comédie des trompés. Ainsi, la duchesse de Persigny, petite-fille du maréchal Ney, ravissante mais surtout folle d'érotisme, ayant même fait attendre la reine Victoria quand son mari était ambassadeur de France parce qu'elle donnait du bonheur à l'un de ses jeunes amants, appartient à cette catégorie de femmes incroyablement libres, inconscientes, ne vivant que pour le plaisir et délicieusement adorables. Son mari, ce vieux compagnon de Louis Napoléon, finit par se plaindre de la notoire inconduite de sa femme qui, littéralement, agresse les jeunes gens. Persigny a tort de formuler ce genre de réclamations car il s'en prend au roi des dandys, le jeune duc de Gramont-Caderousse, l'un des... amants de sa femme! Il lui répond, glacé :

– Je ne vous permets pas de dire du mal de ma maîtresse !

N'est-ce pas digne du grand Georges Feydeau ou de l'immense Sacha Guitry?

Hélas, l'Impératrice n'a pas toujours le cœur à rire. Ces tensions constantes, ces chemins hérissés de pièges, de mensonges et de protestations, usent les nerfs et rongent la maîtrise de soi. Une lettre, pathétique, à la duchesse d'Albe, révèle le prix des affronts et des luttes chez une Eugénie qui revient de Compiègne et a pris froid : *(...) Je crois que tu dois assez bien me connaître pour penser que si je suis la victime des jugements téméraires, je ne suis pas du moins coupable : peut-être lasse de lutter contre un destin contraire, j'ai fermé les yeux et je me laisse aller à la dérive, voilà mon seul tort. Ceux qui, de plus près, peuvent mieux me juger m'ont, j'en suis sûre, absoute. J'ai un tel dégoût de la vie, elle est si vide au passé, si pleine d'écueils dans le présent, et peut-être si courte à l'avenir (du moins je l'espère) que je me demande souvent à moi-même si ça vaut la peine de lutter et le courage me manque car ces petites tracasseries usent toute l'existence.* L'Impératrice sombre dans une dépression de révoltée épuisée. Elle appelle la mort. Sa lettre est du 31 décembre

1857, la dernière de l'année. La mort arrive, mais pour donner un nouveau sens à sa vie...

Du sang sur une robe blanche

— J'aime à croire que l'année qui s'ouvre, comme celle qui vient de finir, verra se raffermir encore l'union entre souverains, la concorde et la paix.

Ainsi Napoléon III remercie-t-il le nonce apostolique, doyen du corps diplomatique, qui vient d'adresser à l'Empereur ses vœux officiels. Nous sommes le 1er janvier 1858. Deux semaines plus tard, le terrorisme ruine cet espoir, meurtrit la France et atteint, presque physiquement, Eugénie. Il fait exceptionnellement doux, ce 14 janvier. De nombreux Parisiens sont sortis. Les boulevards, ce fabuleux amalgame de théâtres, de cafés, de fiacres et d'omnibus, qui traversent un Paris animé où progressent les illuminations et les enseignes, grouillent de monde. Ce soir, à l'Opéra, alors situé rue Le Peltier, le programme est particulier. Un acte de *Guillaume Tell* sera chanté au bénéfice du baryton Massol tandis que Mme Adelaïde Ristori, authentique marquise pour l'état civil mais qui avait conservé son nom de scène, doit jouer, en italien, *Marie Stuart*. Rivale de la vieillissante Rachel, très protégée par Alexandre Dumas père, la Ristori fait courir les amateurs de gloires montantes. Les souverains sont attendus et leurs trois premières loges viennent d'être inspectées; le théâtre est d'ailleurs rattaché au ministère de la Maison de l'Empereur et fonctionne sur la liste civile impériale. Même Pietri, le préfet de police, est présent. Sous des châles à la mode indienne, on regarde des femmes superbes dont la ravissante épouse de Morny, enfin assagi dans les bras de Sophie Troubetskoï, qu'il nomme sa « princesse des neiges » puisqu'elle vient de Saint-Pétersbourg. Les badauds sont frappés de la ressemblance entre l'Empereur et son demi-frère, n'était son front dégarni. Un grand roulement de voitures, le galop d'un escadron de lanciers, voici Napoléon III et Eugénie. Sorti le premier de la voiture, le général Roguet tend sa main à l'Impératrice pour l'aider à descendre. Il sept heures trente. Soudain, une explosion, comme jaillie du sol, fait voler en milliers d'éclats la verrière au-dessus de péristyle. Une grêle de fer, de plomb et de verre s'abat sur l'entrée de l'Opéra. Le souffle de la déflagration a éteint les réverbères au gaz, dont Haussmann est si fier. La rue est presque dans le noir. Des râles, des cris, des hennissements montent du pavé ; on distingue un enchevêtrement de corps humains, de chevaux, des morceaux de voitures, des roues brisées, des casques enfoncés. A peine dix secondes plus tard, deux autres explosions, sur le côté et à l'arrière du cortège, atteignent l'équipage impérial. Une vison d'horreur. On comptera huit morts et cent cinquante-six blessés, chiffre qui confère à l'attentat un macabre record. Touché à la tête et au cou, le paletot traversé par un débris, le général Roguet saigne et son sang tache la robe d'Eugénie. Elle n'est pas blessée, sinon par un minuscule éclat dans l'œil, l'Empereur non plus mais il s'en est fallu de quelques centimètres, son chapeau ayant été criblé d'éclats métalliques ; seules sont visibles quelques égratignures au bout du nez. Dans l'immense confusion et les plaintes des victimes, on supplie les souverains de gagner le théâtre, bondé, et d'apparaître à leur loges. Napoléon III, un peu plus pâle que d'habitude mais toujours calme, commence par répondre :

– Non, messieurs, mon premier devoir est d'être au chevet des victimes...

Policiers et médecins insistent. Il se ravise sur le ton fataliste d'un homme que rien ne peut surprendre :

– Soit. Si le protocole l'exige... Mais aussitôt après, aux postes de secours ! Venez, Eugénie...

L'Impératrice, saisissante dans sa toilette constellée de gouttes de sang mais gagnée par l'apparente assurance de son mari, enchaîne :

– Prouvons que nous ne nous cachons pas, que nous ne sommes pas des lâches...

Et, dans une cohue énergiquement protectrice, ils gravissent l'escalier, se montrent aux loges devant une foule traumatisée qui les acclame et la représentation commence dans une ambiance électrique. Eugénie et Napoléon ne sont plus que des spectateurs tendus mais impassibles, gardés comme ils ne l'ont jamais été.

Dehors, l'enchaînement tragique est reconstitué et l'Impératrice conservera toute sa vie la mémoire de ces atroces secondes où la mort les a frôlés, elle et son mari, sans les atteindre alors que, sans aucun doute, leurs vies devaient être brisées ce 14 janvier 1858, dans la violence qui frappe aussi les innocents. Eugénie se souvient que la première détonation a soulevé la voiture, que le cocher, par réflexe dans ce genre de péril, a fouetté les chevaux pour arracher les souverains à une récidive. La deuxième explosion a brisé la voiture, tué un cheval et la troisième détruit le reste de l'équipage, blessant deux laquais. D'instinct, la souveraine sait que les tueurs, lâches, ne donnent aucune chance à ceux qu'ils attaquent. Ils frappent plus d'une fois et cette technique d'attentat en plusieurs phases va tristement être suivie.

L'entourage impérial constate combien Eugénie prend sur elle, dans une réaction de rage et de courage. Au maréchal Canrobert, muet devant le sang qui l'a éclaboussée et montrant son inquiétude, elle adresse cette observation acide :

– Vous voyez, monsieur le maréchal, il n'y a pas qu'à la guerre qu'on a du sang !

A sa mère, Eugénie précisera que les cris « Vive l'Empereur ! Vive l'Impératrice ! » leur ont réchauffé le cœur et qu'en rentrant, sur les boulevards illuminés, ils ont été acclamés. Après la visite aux blessés et une prière au chevet des morts, les autorités se précipitent aux Tuileries pour féliciter Napoléon III et sa femme d'être indemnes. Le pénible compliment est devenu une habitude... Mais, cette fois, l'Empereur a le visage très sombre, dur. La sanction verbale tombe :

– Monsieur le ministre, votre police est décidément bien mal faite !

Le drame prend une autre dimension. Pour la première fois, Eugénie était autant visée que Napoléon III. Ce sang qui souille sa robe est la première preuve de l'hostilité politique qu'elle suscite ; elle partage totalement le destin de son mari et en assume les risques. Jamais impliquée, jusqu'à présent, dans la contestation de son existence et de son rôle, elle est désormais une cible. N'est-elle pas la mère de l'héritier et investie des pouvoirs de la régence ? Elle gêne autant que son mari. A l'évidence, les terroristes ne font plus de différence entre elle et lui. Même le Prince Impérial peut donc être en danger. Vertement, elle se retourne vers le préfet de police et l'apostrophe :

– N'oubliez pas que la sécurité de l'Empereur vous est confiée et que vous en répondez devant moi !

L'Impératrice se révèle. Il va falloir compter avec elle. L'Empire est menacé dans la vie de ses souverains, Eugénie sera vigilante et, en bonne Espagnole de naissance, l'épreuve va la fortifier. Qui veut la tuer en même temps que Napoléon III? Des républicains? Des monarchistes? Des victimes du coup d'Etat? Des fous? Les assassins sont vite arrêtés. Ils sont quatre, leur chef est un certain Orsini, un ancien *carbonaro*. L'Italie, encore l'Italie! Ce mobile sert de creuset intellectuel aux conspirateurs. Les trois hommes sont des adeptes du mouvement *Jeune Italie* animé par Giuseppe Mazzini, un révolutionnaire qui avait été l'un des dirigeants de la brève République romaine écrasée en 1849 sur ordre de Louis Napoléon. Les coupables jugent l'Empereur un traître puisqu'il a étouffé la libération italienne et n'a pas assez montré son hostilité à l'Autriche. Leur but est d'exterminer les Bonaparte, de provoquer une révolution en France qui imposera en Italie une République transalpine. Pour eux, l'Unité italienne est trop lente à se forger, elle se fera plus vite en jetant des bombes au fulminate de mercure; la France servira de levier.

L'attentat d'Orsini – ainsi est-il entré dans l'Histoire – dépasse donc vite le cadre intérieur français. L'horreur du bilan frappe l'opinion. Mais quand on apprend que les conjurés ont préparé leur forfait en Angleterre, la tension diplomatique monte. Et si l'Empereur, après enquête, se fût volontiers montré clément par romantisme politique, son entourage est déchaîné, en particulier Morny; il profite de l'indignation générale pour fustiger l'inconvénient de l'alliance avec l'Angleterre et insister sur l'avantage d'un rapprochement avec la Russie. Les bombes d'Orsini peuvent lézarder l'équilibre européen et, à Londres, le Cabinet est embarrassé; le gouvernement de Lord Palmerston est partagé entre le souci de condamner les conspirateurs installés sur le sol britannique et le refus de céder aux exigences françaises. Walewski manque singulièrement de tact en priant Londres de mieux surveiller son droit d'asile car Son Excellence l'ambassadeur oublie qu'à deux reprises, l'Angleterre avait accueilli un proscrit prénommé Louis Napoléon! Mis en minorité, le Premier ministre se retire et la reine confie le pouvoir à Lord Derby, avec l'appui du séduisant Disraeli qui s'efforce de dissiper la mauvaise humeur des deux côtés de la Manche. On peut remarquer que l'attentat d'Orsini est le premier qui provoque autant de réactions diplomatiques puisque la Suisse expulse les étrangers et que la Belgique chasse les réfugiés français. Et le Piémont ? Adroitement, Cavour élude les demandes venues de Paris et Victor Emmanuel proteste, fièrement, de son innocence. La Castiglione, totalement étrangère au complot, livre sa propre guerre en Italie, refusant de reprendre un semblant de vie commune avec son mari. En moins d'une semaine, Napoléon III revient au régime d'exception de 1852, au nom de « la pacification nécessaire » et nomme, début février, le général Espinasse ministre de l'Intérieur et de la Sûreté générale. L'Empire se protège par l'autoritarisme.

Alors que se prépare le procès des assassins, peu de gens relèvent que, dans la reprise en mains exercée par l'Empereur (le préfet de police a été limogé), le rôle d'Eugénie se trouve consolidé par les événements. Le 1er février, selon une procédure simplifiée, la régence directe lui est conférée pour sauver le régime en cas de tragédie et un conseil privé de la Couronne, qui était prévu, est mis en place. En cas de malheur, il deviendrait un Conseil de régence. L'Impératrice multiplie les visites aux victimes, participe à la dotation de dix mille francs versés par l'Empereur à ces mêmes victimes. Ce sont des réactions autant naturelles qu'attendues chez elle. Mais il est intéressant d'observer son calme, par écrit, d'abord. Elle s'emploie à apaiser sa mère qui s'en prend à la France, en particulier à son laxisme. Eugénie, dont l'enfance avait été marquée au fer par les atrocités de la guerre civile, a affronté, en se rendant à l'Opéra, « le feu des assassins » mais aussi « l'enthousiasme qu'il y a eu pour nous après… » et ne veut se raccrocher qu'à ce soutien populaire. La comtesse de Montijo s'alarme que sa fille s'accommode du terrorisme. Eugénie rétorque : *Ce n'est pas aimer le danger que de faire son devoir, d'avoir confiance en Dieu et si au lieu de me donner du courage, tu veux me l'ôter, ce n'est pas bien, car c'est cette foi en Dieu qui peut seule vous faire envisager l'avenir sans trembler, douce folie, si c'en est une, et que je veux garder précieusement. D'ailleurs, dois-je aussi m'abandonner à des craintes puériles ? Non, chère maman, à ma place tu ferais de même…* Le ton est différent des précédentes confidences, la menace directe de la mort fait mûrir Eugénie. Et elle réagit, en maintenant un grand bal aux Tuileries, le 20 janvier, d'abord parce que tout le monde s'empresse et, ensuite, parce que c'est sa réponse aux tueurs. « Je dis que c'est la quatrième bombe », et cette annonce sonne comme un défi. Elle y

paraît belle, personne ne peut deviner sa légère blessure à
l'œil ; Eugénie n'a, ce soir, qu'un seul menu souci immédiat,
celui d'une maman dont le petit garçon fait ses dents ; on lui a
incisé les gencives. Eugénie a peu quitté la chambre du Prince
Impérial, au rez-de-chaussée, et s'y est installée pour faire son
courrier car des lettres et des dépêches de sympathie sont arri-
vées du monde entier. Elle écrit beaucoup.

Derrière la façade sans faille, au-delà de la réaction en
public d'une femme adulte et lucide, sa confession à sa sœur
est instructive. Elle le reconnaît, l'attentat reste un choc brutal, analysé tel « le moment le plus critique de ma vie ». De
même, l'Impératrice des Français rappelle à la duchesse
d'Albe la réalité de son existence : « (...) Mais je vis dans un
monde où j'ai dû faire deux parts, la vie publique et la vie
privée ; tout ce qui a rapport à celle-ci me semblerait profané
si elle devenait le domaine de l'autre et je croirais jouer la
comédie si je venais, même en le sentant beaucoup, leur
montrer mes peines (...) » L'allusion concerne davantage des
réactions en Espagne qu'en France et dissimule un pénible
cafouillage protocolaire. La comtesse de Montijo, plus traumatisée par l'attentat que ne l'est, extérieurement, sa fille,
fait célébrer, avec force mantilles noires et exubérante
dignité, un *Te Deum* à Madrid. N'ayant pas pris le soin de
consulter l'ambassadeur de France au préalable, le marquis
de Turgot s'en offusque et il est le seul diplomate... à ne pas
assister à l'office ! Un comble... Pour rappeler à la mère de
l'Impératrice qui représente la France en Espagne, Son
Excellence fait célébrer, ailleurs, un autre *Te Deum*. Chacun
le sien, l'officieux et l'officiel. Cette guerre insensée des
actions de grâces inspire à Mérimée ce courrier à son amie
Manuela : « Je disais ce matin à un ministre : "Tout le
Corps diplomatique est venu au *Te Deum* de la comtesse,
moins un. Devinez ? " Il a répondu sur-le-champ : " C'est
donc cet imbécile de Turgot. " J'ai répliqué : " Puisque vous
le connaissez si bien, pourquoi le laissez-vous là ? " [1] » Loin
de ces navrantes chamailleries, Eugénie vit maintenant avec

---

1. Lettre de Mérimée du 25 janvier 1858 et note du duc d'Albe dans la publication
des *Lettres familières de l'Impératrice Eugénie* (1935). Eugénie est furieuse de l'initiative de
sa mère et choquée du tapage dans Madrid. Elle ajoute, en effet : « (...) Et combien
j'aurais été touchée des prières qu'on aurait adressées à Dieu dans la petite chapelle de
la maison, des vœux qui loin du bruit, n'auraient pas été moins sincères ! » L'Impératrice a le recueillement pudique et discret, le contraire de sa mère qui n'oublie pas de
rappeler ostensiblement qui est sa fille...

l'angoisse de la mort tapie dans l'ombre; elle n'a plus seulement peur pour l'Empereur, elle tremble aussi pour son fils.
En se rendant à l'ambassade d'Angleterre, elle s'interroge
avant de partir : « C'est la seconde fois que nous sortons le
soir depuis le 14; il est à espérer qu'il ne nous arrivera rien.
(...) » Tout est à craindre : bombes, fusils, pistolet, poignard... Le poison des Borgia n'est plus à la mode. Rien
n'arrive, sinon un réchauffement des relations avec la susceptible Albion puisque le bal est donné en l'honneur du
mariage d'une fille de Victoria, également prénommée Victoria, belle et intelligente, qui épouse le prince Frédéric-
Guillaume de Prusse, libéral, futur éphémère empereur
Frédéric III [1].

La personnalité des conspirateurs intrigue Eugénie, en
particulier celle d'Orsini. Avant la session des assises qui doit
juger les quatre hommes, elle apprend son patriotisme, sa
référence aux idées libératrices de Napoléon Ier, sa captivité
dans les geôles pontificales et autrichiennes. Napoléon III
apprécie aussi, en connaisseur, que le même Orsini ait réussi
à s'évader grâce à une femme tombée amoureuse de lui.
Cette situation ne lui est pas inconnue... Rapidement,
l'Empereur songe qu'Orsini, dans sa violence et son désespoir, a sa dignité. Eugénie en est encore plus convaincue, le
destin de cet homme passant, soudain, avant celui des Italiens et donc de la papauté. L'opinion, de plus en plus hostile aux tueurs qui ont fait tant de victimes par hasard,
réclame déjà leurs têtes. Aux Tuileries, règne une atmosphère de commisération discrète en opposition complète
avec la réaction populaire, sensible dans les journaux et les
cercles politiques. L'un des avocats des conjurés, celui
d'Orsini, est le brillant Jules Favre, républicain. Il achève sa
plaidoirie par un coup de théâtre, la lecture d'une lettre de
son client, écrite en prison à Napoléon III et lue à l'audience
avec l'accord de l'Empereur.

Une lettre édifiante où l'accusé parle de son père qui a
combattu aux côtés de Napoléon le Grand (inévitable mais
maladroit!). Puis, on y lit ces phrases, sans doute dues au
défenseur qui lui prêtait sa plume, « ... tant que l'Italie ne

---

1. Emporté par un cancer du larynx, le fils de Guillaume Ier ne régnera que 99 jours,
en 1888. Il n'aura pas le temps de mettre en œuvre les réformes qui l'avaient, auparavant, opposé à Bismarck.

sera pas indépendante, la tranquillité de l'Europe et celle de Votre Majesté ne seront qu'une chimère », ce qui englobe à la fois une solution et une menace. Etrange comportement d'un homme qui a voulu tuer l'Empereur mais l'assure que, s'il délivre sa patrie, il recevra la bénédiction de vingt-cinq millions de citoyens dans la postérité! Avant l'attentat, Napoléon III symbolisait l'obstacle à l'Unité italienne; depuis qu'il en a réchappé, il en paraît le garant... Astucieusement, le souverain fait publier cette lettre, de toute manière émouvante, par *Le Moniteur* et l'envoie à Cavour pour qu'elle paraisse dans la *Gazette officielle* du Piémont. Le public français ne voit qu'une chose : cet idéaliste et ses complices ont tué et blessé plus de cent personnes. Eugénie s'adresse à l'Empereur, sur le ton de la grandeur qui a dompté la peur :

– Orsini n'est pas un assassin vulgaire. C'est un homme fier, il a mon estime, il ne doit pas mourir.

Le procès, achevé le 25 février, ne fait que renforcer la conviction d'Eugénie, que l'on a déjà vue défendre accusés et condamnés car c'est un trait de son caractère. Elle en appelle à Napoléon III et se livre à de regrettables comparaisons sur les luttes patriotiques... contre Napoléon en Espagne! Orsini devient le favori, maudit mais séduisant, du beau monde, ce qui scandalise l'ambassadeur d'Autriche, outré qu'on s'émeuve de la dignité, de la résignation, en un mot de l'élévation de ce dangereux repris de justice sans scrupule. « L'Impératrice aussi s'est engouée de cet assassin aux gants de paille », écrit-il, stupéfait. Et il est vrai que si la culpabilité d'Orsini ne peut être contestée, ses mobiles et sa défense changent complètement son cas pour la haute société, volontiers séduite par les aventuriers des causes désespérées. Le jury ne sera pas sensible à cette séduction. Trois condamnations à mort et une aux travaux forcés à perpétuité sont prononcées et, deux jours plus tard, la loi de Sûreté générale est votée. Si l'un des condamnés à mort, Rudio, voit sa peine commuée en celle du bagne en raison de sa jeunesse, Orsini et Pieri savent que, sauf grâce impériale, ils vont être exécutés. Le 3 mars, Eugénie reprend son rôle, tout de même étonnant, d'intercesseur acharné. A Napoléon III, elle répète :

– Tu ne peux pas envoyer cet homme à la guillotine! Non, tu ne le peux pas, toi surtout!

L'Impératrice souffle sur les braises du souvenir de son mari, autrefois lancé dans ses utopies italianisantes. L'Empereur en convient mais Orsini et ses sbires ont fait tant d'innocentes victimes qu'il est impossible de pardonner cette horreur. Elle visait les souverains, elle a atteint le peuple. Obstinée, Eugénie poursuit sa croisade, sans que l'on puisse déterminer la part de sympathie intellectuelle qu'elle éprouve pour le principal condamné et la fraction de bonté envers les réprouvés, les combattants de l'ombre et les patriotes mués en martyrs. L'Empereur, même s'il partage son point de vue, ne peut céder, c'est une question de survie politique. Alors, l'Impératrice annonce qu'elle ira visiter Orsini dans sa cellule. Le geste est beau, romanesque. Elle insiste pour, affirme-t-elle, préparer Orsini à avoir une fin chrétienne, puisque son sort est fixé. L'Empereur a un mal fou à empêcher Eugénie, ardente de foi et très théâtrale dans son idée fixe, d'assister Orsini. Elle y renonce.

Le 13 mars, avant d'être guillotiné, Orsini crie, d'une voix forte « Vive l'Italie ! Vive la France ! », scellant, par sa propre élimination, le destin des deux pays, l'un devant servir d'exemple à l'autre. Napoléon III le sait depuis toujours mais cet attentat manqué, en dépit ou à cause de son horreur, va accélérer un vaste mouvement auquel même la Castiglione n'aurait pu apporter l'élan nécessaire. Le frémissement ne vient pas d'une alcôve mais d'une rage devant la guillotine. La mort d'Orsini, plus que son crime, est le détonateur d'une bombe européenne, allumée par Cavour. La mèche était lente ; maintenant, elle est courte. Et la véritable cible est l'Autriche. Or, l'ambassadeur de l'empire de François-Joseph mesure les conséquences internes de l'attentat par la consolidation du principe de la régence. On ne peut pas dire que Hübner s'embarrasse de finesse ni de sympathies dans sa dépêche puisque sa fonction exige, d'abord, du renseignement et, éventuellement, des commentaires. Mais il a une manière de présenter la situation qui est d'un parfait cynisme : « L'établissement de la régence a l'avantage de supprimer toute incertitude à la mort de l'Empereur. En raison du courage qu'elle a montré à l'Opéra, l'Impératrice a encore gagné de la popularité et sa nomination a été très bien reçue. Une belle femme, son bébé dans les bras, sauvant la France avec l'aide d'une armée héroïque, forme un tableau si exaltant pour les Français que l'Empereur, qu'une bombe doit apparemment faire disparaître d'un moment à l'autre, en est pratiquement devenu un facteur négligeable »! Son Excellence ne semble pas confiant dans la santé de Napoléon III et, selon son rapport, Eugénie est prête. Partageant les dangers et les devoirs, elle a sa part d'influence, d'information et de proposition, dans une situation floue. Sa mission est de savoir. Mais avec un mari tel que Napoléon III, prince du secret, guide des négociations dans l'ombre et maître des réseaux qui s'ignorent, la tâche ne sera pas facile. Elle sera fort occupée à démêler les fils qui aboutissent au hasard ou chez Machiavel.

Fausses vacances et diplomatie secrète

En voici un exemple presque immédiat. Dès la mi-juillet, Napoléon III est déjà prêt à faire la guerre pour l'Unité italienne, c'est-à-dire à combattre l'Autriche car, ici encore, le neveu entend venger l'oncle; puisque le Congrès de Vienne avait confirmé le contrôle d'une bonne partie de l'Italie du Nord par l'Autriche de Metternich, libérer l'Italie, c'est exercer la dernière vengeance contre l'Europe de la Sainte-Alliance. L'Empereur des Français, qui avait promis, autrefois, de soutenir « de toutes ses forces les revendications nationales italiennes » choisit de jouer un triple jeu, celui de la fidélité à sa jeunesse agitée, puis la réparation d'une cuisante offense aux idées impériales et, enfin, celui de l'intérêt territorial français en demandant Nice et la Savoie en contrepartie de son appui. Si Eugénie est au courant de ce triple dessein, elle n'est pas requise pour sa mise en application. D'ailleurs, elle passe un mois à Fontainebleau d'où Napoléon III supervise de grandes manœuvres diplomatiques par la réunion, à Paris, d'une conférence des ambassadeurs en vue de discuter de la question roumaine sans trop chatouiller l'orgueil russe. L'Empereur fait appeler son médecin, le docteur Conneau, sous le prétexte, en partie vrai, d'organiser une nouvelle cure à Plombières. Mais la réalité de ce séjour est de provoquer une rencontre, discrète, entre l'Empereur et Cavour : l'heure italienne est venue. On notera que Conneau est astreint au plus total secret puisque le gouver-

nement n'est pas informé. Aussi, Napoléon III part seul
pour les Vosges et la petite cité où les Romains prenaient
déjà les eaux; à leur suite, de vastes Thermes, censés rappeler ceux de Caracalla, sont construits depuis un an. Le
voyage reste compliqué car Plombières ne sera relié au chemin de fer qu'en 1860; il y a donc une partie du trajet en
voiture attelée. Cavour, de son côté, arrivant de Suisse, se
déplace incognito, sous le nom de Camille Benso.

Les deux hommes se rencontrent le matin, dans un salon
modeste. Napoléon III a tout préparé et il explique son plan
à Cavour qui a l'air d'un brave notaire de province venu
régler quelque affaire anodine. Mais derrière ses lunettes
fumées, l'intelligence luit. Nous sommes le 21 juillet. Officiellement, le souverain des Français se soigne; il a le choix
entre les vingt-sept sources d'eau chaude conseillées contre
les rhumatismes et l'entérite. Hyppolite Taine, dans ses
considérations sur les curistes et les stations, n'avait pas été
tendre en écrivant : « Pour y voir de grands hommes, il faut
les apporter reliés en veau, dans sa malle. Il est également
convenu qu'aux eaux, la conversation est spirituelle, qu'on
n'y rencontre que des artistes, des hommes supérieurs, des
gens du grand monde; qu'on y prodigue des idées, la grâce
et l'élégance, et que la fleur de toutes les pensées et de tous
les plaisirs y vient s'épanouir. La vérité est qu'on y use beaucoup de chapeaux. » L'écrivain, et remarquable conteur de
voyages, ne pouvait pressentir le mariage du thermalisme
avec la politique européenne. Plombières en est la plus parfaite illustration. Et le secret est si bien gardé que l'aide de
camp de l'Empereur lui remet une dépêche, venant du
ministère des Affaires étrangères à Paris, lui signalant que le
ministre Cavour a été « vu » en France! Mais on ne sait où
exactement! Cavour est au milieu de la foule des patients,
les hôtels sont bondés et il n'a pu trouver qu'une chambre
chez un pharmacien.

Cartes en main, les deux comparses travaillent pendant
quatre heures. Cavour était venu demander de l'aide; il
trouve une offre, alléchante, de constituer un Etat italien
libre jusqu'à l'Adriatique, mais l'entretien achoppe sur les
revendications territoriales de Napoléon III, la Savoie et
Nice. Pour la Savoie, bien que berceau de la dynastie piémontaise, la difficulté n'est pas insurmontable puisque les

Savoyards parlent français et qu'ils seraient perdus, presque étrangers, dans la confédération italienne projetée. En revanche, s'agissant de Nice, on y parle l'italien ou du moins une langue apparentée et la langue est un élément de la nationalité. D'un revers de la main, Napoléon III écarte la question avec une douce autorité :

– C'est un point secondaire. Nous le réglerons plus tard...

Au passage, l'Empereur souhaite que son cousin *Plon-Plon* épouse Marie-Clotilde, la très jeune fille de Victor-Emmanuel, ce que Cavour ne peut promettre. Enfin, il faudra bien un *casus belli* pour déclarer la guerre à l'Autriche. On se met d'accord sur un motif simple, le duc de Modène demandant secours à Vienne à la suite d'émeutes organisées tandis que la population fera appel au Piémont, en vertu de sentiments également organisés. Une promenade l'après-midi et une autre réunion de trois heures achèvent de peaufiner les détails de cette gigantesque opération. Napoléon III offre une collation à son visiteur, une crème glacée étant prévue au dessert. Selon la tradition, en raison sans doute de la chaleur, la crème ayant tourné, le pâtissier récupère le désastre en y ajoutant du kirsch et des fruits confits... Ainsi, une glace dite *Plombières* entre également dans l'histoire, au risque des illustres estomacs ! Le 22 juillet, les deux hommes se séparent. A Paris, Walewski a fini par apprendre, grâce à une dépêche de l'agence Havas, cette rencontre cachée. Il se plaint de la « diplomatie thermale »... sans connaître le contenu de l'entrevue, ni la recette improvisée d'une glace franco-piémontaise.

Quand Napoléon III revient de sa cure, il ne révèle rien à Eugénie et dissimule son plan à ses ministres. L'Impératrice participe régulièrement au Conseil, pose des questions, n'a pas toujours des réponses mais donne son opinion. Sur le rendez-vous de Plombières, Walewski a droit à un mensonge souverain ; hostile à ces fumeuses combinaisons italiennes, il peut gêner l'Empereur qui songe, un moment, à le remplacer. Il lui serait alors difficile de poursuivre sa liaison avec la comtesse Waleswska, laquelle n'a pas davantage envie d'être éliminée. Elle a dû se battre pour supplanter la Castiglione. A chacune sa campagne d'Italie... Lorsque, par un hasard qui ne peut étonner l'Empereur puisqu'il en est le commanditaire, des articles hostiles à l'Autriche en Lombardie sont

publiés par des journaux français, Eugénie les lit avec attention mais ils ne suscitent pas sa désapprobation. En
revanche, quand des chroniques acides racontent comment
est désastreusement gérée la papauté, elle dit son mécconten-
tement. La catholique n'apprécie pas les critiques contre le
pape, le parrain du Prince Impérial [1]. Et le parti catholique
est déjà perturbé par les révélations de la jeune Bernadette
Soubirous après ses *rencontres*, dans une grotte de Lourdes,
avec la Vierge Marie... Eugénie se rend à la maison d'éducation des Loges, l'un des établissements réservés aux demoiselles de la Légion d'honneur, à Saint-Germain-en-Laye,
juste avant d'accompagner son mari en Bretagne et en Normandie. Le 4 août, rendant à Napoléon III et à Eugénie leur
visite de l'année précédente, la reine Victoria et Albert
passent par Cherbourg. Il faut croire que le secret est contagieux chez les souverains, puisque Victoria réussit le prodige
de traverser la Manche à l'insu de son gouvernement, ce qui
lui vaudra de sérieuses critiques sur ses prérogatives.
L'Empereur a souhaité qu'Eugénie soit présente car il
compte sur la sympathie entre les deux femmes pour atténuer le climat de méfiance qui transpire à Londres. Mais
que l'Empereur fasse visiter ses nouvelles fortifications, qui
ne peuvent être logiquement que dirigées contre l'Angleterre,
n'améliore pas l'état d'esprit! De plus, Napoléon III espère
un aval, plus ou moins tacite, de sa liaison avec la comtesse
Walewska. Victoria réagit en Victoria, elle refuse d'embrasser
la favorite, ayant en mémoire une note de Lord Clarendon
révélant que Mme Walewska « vivait ainsi avec l'Empereur ».
La rencontre est donc forcée et l'atmosphère notoirement
artificielle. Les toasts portés à l'achèvement des travaux ne
dérident pas la bouderie anglaise. Le comble est atteint
lorsque l'Empereur demande à son hôte de faire taire les
insupportables ragots des journaux anglais sur les obscurs
desseins français contre l'Angleterre en particulier et la paix
européenne en général. Victoria se mure dans sa réserve en
soulignant que, dans son pays, la presse est libre, une

---

1. En l'été 1858, les milieux anticléricaux critiquent beaucoup ce qu'on nomme
l'affaire Mortara, l'enlèvement, par ordre pontifical, d'un enfant juif de Bologne baptisé
à l'insu de ses parents. On en a beaucoup reparlé lors de la béatification, contestée, de
ce même pape, Pie IX, par Jean-Paul II, le 3 septembre 2000, en même temps que celle
de Jean XXIII, surnommé « le bon pape Jean ». Jean-Paul II a rappelé que Pie IX, jugé
intransigeant, avait eu un très long pontificat, pas facile, et qu'il a souffert dans sa mission. « Il fut très aimé mais aussi haï et calomnié », a souligné le Saint-Père.

manière de rappeler que ce n'est pas tout à fait le cas en France...

Le 1er septembre, Eugénie est enfin à Biarritz, après avoir quitté Paris la veille à six heures du matin. Le programme est, en principe, débarrassé des contraintes de la vie parisienne. Promenades en mer, randonnées en montagne rétablissent les santés. « La mer est bien froide, dit Eugénie au bout d'une semaine, et il faut beaucoup de force morale pour se décider à y entrer. Cependant, je n'ai pas encore manqué un seul bain depuis que je suis ici. Mon petit garçon va très bien, il est ici avec nous. » On voit l'Empereur marcher en prenant l'Impératrice par la taille, ce qui suggère de tendres commentaires et déçoit les adeptes des brouilles. Volontairement, les distractions à la Villa Eugénie sont rares. Les travaux d'aiguille et de broderies occupent les dames le soir tandis que les messieurs causent. Enfin, c'est ce qu'ils prétendent... Selon un témoin, les hommes guettent le bonsoir impérial vers dix heures « pour aller se dérouiller à Bayonne ». Une dame de compagnie de l'Impératrice ose se plaindre de ces sorties... à Eugénie. Elle enquête auprès de ces messieurs. L'un d'eux, avec un aplomb étonnant, répond :

— Madame, nous allons chez l'évêque.

Ses compagnons n'auraient pas osé cette fable !

— C'est très édifiant, remarque Eugénie, à moitié – à moitié seulement – rassurée.

Bien entendu, peu de jours après, elle rencontre l'évêque, Mgr Lacroix. Il faut qu'elle sache !

— Je vous en veux beaucoup, Monseigneur...

Le prélat est inquiet car on le sait orléaniste fervent. Alors... Eugénie lui glisse son accusation, totalement inattendue et pour cause :

— Un crime de lèse-galanterie, Monseigneur. Pourquoi, chaque soir, pendant notre séjour à Biarritz, nous enlevezvous ces messieurs ? Ils vous préfèrent à nous et ce choix, je le confesse, nous humilie.

Grâce au ciel, Mgr Lacroix a de l'esprit et comprend qu'il a servi d'alibi.

— En effet, madame, j'avoue mon crime. J'ai réuni quelquefois ces messieurs chez moi, le soir, pour l'organisation d'une bonne œuvre. Mais j'ignorais que je fisse tort ainsi à ces dames et, dorénavant, je déclare nos séances closes.

Il n'y eut plus de visites nocturnes du côté de l'évêché [1].

En revanche, voici une visite qu'Eugénie n'attendait pas et surtout n'espérait pas, celle de *Plon-Plon*. Que vient faire, dans ce havre de Biarritz, ce cousin jaloux du Prince Impérial? Et quel peut être l'objet de ce conciliabule entre l'Empereur et le frère de Mathilde, qui se promènent sur la plage puis disparaissent pour échapper à toute curiosité? Eugénie ignore – tout le monde l'ignore – que son mari a choisi le prince Napoléon comme nouvel agent de liaison entre lui et Cavour. Si elle en était informée, elle se réjouirait de vérifier que la Castiglione est retirée des cadres d'espionnage en activité.

De même, Eugénie ne sait pas le projet de mariage politique avec Marie-Clotilde de Savoie. L'Impératrice pose quelques questions. Elle n'obtient rien et n'insiste pas. On peut ici se demander si Napoléon III se méfie de son épouse. En fait, non, mais l'affaire italienne est si importante et si dangereuse qu'il agit en se méfiant de presque tout le monde. Il envoie son cousin à Varsovie, officiellement pour saluer le tsar, en réalité pour lui proposer une alliance fort audacieuse. Alexandre II y répond avec bienveillance, il sera neutre, ce qui est énorme. Cavour s'en félicite dans une lettre du 25 octobre à l'émissaire des Tuileries : « Le concours du tsar, quand même il se bornerait à empêcher l'immixtion de l'Allemagne dans nos affaires, assure à mon avis le succès de la guerre et, en nous le procurant, Votre Altesse Impériale a rendu à notre cause le plus grand des services. » Continuant de sonder les Puissances européennes, Napoléon III en vient à la position de l'Angleterre, la grande et inquiétante énigme. Pour en savoir plus, il n'est rien de tel qu'une invitation à Compiègne...

Cette année-là, Eugénie organise cinq séries et son mari jongle avec les invités prestigieux. Il faut une belle maestria pour s'y retrouver et sans doute lui seul peut y parvenir, en utilisant tous les moyens, avouables et inavouables.

Palmerston et Clarendon, dans l'opposition, sont invités et informés. Ces stratagèmes les inquiètent. L'ambassadeur Cowley insiste pour que la France et l'Autriche étudient une sérieuse réforme du gouvernement pontifical, plus impor-

---

1. Alexandre de La Cerda, et Pierre de Lano, *Les Femmes et Napoléon III*, Flammarion, s.d., et *L'Impératrice Eugénie, le secret d'un Empire*, Havard, 1891.

tante, à ses yeux, que les espoirs incertains du gouvernement de Turin. Il s'ensuit une lettre, privée et personnelle, de Victoria avertissant l'Empereur que, s'il prépare une guerre en Europe, il ne devra plus s'attendre à l'amitié de la reine. Le jeu avec Londres est serré; il se détend, symboliquement, avec la remise, par Victoria à Napoléon III, du char funèbre ayant servi aux funérailles du prisonnier de Sainte-Hélène. La lourde voiture est reçue aux Invalides par le prince Jérôme.

Après avoir obtenu la reconnaissance d'utilité publique pour son orphelinat du faubourg Saint-Antoine, l'Impératrice voit arriver, début décembre, un envoyé de Cavour pour préparer un traité qui va lier Napoléon III à Victor-Emmanuel, c'est-à-dire confirmer les entretiens de Plombières. Evidemment, il est discret. Et habile. Ce diplomate de trente ans n'est pas un inconnu; il assistait Cavour au Congrès de Paris. Il se nomme le comte Nigra; on l'appelle aussi le chevalier Nigra en raison d'une décoration religieuse que lui a décernée le roi. Eugénie le connaît. Elle se méfie de lui, d'abord parce qu'il est italien, ensuite parce qu'il a beaucoup fréquenté les exilés de la péninsule mais aussi *Plon-Plon*, Mathilde et... la Castiglione! Cela suffirait pour tenir Eugénie en alerte. Elle ignore, cependant, qu'il a été le contact du docteur Conneau, dont la mère était italienne, pour préparer l'entrevue de Plombières. De même, partant pour Biarritz, elle ne sait pas que Napoléon III l'avait reçu ce même jour à Saint-Cloud. Intelligent, Nigra avait vite saisi le fonctionnement de la Cour. Il réussit donc à plaire à l'Impératrice, ou du moins à ne pas s'en faire une adversaire déclarée, après une explication délicate. Ainsi, elle est un peu plus détendue lorsqu'elle assiste à l'audience solennelle que l'Empereur accorde à un ambassadeur extraordinaire de la reine d'Espagne, Alexandre Mon, ancien ministre des Finances et homme clé du précédent gouvernement. Pauvre Espagne! La coalition des conservateurs et des progressistes est laborieuse. Eugénie regrette d'être éloignée de cette situation, tout en étant bien informée. Chaque jour, elle est davantage l'Impératrice des Français. *Adios toros!*

La révélation des plans de l'Empereur lui est fournie le 1er janvier 1859, lors de la réception du corps diplomatique. Un modèle dans le genre peu diplomatique! Eugénie voit son mari passer devant le nonce apostolique en le saluant à peine et sans lui adresser la parole. On s'étonne. Eugénie s'étonne. Puis, devant l'éternel Hübner, elle entend l'Empereur lancer sa bombe, confectionnée à Plombières-les-Bains :

– Je regrette que nos rapports ne soient pas aussi bons que je désirerais qu'ils fussent mais je vous prie d'écrire à Vienne que mes sentiments personnels pour l'Empereur sont toujours les mêmes.

Et il passe, laissant le comte de Hübner désarçonné. Une rupture semble inévitable. L'Europe, vite mise au courant par ses représentants, est en effervescence. C'est exactement ce que recherchait Napoléon III. Le 13 janvier, *Plon-Plon* part pour Turin, son mariage avec Marie-Clotilde étant le premier degré officiel de l'alliance qui vient d'être conclue. Curieux mariage, en vérité, entre un athée violent qui fait semblant de se confesser, un homme brutal trépignant de ne plus être au premier rang qui y est revenu par des missions dont il s'est parfaitement acquitté, et une jeune fille dont la beauté n'est pas le premier atout, plutôt renfrognée et bigote ; la promise ne ressemble pas à son tonitruant père, le roi aux invraisemblables moustaches, bonhomme et simple, un peu brusque mais aussi populaire que l'avait été Henri IV. Marie-Clotilde a l'esprit élevé, le sens des valeurs morales, et elle accepte cette union politique pour les intérêts de l'Etat. Quel Etat ? Toute la question est là, car si à Plombières ont été jetées les bases d'une Italie libre, celles d'une Italie unifiée des Alpes à la Sicile sont restées floues. *Plon-Plon* se voit déjà souverain de l'Italie centrale, pour commencer. Alors, Marie-Clotilde, nouvelle Marie-Louise dont la mère était l'archiduchesse Adélaïde d'Autriche, se sacrifie, avant même d'avoir dix-huit ans. Lorsque le prince Napoléon la rencontre à Turin, il envoie à Napoléon III une dépêche qui est un chef-d'œuvre de concision : « Vu princesse. Bien. Impression réciproque bonne. Expédier de suite pouvoirs au général Niel pour faire démarches. Conférence cette nuit avec Cavour. » *Plon-Plon* est pressé, l'Italie n'attend pas, il n'a pas le temps d'être gentilhomme. Le mariage est donc célébré le 30 janvier, en la *Capella Regia* de Turin, dans le sobre palais des Savoie. Dire que ce prince Napoléon est bien vu de la cour de Piémont, de la famille royale et même du peuple serait exagéré. Mais le frémissement du sentiment italien mérite d'être encouragé. Qui d'autre en Europe, excepté l'Empereur des Français et quelques proches, se soucie d'une Italie nouvelle ? Personne. Niel, officier du Génie qui, ayant commandé à Sébastopol et avait promu l'un des aides de camp de Napoléon III, est chargé de la mise au point des opérations militaires avec Victor-Emmanuel, impatient, qui attend depuis dix ans et « voit venir avec joie la guerre libératrice ». A Gênes, lorsqu'il prend le bateau pour Marseille, le nouveau couple est davantage salué par les cris de « A bas l'Autriche ! Vive la guerre ! » que par les traditionnels souhaits de bonheur. Il est rare, en effet, qu'un mariage annonce un conflit imminent entre des nations.

A Paris, la jeune mariée reçoit un accueil mitigé. Chez sa belle-sœur Mathilde, elle est vraiment chez elle. La princesse n'a pas cessé de manifester publiquement son enthousiasme italianisant, prenant même à part un envoyé du roi de Piémont pour lui déclarer : « On a bien raison de dire que nous ne vous aimons pas... car nous vous adorons. » Cela s'était passé aux Tuileries, lors d'un bal et n'avait pu échapper à l'Impératrice, agacée des clans de réfugiés et de sympathisants exaltés. Mathilde se déclare enchantée du mariage de son frère dont le sens diplomatique l'a surprise. Comment, par exemple, avait-il pu convaincre Frédéric-Guillaume IV de Prusse de renoncer à ses revendications sur le canton suisse de Neuchâtel ? *Plon-Plon* s'est révélé bien différent de sa réputation, sans doute poussé par le souci de satisfaire – et d'étonner – son cousin impérial. La princesse reçoit la jeune épousée qui lui affirme qu'elle va réduire son budget vestimentaire :

– J'ai cent mille francs par an à dépenser pour ma toilette. C'est beaucoup trop pour moi. Vous me ferez plaisir en diminuant autant que possible le budget de la vanité pour grossir d'autant celui de la charité.

Convictions religieuses mises à part, Mathilde et Marie-Clotilde ont en commun de détester le gaspillage. Douce et d'une totale abnégation, Marie-Clotilde sera populaire [1].

---

1. Et, contre toute prédiction, ce mariage sera réussi, largement grâce à l'épouse. Trois enfants vont naître : Victor, Louis et Laetitia. Le prince Victor, né en 1862 et qui épousera, en 1910, la princesse Clémentine de Belgique, aura deux enfants dont un fils, Louis-Jérôme, né en 1914, qui sera le prince Napoléon. Chef de la Maison impériale, il épousa, en 1949, Alix de Foresta, princesse Napoléon, dont la grand-tante, Nathalie de Foresta, était la meilleure amie de Marie-Clotilde de Savoie. Le prince Napoléon est décédé le 3 mai 1997. De sa femme Alix, il a eu quatre enfants, nés de 1950 à 1957.

Toutefois, sa timidité en arrivant en France, jointe au fier sentiment d'être née altesse royale, ne la rend pas sympathique à Eugénie pour qui le mariage de son cousin est un comble d'hypocrisie. Entre l'Impératrice et la trop jeune altesse impériale, les intérêts italiens sont, d'emblée, un sujet de frictions. Un soir, à l'Opéra, lors d'une des nombreuses festivités organisées pour célébrer ces noces, Marie-Clotilde s'endort, épuisée de réjouissances forcées. Eugénie, très rodée et qui veille à se tenir, secoue la Piémontaise d'un coup d'éventail très espagnol. Marie-Clotilde n'apprécie pas d'être rappelée à l'ordre. Oublie-t-elle qu'elle est assise dans la loge de l'Impératrice ? Un invité racontera, plus tard, qu'Eugénie aurait lancé devant le mouvement d'humeur de son invitée :

« Décidément, ma petite, vous êtes une paysanne ! » Ni une injure ni un compliment...

Si Eugénie est aussi désagréable avec Marie-Clotilde, son père y est pour quelque chose. Victor-Emmanuel a déjà tout pour déplaire à l'Impératrice : ses moustaches grotesques, ses liaisons gaillardes qui l'ont conduit à pousser la Castiglione dans les bras de l'Empereur et sa volonté bruyante de faire la guerre après avoir lancé qu'il serait roi d'Italie ou, en cas d'échec, M. de Savoie. De plus, il s'est cru obligé d'adresser un bizarre courrier à Eugénie, laquelle cherche toujours à comprendre le sens de ce texte alambiqué : « Madame ma sœur, Je vous fais cadeau de ma fille. Je prie Votre Majesté, qui a toujours eu pitié du père, d'avoir soin de la fille... Elle ressemble à une perdrix et n'a d'autre désir que de vous être agréable. Pardon de mes bêtises... » Une perdrix ! Est-il fou ? Eugénie n'a pas pitié du père, il l'insupporte ! Une perdrix ! *Plon-Plon* a épousé une perdrix ! Et la perdrix dort dans des chemises de nuit en toile grossière, sans doute par mortification.

Il est temps de passer à des choses plus sérieuses. Le 7 février, l'Empereur ouvre la session législative dans une atmosphère lourde. Les milieux politiques et d'affaires sont affolés par la perspective d'une guerre. « La paix, c'est l'empire. Pas de paix, pas d'empire ! » avertit le baron James de Rothschild, en inversant la célèbre phrase du Prince-Président. Eugénie observe les députés « qui étaient décidés d'avance de ne pas être contents (...) et tout le monde sur le

dos qui vous répète sur tous les tons qu'ils ont peur ».
L'Impératrice note que certains croient à la folie du
monarque, que le Parlement est en proie à la panique. A sa
sœur, elle explique que Napoléon III n'a pas réellement
envie d'une guerre mais quel autre moyen y a-t-il pour
affranchir les Italiens de l'occupation autrichienne? Et cette
phrase qui lui sert presque de conclusion, nous devons la
retenir : «Pour ma part, je ne suis pas guerrière, au
contraire, mais je ne puis approuver cette débandade honteuse. » Ce 8 février 1859, l'Impératrice se range au côté de
l'Empereur, «heureuse autant qu'on peut l'être avec un mari
excellent... » Son engagement est davantage une réaction face
aux timorés qui, comme au temps de Louis-Philippe, voulaient « la paix à tout prix » qu'une approbation sans réserve.
Oui, bien sûr, des bouffées de nostalgie assaillent son cœur.
Le temps de Carabanchel est si loin! *Alors, il me prend une*
envie irrésistible de me revoir là, oubliant tout, même qu'il y a
une Italie et une Autriche et vivant de ma vie passée, mais il faut
rester comme un soldat sur la brèche, tâchant de donner du cœur
à ceux qui en manquent et de la prudence à ceux qui en ont
besoin. Notons la précision du mot : Eugénie parle bien
d'une Italie; l'endoctrinement de l'Empereur est efficace!
Dans l'effervescence de l'ouverture des Chambres, l'Impératrice n'a qu'une seule critique à formuler : l'agitation perpétuelle qui bouscule sa vie, sauf à Biarritz. Elle s'analyse assez
lucidement : «J'étais pourtant née pour la vie orageuse, le
calme plat m'aurait ennuyée et rendue malheureuse : eh
bien! Quelquefois, je me mets à le regretter car si je
comprends la vie avec des émotions, je n'en veux pas de
constantes... » Et pourtant, l'année ne fait que débuter... .

Voici, en librairie, un opuscule anonyme qui porte le titre
solennel de *Napoléon III et l'Italie.* Encore une seule Italie...
Sous la plume soporifique d'un conseiller d'Etat, le véritable
auteur en est l'Empereur; il a corrigé les épreuves de sa
main, faisant, pour une fois, concurrence à sa femme qui est
perpétuellement noyée de paperasses, ramassant tout ce que
son mari jette. Aidée de Mme Carette, sa dévouée lectrice,
Eugénie passe des heures à ranger, trier, classer des papiers
dont beaucoup sont oubliés ou égarés par son mari distrait.

Et quand l'Empereur se moque d'elle, elle lui répond,
avec un sourire complice :

– Je suis comme une souris qui ramasse vos miettes !

Pendant des heures, c'est lui qui a pesé chaque mot de ce programme, raturant et modifiant la prose initiale. Tout y est : les princes soumis à l'Autriche, d'autres qui sont séparés de leur peuple « par les baïonnettes autrichiennes » ; la théorie des nationalités et, enfin, la grande question : « Faut-il faire un seul royaume de l'Italie ? (...) Ce n'est pas l'union absolue qu'il faut poursuivre, c'est l'union fédérative. » Le pamphlet provoque un tollé général contre la guerre. L'Empereur répond, simplement, en se référant à sa légitimité :

– J'ai pour moi le peuple...

Un soutien honnête de l'Empereur donne son point de vue en constatant « la masse est pour la guerre ». Ainsi parle Mérimée, partant pour l'Espagne réchauffer ses vieux os et lutter contre l'emphysème qui l'étouffe. Ce nouveau séjour à Carabanchel est d'ailleurs catastrophique. D'abord, parce que les jolies femmes sont beaucoup moins attrayantes qu'avant, visiblement épaissies, voire fanées (Don Prospero ne se voit pas !) et, ensuite, parce que le pays n'est pas dirigé. La situation conforte Mérimée dans l'idée que l'Empire doit être tenu d'une main de fer et que l'autorité, si elle est un mal, est un mal nécessaire. Il s'amuse de remarquer que des républicains, comme Jules Favre, l'avocat d'Orsini, approuvent l'idée de la guerre. Des alliés républicains ! N'est-ce pas inquiétant ? On verra plus tard... La campagne d'Italie du Second Empire commence, en réalité, au Conseil des ministres ; entre les adversaires et les ambigus, Napoléon III doit gagner. Eugénie l'entend lire une lettre qui est une note adressée à Walewski résumant tous les arguments justifiant une intervention et en prévenant que les hostilités seraient géographiquement limitées : « L'Empire, jeune encore, doit jeter sa gourme... Si la France, tout en chassant les Autrichiens de l'Italie, protège le pouvoir du pape, si elle s'oppose aux excès et déclare que sauf la Savoie et Nice, elle ne veut faire aucune conquête, elle aura pour elle l'Europe, elle se créera en Italie des alliés puissants qui lui devront tout et ne vivront que de sa vie. »

L'Impératrice commence à prendre goût à la politique européenne, échange des points de vue avec les ministres et interroge les ambassadeurs qui font davantage attention à ce qu'ils disent et à ce qu'ils taisent. Elle est tout de même soucieuse de l'obsession qui habite son mari. Encore une guerre, la deuxième depuis la restauration impériale n'est-ce pas inutile? Elle n'est pas loin d'envisager une catastrophe, partageant l'avis de la reine Victoria dont le petit-fils, Guillaume, le futur Guillaume II, vient de naître. Enrobée dans cette annonce faite à Napoléon III, la reine en profite pour dire à l'Empereur, une fois encore, son inquiétude quant au maintien de la paix en Europe.

En attendant, les bals du carnaval se multiplient, les travaux parisiens continuent, le réseau ferré se développe et les usines tournent. Les milieux catholiques, très influents en province, s'émeuvent des risques courus par la papauté en cas d'opérations guerrières en Italie; des cardinaux, liés à l'Empereur, le supplient de maintenir sa politique « jusque-là si chrétienne », souvenir de l'intervention d'il y a dix ans. Et ils ne s'adressent pas en vain à l'Impératrice, particulièrement attentive au sort de Pie IX. Face aux obstacles et menaces, sous l'avalanche des critiques – par exemple, celles du prince Albert qui voit en Napoléon III un aventurier incendiaire de l'Europe –, aux Tuileries, l'Empereur, soudain, semble hésiter. A nouveau, il réfléchit.

A Turin, on pense qu'il fléchit et Cavour lui-même débarque dans le cabinet impérial, le 25 mars. La Castiglione peut être facilement oubliée, pas les engagements de Plombières et le Premier ministre piémontais est mécontent de l'immobilisme français. L'Empereur préconise encore de calmer tout à fait l'Angleterre et la Russie d'une part et, d'autre part, de ne pas attaquer l'Autriche mais, au contraire, de faire en sorte que le gouvernement de François-Joseph prenne l'initiative. Cavour se méfie car si personne ne commet un faux pas (même provoqué), c'en est fait des aspirations italiennes. Il menace de révéler publiquement les accords secrets entre la France et le Piémont. De pénible, l'entrevue tourne à l'orage. Cavour, dont le prestige personnel est en péril, regagne Turin en assurant le roi qu'il a pu influencer Napoléon III dans le bon sens. Il se trompe : l'ancien *carbonaro* n'a pas modifié son objectif, il a simplement ralenti son rythme pour l'atteindre. Quand l'ambassadeur Cowley, discrètement sollicité par Victoria, demande au souverain des Tuileries s'il veut la guerre ou la paix, Napoléon III répond « la paix » mais ajoute que la guerre lui semble inévitable. L'Angleterre propose sa médiation, se débat pour éviter le pire et se déclare favorable à un congrès – ce que Napoléon III avait fait semblant de suggérer – réunissant tous les Etats d'Italie. Pour Cavour, cette négociation à froid serait le pire des échecs. Furieux, il essuie une autre colère, celle du roi qui traite aimablement Napoléon III de « charogne » ! Tout dépend de Vienne. François-Joseph aura-t-il le calme calculé de Metternich ? Comme Eugénie, l'Europe est perplexe, sauf en Piémont où l'on désespère de l'étincelle révolutionnaire.

L'Impératrice se prépare aux deux solutions, dès le 15 avril : « Si nous avons la paix si Dieu le veut [écrit en espagnol], j'irai à Fontainebleau au mois de mai... » Octave Feuillet vient justement d'écrire une petite pièce pour le théâtre aménagé depuis trois ans dans l'aile neuve du château. Le titre est d'une actualité brûlante et involontaire *Le cas de conscience* ! Et la paix permettrait, entre autres joies, de réunir Eugénie et sa sœur, qu'elle n'a pas vue depuis longtemps. « S'il y a la guerre, probablement, on me fera rester ici, ou je ne sais ce qu'on me dira de faire et, par conséquent, pas de plan possible. » Si c'est la guerre, il n'y aura pas de séjour à Biarritz. Cinq jours plus tard, les « comités révolutionnaires » organisés par Cavour s'agitent dans les régions occupées par les Autrichiens. François-Joseph, jeune souverain de vingt-huit ans, tombe dans le piège. Son chancelier, Buol, adversaire de la France, exige que le Piémont désarme dans les trois jours. Enfin ! Un ultimatum ! Le mécanisme d'horlogerie mis au point par Napoléon III commence à tourner puisque, comme il le souhaitait, l'Autriche tient le rôle de l'agresseur. L'alliance franco-piémontaise est révélée : Turin appelle l'Empire français au secours. Et Cavour, jubilatoire, enivré d'un plaisir de chasseur comblé, déclare devant les députés :

– Nous avons tenu la dernière séance de la Chambre piémontaise ! La prochaine sera celle du Parlement italien !

Napoléon III ferme un peu plus ses yeux. De satisfaction. Cette fois, il va franchir un Rubicon européen en passant les Alpes. Lui aussi a sa Campagne d'Italie. Comme son oncle... Et tant pis si la Bourse s'affole.

Eugénie le pressentait, elle restera à Paris. Aux Tuileries, le vendredi saint, elle écrit à la duchesse d'Albe. L'envoi de

trois robes à sa sœur tient en deux lignes, en post-scriptum,
car le contenu est essentiellement politique. Oui, ce sera la
guerre, sans doute demain matin, à cinq heures. Oui,
«l'Autriche l'a voulue». Et, pour la première fois dans sa
volumineuse correspondance, Eugénie, qui annonce le
départ de l'Empereur dès que possible, ajoute ces mots
lourds : *Moi, je reste ici comme régente (...) La responsabilité est
bien grande pour moi, car tu sais que les Parisiens ne sont pas
toujours très commodes à mener; mais Dieu me donnera, je
l'espère, toutes les connaissances qui me manquent, car je n'ai que
la volonté de bien faire et de ne point souffrir le moindre désordre.*
Et puis vient cette réflexion sur son enfance, bercée par les
récits de Stendhal. Arcole! Rivoli! Marengo! «Comme la
destinée est bizarre! Ne le trouves-tu pas?» Les récits de
Monsieur Beyle? Elle les connaît encore par cœur. Une
angoisse se glisse sous la plume : et si on la jugeait aussi mal
qu'on a jugé Marie-Louise? On a été sévère avec elle, on l'a
méprisée. «Je t'assure que ça fait réfléchir. Enfin, tous les
événements de la vie se succèdent souvent malgré nous, mais
je ne pourrais presque me défendre d'un sentiment d'orgueil,
si je puis, par ma présence, rassurer les esprits en France.»
L'orgueil d'être régente? Certainement. La peur de ne pas
être la hauteur de la fonction? Sans aucun doute. En une
soirée, l'Impératrice découvre l'amère et grisante sensation
du pouvoir, même par délégation. Elle se sentira seule. Mais
elle est prête. Aucune maîtresse ne peut lui ravir cette
faveur, rare, qu'est la confiance de l'Empereur. Les favorites
sont renvoyées à leurs minauderies et la Castiglione se morfond, près de Turin, dans une villa avec son fils, entre deux
liaisons. Après tant d'humiliations, il faut reconnaître
qu'Eugénie peut, a priori, savourer une revanche totalement
imprévisible. On apprendra, beaucoup plus tard, qu'elle a
déclaré à sa chère amie Cécile de Nadaillac, née Delessert :
«Je vais montrer aux hommes de ce pays-ci de quoi est faite
une femme comme moi[1]!»

24 avril. Dimanche de Pâques. Qui applaudit les régiments quittant Paris? Les ouvriers et les républicains, alors
que les politiques désapprouvent cette nouvelle aventure. Les

---

1. Rapporté par Claude Dufresne dans *L'Impératrice Eugénie*, Perrin, 1991, selon une
confidence inédite faite par Cécile de Nadaillac à l'arrière-grand-mère de l'auteur. Un
ouvrage très vivant.

soldats passent devant l'orphelinat d'Eugénie et, sous les vivats de la foule, se dirigent vers la gare de Lyon. Le rail, séduisant instrument de paix, conduit aussi vers la guerre. Le 30, le Corps législatif vote un emprunt de cinq cents millions pour le budget des opérations militaires tandis que le prochain contingent est porté à cent quarante mille hommes. Eugénie suit tous les préparatifs. Elle note l'hostilité de cinq députés, furieux de ne pas avoir été tenus au courant; leur colère se limite à ne pas voter les crédits. Elle voit aussi que Morny, qui n'avait cessé de lutter contre la guerre, a changé d'avis. D'une voix très persuasive, il lance, de sa tribune présidentielle :

– Ne regardons plus en arrière! C'est devant nous qu'est le drapeau de la France!

Morny a changé d'avis mais lui n'a pas changé : il est « dans l'affaire » et « du côté du manche »...

Eugénie, assaillie par les catholiques bouleversés, demande à Napoléon III de rassurer l'opinion, ce qu'il comptait faire. Le 3 mai, dans une proclamation au peuple français, l'Empereur dévoile les raisons et les buts du conflit : « L'Autriche viole les traités, la justice et menace nos frontières. Elle a amené les choses à cette extrémité qu'il faut qu'elle domine jusqu'aux Alpes ou que l'Italie soit libre jusqu'à l'Adriatique. Le but de cette guerre est de rendre l'Italie à elle-même. Nous n'allons pas fomenter le désordre ni ébranler le pouvoir du Saint-Père mais le soustraire à la pression étrangère. » Le même jour, un décret impérial nomme l'Impératrice régente; ses pouvoirs sont très larges; elle sera assistée du Conseil privé, présidé par le roi Jérôme, chargé de lui apporter « de l'expérience et des lumières », mais elle présidera le Conseil des ministres, au nom de l'Empereur. Un pouvoir amplement délégué mais partagé; toutefois, la continuité du régime est assurée par Eugénie. Dès ce jour, l'amie de Mérimée incarne l'Empire.

Lorsque, le 10 mai, Napoléon III quitte Paris, il a du mal à dissimuler son appréhension. Aux Tuileries, il a laissé son fils, après l'avoir embrassé longuement. On a pleuré. Sur le parcours, on crie « Vive l'Empereur! Vive l'Italie! », comme l'avait diagnostiqué Mérimée. La scène la plus étonnante se déroule gare de Lyon car le vieux roi Jérôme, soixante-quinze ans, le dernier frère vivant de Napoléon Ier, l'oncle

ex-roi de Westphalie, est là, avec son fils *Plon-Plon* et Marie-
Clotilde. Que de symboles ! Et de questions... Les préparatifs
ont été bâclés pour ne pas effrayer l'Europe ; les nouveaux
fusils à canons rayés sont beaucoup plus précis mais... on
n'en a livré que soixante-huit ! Un maréchal a dû être remplacé car il ne tenait plus à cheval. Si, politiquement, le
piège et les provocations ont été astucieusement échafaudés,
les préparations tactique et stratégique ont été négligées.
Maintenant, la parole est à l'armée mais elle n'a pas été préparée, toujours par souci de discrétion, et c'est grave. Les
approvisionnements, les équipements, les services de santé
sont dans un état misérable.

Le maréchal Canrobert le constate et l'écrit, dans une
note du 26 avril, soit deux jours après les premiers départs :
« On a oublié, dans mon corps d'Armée, les états-majors,
l'intendance et la prévôté, les services d'ambulance, l'artillerie et le génie ! » Rien que cela ! Et les autres officiers généraux dressent un bilan identique, alarmant. Les mêmes
lacunes et carences qu'en Crimée... Il va falloir improviser.
Comme en Crimée. Et compter sur la chance et la valeur
des hommes. Comme en Crimée. L'Empereur lui-même
est-il préparé à son haut-commandement sur le terrain ?
Rappelons que son expérience militaire se limite à son grade,
ancien, d'ex-capitaine de l'artillerie suisse ! Une expérience
certes sympathique mais modeste. Le prince Albert a raison,
Napoléon III est toujours un aventurier. Aura-t-il le génie de
son oncle ?

La première régence

Le train impérial roule. Dans la voiture-salon, Eugénie,
tendue, s'efforce d'être confiante. Napoléon III discute avec
ses officiers, cartes du Milanais sur la table rectangulaire.
Cent vingt mille hommes doivent passer par le Mont-Cenis
puis Suse, au nord, et Gênes au sud, pour se regrouper près
d'Alessandria, dès demain. A Montereau, l'Impératrice descend du convoi. Ici, près de Provins, au confluent de
l'Yonne et de la Seine, c'est la séparation. La première pour
cause de guerre. L'Empereur se montre rassurant.

Montereau ? A cet endroit, le 18 février 1814, Napoléon Ier
avait mis en déroute les Autrichiens... Son neveu croit aux

signes. Allons, il faut avoir confiance. Ils se quittent, émus mais sans trop oser le montrer. Un autre train attend, sur ordre du préfet de Seine-et-Marne. Eugénie et sa suite réduite y prennent place. Dans la nuit, elle regagne Paris tandis que son mari roule vers ce rêve italien qui, pour une fois chez un souverain français, n'est pas un rêve de conquête mais l'idée, tenace et obsédante, d'un bouleversement politique inouï, l'Italie aux Italiens. Après tant d'expéditions coûteuses vers la Péninsule, ce n'est ni une guerre d'Italie ni une guerre en Italie ; c'est une guerre pour l'Italie. Parce qu'elle aime Saint-Cloud et que le printemps y est délicieux, la régente s'y installe. Dans ce magnifique palais, beaucoup plus gai que Compiègne, qu'elle a déjà imprégné de son goût, le fameux Louis XVI-Impératrice, plus faux que vrai et surchargé, tel le salon dit de Cruchet, entièrement sculpté. Les boiseries, les objets, les meubles, les bronzes, les marqueteries, ont été adaptés pendant qu'Eugénie recherchait, avec une étrange passion, d'authentiques souvenirs de Marie-Antoinette. Ainsi, l'original côtoie l'imitation. Depuis trois ans, l'Impératrice a insisté sur le mélange de l'élégance et du confort. L'ensemble, souvent improvisé par Eugénie elle-même, toujours en train de déplacer ici un canapé, là une table, a fini par donner l'« encombrement pittoresque » dont parle Mérimée. S'il se moque de ces rencontres entre l'époque et le style, il est bien heureux de s'asseoir sur un fauteuil bien capitonné et bien bourgeois.

En ce mois de mai 1859, Eugénie va découvrir non seulement le regard des ministres sur elle, lors de chaque Conseil, les discussions selon les nouvelles qui arriveront mais aussi les plaisirs dangereux de la flatterie, les subtilités réticentes et intéressées que cachent les éloges et, pour tout dire, l'hypocrisie d'un entourage politique la considérant comme une débutante. Débutante, elle l'est. Le gouvernement de la France en guerre est autre chose qu'une série de Compiègne ou les modèles de robes de l'excellent M. Worth, qui, depuis un an, présente des « nouveautés confectionnées », c'est-à-dire des tenues qui feront courir les femmes et les hommes après les femmes.

Débutante, Eugénie n'a pas l'intention de le rester. C'est ainsi que Mérimée la trouve plongée dans la lecture minutieuse de la Constitution. Elle l'apprend par cœur pour être imbattable. Face à elle, quelques redoutables fauves de la politique attendent de la dompter. Parmi eux, Eugène Rouher, qui cumule les portefeuilles du Commerce, de l'Agriculture et des Travaux publics, juriste de formation, auvergnat et ancien orléaniste, est un homme remarquable. Sa puissance de travail, sa capacité d'analyser les dossiers et son esprit de synthèse sont exemplaires. Il ne montre pas les dents, il sourit. Pour mieux mordre. Et dès qu'Eugénie intervient, il est d'accord, quoiqu'elle dise, retournant les arguments, exposant les motifs, jonglant avec les opinions mais toujours efficace et pragmatique. De cette manière, il est l'un des artisans du développement ferroviaire français et est heureux d'annoncer à l'Impératrice le progrès des travaux du côté de Biarritz.

Débutante, Eugénie l'est en s'informant des détails. On fait semblant d'être ébloui par ce souci de précision alors qu'une vision d'ensemble s'impose; elle s'appelle la politique. Mais, rapidement, avec une bonne conscience d'écolière attentive qui serait chargée de surveiller la classe en l'absence du maître, elle s'impose. Autour d'elle, ce ne sont que courbettes et compliments, à peine quelques suggestions, comme si l'Empire fonctionnait enfin de manière harmonieuse. Une illusion... Saint-Cloud n'est pas la France et encore moins la France engagée dans d'affreuses batailles en Italie.

On connaît le déroulement des opérations, débité par des bobines de télégraphe, ce précieux télégraphe qui change la marche du monde par une information rapide. Le 21 mai, dix jours après avoir quitté Paris, l'Empereur et les siens livrent un combat victorieux à Montebello. Le 31, un engagement aussi réussi se déroule à Palestro. Sur place et depuis Saint-Cloud, on se met à rêver à la légendaire campagne de 1796... Mais ce n'est qu'un début. Les hostilités implacables vont commencer dans la plaine lombarde, quand les deux armées vont se retrouver face à face, avec une supériorité numérique du côté franco-piémontais (environ trois cent mille hommes) contre les Autrichiens, assistés de Hongrois (environ deux cent mille). Au matin du 4 juin, le choc a lieu entre Novare et Milan, autour d'un village nommé Magenta. L'affaire se présente mal, Mac-Mahon n'étant pas au rendez-vous, ce qui n'est pas son style. Napoléon III est pâle.

La peur ? Non, l'homme est brave et il l'a prouvé mais son plan fonctionne mal ; il a d'ailleurs du mal à lire et à comprendre une carte... En début d'après-midi, les nouvelles sont meilleures pour les Français mais elles s'accompagnent, hélas, d'une vision insoutenable, celle des charrettes chargées de blessées et d'agonisants. On observe l'Empereur. Ses traits sont tirés, son visage triste comme on ne l'a jamais vu. Plus qu'un baptême du feu de grande bataille, le neveu de Napoléon est, pour la première fois, en contact avec les horreurs de la guerre.

Passe une civière devant lui, un soldat, l'épaule arrachée, tend son seul bras :

– Votre main, Sire !

Il serre la pauvre main, voudrait parler mais les mots ne se forment pas. Dans son regard, très affecté, comment ne pas percevoir le cauchemar d'une bataille perdue et ses conséquences pour l'Empire, pour l'Europe ? Soudain, vers quatre heures et demie, le canon tonne. Un cri fuse :

– C'est Mac-Mahon !

On reprend espoir. L'Empereur reste méfiant, impassible, attendant confirmation. Elle arrive et les troupes font mouvement vers le clocher de Magenta. Clairons et tambours scandent la marche au milieu des arbustes. Chose inouïe, on entend *La Marseillaise*, qu'on ne joue plus en France parce que l'hymne révolutionnaire n'est pas bien considéré. Va pour *La Marseillaise*, puissant et vibrant symbole qui a fait se lever l'Europe. On entend aussi la marche du *Faust* de Charles Gounod, récent grand succès parisien. L'opéra s'en-va-t-en-guerre avec *Gloire immortelle de nos aïeux*. Un peu avant sept heures, le village est en vue, avec ses maisons basses aux murs ocre et rose, ses toits plats à tuiles ondulées. Les chasseurs tyroliens massacrent les zouaves, lesquels se vengent. Chaque maison est gagnée après d'âpres combats de rue. A huit heures et demie, à la tombée de la nuit, les Français mettent en déroute les Autrichiens ; on retrouvera plus de dix mille fusils et vingt mille sacs, butin inattendu d'une débandade spectaculaire. Enfin, le soleil a disparu quand, après bien des détours, un message de Mac-Mahon est remis à l'Empereur : « La bataille de Magenta comptera parmi les plus glorieuses qu'ait remportées l'armée française. » Seuls ses familiers peuvent percevoir chez Napo-

léon III, par le creusement de ses joues et l'affaissement de
ses traits, les heures d'angoisse qu'il vient de vivre. Des
heures où la victoire a hésité, quand la défaite a semblé avérée avant le sursaut vespéral. Comme à Marengo, il y a cinquante-neuf ans.

Nuit noire. Dans la maison Botelli, demeure jaune à un
étage près d'un pont, l'Empereur a installé ses quartiers. Sur
les tables grossières, on a disposé des bouteilles fichées de
bougies; elles complètent la lueur vacillante des torches.
Napoléon III écrit, pendant qu'un souper est improvisé,
comme à Marengo, mais sans laisser de trace dans l'histoire
gastronomique. La dépêche annonçant le triomphe final est
pour Eugénie. Elle passera les montagnes dans la nuit et sera
remise dans la matinée à Saint-Cloud. « Empereur à Impératrice. Novare. 4 juin 1859. Pont de Magenta. Onze heures
trente. Grande victoire. Cinq mille prisonniers. Quinze mille
ennemis tués ou blessés. A plus tard les détails. » La pâleur
d'Eugénie s'estompe, elle reprend des couleurs et rend
grâces au ciel.

Les détails annoncés par son mari sont effrayants.
« Grande victoire mais chèrement payée », dira-t-il. A l'aube,
on en connaîtra le prix du côté français : deux généraux,
dont Espinasse, massacré à bout portant, quatre colonels,
plus de quatre mille hommes tués, soit près de dix pour cent
de l'effectif engagé, et vingt-cinq mille blessés ou malades;
ce bilan accable l'Empereur. Epuisé, il ne quitte pas sa
chambre pendant deux jours et ne paraît même pas aux
repas. Du côté autrichien, il y a six mille morts mais l'armée
de François-Joseph n'est pas, pour autant, anéantie. Elle n'a
perdu que trois canons et, symboliquement, deux drapeaux.
Dans la journée du 5, la régente fait placarder le communiqué du grand quartier général sur les murs de Paris. La
Bourse s'emballe; les optimistes tardifs le répètent, cette
campagne sera un succès et la confiance est absolue puisque
l'emprunt de guerre a été clos en quinze jours; le capital des
cinq cents millions est largement couvert : deux milliards
trois cents millions ont été souscrits! Il est huit heures du
soir quand le canon des Invalides tonne pour l'annonce officielle de la victoire. Les rues sont pavoisées, des feux d'arti-
fices étoilent la voûte faiblement car il fait encore jour; tant
pis, la joie ne peut attendre. A Magenta, l'Empereur élève

Mac-Mahon à la dignité de maréchal, décision qui vaut des flatteries à Napoléon III. On lui fait valoir que c'est lui le vainqueur de Magenta puisqu'il commandait en chef. Et on ajoute, ce qui est impertinent, qu'après Austerlitz, l'illustre oncle n'a conféré aucun titre sur le champ de bataille. On commence, aussi, à connaître les fameux « détails » annoncés par le vainqueur officiel à sa femme. Eugénie, toutefois, ne les saura pas tous.

Chaque tragédie ayant un aspect comique, le roi Victor-Emmanuel a largement justifié son invraisemblable réputation de fantaisiste paillard, ennemi des contraintes mais d'un courage réel, il l'avait prouvé sous la mitraille, à Turbigo. Selon les plans, le roi aurait dû soutenir Mac-Mahon. Or, les troupes sardes ont été absentes, n'ayant pu, dit-on, franchir des ponts engorgés. L'état-major de Napoléon III découvre la vérité, nettement plus honteuse en même temps que joyeuse. C'est un capitaine de spahis qui la révèle, un futur général dont on reparlera, Galliffet. Détaché en mission auprès du roi, il l'a trouvé étendu sur un lit « sans autre vêtement qu'une serviette placée au bon endroit ». La tenue de campagne préférée du Henri IV piémontais !

Voyant l'uniforme rouge de l'officier français, le roi l'accueille avec une insolente décontraction :

– Bonjour, écrevisse ! Vous voyez, il fait chaud. Je me repose ! Cela n'empêche pas que ce soir, j'attends une dame charmante et que demain, j'en attends une autre. Vous direz ça à votre empereur, n'est-ce pas, écrevisse ?

Lorsque, enfin habillé et ayant livré une bataille très personnelle sur le terrain amoureux, le roi paraît, la moustache conquérante et le geste large pour féliciter l'Empereur des Français, il est accueilli d'abord par un silence réprobateur puis par une remarque sévère :

– Sire, devant l'ennemi, on exécute strictement les instructions données et les mouvements convenus. Je regrette que Votre Majesté ne l'ait pas fait.

Un bref instant, celui pour lequel tant de Français sont morts rectifie son comportement. Le coup de semonce impérial a brisé le fanfaron. Il répond, le ton modeste :

– Sire, à la première affaire, je demande que vous me placiez à l'avant-garde.

Le 7 juin, Eugénie et son fils sont à Notre-Dame, au milieu d'une foule recueillie, pour entendre le *Te Deum* en l'honneur de Magenta. Dieu protège l'Empereur et la France. En secret – on le saura plus tard – dans un fiacre banal et seulement accompagnée d'une dame d'honneur, la régente court d'église en église, allume des cierges, prie dans un mysticisme visible. Le sang espagnol irrigue son cœur français et jamais, dans son esprit enflammé, les affaires publiques n'ont été aussi liées à la religion. Le lendemain, Napoléon III et Victor-Emmanuel, plus digne qu'à l'accoutumée, caracolent en tête de leurs troupes. A cheval et côte à côte, les deux souverains font leur entrée dans Milan, et le Français y est si chaleureusement fêté qu'il se laisse aller à quelques paroles imprudentes. L'Empereur, domptant sa fatigue et ses douleurs supposées rhumatismales, est surexcité. Il prend à témoin les Lombards mais s'adresse à tous les Italiens :

– Mon armée ne mettra aucun obstacle à la manifestation de vos vœux légitimes. Demain, vous serez citoyens libres d'un grand pays.

Demain ? C'est trop vite dit, car Magenta, victoire lourdement obtenue, n'est pas décisive. Rien n'est réglé et l'Autriche n'a aucune raison de déposer les armes ; au contraire, Vienne envoie des renforts dont François-Joseph prend le commandement. Deux empereurs vont se trouver face à face. Napoléon III est soucieux car son armée est trop épuisée pour profiter de l'avantage de la victoire. Non seulement, les Autrichiens n'ont reculé que de quinze kilomètres mais ce qu'on appellerait aujourd'hui la déstabilisation politique a pris de l'ampleur sans que l'on puisse dire exactement ce qu'il en adviendra. Déjà, la Toscane est sous administration piémontaise pendant que Cavour, déchaîné, mène le combat nationaliste en instaurant des gouvernements provisoires un peu partout, dirigés par un commissaire du roi de Piémont-Sardaigne ; le ministre alimente le feu des révoltes à Modène, comme prévu, mais aussi à Parme et en Romagne. Bientôt, les Etats du pape, qui englobent Bologne et bordent la Vénétie, sont en danger, une menace que l'Empereur s'était interdite. D'où, à Paris, une rapide inquiétude de l'Impératrice, du clergé et des ministres. En fait, si la guerre reste, techniquement, localisée à la plaine lombarde, son écho vibre en Europe. D'Angleterre, Victoria est indignée et, malgré tout, admirative

« L'Empereur a fait la guerre à l'Autriche pour lui enlever ses deux royaumes italiens garantis par les traités de 1815. » Exact, Napoléon III corrige les effets de la chute de son oncle. Les petits Etats allemands veulent s'armer contre l'arrogance française mais ne parviennent pas à s'entendre car Guillaume de Prusse exige de commander ces troupes disparates. Et le tsar fait savoir au Bonaparte triomphant son vif courroux car il n'apprécie pas les contacts, secrets bien entendu, de l'Empereur avec le révolutionnaire hongrois Kossuth, puisque l'Autriche avait appelé la Russie au secours pour mater, brutalement, les révoltés magyars contre la domination des Habsbourg. Magenta, victoire française pour le compte de l'Italie, dérange beaucoup ; cependant, en obligeant l'Autriche à s'engager et en portant un coup à son prestige, la victoire créditée à Napoléon III fait un heureux, Bismarck. L'œil perçant, des oreilles partout, il suit, accompagne, note, observe, enregistre, retient et conclut ce qu'il faut des manœuvres réelles opposant la France à l'Autriche : ces renseignements lui serviront plus tard.

Pendant que Napoléon III essaie de s'organiser et se prépare à une inévitable nouvelle confrontation, la régente fait des progrès. Le succès extérieur – même acquis de justesse – aide à la sérénité des débats. Dans ses mémoires, Mme Jules Baroche, dont le mari préside le Conseil d'Etat, observe le travail d'Eugénie avec attention et la juge parfaitement à sa place [1] : « L'Impératrice s'acquitte admirablement de ses fonctions de régente. Elle préside le Conseil avec une rare distinction, écoute religieusement, montre dans la discussion une sagacité, un sens merveilleux. Les réceptions du soir ont continué. La souveraine, debout des heures entières, parcourt les salons, parlant à tous, causant de tout, de la guerre, de la politique. Hier, aux Tuileries, elle recevait les membres du Corps législatif, du Sénat, du Conseil d'Etat à l'occasion de la fin de la session. A une heure et demie, les trois Corps se trouvaient réunis dans trois salons séparés.

« L'Impératrice est entrée, tenant son fils par la main, accompagnée du roi Jérôme, des ministres et de ses dames. Chacun des présidents lui a adressé une courte allocution ; à chacune, elle a répondu par de gracieuses paroles qu'elle lisait avec une certaine émotion. Ces paroles, elle seule les

1. *Le Second Empire. Notes et souvenirs, 1855-1871*, Paris, Crés, 1921.

avait arrangées et le matin même, elle les soumettait par le télégraphe à l'appréciation de l'Empereur qui, en moins de deux heures, lui répondait : " C'est fort bien, sauf cette phrase : votre concours m'aidera dans l'accomplissement d'une tâche trop lourde pour des mains aussi inhabiles que les miennes. On ne dit jamais de semblables choses quand elles ne sont pas vraies. " » Un éloge mérité, certes laudatif, mais les témoignages de cette période, inhabituelle à l'intérieur et délicate à l'extérieur, attestent la volonté de ne pas commettre de faute chez Eugénie. En fait, l'Empire est dirigé par un trio : l'Impératrice en France, l'Empereur en Italie, le télégraphe entre eux deux. Et Napoléon III, qui a de multiples sources d'information, sait fort bien que sa femme étonne tout le monde par son sérieux, les heures passées à étudier les dossiers, les questions qu'elle pose et repose si elle ne comprend pas sans oublier le regard, en général offusqué mais d'une courtoisie glacée, de certains diplomates. Cela aussi, Eugénie s'en souviendra. Enfin, les symboles étant plus que jamais nécessaires, chaque fois qu'elle le peut, elle fait venir le Prince Impérial auprès d'elle. Même en l'absence de l'Empereur, l'Empire a un futur désigné. Mme Baroche en a le cœur bouleversé d'attendrissement : « (...) Le petit prince remplit fort bien son rôle. Il envoya des baisers, fut sérieux, presque digne. » Les courtisans se surpassent sous le regard sceptique mais fier de la régente. Et, ayant satisfait à ses obligations, la régente disparaît avec son fils, en direction du jardin des Plantes. Elle le lui avait promis, s'il était sage. Le Prince Impérial a manifestement envie de jouer avec de l'eau, bêtise également autorisée. « C'était, soupire Mme Baroche, au même âge le passe-temps favori de son père ; mais de peur que " l'auguste marmot " ne s'enrhumât, on prenait la précaution de faire tiédir l'eau. »

Et maintenant ? Les Français et les Piémonto-Sardes se dirigent vers l'est de la Lombardie, en direction du lac de Garde et de Vérone. Quel sera le lieu de l'affrontement ? A la mi-juin, personne ne peut le dire mais on pressent que le choc sera définitif. L'Europe retient son souffle. A Saint-Cloud, l'angoisse a succédé à la joie car Eugénie a été informée des risques d'opérations face à des troupes autrichiennes fraîches. La régente pense à protéger son fils ; elle charge Mocquard, le secrétaire particulier de l'Empereur et qui est également son chef de Cabinet, d'une mission de haute confiance. Par l'intermédiaire de cet homme qui sait tout (et le reste, y compris les adresses des rendez-vous clandestins de Sa Majesté l'Empereur!), elle fait mettre de côté de l'argent pour le Prince Impérial, somme à remettre à la duchesse d'Albe en cas de malheur. L'ennui est qu'Eugénie, qui adore sa sœur, plutôt brouillon, et souvent malade, a peur que Paca ne perde le précieux reçu. « (...) Mets-le en lieu sûr, car tu es un peu étourdie et il ne faut pas le perdre... » Soulagée d'avoir pu, selon sa lettre du 15 juin, « conserver à mon pauvre petit garçon quelque chose pour l'avenir... », elle évoque son travail de gardienne de la flamme impériale dans une ville assoupie par l'été. « Paris est fort tranquille et jamais, on peut dire, l'état de la France n'a été plus rassurant. » Un optimisme fondé sur l'attente. Suit une réflexion qui exclut la modestie chez l'Impératrice, souveraine par intérim. *Tu ne dois pas te tourmenter pour moi, je crois même qu'il est bienheureux pour l'Empereur que le peuple s'habitue à la régence, car les assassins auront moins envie de faire des attentats quand ils seront persuadés que, même leurs infâmes projets réussissant, ils n'auraient pas le dessus.* Aux incertitudes de l'issue militaire, Eugénie ajoute le poids du terrorisme; depuis l'attentat d'Orsini, cette menace lui pèse. Orsini! Dans le fond, c'est sa rage qui a tout précipité...

24 juin. Un village fortifié à la pointe du lac de Garde, tenu par les Autrichiens. L'une de ses tours a reçu le même surnom que la Castiglione, on l'appelle « L'espionne de l'Italie » parce qu'elle symbolise l'occupation par Vienne. Sans aucun plan arrêté, sans calcul et même sans aucune intervention des commandements respectifs, les ennemis s'accrochent dans une totale incohérence. Pas une manœuvre dirigée, pas la moindre stratégie, pas une seule concertation et, cependant, dans l'aube laiteuse si bien décrite par Stendhal, commence l'une des plus effroyables batailles de l'Histoire au bourg de Solferino. Une bataille? Plutôt une mêlée d'une invraisemblable confusion. Avec le jour, la chaleur monte et l'air est étouffant. Toute la journée, l'enchevêtrement n'est qu'une suite de désordres, suivis, avec inquiétude, par Napoléon III sur un tertre. Les Autrichiens ont longtemps l'avantage, soutenus par l'agressivité

des fantassins hongrois. Les zouaves répliquent en chargeant à la baïonnette. La mêlée est totale sur un front d'environ vingt kilomètres et cent soixante mille hommes de François-Joseph s'acharnent contre les quelque cent trente-huit mille Français, aidés, cette fois, des Piémontais et des Sardes. Tous sont héroïques. C'est seulement en fin d'après-midi, dans une atmosphère d'orage qui n'éclate pas que l'Empereur des Français fait donner la garde impériale. La pluie tombe enfin et les hauteurs fortifiées se rendent; il fait nuit et les vainqueurs sont tellement épuisés qu'ils ne peuvent poursuivre les Autrichiens en retraite. De son quartier général, établi, en réalité, à Cauriana, Napoléon III envoie un premier télégramme à Eugénie : « Grande bataille et grande victoire. » Il est neuf heures du soir, les combats ont cessé depuis une heure. Puis, il rédige une seconde dépêche : « Toute l'armée autrichienne a donné. La ligne de bataille avait une étendue de cinq lieues. Nous avons enlevé toutes les positions, pris beaucoup de canons, de drapeaux, de prisonniers. Les autres détails sont impossibles pour le moment. La lutte a duré depuis quatre heures du matin jusqu'à huit heures du soir. »

Les *autres détails*, lorsqu'ils seront connus, provoqueront un traumatisme général. On comptera trente-cinq mille morts des deux côtés... Comme son ancêtre, Napoléon III parcourt le champ de bataille. « Une boucherie... », dit-il pétrifié par le spectacle d'horreurs. Ici, un officier, seulement identifiable au sabre qu'il tient encore dans la mort, a été dépouillé de son uniforme; il est en caleçon. Là, un Hongrois, mort aussi, est drapé dans son manteau. On veut installer le corps sur un chariot mais on recule d'épouvante quand la cervelle éclatée du malheureux se répand sur l'étoffe. On dit Napoléon III impassible. Au soir de ce 24 juin, il est effondré; l'homme est loin d'être insensible mais devant de telles abominations, on ne peut que s'interroger sur cette folie dont le résultat est largement dû au hasard. Des postes de secours sont installés. Flots de sang, râles des blessés, hurlements des amputés conduisent l'Empereur à décider qu'il faut terminer cette guerre au plus vite car son issue reste douteuse et la chance peut tourner. Des dames italiennes, des religieuses apportent leurs soins mais le dévouement est en échec devant la pénurie. On ne peut sauver pratiquement personne.

Dans le mélange de boue, de terre retournée, de corps en bouillie et de batteries brisées, un jeune homme, étranger au conflit, se transforme en infirmier de fortune. C'est un jeune Suisse, courtier de banque mais devenu journaliste, du nom de Henri Dunant. Il est abattu par ce qu'il voit mais, surtout, par ce qu'il ne peut faire. Il écrira : « Ah! Combien eussent été précieux dans ces villes de Lombardie une centaine d'infirmiers et d'infirmières volontaires qualifiés pour une pareille œuvre! » Son idée, sa grande idée, sans précédent, vient de naître : il faut créer un service de santé neutre, efficace, organisé, pour soigner et secourir les victimes sans distinction de nationalité. Il sera le promoteur de la Croix-Rouge, à l'emblème interverti du drapeau helvétique. Les secours militaires puis leur extension aux victimes civiles naîtront de la boucherie de Solferino. Pendant que Niel est élevé, lui aussi, à la dignité de maréchal, le 25 juin au matin, la régente fait afficher les deux communiqués de l'Empereur dans la capitale. L'ivresse de la joie est complète, personne, à Paris, ne pouvant imaginer combien ce corps à corps de seize heures a été meurtrier. Paris s'illumine, on danse, on offre à boire, on crie « Vive l'Empereur! »

Trois jours plus tard, Eugénie, qui avait déjà prévenu sa mère et sa sœur de la « nouvelle victoire remportée par l'Empereur », ajoute à Paca : « J'espère que la paix ne se fera pas trop attendre car avec les éléments de destruction qu'on possède aujourd'hui, une bataille devient presque une boucherie. » L'Impératrice n'y était pas... « L'Empereur a eu l'épaulette enlevée de son épaule par une balle; tu penses s'il était exposé mais je ne doute pas qu'il était de son devoir de le faire car il sait trop combien sa vie est précieuse pour l'exposer ainsi inutilement... » Napoléon III n'avait rien dit à sa femme, cette éraflure était bien dérisoire et c'est par un médecin de la suite qu'Eugénie l'a appris.

A dater de ce jour, le couple, bien que séparé géographiquement, se livre à la même analyse à la suite d'informations complémentaires et la conclusion est identique : il faut signer la paix, d'urgence. Pourquoi une telle précipitation après une victoire qui frappe autant les esprits? La répulsion de la boucherie humaine – inhumaine –, déterminante, n'est pourtant pas la seule raison. Rapidement, Eugénie accorde une audience secrète, révélée soixante-neuf ans plus tard par un prestigieux diplomate mémorialiste [1]. Elle reçoit, à Saint-Cloud, un émissaire personnel du tsar, son propre aide de camp, Schouvalov, dont les ancêtres servaient déjà sous Pierre le Grand. Alexandre II avertit Napoléon III d'un grand danger « du côté de la Prusse ». La Prusse ? Oui, son armée se prépare à attaquer du côté du Rhin... Deux cent soixante mille Allemands, réunis dans une vaste offensive sont mobilisés, soit les deux tiers des troupes disponibles ! Certaines unités sont déjà à Mayence et à Cologne. Un désastre est à prévoir, car la France, qui de toute manière a dégarni son flanc oriental, ne peut supporter un deuxième front, et l'Angleterre, déjà indignée par les affaires d'Italie, se dérobera. Pourquoi Alexandre II prend-il le soin de prévenir Eugénie ? Parce qu'il est sûr qu'elle gardera le secret – il avait raison – et que le vainqueur de Solferino lui a promis, par un traité caché, la libre circulation de la marine russe en mer Noire. De plus, le tsar a été sensible aux démarches françaises ne s'acharnant pas sur la Russie lorsqu'elle avait été battue en Crimée. La régente est donc informée avant son mari, ce qui consolide sa position par rapport à ses craintes, satisfait son orgueil mais elle ne peut en faire état.

Trois jours plus tard, le gouvernement impérial russe prévient, par la voie diplomatique d'usage, l'ambassadeur de France à Saint-Pétersbourg : « Si vous ne faites pas la paix tout de suite, vous allez être attaqués. » La dépêche, chiffrée, atteint Napoléon III. Le prétexte prussien est, en apparence, limpide : une pure solidarité entre nations de langue allemande. En réalité, ce serait un exercice pour jauger la réaction de Vienne. De son côté, le neveu de Napoléon, longtemps choqué du prix de la victoire, a fait ses comptes. Solferino a libéré la Lombardie mais la Vénétie est toujours autrichienne. Il faudrait encore des batailles, encore des boucheries pour libérer Venise et le Nord italien ne serait plus qu'un immense charnier, sans aucune certitude de l'emporter, car l'Autriche, battue deux fois, ne s'avoue pas vaincue et prépare encore des renforts. Nul doute que d'autres pays s'en mêleraient. Ne dit-on pas que la Belgique entend soutenir François-Joseph ? Que les souverains des duchés et principautés de la Péninsule sont prêts à tout, gonflés d'espoir,

1. Maurice Paléologue, *Entretiens avec l'Impératrice Eugénie, op. cit.*.

même à fondre sur Rome... Beaucoup de Français ne le pardonneraient pas à Napoléon III. Un engrenage terrifiant, aux rouages européens, a été mis en marche. C'est une véritable machine infernale qui peut balayer l'Empire français.

Dès le 6 juillet, le vainqueur a pris sa décision, celle, inattendue, de proposer la paix à l'adversaire défait. Il a toutes les raisons d'agir ainsi, y compris celle de ne pas tenter le sort. Déjà, le général Fleury, premier écuyer de l'Empereur, est en route pour un village à seize kilomètres de Vérone, Villafranca, siège du quartier général autrichien. Il est porteur d'une lettre offrant un armistice à l'Autriche. L'expéditeur le reconnaîtra, il ne cesse de penser à ses soldats. Solferino est la frontière de l'inacceptable. Napoléon III est l'ennemi des massacres inutiles. La politique reprend ses droits mais quelle sera la réaction des Italiens devant, selon eux, le refus d'exploiter une victoire pour faire triompher leurs revendications? L'Empereur leur avait dit de « voler sous les couleurs du roi Victor-Emmanuel ». Qu'est devenu le serment du Français?

On pourrait penser que, selon cette nouvelle orientation, la tâche d'Eugénie est allégée. Ce n'est pas si simple. Comme après Magenta, elle fait dire un *Te Deum* dès le 3 juillet et allumer des pyramides de cierges. Partie des Tuileries sous un soleil de gloire dans une voiture découverte, habillée, on ne sait pourquoi, de blanc solennel, elle roule en compagnie de son fils, de Mathilde et de Marie-Clotilde. Il faut sourire, le peuple l'attend. Le triomphe, même par délégation, est un doux miel. Paris sent bon l'approbation de la rue.

Cette journée d'été restera d'ailleurs comme l'un des moments les plus intenses de sa vie, gravé dans sa mémoire – et sa fierté – jusqu'au soir de l'existence : *Je me suis rendue à Notre-Dame en qualité de régente avec le Prince Impérial à ma gauche. Rien ne saurait vous décrire l'enthousiasme de la foule. Par instants, les acclamations faisaient un tel vacarme que nous passions devant les musiques militaires sans les entendre. Au retour, on se mit à nous cribler de fleurs; elles résonnaient sur les cuirasses des Cent Gardes comme une mitraille, notre voiture en était pleine. Mon fils tressautait de joie, battait des mains, envoyait gentiment des baisers à la foule. Ce jour-là, aussi, j'ai eu la certitude éclatante que Dieu réservait à mon enfant la mission*

glorieuse de couronner l'œuvre de son père. Voilà pour la façade,
léchée, polie mais trompeuse. Cette femme qui assure la
continuité du pouvoir et fait afficher de si bonnes nouvelles
emporte la sympathie. Même des républicains en
conviennent, d'ailleurs étonnés de sa maîtrise. Derrière la
parade, elle affronte les problèmes quotidiens, peu de choses
sur le plan intérieur en dehors d'une grève des cochers de
fiacres! Elle consulte Morny. Il propose – ce qu'elle accepte –
de confier la conduite des voitures à un régiment de cavalerie et la crise se dilue; la question de fond sera examinée
plus tard.

En revanche, les nouvelles de l'exaspération européenne et
des menaces prussiennes, hélas avérées, la placent en conflit
face au vieux roi Jérôme qui se trompe de guerre, confusion
compréhensible à son grand âge, aggravé par son libertinage
et sa débauche. Au Conseil privé, qu'il préside pour apporter
« ses lumières », le dernier frère de Napoléon n'a pas de meilleure idée que d'envoyer trois cent mille gardes nationaux
sur le Rhin, pour défendre « la patrie en danger ». Le refus
d'Eugénie est cinglant. Non, c'est non! Assez de folies. Elle
est soutenue par les ministres qui, d'abord affolés des
menaces germaniques, le sont bien davantage de la solution
ridicule du roi Jérôme. La régente a parlé et les témoins
savent qu'elle est déterminée. Une attitude souveraine et,
bien entendu, d'un total bon sens. Le soir même, elle écrit à
Napoléon III d'accélérer les pourparlers de paix car, même à
Paris, il faut continuer à se battre contre la bêtise d'un vieillard cacochyme. Toutefois, Eugénie évite de blesser personnellement Jérôme car il fut l'un des rares de la famille à
ne pas critiquer son mariage et elle l'a toujours reçu avec
plaisir. Mais cela étant rappelé, l'Impératrice tient bon. La
régente est avisée, mettant en avant la raison alors que,
d'habitude, elle fait appel à son imagination. On objectera
que pour une femme qui avouait, lors de son mariage, « vouloir ressembler à Anne d'Autriche » la comparaison n'est pas
à son avantage mais, depuis deux mois, elle a gommé sa
réputation de femme superficielle en lui substituant une
coloration intellectuelle. Elle avait un rayonnement, elle a
maintenant une influence qui dépasse son rôle. A trente-
deux ans, elle a pris goût à la politique.

7 juillet. Eugénie reçoit une dépêche de son mari : « Une
suspension d'armes est conclue entre l'empereur d'Autriche

et moi. » La régente, soulagée, fait savoir l'heureuse nouvelle, diffusée le lendemain par les journaux de Paris. Le 10, à Villafranca, les deux souverains se rencontrent à cheval, se saluent et, après avoir mis pied à terre, s'entretiennent seuls. On sait seulement que la discussion se déroule en allemand, afin de mettre à l'aise François-Joseph. A vingt-neuf ans, l'époux de la belle et imprévisible Sissi est presque novice dans ces affaires, en tout cas moins expert que Napoléon III pour se guider dans le labyrinthe d'ambitions souvent contradictoires. Les deux hommes se plaisent. Charme autrichien, séduction française, sens pratique partagé, ils ont le même intérêt à en finir, l'Autrichien car il règne sur un empire multinational très étendu et convoité, le Français parce que l'Italie est un piège et que deux guerres en sept ans, c'est tout de même beaucoup pour un Bonaparte qui promettait la paix. Ce parjure n'avait été possible que grâce à un immense soutien populaire mais, depuis, Louis Napoléon ressassait une réflexion amère devant les amoncellements de cadavres et les visions de cauchemars qui le hanteront longtemps, songeant à ces braves combattants massacrés « pour le peuple qui ne nous aime pas et pour une cause dont l'avenir est si plein de doutes ». Napoléon III qui avait tenu à aller au-devant de François-Joseph, veille à ne pas humilier le descendant de Charles Quint et de Marie-Thérèse. La courtoisie du Bonaparte, improvisé généralissime à cinquante et un ans, enrobe de prévenances l'entrevue de Villafranca et le Habsbourg obtient, sur la forme, un très sincère respect. La bravoure et l'honneur n'ayant manqué ni aux uns ni aux autres, l'accord est vite arrêté. L'Autriche laisse Parme au Piémont, reprend le contrôle de Modène par son duché et abandonne le Milanais sauf les forteresses de Peschiera et de Mantoue ; mais, pour sauvegarder l'amour-propre de l'empereur viennois, il cède ses droits sur la Lombardie à l'empereur des Français, lequel pourra les rétrocéder au roi du Piémont. François-Joseph refuse, en effet, de remettre directement la région aux mains de l'invraisemblable et débraillé Victor-Emmanuel qui, sans Cavour, n'existerait plus. Napoléon III s'empresse d'accorder cette délicatesse car il partage ce point de vue sur le braillard et paillard « M. de Savoie » qu'il a, d'ailleurs, totalement tenu à l'écart de la négociation. En contrepartie et pour apaiser le catholicisme perturbé de l'Impératrice et de millions de Français, Napoléon III demande à François-Joseph que la Vénétie s'agrège à une Confédération des peuples italiens sous la présidence d'honneur du pape. Pie IX est ainsi protégé et son autorité respectée. Cette solution convient à François-Joseph, souverain foncièrement catholique car elle lui octroie, bizarrement, le droit indirect de s'immiscer dans les affaires intérieures de la Péninsule, une ingérence qu'il n'avait pu obtenir au Congrès de Vienne, en 1815... Dans l'après-midi, *Plon-Plon*, qui avait commandé le cinquième corps d'armée et occupé la Toscane, assure la liaison d'un camp à l'autre ; la rédaction définitive des conditions préalables de paix est signée des deux empereurs.

A Sissi, François-Joseph annonce : « Je perds ma plus belle province. » A Eugénie, Napoléon III fait envoyer le plus bref télégramme de toute sa campagne : « La paix est conclue [1]. » Paix bâclée, paix précipitée, Victor-Emmanuel est furieux de devoir se contenter de la Lombardie. Que l'Autriche continue de maintenir son hégémonie à Modène, à Bologne, à Florence, à Rome et à Venise provoque la colère royale, une scène violente avec Cavour qui démissionne et la stupeur à Turin : sur la route de la nouvelle Italie, Napoléon III s'arrête, ménage l'adversaire, lui octroie des compensations et des grâces, oublie son serment. Comme en 1849, crient les Piémontais, Louis Napoléon fait semblant de soutenir la cause italienne et, au bord du succès, il l'étouffe. En vingt-quatre heures, sa réputation de libérateur attendu est détruite, la versatilité des opinions latines n'étant pas une légende. La passion italienne pour la France devient une haine aussi excessive ; dans les rues de Turin, des boutiques ressortent un portrait d'Orsini... Napoléon III remet à ses

---

1. En réalité, il s'agit d'un armistice et de préliminaires sous forme de trêve militaire. La véritable paix entre la France et l'Autriche sera discutée à la fin de l'été puis mise au point pendant l'automne, à Zurich. C'est François-Joseph qui choisit cette ville, ne voulant pas d'un siège de représentations diplomatiques. Spa, en Belgique, avait été envisagée, de même que Genève. A Berne, le gouvernement fédéral suisse fut très vexé d'être mis à l'écart... et jaloux de la notoriété arbitrale de Zurich. Les négociations, qui dureront deux mois et demi, se dérouleront au premier étage d'un célèbre hôtel, le Baur au Lac mais le traité lui-même, dit de la paix de Zurich, sera signé le 20 octobre à l'Hôtel de Ville de Zurich. Le plénipotentiaire autrichien, frappé d'apoplexie lors des discussions, dut être remplacé. L'entrevue préparatoire de Villafranca, qui a pour cadre une maison modeste, la Casa Morelli, sera considérée comme une redite de la célèbre rencontre de Tilsit, entre Napoléon Ier et le tsar Alexandre Ier. Sans génie militaire mais en maniant les paradoxes politiques, le neveu est dans le sillage de l'oncle.

généraux le commandement en chef qui assurera le retour
des troupes en France et gagne Turin où il est sifflé, conspué
et protégé par l'escorte personnelle de Victor-Emmanuel. Le
roi a néanmoins remercié l'Empereur, le sang français a
libéré la Lombardie et c'est tout de même un début. Cavour,
qui ne décolère pas et refuse d'assister au banquet d'adieux,
finit par accepter de venir voir Napoléon III, le soir, avant
son départ. L'ancien chef du gouvernement est sinistre,
abattu, frustré d'une conquête qu'on lui a volée. Tant
d'efforts, de la Castiglione à Plombières! Tant de vies perdues dans la plaine, exemple de terre fertile où devait
se lever une nouvelle moisson, l'indépendance! L'Empereur,
las, amer d'avoir si bien prévu l'ingratitude transalpine, veut
calmer son ancien complice des Vosges :

— N'ayez crainte... Je plaiderai la cause des provinces italiennes devant le futur congrès. Je tiens d'ailleurs à vous
répéter ce que j'ai dit au roi : puisque le Piémont n'obtient
pas tout ce que lui promettait notre alliance, je renonce à
l'annexion de Nice et de la Savoie....

Chez Cavour, la cicatrice ne se refermera jamais. Il
s'incline sèchement et se retire. Les deux hommes travailleront encore ensemble, même malgré eux, mais à distance et
sans complicité. Ils ne se reverront jamais. Dans la nuit, le
télégraphe informe Eugénie que le train impérial a franchi la
frontière, salué par une garde immobile. Le monarque, heureux d'avoir éteint l'irritation européenne à défaut des
colères piémontaises, dormait mal; il fumait. Le retour en
France annonce d'autres batailles.

17 juillet. L'Empereur des Français a regagné Paris. Eugénie l'accueille à Saint-Cloud, sur la terrasse, avec le Prince
Impérial et le gouvernement. Le décret de régence est rapporté, Eugénie redevient l'Impératrice mais pendant deux
mois et une semaine, elle a incarné l'Empire sur le territoire
français. Elle s'en est bien trouvée et, s'il le faut, elle sera
prête. Napoléon III, amaigri et semblant marcher avec quelque difficulté, avait bien placé sa confiance; elle paraît en
excellente santé, grisée par un pouvoir qui, il faut le redire,
n'a connu aucune crise. De lourde, la responsabilité lui est
devenue plus familière et moins gênante car, ainsi que l'estimait Christine de Suède, la célèbre reine Christine, « les
grandeurs sont comme les parfums, ceux qui les portent ne
les sentent quasiment pas. »

Une victoire à retardement

Alors que Napoléon III s'apprêtait à regagner la France, la reine Victoria notait, dans son Journal, à la date du 13 juillet 1859 : « L'empereur Napoléon, par ses succès militaires et son apparente modération comme par sa prudence, s'est assuré une formidable position en Europe. » Un résumé concis et qui ne cache pas l'étonnement de la souveraine. Vraiment, Louis Napoléon est doué pour lancer des aventures, s'y plonger et s'en extraire à temps. On avait redouté qu'il ne mît le feu à l'Europe, il s'est contenté d'embraser l'Italie du Nord et du Sud. Mais l'arrêt brutal de cette guerre aux exploits déjà légendaires n'a pas seulement déchaîné les rugissements vulgaires de Victor-Emmanuel ni le sombre dépit de Cavour ; l'étonnement a gagné la France, malgré des fastes prévisibles. Une explication ne serait donc pas superflue. Deux jours après son retour, l'Empereur convoque tous les grands Corps de l'Etat à Saint-Cloud afin de les éclairer sur son revirement. Il parle, Eugénie étant à son côté. Le discours est habile, reflet apparent d'une pensée maîtrisée alors que le hasard et diverses raisons extérieures ont justifié ce qui, diplomatiquement, ressemble à une retraite hâtive : « Afin de servir l'indépendance italienne, j'avais fait la guerre contre le gré de l'Europe. Dès que les destinées de mon pays ont pu être en péril, j'ai fait la paix. Si je me suis arrêté, ce n'est pas par lassitude ou par épuisement, ni par abandon de la noble cause que je voulais servir, mais parce que dans mon cœur, quelque chose parlait plus haut encore : l'intérêt de la France... »

Un témoin, une femme, qui écrivait que Louis Napoléon avait été « le doigt sauveur de la Providence », observe que ces propos ont le talent de faire des aveux en couvrant des fautes et des embarras et « qu'il en pourrait bien être des discours comme des victoires, dont le succès est plus grand que l'effet ». Cette contemporaine n'est pas dupe ; elle a de qui tenir puisque Dorothée de Courlande, duchesse de Dino, a été la nièce par alliance puis la maîtresse de Talleyrand... La manipulation des esprits et les mots féroces, elle connaît. Quand elle dit que Napoléon III est par essence un « homme taciturne », elle ne prend pas de risque. Mais lorsqu'elle considère Eugénie telle une « impératrice jolie, frivole, insignifiante et stérile », autrement dit une potiche, elle s'égare ; et on comprend qu'Eugénie ne recherche pas sa compagnie, même si, comme elle, la chroniqueuse s'inquiète, pour la France, du « torrent socialiste [1] ».

Après l'opinion française, l'Empereur entreprend de rassurer l'Europe. Il reçoit donc, deux jours plus tard, le corps diplomatique et, cette fois, cajole le nonce apostolique, doyen d'usage. L'ambassadeur du pape l'ayant félicité « pour la prompte conclusion de la paix », le souverain fait observer qu'on a été injuste avec lui, qu'on ne l'avait pas compris et qu'il n'avait jamais eu l'intention de bouleverser l'Europe ni de susciter une guerre générale.

On peut dire que seules les deux dernières protestations ont une base de vérité... Mais il reste à réjouir le peuple car lui seul, toutes opinions confondues, avait appuyé l'aventure. Dimanche 14 août, veille de la Saint-Napoléon. De toutes les fêtes et réjouissances que l'Empire a organisées depuis sa restauration, cette journée les dépasse en tous domaines. Des foules arrivent de partout, même des villages hors de Paris et aussi de province, par trains bondés. On chercherait en vain une chambre libre dans un hôtel. De dix heures du matin à trois heures de l'après-midi, cent mille hommes défilent, acclamés. C'est l'armée d'Italie. Des arcs de triomphe ont été montés dont un, place de la Bastille, représente la façade du dôme de Milan. Le défilé se dirige vers la place Vendôme où se tiennent les souverains. Sur l'itinéraire, une fenêtre s'est louée jusqu'à six cents francs et les balcons jusqu'à deux mille. Sur la tribune à dais de velours rouge frangé d'or, Eugénie est radieuse, directement associée au triomphe, une sensation sans équivalent. A son côté, le prince héritier en grenadier de la garde. D'émotion, le petit garçon perd son bonnet à poil, trop lourd, surtout par cette chaleur. Parmi les invités, on distingue la duchesse d'Albe, arrivée de Madrid. L'Empereur est devant, à cheval, au pied de la colonne, un symbole. On attend. Voici les premières troupes arrivant par la rue de La Paix, bien nommée, ce sont les Voltigeurs, qui abaissent leurs drapeaux déchiquetés

---

1. Duchesse de Dino, *Chronique de 1831 à 1862* (1910). Au moment où elle porte ce jugement, la duchesse de Dino et de Talleyrand, également titrée comtesse de Périgord et duchesse de Sagan, est âgée de soixante-sept ans. Elle est suspectée d'être très favorable à la Prusse. Elle mourra en Allemagne.

devant le souverain. Celui-ci leur répond, en les saluant de son épée. Puis, voici les véritables héros de cette guerre, les zouaves. Comme en Crimée. Ils reçoivent une ovation pendant deux heures. Des gradins, disposés en amphithéâtre ventru sur la place, les cris n'arrêtent pas. Les soldats sont sales, en lambeaux, blessés et avancent en rangs volontairement clairsemés car ils ont voulu laisser aux morts leurs places. Ces vides impressionnent toute la suite impériale, figée et ruisselante sous la chaleur pendant que le drapeau du courage s'abaisse devant le souverain. Napoléon III, d'un immobilisme total comme son cheval, a décoré le régiment de la Légion d'honneur ; on en voit la croix et le long ruban rouge sur l'étendard. Quelle fierté, ces hommes ! La foule délire. Ils ont la tête haute, le regard de feu, le visage buriné ; ce sont les survivants de la boucherie, les rescapés de Solferino. Un défilé d'apothéose. L'Empereur finit par mordre sa moustache. Soudain, toutes les femmes des tribunes se lèvent, même l'Impératrice. Elle est pâle. Elle frissonne. La France écrit une émouvante page d'Histoire.

D'un hôtel qui se trouve sur le passage des troupes, l'hôtel de la Paix, une femme observe le défilé – qui dure cinq heures ! – avec dédain. Etrangère, elle arrive d'Europe centrale et ne reste qu'une semaine à Paris. Elle ne méprise ni les Français, ni leur courage et leur panache mais cette guerre d'Italie et ses étranges conséquences (la vraie paix n'est pas encore signée) l'exaspèrent. Cette femme mince aux lèvres sensuelles et aux cheveux châtains est la princesse de Metternich, la nouvelle ambassadrice d'Autriche, bien que son mari n'ait pas encore présenté ses lettres de créance, la formalité officielle étant prévue vers l'automne. Cependant, d'origine hongroise, elle a ce charme slave des pays danubiens, des réflexions originales et cinglantes peu conformes aux bienséances diplomatiques, une malice certaine, des yeux noirs pétillants de vie et, pour tout dire, beaucoup d'allure. Un grand genre avec des grands moyens. Pauline de Metternich n'est pas belle, surtout par rapport à la féminité de l'époque. Elle sera vite surnommée « la plus jolie laide de Paris » et, à cette fiche d'identité officieuse, certaines de ses amies ajouteront l'aimable surnom de « Cocomacaque » ! Tout un programme. Elle répliquera avec esprit, quand on apprendra que Carpeaux sculptera son

buste : « Je suis laide mais j'ai de jolis détails. » On se doute
qu'étant l'épouse du nouveau représentant de François-
Joseph en France, les manigances italiennes à l'origine du
conflit lui sont désagréables. Et ce défilé, où les noms des
victoires en Lombardie résonnent entre les clairons et les
tambours, lui porte sur les nerfs. Cette vision « (...) a aug-
menté dans mon cœur l'antipathie profonde que j'ai toujours
eue pour les Italiens, car j'ai en horreur les gens qui parlent
haut et ne font rien. Les Italiens ont demandé aux Français
de tirer pour eux les marrons du feu, et ceux-ci bêtement
– combien ils ont dû le regretter plus tard ! – sont partis
flamberge au vent, pour délivrer ces héroïques Italiens " du
joug infâme " de l'Autriche !... " Morte ai Tedeschi [1] ! " Les
gens réfléchis en France étaient absolument anti-Italiens, et
le faubourg Saint-Germain les a toujours eus en horreur,
peut-être aussi bien parce que l'empereur Napoléon III avait
des sympathies pour eux. » Ainsi commencent, sur cette
sévère profession de foi, les Mémoires d'une dame de la
haute société diplomatique qui réussira à devenir, par son
esprit et sa vivacité, l'une des plus proches de l'Impératrice.
Les flèches et les critiques ne manqueront pas mais elles
n'excluront ni l'estime ni l'amitié avec, en filigrane, l'intention chez Pauline d'influencer les opinions d'Eugénie, qu'elle
suppose, a priori, hostile à l'Autriche [2].

Il avait paru essentiel aux deux gouvernements de trouver
un successeur au comte de Hübner, demeuré en poste à
Paris pendant neuf ans. L'armistice, conclu dans la bous-
culade, suppose de nouvelles relations entre les deux pays.
Mais le choix de Richard de Metternich, souhaité par Napoléon III, est encore un défi puisqu'il est le fils du fameux
chancelier, le vieil ennemi de Napoléon Ier. Suivant son
ambition, Napoléon III poursuit la mise en pièces systématique du Congrès de Vienne et son abrogation dans les faits.
Les deux femmes vont se rencontrer à Biarritz, l'ambassa-

---

1. Traduction : « Mort aux Allemands ! » qui illustre la confusion entre les peuples de
langue germanique, impropriété regrettable qui, on le sait, reste souvent commise
aujourd'hui...
2. *Souvenirs de la princesse Pauline de Metternich (1859-1871)*, Plon, 1922, réédition
1931, préface et notes de Marcel Dunan. Voir, également, l'excellente biographie *Pauline de Metternich* de Emmanuel Haymann, Perrin, 1991, qui rétablit bien la chronologie
de ces souvenirs écrits un demi-siècle après les événements, comble, sur divers aspects,
des lacunes et corrige des approximations.

deur se hâtant d'aller présenter ses devoirs officieux à la Villa Eugénie.

Le couple français y est arrivé fin août, après l'inauguration du pont de Solferino enjambant la Seine et le décret impérial du 16 août stipulant qu'une « amnistie pleine et entière est accordée à tous les individus qui ont été condamnés pour crimes ou délits politiques ou qui ont été l'objet de mesures de sûreté générale ». De nombreux prisonniers et exilés vont en profiter et beaucoup se rallieront au régime puisqu'il est auréolé de succès. Parmi les réfractaires, Louis Blanc, fixé à Londres, déclare, pompeusement : « L'amnistie n'acquitte pas la dette que Louis Bonaparte doit à la France. » Et, de Jersey, où il mène une existence qui n'a rien de misérable, Victor Hugo écrit, avec une belle noblesse romantique, qu'il n'accorde aucune attention « à la chose appelée amnistie », que son devoir est d'élever « une protestation absolue, éternelle, inflexible » et qu'il partagera « jusqu'au bout l'exil de la liberté ». Conclusion, belle mais sans modestie : « Quand la liberté rentrera en France, je rentrerai. » Victor Hugo attendra.

A Biarritz, depuis sa fenêtre de l'hôtel d'Angleterre où elle se recoiffe, la princesse entend une voix féminine dans la rue :

– La princesse de Metternich est-elle arrivée ?

Une suite entoure celle qui a posé la question, à l'évidence l'Impératrice. L'ambassadeur descend l'escalier immédiatement, commence une conversation très animée sur le voyage (quelle poussière !) tandis que Pauline, cachée derrière un rideau, observe Eugénie. Premier portrait, première pique : « L'Impératrice était de grandeur moyenne, un peu forte pour son âge et n'ayant pas, d'après nos idées autrichiennes, ce qu'on est convenu d'appeler une jolie taille » ! Chapeautée et même voilée, tenant une ombrelle verte, Eugénie porte une blouse en flanelle rouge, une ceinture noire à boucle tenant une simple robe noire relevée, sans traîne parce qu'à la campagne ce serait ridicule. Toujours la poussière ! Cette tenue, qui laisse voir ses pieds minuscules et ses chevilles, avait fait dire, dans le cancanier faubourg Saint-Germain, « qu'elle avait inventé de se promener court vêtue " comme les danseuses de l'Opéra "... » Deuxième impression, nettement plus favorable : « J'avoue que de suite, j'ai été frappée par l'air et les allures de femme du monde qui différaient tellement de celles d'autres souveraines. »

Le soir, à neuf heures, il y a réception à la Villa, dans une atmosphère très familiale ; Eugénie, qui fait un jeu de patience, se lève, accueille Pauline avec une grande amabilité, ravie qu'elle ait pu accompagner son mari après être venue de Bohême, puis se rassoit et, sans façon, arrange un rouleau de cuir qu'elle place dans son dos pour le soulager de douleurs, peut-être consécutives à son ancienne chute de cheval. Dans la douce lumière des nombreux abat-jour, la princesse peut enfin observer l'Impératrice de près. Charme, grâce, elle l'admet volontiers. Troisième souvenir, en gros plan, très flatteur : « Les traits étaient d'une finesse extrême, l'expression des yeux douce et intelligente, le nez, la bouche, l'ovale de la figure, la forme de la tête, le cou, les épaules d'une rare perfection, les dents belles et bien rangées, le sourire délicieux. Ce qui m'a surpris, c'est que l'Impératrice peignait ses sourcils et les contours des yeux, et cela très franchement, avec de gros traits au crayon noir. J'ai appris plus tard et cela par elle-même, qu'elle avait pris cette habitude ayant en horreur les sourcils et les cils blonds qui, disait-elle " donnaient l'air bête et effacé ". »

Une porte s'ouvre dans le fond du salon, voici l'Empereur. Tout le monde se lève, même Eugénie et quels que soient l'heure et l'endroit. Napoléon III arrive de sa démarche un peu traînante et, chaleureusement, dit son bonheur de voir la princesse, son espoir qu'elle reste longtemps, qu'elle se plaira et que son mari et lui sont de vieux amis. On rit beaucoup, le souverain adorant les histoires, en raconter et qu'on lui en raconte.

Quatrième portrait, bien dosé : « (...) Il me parut non pas vieux mais plus vieux que je ne croyais. Il était franchement laid de figure et sa tournure laissait beaucoup à désirer ! Le haut du corps semblait trop lourd pour les jambes, et il marchait mal ; cependant, malgré tout, il plaisait et, mieux que cela, il charmait. Ses yeux, dont on disait qu'ils étaient ternes et ce regard qu'on accusait d'être vague, me plurent infiniment par leur douceur extrême et par la bonté qu'ils reflétaient. » La simplicité des manières, l'aisance toute naturelle, l'absence d'affectation mettent l'Autrichienne en joie et en confiance. Une plaisante complicité vient de naître, dans

ces débuts presque champêtres au Pays basque. Deux heures
plus tard, les Metternich sortent conquis. Même si l'intona-
tion de l'Empereur surprend car « son organe était sonore,
quoiqu'un peu nasillard ».

— A vous revoir bientôt et souvent !

Leurs Majestés sont parties se coucher. Suit un souvenir
nettement plus sportif, une randonnée dans la montagne de
la Rhune, décidée par Eugénie, à environ une heure et
demie de Biarritz. La suite se compose de cinquante personnes et la curiosité de la promenade est l'utilisation de
mulets harnachés avec des doubles selles typiques de la
région, les cacolets. Chacun ou chacune doit trouver
quelqu'un ayant le même poids que l'autre, pour éviter un
déséquilibre. La randonnée commence donc par une course
aux sosies en kilogrammes, les maigres recherchant les
maigres, les gros retenant les gros. Parfois, il faut ajouter un
gros caillou pour égaliser la charge. Pauvres mulets !

Voici les poteaux frontières. En riant, Eugénie les franchit
et revient en criant :

— Ne croyez-vous pas que les journaux vont dire que
l'Impératrice a fait un long séjour en Espagne ?

La nuit tombe. Des dames se plaignent car, n'ayant écouté
aucun conseil, elles ont des chaussures ridicules pour cette
randonnée. Mme de Metternich, en bonne Autrichienne, est
équipée comme il faut.

— Comme vous marchez bien, princesse ! dit Eugénie,
admirative.

Et, à l'avenir, elle n'emmènera que des « ascensionnistes ».
Quelques dames du palais, seulement rompues à la traversée
des salons lambrissés et à l'ascension sociale, se trouvent
mal. On improvise des brancards, certains invités pestent
contre cette manie d'escalader des sommets et semblent
avoir envie d'étrangler Eugénie la montagnarde. Mais que de
bons souvenirs pour Eugénie et Pauline [1] ! Les chants, en
basque, « Nous vous saluons, Eugénie, Vous êtes la fleur des
Impératrices », le pique-nique arrosé d'un bon vin bu à la
régalade, jaillissant d'une peau de bouc, le fandango
demandé par l'Impératrice et improvisé aussitôt ; elle a dansé

---

1. En mémoire de cette équipée, une stèle, sur un obélisque, a été posée puis restaurée en 1993. On peut y lire : « Souvenir de l'ascension de Sa Majesté l'Impératrice
Eugénie, le 30 septembre 1859 ».

près de cinq minutes, radieuse de retrouver les rythmes de son Espagne. Et puis deux occasions de rire. L'une, parce que le cacolet a réuni, au nom du poids, des gens brouillés qui ne se saluaient plus; l'autre parce que l'Impératrice se jure de remplacer l'excursion terrestre par une promenade en mer. Mais, se demandent les deux femmes, et le mal de mer?

Ce fut un joli désastre que la promenade à bord de l'aviso impérial, la *Mouette*, ancré dans la rade. Mer mauvaise, vomissements, apparition de gâteaux et de babas au rhum pour caler les estomacs chavirés (cinquante estomacs, sans compter ceux, résistants, de l'équipage!), encore des vomissements, tout le monde couché à plat sur le pont de ce bâtiment militaire pas prévu pour les mondanités contrariées, Eugénie qui passe les cuvettes, des courants violents, des rochers dangereux, la crainte d'un naufrage... Après cinq heures de navigation pénible, un canot aborde avec un ordre de Napoléon III de rechercher un abri au calme. On passe la barre, des vagues énormes submergent les marins. Enfin, à deux heures du matin, entre phares et fusées de détresse, la *Mouette* débarque sa compagnie en piteux état, essorée, cadavérique, verte de peur et de nausées. Eugénie, très nerveuse, se dirige vers un Napoléon III furieux comme rarement :

– Nous n'avons pas eu de chance avec notre course en mer!

– C'est aussi la dernière fois que tu fais une de ces escapades, il y en a assez!

L'Empereur jure qu'il n'a jamais eu aussi peur pour sa femme. A deux heures du matin, les représentants, épuisés et en loques, de la plus brillante Cour d'Europe sont rassasiés par un buffet salvateur et couchés à quatre heures du matin. La mer, comme la montagne, n'est pas faite pour tout le monde mais Eugénie a retrouvé, au contact de la nature, sa liberté trop souvent surveillée. Ces émotions lui ont permis d'apprécier la princesse embarquée avec la suite et qui a été aussi malade que les autres passagers.

Au cours de l'été, des réactions variées sont observées à propos de l'Italie. Le peuple, toujours friand de gloire et d'épopée a montré, par sa vaillance au combat, qu'il était digne de la légende impériale. Sans doute, ne faudrait-il pas récidiver trop vite car la saignée a fait plus de cinquante mille morts, chiffre ahurissant pour des opérations au pied des Alpes. Mais un sentiment de frustration gagne certains milieux français, même les plus liés au régime, et les paradoxes deviennent pesants. Baroche estime qu'en commençant la libération de la péninsule et en l'arrêtant au milieu, en quelques jours, la France ne retire aucun avantage de l'affaire, que le problème est désormais inextricable. En effet, entre le morcellement, condamné, et l'unification, enrayée, largement à cause de la situation du pape, la politique impériale louvoie, floue et contradictoire. Etait-ce bien utile? se demandent ceux qui entendent les critiques reprochant à la France de se mêler d'un peu tout. Il faut, en effet, rapprocher cette affaire italienne d'autres interventions, plus lointaines mais tangibles, comme en Syrie, pour la protection des communautés chrétiennes, ou en Chine où une action commune avec l'Angleterre avait été interrompue à cause des batailles lombardes.

En affinant la remarque, il est évident que le retour français dans le jeu diplomatique mondial ne réjouit pas la plupart des Etats. Certains pensent même que Napoléon III souffre d'un immense complexe, toujours par rapport à son oncle, qu'il a besoin de parades, de mises en scène pour remplacer le génie et la puissance de l'autre Napoléon, qualités qu'il ne possède pas. Or, un tel jugement est en porte-à-faux. Napoléon III, beaucoup plus moderne qu'on ne le croit, est essentiellement un politique en phase avec l'opinion; il n'avance pas seulement au son du canon, en terrorisant et en domptant les peuples; sa méthode est même le contraire, l'action armée étant toujours retenue, encadrée de négociations, conciliabules, entretiens parallèles, secrets souterrains, dans une perspective à long terme. La difficulté est que tout ce qui n'est pas visible n'a que peu de chance d'être compris, un peu comme les séances de spiritisme. Ainsi, à Victor-Emmanuel, dont la colère comme les moustaches ne retombent pas, il assure qu'un Congrès (toujours l'obsession du traumatisme de Vienne...) s'impose et qu'il souhaite aux Italiens que « l'Europe ne leur refusera pas ce qu'elle avait accordé à la Grèce, à la Belgique et à la Roumanie ». Le roi a une trop courte vue pour le comprendre. Une ouverture? En réalité, la deuxième phase, improvisée, du plan. Après l'opération de police en Lombardie qui a sonné, au clairon, le réveil du sentiment italien, c'est aux consciences de parler et de prendre la relève. Dans le détail, comme Napoléon l'explique à Eugénie toujours sensible aux menaces contre le pape, les problèmes sont délicats car en souhaitant être rattachés au Piémont-Sardaigne, les petits Etats de Toscane, Romagne, Parme et Modène vont, obligatoirement, empiéter sur l'autorité territoriale du Saint-Père et il n'est plus question d'envoyer les troupes françaises à son secours ; donc, nécessairement, la carte de la géopolitique italienne sera redessinée.

En revanche, au cours de l'été et au début de l'automne, les populations de Savoie et de Nice commencent à manifester, elles-mêmes, leur souhait d'être rattachées à la France. On note que des pétitions circulent ainsi que des proclamations dans les journaux ; tous les signataires, sans exception, portent des noms à consonance française. A Turin, on est furieux et on tente de museler la presse qui ose parler d'autonomie, d'indépendance, alors que le vœu populaire, dans le duché de Savoie comme dans le comté de Nice, est une séparation franche. Il faut observer que des Savoyards et des Niçois en appellent à l'Histoire, soulignant qu'entre 1792 et 1815, ces régions faisaient partie de l'obédience politique et culturelle française, quel qu'ait été le régime, républicain, directorial, consulaire ou impérial ; l'important était l'atmosphère française. Les deux territoires sont, d'ailleurs, géographiquement déjà en France, puisqu'ils sont au-delà de la ligne des Alpes. Peu à peu, l'idée progresse et se développe. Si le mouvement est parti d'une simple idée, il doit s'imposer naturellement – l'Empereur y tient absolument. Alors mais alors seulement, les autorités françaises pourront, éventuellement, soutenir la spontanéité de l'émancipation et la relayer...

Ce rayonnement, que l'on qualifierait aujourd'hui de francophone, est un combat livré dans toutes les activités qui mènent désormais le monde, de l'industrie lourde aux chemins de fer, de la navigation au textile, de la finance à l'urbanisation sans oublier le commerce auquel Napoléon III accorde une haute attention, sous la philosophie du libre-échangisme ; et pour cette raison, il envoie, à Londres, l'économiste Michel Chevalier, pour rencontrer le Premier ministre Gladstone. La raison de cette audience : développer les échanges avec l'Angleterre puisqu'elle est devenue l'atelier du monde et lutter contre le protectionnisme. L'appui personnel du souverain est indispensable. Il a pris la mesure des réticences, des timidités et des petites habitudes françaises étriquées. L'esprit d'entreprise est encore trop rare. Lorsque, le 23 octobre, à Saint-Cloud, l'Empereur et sa femme reçoivent le cousin d'Eugénie, Ferdinand de Lesseps, cette entrevue est capitale et prend place dans un contexte dramatique. En pratique, c'est l'Impératrice qui l'a favorisée. En effet, Lesseps a le plus grand mal à faire avancer les travaux du canal de Suez; il se heurte à la fois aux susceptibilités ottomanes, au mécontentement de l'Angleterre et, le pire, à l'obstination des agents consulaires français! Arrivé à Paris, Lesseps fait remettre un mémorandum à l'Empereur, attendant une réponse rapide car la Compagnie de Suez est menacée d'avoir à poser ses pelles, ses pioches et d'arrêter ses excavateurs sur rails à Port-Saïd, le 1er novembre. Mais Napoléon III est absorbé par la suite des préliminaires de Villafranca et les lents pourparlers de paix à Zurich; il ne donne pas suite rapidement. Ferdinand de Lesseps intervient auprès d'Eugénie et, soudain, l'agenda impérial se libère pour le président de la Compagnie de Suez qui, à Saint-Cloud, est entouré de cinq administrateurs. Il remercie Eugénie de son intervention, souvenir, on l'a vu, d'une dette qu'elle avait contractée auprès de lui en Espagne. Napoléon III s'étonne de toutes ces réactions hostiles dont il a pris connaissance :

– Comment se fait-il, monsieur de Lesseps, que tout le monde soit contre votre entreprise?

– Sire, c'est que tout le monde croit que Votre Majesté ne veut pas me soutenir.

Il faut oser! C'est pourtant la vérité : dans de nombreux domaines, l'intervention de l'Empereur ou d'Eugénie pour les questions qui peuvent les concerner et où elle peut être efficace, est indispensable. Au bout d'un instant, Napoléon III répond :

– Eh bien, soyez tranquilles, vous pouvez compter sur mon appui et ma protection.

Sans ce patronage attentif, il est vraisemblable que le canal de Suez n'aurait jamais pu être construit par Ferdinand de Lesseps dont l'adversaire « le plus dangereux » était l'agent consulaire Sabatier qui démissionne avant d'être sanctionné. L'entrevue de Saint-Cloud montre les avantages – et les inconvénients – d'un pouvoir personnel. En l'occurrence, ces messieurs de Suez avaient failli tout perdre. En se retirant, ils s'inclinent avec un respect particulier devant Eugénie, sachant ce qu'ils doivent aux relations particulières entre les souverains et leur président.

Poursuivant sa politique de réconciliation avec la Russie, Napoléon III invite à Compiègne la fille du tsar Alexandre II, la grande-duchesse Marie. Sa présence réchauffe encore les liens dynastiques quand on sait qu'elle a épousé l'un des fils d'Eugène de Beauharnais, le fils adoptif de Napoléon Ier. Marie de Russie sympathise avec Eugénie et demande à visiter Pierrefonds. Le chantier, une véritable renaissance plus qu'une reconstruction, animé par trois cents ouvriers lors des phases intenses, a déjà achevé la restauration de la tour Hector. Puis, la fille du tsar assiste à une représentation de la Comédie-Française et une chasse à courre est donnée en son honneur. Avec un joli savoir-faire, la princesse de Metternich, dont le mari n'a toujours pas été accrédité, s'est vite adaptée à l'ambiance de Compiègne, réussissant à rester deux ou trois semaines ; elle en deviendra une animatrice et un témoin, fort remarquée dès son arrivée parce qu'elle avait... dix-huit caisses en bois blanc en plus de ses malles, chaque caisse ne contenant qu'une robe du soir, soigneusement emballée [1]. Cette garde-robe impressionnante permet à la princesse d'assurer, elle-même, qu'elle « est le singe le mieux habillé de Paris ». Et de Compiègne. Elle ne s'épargne pas puisqu'elle n'épargne pas les autres. Si Eugénie apprécie autant Pauline, lui passant son impertinence et ses traits vengeurs, il y a peut-être une explication, celle de leur fidélité à leurs époux respectifs, remarquable à tous points de vue. La princesse veille à ce que son Richard ne s'envole pas roucouler avec une autre. Elle prend ses précautions en déclarant, avec humour :

– Je lui coupe les ailes chaque matin !

---

1. Dans les années 1860-1869, une autre invitée battit ce record avec vingt-quatre caisses ! Il y eut, pour cette série, le chiffre, himalayen, de neuf cents bagages pour soixante personnes ! Le déchargement, le tri et la remise aux propriétaires, de la cour d'honneur jusqu'aux chambres, était « un spectacle véritablement impayable ». Il se déroulait dans un tel désordre que « dès le début du séjour, tous les domestiques étaient brouillés et se détestaient » !

Effectivement, le prince ne volera pas très haut. Enfin, le 10 décembre, l'ambassadeur est reçu en audience solennelle aux Tuileries, par une température glaciale, digne de Vienne. Suivra une autre réception toujours par un temps polaire, qui vaudra à celle qui est enfin « Madame l'ambassadrice » une angine et huit jours de lit. La chaleur de l'accueil officiel compense les rigueurs du temps – il fait moins douze ! – Le grand carrosse à six chevaux, les tambours qui battent *Aux champs*, les uniformes, les drapeaux abaissés sur le passage du diplomate et de sa femme, constituent des souvenirs forts. Et à peine croyables : il y a encore cinq mois, les deux pays s'étripaient à Solferino. Depuis, la paix définitive a été signée à Zurich. Eugénie, superbe, est « éblouissante de beauté dans une robe à traîne en velours brodée d'argent sur un devant de satin blanc brodé de même. Un diadème splendide couronnait ses cheveux dorés et son cou ainsi que le corsage ruisselaient de diamants ». Rompant avec l'étiquette et bien qu'entourée de son escadron de dames d'honneur et du palais, l'Impératrice conduit la princesse jusqu'à son cabinet de travail, au premier étage, dans le Pavillon de Flore où des travaux sont nécessaires.

On apporte le thé. Eugénie devient plus intime :

– Mon Dieu ! Avons-nous été assez cérémonieuses toutes deux ! Je vous ai appelée, long comme le bras, « madame l'ambassadrice ». On eût dit que je ne vous connaissais pas. Nous avons été « très bien » toutes deux, n'est-ce pas ?

Rires. Entre Napoléon III. Il vient complimenter Pauline de son allocution lorsqu'elle a présenté le personnel de l'ambassade et a répondu au souverain. Il lui dit :

– Je ne m'embarrasse pas facilement, mais j'avoue franchement que je deviens blême quand, dans une harangue, l'orateur commence à bredouiller...

Une telle complicité est mise à mal lorsqu'on apprend qu'un jour, l'ambassadrice se permettra de dire à quelqu'un qui comparait Sissi à Eugénie : « Mon impératrice à moi est une vraie impératrice, la vôtre n'est que Mlle de Montijo... » Propos blessant et stupide quand on sait que la princesse de Metternich méprisait « son » impératrice au point de lui envoyer des photos de demi-mondaines et de courtisanes vulgaires parce que Sissi collectionnait les portraits de beautés européennes. L'Empereur, par moment agacé de la liberté de ton, en général calculée, de Mme de Metternich, avertit sa femme, qui se confie trop à Pauline :

– Nous sommes entourés d'espions!

C'est exact. Après Marie-Antoinette qui avait été reine de France et Marie-Louise impératrice des Français, la princesse de Metternich est une Autrichienne qui règne sur Paris.

Le 1er janvier 1860, en vertu d'un décret du 28 mai précédent, ce Paris prend de nouvelles dimensions en s'agrandissant jusqu'aux fortifications. La capitale absorbe le vieux « Murmurant Paris qui rend Paris murmurant », cette frontière douanière qui obligeait ses utilisateurs à payer un droit d'octroi pour entrer et sortir. Désormais, en annexant des villages comme Auteuil, Passy, les Batignolles-Monceau, Montmartre, Bercy, Belleville, Charonne, La Villette et Vaugirard, la capitale passe de douze arrondissements à vingt, et compte désormais quatre-vingts quartiers. Le rêve napoléonien et l'œuvre haussmannienne sont rondement menés.

En revanche, le règlement de la question italienne n'est pas aussi rapide. Le pape proteste, les Bourbons chassés de leurs modestes trônes aussi et la Maison de Savoie se répand en diatribes. C'est l'impasse et Napoléon III reconnaît que Villafranca et Zurich n'ont rien réglé qui soit durable, sinon l'arrêt d'effroyables carnages. Le souverain, pourtant, n'a pas renoncé à son rêve. Il remplace aux Affaires étrangères Walewski par Thouvenel pour accélérer le transfert de Nice et de la Savoie à la France. Le nouveau ministre notera que l'Empereur a toujours l'idée « de profiter des affaires d'Italie, pour, comme il le disait, récupérer notre versant des Alpes ». Le retour de Cavour au Conseil de Victor-Emmanuel est un signe. Il faut agir. Autant la solution des questions niçoise et savoyarde semble mûrir sans se gâter, autant la situation du pape et de ses Etats est épineuse. C'est par écrit que Napoléon III, qui aime prendre la plume, donne une nouvelle orientation au dilemme. En décembre, une brochure intitulée *Le Pape et le Congrès* était parue sous la signature du conseiller d'Etat La Guéronnière. Personne n'était dupe, derrière ce nom, on trouvait encore le Bonaparte; il avait hypocritement protesté en commentant la brochure : « Ce n'est pas moi qui l'ai écrite mais j'en approuve toutes les idées. » Et pour cause! La proposition était claire : il était

urgent de réduire la superficie des Etats pontificaux en vertu
d'un principe séduisant : « Plus le territoire sera petit, plus le
souverain sera grand. » Mais s'agissant du souverain pontife,
il convenait d'agir avec une relative fermeté. Les diplomates
s'indignaient, les milieux catholiques en appelaient à la foi
de l'Impératrice et Walewski présentait sa démission, ce
qu'attendait l'Empereur pour la réussite de sa nouvelle
méthode. En guise de vœux de fin d'année, Napoléon III
avait envoyé à Pie IX un courrier personnel qui remettait en
question son pouvoir temporel : « Je le dis avec un regret sincère et quelque pénible que soit la solution : ce qui me
paraîtrait le plus conforme aux intérêts du Saint-Siège serait
de faire le sacrifice des provinces révoltées. » La nouvelle
campagne d'Italie commence ; elle sera uniquement persuasive et diplomatique bien que sans le Congrès prévu par
Napoléon III pour le début janvier, puis reporté et pour finir
ajourné. « L'Empereur a fait son Congrès à lui tout seul »,
disent les Anglais, perplexes devant les acrobaties nationalistes de Napoléon, troisième du nom. Pie IX écrit aux
évêques de France les incitant à « enflammer les fidèles pour
le maintien du pouvoir temporel et du patrimoine de saint
Pierre ». A la sortie des cathédrales et des églises, les discussions s'enflamment, en effet ; on se demande si, après
avoir sauvé le pape en 1849, Louis Napoléon ne va pas
l'enfermer dans Rome. L'idée d'un Pie IX pratiquement prisonnier ravive de fâcheux souvenirs, au temps du pontificat
bousculé de Pie VII... Et on se souvient que les Romains
avaient chaleureusement accueilli Pie IX à son retour d'exil
en 1850.

Qu'en pense Eugénie ? Le moment est venu de réfuter
l'une des accusations permanentes formulées, en son temps
et plus tard, contre son point de vue. Evidemment, son
catholicisme n'est pas suspect. Mais, pendant l'hiver, au
cours de longues heures d'explications géopolitiques,
l'Empereur lui a démontré l'impossibilité de maintenir, par
la force, une situation explosive et surannée. Eugénie, informée, a évolué. Et loin d'être, comme on l'a également prétendu, toujours en désaccord avec son mari sur cette délicate
affaire parce que Pie IX est le parrain de son fils, elle partage
son analyse. Le 14 janvier 1860, à sa sœur, elle écrit une
lettre prouvant et sa connaissance du dossier et les craintes

qu'il suscite. Une correspondance politique à la duchesse d'Albe, malade d'ailleurs d'une langueur inquiétante et qui, comme toute l'Europe, a entendu parler de la brochure mais ne l'a pas lue : *(...) Le fait qui en ressort, ce n'est pas d'ôter le pouvoir temporel au Saint-Père, mais on dit seulement : puisqu'il ne peut garder les Légations que par la force, ne serait-il pas mieux d'indemniser le pape et laisser cette partie du territoire, qu'il ne possède que depuis les traités de 1815, en dehors, ce qui le rendrait plus fort que dans le reste de ses domaines (...) Je crains seulement de bien grandes complications du côté des Etats de l'Eglise, ce qui me navre le cœur. Le malheur de tout ceci, c'est qu'on veut être plus catholique que le pape, et souvent des amis qui l'abandonneront au besoin veulent lui prouver leur respect en l'engageant dans une voie qui est bien épineuse pour le Saint-Père comme pour nous tous.* Regrettant l'annulation du Congrès, elle résume le choix des moyens : *(...) l'un, celui des concessions sages et à temps, qui est passé; l'autre, celui de la force et il me semble difficile, car qui l'emploiera? Les Autrichiens ne le peuvent plus par le traité de Zurich, nous ne le pouvons pas sans être inconséquents, le Saint-Père n'a pas d'armée, l'Espagne ne peut pas se mettre tout le monde à dos, alors qu'en adviendra-t-il? Dieu le sait, seulement, je demande de tout mon cœur que l'Empereur n'en ait pas la responsabilité.*

A ce souci, ajoutons que l'Impératrice s'inquiète, avec raison, de l'état de la duchesse d'Albe, aux mains de médecins incapables ou dépassés et elle la supplie de venir à Paris, où elle possède son bel hôtel des Champs-Elysées, pour consulter d'autres praticiens. Une cure est suggérée par la comtesse de Montijo, adepte acharnée des eaux. Eugénie n'est pas d'accord avec les vieilles idées de sa mère sur le bienfait des sources : « *(...) Il ne suffit pas pour les prendre que maman se soit mis dans la tête qu'elles te feraient du bien...* »

Manuela est toujours aussi têtue !

De plus, la situation politique en Espagne a encore installé l'anarchie et le sang coule. Venu des Baléares, un soulèvement, qui proclamait la déchéance de la reine Isabelle II, est brutalement réprimé. On fusille les officiers conspirateurs et l'on découvre que les aristocrates les plus déchaînés et compromis sont des amis ou des cousins éloignés de Mme de Montijo, donc de l'Impératrice des Français. De là à insinuer que les Tuileries ont fomenté la révolte parce que

Madrid soutenait le pape, la rumeur franchit vite les Pyrénées. C'est faux, bien entendu, Napoléon III n'ayant que faire du drame ibérique par rapport au casse-tête italien. Eugénie, en revanche, écrit à la reine pour lui demander de gracier le principal meneur, un capitaine-général. Mais elle est sans illusion sur sa démarche – l'officier sera fusillé – estimant que « (...) C'est pourtant une bien belle occasion pour la Reine d'être clémente, ça retentirait dans tous les cœurs loyaux et honnêtes, car la grandeur d'âme fait plus de partisans que des milliers de baïonnettes. » Le souvenir de sa tentative pour sauver Orsini, peut-être. Et devant les divisions et les règlements de compte qui assassinent régulièrement l'Espagne, elle donne presque un ordre à sa sœur : « (...) Une fois dans la vie, souvenez-vous que l'union fait la force dans les familles et, on a beau ne pas s'aimer, le jour du danger, il faut se souvenir que le même sang coule dans nos veines. » Eugénie reste officiellement neutre lorsque le ministre de l'Instruction publique et des Cultes demande, par circulaire, que les évêques ne se mêlent pas de la querelle pontificale. Certains, soutenus par les orléanistes qui y voient une occasion de montrer qu'ils existent toujours, soutiennent les protestations de Pie IX. D'autres, plus nombreux et plus importants, approuvent l'Empereur.

Le souverain en profite pour assouplir les mesures contraignantes et rétablir une vie parlementaire plus normale ; désormais, les débats peuvent être publiés, le secret est levé. C'est le début de l'Empire libéral, l'apogée du régime. On peut y voir deux mobiles complémentaires. L'un, immédiat, est de consolider son appui populaire puisque le soutien de l'Eglise lui est moins acquis, voire refusé. Il est d'ailleurs vraisemblable que l'Empereur, dans un souci d'équilibre idéologique, redonne à la franc-maçonnerie qui l'entoure son importance dans le rayonnement de la fraternité. L'autre raison, moins conjoncturelle, tient à sa nature profonde, soucieuse de détente. Les anarchistes semblent s'être calmés, l'Empire s'est consolidé et il est confiant dans une solution imminente des questions niçoise et savoyarde, l'opinion y étant préparée. La presse est moins surveillée et moins muselée ; Napoléon III laisse même paraître une campagne des journaux républicains, défavorables au pape, qui écrivent : « Il est permis de discuter Dieu à condition de ne pas discuter l'Empereur. »

Le 1er mars, à l'ouverture des Chambres, après divers incidents télégraphiques avec Cavour et ayant bien préparé son
discours, il annonce que la Savoie et Nice vont revenir à la
France. « En présence de cette transformation de l'Italie du
Nord qui donne à un Etat puissant tous les passages des
Alpes, il était de mon devoir, pour la sûreté de nos frontières, de réclamer le versant de nos frontières », dit-il, ce qui
suscite la colère anglaise. Aucune importance, l'Angleterre
n'a rien à voir dans cette affaire. Ce détachement provoque,
six jours plus tard, une scène, publique, violente et désagréable, lors d'un concert aux Tuileries entre l'Empereur et
Lord Cowley. Eugénie reste de marbre, solidaire de son
mari, il s'agit de l'avenir de deux peuples latins. Est-on
capable de le comprendre à Londres ? Puis, l'Empereur noti-
fie directement la prochaine annexion aux Etats européens,
ce qui entraîne quelques dégâts mais au point où en est la
transaction, des fâcheries sont tout de même moins graves
qu'une guerre. La position française expliquée par l'ambassadeur auprès de la Cour de Saint-James vaut son pesant
d'or car elle est astucieuse et, pour les contemporains de l'an
2000, d'une étonnante actualité en songeant à la circulation
des trains Eurostar. L'envoyé de l'Empereur, convoqué chez
le Premier ministre, réussit une comparaison pertinente pour
justifier que, d'un côté des Alpes, il y ait des Italiens et, de
l'autre, des Français : « Accepteriez-vous, si un tunnel était
creusé de Douvres à Calais, que nous en possédions les deux
entrées ? » Objection acceptée mais la belle alliance va en
souffrir. Lord Palmerston se sent brutalement moins francophile... Et Victoria, d'accord avec le Cabinet, signe un décret
pour... créer une force de défense côtière uniquement
composée de volontaires ! Avec ces Bonaparte, tout peut
arriver. Le prince Albert, qui conserve son sang-froid, ironise
sur « les gens qui ne pensent plus à rien d'autre qu'à des
mesures de protection contre notre Allié, la France » ! Finalement, Lord Russell ose dire à Victoria qu'il n'y a aucune raison de s'alarmer : « (...) Quelles qu'en puissent être les
conséquences, la délivrance du peuple italien opprimé par un
joug étranger doit être (...) un accroissement de sa liberté et
de son bonheur dont... ce peuple ne peut que se réjouir. »
Victoria, abasourdie, regrette, comme Disraeli, une neutralité rigide qui aurait ressemblé à un discret soutien à
l'Autriche.

La Prusse juge important de se rapprocher de l'Angleterre. Parmi les Italiens furieux de l'annexion niçoise, se trouve Garibaldi, natif de Nice, qui s'était battu contre l'Autriche en faisant confiance à Napoléon III, l'ancien *carbonaro*. Il ne lui pardonnera pas la déviation de son appui. Mais la stratégie impériale réussit et, le 21 mars, aux Tuileries, dans le salon Louis XIV, l'Empereur et l'Impératrice, encadrant le Prince Impérial, reçoivent la délégation savoisienne, quarante et un notables conduits par M. Greyffier de Bellecombe. Quelques revendications judiciaires et de voies d'accès sont remises. Napoléon III les accepte, insistant sur le caractère exclusivement pacifique de la rectification de frontières : « Ce n'est ni par la conquête ni par l'insurrection que la Savoie et Nice seront réunies à la France mais par le libre consentement du souverain légitime appuyé par l'adhésion populaire. » Chacun des délégués reçoit une photographie de l'Empereur, de sa femme et de leur fils. Sur tous les tirages offerts, Eugénie a signé elle-même « souvenir du 24 mars 1860 ».

Trois jours plus tard, par le traité de Turin, le roi de Sardaigne « consent à la réunion de la Savoie et de l'arrondissement de Nice à la France. Il est entendu entre Leurs Majestés que cette réunion sera effectuée sans nulle contrainte de la volonté des populations ». La seule condition est la consultation, dans un délai rapide, des habitants. En réalité, ce n'est plus une condition, c'est une formalité. La campagne en faveur du plébiscite débute aussitôt, des troupes françaises entrant en Savoie alors que le personnel sarde et piémontais n'a pas encore fini ses paquets. Les soldats de Napoléon III ne font plus peur ; ils ont l'arme à la bretelle et se livrent à un commerce parfaitement illégal mais recommandé par l'urgence puisqu'ils vendent, à très bas prix, des babioles qui plaisent. A Rome, le désordre atteint les Français. Gramont, l'ambassadeur, demande aux troupes, présentes depuis 1849, d'évacuer les abords du Vatican car elles gênent l'activité diplomatique tandis que le général Goyon, qui commande ces mêmes troupes, refuse de partir et informe son ministre de rapports contraires. L'entourage de Pie IX commence, lui aussi, à se diviser. Aux protestations officielles de l'Angleterre et de la Prusse, se joignent celles de la République de Genève, craignant que les régions du Chablais et du Faucigny ne soient séparées du territoire suisse. On parle peu politique, on

parle argent, c'est plus sérieux. L'apaisement revient vite
quand l'Empereur accepte la création d'une zone franche hors
des nouvelles limites douanières.

Les résultats des deux plébiscites sont écrasants. Les bulletins, portant la mention oui ou non, sont surmontés d'une
aigle couronnée. A Nice, le dimanche 15 avril, sur 30 700 électeurs, on compte 25 743 voix et seulement... 160 non! En
Savoie, le 22 avril, les électeurs arrivent précédés du maire ou
du syndic et du curé, portant le drapeau tricolore français. Le
scrutin est encore plus triomphal : sur 135 000 électeurs, on
dénombre 130 900 oui et 250 non, émanant de quelques
vieilles familles de l'aristocratie sarde qui partiront. Il est intéressant de noter que ce transfert de souveraineté lie deux
usages ; l'un, immémorial, qui est la cession monarchique
d'un territoire, l'autre, récent, le recours au plébiscite. Les
Savoyards expliquent poétiquement leur décision, toute naturelle : « Nos cœurs ont suivi le cours de nos rivières. » Désormais, avant Nice, le Var cesse d'être la limite de la France ;
Napoléon III projette déjà de nouveaux travaux routiers pour
améliorer la desserte de Vintimille, la nouvelle frontière. On
n'a pas su, à l'époque, que le couple impérial était si heureux
de ce dernier vote qu'il assiste, le 24, à un bal masqué mais
incognito chez la duchesse d'Albe. Personne ne reconnaît
l'Empereur ni l'Impératrice, d'ailleurs fort soucieuse de la
santé de sa sœur arrivée en France après un voyage éprouvant.
En juin, des fêtes célèbrent à Paris la réunion des Savoyards et
des Niçois à la France ; la joie laisse les diplomates stupéfaits :
ainsi, l'Empereur a agrandi son territoire avant que l'Unité
italienne ne soit effective. Elle avance pourtant puisque Garibaldi, débarqué en Sicile à Marsala, a provoqué l'écroulement
des Bourbons et d'un régime vermoulu ; il a conquis la Sicile
avec une poignée d'hommes et entreprend de remonter
jusqu'au nord avec son « Expédition des Mille ». Républicain
et franc-maçon, le condottiere rouge sert magnifiquement les
desseins de Cavour. La marche vers l'Unité italienne est,
d'abord et *stricto sensu*, une très longue marche en Italie.
Napoléon III ferme les yeux sur la prise de contrôle des Deux-
Siciles par Garibaldi. L'Angleterre, par la voix de Lord Russell, est d'une hypocrisie parfaite ; elle ne bougera pas car « les
peuples ont le droit de renverser un régime tyrannique ». Reste
la question du pape et de Rome, Garibaldi étant fort mena-

çant. Napoléon III se révèle un émule de Ponce Pilate : il ne veut pas savoir ce qui se passera mais qu'on protège Sa Sainteté, quoi qu'il arrive. A son gouvernement, il déclare :

– Je désire que l'Italie se pacifie n'importe comment, mais sans intervention étrangère, et que nos troupes puissent quitter Rome sans compromettre la sécurité du pape.

Marie-Clotilde, dont le mariage avait révélé l'ambition italianisante de l'Empereur, se répand en mots vengeurs sur la perte de Nice et, surtout, de la Savoie, terre de sa famille :

– Après avoir vendu l'enfant, on peut bien vendre le berceau !

Est-ce un hasard? Un signe? Le phénoménal succès de Napoléon III dans l'opération d'annexion, sur le fond comme sur la forme, marque une époque. L'Empire a agrandi la France; il a fallu presque un an pour transformer Magenta et Solferino en véritables succès territoriaux.

Un temps se termine, un de ses témoins s'en va : le 24 juin, le vieux roi Jérôme meurt. A soixante-seize ans, le dernier frère de Napoléon Ier s'éteint dans son joli château de Villegénis, à Palaiseau. Mathilde n'est pas effondrée; elle s'était beaucoup chamaillée avec ce père impossible, décoratif, couvert de dettes et comblé d'honneurs par son neveu; il était devenu un vieillard lubrique. Elle s'était aussi opposée, avec vigueur, à ses maîtresses, non par bigoterie mais par haine du désordre. Et, sur ce chapitre, elle est en phase avec Eugénie, les deux femmes détestant l'exhibitionnisme. Ce coquin de Jérôme ! Il fréquente volontiers les théâtres et a même la joie insolite de voir, sur scène, son propre personnage dans des programmes « bonapartistes » ! Comme il est le sosie de feu son frère, on l'applaudit.

Un soir, à l'entracte d'un opéra de Verdi, la princesse Mathilde avait vu arriver, dans sa loge, son père, septuagénaire, avec deux dames, l'une « à toutes épreuves », l'autre « qui luttait pour ses printemps » ! Furieuse, Mathilde n'avait cessé de s'éventer nerveusement et de se dissimuler le visage. Elle ne voulait pas voir ce spectacle pathétique mais aimait l'opéra... L'un de ses amis, qui n'avait rien vu et donc rien compris, glisse une remarque d'une banalité périlleuse :

– Princesse, vous avez bien chaud...

Mathilde, brusque et cinglante, répond ·

– Non! Mais je n'aime pas voir les vieilles descentes de lit [1]!

Mathilde n'a pas cru nécessaire de procurer à son père les derniers sacrements car il était peu croyant. Mais, ayant croisé un prêtre appelé par une femme « dévouée » (!) au chevet de l'agonisant, elle déclare :

– Elle fait regarder le ciel à mon père mais c'est le ciel de son lit!

Le 3 juillet, les funérailles de Jérôme se déroulent aux Invalides, dont il avait été le gouverneur; il y est enseveli. Eugénie et son mari s'occupent de distribuer, en sa mémoire, une somme de cinquante mille francs, répartie entre les vingt arrondissements de Paris, sans doute la première péréquation du genre selon la nouvelle organisation de la capitale. Napoléon III annonce ensuite à sa femme qu'ils vont entreprendre une importante tournée pour visiter les nouvelles portions du territoire, la Savoie et la région de Nice. Peut-être iront-ils en Corse : la fin du périple est réservée à un séjour en Algérie, les oasis du sud de la Kabylie ayant été soumises par l'armée d'Afrique tandis que Louis Napoléon avait toujours manifesté une courtoisie très attentionnée à Abd el-Kader en le traitant avec beaucoup d'égards, ceux réservées à un adversaire devenu un allié.

Eugénie a donc à peine le temps de faire sa cure aux Eaux-Bonnes. Ces trois semaines tombent bien mal car sa sœur, dans un état alarmant, passe de médecin en médecin à Paris, sous la surveillance de la comtesse de Montijo. Quelle déception d'être obligée de s'imposer l'air des Pyrénées alors que, pour une fois, sa sœur est à Paris! Stupide contretemps... Mais les médecins de l'Impératrice ont tenu bon : le voyage officiel qu'elle va entreprendre sera très fatigant; on va la solliciter sans cesse, elle devra paraître dans le meilleur état possible, ses nouveaux sujets seraient déçus si elle était trop pâle, faible, peu enjouée, incapable de tenir le rythme prévu. Ces nouveaux Français méritent bien une Impératrice resplendissante!

Napoléon III reste donc seul à Paris où il inaugure plusieurs manifestations et cérémonies. Une avalanche d'obligations avant son départ, car il sera absent un bon mois. Le 1er août,

---

1. Ferdinand Bac, qui relate cette scène, était, si l'on ose dire, bien placé puisque son père était le fils adultérin du roi Jérôme.

le panorama des Champs-Elysées déploie la reconstitution du
siège de Sébastopol, puis l'Empereur préside un concours de
machines à moissonner, expérimentées dans un domaine de
l'Etat. Le 15, pour la fête du fondateur de la dynastie, la fontaine Saint-Michel et le nouveau pont au Change sont inaugu-
rés.

Pendant cette période, l'activité diplomatique a délaissé
l'Italie pour la Syrie où, en juillet, des massacres dans le quartier chrétien de Damas avaient fait des milliers de victimes.
Abd el-Kader, ancien ennemi de la France et ancien détenu à
ce titre, est courageux et chevaleresque : il a ouvert son palais
aux catholiques du Levant, en particulier aux maronites, et
sauvé mille cinq cents personnes. A l'initiative de l'Empereur,
le ministre Thouvenel a réuni les ambassadeurs de cinq puissances concernées et obtenu l'envoi d'un corps expéditionnaire de six mille hommes « pour aider le sultan à rétablir la
paix », à condition que l'expédition ne dure pas plus de six
mois. Le sultan est à la fois intéressé par la proposition et
embarrassé. Aussi, devançant la répression des Druzes coupables, il s'en occupe lui-même. C'est-à-dire qu'il fusille trois
meneurs, il en pend cinquante-sept et en envoie dans un
bagne ottoman trois cent vingt-cinq... Résultat : à l'arrivée du
corps d'armée français dans le port de Beyrouth, on admettra
que les massacreurs sont hors d'atteinte...

Eugénie observe, à la fin de sa cure, que les catholiques de
France, exaspérés par la question romaine, ont apprécié l'attitude de Napoléon III, en quelque sorte compensatrice.
L'Impératrice se soigne avec une énergie canalisée. Le matin,
elle prend les eaux après avoir écrit à sa sœur, guère vaillante,
avec qui elle aimerait passer au moins un mois, à son retour
du voyage qui se prépare. L'après-midi, elle remplace les randonnées par de paisibles promenades, le beau temps étant
enfin revenu ; le soir, quelques sages dîners avec des amis
espagnols ressuscitent les vieux souvenirs. L'Impératrice,
toute à la discipline qu'elle s'impose, véritable remise en
forme, observe que « ... dans ce pays, tout est sérieux, la
nature et les habitants et pour sortir de ce cercle, il faudrait
faire l'impossible ». Elle est de plus en plus inquiète pour sa
sœur. Crainte, hélas, fondée car lorsqu'elle quittera Paris avec
l'Empereur et le petit prince, elle ne reverra pas la duchesse
d'Albe. En sa compagnie, elle a fait une dernière promenade

en voiture ouverte au bois de Boulogne. Paca, selon un ami
espagnol, était « élégante, belle, allongée dans la calèche,
immobile, pâle, mourante, les yeux et les lèvres entrouverts,
comme si elle respirait la lumière et manquait d'air pour
vivre ».

Bouleversée en quittant Saint-Cloud sous la pluie, Eugénie
monte dans le train impérial, le 23 août, avec un affreux pressentiment. Le convoi est l'un de ceux offerts aux souverains
trois ans plus tôt par la compagnie des Chemins de fer de
l'Est. Le progrès est à l'image du développement du rail. Les
huit voitures, peintes en vert et or, sont reliées entre elles par
des passerelles, ancêtres du soufflet. Après le fourgon à
bagages, deux voitures de première classe sont destinées à la
suite de l'Empereur. Puis, une voiture-restaurant, une voiture
avec terrasse, en fer ajouré, sert aussi de fumoir et permet de
se dégourdir les jambes. La voiture-salon précède une
chambre roulante et une autre voiture pour la suite d'Eugénie.
La décoration, élaborée par la maison Jeanselme Père et Fils,
fournisseurs de la Couronne, est somptueuse. Les tentures du
salon sont ornées de fleurs blanches sur un fond blanc. La
salle à manger comprend douze chaises et deux fauteuils, véritables trônes en bois sculpté de style Renaissance, garnis de
cuir de Cordoue rouge [1]. Surmontés d'un écusson à aigle couronnée, ces deux sièges sont rigoureusement identiques. Le
reste de l'aménagement reflète le goût d'Eugénie, toujours
marieuse du confort et de l'histoire. Pompons, tapisseries,
moquette tendre, capitons de soie, porcelaine et cristaux
transforment le train en boudoir mobile. Chaque chambre
dispose de deux cabinets de toilette et d'une alcôve. Celle de
Napoléon III est fermée par une tenture soyeuse en damas
violet, celle d'Eugénie est parée de la même étoffe mais en
bleu. Un train somptueux pour un voyage historique.

Dijon, Chalon, Lyon... Partout, c'est un triomphe. L'Impératrice constate combien la région équilibre l'industrie et
l'agriculture. « Nous avons été reçus avec un enthousiasme
impossible à décrire car c'était presque de la folie, écrit-elle à
Paca, le 25 août. Ainsi, malgré la fatigue, je suis ravie de mon

---

1. Le 8 juin 1996, les deux fauteuils et les douze chaises de ce train impérial, mis en
vente, ont été préemptés, au nom de l'Etat, par la Caisse nationale des Monuments historiques pour 112 000 francs. Il fut alors prévu d'exposer ce mobilier à Pierrefonds.
Une autre voiture-salon de Napoléon III, construite par la Compagnie du Nord et
magnifiquement décorée par Viollet-le-Duc, est présentée au château de Compiègne.

voyage. » Une seule ombre, la pensée de sa sœur contrainte de rester allongée alors qu'elle, Eugénie, aurait donné n'importe quoi pour s'étendre quelques instants sur une chaise longue. *Tous les détails du voyage, tu les liras dans les journaux, mais je suis sûre qu'ils ne rendront pas l'effet de notre visite à Lyon qu'on représente toujours comme socialiste. Le peuple est ici ce qu'il est partout quand il est énergique : capable du sublime comme des plus grands crimes, mais il a l'instinct d'aimer ceux qui l'aiment et tu sais qu'il n'a pas de plus grand soutien que l'Empereur.*

Le voyage se poursuit par une forte chaleur et, le 29 au soir, le couple arrive à Annecy, après Chambéry et Aix-les-Bains. Eugénie juge la Savoie fort calme après Lyon : *Un fort beau pays et pas du tout pauvre comme on lui en a fait la réputation. Mais elle était si abandonnée par le gouvernement Piémontais, surtout dans les dernières années et si pressurée d'impôts, qu'elle en est appauvrie (...) Il paraît que les Suisses sont tellement furieux qu'ils en sont devenus fous. On dit que demain, ils comptent nous faire des manifestations fort peu aimables sur le lac de Genève. Mais pour ma part, je suis de l'avis de l'Empereur : que les gros chiens doivent laisser aboyer les roquets tant qu'ils ne viennent pas nous mordre les mollets. D'ailleurs, nous avons été trop bien reçus en Savoie pour ne pas leur pardonner les derniers effets de leur rage impuissante.* En signe de piété, l'Impératrice va voir les reliques de saint François de Sales et prier pour sa sœur à qui elle envoie des télégrammes presque quotidiens, comme celui-ci, expédié de Bonneville : « Nous sommes arrivés. J'apprends que la nuit a été mauvaise. Dis-moi si tu as eu des douleurs. Réponse de suite. » Elle l'a, une heure plus tard, apprenant qu'on parlait seulement d'un état nerveux et gratifiant, une fois de plus, la « bonne chose » qu'est le télégraphe. Le séjour à Annecy s'achève par une promenade en barque le soir, une fête d'allure vénitienne. Eugénie, en robe décolletée, avec diadème et ses plus belles parures, se lève. Des embarcations, on crie « Vive l'Impératrice ! » Amusé, Napoléon III lui dit :

– Tu as l'air d'une dogaresse.

Evoquant ces instants magiques, elle confiera, beaucoup plus tard : « Pour un peu, j'aurais jeté mon anneau dans le lac, ainsi que le faisait le Doge quand il présidait aux fiançailles de Venise et de l'Adriatique. Moi, je me figurais assister aux noces éternelles de la France et de l'Empire. » A Chamonix, l'Impératrice découvre la mer de Glace, saine promenade avec un guide, canne ferrée et grand souci de prudence afin de ne pas alimenter les gazettes locales par une chute...

A Paca, elle raconte son programme, toujours trop chargé mais on veut la voir partout, elle et son fils; et l'horaire est impitoyable! Qui donc l'a établi? Avant huit heures du matin, l'Impératrice est déjà prête : *Je t'assure que j'ai des jours de découragement en comptant les jours qui me manquent pour finir mon voyage, car souvent, je suis si fatiguée en arrivant dans les villes que l'idée seule du bal et du dîner me donne envie de pleurer. Je dois pourtant avouer que je suis très contente de la manière dont on nous reçoit partout et qu'il y a bien des compensations à la fatigue.* La halte de Grenoble, le 6 septembre, est particulièrement émouvante. « La patrie de M. Beyle », dit-elle, remue sa jeunesse, elle admire un portrait du cher Stendhal, si malheureux dans sa vie d'homme. *Tu sauras sans doute que Grenoble est la ville la plus* Bonaparte *de France, aussi tu peux penser quel accueil nous avons reçu; elle n'a jamais oublié que c'est elle qui fut choisie par l'Empereur à son retour de l'île d'Elbe comme base de sa marche triomphale sur Paris. Toutes les exécutions de 1815 n'ont pas éteint dans leur cœur ce culte qu'ils avaient voué à l'Empereur, aussi ils n'ont pas cessé de crier* « Vive le petit caporal! » *Je t'assure que j'ai été touchée de voir comme on pense au petit.*

Et ce soir? « Nous avons un bal pour nous reposer », dit-elle, avec humour. Heureusement, après Valence, Orange et Avignon, le trajet en bateau le long de la côte sera reposant. Puis, ce sera la traversée, sans protocole ni obligations. Mais avant, il y a Nice, désormais chef-lieu du département des Alpes-Maritimes, où ils arrivent le 10 septembre. Déjà, Marseille s'était surpassée. Le maire avait remis un bracelet à l'Impératrice, au nom de la ville; une femme avait failli l'étouffer en l'embrassant. Eugénie a des problèmes avec ses robes, sans cesse enfermées puis sorties des caisses. L'arrivée est superbe, en rade de Villefranche, ce qui n'était pas initialement prévu. Leurs Majestés ont embarqué sur l'*Aigle*, escorté d'une flottille. Salves d'artillerie, soleil étincelant, fleurs, arcs de triomphe, ballons de couleurs, quelle réception! Le maire, M. François Malaussena, en fonction depuis le 25 juin, remet les clés de la cité aux souverains, en précisant qu'elles symbolisent la fidélité « d'une ville que vous avez comblée de bienfaits qu'elle ne pourra jamais oublier, d'une ville prête à vous prouver, au besoin, que si elle aime ses souverains avec transport, elle saurait aussi les défendre au prix de tous les sacrifices ». Le petit peuple niçois se bouscule pour apercevoir ses hôtes, trouve l'Empereur digne et l'Impératrice si belle. Au milieu des dames de sa suite, chapeautées de paille et fleuries, Eugénie porte une robe en gros grain mauve clair garnie de carrés de velours noir et de dentelles assorties. On la remarque davantage. Un essaim de demoiselles lui fait escorte ; la fille du maire tend un bouquet à Eugénie, après sa révérence, et lui dit :

– Madame, daignez accepter ces fleurs, modestes emblèmes du sentiment de Nice, qui n'a d'autre désir et d'autre besoin que de vous aimer et de vous plaire.

L'Impératrice, très émue, embrasse toutes les jeunes filles.

– Qu'elles sont charmantes ! s'exclame la souveraine, qui a du mal à exprimer plus de gratitude.

A la préfecture, on s'affole car il n'y a pas assez de tissu pour confectionner des drapeaux tricolores. La rue niçoise continue la fête puis, au son des tambourins, les communes de l'ancien comté de Nice défilent. Napoléon III est lui-même étonné de cette ferveur populaire où les costumes avec capelines, bonnets, châles et longs tabliers composent un arc-en-ciel patriotique. Sur les hauteurs, Eugénie a droit à une cantate, avec chœurs :

Salut à notre souveraine,
Plus belle que nos belles fleurs,
Que les pauvres nomment leur reine
Et dont la main sèche les pleurs.

L'Empereur s'extasie sur le panorama. Face à la mer, il rêve, essayant de distinguer la Corse comme un trait bleuté à l'horizon.

– Voilà le plus beau pays qu'il m'ait jamais été donné de voir. C'est au-dessus de ce que je m'étais imaginé, dit-il à la délégation qui l'entoure.

Lors d'une soirée au Théâtre Royal (hâtivement qualifié d'impérial, il valait mieux !), l'Empereur, toujours en tenue de général de division, est notoirement éclipsé par sa femme, en robe de moire antique gris perle, ornée de dentelles. En descendant le double escalier, chacun de leur côté, Eugénie recueille une nouvelle ovation. Elle a relevé ses cheveux, qui ont blondi au soleil, en bandeaux bouffants avec un nœud, très bas, en arrière. Après une visite aux travaux d'endiguement du Var que le souverain entend accélérer, la suite impériale, épuisée, s'embarque pour Ajaccio puis pour l'Algérie.

A Nice, l'allégresse de ces journées de septembre 1860 ne s'oubliera pas. Elle restera, elle aussi, gravée dans le cœur de la souveraine : « Ce ne fut pas un voyage mais une marche triomphale. L'Empereur était comme transfiguré de bonheur... Il semblait vivre dans un rêve, dans un enchantement. Du coup, il avait oublié tous les reproches que la paix de Villafranca lui avait si injustement attirés. Je n'étais pas moins heureuse et moins transportée que lui. » Et, déjà, on vend des médailles commémoratives, frappées en juin. A l'avers, le profil gauche de l'Empereur, le front ceint de lauriers, à l'antique. Au revers, la France, en toge, étend ses bras protecteurs sur deux femmes, la Savoie et Nice, qui lui remettent leurs couronnes [1]. Dans le parfum des oliviers, l'Impératrice s'en va le cœur serré. Jamais elle n'aurait espéré un tel soutien ; elle a fait la conquête d'au moins deux cent mille personnes. A bord de l'*Aigle,* elle s'écroule de fatigue et de bonheur. La mer est d'huile. Après la Corse dont Mérimée lui a tant parlé, ce sera l'Algérie puis le retour, en principe avant la fin du mois. Malheureusement, sur le bateau, le télégraphe ne fonctionne pas encore. Le repos forcé sera accompagné de silence. Eugénie attend avec impatience des nouvelles de sa sœur.

Mais pourquoi l'Empereur est-il aussi sombre ?

Une douloureuse épreuve

Voilà une semaine qu'il dissimule la vérité. Depuis le 9 septembre, c'est-à-dire depuis l'escale de Marseille, Napoléon III porte deux lourds secrets, de nature fort différente mais qu'il a interdit de communiquer à Eugénie pour lui éviter une

---

1. Parmi les multiples souvenirs du plébiscite en Savoie, j'ajouterai la « Corporation des Savoyards » qui regroupe les commissionnaires de l'hôtel des Ventes de Paris-Drouot. Chargés du transport et de la manutention des objets passant aux enchères, ils portent une veste au col liseré de couleur (bleu, rouge, vert). Choisis par cooptation, tous originaires des régions savoyardes, ils sont responsables *in solidum.*

inquiétude qu'il estime, dans l'immédiat, inutile. L'Impératrice a besoin de toutes ses forces.

D'abord, il y eut la menace d'invasion des Etats pontificaux par Garibaldi qui, la veille, était entré triomphalement dans Naples. Cavour veut le devancer, refusant de laisser à l'homme en rouge l'avantage de cette progression, même si l'un comme l'autre agissent au nom du roi Victor-Emmanuel. Le ministre piémontais n'avait cessé d'éviter une sédition des Etats du pape mais Garibaldi venait de déclarer Rome ville « italienne » et qu'il la libérerait. Or, à Rome, les seules troupes protégeant le Saint-Père regroupent environ dix mille hommes, de diverses nationalités, dont les plus vaillants sont les illustres zouaves pontificaux, moins de cinq cents combattants mais d'une bravoure sans faille. Ils sont sous les ordres du général Lamoricière, un des proscrits du coup d'Etat qui a repris du service. En commandant l'armée pontificale, mal entraînée et mal équipée, Lamoricière l'a consolidée de volontaires catholiques, souvent originaires de Vendée et prêts à défendre jusqu'au bout la papauté menacée par les brigands sans foi de Garibaldi. Ainsi, le pape est défendu par un général français illustre depuis ses exploits en Algérie, opposant à l'Empire, et dont l'état-major est nettement légitimiste ! Cavour était devant une double et terrible difficulté : d'une part, il lui fallait bloquer l'avance de Garibaldi, d'autre part, il devait empêcher Lamoricière de massacrer les populations insurgées dans les Etats du pape. Napoléon III n'a cessé d'être informé, lui-même placé devant un choix cornélien : va-t-il laisser attaquer et spolier le pape alors qu'un détachement français est censé le protéger ? Ou va-t-il défendre le régime pontifical dont il méprise l'organisation rétrograde ? Le monarque, ayant appris qu'un ultimatum était lancé par Cavour au Vatican, s'était bien fait comprendre par une dépêche à Victor-Emmanuel : « S'il est vrai que, sans raison légitime, les troupes de Votre Majesté entrent dans les Etats du pape, je serai forcé de m'y opposer. » Ainsi, la question romaine est bien au cœur, géographique et politique, de la conquête italienne.

A ce souci de politique et de diplomatie sensibles qui poursuit Napoléon III pendant tout son voyage, s'ajoute un cas de conscience. L'état de santé de la duchesse d'Albe n'a cessé d'empirer et l'Empereur a fait cacher la vérité à sa

femme, bloquant les télégrammes de plus en plus alarmants
alors que le couple est en mer, voguant depuis la Corse vers
l'Algérie. Dès le 9 septembre, l'Empereur apprend l'état
désespéré de sa belle-sœur. Il ne dit rien, ne montre rien
sinon une grande prévenance pour sa femme, actrice essentielle du succès de ce voyage. La veille, Eugénie avait reçu
de sa mère une dépêche l'assurant que Paca allait « très
bien », ce qui était faux, mais il était impossible d'annuler
la présence de l'Impératrice à Nice qui avait voté pour son
destin français avec tant d'enthousiasme. La population ne
l'aurait pas compris, il fallait absolument qu'elle puisse voir et
admirer sa souveraine. En revanche, si l'escale niçoise avait
déjà eu lieu, il est possible que Napoléon III eût informé sa
femme avant la longue traversée car, en une demi-journée de
bateau jusqu'à Marseille et une nuit de train, elle pouvait
arriver à temps à Paris et se hâter au chevet de sa sœur. La
dernière lettre d'Eugénie à Paca est donc datée du 9 septembre, de Marseille. Elle s'achève par ces mots : « Adieu,
ma chère sœur, je ne sais si je pourrai t'écrire avant mon
retour d'Alger mais ce dont tu peux être sûre, c'est que si je
ne le fais pas, c'est faute de temps, jamais de paresse, car tu
sais que je t'aime bien tendrement. »

Le 16 septembre, la duchesse d'Albe s'éteint, âgée de
trente-cinq ans. Eugénie et Napoléon l'ignorent, ils sont
toujours en mer. Arrivés le lendemain, ils trouvent une
dépêche alarmante de la comtesse de Montijo, envoyée deux
jours plus tôt à Alger. Eugénie se précipite, folle d'inquiétude, attendant une réponse immédiate pour partir avec
l'Empereur aux réceptions prévues. « J'ai tant prié qu'il me
semble qu'il est impossible que ma sœur ne se guérisse pas. »
A James, son beau-frère, elle réclame des détails. « ... Je
crois que je deviens folle, car je suis si loin ! Ecris-moi un
mot [1]. »

Le lendemain, une magnifique fête arabe est donnée. Au
moment de partir, on informe discrètement l'Empereur de la
mort de la duchesse, deux jours plus tôt. Ici encore, il décide

1. La chronologie exacte des événements, à partir des dépêches envoyées et reçues à
Marseille et à Alger, longtemps confuse, a pu être reconstituée par le petit-neveu
d'Eugénie, le duc d'Albe (voir les *Lettres familières*, extraites des archives du palais de
Liria, publiées en France en 1935). Elle permet de comprendre l'attitude de Napoléon III, très embarrassé au milieu de ce voyage d'Etat de la plus haute importance, sans
oublier les conditions techniques du déplacement, à la fois terrestre et maritime, et des
moyens de communications de l'époque.

de garder la triste nouvelle pour lui. Les chefs indigènes attendent, se prosternent devant les souverains avant les crépitements et les galops d'une extraordinaire fantasia. Ces obligations étant remplies, Napoléon informe, doucement et avec précaution, sa femme que Paca... est au plus mal. Il n'ose lui dire toute la vérité et la prépare. En fait, il a déjà annulé la suite du voyage L'*Aigle* est paré pour le retour, avancé de quarante-huit heures. En mer, Eugénie ne quitte pas sa cabine, pétrifiée d'angoisse. Avant le départ, Napoléon a télégraphié au duc d'Albe : « J'ai reçu la fatale nouvelle. Je n'ai pas encore osé l'annoncer à l'Impératrice. Nous partons ce soir et arriverons vendredi vers quatre heures de l'après-midi. Tâchez de venir à notre rencontre. En tout cas, si votre intention est de transporter le corps de la duchesse en Espagne, attendez le retour de l'Impératrice, afin qu'elle puisse prier et pleurer sur la tombe de sa sœur. » Le 19 septembre, dans la nuit, le bateau quitte Alger et atteint Marseille le 21. Avant de débarquer pour monter dans le train sous pression l'Empereur révèle l'affreuse vérité à sa femme. Il est trop tard... Paca a rendu son âme à Dieu il y a déjà cinq jours. Il tente de la convaincre que, de toute manière, elle serait arrivée trop tard et que l'asthénie était si grave que plus rien ne pouvait être tenté. Prostrée, enfermée dans sa voiture-chambre à coucher, Eugénie est tombée, selon le mot d'Octave Aubry, dans un « chagrin farouche ». Elle en veut à l'Empereur, elle lui en voudra longtemps.

Brisée, elle s'est à peine arrêtée à Saint-Cloud pour embrasser son fils, qui n'avait pas fait la dernière partie du voyage et se précipite à Rueil, en bordure de Seine où Napoléon III a fait reconstruire l'église. Jouxtant La Malmaison, l'édifice a reçu les tombeaux de l'Impératrice Joséphine et de la reine Hortense. Provisoirement, en attendant le retour d'Eugénie, on y a déposé le corps de la duchesse. Accablée de chagrin, sa sœur vient chaque jour ou presque se recueillir sur le cercueil de Paca ; chaque fois, elle lui apporte un bouquet. Elle ne peut se résoudre à cet arrachement. Tant de souvenirs, tant de liens, tant d'émotions... et tant de lettres avec des phrases de rien pour une robe, une intervention, un ragot ou, au contraire, une réflexion grave, un souci d'enfant, une préoccupation politique. Ce silence de la plume mesure la douleur de l'Impératrice ; elle a perdu sa

complice, sa mémoire espagnole. Elle lui écrivait
constamment, tôt le matin, car sa première pensée familiale
était pour elle et ses neveux. Dans l'église de Rueil, la souveraine en noir reste longtemps, comme à la recherche du lien
perdu. Paca, sa *querida Paca*, était certainement la personne
qu'elle affectionnait particulièrement; elle était, malgré d'évi-
dentes différences de tempérament et de centres d'intérêt,
celle qu'elle préférait parmi ceux qui partageaient toute sa
vie depuis l'enfance. Elle lui manque. C'est, sans doute,
pour retrouver cette complicité que l'Impératrice ne veut pas
que son titre souverain apparaisse sur le faire-part, rédigé à
Paris; elle tient à ce que lors des funérailles, à Madrid,
l'annonce ne la mentionne qu'en qualité de comtesse de
Teba, par une grandeur toute espagnole dans la discrétion.
Ce n'est pas l'Impératrice qui a perdu sa sœur, c'est Eugénie
qui pleure Paca et elle insiste auprès de son beau-frère sur
cette référence à l'Espagne « car il m'eût été bien pénible de
me séparer de vous tous dans cette circonstance ». La rupture dans sa vie est un bouleversement. Eugénie vient d'être
acclamée pendant un mois comme Impératrice des Français
mais c'est la jeune fille qui souffre. Les nouveaux Français
viennent de la combler en lui apportant un bonheur imprévisible il y a un an mais, dès qu'elle est dans le malheur, elle
redevient espagnole. Son cœur est devenu français, son âme
est ibérique.

Les funérailles auront lieu avec un retard de plusieurs
semaines, pour de sordides questions de préséance macabre,
les familles d'Albe et de Montijo se disputant l'honneur
d'accueillir la disparue alors qu'une duchesse d'Albe doit
reposer dans le caveau de l'illustre lignée. La lenteur des travaux n'apaise pas les conflits; la comtesse de Montijo, certes
affectée par la mort prématurée de sa fille aînée – et favorite –, entend se mêler des affaires de la défunte, ce que le
duc n'apprécie pas. Ces frictions financières, qui n'existe-
raient pas s'il n'y avait pas une relative fortune en jeu, sont
très pénibles pour Eugénie. Elle supplie son beau-frère d'être
patient, de ne pas tenir compte de la rapacité, verbale mais
balzacienne, de sa mère. Malgré les circonstances et son
propre chagrin, la cadette protège la mémoire de l'aînée :
« Ma sœur était son idole, la joie de son cœur et son orgueil
et tout cela a disparu à ses yeux en quelques heures; aussi,

le vide est immense pour elle. » L'Impératrice ménage aussi sa mère, soixante-six ans. Dans ces moments de chagrin, la comtesse de Montijo se raccroche au souvenir de Paca parce qu'elle vivait près d'elle, avec les honneurs et le prestige du nom ; elle pouvait l'influencer, être dans son intimité et rester sa mère dans son pays. Avec Eugénie et son rang mondial, sans parler de son travail, la comtesse n'avait eu qu'à s'effacer pour jouer, outre-Pyrénées, la tragi-comédie du gynécée excessivement latin.

Eugénie s'occupe de son neveu, Carlos, qu'elle garde auprès d'elle aux Tuileries, le temps de lui trouver un gouverneur, préférant un vrai professeur à un fade homme du monde. Elle sera, d'ailleurs, très proche des trois enfants de sa sœur, essayant d'être pour eux une autre mère, réglant d'innombrables querelles, malentendus, partages et détails pratiques. A partir de la fin septembre, Eugénie est en correspondance suivie avec son beau-frère, une manière de faire survivre Paca. Bien sûr, tout est différent dans ce courrier, sombre, contraignant, fait de formalités et de devoirs familiaux. Où est passée l'insouciance ? Qu'est devenue la futilité, voire l'inutilité de certains propos ? La gaieté, parfois irresponsable ou imprégnée de dépression, a disparu avec Paca.

A la Toussaint, dont la symbolique ne peut qu'aviver les humeurs sombres d'Eugénie recluse à Saint-Cloud depuis plusieurs semaines, elle annonce ses intentions au duc veuf. L'hôtel des Champs-Elysées, le bel hôtel d'Albe, lui impose de pénibles visions. C'est là qu'elle a vu sa sœur pour la dernière fois, elle n'ose plus passer devant. C'est là qu'elle aurait dû se trouver, pour tenir la main de Paca jusqu'au bout et elle l'a déjà dit et redit, sans doute aussi à l'Empereur : « (...) Je crois que le regret de ne pas avoir été là, auprès d'elle, double mes regrets. » Elle demeure obsédée par la conviction qu'elle aurait pu intervenir et se sent coupable. Pour l'édification de cet hôtel, Eugénie avait emprunté aux frères Pereire, très empressés à rendre service à l'Impératrice, mais ils n'ont pas poussé l'obligeance jusqu'à réduire les intérêts versés au Crédit foncier ; ils sont lourds. Maintenant, un poids affectif s'y est ajouté ; Eugénie va donc se débarrasser de l'hôtel d'Albe, au plus vite. « ... Il faut vendre *non l'hôtel où ma sœur est morte* mais bien les terrains, car jamais personne ne doit habiter dans la chambre de ma sœur. Je vais donc abattre l'hôtel et, malgré le chagrin que cela me causera, vendre cette propriété qui faisait ma plus grande distraction. » Et, sans perdre de temps, l'Impératrice fait transporter dans ses appartements des Tuileries le lit et la fameuse chaise-longue de Paca dont l'ombre, sa sœur ne peut en douter, hante le palais dans les conversations muettes qu'on poursuit avec les défunts.

Une autre décision révèle, s'il le fallait, combien l'Impératrice est perturbée : elle n'animera pas, cette année, les séries de Compiègne car elle éprouve un immense besoin de s'éloigner du regard des autres. De telles sarabandes, ces sourires, ces complications et ces vanités à satisfaire sont au-dessus de ses forces. Ainsi, la fête de Compiègne se résume-t-elle à un bref séjour de l'Empereur et de son fils, sans Eugénie, du 27 au 30 novembre, avec... neuf personnes seulement! Une hécatombe... On s'interroge évidemment beaucoup sur l'absence de l'Impératrice, partie, dit-on dans les journaux, le 14 pour l'Ecosse... Compiègne n'avait pratiquement pas vu la souveraine cette année en dehors de la journée du 17 juillet où, après les funérailles du roi Jérôme, elle était venue inspecter, rapidement, les aménagements et les travaux urgents dans les appartements. C'était tout. C'était peu.

La question posée est double : pourquoi ce départ? Et pourquoi avoir choisi les brumes, les landes et les hautes terres de la fascinante Ecosse à une période qui n'est pas celle des bruyères en fleur et des longues journées estivales quand on peut presque lire un journal dehors à dix heures du soir? L'affaire sert de distraction aux frustrés de Compiègne. D'abord, Eugénie est tendue, nerveuse, dépressive en raison de sa tristesse. Ensuite, Napoléon III, qui avait semblé réduire ses frasques hors mariage, reste grand consommateur de femmes; il est incurable.

Il est vraisemblable qu'elle a été instruite de la trahison de la comtesse Walewska, maîtresse de l'Empereur depuis deux ans mais qu'elle regardait comme une amie, au point de s'amuser à porter, parfois, la même robe. Négligeant ou refusant même ses devoirs conjugaux d'épouse, Eugénie a sa part, réduite mais réelle, dans l'infidélité quasi chronique de son mari; il est vrai qu'elle est terrorisée à l'idée de retomber enceinte. On peut admettre que l'Impératrice, plus ou moins résignée, préfère encore que son mari ait une liaison avec une dame de la Cour, qui fait moins de scandale qu'une Castiglione et n'a pas sur l'Empereur une influence désastreuse. C'est un arrangement, évidemment non écrit. Précisons que, du côté Walewski, sa retraite dorée de membre du Conseil privé et de sénateur ne le pousse pas à s'indigner des faveurs impériales assidues, même après sa disgrâce ; c'est une tradition de famille et quelques beaux esprits soulignent que le « partage avec Jupiter n'a rien de déshonorant » ... A Londres, cependant, certains iront jusqu'à traiter l'ancien ministre de maquereau. La princesse Mathilde est, d'ailleurs, du même avis. Etre trompé, quoi de plus banal ? Mais se faire payer, d'abord en ambassades, puis en ministère et enfin en places et traitements à vie, c'est choquant. Dès que l'argent intervient, l'honneur bafoué devient du déshonneur. La princesse ne se privera pas de raconter un voyage à Compiègne plutôt leste : « Madame Hamelin et moi avons été témoins des entraînements amoureux de Sa Majesté pour Marie-Anne W... Nous étions assises contre la porte battante qui sépare les deux compartiments. L'Empereur était d'un seul côté avec Marie-Anne ; l'Impératrice, W..., tout le monde enfin se trouvait dans l'autre compartiment. La porte battait par le mouvement même du wagon et nous a permis de voir mon très cher cousin à cheval sur les genoux de Marie-Anne, l'embrassant sur la bouche et plongeant une main dans son sein » ! Peut-être pourrions-nous trouver, ici, l'une des raisons à l'expansion ferroviaire voulue par Napoléon III... une remarque, versifiée, constatera, en effet, que :

Les trépidations excitantes des trains
Nous glissent des désirs jusqu'à la moelle de reins.

Eugénie est également affolée à l'idée que l'Empereur puisse contracter une maladie car il semble qu'il ait couru ce risque, alors fort répandu, y compris parmi les femmes de la meilleure société ! A l'automne, les relations du couple sont plutôt orageuses, car aux aventures finissantes, le souverain ajoute quelques nouvelles incartades, pour ainsi dire entre deux portes. En descendant, à l'improviste, par le petit escalier des Tuileries qui la conduit chez l'Empereur, elle l'avait surpris avec une jeune personne « en désordre ». La créature avait été mise immédiatement à la porte, porte que le monarque taraudé par ses exigences aurait dû fermer...

Avec de tels incidents, l'Impératrice est encore plus sensible aux interrogations religieuses et à la place de la foi dans une société qui, chaque jour, démontre l'emprise de la technique et de la science. Mais on ne doit pas en conclure que la souveraine, humiliée dans sa vie de femme, se complaît dans la bigoterie; en revanche, les implications diplomatiques de l'affaire lui deviennent très familières. Emile Ollivier, en général sévère pour Eugénie, ce qui n'excluait pas la considération, avouera, bien plus tard : « L'Impératrice était très catholique, mais nullement fanatique et pas du tout dominée par les jésuites ou les ultramontains. A l'égard du pape, sa politique était celle de Thiers et de tous les catholiques. » Autrement exprimé, Eugénie n'est pas une intégriste mais elle est fort attachée aux traditions qui sont celles des pays latins.

Comme il le voulait, l'Empereur a détruit l'organisation du Congrès de Vienne dans la péninsule en agrandissant la France jusqu'aux Alpes, ce qui constitue un acquis incontestable. L'Unité italienne dissimulait sa réelle ambition; elle s'achèvera d'elle-même. Les dissensions conjugales et politiques se sont donc greffées, par hasard, sur un événement familial, la mort de la duchesse d'Albe, et ont eu raison de l'équilibre de l'Impératrice qui a écrit à son beau-frère que « tout ne va pas sur des roulettes (*sic*) pour les affaires de Paca ». En effet, deux mois après sa mort, la duchesse n'a toujours pas été inhumée... Le 13 novembre, Eugénie confie sa crainte à son beau-frère, juste avant de partir : « (...) J'espère que ma sœur ne sera pas enlevée pendant mon absence », une réflexion morbide. A lui encore, elle explique son départ : « Ma santé, de jour en jour plus faible, me force à partir. A maman, je lui ai dit que j'étais un peu souffrante mais à toi, je t'avoue que je me sens bien faible et quelquefois bien mal. » Comme souvent, c'est le fidèle Mérimée, démissionnaire de l'Inspection générale des Monuments historiques, qui met le doigt sur la raison profonde de ce départ, au-delà des prétextes. Il rassure la comtesse de Montijo : « Le monde se casse la tête ici pour deviner le pourquoi du voyage de l'Impératrice. En Ecosse, au mois de novembre ! Vous devinez sans peine les sottises qui se disent à cette occasion. Il est toujours mauvais de donner ainsi des énigmes aux oisifs. Quant à moi, je crois que Sa Majesté, après les deux mois bien tristes de retraite qu'elle a passés, éprouve le besoin de se secouer un peu. »

Toujours en grand deuil, Eugénie va donc « se secouer ». Lorsqu'elle quitte Saint-Cloud, le 14 novembre, elle sait que le terrain de l'hôtel d'Albe intéresse de puissants banquiers, les Pereire et les Rothschild. Si seulement elle pouvait tourner cette page noire [1]...

L'Empereur accompagne sa femme jusqu'à la gare du Nord.

– J'éprouve un besoin aigu de changement et de solitude, dit-elle.

Leurs adieux sont comme le temps, froids.

Maintenant, elle roule vers Londres. Entre trains et bateaux ordinaires, le trajet dure quarante-huit heures. Sa suite, réduite, comprend la princesse d'Essling, Mme de Saulcy, le marquis de Lagrange pour régler les questions pratiques, deux femmes de chambre, deux policiers. Il y a une note clandestine dans ce voyage ; il n'est pas seulement privé, il est caché. Pour la première fois, elle va utiliser le titre qui marquera ses errances et, plus tard, ses malheurs. Une identité qu'elle a trouvée dans les environs de Compiègne, là où Viollet-le-Duc achève la tour carrée d'un donjon, en inventant autant qu'en recréant. En effet, à son arrivée à Londres, à l'hôtel Claridge, l'Impératrice des Français est devenue la comtesse de Pierrefonds. Elle n'est pas en voyage, elle est en fuite, essayant d'échapper à sa neurasthénie. Eugénie va vite apprendre que son stratagème est démasqué, la police de Sa Majesté n'ayant pas perdu la mémoire de son triomphal voyage officiel. La voiture-salon, accrochée à l'express français, a été signalée outre-Manche de sorte que la comtesse de Pierrefonds est rapidement reconnue, comme, à la même époque, on découvrait que la comtesse de Hohenhembs n'était autre que l'Impératrice Elisabeth d'Autriche, la dépressive Sissi, voyageant dans les mêmes conditions. Deux souveraines, deux fugitives...

Une dépêche est transmise à la reine Victoria, à Balmoral, revenue transie et la gorge enflammée par la pluie glacée d'un voyage le long du Rhin, à Cobourg puis en Belgique. Le prince Albert est encore malade et ne tient pas debout. Victoria note qu'Eugénie, pour renforcer son incognito, « ... est accompagnée de deux dames et de deux messieurs, mais,

---

1. L'hôtel d'Albe sera rasé en 1861. La rue, percée à sa place par Haussmann, prendra le nom de rue d'Albe puis, en 1879, celui de Lincoln, le Président américain assassiné en 1865.

naturellement, elle voyage sous un autre nom... On me dit
qu'elle viendrait me voir lors de son retour d'Ecosse ». Observation sobre ! La reine se renseigne pour savoir la raison de ce
surprenant voyage et arrêter une attitude en conséquence. Elle
est informée dans la journée et note, le lendemain : « Lord
John Russell m'a dit que Persigny lui avait appris que les nerfs
de l'Impératrice ont été tellement brisés par la mort inattendue de sa sœur, qu'elle s'attendait à voir en vie dès son retour
d'Algérie, qu'on a pensé qu'un voyage était absolument
nécessaire. Il aurait été impossible d'aller, pour le moment, en
Italie, en Allemagne ou en Espagne. Il ne restait alors que
l'Angleterre ou l'Ecosse. »

Sans le savoir, Victoria donne la réponse exacte pour le
choix du territoire britannique. La nature sauvage et grandiose du relief écossais, le mystère des lochs, la lumière, rare
en cette saison, mais blanche et vivifiée par un vent tonique, le
souhait de retrouver quelques anciennes racines familiales et,
surtout, l'espoir de ne rencontrer ni cousin compatissant, ni
maîtresse de son mari, ni courtisan visqueux, tous ces éléments constituent déjà des vacances. Le plaisir de l'anonymat
est le vrai luxe des hautes personnalités. Quel combat pour y
parvenir !

Elle part pour le nord, discrètement surveillée et suivie à
distance. Après la visite de la cathédrale d'York, imposante, la
comtesse de Pierrefonds, dame en noir suivie de gens en noir,
atteint Edimbourg. La ville, magnifique, lui plaît. Le château
qui la domine, le palais de Holyrood où rôde le souvenir,
pathétique, de Marie Stuart et celui, moins romantique, de
Charles X, arrivé ici en exil et qui y a laissé des dettes, ce
qu'un Ecossais ne saurait oublier, tout l'intéresse. La
comtesse de Pierrefonds est d'une énergie épuisante ; elle
marche vite, veut tout voir et essaie de fuir tout le monde.
Peine perdue : le renseignement protocolaire l'a précédée et la
municipalité d'Edimbourg, ville francophile, lui organise une
touchante réception qui dément la réputation de l'avarice
écossaise. On évoque, devant elle, la passion bonapartiste de
Sir Walter Scott puisque l'écrivain, qui avait parcouru le
champ de bataille de Waterloo, en avait soustrait une cuirasse
percée d'une balle au flanc gauche et interrogé aussi bien Wellington que Blücher ; il était le premier biographe de Napoléon, son livre étant paru en 1827. Pendant qu'Eugénie

parcourt les landes de château en manoir, passant des trains du Great North Railway aux voitures attelées sans paraître fatiguée, bien au contraire, sa présence remuante en Ecosse hivernale alimente les chroniques. Le roi des Belges, Léopold, répond à sa nièce Victoria, le 22 novembre : « L'expédition d'Eugénie est très surprenante. Je n'ai jamais entendu recommander l'Ecosse pour y voyager en hiver. Je crois que la mort de sa sœur l'a beaucoup affectée. Elle semble avoir été très *choquée* à la pensée qu'elle dansait en Afrique tandis que sa pauvre sœur mourait. Ensuite, elle semble en désaccord avec son seigneur et maître au sujet du pape. » Le seigneur et maître, resté aux Tuileries, est fort embarrassé mais pas par la politique qu'il poursuit, à son idée : l'évolution libérale du régime ouvre davantage la vie publique au débat et à l'opposition, et inspire à Proudhon ce mot : « L'Empire a fait un demi-tour à gauche. »

Le souci de Napoléon III est, toujours, l'enterrement de sa belle-sœur ! Comme il n'a aucune nouvelle des démarches entreprises à Madrid et que cet invraisemblable retard laisse le cercueil de la duchesse d'Albe à Rueil depuis la fin septembre, l'Empereur s'inquiète. Il n'y a rien de gênant à ce que la sœur de l'Impératrice repose dans cette église Saint-Pierre-Saint-Paul que Napoléon III a fait restaurer avec son intérieur Renaissance et qu'il dotera d'un extraordinaire buffet d'orgues, l'un des plus beaux de France. Que Paca attende, entre le tombeau en marbre blanc de Joséphine et celui de la reine Hortense, mère de Napoléon III, était émouvant. Et provisoire... Huit semaines plus tard, l'Empereur juge malsaine la présence prolongée de ce cercueil sur lequel Eugénie vient répandre son chagrin et ses rancœurs. Il veut donc profiter de son absence pour supprimer cette torture morale et cette mortification exagérées et envoie un courrier explicite à sa belle-mère : « Je voudrais bien que les restes mortels de la duchesse fussent bientôt transportés en Espagne, car je redoute beaucoup pour l'Impératrice à son retour la présence de ce cercueil dont elle ne veut point s'arracher. Comme Eugénie sera de retour le 2 décembre, je voudrais bien que vers cette époque le duc d'Albe puisse envoyer chercher les restes de sa femme, car Eugénie voudrait être présente à ce dernier adieu. » On comprend l'Empereur ; il ne connaît que trop l'exaltation mystique de sa femme, sa tendance à dramatiser et à vivre dans la compagnie de la mort comme ses expériences spirites l'ont révélé.

Pendant son séjour, elle rencontre, sur sa route et par hasard, le duc et la duchesse d'Atholl. Ils reconnaissent l'Impératrice et lui proposent de visiter, à l'improviste, leur résidence, le château de Blair, au centre de l'Ecosse, à mi-chemin d'Edimbourg et d'Inverness. Dans cette région d'accès difficile, Blair, l'un des plus beaux châteaux écossais et fameux pour ses murs entièrement blancs, est évidemment fermé en cette saison. Le duc fait ouvrir et voici la comtesse de Pierrefonds qui traverse, dans une quasi-obscurité et seulement guidée par les lourds chandeliers, la trentaine de pièces de la demeure, riche de souvenirs et de trésors depuis le XVIᵉ siècle, des armes aux tapisseries. Informée, Victoria s'amuse d'imaginer la visite angoissante, « les housses sur les meubles ». Comment ne pas songer à des spectres traversant les murs ou, comme l'a noté William Smith, aux sorcières de *Macbeth* ?

En redescendant vers l'Angleterre, via Manchester, la comtesse de Pierrefonds redevient l'Impératrice des Français se rendant en visite privée à Windsor. Victoria la reçoit avec une sincère attention, perplexe de la voir après ce périple écossais et tant de rumeurs, officielles et officieuses. Le prince Albert fait un effort pour saluer Eugénie mais ses maux de ventre et d'estomac l'ont visiblement épuisé. L'audience dure une heure et demie; la reine consigne immédiatement ses impressions : « Elle est si aimable que l'on ne peut que l'aimer. Elle était très en beauté mais très triste et en parlant de sa santé et du retour d'Alger, elle se mit à pleurer. On ne peut douter qu'il y ait eu de nombreuses scènes, tant au sujet du pape que des funérailles de sa sœur. On raconte que les prêtres, pour essayer d'agir sur elle, lui ont dit que son fils mourrait si l'Empereur continuait dans cette voie contre le pape. Son voyage semble pourtant lui avoir fait beaucoup de bien; avant, elle ne pouvait ni manger ni dormir. Il n'y a pas eu la moindre allusion aux affaires politiques. Elle ne m'a pas dit un mot de l'Empereur... C'est très curieux... » Napoléon III semble, provisoirement, effacé de l'esprit d'Eugénie puisqu'elle n'est pas rentrée en France le 2 décembre, comme on l'espérait. Vengeance, mauvaise humeur... Victoria, en fait, a été très atteinte par l'apparition d'Eugénie en grand deuil, donnant « ... une impression mélancolique, comme si quelque tristesse profonde et quelque angoisse pesait sur elle. La pauvre, elle est vraiment à plaindre », écrit-elle, peinée, le 4 décembre. Le détachement affiché d'Eugénie pour les affaires françaises ne doit pas cacher que l'Empereur l'a tenue au courant de ses décisions libérales prises au cours d'un Conseil des ministres et qui sont maintenant portées à la connaissance du public : « As-tu jamais mis ton pied dans une fourmilière ? Eh bien, voilà l'état dans lequel je suis depuis huit jours. Dès que ma pensée d'opérer quelques changements a été connue, tous les amours-propres se sont mis en mouvement, toutes les répugnances, toutes les préférences se sont fait jour et c'était toujours un travail de Pénélope. Tout le monde y a été opposé, *comme toujours* et *comme toujours*, j'ai suivi ma pensée. » Elle a suivi sa rancœur, répondant sèchement.

Victoria avait raison, Eugénie semble un peu mieux, certainement grâce au caractère inorganisé de ce voyage, sans protocole ni itinéraire précis. Londres, où on ne la reconnaît pas, lui plaît et elle fait son *shopping* avec enthousiasme. Un parapluie – il sert ! – deux chapeaux, des châles, quelques bijoux, un nouveau coussin (pour son dos, mal en point à cause de l'humidité), sans oublier, d'un magasin de Prince's Street dans Edimbourg, un kilt et un tartan pour le Prince Impérial. L'isolement qu'elle recherchait n'a pas été absolu et le souvenir de sa sœur a aussi fait partie du voyage puisque le duc d'Albe n'est pas content de la vente et de la démolition de l'hôtel parisien. Il le lui écrit, Eugénie en est affligée et lui répond qu'elle rentrera le 8 décembre, en tout cas pas après le 15, et qu'elle attend des nouvelles permettant la translation du cercueil pour des obsèques dans la cathédrale de Madrid. Elle enrage contre les bizarres obstacles administratifs : « Il faut avouer qu'ils font bien des difficultés pour une chose qu'on a laissé faire à tant d'autres. » C'est le moins qu'elle puisse écrire.

L'Empereur l'attend à Boulogne. Il s'inquiète de son état, lui parle de l'évolution de sa politique, elle réagit plutôt mal, raidie dans un autoritarisme réactionnaire qui lui fera du tort. Elle reste fragile et tant que le cauchemar de sa sœur *présente* ne sera pas dissipé, son esprit restera rebelle au monde extérieur. Appréhendant son retour, elle décide : « Je veux lutter

avec ma peine. » Il faut en finir. Enfin, la situation se
débloque. Le 19 décembre, pour la dernière fois, elle se rend à
l'église de Rueil, marmoréenne d'émotion. A sa mère, elle
écrit alors qu'un court train spécial emporte la duchesse
d'Albe vers l'Espagne, après trois mois d'attente. *J'ai été chercher ma sœur et je l'ai accompagnée jusqu'au dernier moment ; c'est
moi qui ai arrangé dans le wagon les fleurs, les boules d'eau
chaude, enfin j'ai fait pour ce pauvre corps tout ce que j'aurais fait
pour elle quand elle était malade et je ne l'ai quittée qu'au moment
où le train partait. J'ai bien recommandé à ces Messieurs d'en
avoir soin, c'est tout ce que je peux te dire aujourd'hui. Tu dois
comprendre qu'il ne me reste pas de force ni de courage pour écrire
long, mais j'ai fait mon devoir jusqu'au bout. Adieu, ma bien chère
maman, soigne-toi et pense à moi comme j'ai pensé à toi dans cet
affreux moment. Je t'embrasse de tout cœur. Eugénie.*

Sans cette ultime formalité macabre, elle aurait eu l'impression de ne pas avoir dit adieu à Paca. Elle s'était investie gardienne temporaire de son dernier sommeil mais sa mission
était achevée. « Il me semblait qu'on arrachait mon âme [1]... »

Fastes et divertissements

1861. L'Empire brille de tous ses feux. En dix ans, son
prestige s'est hissé au sommet. La prospérité économique, les
triomphes armés, une diplomatie tortueuse mais finalement
constructive ont assis les bases du régime. L'opposition, désu-
nie et perplexe, frise le découragement même si la libéralisation accordée est encore restreinte. Napoléon III joue le rôle
d'un suzerain, celui d'une Europe nouvelle, surveillée et jalou-
sée par une Angleterre méfiante et une Prusse attentive. Ces
deux pays se rapprochent, alors que Guillaume Ier, devenu
souverain prussien, marie son fils avec la fille aînée de Victoria. La reine fait part à ses invités en visite à Windsor de ses
reproches à Napoléon III, l'estimant imbu de puissance et
assoiffé de gloire. Francophile, Lord Clarendon déplore les
commentaires, publics et privés, de la reine car ils ne facilitent
pas l'action du gouvernement, et constate que Victoria « est

---

1. Le cercueil fut entreposé dans une chapelle près de Carabanchel puis, après la
mort de la comtesse de Montijo, en 1882, transféré définitivement à Loeches, près de
Madrid, dans le panthéon des ducs d'Albe.

tourmentée par une série de cauchemars impériaux de la race
anglo-germanique ».

L'Impératrice va mieux. Entre les bals et les obligations
sans gloire mais qu'elle s'impose régulièrement, elle se rend,
sous la Coupole, le 24 janvier. Le père Lacordaire est reçu à
l'Académie française par Guizot. Une séance historique ! En
effet, onze mois plus tôt, l'élection du dominicain au fauteuil
de Tocqueville – par vingt et une voix – avait été ressentie
comme une virulente manifestation d'hostilité contre l'Empereur. En délicatesse avec les milieux catholiques, Napoléon III
faisait poursuivre Montalembert pour délit d'opinion. La candidature de Lacordaire était donc apparue comme un de ces
moments d'indépendance dont l'Académie est capable, fièrement mais sans le dire, une réaction contre le régime politique
en place et, en particulier, le chef de l'Etat, son protecteur.
Lacordaire, ancien élu de la Constituante en 1848 puis provincial des dominicains, s'était déchaîné contre le coup d'Etat
et lancé dans quelques sermons très critiques envers Napoléon III dont un, à Saint-Roch, lui avait valu un exil... dans le
Tarn. En proposant la candidature de Lacordaire et en dis-
pensant le moine des visites parce qu'il les jugeait peu compa-
tibles avec la dignité de son habit, la Compagnie avait
mitonné un sérieux avertissement philosophique à l'Empereur. L'affaire, pourtant, n'était pas acquise car Lacordaire
s'était, soudain, montré favorable à la guerre d'Italie ! Puis,
Baudelaire, qui avait publié *Les Fleurs du mal* (et subi trois
mois de prison), s'était aussi proposé pour succéder à Tocqueville ; Sainte-Beuve le lui avait déconseillé et avait consacré, en compensation, un article très élogieux à son œuvre.
Pour recevoir Lacordaire, l'Académie est débordée. Tout
Paris se passionne pour ce défi à l'autorité impériale et quand
on apprend que l'Impératrice sera présente, il y a six mille
demandes d'entrée dont le quart, seulement, peut être satisfait.

Malheureusement, le discours de Lacordaire, illustre orateur, est décevant. Il n'a que cinquante-huit ans. Mais quel
après-midi, tout de même, après la séance où Guizot formule,
dans sa réponse, une belle élévation de pensée. On l'applaudit.

Et Eugénie déclare :

– J'ai perdu une illusion (Lacordaire) et un préjugé (Guizot).

Les partisans du pape et les monarchistes sont évidemment enchantés que la souveraine se soit déplacée, preuve qu'aux Tuileries quelqu'un se soucie réellement du sort de Sa Sainteté. Napoléon III supporte une opposition politique jusque dans son intimité. C'est une manière de justifier ce commentaire de l'Empereur sur son entourage disparate, très drôle et sur le ton froid de la mode anglaise :

– L'Impératrice est légitimiste, Morny est orléaniste, moi je suis socialiste ; il n'y a que Persigny qui soit bonapartiste et il est fou !

Eugénie s'enflamme, furieuse de l'étiquette qu'on lui accole :

– Légitimiste, moi ? Je ne suis pas si bête ! Sans doute, j'ai toujours éprouvé du respect pour les Bourbons. Je n'aime pas les Orléans, ils ne représentent aucun principe. Je crois qu'on ne peut régner que par une tradition séculaire ou par le vœu éclatant du pays.

Eugénie s'occupe beaucoup de son fils, préparant, par exemple, le feu d'artifice tiré dans les jardins des Tuileries pour l'anniversaire du prince, le 15 mars ; les enfants de troupe de la garnison de Paris y sont tous invités. Mais la grande affaire du printemps est l'achèvement du tombeau monumental de Napoléon Ier aux Invalides, le travail de Visconti étant enfin terminé. Le 2 avril, se déroule la translation des restes de l'oncle qui, depuis 1840, reposaient dans la chapelle Saint-Jérôme. Que de souvenirs pour Eugénie que le récit de Mérimée avait passionnée ! Et, tandis que le cercueil descend, entre deux rangées de drapeaux pris aux ennemis du premier Empire, alors que l'eau bénite a été présentée aux souverains avant le dépôt dans la vasque de porphyre de Carélie, l'Impératrice félicite les survivants de la Grande Armée, ces vieux soldats enfin décorés, et regarde son fils, le petit-neveu qui représente l'avenir.

Au début de juin, l'architecte Hittorf remet aux souverains le rapport du concours organisé pour la construction d'un nouvel Opéra à Paris. Le lauréat, Charles Garnier, est choisi parmi cinq finalistes après une première sélection de cent soixante et onze candidats. Garnier, trente-six ans, est un grand prix de Rome qui n'a pas fait grand-chose jusqu'ici, en dehors de ses responsabilités architecturales dans deux arrondissements parisiens. Il présente sa maquette. La conception, remarquable, est si originale qu'on ne peut la rapprocher d'une école esthétique précise. Un peu néo-baroque? De la « haute confiserie », digne d'un des grands magasins qui transforment le commerce et la vie quotidienne? Un « style de parvenu », ricane l'opposition, guère inspirée. Du romantique compliqué? Le travail de M. Garnier révèle des audaces techniques mais présente une grande unité dans la diversité. Il y aura beaucoup de marbre car « lui seul, estime l'architecte aux cheveux frisés, donne la vie et l'éclat ». Charles Garnier fera école dans le monde entier pendant au moins cinquante ans mais son dessin déroute les souverains, par ailleurs très satisfaits car le résultat devrait être grandiose. Finalement, l'Impératrice, perplexe et sur le ton méprisant que l'on a quand on ne comprend pas, interroge l'auteur :

– Mais enfin, monsieur Garnier, de quel style est votre Opéra?...

Il ne se démonte pas et répond par un bijou de compliment perfide :

– C'est... du Napoléon III, madame!

Il y aura donc, en concurrence pour la même époque, le style second Empire et le style Napoléon III...

Les relations entre Eugénie et son mari sont, extérieurement, normales, chacun s'efforçant de ne pas irriter l'autre. Napoléon III espère être pardonné, Eugénie aimerait être comprise. Mais ni lui ni elle n'ont renoncé à leurs exigences, la satisfaction sensuelle chez l'Empereur, la sauvegarde du pape chez l'Impératrice, des préoccupations d'ordre différent! En qualité de régente, elle assiste au Conseil qui se tient deux fois par semaine, à neuf heures du matin, en général à Saint-Cloud dès le printemps. Face à la dizaine de ministres présents, Eugénie, assise à gauche de son mari, est de plus en plus attentive à la politique, avertie des dossiers et capable de comprendre toutes les raisons d'une décision, positive ou négative. Elle a, sur ce terrain, l'intégrale confiance de l'Empereur qui exige qu'elle soit informée en permanence de l'évolution des affaires publiques même s'il se réserve, d'autorité, quelques cheminements personnels. En revanche, en dehors de la régence effective, Eugénie n'a pas une ligne politique personnelle; elle applique celle du souverain, partageant avec lui la responsabilité intellectuelle des choix mais sans aucune sanction en cas d'échec ou de catastrophe. On retrouve,

dans ce duo, ce que la reine Victoria nomme « le gouvernement de ménage », comparaison déplacée, le prince Albert
n'étant que le prince consort et sans possibilité constitutionnelle de se substituer à la souveraine défaillante ; de plus,
entre Victoria et Albert, les nuages sont rares... Au Conseil,
Napoléon III écoute, impassible, l'exposé de ses collaborateurs, en général sans les interrompre, d'où la nécessité d'une
communication bien argumentée. Il consulte rarement les
ministres sur l'affaire dont ils ont la charge et il est le seul à
prendre la décision. Personne ne peut l'influencer, son obstination l'ayant, jusqu'à présent, servi. Depuis la guerre d'Italie,
Eugénie est capable, à tout moment, d'assurer la relève mais
l'Empereur présent, elle se contente d'enregistrer les motifs,
les données techniques, financières ou diplomatiques, les
solutions qui se présentent et le choix final. Il faut noter que,
au milieu d'une vie officielle active et d'une vie privée exigeante, Napoléon III travaille énormément et que les deux
réunions gouvernementales de la semaine imposent une
cadence à l'opposé de la nonchalance apparente du personnage. Bien que se tenant en retrait de la vie politique directe,
l'ascendant progressif d'Eugénie, informée des secrets d'Etat
traités au Conseil, suscite des jalousies, une en particulier, qui
a pris une vigueur pénible, celle de *Plon-Plon*.

Déjà mis à l'écart de la régence, le cousin n'a aucune fonction politique et il enrage de cet ostracisme. Il se sent humilié
et il est convaincu qu'Eugénie est responsable de son état. La
jalousie l'aveugle, l'Impératrice, certes, apprécie modérément
cet homme bougon, persifleur, rancunier, mécontent de ne
pas disposer des mêmes fortunes que les autres et, ne
l'oublions pas, toujours vexé que Mlle de Montijo n'ait pas,
jadis, succombé à son charme... Il est persuadé qu'elle lui en
veut ; elle se contente de s'en méfier et de regretter que son
intelligence ne soit pas mise au service de grandes causes au
lieu de s'attacher à des susceptibilités capricieuses. Par un
cruel paradoxe, en effet, le prince Napoléon-Jérôme subit ce
qu'il appelle les inconvénients du nom sans en tirer les satis-
factions qu'il espérait. Bonaparte, il doit être fidèle et loyal
envers le chef de famille. D'abord placé au deuxième rang
dynastique, il est, depuis la naissance du Prince Impérial, au
troisième et se lamente d'apprendre que l'Impératrice a sa
chaise réservée à la table où se traitent les affaires de la

France. Le plus dommageable pour lui est que, sans sa
parenté illustre, il aurait parfaitement pu exercer des responsabilités ministérielles. Or, Napoléon III, s'il comble d'honneurs les siens, évite de mélanger la dynastie avec les
responsabilités. Une scène, vive, l'ayant opposé à l'Empereur,
celui-ci se fait bien comprendre :

– Tu es général de division, sénateur, conseiller d'Etat. En
temps de paix, que peux-tu être de plus ? Tout se borne à ceci :
tu dis : « Ma position est peu honorable tant que je ne serai
pas ministre. » Or, c'est un dilemme que je ne saurais
admettre, parce que les princes ne doivent pas être ministres.

Plon-Plon devrait comprendre, rien qu'en observant le
remaniement auquel l'Empereur vient de procéder. Un
ministre est nettement plus vulnérable qu'un prince ; un
ministre, même proche de l'Empereur, même ancien conspirateur et compagnon de misère, même époux d'une femme
avec laquelle le souverain passe des moments torrides, un
ministre peut toujours être remplacé et congédié. D'un trait
de plume. En résumé, *Plon-Plon* est un perpétuel jaloux ; lors
de la guerre d'Italie, il a eu le sentiment d'exister davantage
puis le déplaisir de voir qu'Eugénie ne commettait pas de
faute majeure, bien au contraire, elle avait réussi, à l'étonnement général et servile. Elle l'avait fait exprès, pour lui être
désagréable ! Napoléon III intervient encore pour raisonner
son impossible cousin, éternel mécontent, lui écrivant : « (...)
Quant à la haine que tu crois que l'Impératrice a pour toi, tu
te trompes. Elle est très vive dans ses impressions, mais elle a
toujours montré pour toi des sentiments très amicaux. »

Rien n'y fait. Et le prince, l'esprit empoisonné par ses
aigreurs, demeure convaincu d'être un paria dont on se méfie.
Obsédé par l'influence qu'il prête à Eugénie, il en devient
encore plus grossier, ce qui n'améliore pas son cas ! Ainsi, lors
d'une Sainte-Eugénie célébrée à Compiègne, l'Empereur, qui
tente de calmer les tensions, prie son cousin de porter un toast
à la santé de l'Impératrice. *Plon-Plon* est un orateur-né, sa
verve est appréciée dans les discours qu'il prononce volontiers. Silence. Dans la galerie de bal du château, sous le plafond voûté à caissons, les invités semblent fixer le cannelage
des colonnes dorées. L'immense table, éclairée de quinze
lustres, attend le compliment du prince. A la stupéfaction
générale et indignée, il répond, avec dédain :

– Je ne sais pas parler en public...

Eugénie, souveraine, est chez elle. L'insulte n'en est que plus vive. A la grossièreté du silence, il ajoute l'offense de la réponse. Il a refusé de dire quelques mots et, surtout, inventé un prétexte vulgaire. Ce soir du 15 novembre, Napoléon III avait prié son cousin de quitter Compiègne dans les meilleurs délais. On conçoit l'agacement de l'Impératrice. De plus, le prince ne cesse de présenter son fils comme un débile et de se répandre en propos méprisants sur Louis, le qualifiant, en toutes circonstances, de jugements odieux et méchants : « Ce pauvre petit marmot ! » répète-t-il, devant un auditoire effaré [1].

Cependant, elle fait les premiers pas, réfutant les accusations – névrotiques – dont il la charge : *Je n'ai de haine pour personne, pas même pour mes ennemis ; dans le nombre, il y en a certainement que j'estime, d'autres à qui je n'accorde même pas l'honneur d'une idée de vengeance ! Quant à ceux qui portent le même nom dont je m'honore aujourd'hui, je ne puis avoir pour eux que des sentiments d'amitié, peut-être ombrageux en ce qui regarde ou peut regarder l'opinion qu'on peut garder d'eux, mais jamais hostiles.* Ce sera toujours son attitude, la vindicte ne fait pas partie de son plaisir. Malheureusement, le prince n'a pas cette hauteur de vues et son obstination l'aveugle. Malgré les mises en garde et les éclaircissements, aussi bien de Napoléon III que de Mathilde, *Plon-Plon* ne varie pas, Eugénie est son adversaire et, partout, elle intervient pour lui nuire ! De plus, elle se mêle de politique, ce qui est intolérable... Il provoque ainsi, au printemps 1861, l'une des réponses les plus complètes et les plus claires aux questions que l'on se pose sur le rôle, l'influence et la participation d'Eugénie dans la politique impériale. Une explication qui a le mérite de la clarté : en temps de paix, l'Empereur est responsable – et lui seul – de la position prise. En cas de circonstances différentes ou graves mais uniquement dans ce cas-là, l'Impératrice serait au premier rang par sa fonction de régente. D'une parfaite lucidité, elle résume sa place dans les circonstances normales, celles du moment : *Je n'ai jamais été et je ne serai jamais probablement une femme politique ; c'est un être amphibie pour lequel je n'ai aucune sympathie, mais si le devoir m'obligeait à le devenir, il n'y a rien qui puisse m'effrayer. Dieu donne aux femmes l'instinct de tout ce*

---

1. Voir le livre de Jean-Claude Lachnitt, *Le Prince Impérial*, Perrin, 1997.

*qu'elles ne savent pas quand il le faut, mais il leur ordonne de
s'effacer là où elles ne peuvent rien de bon. Les influences (que
l'Empereur ne souffre pas d'ailleurs) n'existent pas, et croyez que
lorsque je crois devoir sortir de ma réserve, je m'adresse directement
à la personne et, face à face, je lui dis ma pensée telle que ma
conscience me la dicte. Croyez donc à ma droiture comme je crois à
la vôtre.* L'Impératrice espère être enfin comprise ; elle sera
déçue car les obstinés ne vivent que par l'entretien de leur
maladie. Elle souhaite également que *Plon-Plon,* bonapartiste
frustré et républicain d'espoir, cesse de souffler sur les braises
car l'Empire a d'autres adversaires que cette rivalité ne reposant sur rien ; elle regrette, comme Napoléon III, que l'intelligence du personnage s'encombre de contrariétés qui lui
nuisent et gênent l'entreprise impériale. Il est son pire ennemi.
Le prince est un torrent. Il pourrait être utile. Comment le
détourner pour éviter de s'en faire un ennemi ?

L'une des questions séparant l'Impératrice du prince, tonitruant libre penseur, est toujours l'affaire romaine, obstacle à
l'Unité italienne, comme la Vénétie mais avec une autre
acuité. Depuis le 17 mars, Victor-Emmanuel II est « roi d'Italie par la grâce de Dieu et la volonté de la Nation ». La France
avait laissé entendre qu'elle maintiendrait la souveraineté tem-
porelle du pape mais en est restée à l'intention ; Eugénie est
donc, de nouveau, contrariée. Elle ne conteste pas l'irrésistible
mouvement italien qui a oscillé entre la république et la
monarchie et lui a apporté les inoubliables attentions
savoyardes et niçoises ; en revanche, que le pape soit littéralement abandonné, livré aux grasses sollicitudes du folklorique
et paillard monarque excommunié, et que celui-ci continue
ses provocations contre l'Autriche, cela lui paraît intolérable.

Palais de Saint-Cloud, le 6 juin. Au Conseil, le ministre
Thouvenel lit une dépêche révélant la mort de Cavour, le
complice de Plombières. Depuis trois mois, bien que malade,
il ne gouvernait plus le Piémont-Sardaigne mais l'Italie, dont
le drapeau restait celui, tricolore, du Piémont, timbré de la
Croix de Savoie. C'est une triste nouvelle car, avec une
patience de chat, Cavour était en train de négocier avec la
Cour pontificale. L'Impératrice partage l'inquiétude gouvernementale car le disparu était arrivé à imposer la Maison de
Savoie comme seul fédérateur possible entre la révolution
garibaldienne et la réaction catholique. Il s'éteint au moment

où existe une Italie libre mais pas complètement unifiée. Une deuxième intervention de Thouvenel, à la demande de l'Empereur, annonce le choix de Rome comme capitale du royaume d'Italie. Cette fois, la surprise n'est pas triste, elle est choquante. Eugénie, furieuse, se lève et quitte le Conseil dans un silence gêné. Elle gagne son salon, à peine suivie par ses dames étonnées de la voir si tôt et seule retrouver cette belle pièce, l'une des plus agréables du château qui, côté jardins, occupe le corps central de l'aile gauche. Cinq hautes fenêtres donnent au midi, sur le bassin du Fer-à-Cheval. Les capitons crème, rouge et or, les fauteuils accueillants peuvent-ils apaiser la souveraine, scandalisée par l'apathique hypocrisie de l'Empereur ? Le regard sur une toile de Murillo, *La Sainte Famille*, aujourd'hui au Louvre, est-il susceptible d'empêcher une nouvelle crise conjugale pour une question politique et religieuse inévitable ? Son départ du Conseil, réaction sans précédent et d'une portée psychologique immense, a-t-il de l'effet ? On peut le croire si l'on observe que le gouvernement, n'osant tout de même pas laisser le pape sans défense, décide de maintenir la présence des troupes françaises « tant que les garanties suffisantes ne couvriront pas les intérêts qui les y ont amenées ». Une subtile réserve. Toutefois, en dissuadant Pie IX de quitter Rome, l'ambassadeur de France, Gramont, croit bien agir mais prolonge l'abcès et donc la question romaine. Défenseur de Rome, Napoléon III apaise les catholiques mais maintient le motif de la tension. Et la question restera posée jusqu'à l'unification de tout le territoire italien.

Le printemps et le début de l'été sont jalonnés d'événements a priori lointains mais qui auront, à des degrés divers, une influence, parfois essentielle, sur l'Empire français. Certains de ces faits peuvent être en correspondance. Ainsi, en Russie, le tsar Alexandre II décide l'abolition du servage, une mesure qui concerne cinquante millions de paysans. A l'opposé, on apprend que l'Etat de Caroline du Sud, qui faisait partie des Etats-Unis d'Amérique, vient de s'en séparer pour maintenir le système de l'esclavage dont la disparition entraînerait la ruine économique du Sud. Bientôt rejointe par dix autres Etats, cette association, de neuf millions d'habitants, prend le nom de Confédération des Etats sudistes. On parle d'une sécession et, bientôt, parviennent les échos d'une véritable guerre civile sur le continent nord-américain. Aux

Indes, l'Angleterre organise son pouvoir en installant une gigantesque bureaucratie coloniale centralisée. A Vienne, le gouvernement impérial, affaibli par ses défaites, doit accorder le bénéfice de la patente aux Hongrois mais ceux-ci sont très mécontents, craignant la dilution du nationalisme magyar. On interroge la France, on sollicite son avis, on guette ses réactions. Et on vient la voir, pour lui rendre hommage. Ainsi, du 15 au 27 juin, les ambassadeurs de Siam et une forte délégation sont reçus par les souverains ; leur séjour rappelle celui d'autres envoyés siamois à Versailles, du temps de Louis XIV. La cérémonie finale se déroule à Fontainebleau, grandiose, dans un cadre qui avait pourtant vu bien des fastes. Compiègne éclipse souvent Fontainebleau dans les souvenirs du second Empire et, en l'occurrence, c'est injuste.

En Seine-et-Marne, huit siècles d'histoire de France, des chasses royales aux secrets d'Etat, et même les fameux adieux de Napoléon Ier, sont, avec son neveu et Eugénie, tirés de l'oubli et somptueusement mis à la mode, pendant quatre à six semaines, en juin et en juillet. Autant Saint-Cloud est une résidence de travail et de famille, autant Compiègne est le théâtre de mondanités joyeuses, vaguement canailles, autant Fontainebleau est destiné à l'organisation de séjours et de manifestations spectaculaires en présence d'hôtes diplomatiques. A Fontainebleau, c'est l'éclat qui commande. Et les souverains n'y ont que peu de répit. La saison aidant, les matinées s'habillent de mousselines, très vaporeuses, souvent fondues dans l'herbe ou le sable. L'heure des élégantes, de la princesse Murat à la comtesse de Pourtalès, de la marquise de Galliffet à la princesse de Metternich – rien ne se passe sans elle, désormais – qui surprend chaque fois par son déballage de robes et de chapeaux. Et revoici le fameux chapeau Diana, panacée vestimentaire qui protège aussi bien du soleil que de la pluie et tout de même plus seyant que les fameux parapluies à trois francs que se disputent les Parisiennes dans ce *Bonheur des dames* que sont les grands magasins. Le soir, les soies, les diamants et les perles prennent leur revanche ; les longues galeries et les beaux escaliers sont alors animés d'un balancement insolite, celui des crinolines, dans le vieux château de François Ier. Car il a peu changé, ce château, depuis Napoléon Ier. Eugénie a fait faire des travaux : il était pénible, pour se rendre des grands salons jusqu'aux jardins privés, de descendre les degrés extérieurs et de traverser la cour de la Fontaine. L'Impératrice avait abrégé le trajet et créé au rez-de-chaussée, sous les appartements du pape – un souvenir douloureux de l'autre Empire – des pièces nouvelles.

C'est dans un de ces salons, le premier, qu'est accroché le tableau de Winterhalter, alors surnommé *Le Décaméron*. Dans le salon Louis XVI, tendu de vert, Eugénie se réserve un simple bureau, pour écrire, lire et manier l'aiguille ; elle aime beaucoup ce coin protégé et s'y tient, surtout le matin. En 1860, on avait installé un surprenant musée chinois. Le salon dit du lac s'était garni d'une superbe et unique collection de vases, de laques, de jades, d'émaux et d'objets de culte provenant de la mise à sac du palais d'Eté de Pékin. C'était le butin de l'expédition franco-anglaise en Chine [1].

Un an plus tard, en cet été 1861, l'Asie est donc de nouveau présente à Fontainebleau mais sous une forme bien différente et, pour tout dire, bien étrange. Dans la salle du trône, l'Empereur en uniforme, chapeau tenu sur la cuisse gauche, est assis entre Eugénie, drapée de tulle blanc et d'hermine, tandis que le petit prince, à droite de son père, dans un uniforme bleu à brandebourgs blancs, épaulettes de laine et pantalon rouge, est debout. Une scène inouïe, suivie par la Cour, tête nue sauf pour la garde casquée, l'escorte des dames de l'Impératrice étant derrière elle, éventails fermés, yeux grands ouverts. Que se passe-t-il ? Les ambassadeurs du Siam progressent en rampant sur les tapis. Au son de leurs instruments de musique, bien loin des accents d'Offenbach, ils avancent les coudes joints. Ils portent des manteaux-robes de tulle doré, arrivent à ne pas perdre leurs mules ni leurs chapeaux, certains à larges bords et coniques à la manière des pagodes, d'autres des bonnets, relativement simples cloisonnés de fils d'or pouvant être flanqués de rabats dissimulant les oreilles. Quel fabuleux spectacle ! Le souffle retenu, attentif à respecter les usages de la cour de Siam, complexes mais fascinants comme tout ce qui arrive d'Asie, Napoléon III, outre de longs et superlatifs compliments, reçoit un fauteuil-palanquin dont le transport a été laborieux, Eugénie des bijoux et des étoffes précieuses, Louis un kriss, le traditionnel poignard à lame

---

1. Cette partie, remarquablement restaurée et aménagée, offre une visite passionnante et insolite. Il est conseillé de la compléter avec des découvertes à thèmes, en principe deux fois par mois, comme par exemple « Eugénie et l'Extrême-Orient ».

ondulée comme une vague mais en argent ciselé avec une poignée scintillante de pierreries. Une visite unique, dont les très
vieilles carpes de l'étang, plusieurs fois centenaires, assure-
t-on, seront toujours les témoins muets.

Mérimée, lui, ne reste pas silencieux; sa version de l'événement est beaucoup plus caustique et irrévérencieuse que ne
peut le laisser supposer l'immense tableau de Gérôme. Ecou-
tons Mérimée, très en verve, ravi du résultat, à l'opposé de ce
qui avait été prévu : « C'était le plus drôle spectacle du monde
que cette vingtaine d'hommes noirs, très semblables à des
singes, habillés de brocart d'or, ayant des bas blancs et des
souliers vernis, le sabre au côté, à plat ventre et rampant sur
les genoux et les coudes, le long de la galerie de Henri II,
ayant tous le nez à la hauteur du... dos de celui qui le précé-
dait. Si vous avez vu, sur le Pont-Neuf, l'enseigne *Au bonjour
des chiens*, vous vous ferez une idée de la scène. Le premier
ambassadeur avait la plus forte besogne. Il avait un chapeau
de feutre brodé d'or qui dansait sur sa tête à chaque mouvement et, de plus, il tenait entre ses mains un bol d'or en filigrane, contenant deux boîtes qui contenaient chacune une
lettre de Leurs Majestés Siamoises. Les lettres étaient dans
des bourses de soie mêlées d'or et tout cela était très coquet.
Après avoir remis les lettres, lorsqu'il a fallu revenir en arrière,
la confusion s'est mise dans l'ambassade : c'étaient des coups
de derrière contre des figures, des bouts de sabre qui entraient
dans les yeux du second rang qui éborgnaient le troisième.
L'aspect était celui d'une troupe de hannetons sur un tapis.
Le ministre des Affaires étrangères avait imaginé cette belle
cérémonie et avait exigé que les ambassadeurs rampassent.
Mais tout l'effet du rampement a été perdu, parce qu'à la fin,
l'Empereur a perdu patience, s'est levé et a fait lever les hannetons et a parlé anglais avec l'un d'eux. L'Impératrice a
embrassé un petit singe qu'ils avaient amené et qu'on dit fils
d'un des ambassadeurs : il courait à quatre pattes comme un
petit rat et avait l'air très intelligent... »

Dans ces pièces du rez-de-chaussée, Eugénie a organisé
l'une des confrontations artistiques qu'elle recherche; des
meubles, plutôt lourds mais toujours confortables, s'imposent
au milieu d'objets fins. Les laques ont pris place entre les capitons, les tentures cramoisies répondent à une quinzaine de
panneaux d'un paravent du XVIIIe.

Les grosses carpes sont dérangées le soir par des divertissements également exotiques. Sur les pièces d'eau, un caïque du
Bosphore, authentique, est conduit par un batelier turc, également d'origine. Il croise une vraie gondole vénitienne, fine
lame vernissée noire qui fend l'eau calme ; elle arrive, comme
son gondolier, du port de Saint-Marc, cadeau réservé à
l'Impératrice par l'ambassade d'Italie et le chevalier Nigra.
Une manière, aussi, de dire que Venise serait bientôt italienne... N'y a-t-il pas déjà, vers le parc et le canal, des bassins
qui se nomment *Le Tibre* et *Le Romulus* ? On verra aussi une
frégate miniature, battant pavillon du Prince Impérial,
presque ordinaire au milieu de ces embarcations à l'orientale.
Le but de ces modestes traversées, dont le seul risque est un
embouteillage de rames – beaucoup de femmes aiment manier
l'aviron – est un charmant kiosque octogonal ; on y accède par
un dais rouge et blanc et parfois l'illustre Mérimée, la crinière
blanche, consent à y lire des vers. Il n'est pas content, Mérimée, trouvant que l'on mange trop, ce qui rend pénible le port
d'un pantalon collant « au moins quatre heures par jour ».

Don Prospero est gâté, blasé parfois bien que toujours
attentif et prêt à divertir. Un jour, il rend hommage à la simplicité des séjours où l'on ne vous impose rien. « Il n'y a pas
d'ailleurs de république où l'on soit plus libre, ni de châtelain
ni de châtelaine plus aimables pour leurs hôtes. » A un autre
moment, l'académicien, qui a la migraine, se plaint de soirées
« difficiles à passer » mais qui heureusement « ne durent pas
trop longtemps ».

Il y a, en revanche, des après-midi inoubliables, intégrant le
patrimoine littéraire français par le biais d'un jeu. C'est, en
effet, à Fontainebleau, qu'un jour sans soleil et sans réjouissances prévues, ce farceur de Mérimée a l'idée de proposer à
la Cour un exercice de grammaire et d'orthographe. La
fameuse *dictée de Mérimée* ! Il semble que l'écrivain-haut-
fonctionnaire ait mitonné ce texte avec quelques confrères de
l'Académie des années auparavant, peut-être vers 1857, et
qu'il ait attendu une occasion propice pour tendre son piège.
Car le texte, d'un sens obscur et même sans aucun sens, est
remarquable par ses difficultés sémantiques. Un catalogue
d'embûches et de traquenards. A la suggestion de Mérimée,
on fait semblant d'avoir peur, on crie, on redoute son esprit
cinglant et on proteste très mollement. Mais l'Empereur et

l'Impératrice relèvent le défi, suivis de quelques compagnons d'aventure, les Metternich, Alexandre Dumas fils, Octave Feuillet, lui-même futur académicien. Eugénie fait placer des chaises autour d'une grande table, on apporte du papier, des plumes, des encriers. Les intrépides sont prêts. Et voici Mérimée qui énonce, lentement, ses phrases incompréhensibles, avec le sérieux d'un inspecteur lors d'un concours de l'Instruction publique. Immédiatement, les difficultés s'accumulent en quelques mots. Et les *élèves* sont dépassés car ils ne comprennent rien. Bien entendu, il ne s'agit que de grammaire et pas de littérature. Il est question d'*effluves*, de *cuisseaux de veau*, de *cuissots de chevreuil* et le premier paragraphe s'achève par l'expression *un vrai guêpier* qui semble définir cet examen insolite. Les candidats peinent. Eugénie lève la tête et interpelle son ancien professeur de français :

— Vraiment, monsieur Mérimée, vous vous moquez de nous. Cela n'a ni queue ni tête !

L'examinateur, qui joue les sérieux, fait un petit signe à l'Impératrice de continuer l'exercice :

— Veuillez attendre, madame, tout le sens est dans la fin...

Encore un mensonge ! Napoléon III, dont la page est couverte de ratures, ricane :

— Ecris donc, *Ugénie*. Tu te mets en retard...

La dictée continue, infernale. Voici le mot *fusilier* (trois fois), *les arrhes, marguillier* (deux fois) *bélître, dysenterie, goupillon*... Un inventaire à la Mérimée, croquignolet. L'Impératrice réfléchit longuement avant d'écrire, le prince de Metternich paraît à l'aise, poussé par une écriture automatique, sa femme essaie de copier sur lui et le dramaturge Feuillet est plus sérieux qu'à une séance du Dictionnaire, quai de Conti. Enfin, le dernier mot tombe, dans une incompréhension visible.

Mérimée s'amuse. Il tire sa montre et annonce qu'il accorde deux minutes de grâce pour la relecture avant de ramasser les copies. Diable ! Il corrige, marmonne qu'il y a beaucoup de fautes et doit même se reporter à son texte car lui aussi se met à douter, ce qui est inquiétant. Le résultat ? Consternant, catastrophique sauf pour le prince de Metternich qui est vainqueur ! Mérimée annonce le nom du lauréat à haute voix. Et, devant l'incrédulité des « mauvais élèves », selon l'expression de Pauline de Metternich, Mérimée lit, par ordre protocolaire et non de mérite croissant :

– Sa Majesté l'Empereur a fait quarante-cinq fautes, Sa Majesté l'Impératrice soixante-deux, la princesse de Metternich quarante-deux, M. Alexandre Dumas vingt-quatre, M. Octave Feuillet dix-neuf et le prince de Metternich trois...

Dumas fils se lève et demande à l'ambassadeur d'Autriche, connu jusque-là pour son talent de pianiste et l'esprit autoritaire de sa femme :

– Prince, quand allez-vous vous présenter à l'Académie pour nous apprendre l'orthographe [1] ?

L'ambassadrice d'Autriche, encore plus fière que de coutume de porter son nom, n'est pas effondrée que l'Impératrice des Français soit si piètre élève... Mais devant les jalousies que provoque le séjour des Metternich – quinze jours au lieu de huit –, la princesse fait part de sa gêne à Eugénie. La souveraine répond :

– Qu'importe ! Charbonnier est bien maître chez lui !

Sans faute...

A Fontainebleau, Napoléon III, qui travaille dans un cabinet s'ouvrant sur les jardins, ne résiste pas au canotage. Il lui arrivera de chavirer et de revenir à la nage avant qu'un quelconque secours n'intervienne. Après de longues discussions avec Haussmann et ses ingénieurs hydrauliciens, l'Empereur, plus chercheur que bricoleur, s'évertue à quelques forages forestiers car on dit grand bien des sources bélifontaines. Il installe un puits artésien et, très fier, propose à Octave Feuillet de goûter ce nectar naturel. L'écrivain, méfiant, boit et grimace :

– Ah ! Sire ! Cela doit être bien bon pour la santé car c'est joliment mauvais à boire !

Plombières n'avait pas laissé le même goût.

Tout l'été est fort actif, surtout au mois d'août. Le 6, à Saint-Cloud, Leurs Majestés reçoivent le roi de Suède Charles XV et son frère, le prince héritier Oscar. Il ne s'agit pas simplement d'une tournée des Couronnes, dont les représentants ont été peu vus, mais d'une de ces rencontres plus ou moins formelles – un sommet, dirions-nous – où Napoléon III

---

1. Les mémoires de la princesse de Metternich laissent croire que Dumas fils est déjà sous la Coupole. Or, il n'y sera élu que le 29 janvier 1874. On peut aussi interpréter la piquante suggestion de l'écrivain comme un rappel au rôle du tutelle de la langue française assurée par l'Académie, la fameuse dictée étant également appelée, à l'époque, *dictée de l'Académie*. Devenu à la mode, le texte circula beaucoup et fut la distraction favorite des salons où certains trichaient, l'ayant déjà étudiée...

expose ses vues sur le monde. Le principe en est simple, c'est celui des nationalités. Il est évident que, bientôt, la Vénétie reviendra à l'Italie ; il est clair que, en dépit de la sympathie que le peuple polonais inspire à la France (voyez Chopin, évitez la comtesse Walewska), l'opinion française ne doit pas encourager l'agitation polonaise contre la Russie, même si la Pologne, partagée et déchirée, devra être distincte des terres tsaristes.

De même, la Finlande devrait être restituée à la Suède, le duché allemand du Slesvig pourrait être au Danemark tandis que son frère jumeau nordique, le Holstein, serait un Etat allemand. Vaste ambition... Après l'inauguration du boulevard Malesherbes, l'une des fiertés d'Haussmann alignant déjà des immeubles qui supposent des fortunes assises sur le flair, la spéculation mais aussi l'hygiène et le confort, Napoléon III prépare d'autres réceptions, cette fois à Compiègne. L'Impératrice, dans le tourbillon impérial et de plus en plus passionnée par les visions politiques planétaires de son mari, reste, aussi, une mère, plus sévère que le père. Lorsqu'un matin, le petit prince, espiègle, solide, observateur, arrive devant les appartements de l'Impératrice pour l'embrasser et lui dire bonjour, il frappe.

– Qui est là ? demande Eugénie, achevant de se préparer, aidée par sa vestale ibérique, la célèbre Pepa.

– C'est monseigneur, répond la petite voix.

– Je ne connais pas de monseigneur...

On refrappe. Même question, même réponse. A haute voix, comme si Pepa était à l'autre bout de la pièce, Eugénie lance :

– Pepa, va chercher le grenadier de garde pour emmener celui qui frappe ainsi. Il n'y a pas de monseigneur, il n'y a que Louis qui puisse entrer chez moi.

La leçon est comprise. La petite voix, moins assurée, répond :

– C'est Loulou !

Il n'a pas recommencé. Dans un mélange de prétention et de goût de la farce, l'enfant a de qui tenir du côté de sa mère. Un jour, elle a voulu faire une plaisanterie, déplacée, qui s'est achevée en honte. Ayant parié qu'elle troublerait un des factionnaires de garde par quelque provocation, le colonel Verly, commandant de ce détachement connu pour son impassibilité pendant le service, avait répliqué : « Madame, je réponds de mes hommes ! » Vraiment ? Eugénie commence à lui adresser de graves reproches – tous sans aucun motif ! – et comme il ne bouge pas, elle a ce geste, épouvantable et scandaleux, de le gifler ! Il ne bouge toujours pas et l'Impératrice, soudain confuse et horrifiée de son écart, lui fait remettre une bourse contenant cinq cents francs. Une somme énorme pour une faute encore plus lourde. Et elle explique qu'il s'agissait d'un jeu, d'un défi, d'une plaisanterie, bref une explication lamentable.

Le soldat réagit parfaitement, refusant le salaire de la stupidité. Il ajoute, gentilhomme, que le contact d'une main aussi gracieuse l'a déjà récompensé !

Eugénie, elle non plus, n'a pas recommencé...

Le roi de Prusse arrive à Compiègne le 6 octobre, pour deux jours, ayant expressément demandé à être accueilli sans solennité. En effet, le soir même, il y a une curée aux flambeaux et, le lendemain, une chasse à tir avec l'Empereur, un déjeuner officiel et, l'après-midi, une excursion à Pierrefonds où l'on achève de couvrir le toit du donjon. En toute simplicité, la visite s'achève par une collation servie en musique. Le soir, toujours simplement, la Comédie-Française interprète *Le Jeu de l'amour et du hasard* et, le lendemain, Sa Majesté le roi de Prusse a droit à une parade et à une revue des troupes. Deux jours sans chichis !

Mais pas sans drame de rupture... En effet, la comtesse Walewska a tenté de reprendre l'Empereur. L'opération se présente mal, Eugénie ayant fait savoir que la blonde Polonaise n'était pas invitée à chasser son mari. Viel-Castel observe, faussement désolé : « Walewski est fort ébranlé ; le crédit de sa femme est anéanti, elle a passé au rang des sultanes réformées » ! Il s'est, en effet, produit un incident pendant la visite de Pierrefonds à laquelle elle a porté un grand intérêt, aussi soudain qu'inattendu, sachant combien ce chantier tient au cœur de Napoléon III, de plus en plus versé dans les recherches historiques.

Il était avisé – du moins le croyait-elle – de poser des questions pertinentes sur le travail, d'ailleurs extraordinaire, de Viollet-le-Duc. L'architecte, qui installera d'amusants chats de pierre sur les toits, vient de faire poser une gargouille en forme de lézard sur le donjon. Devant la douzaine de personnes qui sont autour d'elle, la comtesse demande ce que c'est.

– C'est une gargouille...
– Qu'est-ce qu'une gargouille?
– C'est un conduit pour rejeter les eaux du toit.
– C'est très bien exécuté. Mais tant de sculptures... Il doit coûter bien cher.

Alors, le maréchal Vaillant, d'une belle voix forte, réplique :
– J'en connais de plus chers!

La comtesse devient comme le rideau, cramoisie. Un silence gêné accompagne le groupe, presque aussi pétrifié que la gargouille. Plus tard, quelqu'un se permet de dire au maréchal qu'il a été un peu vif... Le ministre de la Maison de l'Empereur rétorque :
– Vous ignorez que ce *traînage* nous coûte quatre millions de francs!

L'estimation est un peu élevée mais il est vrai que la comtesse – et surtout son mari – ont coûté des fortunes. De toute manière, cette grossière révélation n'avait qu'un sens : la disgrâce. Marie-Anne a compris et, intelligemment, elle ne se plaindra pas. Elle avait fait son temps. Ses amies observeront seulement, avec l'exquise bonté des rivales qui n'avaient pas su plaire, que lorsqu'elle apparut vêtue d'une étrange robe en forme d'énorme rose « sa figure ne cache plus les épines qu'elle porte en elle ». Une gracieuse épitaphe [1].

Un roi part, un autre arrive. Compiègne a reçu un Guillaume, Compiègne en reçoit un autre, le souverain de Hollande. Guillaume III a droit, lui, à une réception très officielle mais la différence de programme avec la visite du Prussien est, à première vue, imperceptible. Installé le 12 octobre, il est à Pierrefonds le lendemain, toujours attendu par une collation en musique. Le soir, les Comédiens Français persistent dans le délicieux registre de Musset avec *Les Caprices de Marianne*. Le lendemain, la chasse à courre est agrémentée d'une participation symbolique mais exceptionnelle; pour la première fois, le prince héritier, seulement âgé de cinq ans et demi, a l'autorisation de recevoir le *bouton* : le voici en habit de drap vert à basques relevées sur les cuisses, culotte blanche, bottes souples. Il est coiffé du fameux *lampion*, agité de plumes de

---

1. A sa mort, en 1868, Walewski avait tout dépensé; il était ruiné. A sa veuve, le gouvernement impérial servira une pension de vingt mille francs. Sous la Troisième République, le Président Jules Grévy la réduira à quinze mille... Il voulait un régime honnête. Il aura du mal : son gendre, Wilson, attiré par un trafic juteux, vendra des Légions d'honneur, un retentissant scandale républicain. Pour changer!

cygne et, ainsi harnaché, le petit garçon a l'air d'un page de l'époque Louis XV. Toutefois, Eugénie et son mari trouvent qu'il est encore bien jeune pour suivre la chasse et il doit se contenter de l'hallali. Après la curée aux flambeaux, le lendemain, Napoléon III et Guillaume III partent pour Versailles, via Paris. L'Impératrice reste à Compiègne, essayant de trouver quelques instants de repos. L'Empereur revient seul, le 16, fort soucieux. Il a reçu d'inquiétantes nouvelles de l'étranger, une dépêche concernant un pays dont on va beaucoup parler, le Mexique... Le 19 au matin, le roi de Hollande revient, pour faire ses adieux et pour déjeuner; il reprend le train spécial l'après-midi.

Avec de tels va-et-vient, l'*hôtel de Compiègne*, comme on dit, est parfaitement rodé, du service des voitures à celui du linge, de l'approvisionnement au chauffage; la qualité des séjours, nettement améliorée, a provoqué bien des compétitions. Le chef de gare et ces messieurs de la Compagnie du Nord jonglent avec les horaires, la composition des rames, la sécurité, le protocole. L'Impératrice a veillé à ce que les invités disposent du dernier confort. Ainsi, c'est sans doute à Compiègne qu'on voit, systématiquement prévu dans une résidence officielle, l'accrochage d'un bulletin le soir à la poignée de porte d'une chambre. L'hôte est prié de le remplir avant de se coucher. Sur ce carton à en-tête de la *Maison de l'Empereur*, on confie au *Service de la Bouche* ses desiderata concernant « son déjeuner du matin, pendant son séjour au Palais ». On a ainsi le choix entre café, thé, chocolat, consommé, œufs à la coque, viande froide et fruits. En face, une colonne encadrée indique les « heures du service ». Il est cocasse de remarquer que les deux dernières lignes, proposent « Déjeuner de Leurs Majestés » et « Dîner de Leurs Majestés » (après la ligne consacrée aux fruits!), c'est-à-dire qu'on choisit ou non de paraître aux agapes impériales. En option... Et on remet le précieux carton au *contrôle*.

Eugénie et son mari ne cessent de simplifier la vie de leurs hôtes à l'intérieur du palais alors qu'à l'extérieur, les activités se développent. Napoléon III se passionne pour l'archéologie; le passé gallo-romain et gaulois de la France lui est précieux et il songe déjà à consacrer un vaste musée aux *Antiquités nationales*; il choisira le château de Saint-Germain-en-Laye et priera Mérimée de l'accompagner en Côte d'Or, à Alise

Sainte-Reine, sur le site supposé de la bataille d'Alésia. Un
hommage à Vercingétorix, âme des tribus gauloises unifiées,
sera prévu sous forme d'une gigantesque statue de bronze
dominant le relief bourguignon. Napoléon III ne s'en
contente pas, il prépare une *Histoire de César*, largement due à
la collaboration de Mérimée, qui se plaint d'être obligé de
fournir à l'Empereur de « grandes tartines archéologiques ».

Le 27 octobre, le château de Compiègne sert de cadre à une
cérémonie rare et qui ne s'était pas déroulée depuis la Fronde
et la jeunesse de Louis XIV, la remise du chapeau de cardinal
à un évêque. En accord avec l'Empereur, Pie IX élève le prélat
de Chambéry, Mgr Billiet, à la dignité cardinalice, témoin de
relations toujours maintenues entre la France et la papauté
restreinte, en même temps qu'une attention pour la Savoie
française.

Quatre jours plus tard, à Londres, si l'on évoque, discrètement, l'état de santé inquiétant du prince consort, la France,
l'Angleterre et l'Espagne – enfin revenue sur le devant de la
scène – signent une convention pour l'envoi d'un petit corps
expéditionnaire au Mexique. Bien entendu, les trois Etats
européens s'engagent à « n'exercer dans les affaires intérieures
du Mexique aucune influence de nature à porter atteinte au
droit de la nation mexicaine à choisir et à constituer librement
son gouvernement ». Mais alors, pourquoi y envoyer des
troupes ? Et pourquoi se mêler d'affaires aussi lointaines ?
Quel intérêt pour Napoléon III ? Et comment l'Espagne, affaiblie de spasmes révolutionnaires chroniques, peut-elle se lancer dans une telle aventure ?

Mérimée aurait pu le dire : le Mexique est un « guêpier ».
Un engrenage infernal se met en marche ; il coûtera fort cher à
l'Empire, à la France. Et à Eugénie...

Les chimères du Mexique

Depuis 1821, le Mexique n'était plus une colonie espagnole
mais sombrait dans l'anarchie. En 1848, il avait dû céder aux
Etats-Unis les trois cinquièmes de son territoire, soit le Texas,
la Californie et le Nouveau-Mexique, une terrible défaite et
un abandon dont n'était issue aucune idée d'unité nationale.

La République est aux mains de dictateurs, le pouvoir réel disputé par les conservateurs, catholiques, alliés aux grands propriétaires créoles d'une part, les démocrates, anticléricaux, libéraux, soutenus par les Indiens et les métis, d'autre part. Dans ce climat de guerre civile, qui rappelle les affrontements espagnols, le parti libéral a conduit à la présidence de la République un avocat d'origine indienne, Benito Juarez. Opposé à la religion, Juarez maintient la séparation de l'Eglise et de l'Etat et annonce la sécularisation des biens du clergé. Ces décisions mécontentent d'abord le chargé d'affaires de France à Mexico, puis les Français établis au Mexique et, enfin, une partie de l'opinion en France, déjà sensibilisée à ces problèmes confessionnels par les menaces contre le pape et la suspension de la *Question romaine*. Toutefois, le Mexique est bien loin et l'émotion seule ne saurait suffire à expliquer la catastrophe qui va suivre. Un enchaînement d'intérêts, d'ambitions folles et des réactions de circonstance vont composer une tragédie aux dimensions transcontinentales. Une première tache sur le rayonnement français et une première intervention malheureuse de l'Impératrice.

En arrivant au pouvoir, Juarez trouve les caisses vides. Il reçoit la visite d'un banquier suisse, nommé Jecker, lequel ne vient pas proposer ses services mais, au contraire, réclamer le paiement de ses créances, car la République mexicaine lui doit des millions; il les avait prêtés au gouvernement précédent à des taux usuraires et, pour ce personnage, l'argent n'est régi que par une loi, celle de la rentabilité. La débâcle financière est telle que Juarez éconduit le banquier et suspend le paiement de la dette intérieure et extérieure; le moratoire n'améliore pas la réputation du Mexique en Europe et les milieux d'affaires, inquiets, incitent les gouvernements anglais, espagnol et français à protester et à s'organiser pour éviter la ruine, d'où l'accord que ces trois pays viennent de signer à Londres.

Un corps expéditionnaire est donc envoyé de l'autre côté de l'Atlantique et, le 14 décembre, neuf mille hommes, dont trois mille Français, débarquent dans le port de Veracruz, bloquant les installations maritimes et les douanes; les commerçants français reprennent espoir.

D'autres motivations se révèlent; elles ont été souterraines mais décisives. Le financier Jecker s'était rendu à Paris pour rencontrer l'un des rares hommes capables, selon lui, d'avoir une idée et des moyens pour obliger le Mexique à honorer ses engagements. L'homme providentiel n'est autre que Morny, prêt à toutes les aventures fructueuses. Le Suisse l'attire en lui proposant trente pour cent (!) des rentrées qu'il récupérerait du débiteur. Même si la créance est douteuse, le pourcentage est mirobolant. Le demi-frère de l'Empereur avait donc examiné la question, et avait constaté que les intérêts européens étaient quotidiennement bafoués par un Mexique intolérant, insolvable et qu'on ne pouvait se résigner à cette situation. Prestement, Morny est *dans l'affaire*, une de plus puisqu'il vient de créer une station à l'avenir prestigieux, Deauville.

Le duc parle du Mexique à son demi-frère.

Le Mexique ? Napoléon III était plus qu'intéressé mais pour des motifs bien antérieurs aux dettes mexicaines et aux atteintes à la liberté religieuse. En effet, dès 1845, alors prisonnier au fort de Ham, Louis Napoléon avait, entre autres desseins fumeux mais généreux, réfléchi à un projet de canal... qui unirait, en Amérique centrale, l'Atlantique au Pacifique ! Un canal interocéanique, comme le sera celui de Panama... On reste stupéfait devant l'éclectisme de Louis Napoléon, très en avance sur des espoirs où l'industrie et la mécanique devaient unir les hommes et donc assurer leur bonheur. Napoléon III, souverain de fer, est resté un rêveur de la Science, un utopiste obstiné qui a souvent raison. Détail encore plus surprenant : le gouvernement d'un petit Etat d'Amérique centrale indépendant, lui aussi, depuis 1821, et aux prises avec l'horreur de la guerre civile, le Nicaragua, lui avait commandé, par divers intermédiaires, une étude sur l'idée du canal et ce projet, le détenu de Ham l'a exposé dans une brochure publiée à Londres. Ainsi, des horizons de Picardie, un peu réduits par sa captivité, Louis Napoléon a tracé son ambitieux plan de communication d'un océan à l'autre, à des milliers de kilomètres, assurant que cet axe « sera pour le monde un mariage mystique entre l'Est et l'Ouest ».

Ces rapprochements entre des civilisations que tout sépare, à commencer par de longues distances, sont, chez lui, une préoccupation constante ; le soutien à Ferdinand de Lesseps et à l'aventure de Suez en est une autre démonstration. Devenu empereur, il n'a cessé de prêter attention à ce qui se passe en Amérique centrale, en cachant bien son jeu puisqu'on le croyait essentiellement soucieux de la Crimée, de l'Italie, de la Syrie et de la Chine, ce qui constituait déjà un programme risqué d'interventions dans le monde, même en partageant les opérations, comme ce fut le cas avec l'Angleterre. Seules quelques personnes savent l'intérêt du souverain pour ces contrées américaines d'accès difficile, de terrains volcaniques, de jungles hostiles infestées d'animaux dangereux, dont des milliards de moustiques ne sont pas les moins agressifs. Napoléon III s'est même entremis pour faire obtenir à un Français des concessions importantes au Nicaragua et il y parviendra grâce à de fraternelles relations. Un ambassadeur anglais, lors d'une soirée aux Tuileries, en 1857, avait eu la surprise d'entendre l'Empereur lui parler longuement du Mexique, on ne savait pourquoi, mais en connaisseur de ce qu'il fallait savoir de ce pays. Etait-ce une lubie? Un exercice de style pour impressionner le diplomate? Pour l'égarer? C'était, en réalité, un aveu. On ne lit jamais assez les écrits des condamnés politiques arrivant plus tard au pouvoir. Si on avait davantage lu cette brochure, on aurait appris que Louis Napoléon voyait dans l'Amérique centrale un futur rendez-vous du commerce mondial, où pourrait s'établir « une nouvelle Constantinople » entre l'Amérique du Nord et celle du Sud. Le politicien-conspirateur emprisonné avait encore écrit : « Un Etat florissant et considérable se développerait qui rétablirait l'équilibre du pouvoir en créant dans l'Amérique espagnole un nouveau centre d'activité industrielle assez puissant pour faire naître un grand sentiment de nationalité et pour empêcher, en soutenant le Mexique, de nouveaux empiétements du côté du Nord. »

Rédigée bien avant 1850, cette pensée est à la fois irréaliste et futuriste car, si elle ne tient pas compte des conséquences de la décolonisation en Amérique latine, elle annonce la confrontation qui, quelque cent trente ans plus tard, constituera le *dialogue Nord-Sud.* Le futur empereur envisageait donc de mieux partager les richesses peu ou mal exploitées et de soutenir un Etat de tradition européenne face aux Etats-Unis. Par un extraordinaire jeu de dominos, cette réflexion trouve, en 1861, l'occasion pour Napoléon III d'être mise en pratique. C'est son ressort personnel. Il ne l'a pas encore actionné. Au Foreign Office, Lord Palmerston flaire quelque besoin d'activité étrangère de la part de l'Empereur – il ne peut pas s'en empêcher – mais ne se doute pas un instant que ses regards voilés vont vers l'Atlantique et bien au-delà. Au contraire, à Londres, on redoute des Français une occupation de la rive gauche du Rhin après avoir fomenté une insurrection en Pologne qui immobiliserait la Russie du côté de la Vistule.

On se trompe! Bien entendu, on est inquiet de la guerre de Sécession mais dans un souci commercial, car les filatures anglaises ont un grand besoin du coton sudiste; aussi, au début des hostilités américaines, le gouvernement britannique est très favorable aux Confédérés, nullement pour défendre l'esclavage mais pour permettre d'approvisionner les industries du Lancashire.

C'est à ce moment qu'un autre élément vient compliquer ce puzzle secret, l'attitude de l'Impératrice. En 1857, lors d'un séjour à Biarritz, Eugénie avait rencontré, par hasard en se rendant à une corrida, un certain don José Hidalgo, un Mexicain qui venait d'être nommé attaché d'ambassade à Paris. Elle l'avait connu, autrefois, à Madrid. Quelle surprise! Et quel plaisir de parler espagnol autrement qu'avec Pepa, la camériste ébauchée par le crayon noir de Goya! Eugénie avait scandalisé sa dame d'honneur et son cocher en faisant monter dans sa voiture celui qui, pour eux, n'était qu'un inconnu... Eugénie fut vite conquise par les propos d'Hidalgo. Il parlait d'une restauration monarchique au Mexique où tout allait si mal. Et elle voyait la possibilité d'y renforcer le catholicisme combattu, voire éliminé, par divers courants de pensée, dont le protestantisme des Etats-Unis. Rappelons que, à cette époque, d'une part Eugénie n'a pas encore exercé la régence et que, d'autre part, la France venait de reconnaître le gouvernement mexicain dirigé par un général.

En pleine ignorance des réalités franco-mexicaines, la nature impulsive d'Eugénie lui avait commandé d'inviter le diplomate pour une promenade en mer le lendemain, à bord du yacht impérial. Napoléon III serait présent. Il avait écouté le visiteur, sans grande attention car l'affaire italienne requérait toute sa concentration. Puis, en 1858, Hidalgo avait été invité à Compiègne. L'Empereur lui avait demandé des nouvelles de son pays; elles étaient alarmantes, l'anar-

chie gouvernait. Le diplomate avait déclaré : « Si Votre
Majesté ne lui vient pas en aide, le Mexique est perdu... »
L'entretien s'était poursuivi dans une embrasure de fenêtre ;
il était clair que Napoléon III n'avait rien oublié du problème mais qu'il ne promettait rien non plus. L'Italie,
l'urgence était en Italie. Eugénie avait remarqué, satisfaite,
l'aparté des deux hommes ; il avait eu lieu dès le premier
soir. Puis, Juarez, après trois ans de lutte sans pitié, avait
triomphé des conservateurs. Hidalgo, révoqué de l'ambassade, était devenu un exilé qui essayait de créer un parti
d'opposition, agissant à l'étranger, surtout en France. Car en
France, le Mexicain avait une alliée, une seule, mais dont
l'appui pouvait être considérable, Eugénie...

L'Impératrice commença à exposer à son mari l'idée d'une
restauration soutenue par la France. Une idée fixe. Elle en
était coutumière, Napoléon III lui ayant un jour répliqué, en
riant, pour se moquer de son obstination : « *Ugénie*... Ce
n'est pas toi qui as une idée ! C'est une idée qui t'a ! »

Il est possible que, sans d'autres apports extérieurs,
l'enthousiasme de l'Impératrice se fût heurté à une simple
sympathie de la part de l'Empereur et qu'Eugénie eût continué d'entretenir une fébrilité discrète mais sans conséquence
en faveur du Mexique. Or, dans toute tragédie, l'enchaînement de faits épars tisse le fil rouge conduisant à la fatalité.
On se souvient que l'Impératrice s'était résignée à la guerre
contre l'Autriche. Et que l'arrivée de la princesse de Metternich avait renforcé, peu à peu, le sentiment de la souveraine
en faveur des Habsbourg. Prise au jeu diplomatique qu'elle
venait de goûter, Eugénie avait parlé des projets mexicains,
fort vagues, d'ailleurs, à sa chère Pauline, ce qui était
imprudent. Et l'on avait noté que les deux femmes se ren-
contraient pour évoquer ces affaires. Secrètement, selon
Eugénie, alors qu'on la remarquait « voilée et dissimulée sous
un grand manteau noir », le contraire de la discrétion qu'elle
observait chaque matin en visitant ses œuvres. Il convient de
dire, ici, que l'Empereur la laissait se donner l'illusion d'une
activité diplomatique pour qu'elle songe moins à ses infortunes ; ainsi, Napoléon III était-il plus libre de se « distraire »
entre deux dossiers sérieux. Les affaires étrangères diluaient
les tortures de la jalousie.

Hidalgo avait poursuivi ses intrigues, faisant croire à
l'Impératrice que le Mexique accueillerait dans la joie un

monarque appuyé par les Français; et l'idée, folle dans cette folie, de proposer la candidature de l'archiduc Maximilien d'Autriche, frère de François-Joseph, était née chez l'Impératrice. Pourquoi lui? Parce qu'il était vice-roi du nord de l'Italie avant que Napoléon III n'entreprenne sa guerre en Lombardie. Maximilien n'a plus d'avenir, le Mexique serait une compensation.

En l'apprenant, l'ambassadeur Metternich, qui pourtant admirait Eugénie, avait tenté de la raisonner. Il refusait de s'associer à cette entreprise. Il avait fallu que Juarez dénonçât les créances et les «conventions étrangères» chargées d'indemniser les spoliés pour que l'Angleterre, l'Espagne et la France se décident à intervenir. L'opération devait être limitée, Napoléon III n'envoyait qu'une escadre mais pas de troupes de débarquement. Ensuite, on verrait bien... Restait en suspens la question de l'homme pouvant monter sur le trône mexicain.

La discussion avait animé le séjour de Biarritz, bavardages surréalistes puisque la flotte des trois Etats n'était même pas en vue de Veracruz. Ayant œuvré depuis des mois pour provoquer le réveil de leurs gouvernements, Eugénie posait la question sur un mode presque interrogatif : «L'archiduc Maximilien n'accepterait pas... » «Non... » répondait Hidalgo en espérant le contraire. Napoléon III se disait du même avis. Eugénie était silencieuse. Soudain, elle déclarait : «Un pressentiment me dit qu'il accepterait.» C'est, dans cette aventure, l'une des rares opinions sensées exprimées par la souveraine. Elle avait son candidat! Maintenant, elle en était sûre. Alors, l'Impératrice avait assiégé Walewski, en disgrâce – sa femme allait bientôt l'être – pour qu'il s'adresse, lui l'ancien ministre des Affaires étrangères, à l'ambassadeur d'Autriche, déjà embarrassé de ces conciliabules gênants pour les relations entre les deux pays, apaisées depuis le traité de Zurich. Et, le 16 septembre 1861, le prince recevait une lettre personnelle du comte Walewski, en mal d'intervention : «(...) L'Impératrice s'est occupée à nouveau de l'affaire dont elle vous avait entretenu et une solution lui paraît plus que jamais désirable... On serait tout disposé ici à soutenir, moralement bien entendu, la candidature de l'archiduc Maximilien si cela convenait à Vienne... On serait même prêt à l'initiative au moment opportun avec l'Angleterre, l'Espagne et autres... » Un courrier pressant. L'ambassadeur d'Autriche, dont la voyante épouse est déjà au cœur de l'intrigue, est surpris de cette manière d'agir; on insiste auprès de lui, en marge du ministère. Qu'en pense-t-on à Vienne? Le même délire y sévit puisque le ministre s'est rendu au château de Miramare, près de Trieste, où réside l'archiduc Maximilien. François-Joseph demande son sentiment à son frère; il accepte de régner sur le Mexique... Et sa femme Charlotte, princesse de Belgique, ambitieuse, ne voit aucun inconvénient à ceindre une couronne d'impératrice... A Compiègne, le 19 octobre, c'est-à-dire le jour de départ de Guillaume III de Hollande, le ministre Thouvenel et le diplomate exilé Hidalgo s'entretenaient avec l'Empereur pour lui confirmer l'acceptation de Maximilien.

Cette fois, l'affaire mexicaine se présentait mieux. Partie de l'idée d'obtenir réparation de dommages financiers causés à quelques commerçants, la question s'était transformée en dossier international, au rythme d'un feuilleton. Le cheminement était complexe mais Napoléon III, l'homme du secret par excellence, s'y retrouvait fort bien. Et contrairement à ce qu'il semblait, le Mexique était aussi un pion dans la stratégie européenne du monarque recevant à Compiègne. Il y avait, en Maximilien d'Autriche, un prince qui appartenait à une illustre Maison avec laquelle la France, il y a moins de deux ans, était en guerre. Il était donc de « bon goût » de lui proposer le trône mexicain. Ensuite, ce geste, approuvé par le petit comité des Mexicains réfugiés en France, permettrait à Napoléon III de faire pression sur Vienne pour que François-Joseph cède enfin la Vénétie à l'Italie. Un immense échange s'annonçait, Mexico contre Venise! Et un agent diplomatique italien, Vimercati, connaissant bien le raisonnement de Napoléon III et certain qu'il n'avait pas renoncé à la fin de l'unification italienne, venait d'informer le gouvernement de Turin; le fonctionnaire analysait remarquablement l'incroyable échafaudage intellectuel de Napoléon III. Achever la métamorphose européenne en s'appuyant sur l'Amérique latine relevait des raffinements de la diplomatie florentine au temps des Médicis! Toutefois, le moment d'agir restait délicat et l'Empereur n'en était pas maître.

Il fallait que les Etats-Unis, dont la prospérité et l'expansion territoriale déplaisaient à Napoléon III, ne puissent s'opposer à l'intervention européenne. Il fallait que le gouvernement de Washington fût gêné dans son existence et ses moyens. Il fallait profiter de la paralysie provoquée par la guerre entre le Nord et le Sud. Jamais l'aventure mexicaine n'aurait dépassé le niveau d'une idée bizarre s'il n'y avait eu la guerre de Sécession. Le représentant français à Mexico l'a précisé à Napoléon III : une expédition serait facile en ce moment, d'autant plus que les Nordistes subissent des revers. Et si les appétits financiers de Morny étaient favorables à l'opération, si l'Impératrice était enflammée par l'idée d'une monarchie catholique face au bloc protestant libre penseur, sans omettre le plaisir de voir jouer, enfin, un rôle par l'Espagne de sa naissance, ces deux facteurs étaient certes importants et constituaient des arguments supplémentaires mais relativement secondaires. Ils avaient entretenu un climat de plus en plus attentif autour des exilés mexicains chaleureusement accueillis aux Tuileries ; mais l'Empereur, en regroupant ces données hétérogènes, avait étayé lui-même sa conviction : il fallait intervenir au Mexique. Et le 14 décembre 1861 se déroule la démonstration navale dans le port de Veracruz.

Contrairement à ce qu'avaient assuré la cohorte mexicaine et quelques intermédiaires qui poussent à tous les conflits pour organiser leurs trafics, les habitants ne manifestent aucun enthousiasme pour leurs soi-disant libérateurs. Que viennent donc faire ces Français, ces Anglais et ces Espagnols, anciens colonisateurs dont on s'est débarrassé il y a quarante ans ? Le gouvernement de Juarez ne s'incline pas, il n'a pas peur et il ne paiera pas les sommes demandées. Avant Noël, on peut se demander si l'affaire sera aussi facile qu'annoncé. Ce projet singulier, c'est le moins qu'on puisse dire, concrétise une vision politique de Napoléon III ; c'est l'un de ses rêves. Mais c'est également un souhait de l'Impératrice : elle veut « planter l'étendard de la foi dans un Mexique fidèle. » Les chimères des uns et des autres se joignent dans une invraisemblable aberration. En marge d'objectifs respectables, des buts moins avouables faussent l'examen rationnel d'une situation complexe. L'une des plus insensées combinaisons d'intrigues de l'Histoire est en marche. A Paris, il fait si froid que l'on patine sur le lac du bois de Boulogne. Le petit prince tombe tout le temps mais

sans se faire mal. « C'est plutôt drôle », note l'Impératrice, le
8 janvier 1862. A Veracruz, la fièvre jaune frappe les premiers soldats de l'expédition.

C'est *plutôt* inquiétant [1].

Devant une situation qui n'est pas du tout celle qui avait
été décrite, les Espagnols se hâtent de chercher un compromis. Le général Prim, envoyé par Madrid et dont la femme
est mexicaine, signe une convention avec Juarez. Le Président se dit prêt à désintéresser financièrement les trois
puissances à condition qu'elles retirent leurs troupes. Dès la
fin février, Anglais et Espagnols ont réalisé que l'aventure
serait un piège si elle se poursuivait. Entre les conditions
sanitaires déplorables et le faible appui des opposants à Juarez, toute pénétration à l'intérieur du pays serait trop risquée. Leurs soldats rembarquent.

Napoléon III ne l'entend pas ainsi, il poursuit son idée sans
tenir compte des réalités. L'Empereur s'investit dans une mission à la fois économique et idéologique afin que l'Europe,
notamment la France et l'Espagne, aient à leur tour des
débouchés et retrouvent leur influence dans cette zone qui
comprend, entre autres, les Antilles. Rouher aura beau présenter le raisonnement comme « la grande pensée du règne »,
le but demeure flou, incompréhensible et trop lointain à tous
points de vue. Rapidement, l'opinion française ne voit que la
brutalité d'une guerre très difficile, pour tout dire impopulaire. En avril, pourtant, Napoléon III persiste, désavoue
l'amiral qui commandait l'expédition et envoie, début mai,
des renforts, six mille hommes. Eugénie et quelques conseillers sont certains que c'est la bonne solution. Objectif :
Mexico... Or, après que les Anglais et les Espagnols ont rem-
barqué, les Français sont donc seuls. Ils vont subir échec sur
échec. Mille deux cents partisans de Juarez les arrêtent, réfugiés dans des maisons aux murs épais et protégés par un
couvent aux allures de forteresse. C'est la ville de Puebla,
« Puebla l'arrogante » ; elle résiste quatre-vingt-trois jours et
oblige les Français à battre en retraite.

---

1. Sur l'affaire mexicaine, voir *Maximilien Empereur du Mexique*, de Bertita Harding,
Payot, 1935, traduction française de Maurice Soulié, *Maximilien et Charlotte, la tragédie
de l'ambition*, d'André Castelot, Perrin, 1978, et *L'Impératrice des adieux*, de Michel de
Grèce, Perrin, 1998. En espagnol : *Maximiliano y Carlota en Mexico*, de José C. Valdès,
Diana, Mexico, 1976, réimpression 1977.

Un fâcheux contretemps au moment où les journaux de Paris, mal informés, allaient annoncer la prise de Mexico... L'Empereur, nullement découragé, décide que la conquête de tout le Mexique est indispensable. Vingt-trois mille hommes sont envoyés, il y a maintenant trente mille Français engagés, sans aucun soutien local des modérés ni même des plus fermes opposants à Juarez. A Paris, Napoléon III reçoit le nouvel ambassadeur de Prusse et lui propose une alliance diplomatique qu'il définit comme « une habitude de confiance réciproque ». Le plénipotentiaire n'est autre que Bismarck. En juillet, un agent américain, Slidell, envoyé par le gouvernement des Confédérés, les Sudistes, obtient une audience de l'Empereur, il souhaite des navires français pour aider les Etats séparés de l'Union. Napoléon III l'écoute, soucieux, puis réserve sa réponse.

Au début de l'automne, le souverain, revenu de Biarritz, veut remplacer Thouvenel au ministère des Affaires étrangères. Morny insiste pour le rappel de Drouyn de Lhuys au Quai d'Orsay. Eugénie, qui avoue à sa mère : « Je retombe dans les idées noires », s'oppose à ce retour en grâce. Sans succès, et elle en est affectée. Au début de 1863, se produit un événement qui aurait pu arrêter l'aventure mexicaine, sans gloire mais sans dommages irréparables pour l'avenir. En effet, devant la poursuite des hostilités dans la guerre de Sécession, Napoléon III propose son arbitrage à Washington. La réponse du Congrès est cinglante : « Toute proposition d'une puissance étrangère pour une médiation ou toute forme d'intervention sera regardée comme un acte hostile. » Embarrassé, le souverain n'ose plus se manifester et Slidell, l'agent sudiste, se plaint « de la duplicité de la politique de l'Empereur ». L'ambiguïté est en échec mais il y a plus grave : les Etats-Unis risqueraient, dit-on, de se mêler de la campagne du Mexique.

Une dépêche arrive à Saint-Cloud : le 30 avril, une compagnie de la Légion étrangère, soixante-quatre hommes, commandés par le capitaine Danjou, protège, par un courage héroïque, la marche des convois vers Puebla. Les légionnaires, remarquables combattants de cette unité unique au monde qu'avait créée Louis-Philippe, résistent pendant neuf heures à l'assaut de deux mille Mexicains ! A l'issue de cette bataille inhumaine, il ne reste plus que trois légionnaires valides mais les convois ont pu passer. Le village se nomme Camaron ; déformé, son nom deviendra Camerone, le symbole de la résistance et du sacrifice. Danjou l'avait rappelé à ses hommes : « Vous, légionnaires, vous êtes soldats pour mourir. Je vous envoie où l'on meurt. » Le capitaine Danjou est frappé d'une balle en plein cœur et sa main artificielle est ramassée sur le champ de bataille. L'exploit, inoubliable, est magnifique mais trompeur. Est-ce une victoire ? Est-ce une défaite ? C'est un acte glorieux noyé dans une progression coûteuse. Et la capitulation de Mexico, le 26 juin, sans combats, est également une illusion. Certes, les Français sont acclamés mais il faudrait d'urgence convertir le triomphe armé – Puebla enfin tombée – en phase purement politique. Napoléon III donne des instructions pour que des élections au suffrage universel soient organisées et qu'une nouvelle Constitution pose les bases d'un Etat mexicain rénové. Cet appel au vote populaire est encore une illusion, le pays étant habité par une majorité d'illettrés, surtout parmi les Indiens.

L'Empereur aimerait toutefois en finir car, en France, d'autres élections viennent de consacrer le triomphe de l'opposition dans les grandes villes de province. Thiers est élu, il fait sa rentrée politique. Eugénie et Morny sont inquiets ; décidément, l'affaire mexicaine est très impopulaire et son aventurisme est sanctionné. De nombreux Français se posent de plus en plus la question : quel est l'intérêt de l'Empire au Mexique ? Et doit-on faire couler le sang français pour qu'un Habsbourg y règne ? Une caricature montre un zouave lissant sa moustache conquérante. Dans une cuisine, près d'un fourneau, une femme s'active, louche en main. Elle apostrophe le militaire, qui respire le fumet, avec cette légende : « Vous n'êtes qu'un coureur ! Après la Crimée, l'Italie, la Chine, à c't'heure, c'est le Mexique ! »

Une autre illusion apparaît avec la faute du général Forey, ébloui par son entrée dans Mexico. Outrepassant les instructions précises qui lui ont été transmises, il constitue une assemblée de notables – les seuls sachant lire et écrire – qui proclame la monarchie. Un nouvel empire mexicain est créé et sa couronne est effectivement offerte à Maximilien d'Autriche. Forey, trop indépendant, est promu maréchal et rappelé ; c'est Bazaine qui le remplace. Ici encore, l'opération pourrait être arrêtée du côté français, l'Empereur ayant atteint

une partie de son but, celle que l'Impératrice rêvait de voir
réussie. Mais Napoléon III, soucieux de ménager l'Autriche,
assure l'archiduc, hésitant, que les troupes françaises demeu-
reront au Mexique le temps d'affermir son pouvoir. C'est là,
en effet, que le nouveau risque apparaît : le trône mexicain est
déjà fragile. Le frère de François-Joseph hésite près d'un an,
cette irrésolution n'étant guère flatteuse pour les Mexicains.
Finalement, cet homme dépourvu de sens pratique cède à
l'ambition de sa femme. Charlotte, fille du roi des Belges, est
beaucoup plus intéressée que son mari. Etre impératrice lui
permettrait aussi de prendre une revanche sur sa belle-sœur,
Sissi. Remarquons que Sissi, entre deux voyages frénétiques
pour tenter d'échapper à ses prisons dorées – et à sa belle-
mère, qui est aussi sa tante – est l'une des rares personnes de
ce rang qui ait pressenti une catastrophe. Connaissant la prétention de Charlotte, elle la supplie de refuser le trône mexicain, une folie... Souvent, d'ailleurs, elle sent venir les
événements, toujours des mauvaises nouvelles. Elle met en
garde, on ne l'écoute pas et on la traite d'hystérique.

Les illusions continuent avec l'arrivée du couple souverain.
Derrière les fastes de l'accueil à Mexico, les difficultés sont
accablantes, à commencer par l'incapacité, prévisible, des
Français à lutter contre les guérilleros dans un pays quatre fois
grand comme la France. Maladroit, l'empereur Maximilien
révèle qu'il n'est pas l'homme adéquat. Eugénie est furieuse
d'apprendre qu'il écarte le parti catholique, entre en conflit
avec le clergé, irrite la droite sans plaire à la gauche et se
trouve financièrement démuni. De plus, Bazaine semble
gagné lui aussi par une fièvre impériale : ayant épousé une
aristocrate mexicaine de quinze ans, il complote, conspire et
intrigue contre Maximilien qu'il est censé protéger. Le général
s'imagine empereur à la place du Habsbourg ! Un vent de folie
souffle sur la Cour mexicaine alors que le redressement
économique promis ne vient toujours pas.

Napoléon III est obligé de le constater : en un an, Maximilien a perdu tous ses soutiens. Juarez est réfugié du côté du
Rio Grande, non loin de la frontière américaine. Pendant de
longues heures, l'Empereur réfléchit, consulte, examine, pèse
le pour et le contre, discute avec Eugénie dont l'enthousiasme
initial s'est mué en déceptions amères puis en désolation neu-
rasthénique. Elle a du mal à penser à autre chose qu'à ces

nouvelles révoltantes. Ne dit-on pas que Bazaine, sous la coupe de sa jeune épouse, traite secrètement avec un proche de Juarez d'origine métisse, un ancien avocat devenu général, Porfirio Diaz? Il y a des traîtres partout! A sa mère, l'Impératrice, affligée par la mort à Paris d'une fille de la reine Christine qui ressemblait beaucoup à feu la duchesse d'Albe, écrit : « Tu conçois que mon cœur n'était pas trop à la joie et rien ne semble plus pénible que ce contraste de sortir d'une chambre mortuaire pour entrer dans un salon de bal. Mais plus je vais dans la vie et plus je dis *heureux* ceux qui s'en vont. (...) »

Ces propos sont tenus lors de la visite à Paris du mari de la reine Isabelle II, le roi François. Eugénie a organisé un programme si chargé que lors de l'inventaire final de tous les engagements prévus lors des trois premiers jours, l'ambassadeur d'Espagne, âgé de quatre-vingts ans et déjà épuisé par l'énoncé des festivités, déclare au ministre Drouyn de Lhuys :

– Et le quatrième jour, on enterre l'ambassadeur !

Au Mexique, on porte d'autres espoirs en terre. Désormais, Napoléon III doit se résoudre à admettre la sinistre réalité : c'est bien un *guêpier*, et ce *guêpier mexicain* ruine peu à peu le prestige français, dans tous les sens du terme ; un cadeau incroyable fait à l'opposition. L'Empereur a demandé à Maximilien le remboursement des frais avancés par la France. Mais il n'y a plus un peso à Mexico. Loin d'être apurée, la dette de la France s'est alourdie. Napoléon III analyse les possibilités de s'extraire du piège. L'opinion française, qui ne s'est jamais passionnée pour cette aventure lointaine, en dehors des proches de l'Impératrice, ne ménage plus ses critiques ; elles sapent les efforts et les réussites intérieures. Il n'est donc plus question d'accorder des crédits supplémentaires – le Corps législatif les refuserait – ni d'envoyer d'autres troupes dans ce bourbier politique. De même que la guerre de Sécession avait été, pour Napoléon III, le moment propice pour agir au Mexique, la victoire des Nordistes à Richmond, en avril 1865, représente un péril supplémentaire pour les Français. Les Etats-Unis, reconstitués, invoquent la doctrine de Monrœ : « L'Amérique ne doit plus être une terre de colonisation pour l'Europe. » L'avertissement est solennel, bientôt suivi de menaces, exigeant le rappel des troupes de Bazaine. Par ailleurs, on apprend, à Paris, que Juarez est, depuis quelque temps, soutenu par les Américains ; ils le reconnaissent comme représentant légal d'un pouvoir légal.

Il faut abandonner le Mexique et l'infortuné Maximilien.
Napoléon III oublie sa promesse au début de 1866. Il a
d'autres soucis en tête et on se préoccupe de ses fatigues répétées, de ses cures sans résultat durable, à Vichy. Ajoutons la
mort de Morny, homme clé du régime. Sa disparition inspire
à Alphonse Daudet ce commentaire en forme de présage :
« Celui-là tombé, le monument se trouvait démantelé de toute
son élégance, fendu de quelque longue et irréparable lézarde. »
Et il y a Bismarck. L'ambassadeur, qui s'était rendu populaire
à Paris, est devenu le Chancelier de Prusse. Et de même que
Napoléon III rêvait de l'Unité italienne, le calculateur Bismarck, capable d'une franchise brutale, prépare l'Unité allemande. On ne pourra pas dire qu'il n'a pas prévenu ses
contemporains : « Depuis les traités de Vienne, a-t-il déclaré
devant une délégation ministérielle et parlementaire, nos frontières ne sont pas favorables au développement de notre Etat.
Ce n'est pas par des discours et des votes de majorité que les
grandes questions de notre époque seront résolues comme on
l'a cru en 1848, mais par le fer et par le sang. » On le voit,
l'Empereur des Français et le Chancelier prussien portent le
même jugement négatif sur les idées de 1815. Il faut, pourtant, s'informer davantage. Le tourisme est un excellent prétexte pour se faire une opinion. On l'avait vu à Plombières, on
venait de le voir à Biarritz à l'automne. Sur le bord de la plage,
Napoléon III et le Chancelier avaient eu un entretien seul à
seul. Et le Prussien avait observé combien le Français, si brillant dans l'affaire italienne, était désorienté, trop bavard, pas
assez exigeant. Bismarck quittait la Côte basque plus que
satisfait ; il avait manipulé le rêveur en ayant obtenu la neutralité de la France en cas de guerre prussienne contre l'Autriche,
laquelle éclaterait certainement par une provocation de Bismarck. Napoléon III s'estimait quitte avec l'Autriche, il avait
beaucoup fait pour elle. Le comportement irréaliste de Maximilien avait lourdement compté dans les silences approba-
teurs de l'Empereur. Oui, il faut renoncer au Mexique. La
France a voulu défier l'Amérique et l'échec est cuisant. Catastrophique, « la grande pensée du règne » sombre dans un
déficit de confiance et de prestige que l'on peut chiffrer : six
mille morts, trois cent trente-six millions de dépenses militaires, une armée désorganisée, des Français haïs par les
Mexicains et menacés par une Amérique gonflée d'orgueil, un

pauvre empereur du Mexique dépassé et une impératrice, Charlotte, qui donne des signes de déséquilibre mental mais va tenter l'impossible.

Alors que l'évacuation des troupes françaises est décidée, la malheureuse Charlotte prend le premier bateau à destination de l'Europe en étouffant un cri, pathétique : « Au secours ! » On l'écoutera, on comprendra, elle en est sûre. Ironie du sort, c'est sur le paquebot *Impératrice Eugénie* que Charlotte va traverser l'Atlantique. Dans le port de Veracruz, il battait pavillon français, ce qui était normal. Charlotte, le visage soudain très dur et le regard fixe, exigea qu'on le remplace par le drapeau mexicain. Elle en est toujours la souveraine, elle a refusé d'abdiquer et interdit à son mari d'y songer. Maximilien s'est d'ailleurs indigné lorsque Napoléon III lui a suggéré l'abdication et le Habsbourg a exclu de s'enfuir ; il est resté, ne pouvant compter que sur six mille cinq cents Autrichiens et onze cents Belges envoyés par son beau-père, le roi Léopold.

Après trois semaines de navigation, la voici à Saint-Nazaire, le 8 août. Où est le préfet ? Absent. Où est la garde d'honneur ? Absente. Il n'y a que le maire, prévenu tardivement, entouré de quelques conseillers municipaux gênés. Humiliée de ce manque de considération, elle rédige nerveusement un télégramme pour Napoléon III, exigeant que le maire l'expédie immédiatement. Le contraste entre l'absence d'égards officiels et la chaleur de la population est bizarre. On l'acclame ! Un train la conduit à Nantes. Le préfet – cette fois, il est là – lui remet la réponse de l'Empereur. Ah ! tout de même... La dépêche dit que l'Empereur, rentré souffrant de Vichy, doit garder le lit et ne peut donc l'accueillir. Il pense qu'elle va d'abord se rendre en Belgique, ce qui donnera à Napoléon III le temps de se remettre...

Le Bonaparte essaie de gagner du temps. Elle a compris, elle va forcer ces diversions et, après un nouveau télégramme, prend le train à destination de Paris. Gare Montparnasse. Où est le chambellan ? Absent. Où est le ministre des Affaires étrangères ? Absent. Où est le piquet d'honneur ? Absent. Il n'y a que quelques Mexicains, certains qu'elle connaît. L'ambassadeur du Mexique a retenu un appartement au Grand Hôtel, à côté du chantier du nouvel Opéra. Arrivent enfin le grand chambellan et un général, confus. Ils se sont trompés de gare ! Ils demandent à Charlotte quand elle pourra venir visiter Sa Majesté. La réponse tombe, sèche :

– Demain...

Après une nuit blanche, Charlotte, les yeux hagards, prépare fébrilement des papiers dont un mémorandum de son mari contre Bazaine, qui sera remis à l'Empereur. Il est l'heure. Voici Eugénie, accompagnée de la princesse d'Essling et de deux dames d'honneur. Au sommet de l'escalier, Charlotte les regarde telle une statue de la Justice puis descend quelques marches.

Eugénie, c'est visible, est gênée. Très gênée. Elle n'est venue que pour essayer d'éviter une entrevue pénible entre Charlotte et son mari. On s'embrasse sans chaleur. La conversation débute par des mondanités forcées. Eugénie est tendue, ayant aussi reçu des mauvaises nouvelles d'Espagne où, une fois de plus, un *pronunciamiento* avait tenté de renverser la reine Isabelle et, une fois encore, il avait été écrasé par les unités fidèles. Vite dégagée du piège mexicain, l'Espagne savait-elle vivre autrement que dans la guerre civile ? L'entretien tourne à l'aigre, Charlotte rappelant à Eugénie ses affinités pour le Mexique, son engagement, la parole de l'Empereur, le serment de la France... Si le ton est exalté, elle n'exagère pas sur le fond ; tout est exact mais la situation interne n'est plus celle des succès prometteurs. Et l'opposition républicaine, aux aguets, s'est montrée agressive, efficace. Eugénie louvoie, sans panache. Charlotte insiste, en faisant un détour oratoire : quand pourra-t-elle rendre sa visite à Eugénie ?

– Après-demain...

– Pourrai-je voir l'Empereur ?

Silence, hésitations...

– L'Empereur est encore malade...

C'en est trop pour les nerfs de Charlotte ; elle éclate :

– Je compte bien voir l'Empereur ! Sinon, je ferai irruption !

Elle en est capable, c'est une menace sérieuse. L'Impératrice des Français donne son accord car il lui est impossible de finasser davantage. Pendant vingt-quatre heures, travaillant avec un diplomate mexicain, Charlotte revoit le dossier en détail. Elle pourra répondre à toutes les questions, elle est prête.

Palais de Saint-Cloud, le 11 août. Eugénie a fait envoyer deux voitures au Grand Hôtel. En sortant, Charlotte n'a même pas vu ni entendu les badauds qui la saluaient sur le boulevard. Elle a même été acclamée. Elle est si jeune, si courageuse et si fragile... Au bas de l'escalier, la Cour est réunie. La garde – enfin ! – rend les honneurs. Et le Prince Impérial – il a dix ans – s'avance vers Charlotte, l'aide à descendre de sa voiture et à monter jusqu'au premier étage. Charlotte est pâle. Eugénie la guide rapidement vers le bureau de Napoléon III et tous trois s'enferment. La suite des dames d'honneur, comme pétrifiée, est muette, répandue dans un salon voisin.

Dans cette histoire folle, la scène est certainement l'une des plus pénibles et honteuses vécues par les protagonistes. D'abord, Napoléon III semble épuisé. Malade, il l'est, sans aucun doute. Le pouvoir, les échecs, les banderilles de l'opposition, le désaveu populaire, les femmes trop attachées, les ennuis physiques ont usé l'homme et affaibli le souverain. Son regard est terne. Charlotte parle tout de suite :

– Sire, je suis venue pour vous entretenir d'une affaire qui est la vôtre.

Il écoute, absent, faisant un effort d'attention. Et voici le pire, il pleure ! Napoléon III, l'arbitre des nations, pleure. En silence. Charlotte parle toujours ? Bazaine est un traître, il faut de l'argent, des soldats. Il faut de l'argent ! Abattu, l'Empereur se reprend un peu pour dire qu'il ne peut rien faire. Charlotte ne lâche pas et il faut lui reconnaître cette énergie du désespoir, celle d'une femme en perdition, comme son pays, comme son mari. Elle, l'ambitieuse qui voulait une couronne, l'impératrice imposée par la France, instruit un véritable procès de la lâcheté. Cela dure une heure et demie. Et pendant ces quatre-vingt-dix minutes, le souverain ne recule pas non plus. Pas un mot d'encouragement. Il est ému, effondré mais ne cède sur aucune demande. Eugénie est doublement inquiète. Les suppliques de Charlotte, son ton péremptoire, son irréalisme, en bref sa panique est épouvantable, humiliante mais hélas inutile. Au Conseil, elle a eu tous les éléments sous les yeux et l'évidence triomphe : le Mexique était une chimère où le comportement du couple n'a fait qu'aggraver la situation. Sans doute délicate, l'aventure échoue largement à cause de Maximilien et de Charlotte. En un mot, ils n'ont jamais été acceptés. Pendant cette tempête de réclamations dans le bureau de Saint-Cloud, si Eugénie reste muette, elle ne quitte pas l'Empereur des yeux ; elle aussi est angoissée mais, afin d'être comprise, l'attitude froide de l'Impératrice doit être replacée dans un contexte qui n'est pas uniquement politique. Il n'est guère plus brillant... Rappelons-en les grandes étapes.

Napoléon III souffre physiquement. Depuis environ quatre ans, ses médecins ont préféré Vichy à Plombières, estimant que les eaux ferrugineuses de l'Allier et plus minéralisées que celles des Vosges conviendraient mieux. Le docteur Alquié, responsable du traitement, a recommandé au souverain de boire l'eau des sources de l'Hôpital et des Célestins. Ce choix se révélera désastreux car, fortement alcalines, elles augmenteront le taux d'acide urique et favoriseront la formation de lithiases. Toutefois, les médecins ignorent ce que nous saurons plus tard, c'est-à-dire que l'Empereur souffre de calculs dans la vessie. Cet état n'empêche pas le monarque de continuer ses aventures galantes, Eugénie n'ayant pas, semble-t-il, révisé son manque d'intérêt pour le plaisir ni même une vie conjugale normale. Elle n'a pas quarante ans, il en aura bientôt cinquante-sept et son appétit sexuel est, en apparence, toujours insatiable. Comme pour s'en expliquer, il avait déclaré à la princesse Bacciochi : « D'habitude, l'homme attaque ; moi, je me défends et parfois je capitule... » Parfois ? Napoléon III ne sait pas dire non aux femmes qui aiment, d'abord, l'homme de pouvoir. Ses capitulations, comme il dit, se succèdent. Il est très aimé, trop. Les escapades sexuelles, souvent brèves, ne lui laissent que rarement un souvenir ineffaçable. Eugénie veille, encore un peu par jalousie, davantage par inquiétude.

Ainsi, elle a appris le retour de la Castiglione à Paris. En 1861, donc au début de l'affaire mexicaine, l'insupportable comtesse est arrivée avec son fils et s'est installée dans le quartier de Passy, récemment intégré à Paris, au 51 rue Nicolo. Cette adresse lui était familière car Mocquart, le secrétaire de l'Empereur, y avait loué une garçonnière pour son maître... La Castiglione est voisine du docteur Blanche, célèbre aliéniste, de la famille Delessert et de son photographe, toujours indispensable. Au début de 1863, Eugénie avait appris la liaison de la comtesse avec un banquier, Ignace Bauer, qui n'était autre que le frère de l'aumônier de... l'Impératrice, lui-même un ami d'enfance avec qui elle avait parcouru les Pyrénées. Ce hasard permettait à Eugénie de savoir que la Castiglione n'avait plus aucune chance auprès de Napoléon III. En revanche, elle était dangereuse pour les financiers et venait d'emprunter à Charles Laffitte quatre cent cinquante mille francs, une somme énorme pour l'époque.

Lors d'un bal aux Tuileries où Eugénie l'avait laissé inviter, la comtesse, pour son retour officiel, était apparue en Reine d'Etrurie, une astuce pour essayer de faire croire qu'elle était la véritable libératrice de l'Italie. Ce 9 février 1863, la Castiglione essaie d'être l'attraction du carnaval par ses extravagances. Le déguisement, qui tient lieu d'intelligence à la comtesse, est une composition noire et rouge, nacrée. Sa robe de velours, sans taille, ressemble à une tunique flottante. L'ensemble n'est retenu que par une seule agrafe de pierreries. Ses cheveux blonds sont à peine ramassés par un diadème. Ses bras sont nus et ses jambes visibles car – la princesse de Metternich le note ! – la robe, fendue jusqu'à la taille, autorise des regards indiscrets. Ceux de Mérimée se régalent de ces tenues fendues « des deux côtés de manière à permettre au public d'admirer des jambes et des cuisses fort bien modelées » ! En dépit de ses audaces (« les pieds nus, des bagues aux doigts de pieds », souligne Mme Baroche, scandalisée !), la Castiglione est ridiculisée. Eugénie est soutenue par le couple Metternich et la comtesse Walewska ; les coalitions de femmes contre une autre qui dérange se construisent vite. De plus, elle a une rivale, la splendide Mme Rimski-Korsakov, arrivée de Saint-Pétersbourg avec tant de beauté que Théophile Gautier, subjugué, l'appelle la *Vénus Tartare*. La Russe écrase l'Italienne. La Slave, le couturier Worth, dont on commence à suivre les commandements, l'a vêtue en *Salammbô*. Le roman de Flaubert est très lu et la mode carthaginoise inspire plusieurs coupeurs d'étoffes avec des variantes d'un goût souvent déplorable. La crinoline est très attaquée !

On verra encore la comtesse lors d'une soirée organisée au bénéfice des Allemands catholiques de Paris par la fille du grand maître de la Maison de l'Impératrice. La mode des tableaux vivants, empruntée aux Tuileries et exportée jusqu'à Compiègne, exige que de grands noms montent sur scène, ce qui permet d'augmenter le prix d'entrée. Mode et bienfaisance font bon ménage. Pendant quelques jours, le bruit avait couru que la comtesse apparaîtrait en *Source*, d'après Ingres. La surprise fut totale, selon la *Gazette des étrangers*, lorsqu'on la vit « *en habit de carmélite* dans une grotte sur les murs de laquelle on lisait *Ermitage de Passy* tandis qu'un violoniste

jouait la marche funèbre de Chopin ». C'était son propre
enterrement de mondaine. Copieusement sifflée, la comtesse,
folle de rage, s'enfuit après avoir déchiré sa robe de carmélite
et s'être engouffrée dans une voiture, en hurlant à l'adresse
des gens déçus : « Ils sont infâmes ! » Eugénie n'avait donc
plus besoin de se venger de la Castiglione, le temps s'en était
chargé, elle n'était plus à la mode, qu'elle apparaisse en Reine
de la Nuit ou en paysanne normande... La comtesse était
devenue un porte-manteau, un magasin de costumes. Et
l'Impératrice poussa le plaisir à la faire inviter à l'un de ses
lundis où l'ancienne maîtresse de l'Empereur parut désagréable, sèche et stupide. On le savait ; maintenant, on le
remarquait. Elle voulut revenir un autre lundi, sans invitation ;
elle fut éconduite...

Le nouveau danger féminin qui assaille Napoléon III dans
les années 1864-1865 est d'une toute autre nature. A la fois
plus grave et moins dangereuse. Il s'agit d'une jeune fille de
vingt-cinq ans nommée Julie Lebœuf, arrivée de la campagne
angevine et qui a choisi le pseudonyme de Marguerite Bellanger. Intelligente, d'une morale élastique, elle possède un tempérament volcanique. Elle sera donc la nouvelle maîtresse de
Napoléon III, sans doute la dernière à figurer au chapitre des
liaisons durables. L'Empereur va l'entretenir, l'installant dans
un petit hôtel de Passy – décidément le quartier des rendez-
vous discrets de Napoléon III ! – et vient la voir très régulièrement. Un coupé anonyme stationne alors pendant une heure
ou deux. Quand les affaires de l'Etat – ou de l'Impératrice –
l'empêchent d'aller retrouver sa distraction, la distraction
vient elle-même aux Tuileries. Une petite porte, qui donne
sur le quai, est facile à emprunter, surtout quand la jeune
femme est déguisée en homme, ce qui l'amuse beaucoup !
Marguerite Bellanger n'est pas dangereuse dans la mesure où
elle ne se mêle pas de politique ou de diplomatie. Si elle profite de la situation, de l'argent et des bijoux, elle n'est pas une
émule de *Nana* qui pousse un homme à la ruine et au suicide.
En revanche, sa sensualité torride ne peut qu'attirer et surtout
retenir un homme tel que Napoléon III. Il semble que Marguerite soit tombée enceinte. De son impérial amant, dit-on à
Eugénie, bien que des doutes aient été émis, la belle ayant un
autre amant, plus jeune, bien entendu. Car le monarque a
tout de même trente ans de plus que Mlle Bellanger... Cette

paternité tardive, si elle ne provoque pas l'hostilité jalouse de l'Impératrice, la tourmente pour l'avenir de son fils. Que deviendrait le Prince Impérial face à un enfant naturel? D'horribles cauchemars agitent le sommeil de sa mère. Et, en définitive, les infidélités perpétuelles de son mari exaspèrent moins l'Impératrice que leur écho public. Un enfant, prétendument caché, est un aveu permanent et une proie facile. La souveraine aura du reste le désagrément d'une rencontre dramatique avec Marguerite Bellanger.

Un soir, à Saint-Cloud, elle avait appris que l'Empereur avait été ramené dans un état effrayant au palais. Il revenait d'une villa voisine, habitée par *la* Bellanger. L'endroit, dont un parc aujourd'hui porte encore le nom, sonne comme un programme de débauche pour un vaudevilliste : Montretout! Eugénie se précipite chez son incorrigible époux et, aidée du docteur Corvisart, elle lui baigne la tête d'eau froide, lui fait boire une potion. Corvisart est très inquiet, l'Empereur a eu une syncope. Une crise cardiaque dans les bras de sa maîtresse! Plus qu'un scandale, une honte; on a frôlé la tragédie. Il faut empêcher la créature d'épuiser totalement un homme que la moindre faiblesse transformerait, pour l'opposition, en gibier blessé à mort. Ce serait la curée.

Il faut noter que l'Impératrice, avec une dignité rare, ne lui a fait aucun reproche. Elle l'a soigné. La chance et son intervention ainsi que celle de Corvisart ont évité le pire. Un soir de repentir, Napoléon III lui avait dit qu'il lui revenait toujours avec amour... Le lendemain matin, à la première heure convenable, l'Impératrice demande sa voiture et qu'on prévienne Mocquard. Le brave fonctionnaire en aura vu de toutes les couleurs; homme des confidences les plus intimes, organisateur de rendez-vous qui n'existent pas officiellement, il accompagne même, parfois, l'Impératrice dans ses visites charitables! Mocquard, le secrétaire de tous les dévouements!

Il entend Eugénie qui ordonne au cocher :

– A Montretout, chez Mlle Bellanger!

Le fidèle Mocquard, qui a soixante-treize ans et aime le théâtre au point d'avoir participé à l'écriture de plusieurs pièces, n'en revient pas.

– Comment, madame? Mais que va dire l'Empereur?

C'est, en effet, une bonne question...

– Il dira ce qu'il voudra! Mais cela ne peut plus durer!

L'Impératrice apprécie toujours Mocquard, car il est gentil-homme et d'une courtoisie indéfectible. Mais elle sait, aussi, ce qu'il est obligé de faire, même si elle ne sait pas tout. La colline de Montretout est déjà gravie. L'Impératrice descend devant la villa de l'adultère; le secrétaire à tout faire la suit, tétanisé. Eugénie sonne énergiquement. Une soubrette ouvre et défaille presque devant la visiteuse, qui lance :

– Je suis l'Impératrice. Je veux voir Mlle Bellanger tout de suite !

Une belle scène du répertoire, digne de Dumas fils dans *La Dame aux camélias*. Mais ce n'est pas M. Duval qui vient supplier la courtisane de laisser son fils Armand; il s'agit d'une femme mariée, et pas n'importe laquelle, qui exige qu'une maîtresse experte ne tue son mari d'extases. Oui, du meilleur Dumas fils où la jeune femme et son héroïne portent le même prénom, Marguerite.

Dans un petit salon, la Bellanger est encore en peignoir, allongée sur un divan, peut-être celui d'une étreinte qui aurait pu être fatale...

– Mademoiselle ! Vous tuez l'Empereur !

Larmes de Marguerite. Marguerite à genoux. Marguerite qui demande pardon, affolée par cette rencontre qu'elle n'avait jamais voulue. Car elle n'est pas ambitieuse ni, dans le fond, méchante fille.

Eugénie, l'Impératrice trompée, l'épouse bafouée, parvient à contrôler son exaspération. Une seule chose compte, proté-ger l'Empereur contre lui-même. La sanction tombe :

– Il faut que vous ayez quitté cette maison demain...

Marguerite comprend, elle partira. Malheureusement, Napoléon III s'y oppose. Il tient à cette maîtresse comme s'il avait le pressentiment que son crédit d'amant était épuisé. Le caractère de la jeune fille, populaire et naturelle, lui plaît. Et, finalement, il y tient, ce qui vaut à Marguerite Bellanger la réputation d'être beaucoup plus nocive qu'une passade d'après-midi.

Eugénie devient blême, rouge, furieuse :

– Puisqu'elle ne part pas, c'est moi qui partirai !

Et elle était partie, reprenant son titre de comtesse de Pier-refonds et le nouveau train de la Compagnie de l'Est, en direction de Schwalbach, près de Wiesbaden, chez le duc de Nassau. De vieux souvenirs avec sa mère... L'Impératrice reprend des forces, s'entretient avec la reine de Hollande, qu'elle apprécie; le roi de Prusse, familier des cures dans cette station aux installations réputées, la visite avec attention. Même l'Impératrice d'Autriche, Sissi, rencontre Eugénie. Jusqu'ici, Elisabeth, née duchesse en Bavière, prenait d'assez haut cette Mlle de Montijo et n'avait pas souhaité la connaître. Le temps d'une conversation entre les deux femmes, fort belles, la glace des a priori et des conventions est rompue; on en vient presque à la compréhension et à la sympathie. Ne sont-elles pas, en vérité, lancées toutes deux dans une fuite, provisoire chez Eugénie, permanente chez Sissi? Puis, Eugénie était rentrée. Il le fallait. L'Empereur s'était montré aimable, un peu honteux, soucieux. Mais quel visage! Le teint terreux s'était coloré de jaune et les traits étaient affaissés. Il marchait en souffrant, « les jambes écartées comme un cavalier qui serait resté trop longtemps sur sa monture ». Souvent, il reçoit ses visiteurs assis, évitant de se lever. Il passait d'un état de somnolence et de torpeur à une vive excitation; alors, son regard était lumineux, l'intelligence retrouvée et la conscience lucide.

Dans ses discussions avec les médecins, Eugénie avançait son explication : son mari était épuisé par les femmes. Une vie plus rangée lui permettrait de recouvrer une santé conforme à celle d'un homme de son âge. Elle le pensait car elle l'espérait. Corvisart et Conneau n'étaient pas de cet avis. Ils évoquaient des troubles de la vessie, de la goutte. Les femmes, sans doute, diminuaient sa vitalité mais elles n'étaient pas les seules responsables de la dégradation observée. L'intéressé avait tout de même une mauvaise santé de fer puisqu'il avait emmené Marguerite Bellanger à Vichy. En octobre 1864, assistant aux manœuvres annuelles de l'armée au célèbre camp de Châlons, Napoléon III s'était réveillé au milieu de la nuit, torturé par des douleurs abdominales violentes. A son aide de camp, il dit qu'il a cru trépasser. Arrive, à l'aube, le docteur Larrey. Le chirurgien militaire pressent un calcul dans la vessie – premier diagnostic avéré sur le patient – mais estime que, pour en être sûr, il faudrait sonder le malade. Pas question! Pourquoi? La peur de la douleur? Il s'agit plutôt du souvenir effroyable des interventions du docteur Conneau, pas pour rechercher la trace d'une pierre ou de sable, mais pour remédier à un rétrécissement du canal de l'urètre, conséquence bien connue d'une maladie vénérienne contractée dans la jeunesse aventureuse de Louis Napoléon. Ce n'était pas la syphillis mais l'hémorragie avait été abondante, suivie d'une forte fièvre. Pas question! Et Napoléon III, se tenant le ventre, s'adresse à Larrey:

– Personne ne doit savoir ce qui m'est arrivé. Je vous demande votre parole d'honneur de ne rien révéler à personne, même pas à l'Impératrice, de ce que vous avez constaté...

Le chirurgien s'incline. Comme le souligne Paul Ganière, historien et médecin, cette précaution est superflue; Larrey ne peut que respecter le secret professionnel. Bien entendu, ici comme dans d'autres cas illustres, la question de l'état de santé des hommes d'Etat et sa divulgation reste complexe; on peut également voir dans ce souci de l'homme qui souffre une preuve que l'Empereur et sa femme n'ont plus ou alors très peu de rapports physiques. Sinon, comment expliquer qu'Eugénie n'ait pas, au moins, des doutes? Sur ce point aussi, la discrétion sera totale, peut-être au préjudice d'un traitement approprié et prescrit à temps. L'éducation et la pudeur sont des murs très résistants.

Depuis, Eugénie ne pouvait plus dissimuler son inquiétude. Elle avait même fini par avouer au prince de Metternich: «L'Empereur est exténué... Je crains que nous allions vers la décadence.» Voilà pourquoi la situation au Mexique, catastrophique, se greffe sur une anxiété grandissante chez Eugénie, d'ordre beaucoup plus intime.

Charlotte parle toujours. Et Eugénie ne cesse d'observer son mari, si las...

Dans le salon d'attente, les dames d'honneur d'Eugénie essaient d'être aimables avec celles de Charlotte. Il fait chaud. Charlotte aimerait sûrement une orangeade; à cette heure-ci, elle en prend, dit sa suivante, meublant une conversation vide. Mme Carette, si dévouée lectrice de l'Impératrice, demande qu'on porte à Leurs Majestés des rafraîchissements. Un valet frappe et apporte le plateau; cette irruption déplaît à Eugénie, dérangée dans la confrontation, tendue mais surtout désespérée. Charlotte, elle aussi agacée du dérangement, refuse le verre d'orangeade que lui tend, en silence, la femme de l'Empereur. Elle n'a que faire de ces amabilités hypocrites, elle est venue chercher des secours, immédiats et conséquents.

Eugénie insiste, Charlotte, la voix éraillée par son plaidoyer, finit par accepter la boisson. La scène change de registre. Après l'affrontement silencieux entre les deux femmes dont les regards s'évitent, l'impératrice du Mexique reprend l'assaut verbal contre Napoléon III. Cette fois, il réagit, pour en finir :

– Le gouvernement n'acceptera pas... Les ministres refuseront...

Jusqu'ici, les objections de son équipe ne l'affectaient guère ; mais la situation n'est plus la même ; l'Empire, dit libéral, ne peut plus envoyer des troupes et engouffrer des millions supplémentaires dans cette cause désormais perdue. Mal présentée, elle a été mal défendue. L'Empereur prie le général de Castelnau de raccompagner Charlotte. Ce très fidèle collaborateur doit prochainement partir pour Veracruz, avec des pouvoirs très étendus. Sa mission sera double, instruire le dossier de Bazaine, soupçonné de félonie, et organiser le rapatriement effectif des troupes : autrement dit, le général est chargé de la liquidation, inéluctable, mais Charlotte l'ignore. Castelnau avance à son côté. Elle est exténuée, le visage en feu, les yeux injectés. On demande sa voiture, elle marche de long en large. Quand, enfin, elle roule vers Paris, elle s'effondre. Il lui semble qu'elle a pu faire bouger les choses et que, si elle voit les ministres, elle parviendra à être écoutée et, peut-être, entendue. Elle a fait ce qu'elle devait. Sa conscience est relativement apaisée.

Deux jours plus tard, le 13 août. Nouvelle rencontre à Saint-Cloud. Eugénie tente d'éviter la confrontation avec l'Empereur car elle sait qu'il est atteint dans sa fierté de calculateur et qu'il est furieux que Maximilien et Charlotte, inconscients, aient précipité le désastre. Cependant, Eugénie a demandé aux ministres concernés d'être présents, afin de convaincre Charlotte que l'abdication est l'unique solution. L'impératrice du Mexique exige de revoir Napoléon III ; Eugénie cède, Charlotte est une furie ; d'une serviette de cuir, elle brandit des papiers et les tend sous les yeux de l'Empereur. Ce sont ses promesses, d'il y a deux ans, les 18 et 28 mars 1864. Il avait écrit, pour rassurer Maximilien : « Vous pouvez être sûr que mon appui ne vous manquera jamais dans l'accomplissement de votre tâche. » Oui, il l'avait écrit. Mais peut-on dire que Maximilien a accompli sa propre tâche ?

Hélas, non. Un tragique marché de dupes. Napoléon III, prince de l'ambiguïté, est homme de fidélité; ne pas tenir sa parole lui est très pénible. Il pleure, encore plus que la fois précédente. De tristesse, de rage et de déception car, enfin, la France n'a cessé d'aider Maximilien et Charlotte, qui n'ont rien compris....

Pour écourter ce moment douloureux, Eugénie entraîne Charlotte dans ses appartements privés où elle a convoqué deux des principaux ministres, Achille Fould, qui a pris les Finances et le maréchal Randon, au portefeuille de la Guerre. Financièrement, le Mexique est toujours aux abois. Charlotte défend ses chiffres : le pays n'a reçu que le quart des sommes souscrites par les emprunts. Pourquoi? Parce qu'il a fallu payer les corps expéditionnaires.

L'impératrice proteste. Fould riposte, accusant Maximilien d'incompétence dans la gestion des cent cinquante millions effectivement versés. Le ton monte, Charlotte est hors d'elle et Eugénie n'en peut plus, secouée de sanglots. Militairement, la question est plus tranchée mais, après la prise de Mexico, Maximilien aurait dû prendre le relais; il ne l'a pas fait. Il était souverain. Charlotte le défend : Bazaine a été lamentable. La discussion s'arrête, enfin. Elle a été d'une violence inconvenante mais Charlotte n'a rien obtenu, sinon ce qui ressemble à un acte d'accusation dressé par les autorités françaises. Au Conseil, le lendemain, toujours à Saint-Cloud, les mêmes ministres plus Drouyn de Lhuys confirment leur refus de continuer. Eugénie ne dit rien. Pâle, son silence approuve le constat; tout a été gâché, raté.

De plus en plus exaltée, Charlotte parvient à revoir Napoléon III. C'est lui qui lui rend visite; elle espère qu'il fléchira. Sire, quatre-vingt-dix millions, en échéances, et le Mexique est sauvé. Mais Sa Majesté aligne les refus, sauf quand Charlotte menace d'abdiquer. Il la prend au mot. Elle abdiquera, Maximilien aussi, mais son acquiescement, qui sonne faux, est suivi d'une mise en garde :

– Cette entreprise concerne avant tout Votre Majesté et Elle non plus ne doit pas se faire d'illusions sur ce point.

Napoléon III se lève, ne dit pas un mot, s'incline et sort. Deux jours plus tard, il fait porter une lettre à Charlotte : « Pas un homme, pas un écu de plus. »

C'est fini. Et, pourtant, la malheureuse Charlotte, « Mamma Carlotta », n'est pas au bout de son calvaire. Maintenant, elle parle toute seule, gesticule ; on ne comprend plus ce qu'elle dit. Lorsqu'elle quitte Paris, le 23 août, on redoute qu'elle ait perdu l'esprit. Elle ira implorer l'aide du pape, craindra qu'il la fasse empoisonner ! Elle sombrera dans la folie.

Maximilien tente un sursaut ; il veut se défendre, seul. Enfin... Il prend le commandement de ses troupes, des partisans de l'empire fantôme car les Français sont tous repartis de Veracruz le 12 mars 1867. Arrêté par les insurgés de Juarez le 14 mai, Maximilien subit, avec la dignité des Habsbourg, un procès truqué. Le 19 juin, à Queretaro, il est fusillé de cinq balles ; une seule était mortelle, il vit encore. Le coup de grâce lui est tiré en plein cœur. Dans la nuit du 29 au 30 juin, transmise par le câble atlantique, une dépêche de Washington informe Vienne puis la Belgique et la France de l'exécution du frère de François-Joseph. La nouvelle donne la fièvre à l'opposition et Thiers, à la tribune du Corps législatif, accuse l'Empereur d'un désastre qui aurait pu être évité, dit-il, si le Parlement avait exercé son contrôle. Le lendemain matin, Napoléon III le teint cireux, reçoit, comme chaque jour, M. Hyrvoix, chef de la police secrète, équivalent actuel des Renseignements généraux. Il vient présenter son rapport quotidien sur l'état d'esprit de l'opinion.

– Que dit le peuple ?

Silence du haut fonctionnaire. Puis, il répond, simplement :

– Le peuple ne dit rien, Sire.

L'Empereur, qui a l'habitude de jauger les silences de ses interlocuteurs, n'est pas dupe.

– Vous ne me dites pas la vérité... Que dit le peuple ?

– Eh bien ! Sire, si vous tenez à le savoir, ce n'est pas le peuple seulement mais la nation entière qui est profondément indignée et écœurée des résultats de cette malheureuse guerre. On les commente partout et dans le même esprit. On dit que c'est la faute de...

Napoléon l'interrompt :

– La faute de qui ?

M. Hyrvoix hésite.

– Sire... Du temps de Louis XVI, on disait « C'est la faute de l'Autrichienne... »

– Oui... Continuez.

– Sous Napoléon III, on dit « C'est la faute de l'Espagnole ».

Comme au théâtre, une porte s'ouvre brutalement. C'est l'Impératrice. Le policier racontera qu'Eugénie « avait l'air d'une furie. Elle était en robe de chambre blanche, ses cheveux flottant sur les épaules, ses yeux lançaient des flammes ». Sa voix rauque vibre comme un sifflet. M. Hyrvoix a presque peur. Eugénie bondit vers lui, en colère :

– Répétez, s'il vous plaît, ce que vous venez de dire, monsieur Hyrvoix.

Le policier se maîtrise :

– Certainement, madame, puisque je suis ici pour dire la vérité ! Et, comme tel, Votre Majesté me pardonnera. Je disais à l'Empereur que les Parisiens parlent aujourd'hui de l'Espagnole comme ils parlaient, il y a soixante-quinze ou quatre-vingt ans, de l'Autrichienne.

Eugénie serre les poings. Elle réplique par des salves de mots, hors d'elle :

– L'Espagnole ! L'Espagnole ! Je suis devenue française mais je montrerai à mes ennemis que je puis être espagnole à l'occasion !

Napoléon III s'est levé. Il avance la main pour retenir sa femme, d'un geste tendre et apaisant, ce geste qu'il a souvent lorsque, pendant un Conseil, il la trouve excessive et dit : « *Ugénie ! Ugénie !* » en lui prenant la manche. Il n'en a pas le temps. Elle a déjà disparu, en claquant la porte. M. Hyrvoix se retourne vers l'Empereur :

– Je suis plus que navré, Sire, d'avoir parlé.

– Vous avez fait votre devoir.

Et il lui serre la main. Avant de sombrer dans une démence intraitable, Charlotte avait eu un éclair de lucidité. Oui, la tragédie mexicaine était aussi celle de la France et cette menace allait se nourrir de la vigueur d'une malédiction [1]. Aucun événement, de quelque nature qu'il ait été, n'aura autant

---

1. L'exécution de Maximilien devait inspirer à Edouard Manet un célèbre tableau, défendu par Emile Zola dans un article de *La Tribune* du 4 février 1869. Plus que la ressemblance avec la réalité tragique, Manet se réfère au non moins célèbre tableau de Goya *El Tres de Mayo*, de 1808. Mais il existe, sur le même sujet, une œuvre injustement méconnue, d'un grand peintre d'histoire, Jean-Paul Laurens. Ce tableau, *Les derniers moments de Maximilien* ou *L'Empereur Maximilien avant son exécution*, montre le souverain, condamné à mort, consolant le prêtre qui l'a confessé alors que le peloton d'exécution vient le chercher. Cette peinture, saisissante et forte, a été présentée au Salon des Artistes français en 1882. Elle est aujourd'hui au musée de l'Ermitage, à Saint-Pétersbourg. Jean-Paul Laurens a été honoré par une exposition remarquable au musée d'Orsay, du 6 octobre 1997 au 4 janvier 1998, puis au musée des Augustins, de Toulouse, du 2 février au 4 mai 1998.

déchaîné l'impopularité contre le régime impérial. Les années heureuses sont, au minimum, voilées, au pire effacées. Eugénie, tout le monde l'affirme, en est tristement responsable... Pourtant, en cet été 1867, elle ne mérite pas une opprobre aussi excessive. Elle s'est beaucoup occupée des Français; maintenant, elle reçoit le monde.

La mal-aimée

Quelle étrange situation! Au moment où l'Impératrice apprend la mort de Maximilien, elle doit se rendre à une distribution de récompenses à l'occasion d'une prodigieuse manifestation, l'Exposition universelle. Le lendemain, 2 juillet, Eugénie et Napoléon III prennent le deuil pour trente jours, un respect qui ne facilite pas le protocole lorsque la Cour doit recevoir, en permanence, des souverains, des délégations, présider des avalanches de dîners, de galas et de fêtes. Et donner le change... « Il pleut des rois! » plaisante un journal satirique. En effet, depuis le 1er avril, au Champ-de-Mars, Paris est transformé en parc d'attractions sur une échelle immense. Tous les records sont battus, dans les réalisations, dans l'affluence et dans le nombre comme dans la qualité des visiteurs. Un phare, un théâtre, une grande serre, le pavillon des monnaies, un ballon captif et, surtout, l'impressionnante galerie des machines engendrent des cohues, des éblouissements, des évanouissements et des surprises à chaque instant. Dans l'histoire, 1867 restera comme l'année de l'Exposition; les autres devront être accolées à un millésime. Le second Empire joue son ultime atout, une carte de visite, mais on refuse de voir qu'elle est bordée de noir. Paris vit, pendant sept mois, l'un des contrastes les plus violents de son existence. On s'amuse partout, la cité brille, on y entend toutes les langues, les hôtels sont complets, les trains surchargés, les théâtres combles. La province, l'Europe, le monde sont venus alors que les menaces se multiplient. En politique extérieure, la France a perdu l'hégémonie européenne. Le désastre mexicain est amèrement ressenti comme une aventure de trop, lancée dans un brouillard idéologique. Elle s'est greffée sur l'élimination de l'Autriche des territoires allemands par la victoire de la Prusse à Sadowa.

Cette conquête avait commencé sous l'œil bienveillant de Napoléon III – et de la gauche française ; elle s'était achevée à la satisfaction complète de Bismarck. L'Autriche en veut à la France dont l'indécision et l'irréalisme ont beaucoup aidé le Chancelier de Prusse. Un moment, Bismarck avait eu peur quand ses armées étaient enfoncées dans les forêts de Bohême en laissant le Rhin sans protection contre une éventuelle offensive française. Elle ne s'était pas déclenchée, Bismarck n'avait pas eu peur longtemps... D'ailleurs, on le sait, il est de *fer*. En Europe centrale, la prépondérance des Habsbourg passe aux mains des Hohenzollern. On allait bientôt comprendre que la défaite des troupes de François-Joseph menaçait le régime de Napoléon III et que le 3 juillet 1866 serait, dans une analyse affinée, un tournant de l'histoire de France. A cette nouvelle, par un étonnant aveuglement, les Parisiens ont sorti leurs drapeaux et allumé des lampions ! Personne n'a compris l'avertissement du maréchal Randon, ministre de la Guerre : « Nous aussi, nous avons été battus à Sadowa. » Les Autrichiens sont également consternés d'avoir dû céder la Vénétie à l'Italie, Napoléon III servant d'intermédiaire pour calmer l'amour-propre de Vienne. Les héritiers de Cavour en restent froissés ; en retour, l'empereur a retiré ses troupes de Rome, espérant se concilier la susceptibilité italienne, mais il avait tenu à redire qu'il continuerait à soutenir le pouvoir temporel du pape, pouvoir étriqué comme une peau de chagrin.

Ebranlé par les défaillances de son armée au Mexique, Napoléon III a chargé le maréchal Niel d'une profonde réforme, fondée sur une armée permanente doublée d'une garde nationale mouvante en cas de mobilisation. Les débats sont houleux, la gauche s'élevant contre ce militarisme, « cause de ruines et source de haine », selon Léon Gambetta ; en écho, Emile Ollivier, que l'Empereur aimerait associer au gouvernement, répond : « Vous voulez faire de la France une caserne ! » De son banc, Niel avait grommelé son indignation : « Une caserne ! Craignez d'en faire un cimetière ! »

L'Empereur cherchait de nouvelles assises, fondées sur un libéralisme accru mais avec des hommes en place, ce qui n'est pas logique. Il voulait des réformes mais peu d'hommes nouveaux en avaient réellement envie.

L'Impératrice s'est émue des nouvelles concessions proposées, qu'elle jugeait dangereuses, et Napoléon III a reculé.

Son discours du trône, le 14 février, a été très peu applaudi; le souverain a lu ses feuilles en tremblant, sous l'œil angoissé d'Eugénie. Après la déception, les libéraux ont fait connaître leur exaspération. En déclarant que « L'unification de l'Allemagne ne saurait inquiéter un pays comme le nôtre mais que la France doit s'organiser de manière à être invulnérable », l'Empereur a été plus maladroit que rassurant. Et Thiers, à la joie incisive des orléanistes, implacable derrière ses lorgnons qu'il aurait dû nettoyer, a dressé la liste des dangers en minimisant, par méconnaissance, le péril prussien. Parmi les décisions susceptibles de plaire, l'Empereur a nommé, le 2 avril, Eugène Schneider, l'industriel du Creusot, à la présidence du Corps législatif; une mesure que l'on qualifierait, aujourd'hui, d'ouverture à la société. Cependant, si l'opposition comptabilise les erreurs et les malchances du régime pour les transformer en critiques et en revendications internes, les incohérences de la politique extérieure sont les plus flagrantes. Depuis 1866, Napoléon III n'a plus pris fermement parti ni pour l'Unité allemande ni pour l'Unité italienne; il s'est contenté de médiations et de demandes de compensations, une quête que Bismarck appellera *la politique des pourboires*. Ces gratifications seront de plus en plus maigres et les demandes de l'Empereur des Français davantage embarrassées. L'Angleterre avait laissé refroidir l'entente amicale avec la France et restait dans une méfiante expectative. La Russie, ulcérée par l'intervention française en faveur de la Pologne, n'était plus prête à défendre la diplomatie suivie aux Tuileries.

Il était donc, a priori, curieux que tant de foules et d'aussi considérables personnalités, y compris des adversaires patentés, se soient précipitées à l'Exposition universelle. Une seule explication s'imposait, affligeante : la France déclinait, isolée et contestée, se mêlant de tout avec une prétention servile mais ne recueillant plus que des miettes. Elle était devenue un spectacle; on la visitait, on la regardait, c'était insolite et sans danger. Enfin, la France n'inquiétait plus et on pouvait se distraire de toutes les façons à Paris. L'opposant Garnier-Pagès s'était réjoui de donner une leçon d'éthique au régime, en lançant : « La vraie puissance, croyez-moi, c'est l'influence morale. » Une belle formule mais parfaitement creuse. L'Exposition universelle s'était donc ouverte dans un concours d'illusions démagogiques et pacifistes. On voulait s'étourdir.

Pendant ces années, l'Impératrice, femme active, a suivi de
près cette évolution. Tantôt actrice au premier plan, tantôt
témoin, mais toujours observatrice, telle une conscience
taraudée entre le bien et le mal. Elle comme son mari sont
stupéfaits des réactions de certains politiques et de la population parisienne décidés à rien comprendre ou, plus grave, à
mal comprendre. Eugénie s'est-elle montrée abattue par la
défaite de l'Autriche, pressentant que Bismarck ne s'en
contenterait pas ? De toutes les accusations qui seront formulées contre l'Impératrice, on doit écarter celle de
l'inconscience devant l'ascension prussienne. Eugénie a tout
vu arriver. Elle a vu le peuple de Paris pavoiser, « comme par
enchantement »(!) d'abord à Montmartre, en l'honneur de
Berlin, alors que le ministre de l'Intérieur lui-même se demand-
dait – un comble ! – s'il ne fallait pas illuminer les édifices
publics pour célébrer la défaite de Vienne ! Les vieux préjugés
contre les Habsbourg parcouraient les rues nouvelles de
M. Haussmann. Avec jubilation, les boulevards élargis permettaient ce que des journaux appellent « une grande manifestation » (*La Presse*, 6 juillet 1866). Grande, elle l'était dans
l'aberration. Eugénie avait souffert de lire dans *Le Temps*,
journal créé en 1861 dans un esprit d'ouverture, ces lignes
radicales : « L'Autriche, tête catholique de l'Allemagne, ne
compte plus ; ce qui vient de se placer à la tête de la Germa-
nie, c'est la Prusse protestante et progressiste. » L'éditorial du
Siècle n'avait fait que renforcer les inquiétudes de la souveraine ; elle y avait trouvé le résumé de ce qui se dissimule derrière les batailles armées, c'est-à-dire le combat des idées :
« Une puissance cléricale succombe, l'esprit de libre examen
triomphe. » En vain, Eugénie a supplié son mari d'écouter et
d'entendre le prince de Metternich qui, relayant le chef du
gouvernement autrichien, avait averti l'Empereur du danger
fomenté à Berlin. L'ambassadeur était ferme, sa femme et
Eugénie, fort liées, accablées de l'inertie française. L'urgent
message autrichien, porté à la fois aux Tuileries et à Saint-
Cloud, disait : « Sire, vous avez cent mille hommes à Châlons,
dirigez-les vers la frontière. La Bavière et le Wurtemberg sont
inquiets des prétentions prussiennes, ils vous accueilleront
comme médiateur. Sinon, méfiez-vous, c'est toute l'Allemagne qui se fera contre vous. »

Sur les affaires, l'apathie du pays est un reflet de celle du
souverain. Et l'Impératrice en vit les effets. On avait appelé un

jeune praticien, le docteur Guillon, pour examiner Napoléon qui souffre. Guillon confirme qu'il est probable que la vessie soit encombrée d'un calcul et que seule une intervention chirurgicale permettrait de l'en débarrasser. Personne, dans l'entourage impérial, ne veut prendre cette responsabilité. Eugénie commence à douter. Opérer ? Ne pas opérer ? Quelle que soit la solution, il y a des risques mais ils ne sont pas les mêmes. Elle tente de raisonner son mari, il fuit une réalité chaque jour plus dommageable. Il ne veut pas entendre sa femme lui parler de sa santé car une simple question peut dégénérer en suspicion. Eugénie, il en est certain, en profiterait pour faire son procès conjugal. Tout mais pas cela ! L'Empereur a maigri, il éprouve des difficultés urinaires fort douloureuses et on constate la présence de sang et de pus dans les mictions. Il faut souligner qu'à partir de 1866, l'Empereur lui même reconnaît qu'il souffre et qu'il « n'a plus de ressort ». A cette première réalité, s'ajoute la conséquence d'un traitement anti-douleur sous forme de teinture d'opium, le laudanum de Sydenham. Après chaque prise, Napoléon III est somnolent, distant, absent. Les souffrances s'atténuent pour quelques heures mais leur cause n'est pas éliminée. La fatigue générale du souverain est telle que, lorsqu'il reçoit des visiteurs de marque ou lors des réunions gouvernementales, on lui... farde le visage pour lui redonner quelques couleurs. Il faut préciser que l'Impératrice, bien que toujours très belle, lutte également contre un teint qui a tendance à se ternir. Elle aussi, mais c'est normal, se maquille davantage, suivant les conseils de Pauline de Metternich, sa cadette de dix ans, qui peut avoir la main lourde dans le poudrier.

Surmontant sa souffrance, l'Empereur est obligé de réduire le temps des conversations et des entretiens qu'il doit conduire. L'esprit, intact, est victime du corps, gagné par la torpeur. Ainsi, après les suppliques autrichiennes, Napoléon III a mis vingt-quatre heures à faire savoir, par son silence, qu'il ne mobiliserait pas sur le Rhin. Bismarck avait tenu à une déclaration de guerre rapide contre l'Autriche parce que, dira-t-il : « J'étais tellement sûr de Napoléon III que nous n'avions pas laissé un seul soldat sur la frontière française. Pourtant, si les pantalons rouges avaient paru sur le Rhin, je perdais la partie. »

Eugénie avait été effarée de cette audace et de la promptitude des opérations. La terrible nouveauté n'était pas tant la victoire prussienne que la brève durée de la guerre (quinze jours) et celle de la bataille sur le plateau de Bohême (six heures). Avec les Metternich, l'Impératrice a remarqué le raffinement perfide de Bismarck ; en effet, alors que la route de Vienne lui était ouverte, il avait fait arrêter les troupes. Il avait au moins un trait commun avec l'Empereur, celui de ne pas s'acharner. Une paix, conclue le plus vite possible, ne peut effacer des rancunes ni gommer des amertumes mais elle peut empêcher ou atténuer l'incrustation de la haine qui conduit à l'idée de revanche. C'était prudent. Mais que penser, comme l'Impératrice a pu le faire, de la Bourse de Paris dont les titres montent alors qu'on vient d'apprendre, dans ses galeries vociférantes, le triomphe des armées de Moltke ? Un vent de folie agitait les milieux français dans un sens incompréhensible.

Ce n'était pas, pour Eugénie, l'unique source de tracas. L'Espagne, une fois encore, donnait le pitoyable exemple de son instabilité interne. La danse macabre des soulèvements ratés et matés avait repris, la répression des vaincus étant suivie d'une démission des vainqueurs. Et le cabinet O'Donnell venait d'être remplacé par un ministère Narvaéz. Une sanglante ronde sans fin. En l'apprenant, Eugénie, désemparée et triant les dépêches, écrivait à sa mère, le 11 juillet 1866, soit six jours avant l'offensive de Moltke : (...) *Nous sommes noyés dans des fausses nouvelles que le télégraphe fait pleuvoir sur Paris, non seulement d'Espagne, mais d'Allemagne et d'Italie. Mais rien n'est triste comme cette tuerie des guerres civiles, aussi je crois qu'il faut user de remèdes héroïques pour sauver un pays malheureusement divisé, mais il ne m'appartient pas de les indiquer ici ni ailleurs, car à quoi serviraient mes idées, qui d'ailleurs n'ont peut-être pas le sens commun car « le fou en sait plus long chez lui que le sage dans la maison d'autrui ».* Elle avait formulé ce proverbe en espagnol, un réflexe qui trahissait son anxiété.

Progressivement, les discussions au cœur du couple impérial, dans l'intimité, avaient tourné court, Napoléon III redoutant les reproches d'infidélités. Car Eugénie n'en démordait pas, l'Empereur s'était usé en aimant ailleurs, elle oubliait sa part, non négligeable, dans leur vieille mésentente. Le monarque aurait pu chanter « Il nous faut de l'amour », comme Hortense Schneider dans *La Belle Hélène*, un triomphe. Les familiers avaient noté que la ténacité, légendaire sous un calme apparent, du souverain, faiblissait ; l'énergie était désormais du côté de l'Impératrice.

Elle l'avait prouvée lors de la deuxième régence qu'elle avait exercée pendant quarante jours, au printemps 1865, lorsque l'Empereur s'était rendu en Algérie ; il souhaitait mieux définir les rapports entre la métropole et les colons et avait instruit fort peu de gens de ses idées. Le 29 avril, en confiant la régence à Eugénie, il lui avait expliqué sa vision à grands traits, qui est restée peu connue et montre une conception originale, plus proche d'une administration indirecte, à l'anglaise, que d'une autorité directe, dans la tradition française. En effet, il avait précisé au gouverneur général : « L'Algérie n'est pas une colonie proprement dite, c'est un royaume arabe. Les indigènes ont, comme les colons, droit à ma protection. Je suis aussi bien l'Empereur des Arabes que l'Empereur des Français. » Il avait ordonné, peu après, de doubler le nombre des conseillers généraux musulmans. Il avait donc voulu vérifier sur place la mise en pratique de ses instructions. Un voyage réussi, marqué par un trajet terrestre de plus de trois mille kilomètres. On le surnomme « El Krim » (*Le Généreux*). Il en revient « rajeuni de cinq ans ». Mais, d'une façon regrettable, ses principes ne seront pas respectés dès qu'il sera parti, sans doute parce qu'ils avaient été élaborés dans une improvisation brouillonne. Encore un rêve qui allait se dissiper.

Régente, Eugénie avait affronté, comme d'habitude, les sarcasmes et l'hostilité injurieuse du prince Napoléon. Elle avait tenu bon, envoyé une dépêche à Alger et Napoléon III, soutenant sa femme, avait blâmé, par écrit, ce trublion de la dynastie, le 23 mai. Quatre jours plus tard, *Plon-Plon* capitulait, remettant à la régente sa démission de vice-président du Conseil privé et, par extension de sa mauvaise humeur, sa démission de président de la Commission de l'Exposition universelle. Pourtant, lors de cet interim, l'Impératrice avait accompli son geste le plus significatif – et l'un des plus oubliés – dans un autre domaine, en signant, le 8 juin, un décret nommant Rosa Bonheur chevalier de la Légion d'honneur. Une femme décorée par l'Impératrice ! Une distinction sans précédent, un geste qui tient à la fois d'un goût artistique et du soutien à la reconnaissance des femmes.

Qui est Rosa Bonheur, dont le véritable prénom est Rosalie ? Elle a quarante-trois ans et elle est l'aînée de quatre enfants, tous versés dans la peinture comme leur père, un socialiste adepte des idées saint-simoniennes. Rosa a grandi dans la conviction de l'égalité entre les hommes et les femmes. Elle a, d'ailleurs, choisi de s'habiller en homme et s'est liée à George Sand. L'un de ses tableaux, *Labourage nivernais*, passe pour être inspiré d'une œuvre célèbre de la romancière, *La Mare au diable*. Pour mieux étudier les animaux, ses sujets favoris, Rosa Bonheur avait acheté une propriété dans le village de By, en forêt de Fontainebleau. Elle y élevait des meutes de chiens, de chats, des vaches et des moutons, sans originalité. Mais elle avait complété sa ménagerie par un yak, une gazelle, un aigle et un lion, inhabituels en forêt de Fontainebleau et dont on parlait beaucoup. Une grande toile, *Marché aux chevaux*, exposée au Salon de 1853, avait été très appréciée et récompensée de deux médailles d'or. Une autre lui était décernée en 1855 bien que la police eût mal jugé une artiste habillée en homme... Sur ordre, on avait fait reconnaître qu'il s'agissait bien d'une dame. La décision de l'Impératrice sera d'autant plus commentée qu'elle s'était déplacée elle-même pour remettre la prestigieuse décoration à Rosa Bonheur, dans son atelier forestier [1]. Ce repaire de By, aujourd'hui jumelé avec Thomery, est un château que le peintre animalier avait acquis en 1859. Eugénie y est souvent venue, de même que le légendaire héros de l'Ouest américain, Buffalo Bill, qui offrit un de ses costumes à l'artiste.

L'Impératrice aimait l'atmosphère sereine des ateliers où Millet et l'Ecole de Barbizon travailleront. On a même rencontré la souveraine dans la fameuse auberge du Père Ganne, fréquentée par tant de peintres. Et, comme on lui avait recommandé la marche à pied, elle ne se privait pas d'escalader les rochers, même sous la pluie, et n'aimait rien tant que de sortir seule, tôt le matin, du palais de Fontainebleau, habillée de la façon la plus ordinaire. Son plus grand plaisir fut de ne pas être reconnue à la petite porte où se tenait un officier de service ; il lui avait dit : « Passez, mademoiselle... » Quelle revanche, l'incognito ! Le temps s'arrêtait. L'Impératrice avait multiplié les efforts pour se concilier estime et popularité. Elle n'y parvenait pas. Et pourtant, que de bontés sincères elle

---

1. Sous la Troisième République, en 1894, Rosa Bonheur fut la première femme promue au grade d'officier dans l'ordre de la Légion d'honneur, cinq ans avant sa mort. Elle avait soixante-dix-sept ans.

prodiguait ! Lors de l'épidémie de choléra du début de l'année
1866, elle visita les hôpitaux, courageusement et sans précautions particulières. Lariboisière, l'Hôtel-Dieu, Saint-Antoine,
Beaujon eurent ses attentions. Un agonisant l'appela « ma
sœur ». Elle lui serra la main, longuement, bouleversée. A
l'hôpital d'Amiens, elle avait tenu à parler avec tous les
malades pour leur donner du courage. L'évêque, qui
l'accompagnait, était touché de sa simplicité. En le quittant,
avec humour, elle lui avait dit : « Prenez bien soin de votre
santé, Monseigneur... » Le maréchal Vaillant, attentif à celle
de l'Impératrice qu'il escortait, désapprouvait ses imprudences, craignant la contagion. Elle le toisa et eut ce mot :
« Monsieur le maréchal, c'est notre manière, à nous femmes,
d'aller au feu. »

Passionnée, joignant le bon sens à l'exaltation, angoissée de
voir l'Empereur affaibli, commettant des fautes et réussissant
des prodiges, présente partout où il le fallait et s'épuisant en
audiences et en secours personnels, elle sentait monter l'hostilité qui, peu à peu, s'était manifestée autour d'elle. L'opposition lui reprochait d'être, en politique intérieure, un mauvais
génie, l'inspiratrice de l'ordre, l'ennemie de l'évolution
sociale. C'était, en partie, exact mais en partie seulement. En
politique étrangère, le domaine où elle intervenait le plus, elle
regrettait vivement le tort fait à l'Autriche, craignait la Prusse
belliqueuse, se méfiait de la Russie imprévisible, déplorait
l'éloignement de l'Angleterre réservée, exécrait violemment
les exigences italiennes. Sur ce chapitre, néanmoins, Eugénie
avait reçu un cadeau inattendu, que l'on peut toujours voir à
Compiègne, un groupe de deux statues, sculptées par Vin-
cenzo Vela. Elles représentent *L'Italie reconnaissante*, une
femme couronnée qui remercie la France impériale, hiéra-
tique. Ce *don des dames de Milan* avait été offert à Eugénie,
étonnée, en 1862, alors que l'unité de la péninsule était loin
d'être acquise... et qu'elle ne l'avait pas particulièrement soutenue. A cette époque, en plein Conseil, elle avait formulé de
trop vifs reproches au ministre Thouvenel qui proposait
d'abandonner Rome. Il s'en était fallu d'un mot qu'il ne
démissionnât immédiatement et il l'aurait fait si l'Empereur
lui avait tenu les mêmes propos. Mais ce n'était que l'Impératrice qui s'était emportée... et il le lui avait dit en face. Tout de
même remplacé peu de temps après, elle accueillit son succes-

seur, plus souple et qu'elle connaissait, par cette phrase :
« Enfin ! Nous voilà désitalianisés ! »

Au début de 1867, constatant qu'elle ne touchait les cœurs
que fugitivement même si on l'acclamait, elle avouait à Pauline de Metternich : *Je fais tout ce que je peux mais on ne m'aime
pas. Je suis une étrangère. Les Français ne pardonnent pas cela à
leurs souveraines... S'ils savaient ce que je donnerais pour être vraiment aimée ! Il n'y a que l'affection des peuples pour payer les souverains car leur vie est aride. Si l'on pouvait ne plus m'appeler
l'Espagnole ! L'Autrichienne ! l'Espagnole ! C'est avec ces mots-là
qu'on tue les dynasties !* Depuis la tragédie de Queretaro, elle
redoutait l'avenir. Et, malgré tout, le monde venait la saluer. Il
fallait se tenir. L'Espagnole était contrainte de se présenter en
Impératrice des Français.

La dernière fête impériale

La question est délicate. Que faut-il absolument voir à
l'Exposition ? On a le choix. Ceux qui aiment la mécanique et
l'industrie s'extasient devant de gigantesques roues à bielles,
marteaux-pilons, leviers à vapeur, forges, coulées d'acier,
wagonnets sur rails. Une immense chaudronnerie où s'activerait un Vulcain plus grand qu'un Cyclope mais invisible, dans
des spasmes de soufflets, de pistons et des jets de fumées.
L'Enfer ? Le Paradis de la grande industrie qui fabrique la
prospérité française. Ceux qui préfèrent le mouvement des
jambes de femmes à celui des machines consultent l'annuaire
des bals de barrière, le long des fortifications. D'après le journal *La Lune*, il y en a quatre cents, chiffre sans doute exagéré
mais on en trouve beaucoup. Le plus distingué est toujours
celui du jardin Mabille, avenue Montaigne. Les concierges
d'hôtels le recommandent aux étrangers, les mollets des danseuses sont un aperçu émoustillant de *La Vie parisienne*, elle-même représentée avec un succès phénoménal au théâtre des
Variétés. L'air d'un chat écorché, très laid mais génial, drôle,
impayable avec son accent juif de Cologne qui lui fait dire,
lorsqu'il remanie une partition et supprime des couplets « Che
les coupe ! », Jacques Offenbach est bien le roi du second
Empire des plaisirs, de la farce et de la musique, merveilleusement écrite, pas facile à chanter mais qui insufflerait la vie

dans un cimetière. « Il faut bien que l'on s'amuse », on l'avait annoncé, trois ans plus tôt, avec la trop belle Hélène. Depuis huit mois, le quatuor Offenbach-Meilhac-Halévy-Hortense Schneider brocarde les pièges de *La Vie parisienne*. Le spectacle est dans le spectacle : on se moque des naïfs étrangers ou de provinciaux qui débarquent à Paris en annonçant « Je vais m'en fourrer jusque-là ! ». Et ce sont les mêmes qui applaudissent leurs mésaventures sous des noms aussi ronflants que celui du *baron de Gondremark*. Comme avec Beaumarchais à la fin du XVIIIᵉ siècle, la société rit de ses travers, s'esclaffe de ses pataqués, se moque de tout, y compris de l'autorité mais avec talent. Maintenant, les maîtres de la bouffonnerie proposent un spectacle encore plus piquant, *La Grande-Duchesse de Gérolstein*. Tout Paris chante

Voici le sabre de mon père !
Tu vas le mettre à ton côté ;
Ton bras est fort, ton âme est fière,
Ce sabre sera bien porté.

Et la critique aimable d'un souverain, imaginaire mais ressemblant tellement à ceux que l'on connaît, fait rire, chacun croyant qu'on se moque du voisin, comme dans les bonnes histoires de maris et de femmes trompés.

Cette *Grande-Duchesse* de théâtre est le lien entre la réalité et l'illusion. En effet, la plus formidable réussite de l'Exposition est le nombre et la qualité des souverains qui viennent la visiter. On ne fera jamais mieux. Le défilé des monarchies a commencé aux Tuileries le 28 avril par la réception du frère de l'empereur du Japon. Le lendemain arrive le roi de Grèce, un Bavarois, oncle de Sissi. Deux jours plus tard, on ouvre l'asile psychiatrique Saint-Anne mais l'événement n'a rien à voir avec ce qui précède ni avec ce qui va suivre, bien que l'Exposition soit une folie. Une preuve ? La Comédie-Française affiche bientôt, à l'étonnement général, *Les Folies amoureuses* de... Molière !

Le 14 mai, les souverains belges sont à Paris. Pour eux comme pour les autres, les réceptions, dîners et bals aux Tuileries ou à Saint-Cloud redoublent à l'Hôtel de Ville ou au ministère des Affaires étrangères, sans oublier, évidemment, les visites des salles de l'Exposition elle-même. Le 24 mai, voici le prince royal de Prusse et sa femme Victoria, née princesse d'Angleterre. Le 1er juin, la tension monte avec l'arrivée du tsar Alexandre II, accompagné de ses deux fils et d'une importante délégation. L'adversaire de Sébastopol est devenu l'hôte de la France. Résidant à l'Elysée, il découvre un palais rénové depuis 1865, éclairé, d'une manière expérimentale, au moyen de piles placées sur les toits ; le satin des crinolines n'en avait que plus de reflets. L'autocrate de Russie s'apprête à un séjour plaisant. D'abord, parce qu'il a prévu d'aller, en civil, rire et écouter la musique bondissante d'Offenbach mais aussi parce qu'il a fait venir, discrètement, sa maîtresse, Catherine Dolgorouky, la fameuse Katia. Napoléon III se divertit de la situation à l'Elysée ; elle lui rappelle un bon temps, celui des rendez-vous avec Miss Howard, bien qu'avec Alexandre II, le soir, le stratagème soit inversé, Katia passant par une porte discrète du palais. Le tsar souhaite visiter avec elle la ville modernisée et monter sur l'impériale des omnibus pour admirer les agencements haussmanniens. La police est en alerte car l'importante communauté polonaise de Paris ainsi que la foule sont naturellement favorables à une Pologne libérée du carcan russe. C'est en se rendant au musée de Cluny que le tsar entend monter, d'un brouhaha hostile, le cri qui devait marquer son séjour d'un premier incident :

– Vive la Pologne, monsieur [1] !

Le *monsieur* regagne l'Elysée, très mécontent. Le soir, lors du dîner aux Tuileries, l'Impératrice déploie des charmes bien parisiens pour que l'Empereur de Russie se détende. Elle agit, bien sûr, par courtoisie obligée mais également à la demande de son mari pour une raison bien oubliée aujourd'hui. En effet, au printemps, dans sa politique des compensations-pourboires, Napoléon III avait négocié – le mot convient – la

---

1. L'incident est célèbre, ses circonstances exactes le sont beaucoup moins. Près de la Sainte-Chapelle et du palais de Justice, le cri serait parti d'un groupe d'avocats. Le tsar s'était retourné mais sans rien dire. Il souhaitait un rapprochement avec la France et acceptait d'oublier l'apostrophe anonyme. Selon une autre version, son auteur serait Charles Floquet, qui en tira une gloire éternelle. Mais il protesta, accusant son ami Léon Gambetta de répandre la rumeur alors qu'il était lui-même l'auteur du mot. A cette réfutation, Gambetta ajouta : « Quand tu aurais cent témoins, je ne détruirais pas la légende. C'est ce « Vive la Pologne, Monsieur ! » qui a fait ta fortune politique, ne te plains pas d'en avoir endossé la responsabilité. » Charles Floquet, futur député républicain et président de la Chambre en 1888, acquit une autre notoriété en se battant en duel avec le général Boulanger. La nervosité de la suite du tsar, russe et française, viendrait d'un autre cri « A la porte ! » lancé par des contre-manifestants et qu'Alexandre II aurait pris pour lui. Ce soutien n'aurait donc fait qu'aggraver involontairement l'insulte.

cession à la France du Luxembourg dépendant alors, pour partie, du royaume de Hollande. Le montant? Trois millions. Etrange contrat qui ne peut s'expliquer que par le souvenir amer de la décision du Congrès de Vienne, en 1815, d'attribuer le territoire aux Allemands. L'obsession de Napoléon III... car, du temps de son oncle, le Luxembourg avait fait partie du département français des Forêts, un bien joli nom. Depuis, la division ne satisfait pas l'Empereur des Français et une garnison prussienne y est toujours stationnée. Ayant examiné sa revendication, la Prusse était d'accord « en grognant », selon les termes de Bismarck, que l'on pouvait traduire par la bonne idée que le Chancelier aurait de fermer les yeux et de les rouvrir quand l'annexion serait faite. Etre mis devant le fait accompli est souvent très utile. Fin mars, le secret de cette transaction est révélé par une fuite organisée, dans les journaux allemands. Une controverse philosophique a incité des francs-maçons du Luxembourg à informer leurs frères allemands, ce qui provoque l'émotion des puissants milieux protestants. Berlin réagit donc en protestant contre ce projet et Bismarck, déjà expert en dépêches, en envoie une au roi de Hollande pour estimer que cette cession à la France ne garantit pas la paix! Le tour était joué, le roi ne vendait plus le Luxembourg. Et, dans l'impasse du pourboire refusé – encore un échec public –, le tsar avait proposé de tenir, d'urgence, une conférence à Londres pour étudier le statut du Luxembourg. Le 11 mai, un accord avait été signé, réservant au grand-duché du Luxembourg le statut d'un Etat souverain héréditaire et neutre; la forteresse, qu'occupent les Prussiens, est évacuée. Grâce au tsar, le pourboire refusé ne s'était pas transformé en catastrophe française supplémentaire car l'Exposition était ouverte depuis un mois, de nombreux monarques rechignaient à venir tant que cette affaire insensée ne serait pas réglée. Les inquiétantes nouvelles du Mexique n'arrangeaient rien et les débuts de l'exposition avaient été désastreux. De nombreuses vitrines restaient vides, les visiteurs rares et perplexes. Le ciel, maussade, assombrissait les espoirs; cinq ans de travail et d'efforts étaient compromis. Par l'intervention décisive du tsar, l'optimisme était revenu. Il était donc fâcheux qu'il fût mal reçu. Il consent à rester, Eugénie a été persuasive.

Il est toujours à Paris lorsque, le 5 juin, arrive le roi de Prusse. Son Chancelier, Bismarck, de grande allure, l'accompagne. Les Parisiens qui le reconnaissent racontent que, lorsqu'il était ambassadeur à Paris, il dansait fort mal. Depuis, il avait su faire danser les autres et ce n'était pas fini... Le roi Guillaume préfère les revues militaires à l'esprit sautillant d'Offenbach. On prépare donc une revue, fixée au 6 juin et près de cinquante mille hommes défilent devant les souverains, à Longchamp; Bismarck est très attentif à cette armée aux uniformes chargés et colorés d'un autre temps. A quatre heures, le spectacle est achevé et l'Impératrice invite le roi de Prusse à monter dans sa voiture. Suit celle, découverte, de Napoléon III avec le tsar et deux grands-ducs, en direction de la Grande Cascade, construite sur le modèle d'une chute d'eau... en Suisse! Les encombrements et la foule sont si denses que Napoléon III donne l'ordre de modifier l'itinéraire. Soudain, part un coup de feu. Un réfugié polonais, Berezowski, vient de tirer sur le tsar pour venger son pays. Il ne l'a pas atteint grâce à la vigilance d'un écuyer dont le cheval est blessé aux naseaux. Les Russes n'ont rien... sinon quelques gouttes de sang de cheval.

L'Empereur des Français, rompu à ce risque du métier de souverain, rassure l'entourage d'un geste et dit à Alexandre II :

– Sire, nous avons vu le feu ensemble. Nous voilà frères d'armes !

Le tsar est davantage fataliste, comme on l'est dans son pays :

– Nos jours sont entre les mains de la Providence.

Il n'a pas eu peur. Mais il est furieux, sa lourde moustache tremble de rage. C'en est trop, il veut partir. Il faudra à l'Impératrice des trésors d'humilité, de raison, de calme et de bon sens pour expliquer au tsar qu'il doit faire face. Elle évoque l'horreur des bombes d'Orsini, la dignité des monarques dans le péril. Tout y passe. Elle est au bord des larmes, l'Exposition est en jeu... Elle gagne, il reste. Mais c'est un Alexandre II boudeur, morne et silencieux qui, d'un pas lent, poursuit son séjour. Sa blessure est grave, elle est morale et sans espoir de cicatriser. Aux fêtes données en l'honneur de tous les souverains présents, il y a, en ce mois de juin, un grand absent, François-Joseph. L'empereur d'Autriche, accablé de soucis familiaux, est, au même moment, couronné roi de Hongrie à Budapest et sa femme, Elisabeth, devient la

reine, déjà aimée, des Magyars. Paris peut attendre. Le bal
donné à l'ambassade d'Autriche, fin mai, a précédé sa fermeture. Eugénie va voir sa grande amie; l'humeur est sombre et
la responsabilité de la France plane sur les relations entre les
deux pays. L'arrivée du vice-roi d'Egypte puis celle du sultan
de Turquie apportent un exotisme rassurant, on ne craint pas
pour leurs vies. On ne peut que se réjouir de la liaison du
Khédive avec Hortense Schneider car elle, qui a déjà quelques
surnoms flatteurs, devient, pour les boulevardiers, « La Vénus
qu'Ali pige ». Et à ceux qui osent ignorer qu'elle est la reine
sur la scène des Variétés, elle se fait annoncer « grande-
duchesse de Gérolstein » et on s'empresse autour d'elle. Il y a
tant d'altesses qu'on ne sait plus où donner de la couronne.
    Lorsque la nouvelle de l'exécution de Maximilien est
connue, la fête trébuche, hésite. La reine Sophie de Hollande,
qu'Eugénie apprécie, envoie une lettre implacable à Napoléon III : « Vous semblez nourrir d'étranges illusions ; durant
cette dernière quinzaine, votre prestige a diminué. C'est la
même dynastie qui est menacée. Laisser égorger l'Autriche est
plus qu'un crime, c'est une faute. » L'allusion au mot de Talleyrand après l'exécution du duc d'Enghien accable l'Empereur. Il tend la lettre à Eugénie. Blanche, elle la lit, la relit. Elle
ne peut oublier cette accusation, alors que la pauvre Charlotte
est enfermée dans sa folie [1]. Pourtant, il le faut, l'Exposition
continue.
    Le 20 juillet, le roi et la reine de Portugal sont reçus aux
Tuileries. Le roi souhaite revoir Compiègne où il n'est pas
venu depuis six ans, alors qu'il n'était encore que le duc
d'Oporto. Napoléon et Eugénie organisent donc une visite
totalement inhabituelle du palais réservé aux séries – d'ailleurs,
il n'y en aura pas cette année – le 24 juillet. Dans le train spécial, a pris place un personnage au regard fascinant, l'immense
roi Louis II de Bavière – il mesure un mètre quatre-vingt-
douze et seul le baron Haussmann est à sa hauteur –, sous le

---

1. La malheureuse Charlotte ne réalisera jamais réellement la fin tragique de son
mari ni les événements mondiaux ultérieurs, comme la Première Guerre mondiale.
D'abord enfermée à Miramare, près de Trieste, elle fut transférée au château de Bou-
chout, en Belgique. Folle, elle ne mourra que le 15 janvier 1927, soixante ans après
Maximilien. Elle avait quatre-vingt-sept ans. Une célèbre énigme entoure sa vie : lors de
son retour en Europe, elle aurait accouché d'un fils, le futur généralissime français
Maxime Weygand. A l'appui de cette thèse, on avance que Maxime Weygand avait été
élevé par une bourse de la Cour de Belgique. Mais, sur ce mystère, il y a bien d'autres
explications possibles...

pseudonyme de comte de Berg. Accompagné de son écuyer, s'il ne se passionne pas pour Compiègne, la visite de Pierrefonds le met en extase. Eugénie remarque que le roi timide, très aimé de Pauline de Metternich puisqu'elle défend Wagner et que le roi a sauvé le musicien de la misère, a une curieuse façon de marcher, en se balançant dans un long paletot qui n'est pas de saison. La découverte de Pierrefonds, sous la conduite éclairée de Viollet-le-Duc, passionne le jeune monarque. Les tours Charlemagne et Josué sont en cours d'achèvement et un vieux pont... tout neuf va être créé devant le châtelet d'entrée. Le choc esthétique, la symbolique d'un hommage à la chevalerie déclencheront chez Louis II son idée fixe de bâtisseur dans les montagnes de Bavière, cherchant à retrouver, lui aussi, les racines d'un Moyen Age surchargé. *La folie impériale* s'exportera à Neuschwanstein, saisissante *folie royale*. Le soir même, tous regagnent Paris ; Louis II, perdu dans ses rêves, ne sait que dire à l'Impératrice. En dehors de sa cousine Sissi, les femmes le paralysent.

En août, c'est au tour du roi Charles XVI de Suède d'être accueilli, puis Eugénie préside la distribution des prix aux élèves de la maison d'Ecouen. C'est peu après que, dans cet été sans aucun repos, se situe un voyage s'annonçant pénible. Napoléon et Eugénie partent, le 17, pour Salzbourg. Ils doivent une visite de condoléances aux souverains austrohongrois puisque François-Joseph a annulé sa venue à Paris. Un dur moment. Les gouvernements vont tenter de raccommoder les relations après la catastrophe mexicaine.

Sissi, d'ailleurs, a essayé, comme d'habitude, de fuir, prétextant qu'elle est enceinte, ce qui est exact. François-Joseph lui rappelle ses devoirs, il l'attend. La rencontre des deux couples commence mal car la municipalité de Salzbourg refusait de recevoir l'homme qui avait poussé Maximilien vers le Mexique et l'y avait abandonné. Sur ordre de François-Joseph, une réception est organisée. Forcée et glaciale. Pour la population, la curiosité l'emporte sur l'animosité autour d'une seule question, loin de la politique : laquelle des deux impératrices est la plus belle ? Le sommet diplomatique se double d'un sommet de la féminité. Eugénie a beaucoup entendu parler de la beauté d'Elisabeth par Winterhalter et souhaite vérifier à nouveau si elle est aussi gracieuse que le peintre, gêné, l'a prétendu. Sissi n'a guère envie de revoir la *Montijo*, connaissant son rôle dans le déclenchement de l'affaire. Napoléon III est aimable mais il est malade et souffre.

François-Joseph, en grand deuil, est troublé et sur la défensive. Les deux femmes ont le même sentiment : cette habitude qu'ont les souverains européens de se faire la guerre puis de se rendre visite est exaspérante ! Sur le passage du cortège, les avis sont partagés. Eugénie, qui a neuf ans de plus que Sissi, paraît fort belle et de grande allure. Mais Elisabeth est plus élancée et, effectivement, d'une grâce charmante... quand elle le veut bien. Alors, qui sera la gagnante de cette compétition imprévue ? Soixante-cinq ans après la rencontre, le comte Wilczek, racontera à ses petits enfants un souvenir secret et cocasse : « J'ouvris la porte sans faire de bruit car je devais passer par deux chambres vides jusqu'au cabinet de toilette dont la porte était entrouverte. En face, il y avait un grand miroir et les deux impératrices, le dos contre la porte, mesuraient avec des rubans la longueur de leurs jambes qui étaient les plus belles d'Europe ! Cette scène était incroyable et je ne l'oublierai jamais [1] ! » Le lendemain, l'archiduc Charles-Louis, un frère de François-Joseph, écrit à sa mère, murée dans son chagrin et qui refuse qu'on lui parle du Bonaparte « assassin de son fils » : « Bien qu'Eugénie soit encore belle femme, elle est la très humble servante de la nôtre. Lorsque Sissi s'avança pour l'embrasser et que l'impératrice des Français souleva sa voilette, tout ce que l'on vit fut un pastel encore plaisant ainsi que des mains parfaites et des pieds qu'elle prit grand soin de montrer en retroussant sa jupe d'une façon que les plus sévères de nos dames n'estimèrent pas entièrement convenables pour une impératrice. »

Au soir du 23 août, Napoléon III se risque à inviter François-Joseph à Paris. Il accepte. Il arrive exactement deux mois plus tard et fait remarquer à Eugénie, en riant, qu'il a vu en se rendant à Saint-Cloud « beaucoup de petites putains dans le bois de Boulogne », information qu'il transmet à Sissi, dans une lettre en français. *La Vie parisienne* ! Le 2 novembre, l'Impératrice se rend seule à Compiègne pour préparer l'arrivée, le lendemain, de François-Joseph et son séjour en famille à Biarritz lui paraît bien loin. Dans la chapelle de style romano-byzantin qu'elle y a fait élever, sous l'œil de Mérimée et de Viollet-le-Duc, on a célébré une messe, la première, à la

---

1. Voir du même auteur, *Sissi ou la Fatalité*, Perrin, réédition 1998.

mémoire de sa sœur. Et à Compiègne, le tourbillon reprend.
Les deux souverains, Napoléon III et François-Joseph passeront un long moment au fumoir ; dans les volutes des cigares,
ils analysent les perspectives européennes, les drames dynastiques, le jeu prussien.

L'Empereur des Français éprouvant des difficultés à rester
debout pour actionner la manivelle du piano mécanique, en
général trop vite ou trop lentement, Eugénie réveille tout le
monde en priant le marquis de Castelbajac de se mettre au
vrai piano. Il siffle en s'accompagnant puis le prince de Metternich s'installe au clavier, comparant les mérites des Strauss
et des Waldteufel, dynastie de musiciens originaires de Strasbourg ; Emile Waldteufel était devenu, à vingt-huit ans, le pianiste de l'Impératrice. Un an plus tard, en 1865, ce
remarquable compositeur était nommé chef d'orchestre des
bals de la Cour et, après Vienne et Paris, Compiègne et même
Biarritz étaient devenus les salles de bal de l'Europe. Si son
nom reste méconnu aujourd'hui, les amateurs connaissent son
talent de Strauss français. Il a composé des polkas et valses
célèbres, celle des *Patineurs*, par exemple, ainsi qu'une valse à
l'intention de l'Impératrice, *Espana*, à grands effets de castagnettes [1]. Le lendemain, 4 novembre, après une chasse à tir,
François-Joseph quitte Paris à neuf heures du soir, sur un baisemain à l'Impératrice, très courtoisement déposé. Il est le
dernier monarque ayant visité l'Exposition qui vient de fermer
ses portes. Sa venue, même sans son épouse, a mis un baume
sur une plaie qui, en réalité, ne se refermera jamais.

Il a reçu en cadeau, comme tous les illustres hôtes de
marque, deux gros volumes de toile rouge, aux armes de la
Ville de Paris. Ce Paris-Guide, remarquablement complet et
rédigé par d'illustres plumes, est préfacé, ô surprise, par Victor Hugo, à Hauteville House, en mai. Hugo boude toujours
dans son île mais, hypocritement, il a accepté d'écrire une
longue introduction à ces cinq mille pages qui s'achève par ce
vœu « France, deviens le monde ». Ce n'est pas encore une
réconciliation mais un signe : Paris manque à Hugo et inverse-
ment. Napoléon III, qui aurait besoin de repos et de soins précis, est sombre. Après un entretien avec François-Joseph, il a

---

1. Entre autres succès, Emile Waldteufel a composé *Amour et Printemps*, une valse
devenue l'indicatif d'une célèbre émission de la télévision française consacrée aux classiques du cinéma.

laissé tomber ces mots devant l'Impératrice : « Des points noirs assombrissent notre horizon... Nous avons eu des revers. » Eugénie et l'entourage ne disent rien. C'est une triste approbation. La température descend, on pousse les feux, quand on a du bois ou du charbon. Bientôt, la Seine n'est plus qu'une couche de glace. Le pain devient très cher, la moisson a été mauvaise.

En guise d'étrennes, Bismarck fait savoir à la France, le 26 janvier 1868, qu'elle doit affirmer son intention de ne pas intervenir en Allemagne. Sinon, elle devrait s'attendre à la guerre. La réponse française n'est pas claire, l'Empereur louvoie.

Eugénie sait, par le nouveau ministre de l'Intérieur, Pinard, un ancien magistrat catholique qu'elle estime, les épreuves physiques qu'endure son mari. Des rumeurs commencent à circuler, masquées il y a encore quelques semaines par les fanfares de l'Exposition. Eugénie, en accord avec les médecins, laisse paraître un communiqué de la Cour – le premier sur le sujet – indiquant que « Sa Majesté continue à souffrir de douleurs d'origine rhumatismale ». On connaît le risque de ce genre de bulletins ; trop tardifs, ils n'éteignent aucune rumeur. C'est le cas. La presse d'opposition ne tombe pas dans le piège. Henri Rochefort, polémiste redoutable qui va bientôt éclairer l'opinion avec son éblouissante *Lanterne*, écrit, dans *Le Rappel* : « Depuis *Le Malade imaginaire*, c'est bien la première fois qu'on soigne un rhumatisant à la sonde. Autant dire que l'Empereur ayant une légère migraine, les médecins ont décidé de l'amputer d'une jambe. » Eugénie serre les poings. Ce communiqué était une erreur. Si seulement l'Empereur se laissait soigner ! Réellement ! L'opinion, les rumeurs, les ragots, tout recommence. Non, tout continue. L'Exposition n'a été qu'un entracte. On y a vu les ressources de la France, qui sont grandes ; on y a également diagnostiqué ses faiblesses, qui sont immenses, notamment militaires, ainsi qu'une agitation sociale que rien n'apaise.

Le bilan, en faveur du monde ouvrier, est cependant remarquable. Le droit de grève, accordé depuis 1864 sous le titre *droit de réunion et de coalition*, est né de la volonté impériale puisque, dix ans plus tôt, l'Empereur avait envoyé, en Angleterre, un groupe de trois cents ouvriers afin d'étudier les intérêts corporatifs et la défense du prolétariat issu de l'industrie.

Les contacts entre Français et Britanniques puis avec d'autres nationalités ont donné naissance à la future *Internationale des travailleurs*. Ainsi, Napoléon III, qui a dû livrer un terrible combat contre l'immobilisme et les résistances conservatrices, sources de fatigues supplémentaires, est-il le père du syndicalisme français et européen. Il a permis aux masses de s'organiser et aux volontés de s'exprimer. C'était un de ses plus vieux rêves, qu'il avait formulés dès 1840.

Eugénie l'avait vu batailler contre les éternels carcans. Il lui avait fait remarquer, dans une repartie ironique après un Conseil mouvementé, que ce *droit de réunion et de coalition* qu'il venait de faire voter, le 24 mai 1864, allait plus loin que la Révolution puisque, depuis 1791, la loi Le Chapelier interdisait la défense collective des droits professionnels. Napoléon III est un révolutionnaire social systématiquement malmené et calomnié par ses contemporains officiellement socialistes mais moins innovateurs que lui. Revenant d'une cure à Vichy – c'était le 31 juillet 1864 –, le souverain avait donné des instructions écrites à Haussmann. Il venait de passer devant le chantier du futur Opéra de M. Garnier après avoir constaté le manque d'hôpitaux rénovés aux abords de Notre-Dame ; il fallait commencer, d'urgence, les travaux du nouvel Hôtel-Dieu : « J'attache une grande importance, dit la lettre impériale, à ce que le monument consacré au plaisir ne s'élève pas avant l'asile de la souffrance. »

Mais qui en France, en dehors des siens, se soucie de la santé de ce monarque malade, sinon pour en faire un grossier sujet de plaisanterie ? Derrière les piques, finalement, c'est le corps médical qui se trouve déconsidéré, même si Napoléon III est largement responsable d'une double situation, l'aggravation de son état d'une part, les contradictions thérapeutiques d'autre part. Eugénie est amère. Comme elle le confiera à Maurice Paléologue, depuis un an, donc depuis 1866, après avoir pris part aux seules délibérations importantes, sa présence au Conseil est de plus en plus régulière. « Il était naturel que l'Empereur voulût m'initier pratiquement aux grandes affaires de l'Etat, pour le cas où j'aurais, de nouveau, à porter le poids d'une régence. Mais si des esprits sages comme Rouher, Troplong, Billault, Baroche, La Valette approuvaient ma présence à la table du Conseil, il y en avait d'autres qui me faisaient une guerre insidieuse, qui dénaturaient mon rôle, qui m'attribuaient des prétentions ridicules, ne se doutant pas qu'ils préludaient ainsi aux turlupinades infâmes dont Rochefort allait me poursuivre bientôt dans *La Lanterne*. » Les entrefilets caustiques, comme on dit en termes diplomatiques, n'avaient pas manqué, dont celui-ci : « Sa Majesté l'Impératrice a présidé hier le Conseil des ministres. Madame Pereire a présidé ce matin le Conseil d'administration du Crédit mobilier. » Beaucoup de talent et une méchanceté blessante. Pour atteindre le sommet, on visait bas.

Au cours de l'année 1868, à la liberté de réunion et à l'émancipation, sous contrôle, d'une presse piaffante avec, en parangon de l'audace, *La Lanterne*, de Rochefort, on peut ajouter, selon le mot fameux du polémiste, les sujets de mécontentement (innombrables) aux sujets de l'Empire (trente-six millions d'habitants). Dans l'entourage impérial, il y a un sujet d'inquiétude, grandissant, la santé de Napoléon III. En juillet, lors d'un Conseil à Saint-Cloud, le souverain a très froid et demande qu'on allume du feu : il grelotte ! Il ne parle que de l'opinion publique, convaincu qu'il est resté populaire mais que son gouvernement ne l'est pas. Autour d'Eugénie, ce ne sont que conciliabules et entretiens secrets avec les médecins. On dit, on répète qu'il faut absolument appeler un praticien à l'autorité indiscutable. On ne sait trop pourquoi, mais le nom d'un célèbre professeur de l'Université de Heidelberg, Maximilien Chelius, est prononcé. Certes, il est une autorité mais sa spécialité est... la chirurgie oculaire ! Une aberration, on renonce à le faire venir. Plus apte à intervenir, on parle du docteur Caumond, un spécialiste du broiement des calculs vésicaux par les voies naturelles. Une lamentable jalousie empêche d'examiner l'Empereur, lequel, d'ailleurs, est de plus en plus entêté dans ses refus. Il faut admettre que si l'Impératrice manque d'autorité pour obtenir des consultations efficaces – c'est, sans doute, sa plus grande erreur et qui entraînera l'enchaînement des catastrophes –, le malade est impossible à examiner sérieusement.

Du temps de sa vie aventureuse. Louis Napoléon a appris à ne pas se plaindre, à résister à la douleur, à dominer les mille et un tracas quotidiens. La jeunesse et même la maturité permettent de n'en pas tenir compte. Maintenant, il a soixante ans et son aspect physique révèle un vieillissement accentué. Il repousse l'évidence, n'aime pas les médecins qui insistent et préfère ceux qu'il connaît et qui le connaissent, pour diverses raisons, y compris extra-médicales. Il est étonnant de constater combien cet homme, au-delà de sa réputation de cultiver le secret, apprécie la franchise et demande la vérité en politique. Pour sa santé, il les refuse. Fatalisme? Conviction que rien ne peut être tenté? Peur d'une grave intervention chirurgicale alors que le ciel politique français et européen s'obscurcit? Toutes ces préventions s'additionnent. Aussi, lorsque, par une nouvelle tentative, on propose le nom du docteur Félix Guyon, brillant praticien et plus tard fondateur de l'Ecole urologique française, son franc-parler fait peur. On ne craint pas son diagnostic, on redoute son verdict, l'opération. Pour cette raison, Eugénie le récuse, comportement également malheureux, car elle non plus n'aime pas les courtisans et ne cesse de réclamer l'honnêteté. En vérité, elle est exaspérée par les critiques de plus en plus agressives de journaux déchaînés. Et, comme d'habitude, Rochefort manie une plume à l'encre de fiel, qui fait beaucoup rire. Il invente des propos tronqués et stupides de l'Impératrice « qui décréta, du haut de son faux chignon et tout en mâchant des pâtes »... une banalité sans dire laquelle. Les journaux d'opposition, qui sont toujours plus féroces que les gouvernementaux, s'attaquent à tout ce qui touche la dynastie. On voit même Rochefort, encore lui, toujours lui, raconter que Néro, le chien de Napoléon III, est mort, un animal qu'affectionnait l'Empereur qui le trouvait pourtant « trop mal élevé » : « Néro est mort. La veille, il s'était couché assez calme, après avoir congédié ses courtisans : car il faut vous dire qu'en France, les courtisans ne sont pas fiers; quand ils ne peuvent pas approcher du maître, ils se lient avec le chien... » pour ces propos – et beaucoup d'autres, plus mordants –, Rochefort est condamné. Amende, prison, il se réfugie en Belgique d'où il continuera à arroser ses lecteurs de sarcasmes spirituels et ravageurs.

L'Empereur réfléchit longuement, semblant ne plus avoir foi dans sa chance. Un nouveau coup d'Etat? Trop risqué. Reprendre en main l'opinion? Elle lui échappe, largement à cause de l'interminable question romaine et des bizarreries agressives de la politique prussienne après le sanglant fiasco du Mexique. L'Impératrice apprend la multiplication des réunions politiques qui se tiennent à l'automne dans les quartiers ouvriers. Effarée, elle découvre que la mémoire de Robespierre est honorée, que les sinistres massacres de septembre sont appelés « une de nos grandes dates révolutionnaires » et que la famille comme le mariage sont très attaqués.

Dans ce climat d'effervescence, elle éprouve une grande joie lorsque, à Compiègne, pour la Sainte-Eugénie, l'un de ses invités surpasse les autres par son attention. C'est Gustave Flaubert. La tradition veut que, la veille, soit le 14 au soir, chaque hôte offre un bouquet à l'Impératrice. Le *Viking Flaubert*, comme l'appelle Mathilde à qui il avait donné la primeur d'une lecture de *L'Education sentimentale*, estime qu'un bouquet est insuffisant. Il envoie un télégramme pour qu'on lui expédie de Paris, par le premier train, « des camélias blancs... tout ce qu'il y a de plus beau... archichic ! » La cinquantaine massive, des moustaches de guerrier mongol, les pommettes couperosées et fouettées par l'air frais des bords de Seine, le front de plus en plus dégarni, Gustave Flaubert est sanglé dans son frac de chez Vasseur et Roubaud, les meilleurs tailleurs pour hommes de Paris. Flaubert voulait un tailleur *high-life* (comme on s'habille à Londres) confectionnant un habit *select* et des fleurs *archichic* pour la Sainte-Eugénie. L'Impératrice, que l'on présente souvent rebelle aux mouvements littéraires et artistiques de son temps, était pourtant intervenue, en 1857, à deux reprises, pour que la Justice ne poursuive pas avec trop de sévérité l'auteur d'un premier roman qui faisait scandale, *Madame Bovary*. Ces quatre cents pages à couverture jaune avaient jeté le Normand sur les bancs de la Correctionnelle pour outrage aux bonnes mœurs et à la morale catholique, notamment. Quel procès ! Et quelle publicité ! Après huit jours de débats, Flaubert avait été relaxé. Donc, *Madame Bovary* était libre. Il est vraisemblable que la très discrète influence de l'Impératrice en faveur de Flaubert s'appuie sur la révélation que ce roman relate, derrière la fiction, un fait divers qui s'était déroulé une dizaine d'années plus tôt, près de Rouen. Depuis les discours de *Monsieur Beyle*, Eugénie savait qu'il faut être indulgent avec les romanciers quand ils s'inspirent de la réalité, fût-elle dramatique et dérangeante. Raconter n'est pas approuver et le géant de Croisset n'y est pour rien si des jeunes femmes qui s'ennuient en province auprès de leur mari vont se jeter sur ce livre pour y chercher des obscénités. Flaubert fréquentait le salon de la princesse

Mathilde chez qui on persifle joyeusement. La cousine de l'Empereur avait même proposé à l'auteur de *Salammbô* d'être, en somme, son compagnon lors d'une série. Une manière fine de provoquer la souveraine...

Gustave Flaubert regarde Eugénie avec un profond respect. Si Napoléon III ne le passionne pas, l'écrivain apprécie l'Impératrice [1]. Ses gros yeux globuleux de poisson exotique suivent les évolutions de la souveraine dans une robe définitivement allégée. La crinoline a fondu ; elle a d'ailleurs très mauvaise réputation depuis que la police a arrêté, à la frontière franco-belge, des femmes aux crinolines trop amples cousues de nombreuses poches internes pour y glisser des exemplaires de *La Lanterne* ! Ah ! Si Emma Bovary avait pu observer le triomphe puis la défaite de la fameuse robe ample ! Du temps où Eugénie dissimulait sa grossesse, le couturier Worth pouvait utiliser trente ou quarante mètres, voire davantage, de taffetas glacé pour une robe qui ressemblerait à un énorme bouquet de violettes. Que de souvenirs au temps des crinolines triomphantes aux Tuileries ou à Compiègne... Maxime Du Camp en était resté ébloui, racontant : « Lorsqu'on dînait entre deux femmes, on était enseveli entre leurs jupes... En outre, l'Impératrice ayant d'admirables épaules et une poitrine éblouissante, n'était point fâchée d'en laisser voir le plus qu'elle pouvait ; elle se décolletait outrageusement et on l'imita. » La crinoline avait provoqué des encombrements dans les rues et des dégâts dans les appartements, l'omnibus lui était interdit. Elle avait aussi favorisé quelques réflexions inattendues. Ainsi, Eugénie riait encore d'un soir de bal où deux dames étaient bloquées par leur robe au passage d'une porte ; cela arrivait souvent. Survint le nonce apostolique, arrêté par cette barrière soyeuse. Une des dames recula en formulant des excuses : « Pardon, Monseigneur, mais nos jupes ont tant d'ampleur... » Le représentant de Sa Sainteté avait ajouté : « ... qu'il n'en reste plus pour le corsage ». C'était ainsi, la crinoline avait donné de l'importance aux femmes qui n'en avaient pas.

Les nouvelles qu'Eugénie a reçues d'Espagne la laissent toujours aussi inquiète pour sa mère, son beau-frère et ses

---

1. En 1866, Flaubert avait été nommé chevalier de la Légion d'honneur, distinction qu'il prétendit regretter plus tard. Mais il s'était amusé de voir que *Madame Bovary*, d'abord acquittée, était décorée !

neveux. Fin septembre, une nouvelle révolution, déclenchée
avec l'appui de la Marine par le général Prim, avait été suivie
par le peuple. Après sept tentatives en quatre ans ! L'insurrection avait reçu le surnom héroïque de *la Gloriosa*. La reine Isabelle II s'était enfuie à travers les Pyrénées et réfugiée à Pau,
d'où elle avait appelé à la reconnaissance de ses droits légitimes avant de s'installer à Paris, exilée. Mais dans son pays,
des milices urbaines et des juntes révolutionnaires locales
assuraient le nouvel ordre. Les deux généraux progressistes
victorieux s'étaient partagé le pouvoir, Serrano comme régent
et Prim comme chef du gouvernement. Finalement, soutenus
par les Cortes, nouvellement élues, ils n'avaient pas choisi une
république de type fédéral mais une monarchie constitutionnelle. L'Espagne restait donc un royaume mais sans souverain accepté par le peuple. Qui pourrait monter sur le
trône ?

La question allait se poser et les réponses provoqueraient
l'ultime catastrophe française... Dans une lettre à sa mère,
écrite en l'automne 1868, Eugénie, qui vient d'apprendre que
Cuba et Porto Rico se sont déclarées indépendantes, dit son
inquiétude de voir les Etats-Unis soutenir ce mouvement
séparatiste ; l'Empereur est du même avis. Deux phrases de
l'Impératrice soulignent son désarroi devant ces événements,
les deux concernant les pertes territoriales d'une puissance :
(...) *On dit que lorsque Marie d'Angleterre est morte, elle dit en
mourant qu'on trouverait le mot Calais gravé dans son cœur, parce
qu'il lui avait été enlevé par les Français (...) Je ne connais pas de
douleur plus grande pour un roi, président ou dictateur, que de
rendre un territoire plus petit qu'on l'a reçu...*

Un avenir, proche, devait tragiquement appliquer sa
réflexion à un empereur, son mari. Et à son pays d'adoption.

Le mirage égyptien

1869. L'année commence sans enthousiasme. Les réceptions n'ont aucun éclat ; elles laissent indifférents les invités
qui se plaignent, tout de même, qu'on manque d'huîtres sur
les tables. Il y aura de pires privations. Les déboires et les
secousses s'accumulent. Un grave différend entre la France et
la Belgique, à propos du rachat de lignes de chemins de fer

luxembourgeois, en quasi faillite, tourne à la confusion et même au ridicule pour Napoléon III. Décidément, le Luxembourg l'inspire mal! Les élections du 24 mai apportent un immense succès à l'opposition, résultat qui aggrave les divisions au sein de l'entourage impérial, flottant. Grèves, émeutes sanglantes entraînent des réactions vives et des démissions ministérielles. Les Conseils sont houleux, sous la présidence d'un empereur toujours malade, grimaçant de douleur. Quelques mesures sont destinées à assainir le climat. Une amnistie politique, décidée pour la Saint-Napoléon, le 15 août, permet à Rochefort de rentrer en France et de fonder un nouveau journal au titre résolument patriotique mais républicain, *La Marseillaise*. Les Assemblées deviennent autonomes, les ministres sont désormais responsables devant le Sénat mais seulement à titre pénal. Napoléon III se raidit :

– Les ministres ne dépendent que de l'Empereur.

Une discussion sur la stabilité de l'Empire, entre le ministre de l'Intérieur et le prince Napoléon, s'achève par une apostrophe ironique de *Plon-Plon* :

– On peut tout faire avec des baïonnettes, excepté s'asseoir dessus !

Le mot fait rire. Et il circule. Quelques disparitions de célébrités (Lamartine, Berlioz, le maréchal Niel, Sainte-Beuve) sont ressenties comme les signes d'une époque finissante. Les hésitations gouvernementales, reflet public de l'attitude de l'Empereur, ont des conséquences étonnantes. Ainsi, *Le Figaro* du 25 octobre annonce une crise ministérielle. Le journal affirme que l'Empereur a consulté divers personnages, dont Jules Favre, Thiers, Raspail, Jules Vallès. Un savant dosage entre républicains et orléanistes. Les lecteurs y croient. Mais la suite de l'article révèle qu'on a aussi pressenti... le confiseur Siraudin, la rédaction du journal *L'Univers* mais que tous ces messieurs ayant refusé de constituer un nouveau cabinet, le souverain, découragé, a abdiqué et a proclamé Victor Hugo régent du royaume! On rit jaune mais on rit. Le canular permet au *Figaro* un tirage supplémentaire de deux cent mille exemplaires...

Toutefois, le régime conserve une immense raison d'être fier car, après dix ans de travaux pharaoniques et des siècles de fantasmes, le canal de Suez va être inauguré. Déjà, depuis le 15 août, après un dernier coup de pioche, symbolique, donné par S.E. Ali Pacha Moubarek, ministre des Travaux publics du Khédive, la jonction entre les eaux de la Méditerranée et de la mer Rouge est effective. Malgré toutes les tracasseries de l'Angleterre, Ferdinand de Lesseps a gagné son pari insensé, dix ans après avoir lui-même enfoncé la première pioche dans le sable. Comme l'Empereur n'a cessé de le répéter, l'époque est au développement des communications internationales. Depuis le 10 mai, grâce au chemin de fer *Transcontinental*, l'Amérique du Nord est reliée d'est en ouest et les Etats véritablement unis par un ruban d'acier de cinq mille kilomètres.

La France est la marraine de cette œuvre universelle, le fameux canal. Mais, après discussion, Napoléon III décide que la crise politique interne est trop grave pour qu'il se rende en Egypte, un voyage qui serait aussi épuisant que passionnant. Eugénie prépare donc ses malles, elle ira elle-même aux fêtes de l'inauguration de la voie navigable de huit mètres de profondeur. L'Impératrice n'entreprend pas ce voyage pour de seules raisons de prestige politique ni même de solennité, voire de complicité familiale puisque la mère de Lesseps et la mère de la comtesse de Montijo étaient sœurs. Ferdinand a d'ailleurs demandé à l'Impératrice d'être la marraine du canal. Depuis des mois, elle est progressivement écartée des affaires publiques, les ministres restent muets devant elle et, à l'évidence, ses avis sont tenus pour quantité négligeable. La plaie mexicaine n'y est pas étrangère. Elle se résigne, le moment n'étant pas indiqué pour se permettre des sautes d'humeur. Quand son aumônier vient lui recommander un de ses amis pour un poste de sous-préfet, qui lui avait d'ailleurs été promis, elle lui répond, lasse et ennuyée des prétentions de l'ecclésiastique :

— Je ferai ce que je pourrai, mais il vaudra mieux dire que cela ne vient pas de moi car la démarche nuirait à votre protégé...

Elle est en quarantaine et l'Empereur n'insiste pas en sa faveur. Ajoutons que le souverain, au milieu de ses déconvenues politiques et sociales, prend tout de même le temps de faire la cour à une élégante jeune femme blonde, la comtesse de Mercy-Argenteau. La dernière favorite, pas la pire, mais qui n'oublie pas de rappeler qu'elle aime les bijoux. Ce voyage jusqu'à Suez est donc pour l'Impératrice une revanche en même temps qu'un éloignement salutaire. Elle ne peut emmener son fils car Napoléon III veut garder le prince auprès de lui. Ainsi, pourra-t-il raconter à sa mère que son cher papa a beaucoup travaillé à cette *Vie de Jules César* commencée il y a près de vingt ans...

Libre d'organiser son voyage, la souveraine le prépare, cartes en main. Elle va prendre son temps. Sa suite est nombreuse, Eugénie est accompagnée de six dames d'honneur (il a fallu choisir!), de ses deux nièces d'Albe et de l'escorte qui convient. L'expédition commence en train par l'Italie, avec un arrêt à Magenta, où elle se recueille sur le champ de bataille. A Venise, on lui explique la vieille rivalité des cafés de la place Saint-Marc, ceux qui étaient fréquentés par les Autrichiens et ceux, au contraire, comme le célèbre Florian, où l'on conspirait contre Vienne. Elle se régale des spécialités, les trouvant nettement plus appétissantes que la cuisine des palais impériaux! Le voyage serait une longue détente s'il n'y avait quelques obligations. Le roi Victor-Emmanuel, dont les moustaches ont encore allongé et qui s'est fait la tête d'un traître de mélodrame – il l'est – se surpasse en vulgarité. Il vitupère contre l'Eglise et enchaîne, d'après une suivante d'Eugénie, sur les inconvénients, pour une femme encore jeune, d'avoir un vieux mari. Tout en délicatesse!

Eugénie, dans une colère andalouse, tape de son petit pied (si petit qu'elle donne ses chaussures aux pensionnaires de son orphelinat) et lance:

– Quel mufle! Il veut nous apprendre à nous tenir sur notre trône alors qu'il ne sait se tenir ni à table ni sur un cheval!

L'étape grecque la déçoit et on le regrette pour elle. Toutes ces ruines, pourtant admirables, lui causent une nostalgie presque philosophique. Ces cités mortes, ces empires engloutis, ces querelles qui favorisent l'effondrement... Un détour, par Constantinople, lui fait découvrir les charmes d'un Orient proche et lointain, les palais de marbre (elle réside dans celui de Beyler Bey, sur le Bosphore) et les inconvénients d'être une femme, même impératrice française, au pays des harems. Le sultan ne lui adresse pas la parole et c'est à peine s'il lui a offert son bras pour se rendre au banquet. En compensation, elle reçoit la visite de la favorite du sultan silencieux. Elle est accompagnée des beautés du harem, babillantes, excitées, seulement capables de s'extasier sur les tenues des visiteuses.

– Charmantes mais stupides! déclare Eugénie après leur départ.

Vient l'heure des présents et Cécile de Nadaillac, née Delessert, très fidèle amie de l'Impératrice, manque de s'évanouir. En effet, Abdul Aziz offre un somptueux tapis de soie. Au centre, un visage, c'est celui de Napoléon III. Touchante attention. L'Impératrice remercie Son Excellence quand elle remarque que les cheveux, la barbe et les moustaches de l'effigie sont authentiques. Bizarre... et de mauvais goût. Le pire survient quand le grand vizir, dans une onctueuse explication, assure qu'ils ont été pris sur la tête d'un condamné à mort, juste après sa décollation au sabre! Quelle horreur! Et Cécile de Nadaillac, qui n'a pas entendu ces raffinements, pousse un cri devant le portrait de Napoléon III qu'elle n'a pas identifié dans les plis ourlés de la soie :

– Mon Dieu! Que cet homme est laid!

Quel souvenir de la Sublime Porte! Eugénie, d'ailleurs, n'avait pu oublier un mot délicieux qui avait fait rire dans Paris quand la marquise de Contades, l'une des maîtresses de l'Empereur, avait obtenu, sur l'oreiller, que son époux diplomate soit nommé attaché d'ambassade à Constantinople. On s'était alors répété à l'oreille qu'elle avait « mis son mari à la Porte »!

Où sommes-nous? Dans un conte féérique, digne des *Mille et Une Nuits*. A la mi-novembre, Port-Saïd connaît un embarras de bateaux sans précédent. Les têtes couronnées d'Europe se succèdent dans des flottilles variées, civiles et militaires, au milieu des felouques romantiques. Un spectacle extraordinaire. L'Impératrice est métamorphosée. Elle est gaie, enjouée, fait danser l'équipage de son bateau, l'*Aigle*, au son d'un inévitable piano mécanique. Le commandant, M. de Surville, est choqué. Que la France est loin! Homme du monde, honoré de la présence de l'Impératrice, le Khédive a fixé le début des manifestations au jour de la Sainte-Eugénie. Tôt le matin, dans le ciel pur d'Egypte, les bâtiments pavoisés se rassemblent. Escorté d'une vingtaine de navires, voici l'*Aigle*. Son arrivée est la plus spectaculaire. Le pavillon français est au grand mât du yacht – celui du milieu –, les salves des canons saluent l'entrée de l'Impératrice. En face et autour, cinquante vaisseaux de guerre et trente de commerce composent un défilé de voilures, de cheminées, d'aubes, de vergues et de bastingages vernis. Tous les marins sont en blanc et crient des « Hurrahs ! » peu réglementaires mais vibrants. Les pavillons claquent, anglais, autrichien, allemand, russe, hollandais, danois, suédois, norvégien, espagnol. Toute l'Europe est présente et personne ne peut douter que l'Impératrice soit l'invitée d'honneur de ces fêtes qui dureront plusieurs jours. Mme de Nadaillac : « (...) Les sons de la musique se mêlent aux acclamations parties des vaisseaux et à celles de la population groupée sur le rivage ; l'enthousiasme est sur tous les visages, l'émotion dans tous les cœurs. L'*Aigle* s'arrête, jette l'ancre et, au milieu de cette scène indescriptible, l'Impératrice exprime ses impressions : " De ma vie, je n'ai jamais rien vu de plus beau ! " »

Le Khédive, Ferdinand de Lesseps et ses fils montent à bord. Eugénie règne sur ces moments extraordinaires, présidant la rencontre qui doit apporter l'harmonie entre l'Occident et l'Orient. On défile à bord du yacht impérial. L'empereur François-Joseph paraît heureux de revoir l'Impératrice ; il est accompagné des ministres Beust et Andrassy, l'un chargé de la politique autrichienne, l'autre de celle de Hongrie, illustrant le fonctionnement de cette curiosité qu'est la double monarchie.

Si, en raison de ses amours choisies dans le Gotha, Hortense Schneider avait été surnommée *Le Passage des princes*, le yacht de l'Impératrice est un défilé de princes. Russie, Hanovre, Hesse, Aoste, Egypte... Héritiers, grands-ducs, frères, cousins, excellences se succèdent. Les Tuileries sur les bords du Nil. Seule l'Angleterre minimise sa présence. Depuis la mort d'Albert, Victoria, veuve inconsolable, éplorée, semble être à la dérive. Son personnel a porté un brassard noir pendant un an. Le gouvernement britannique, s'il reconnaîtra le fantastique travail accompli par Lesseps et lui accordera une prestigieuse décoration, réduit sa présence à celle de son ambassadeur auprès de la Porte, sir George Elliott, une façon de marquer sa distance avec l'empereur de la communication, Napoléon III le têtu, qui a osé braver l'Angleterre sur la route des Indes. En début d'après-midi, une cérémonie religieuse, que nous qualifierions d'œcuménique, est chargée de placer l'œuvre des hommes sous la protection divine. Devant le quai Eugénie – décidément, le Khédive est gentilhomme – sont installées trois estrades, celle du milieu réservée au vice-roi pour ses invités, celle de gauche pour la cérémonie musulmane, celle de droite pour l'office chrétien. Il faut signaler qu'une telle réunion de croyances n'avait jamais eu lieu en Orient; en soi, l'initiative, due au Khédive, est une œuvre pionnière, en harmonie avec le canal. Le grand Mufti puis l'évêque d'Alexandrie interviennent. On prie au nom de la fraternité si chère à Ferdinand de Lesseps. Puis, d'une manière que le protocole n'avait pas prévue, voici Mgr Bauer, l'aumônier de l'Impératrice qui se lance dans une longue homélie.

Or, Mgr Bauer n'avait pas été invité à faire partie de la suite impériale; il était même, depuis quelques jours, en disgrâce, Napoléon III étant choqué du luxe de ses soutanes et de ses mondanités de prédicateur cherchant à se mêler de tout. «Israélite hongrois converti au catholicisme par la Sainte Vierge qui lui était apparue, prétendait-il», souligne Ghislain de Diesbach, cet abbé de Cour a fini par agacer aussi l'Impératrice qui n'avait pas tenu à ce qu'il l'accompagnât. Arrivé de son côté il y a une semaine, il s'était empressé de télégraphier à Eugénie; elle était alors en excursion sur le Nil. Pique-assiette expérimenté, il s'était invité à déjeuner au retour de la souveraine. L'équipage de l'*Aigle* rechignait, tant le personnage était satisfait de lui-même. Eugénie ne savait plus comment s'en débarrasser.

Le sort s'en était mêlé. Le commandant en second, Sibour, est un neveu de l'archevêque de Paris assassiné en 1857 par un déséquilibré. A la table d'Eugénie, Mgr Bauer cherchait à relever la conversation qui tombait. Il eut l'idée de demander à l'officier s'il avait une parenté avec Mgr Sibour. «Oui, son fils», répondit sèchement le second de l'*Aigle*, «ce qui égaie toute la table et scandalise l'Impératrice [1]»!

Mgr Bauer persiste. Son sermon, interminable, est emphatique. Certes, le caractère historique de l'événement incite au superlatif. Mais, après avoir insisté auprès d'Eugénie pour prendre la parole – que faire, mon Dieu, que faire? –, ce prélat trop courtisan, se met à vanter «l'âme virile de l'Impératrice»! Le soleil de Port-Saïd a sans doute échauffé Mgr Bauer car on peut tout dire d'Eugénie sauf lui attribuer une quelconque virilité!

Le lendemain. Moment de la vérité. Dès huit heures du matin, l'armada inaugurale se prépare. Yachts impériaux,

1. Ghislain de Diesbach, *Ferdinand de Lesseps*, Perrin, 1998.

bâtiments des marines, paquebots des compagnies, navires de commerce et bateaux particuliers se dirigent vers l'entrée du canal. L'émotion est accentuée par des craintes techniques ; le dragage est insuffisant, il a fallu jalonner un chenal et limiter la navigation à un tirant d'eau de cinq mètres. Honneur à la France, honneur à l'Impératrice, l'*Aigle* s'avance lentement, suivi par le yacht impérial autrichien. Les roues à aubes battent une eau jaune. Trop de sable... Le capitaine de Surville est tendu, l'équipage aux postes. Aidé de pilotes, le bateau progresse, non sans arracher quelques poteaux qui devaient le guider. La manœuvre est périlleuse car, entre les risques d'ensablement et d'échouage, il y a ceux d'abordage avec les navires qui suivent. A la poupe du yacht impérial, les marins hissent les signaux de manœuvres pour tous ceux qui les suivent. Devant, rien sinon des foules en délire. Sur le bateau, le silence est total ; les nièces d'Eugénie ont même fini par se taire ! On entend les ordres du commandant au timonier, les indications des pilotes, les premiers en fonction sur le canal. Sur le pont, l'Impératrice agite son mouchoir, ce qui fait redoubler les acclamations.

La souveraine des Français ouvre la voie qui va changer les relations mondiales. Son yacht, qui fait près de cent mètres de long, met quatre heures pour parcourir quarante-quatre kilomètres. En arrivant à Ismaïlia, le triomphe tourne au délire, d'abord parce que la population est passée de cinq mille personnes à cent mille qui guettent les fumées noires depuis les hauteurs. Alors que le yacht impérial, toujours aussi lent, se pare d'une dignité rare, celle où la beauté retient les minutes, Eugénie est à côté de son cousin, remonté de la cabine où il s'était écroulé de fatigue après des mois de labeur et de difficultés. Voici trois navires égyptiens à sa rencontre : ils viennent de la mer Rouge, c'est fabuleux ! La navigation a commencé dans les deux sens. L'Impératrice fait avancer son cousin, courtoisement en retrait ; elle veut qu'il soit vu, fêté, acclamé car même si elle est émue aux larmes de ces moments inouïs qu'elle est, protocolairement, la première à vivre, elle sait qu'il est le véritable héros de cette aventure, un homme que Napoléon III a soutenu contre les réticents, les sceptiques et même les saboteurs diplomatiques. Un visionnaire qui a persuadé l'Empereur que l'avenir et le rayonnement français passeraient par l'Egypte.

Sur les rives, recouvertes d'une verdure provisoire, des feuilles sont disposées en immenses lettres : « Vive l'Impératrice ! » Des salves d'artillerie terrestre – un régiment est venu pour la circonstance – saluent l'arrivée de la corvette impériale sur le lac Timsah, le premier dans le sens nord-sud. L'ancre est jetée, le Khédive monte à bord, présente ses hommages à l'Impératrice et, avec encore plus d'empressement, se jette dans les bras de Lesseps. Le soir va dépasser en fastes orientaux tout ce que l'on pouvait imaginer. Un amateur d'opéra pourrait se croire à une représentation des Indes galantes, avec une magnificence qu'aucun théâtre ne saurait mettre en scène. Un théâtre, oui. Voici des Bédouins, avec armes et chevaux, des messieurs du Jockey Club suffoquant dans leurs redingotes ! Des journalistes et des personnalités parisiennes, dans des tenues voyantes, qu'on ne retrouvera que chez Jules Verne, pour *Le Tour du monde en quatre-vingts jours*. Il y a des rencontres de civilisations, l'ombrelle des Européennes contre le voile des musulmanes, des bachi-bouzouks de l'Empire ottoman face aux hussards hongrois. Burnous, caftans, hauts-de-forme, bicornes emplumés, dromadaires patients, ânes résignés, de mémoire d'Egyptien on n'a jamais vu cela mais, sur l'ancienne terre des Pharaons, le monumental s'impose. Eugénie, dont les effusions en public sont rares, prend la main de son cousin et lui lève le bras. Un geste merveilleux. Lui, ses ingénieurs, ses terrassiers, ses financiers, ont vaincu l'obstacle du désert, l'eau coule sur cent quatre-vingt-treize kilomètres. On remarque l'intérêt de l'Impératrice pour tous les aspects techniques et économiques de l'aventure ; elle pose de nombreuses questions sur ce déblaiement de soixante quinze millions de mètres cubes.

Dans cet indescriptible caravansérail qui renvoie même l'Exposition universelle au rang d'un commerce provincial, quelques incidents paraissent minimes. L'Impératrice avait demandé qu'on construise un chalet mais il menace de s'effondrer, les successeurs des bâtisseurs de pyramides sont pris en défaut. La statue équestre de Napoléon III n'a pu être achevée ; de même, l'opéra commandé spécialement au grand Verdi n'est pas prêt ; on attendra encore un an avant d'entendre les trompettes d'*Aïda*. Quelques accrochages de bateaux et un début d'incendie dans la résidence de Ferdinand de Lesseps ne peuvent entamer la ferveur des foules.

L'homme du jour est heureux, y compris dans sa vie personnelle puisque, dans moins d'une semaine, il va se remarier avec une jeune femme qu'il a rencontrée, justement, aux Tuileries, lors d'un des fameux *lundis de l'Impératrice*. Elle a vingt et un ans, lui en a quarante-quatre de plus qu'elle! Le résultat de cette passion? Douze enfants, encore un exploit! L'envoyé spécial du *Figaro*, Emile Zola, écrit : « Après avoir marié les deux mers, Ferdinand de Lesseps va se marier lui-même. » Banquets, feux d'artifice, parades, bals se suivent. Eugénie fait ses débuts à dos de dromadaire, sa suite ballottée dans un char à bancs. Le Khédive n'a pas tout montré : voici un dîner préparé par cinq cents (!) cuisiniers, dont beaucoup sont venus d'Europe; on annonce vingt-quatre plats... mais il n'y en aura pas pour tout le monde car, même dans le désert, on croise des gens aussi mal élevés qu'aux Tuileries.

Après une nuit de calme sur le lac Amers, la flottille avance dans l'atmosphère de l'ancienne Egypte. Il n'y a que la nature, des silhouettes au loin, la lumière blanche et le sable foulé par les conquérants. Après une dernière navigation d'environ quatre heures, le 20 novembre 1869, l'*Aigle*, qui a doublé Suez, passe devant Port-Taufiq et entre en mer Rouge. Le calcul de Lesseps était à peu près tenu; il escomptait environ quinze heures de transit, la corvette en avait mis seize. Le monde avait changé, il comportait un immense trait d'union artificiel. Un ultime banquet officiel est donné à Suez, servi par des valets à la française. L'Impératrice, étincelante de diamants, est assise entre François-Joseph et le prince royal de Prusse. Resplendissante, elle attire tous les regards et préside le gala, face au Khédive, qui a tenu à prendre Lesseps à sa gauche. Au nom de l'Empereur, Eugénie élève son cousin à la dignité de grand-croix de la Légion d'honneur. Elle lui remet aussi une surprenante coupe argentée en forme de galère. Un écusson gravé permet de lire : « A. M. Ferdinand de Lesseps, l'Impératrice Eugénie. 22 novembre 1869 [en chiffres romains]. Suez. » Napoléon III avait également souhaité accorder à l'audacieux Français le titre de duc de Suez mais il avait refusé, c'était trop. De toute manière et par-delà les aléas et les ingratitudes de l'Histoire, il reste l'homme de Suez.

Le lendemain, l'*Aigle* fait route, à nouveau, en direction de Port-Saïd. Le commandant de Surville espère que la Méditerranée sera clémente car la corvette, en combinant sa voilure et son moteur de cinq cents chevaux, file quinze nœuds mais ne tient pas parfaitement la mer. Construit à Cherbourg, en 1857, l'*Aigle* est un bâtiment magnifique, décoré avec éclat bien que finalement peu confortable lors d'une traversée. Pas très rassurée, Eugénie s'enferme dans sa cabine, prétextant une horrible migraine et « qu'un cercle de feu lui enserrait la tête ».

Dans peu de temps, elle allait souffrir d'autres névralgies, inguérissables.

L'exclue

Le jour même où Eugénie remonte vers la Méditerranée, Napoléon III et le Prince Impérial quittent Compiègne. Ils ne reverront jamais ce palais... En l'absence d'Eugénie, l'Empereur y a séjourné avec son fils, du 12 octobre jusqu'à ce 21 novembre mais dans des conditions fort différentes des habituelles séries. Peut-on parler d'une série lorsqu'une quarantaine d'invités seulement ont été reçus entre le 10 et le 16 novembre? L'Empereur a demandé à sa cousine Mathilde d'être la maîtresse de maison. Elle ne s'est pas fait prier, est arrivée dès le 8 novembre, s'est installée dans les appartements du roi de Rome, a tout préparé et inspecté avec un profond plaisir. Elle savoure cette joie subtile de briller à la place d'une autre femme, la titulaire. Dans une lettre, elle décrit cette complicité retrouvée avec l'Empereur, lui-même enchanté qu'elle l'assiste, « heureuse de me trouver près de lui et de son fils qui grandit et devient un jeune homme remarquant fort bien les jolies femmes ». Un moment exceptionnel puisque c'est la première fois que l'Impératrice est absente pour la Sainte-Eugénie; on tire, quand même, un feu d'artifice. Mathilde est parfaite, mettant à l'aise les hôtes étonnés d'être aussi peu nombreux. Mais le souverain, lorsqu'il paraît, se montre enjoué et plus vif que ces derniers temps. « Même dimanche soir, il a dansé *Le Carillon de Dunkerque*, obligeant toutes les dames, vieilles ou jeunes, à faire comme lui. Les ministres se sont mis de la partie. Pendant près de deux heures, danseurs et danseuses ont tourbillonné sans arrêter un instant. » L'intendance, qui n'est pas le point fort de la princesse, laisse à désirer : deux poulets pour quarante personnes, n'est-ce pas un rationnement? On fera des sandwiches avec le pain de la garde et on boira du champagne que certains cuistres mélangeront à de l'eau. Effectivement, l'Impératrice est absente... Compiègne n'est plus Compiègne. Déjà.

En vérité, l'Empereur vit des heures difficiles. Il lui faut constituer un nouveau gouvernement et il s'est résolu à appeler en consultation Emile Ollivier, brillant avocat libéral qui, comme Lesseps, vient d'épouser une jolie jeune fille de vingt-cinq ans sa cadette.

La rencontre a lieu dans un climat de conspiration, le 1er novembre. Ollivier a été prié de prendre un train le soir, de retirer ses lunettes et de s'envelopper d'un cache-nez pour ne pas être reconnu. Que de précautions! Ce même jour, selon les instructions du grand chambellan « pendant le séjour de Sa Majesté », huit trains Paris-Compiègne-Paris sont prévus dont un seul express spécial. Le visiteur a été contraint d'utiliser une rame ordinaire et d'avoir l'air ordinaire. Napoléon III l'a remercié de son dérangement, a demandé qu'on apporte du thé et c'est le visiteur qui a fait le service. Les deux hommes ont parlé deux heures. Les premiers mots de Napoléon III ont été « la situation est grave, c'est la liberté qui est en péril... » Ollivier a développé les avantages d'un système monarchique constitutionnel, suggérant au souverain de se faire discret « petit si vous désirez qu'on ne vous aperçoive pas ». Etrange rendez-vous où Napoléon III est apparu « en bonne santé, gai, causeur, rieur et d'une parfaite simplicité ». S'agissant de la simplicité, elle est réelle et bien connue. Pour le reste, on peut se demander si Emile Ollivier avait rechaussé ses lunettes car, ainsi que Mathilde l'a observé, son cousin a encore vieilli et ses yeux se sont alourdis de poches très plissées. Au hasard des rumeurs, la Bourse elle-même donne des signes d'affolement. En se retirant, Ollivier a précisé qu'il lui semblait inopportun que l'Impératrice se mêlât désormais des affaires politiques. Il y avait là plus qu'un souhait; c'était une condition à son éventuelle entrée au gouvernement.

Cette entrevue, en fait décisive, a été précédée et suivie de nombreuses visites de ministres en exercice, du 14 au 23 octobre. D'autres, très brèves, pour quelques heures seulement, huit en tout, se succéderont entre le 2 et le

8 novembre. Les chasses à courre avaient été maintenues mais le Prince Impérial y participait seul, son père restant enfermé dans son cabinet, échafaudant toutes les combinaisons possibles pour conduire une politique populaire sans céder à toutes les revendications. Enfin, il avait passé quatre jours seul avec son fils, revisitant Pierrefonds dont les maçonneries sont achevées ainsi que la couverture de la chapelle.

Ils étaient repartis pour Paris. Le piano mécanique était fermé, le billard japonais et les fauteuils sous housse. Compiègne entrait dans un long sommeil. Mathilde avait encore accompagné son cousin à la Comédie-Française où un gala « égyptien » était donné en l'honneur du génial M. de Lesseps et on avait écouté Mmes Agar et Ordens lire un poème de circonstance, l'*Isthme de Suez*. La princesse avait achevé sa mission et Napoléon III s'était déclaré ravi de son duo impérial. En l'embrassant, Mathilde s'était permis de dire qu'elle allait retrouver sa peinture et sa « solitude animée ».

Pour quelles raisons Emile Ollivier est-il hostile à l'Impératrice ? Il faut se reporter trois ans plus tôt. Elle avait souhaité rencontrer cet homme brillant qui ne cessait de critiquer la politique impériale. L'une et l'autre s'étaient aimablement opposés, sans pouvoir se convaincre. Il lui avait dit : « Si, pour être libres, il faut, comme le veut l'Empereur, que nous soyons tous vertueux, religieux, ce sera bien long, Madame. » Eugénie avait souri. Puis, selon les souvenirs rassemblés par les proches du député : « ... Une fenêtre du salon ayant été brusquement ouverte par le vent, ils se levèrent tous deux pour la fermer. Elle essaya d'y parvenir toute seule mais n'y réussit qu'avec l'aide d'Emile Ollivier. Une Romaine eût peut-être vu là un présage ; l'Impératrice n'était pas une Romaine... Elle fit seulement, peu après, supplier Emile Ollivier de ne rien faire qui le rendît impossible. Se rendre possible, c'est-à-dire ministre, était le dernier souci d'Emile Ollivier et il ne tint aucun compte de la prière. » En d'autres termes elle avait espéré qu'il entrerait dans le Cabinet. Trois ans plus tard, il y était prêt, à condition qu'Eugénie n'intervienne plus.

Le 27 décembre, l'Empereur charge l'avocat-député de lui indiquer une liste de personnages pouvant former un cabinet représentant la majorité parlementaire. Le 2 janvier 1870, Emile Ollivier est officiellement garde des Sceaux mais en ce premier dimanche de l'année nouvelle, une révolution institutionnelle se déroule aux Tuileries puisque, si le souverain préside toujours le Conseil, ce n'est plus lui qui choisit les ministres mais Ollivier. Le ministre de la Justice exerce, en fait, une fonction de Premier ministre avec des hommes entièrement nouveaux autour de lui, dont six du centre droit et du centre gauche, tous parlementaires. L'Impératrice n'est pas conviée. Elle remarque le nombre des participants qui ont le droit de s'asseoir à la table avec l'Empereur. En tout, ils sont treize. Sans être Romaine, Eugénie l'Espagnole n'élimine jamais la superstition. Fort vexée, la souveraine fait savoir ce qu'elle pense de son élimination après les tâches accomplies et deux régences satisfaisantes. Le lendemain, les nouveaux ministres viennent lui présenter leurs devoirs. Avec une hostile sécheresse, elle les fixe et déclare :

– Les ministres qui ont la confiance de l'Empereur sont sûrs de ma bienveillance.

La guerre est déclarée aux Tuileries, Eugénie bat en retraite, de plus en plus angoissée par la santé du souverain. Mais dans ce domaine aussi, il se passe de ses avis... Mérimée, amaigri comme un oiseau malade, résume l'atmosphère en écrivant à la comtesse de Montijo : «Tout le monde a peur sans savoir pourquoi. C'est une sensation comme celle que fait éprouver la musique de Mozart, lorsque le Commandeur va paraître.» La véritable raison de la mise à l'écart d'Eugénie est le transfert du centre d'intérêt de la vie publique de l'extérieur vers l'intérieur. Dans ce domaine, elle est peu intervenue; elle a toujours manifesté une méfiance contre un trop grand libéralisme dont le résultat, selon elle, n'apaise rien mais au contraire précipite ses partisans vers l'abîme. L'Empire, elle le sait, ne s'est pas construit sur la démocratie. Grandeur, prospérité et rang mondial retrouvés sont les fruits d'un régime autoritaire et, finalement, Rouher, avec sa finesse auvergnate, lui avait beaucoup appris. Navrée de l'évolution suivie depuis, en fait, trois ans, elle dira, plus tard : «(...) J'ai lutté de toutes mes forces contre cette résurrection du parlementarisme», ce qui sera appelé, en d'autres temps, le régime des partis.

Emile Ollivier semble lui-même conscient des limites de la situation qu'il a pourtant appelée de tous ses vœux en décla-

rant, le 9 janvier : « Personne ne peut refuser son concours à
la constitution d'un gouvernement qui donne le progrès sans
la violence et la liberté sans la révolution. » La libéralisation
veut s'accélérer mais elle est dépassée par des événements.
Le préfet Haussmann a été limogé, son crime principal ayant
été de rénover Paris au moyen d'emprunts mais comment
fallait-il agir ? Une caricature du fameux dessinateur Cham
montre un ouvrier qui pleure : « Adieu, M. le Préfet! Nous
vous aimions bien ! » Pendant des années, il avait eu du travail, un vrai labeur et un salaire ; même dans des conditions
difficiles, n'était-ce pas préférable à l'utopie des Ateliers
nationaux ? Rapidement, le gouvernement desserre l'autorité,
assouplit davantage son contrôle, supprime les tribunaux
d'exception. Pour les républicains, l'ouverture demeure
insuffisante mais elle satisfait les libéraux, les protection-
nistes et même les milieux catholiques. Eugénie avouera :
« Je ne comprenais pas ce qui avait pu décider l'Empereur à
une innovation aussi grave. » Deux explications peuvent être
apportées, étroitement liées.
    La première est la fatalité, autrement dit le manque de
chance qui transforme un incident mineur en affrontement
grave, l'opposition récupérant un symbole qui vient renforcer
son mécontentement. L'assassinat du journaliste Yvan Sal-
mon, dit Victor Noir, par le prince Pierre Bonaparte, est un
drame mais aussi un tremplin. La raison en est confuse,
sinon une insulte envers la famille impériale par Rochefort et
son journal. Les conditions de la mort de Victor Noir, non
éclaircies, n'importent plus ; c'est un Bonaparte qui a tiré. Il
s'agit d'un parent que l'Empereur ne recevait plus aux Tuileries depuis longtemps. Mais quand on s'appelle Bonaparte,
le nom suffit. Napoléon III, qui apprend la nouvelle en descendant de son train qui le ramène de Rambouillet, devient
très pâle, donne l'ordre d'arrêter le prince et de le conduire à
la Conciergerie. Ainsi qu'il l'avait remarqué avec accablement, l'Empereur « a sa famille ». Les obsèques de Victor
Noir, qui déplacent une foule immense, chauffée contre le
nom de « Bonaparte assassin », sont habilement gérées par
Emile Ollivier ; il évite l'émeute. Mais l'Empereur est
consterné. A deux témoins, qui ne le révéleront que plus
tard, l'historien Ernest Lavisse et Maxime Du Camp, il dit,
en regardant la foule qui défile sous ses fenêtres . « Si ces

braves gens savaient combien il est facile d'entrer ici, nous
ne coucherions pas ce soir aux Tuileries. » Lavisse conclut :
« Le pauvre homme ne croyait plus en lui. »

La seconde raison, qui est peut-être la première, est la
santé de l'Empereur. Eugénie l'a vu pâlir davantage à
l'annonce du fait divers impliquant Pierre Bonaparte.

Le monarque souffre toujours, Plombières, Vichy n'ayant
apporté qu'une illusion de rémission. Or, devant l'attitude
des ministres qui interdisent la porte du Conseil à l'Impératrice, Eugénie commence à se poser la question d'une autre
manière : l'Empereur a-t-il toutes ses capacités pour régner?
Effacée, elle surmonte la vexation pour s'interroger sur sa
propre utilité. Elle sent l'Empereur isolé et elle ne l'assiste
plus. Au cours de ces semaines, quand quelques quéman-
deurs, qui feraient la quête au milieu des ruines, lui
demandent une faveur ou une grâce, Eugénie, de très mauvaise humeur, leur lance :

– Adressez-vous aux ministres. Moi, je ne suis plus rien !

Il s'agit d'une véritable crise de jalousie lorsqu'on retient
cet autre remarque :

– Je ne sais vraiment quel charme a M. Ollivier. L'Empereur en est amoureux...

Et Eugénie, dépitée, est en furie contre ce gouvernement
dit « des bonnes volontés » ou encore « des gens honnêtes »,
ce qui laisse entendre que les précédents Conseils étaient
malhonnêtes, Conseils dont Eugénie faisait partie. Félix, le
chef des huissiers du Cabinet de l'Empereur, est à un poste
d'observation privilégié; il comptabilise les incidents, prend
la température des échanges, enregistre les sympathies autant
que les inimitiés. Il note :

– Le patron a une grande affection pour M. Ollivier mais
la patronne est pour lui comme une hyène. « Regardez-le !
fit-elle en le montrant un jour qu'il se trouvait dans le même
salon, ne dirait-on pas qu'il croit nous avoir sauvés ? »

Ainsi, bien qu'elle ait subi toutes les avanies conjugales
possibles, après avoir été trahie par ses meilleures amies
– c'était tellement facile ! – Eugénie est revenue pour se voir
retirer la confiance de son mari, un abandon expressément
souhaité par des hommes avec lesquels Napoléon III est
contraint, maintenant, de partager le pouvoir. L'Impératrice,

la régente, la mère du Prince Impérial, toutes ces considérations et ces réalités n'ont plus cours. Eugénie vit les affres d'une crise de jalousie intellectuelle et politique. On vient de lui retirer ce qui avait servi son ambition et remplace bien des secrets désirs. Une frustration douloureuse qu'elle ressent telle une injustice. Même le triomphe de Suez – elle avait appuyé les efforts de Lesseps – est sali car voici qu'une de ces infâmes brochures satiriques circule à nouveau, réduisant la réussite extérieure à un défilé d'opérette bon marché.

Pour contourner les restrictions à la liberté de la presse, supprimées en 1867, des publications avaient adopté des titres insignifiants, à caractère neutre et pédagogique. Si, au ministère de l'Intérieur, un fonctionnaire s'était donné la peine de feuilleter *La Science pour tous*, il aurait appris de nouvelles notions sur les animaux... En effet, une série, très méchante, est consacrée à *La Ménagerie impériale*. C'est une galerie de portraits des Bonaparte, classés comme des oiseaux, par numéros. Ainsi, *L'Aigle* est-il présenté le premier, dans toute sa cruauté sanguinaire. En numéro deux, *La Grue* est Eugénie. La caricature, féroce, représente une grue de trois quarts, portant une boucle d'oreille, dite, selon la légende, en *pose-bêtise* c'est-à-dire sur sa patte droite, la patte gauche tenant un poudrier. Le décor? Une pyramide et un temple égyptiens dans le désert, entre des palmiers-dattiers. Le texte révèle une impertinence, une vitalité et une liberté de ton rarement constatées. Le triomphe d'un esprit boulevardier qui, grâce à la censure l'obligeant à des métaphores, modernise autant la presse que l'opposition en maniant l'arme du ridicule. Non sans faire des ravages... Selon Henri Rochefort, expert en mots blessants, à propos de la grue « ... On y expliquait que cet échassier marchait en se dandinant et en soulevant ses plumes et ses ailes, ce qui lui donnait l'air de porter une crinoline... Le savant en comptait plusieurs espèces, notamment la *grue couronnée* qui se montrait quelquefois sur les balcons des Tuileries. » En cherchant bien, on trouverait, dans le parc de Saint-Cloud, une variété de *grue espagnole*...

L'Impératrice et la princesse Mathilde partagent une situation comparable, la perte d'influence. La cousine de l'Empereur apprend que M. Ollivier vient de relever de ses fonctions Nieuwerkerke par suite de la constitution d'un ministère des Beaux-Arts, confié, par hasard, à un proche d'Emile Ollivier, Maurice Richard[1]. Le *beau Batave* est disgracié ; il avait déjà perdu l'amour de la princesse mais il est vrai qu'il s'y était employé en la trompant avec récidive. Mathilde était libre et cet état lui convenait.

On rit peu, sauf dans l'opposition, mais c'est un ricanement, dans l'esprit de la remarque de Jules Vallès qui, après l'assassinat de Victor Noir, avait dit : « L'Empire a sa balle au cœur. » Et pourtant, le régime vit encore et s'autorise même un divertissement en invitant Eugène Labiche, déjà joué à Compiègne, à faire représenter aux Tuileries sa pièce *La Grammaire* signée avec Jolly. Le Prince Impérial est l'un des acteurs ; c'est un secret. Devant ses parents, Mathilde et beaucoup de gens émus, l'héritier prononce un petit compliment rédigé par son aide de camp, le général Frossard. Il se termine par ces vers :

On n'a pas toujours là
Un si beau parterre
On n'a pas toujours là
Maman et papa.

La vie familiale, en effet, est aussi bousculée que la vie politique. Encore fragile, la nouvelle orientation du gouvernement doit être clarifiée pour être mieux assise. Si le soutien populaire entérine les idées libérales, le régime impérial est sauvé. Aussi, l'extraordinaire succès du plébiscite organisé le 8 mai apparaît-il comme un triomphe de manœuvre intelligente. Par 7 336 000 oui contre 1 560 000 non et 1 894 000 abstentions, une large majorité de Français approuve l'instauration officielle de l'Empire libéral.

Un sang neuf coule dans les veines de la France impériale et, comme d'habitude, les campagnes et le monde paysan ont soutenu l'Empereur sans réserve ; son nom y est resté magique.

Eugénie observe Emile Ollivier. Il savoure cette victoire, qui est aussi la sienne, comme il a savouré, un mois plus tôt, son

---

1. Une exposition, longtemps différée, a été organisée au musée national du château de Compiègne sur le thème « Le comte de Nieuwerkerke, Art et Pouvoir sous Napoléon III », du 6 octobre 2000 au 8 janvier 2001. Mlle Françoise Maison, conservateur en chef et M. Philippe Luez, conservateur, ont assuré le commissariat de cette rétrospective attendue, la première consacrée à ce personnage dont l'influence fut déterminante pour la vie artistique sous le Second Empire.

élection à l'Académie française. Les républicains sont anéantis, découragés. Léon Gambetta marmonne : « L'Empire est plus fort que jamais » et Jules Favre avoue son désarroi : « C'est un nouveau bail. » L'Empire, perfusé par le soutien populaire, se porte donc beaucoup mieux ; en revanche, le souverain est toujours malade, frissonnant, presque immobile au coin du feu allumé malgré la venue des beaux jours. Mathilde s'interroge : l'Impératrice est-elle consciente de l'état de son mari ? Elle l'est malgré elle. Une de ses proches, la duchesse de Mouchy, effarée de cette persistance aggravée des douleurs, finit par la convaincre qu'il n'y a pas d'affaire plus urgente que la santé de Napoléon III, maintenant que le danger politique s'est éloigné. Elle la supplie de convoquer un homme au diagnostic réputé, le docteur Germain Sée, professeur de pathologie médicale à la Faculté de Paris. C'est entendu, qu'il vienne. Il est républicain ? Peu importe, un patient n'a pas d'opinion et un médecin doit respecter son serment. L'essentiel est que ce médecin d'une cinquantaine d'années soit très avisé. Il n'est pas davantage courtisan.

A la demande de l'Impératrice, le professeur Sée se rend, secrètement, au palais de Saint-Cloud. Nous sommes le 19 juin 1870, une date historique dans l'intimité impériale puisque l'Empereur a accepté d'être examiné... Enfin un véritable examen. Germain Sée confirme l'existence d'un énorme calcul dans la vessie. Il faut intervenir rapidement, sous peine d'une inéluctable dégradation, voire du pire. Le médecin écrit, entre autres conclusions : « Nous considérons comme nécessaire le cathétérisme de la vessie à titre d'exploration. Nous pensons que le moment est opportun par cela même qu'il n'y a actuellement aucun phénomène aigu. (...) » En termes profanes, le patient n'est pas en crise ; c'est donc l'occasion d'intervenir soit pour extraire la pierre soit pour la briser. Si le bilan est clair, sa mise en œuvre l'est moins. Selon l'usage, le médecin remet, sous pli fermé, le résultat de son examen à son confrère, premier médecin de Napoléon III, le trop réservé docteur Conneau. Pour quelles raisons garde-t-il ce rapport secret ? Est-ce à son initiative ? A la demande de l'Impératrice ? Sont-ils parfaitement d'accord sur cette attitude aux conséquences tragiques ? Eugénie sait-elle tout ce qui risque de se passer si on ne tente pas une opération d'urgence ? On peut, aussi, inverser la question. Compte tenu de ce qu'il endure et des dispositions testamentaires qu'il a prises, Napoléon est, en pratique, au courant du diagnostic. Et il est fort possible qu'il ait demandé à Conneau de ne pas révéler le contenu de ce rapport à Eugénie. Il est impossible de répondre avec certitude sur l'enchaînement de ces silences, sans doute inspirés par la volonté de ne pas inquiéter puis la peur d'intervenir.

Mais, en tant que médecin, si le docteur Conneau n'a effectivement rien révélé du bilan dressé par le professeur, sa responsabilité est écrasante, surtout quand on connaît la suite... Et l'Impératrice? Si elle a été bien instruite et si, malgré les risques de s'en remettre à la Providence, elle n'a pas insisté pour l'opération, sa responsabilité est également terrifiante. Dans ce cas, de tout ce qui lui sera reproché, souvent avec injustice, il faut placer en tête l'optimisme relatif et l'aveuglement voulant faire croire que l'Empereur va aller mieux sans intervention. L'illustre malade est peut-être le premier coupable, redoutant de ne pas supporter l'opération. Cependant, il y a une autre réalité, longtemps occultée. Eugénie ne se fait plus d'illusion, son mari va très mal. Au début du mois de juin, elle a obtenu de Napoléon III un projet d'abdication pour raison de santé. Le texte prévoit que l'Empereur renoncera au trône dès que le Prince Impérial aura atteint sa majorité légale, soit dix-huit ans. Alors, selon le vœu le plus cher d'Eugénie, le couple se retirerait dans les Pyrénées, fixé dans la merveilleuse résidence de Biarritz où Eugénie aime à rêver, face à la mer ou aux sommets qui l'attirent. En cas de nécessité, elle assurerait la régence. Tout est donc prévu. Il suffit donc, en somme, d'attendre... quatre ans. On considère que le souverain sera encore vivant en 1874...

La folie n'est pas dans l'organisation de ce dispositif mais dans son calendrier. Et il atteste de l'affaiblissement de la volonté du malade, conscient de son état, inconscient de la rapidité de ses ravages. Une triste réalité s'impose chaque jour telle une effroyable menace, la volonté du souverain se dilue, la douleur dispute la place à la volonté physique et morale. L'Empereur n'a plus toutes les facultés requises pour remplir sa mission ni même pour vivre autrement qu'en souffrant un martyre.

A dater de ce 19 juin, le recul de l'Histoire permet de dire que si, par suite d'une opération de la dernière chance ou par simple évolution naturelle, Napoléon III était mort dans les quinze jours qui suivent, l'histoire européenne aurait sans doute été très différente. Au lieu d'avoir été piétinée, niée et détruite par le désastre, la réussite du second Empire et le prestige de l'Empereur, fauchés dans une période de paix interne retrouvée et de gloire extérieure reconstituée, seraient demeurés au zénith. L'ancien *carbonaro* aurait été emporté par la marée du plébiscite; ce rétablissement de la confiance aurait dominé. Et, ses échecs et ses utopies oubliés ou atténués, Napoléon III resterait comme l'un des souverains les plus populaires et les plus novateurs que la France ait connus. En 1866, devant Metternich, Eugénie a laissé s'échapper cette réflexion : « Je me demande parfois s'il ne vaudrait pas mieux qu'il disparût subitement... » L'Empereur revenait alors de Vichy où le médecin de l'établissement thermal avait constaté « du sable dans les urines, une prostatite aiguë, une cystite du col vésical ». A quoi tient l'Histoire ? Parfois – et il faut le dire sans fausse pudeur – à un calcul dans la vessie...

Une question se pose, parmi des dizaines : l'Empereur, qui a eu si souvent le réflexe d'ignorer les problèmes, préférant avancer, construire, aboutir, obtenir, plutôt que d'attendre, cet homme qui, même en fuite, n'a jamais été lâche, est-il conscient de la gravité exacte de son état ? Les douleurs atroces, les désagréments intimes, l'amaigrissement, la lassitude, l'obligation, tristement théâtrale, de se maquiller pour compenser son teint blafard, ses difficultés à se déplacer et, enfin, sa voix assourdie, par moment incompréhensible, ces réalités ne peuvent être balayées d'un revers de la main. Depuis l'automne dernier, c'est-à-dire au moment où l'Impératrice partait pour Suez, Napoléon III a pleine conscience qu'il est très malade et en grand péril. Le 7 octobre, il avait dicté ses instructions au cas où il décéderait brusquement, en particulier en l'absence de l'Impératrice. Il a confié ses volontés au président du Sénat, Rouher, pour deux raisons, il est l'un de ses confidents dont il ne se séparera qu'à regret; de plus, Eugénie et lui s'entendent bien et ont accompli un bon travail lors de la régence.

Depuis, l'aggravation ne peut plus être dissimulée. Début mai, lors d'un dîner aux Tuileries où l'Empereur ne peut qu'être présent, le ministre anglais Lord Malmesbury, vieille connaissance du souverain, est frappé de son état. Il ne l'a pas vu depuis deux ans et le juge « terriblement changé et comme très malade ». Un double compte à rebours commence, celui de la diplomatie et celui de la santé ; les deux chronologies sont coiffées par un mal politique contagieux et qui frappe d'abord sans douleur mais l'agonie est certaine. On l'appelle léthargie. Il s'agit d'inconscience. Deux jours après le diagnostic du professeur Sée, l'Impératrice visite la maison du refuge israélite, l'une de ses très rares apparitions en public pendant ce début d'été, chaud et sec. Elle ne quitte pratiquement pas l'Empereur, emmitouflé dans des couvertures à Saint-Cloud. Ce même 21 juin, à Berlin, le roi de Prusse, Guillaume Ier, donne son consentement à une étrange proposition. Elle consiste à accepter qu'un prince de la Maison de Hohenzollern, Léopold, soit candidat au trône d'Espagne, vacant depuis deux ans. Au nom des Cortes, Prim, le régent, a transmis cette offre. Elle a reçu le soutien empressé de Bismarck.

Le télégraphe, qui fonctionne entre Berlin et Madrid, semble déficient entre Berlin et Paris. Mais pourquoi se préoccuperait-on d'un prince allemand de trente-quatre ans, catholique marié à une Portugaise et parlant espagnol ? N'est-ce pas une bonne nouvelle pour l'Espagne qui persiste à réclamer la monarchie et vient, enfin, de trouver un candidat idéal ? Personne, à dire vrai, n'y avait songé. Sauf Bismarck... Le Chancelier a jugé que le nouveau ministre français des Affaires étrangères, le duc de Gramont, diplomate de carrière, « est un veau ». Lorsque cet aimable mot avait été rapporté à Napoléon III, il avait répondu : « Il me convient parfaitement puisque dans ce domaine, c'est moi finalement qui décide. »

C'était fin mai. Un mois plus tard, cette affirmation ne correspond plus à la réalité, le souverain n'est qu'un homme tremblant de fièvre et victime d'hémorragies. L'Impératrice et Conneau font venir d'autres sommités autour de Germain Sée, le 2 juillet. Outre Corvisart et Conneau, il y a quatre médecins pour rendre leur verdict. Sont venus Nélaton, célèbre professeur de clinique chirurgicale, Fauvel, un élève de l'illustre Velpeau, et Ricord, spécialiste des maladies vénériennes et donc habitué à pratiquer les plus délicats sondages.

La discussion est évidemment technique, l'un admettant la présence d'un calcul, l'autre privilégiant un abcès prosta-

tique, d'autres une simple (!) infection urinaire. Germain
Sée maintient son point de vue : il suffit d'explorer la vessie
pour être fixé. Pendant qu'Eugénie attend que ces messieurs
s'accordent, un dialogue quasi protocolaire s'engage entre
Sée et Nélaton, son aîné, opposé à l'intervention.

– Pourquoi recourir à ce moyen douloureux? L'Empereur
va bien en ce moment. Pourquoi le tourmenter et l'effrayer.
Laissons-le passer la bonne saison. Il sera toujours temps
d'agir au commencement de l'automne...

Le professeur Sée devine les raisons de ces réticences, qui
ne sont pas uniquement motivées par la crainte d'une telle
opération, alors dangereuse.

Sée, qui veut en avoir le cœur net, continue :

– Si l'Empereur occupait, en qualité de malade ordinaire,
un lit dans une salle d'hôpital, que feriez-vous demain à la
visite?

Nélaton n'hésite pas :

– Je le sonderais...

– Pourquoi, dans le cas présent, encourir le risque de ne
rien faire et ne pas agir tout de suite?

Le professeur Nélaton s'engage alors dans un discours
malheureusement respectueux et mondain :

– Mon cher confrère, vous êtes encore bien jeune. Vous ne
savez pas ce que c'est que de soigner un souverain. Ce n'est
pas un malade comme les autres; il faut savoir attendre et
dissimuler son diagnostic.

Comment juger une telle réponse? Chirurgien de Napoléon III depuis quatre ans, professeur depuis 1851, Auguste
Nélaton est sur la voie de la retraite, professeur honoraire,
membre de l'Académie des sciences, sénateur depuis deux
ans et visiblement ennemi du risque inutile. Il est également
vrai qu'il a soigné d'illustres personnages, aussi bien le roi
des Belges, Léopold Ier, que Garibaldi. Mais ce qu'il ne rappelle pas est l'opération qu'il a pratiquée, un an plus tôt, sur
le maréchal Niel, atteint de la même maladie de la pierre. Le
maréchal en était mort, sans avoir repris connaissance... On
peut comprendre ses craintes, certainement influencées par
cet échec dramatique. Il est, en revanche, regrettable que
Germain Sée n'intervienne pas, car ce républicain aurait
peut-être pu sauver l'Empire, à défaut de sauver l'Empereur... Ces messieurs sortent de la chambre de Napoléon III

et, à l'exception de Germain Sée, conseillent d'attendre. Les hésitations l'emportent sur la raison mais la raison fait peur.

Une rumeur enfle dans Paris. Après l'abdication officielle de la reine Isabelle II, une semaine plus tôt, l'acceptation de la couronne d'Espagne par le prince de Hohenzollern affole les responsables politiques. Il a suffi d'une dépêche de quatre lignes et, dans ce funeste mois de juillet, les dépêches seront des barils de poudre. L'anodine candidature, manipulée d'une remarquable façon par Bismarck, transforme Léopold de Hohenzollern en roi d'Espagne prussien. Une Espagne allemande? Des Pyrénées germaniques? En quelques jours – et c'est le plus effarant – l'opinion et la presse sombrent dans un délire inouï. Moins d'une semaine après la constatation, par le gouvernement, de la paix en Europe et du souhait de la France au maintien de cette paix, la folie embrase les esprits. Le plus grave est le concours d'erreurs, de fautes, de jugements et d'hystéries, aussi bien chez les bonapartistes que chez les républicains, pour donner enfin, à la Prusse, la leçon qu'elle mérite. En moins de quinze jours, les Français perdent intelligence et sens commun. Parce qu'il y aurait un Hohenzollern à Berlin et un autre à Madrid, la France serait prise en tenaille...

On en appelle à l'Impératrice. En effet, il faut le redire, tout cela a commencé à cause de l'Espagne... Et la nouvelle succession d'Espagne atteint, dans l'esprit des Français, des sommets d'aberration. Prenons-en un, au hasard; c'est un commentaire du *Gaulois* : « Si nous devions supporter ce dernier affront, il n'y aurait plus une femme au monde qui consentirait à donner son bras à un Français. »

On allait donc entrer en guerre par galanterie. M. Thiers, comme la princesse Mathilde, conserve son calme et, après un discours agressif du ministre Gramont déchaîné contre la Prusse, lui répond, navré :

– Vous venez de jeter vos gants à la figure d'un homme pour le forcer à se battre..

A Saint-Cloud, Napoléon III, lui-même stupéfait d'un tel déferlement de menaces, de violences et d'élucubrations en tout genre – lesquelles étonnent aussi l'Europe! –, n'est pas du tout le va-t'en-guerre que l'on a connu. Au contraire, il temporise, intervient, calme et appelle divers souverains à l'aider au maintien de la paix. On voit l'incroyable : l'Empereur ne veut pas la guerre et tout le monde la souhaite, sans savoir exactement pourquoi. Pendant plusieurs jours, il clame sa confiance dans la paix. Lorsqu'elle semble sauvée, il en est heureux. D'ailleurs, depuis toujours, cet homme est pro-Allemand, son éducation et sa formation l'ayant mis dès son enfance au contact des réalités et des mentalités de l'autre côté du Rhin. Pendant dix jours, le souverain, malade, s'épuise à ramener l'ordre dans les esprits français. Entre le 5 et le 15 juillet, il livre un double combat. L'un contre le conflit que réclame le pays ; l'autre contre son mal, qui exigerait l'opération. Or, par une aberration supplémentaire, la décision d'opérer l'Empereur est définitivement repoussée... pour permettre au général en chef qu'il devrait être de partir à la tête de ses troupes... à cheval !

Plus personne ne prend le temps d'examiner la réalité d'une situation névrotique en France. Ce qu'on appellera *La dépêche d'Ems* est, d'abord, un chef-d'œuvre de double manipulation médiatique, l'une et l'autre excitant les esprits, à la suite d'erreurs de traduction par les Prussiens et par les Français. Bien entendu, le détonateur est actionné par Bismarck. Les deux cents mots envoyés par le roi de Prusse depuis Ems, où il faisait sa cure, deviennent vingt mots. Plus court, le télégramme est plus fort, sans nuance ; les amabilités et concessions à la France ont disparu. Et, par une astuce complémentaire, la dépêche est connue à Paris le 14 juillet, une date qui fouette l'orgueil des républicains. La guerre allait donc éclater pour quelques mots raturés, depuis une station thermale en Rhénanie. La veille, la candidature du Hohenzollern était caduque, il n'y avait plus de crise. En une soirée et une matinée, à coup d'éditions spéciales, à Berlin et à Paris, un texte tronqué et une fausse humiliation déclenchent une catastrophe européenne. Personne n'a pris le temps – ni le soin – de vérifier. La veille encore, Napoléon III s'interroge avec ses médecins sur la station la plus indiquée pour faire sa cure.

La question qui se pose désormais est simple : cette guerre est celle de Bismarck ; il l'attend et la prépare depuis Sadowa. Est-ce aussi la guerre de l'Impératrice ? Sa mise à l'écart du Conseil et de la politique l'a renforcée dans sa méfiance et son refus des lâchetés. A l'inverse de ce qui était espéré, la maladie de son mari lui a redonné une importance, un rôle et une influence. Face à un homme devenu inerte et dont les souffrances ont émoussé la volonté, elle a repris une autorité désordonnée. Depuis une semaine, Eugénie, dans un souci de revanche personnelle, rejoint la susceptibilité nationale. On l'avait mise à la porte. Elle est revenue. On va l'entendre. On va même l'écouter.

La dernière régence

La façon, irrationnelle et ahurissante, dont les illusions s'accumulent en moins de trois semaines est connue. Voyons les événements tels qu'ils sont ressentis, analysés et vécus par l'impératrice, de façon vérifiable – car il y aura beaucoup d'exagérations et de déformations à son propos – à partir du 26 juin. Ce jour-là, c'est-à-dire entre les deux investigations médicales approfondies de l'Empereur, elle entre en scène. Pas au Conseil mais en recevant un personnage qui symbolise des années de paradoxes, de contradictions et une folie à l'image des emportements français. Il s'agit d'Anatole Prévost-Paradol, qui vient d'être nommé ambassadeur de France à Washington. Il part rejoindre son poste demain et Eugénie a voulu le voir comme il souhaitait une audience de sa part. Cet homme de quarante ans, dernier frère de Ludovic Halévy, a derrière lui un parcours singulier. Après avoir été un des plus farouches opposants à l'Empereur, il vient de rallier l'empire au moment où tout va basculer. Ancien journaliste, libéral, ennemi du socialisme, un voyage à Berlin l'avait persuadé qu'un affrontement avec la Prusse était inévitable et que les Français se berçaient d'illusions. Résolument anglophile, il parle si bien l'anglais qu'il envoie des chroniques au *Times* sans qu'il soit nécessaire de les corriger. Sa nomination à Washington est justifiée car, lors de la Guerre de Sécession, il avait pris parti pour le Nord, à l'inverse de la majorité de l'opinion, initialement favorable au Sud. Outre-Atlantique, on s'en souvient avec satisfaction. Eugénie, qui connaît ses sentiments, lui déclare :

– Il faut en finir. La France est menacée de perdre son rang dans le monde. Il faut qu'elle le reprenne ou qu'elle meure.

L'Impératrice condamne donc, fermement, les ambitions prussiennes. Depuis longtemps, elle se méfie de Bismarck et de Guillaume Ier. C'est une déclaration de guerre a priori, motivée par le patriotisme. Eugénie et son visiteur se quittent après cet échange de vues ; ils sont d'accord [1]. Rappelons que cet état d'esprit reflète l'hystérie populaire du début de l'été. Ainsi, dans *La Presse*, le prestigieux journal d'Emile de Girardin, on lit : « Si la Prusse refuse de se battre, nous la contraindrons à coups de crosse dans le dos à repasser le Rhin et à vider la rive gauche. » La fièvre, artificiellement provoquée, monte.

Le 11 juillet, le prétexte est trouvé avec la candidature Hohenzollern à Madrid, annoncée à Paris six jours auparavant. A dix heures du soir, l'Impératrice fait servir du thé à Saint-Cloud. Elle est fort agitée, déjà prête à l'idée de la guerre. Mais, plus ou moins consciente de l'isolement diplomatique français, elle lâche cette inquiétude, révélatrice :

– Pourvu que la Prusse et l'Espagne ne reculent pas...

Le lendemain, Eugénie se trouve dans la salle de billard lorsqu'on lui communique la nouvelle qui rassure une partie de l'Europe ; la candidature allemande est retirée. La paix est sauvée. Eugénie est hors d'elle est c'est en espagnol qu'elle le crie :

– *Que verguenza !* Quelle honte !

Et elle jette le papier par terre...

L'Empereur paraît. Fatigué mais soulagé. Au général Bourbaki, il dit qu'il est inutile de faire ses bagages, il n'y aura pas de guerre. Le militaire est déçu, les journaux également, qui traitent le gouvernement de « Ministère de la honte ». Les bellicistes s'acharnent ; dans Paris, on crie déjà « A Berlin ! », lorsque, dans l'après-midi de ce 12 juillet, Napoléon III est de retour des Tuileries, il est accueilli par une Eugénie déchaînée :

– La France est tombée en quenouille !

Et comme elle refuse de croire à la bonne foi de la Prusse, elle précise :

– Cette renonciation est inacceptable ! Il faut que le roi de Prusse garantisse que la candidature ne se renouvellera pas.

---

1. Apprenant la déclaration de guerre à la Prusse à son arrivée à Washington, l'ambassadeur Prévost-Paradol, déjà dépressif et mal remis d'un chagrin d'amour, se suicide le lendemain, le 26 juillet 1870. L'enquête établira qu'il a agi dans un moment de folie...

On tente de la rassurer, en vain. Napoléon III, qui semble ailleurs et sous sédatif, s'enferme dans son cabinet avec Eugénie et Gramont, arrivé du Quai d'Orsay. L'Empereur finit par céder à leurs injonctions. Il faut demander des garanties... C'est la clé du drame. Eugénie, l'Impératrice exclue du Conseil depuis six mois, prend sa revanche. Elle a poussé à la réclamation fatale, en présence d'un unique ministre et du souverain, seule face à deux esprits échauffés, épuisée par leurs remontrances. Le Conseil, dans son ensemble, aurait été seul habilité à arrêter une demande supplémentaire auprès de la Prusse. Pour Eugénie, les trois personnes présentes suffisent; elle a repris sa place, clandestinement. Les autres ministres ne sont pas informés. Mais ce n'était pas un Conseil, c'était une intrigue dans le cabinet noir des obsessions. L'Impératrice affirmera qu'elle redoutait « une explosion de colère contre l'Empereur et la fin de l'Empire ». Et, vingt ans plus tard, Gramont tentera de justifier sa conduite : « J'ai eu le tort d'être un homme galant envers l'Impératrice au lieu d'être un galant homme envers la France. » Belle formule, mais son élégance n'atténue pas la faute. Le même soir, chez la princesse Mathilde, on boit à la santé de la paix préservée et l'ambassadeur d'Italie, Nigra, dit son bonheur à la princesse. Au petit matin, les journaux lui apprennent la triste vérité. D'urgence, elle se fait conduire à Saint-Cloud, pour essayer d'enrayer cet engrenage d'inconsciences.

Elle fait quelques pas dans le parc avec l'Empereur et remarque combien cette petite marche lui est pénible. Il parle de la guerre comme d'une « heureuse diversion ». Atterrée, Mathilde réplique :

– Mais si vous ne réussissez pas ?

Le silence impérial est une accablante réponse. Elle reprend :

– Voyons... regardez-vous. Est-ce que vous avez l'air d'un guerrier ?

– C'est vrai, je suis bien délabré... Et puis, je n'ai pas grande confiance...

Il redevient lucide mais sans la force de réagir.

Arrive Eugénie, méfiante envers cet aparté. Les deux femmes se mesurent. Hélas, Eugénie, aiguillonnée par l'ambition de rejouer un rôle, ne peut laisser passer cette occasion.

Mathilde repart, effondrée, la catastrophe est inévitable.

Ici, nous pouvons apporter la réflexion d'Eugénie formulée quarante ans plus tard à Maurice Paléologue et qui, en dehors de sa revanche sur le Conseil, éclaire sa motivation profonde. Une justification qui démontre que les combinaisons prussiennes se sont greffées sur une considération antérieure ou concomitante : *J'étais convaincue depuis longtemps que nous étions engagés dans une voie funeste, que l'empire libéral nous menait à la pire des révolutions, la révolution du mépris. Vous m'objecterez peut-être que l'Empire seul était en cause et non la France ; mais Dieu m'est témoin que je ne séparais pas la France de l'Empire. Je ne concevais pas la grandeur ni la prospérité française en dehors du régime impérial. Et puisque la santé de mon mari devenait si inquiétante, je devais surtout me préoccuper de transmettre à notre fils une puissance intacte. C'est par lui que se ferait le rajeunissement des institutions européennes. Voilà pourquoi j'ai appuyé de toutes mes forces la proposition de Gramont.*

C'était aussi la sienne. Il faut noter que le prince impérial n'ayant que quatorze ans, selon ce schéma insensé, l'Impératrice serait redevenue régente en cas de disparition de l'Empereur. Tout remonte à son exclusion du Conseil, deux fois par semaine, à neuf heures du matin. Encore une preuve de ce ressort secret qu'est l'humiliation d'une femme tenue pour quantité négligeable : le jour même, au véritable conseil suivi d'un déjeuner, Eugénie est toujours en colère. En effet, les ministres, tergiversant, ont fini par décider que tant pis si la garantie n'était pas solide, il n'y aurait plus lieu de s'en formaliser. Pour Eugénie, cette reculade n'est pas acceptable. Et comme elle a été formulée par Emile Ollivier, elle refuse de lui parler et lui tourne le dos ! C'est lui qui avait exigé son éloignement, elle ne le lui pardonne pas... Attitude puérile, déplorable. Cependant, il convient de rétablir la vérité longtemps cachée sur une phrase et souvent répandue après le désastre. Si Eugénie est favorable à la guerre, considérée comme une affaire d'honneur national, si elle pense qu'il n'y a pas d'autre solution, elle n'a jamais dit « Cette guerre est ma guerre », pièce maîtresse de sa culpabilité aux yeux de l'Histoire. La personne qui aurait prétendu qu'elle l'avait jetée aux hésitants, aux pacifistes et aux lâches, diplomate français en poste à Berlin et nommé M. Lesourd, qui l'avait répété à Thiers, a démenti formellement cette assertion. Il l'a même écrit à l'Impératrice dès qu'il l'a su, furieux du propos qu'on lui prêtait. Eugénie n'a jamais accepté de publier ce document, ni en ce moment dramatique ni bien après. Une élégance et une faiblesse gravissimes. Mais il en est des démentis comme des phrases tronquées, manipulées, sorties de leur contexte – la dépêche d'Ems en est un exemple redoutable –, personne ne veut y croire. En quelques mots, sélectionnés à dessein, le mal est fait. Il a poursuivi Eugénie. En revanche, Emile Ollivier, lorsqu'il annonce aux parlementaires la déclaration de guerre, précise, publiquement, qu'il en accepte la responsabilité « d'un cœur léger ». De la part d'un chef de gouvernement, informé des réalités, cette prétention est au moins aussi grave que celle, supposée, de l'Impératrice. D'ailleurs, lorsque, la veille, la possibilité d'une médiation – illusoire – de l'Angleterre avait été évoquée, Eugénie était restée hésitante un instant. Au vice-président du Conseil d'Etat, qui espérait encore un retour à la raison, elle avait répondu : « Je suis bien de votre avis », donc devant un témoin digne de foi par sa fonction.

Elle pourrait encore calmer cette fièvre générale, se rendre compte que les travaux d'écriture de Bismarck sont un piège grossier. Trop tard... Le 19 juillet, la mèche est allumée. Mathilde enrage, consternée par l'état physique de son cousin et sa perte de discernement :

– Ah ! Si je pouvais l'empêcher de conspirer contre lui-même !

Et, plus tard, devant plusieurs témoins :

– La vérité est que l'Empereur ne fut engagé que contre son gré...

Un homme, sans doute, pourrait encore faire triompher le bon sens, le maréchal Lebœuf, s'il disait la vérité sur l'état de l'armée. Après une longue inertie, il a envie de se battre, cinq fois plutôt qu'une. Or, si l'armée n'est pas cinq fois prête, elle n'est pas prête une seule fois. La responsabilité du ministre est lourde. L'Impératrice, qui semble se calmer, reste en fait déterminée. « Gagnée par l'excitation des propagandistes de la guerre, elle partage l'idée qu'à tout prendre, cette solution est préférable à une paix de compromission achetée au prix du déshonneur [1]. » Son cœur français n'a pu dominer son tempérament espagnol.

---

1. Christophe Pincemaille, « *L'Impératrice Eugénie de Suez à Sedan* » (Payot, 2000). L'auteur prend le parti d'évoquer la dernière année de son règne. Mais cette démarche ne peut, malheureusement, éviter les retours en arrière ni les considérations ultérieures, donc en dehors de la période annoncée.

Ce même fatal 19 juillet, on chante déjà *La Marseillaise* à Saint-Cloud, devant Napoléon III. Mathilde est revenue et se joint à la promenade du couple impérial. Laborieuse promenade, l'Empereur peut à peine marcher. La princesse apostrophe l'Impératrice :

– C'est cet homme-là que vous envoyez à la guerre ?

Silence. A quoi songe Eugénie ? Sans doute à la régence qui lui sera confiée puisque l'Empereur doit conduire les troupes jusqu'à Berlin. Rien ni personne ne peut infléchir l'Impératrice. Mathilde, comme si elle s'adressait au parc magnifique soupire :

– Dieu veuille que cela vous porte bonheur !

La princesse parvient tout de même à être seule un instant avec son cousin, si faible :

– Vous ne pouvez même pas supporter les trépidations d'une voiture. Comment ferez-vous un jour de bataille ?

La scène est pathétique.

– Vous exagérez, ma chère amie, vous exagérez...

– Mais non, je n'exagère pas ! Regardez-vous dans une glace !

Mais Napoléon III n'a plus besoin de miroir pour réfléchir.

– Oh ! c'est vrai. Je ne suis pas beau. Je ne suis pas fringant !

Elle insiste. Il admet son état mais il l'interrompt d'un geste plus tragique qu'un aveu, ce geste qu'il a si souvent eu dans sa vie, assorti de ce commentaire immuable.

– C'est la fatalité...

C'est, surtout, un accablement devant ce qu'on nommera, pudiquement, un « emportement irréfléchi », pour qualifier la fébrilité française, fanfaronne et outrancière. Le 25 juillet, l'Impératrice fait, à la demande de l'Empereur, un déplacement rapide jusqu'à Cherbourg afin de lire une déclaration du souverain à la Flotte. Elle tient déjà ce qu'elle pense être son pouvoir retrouvé. Elle exalte les trois couleurs, ce drapeau dressé contre l'ennemi pour « que partout il porte dans ses plis l'honneur et le génie de la France ». Le lendemain, le monarque signe les lettres patentes confiant la régence à Eugénie, quatorze ans après la première. Mais, depuis, que de transformations dans le fonctionnement du pouvoir ! Il est clair que l'animosité entre sa femme et Emile Ollivier est contre-indiquée en un tel moment. Ni elle ni lui ne semblent prêts à faire des concessions. On ne peut s'en étonner de la part de l'Impératrice mais la situation du chef du gouvernement reste étrange car après avoir été l'un des opposants les plus en vue à l'empire, il s'y est rallié avec une fermeté qu'on ne pouvait soupçonner. Par ailleurs, depuis les réformes constitutionnelles, les pouvoirs de régence sont partagés avec les ministres, comme ceux de l'Empereur en temps normal. Cette troisième régence est une délégation sous contrôle, donc très réduite par rapport aux précédentes. Dans son décret, Napoléon III prend soin de préciser : « Notre intention n'est point que l'Impératrice-Régente puisse autoriser par sa signature la promulgation d'aucunes lois autres que celles qui sont actuellement pendantes devant le Sénat, le Corps législatif et le Conseil d'Etat. » En clair, Eugénie devrait se contenter de suivre les affaires courantes ; pour le reste, elle devra se conformer au cadre, nouveau, qui impose à l'intérimaire le concours d'assemblées, selon « un mélange curieux et original de gouvernement personnel et parlementaire », remarque justement Christophe Pincemaille.

27 juillet. Au palais de Saint-Cloud, Eugénie fait couper les cheveux de son fils. Il va partir avec son père, portant un uniforme de sous-lieutenant d'infanterie. On habille l'adolescent en homme. Sa mère tremble, soudain affolée par l'imminence de la réalité. Et Londres, Vienne et l'Italie qui ne bougent pas... Et l'Espagne, à cause de qui tout a commencé, l'Espagne incapable de fournir un minimum de soutien... L'Europe, spectatrice incrédule de la folie suicidaire française, se déclare neutre, mais derrière cette réserve, elle a déjà condamné le neveu de Napoléon Ier dans cette affaire où la Prusse parvient à recueillir le beau rôle face à l'arrogance gauloise. La reine Victoria, qui séjourne à Osborne, consigne sa réprobation : « Personne ici ne cache son opinion sur l'extrême iniquité de cette guerre et l'injustifiable conduite des Français. » Malgré sa neutralité officielle, à la demande de Victoria, Londres envoie en France des chevaux, du charbon, des munitions tandis que la reine s'inquiète pour sa fille et sa famille prussienne.

Eugénie se jette sur son papier à lettres et ses lignes, destinées à sa mère, soulignent son désarroi, presque sa panique : *Ma chère Maman, Louis t'a écrit aujourd'hui en t'envoyant une mèche de ses cheveux, il est plein d'entrain et de courage et moi aussi. Il y a des noms qui obligent, et les siens sont lourds à porter ; il faut donc qu'il fasse son devoir et il le fera, j'en ai le doux espoir. Tu es bien heureuse de n'avoir que des filles, car il me prend souvent des idées de bête fauve de prendre mon petit et de l'emporter au loin dans le désert et de déchirer tous ceux qui voudraient y toucher. Puis vient la réflexion et le préjugé et je me dis qu'il vaut mieux le voir mort que sans honneur. Enfin, je me sens déchirée par tant d'idées contraires, que je n'ose y réfléchir. En attendant, je monte la tête à Louis, qui du reste n'en a pas besoin. J'éloigne toute souffrance morale et je le laisse dans les mains de Dieu. Par télégraphe, je me bornerai à te donner des nouvelles de la santé de l'Empereur et de Louis. Je n'oserai rien dire de plus à cause de la Bourse, car je crains que toute nouvelle soit prise pour jouer dessus du moment qu'elle passe par le télégraphe. Adieu, chère Maman. Je t'embrasse tendrement. Ta toute dévouée fille. Eugénie.*

Le devoir, l'honneur... Un nom lourd à porter, un nom qui est symbole d'un nationalisme populaire, un nom que l'opinion vénère et cette opinion n'admettrait pas d'être déçue, elle en ferait une révolution : voilà les convictions de l'Impératrice. Et puis, à la fin de sa lettre, on devine le sentiment qu'elle est sous surveillance, que sa correspondance peut être lue, utilisée ; en quelques mots, l'angoisse se glisse sous la plume d'Eugénie. Le soir, dans la splendide galerie d'Apollon où Napoléon Ier avait épousé civilement Marie-Louise, un dîner d'adieux réunit les proches de la famille et quarante dignitaires de la Cour. La Garde joue *La Marseillaise* qui ne cesse de s'imposer, comme avant l'épreuve du feu, pour franchir le Rhin.

28 juillet un peu avant dix heures du matin. Au bout du parc, à la gare privée de Villeneuve-l'Etang, réservée aux souverains et aux hôtes de marque, le train spécial est sous pression. Napoléon III a revêtu son uniforme de *petit général*, disait l'opposition il y a encore quelques semaines. Comme il l'avait fait pour l'Italie. Devant les six belles voitures, l'état-major est aux ordres. L'Empereur est pâle, presque courbé, seulement égayé par la turbulence du prince impérial, excité. La guerre ! L'âge des jeux et des manœuvres est fini. Une messe a béni le souverain et les siens, mais Napoléon III est amorphe, désabusé. Il dit quelques mots, serre des mains, s'efforce de plaisanter, refuse les prévisions optimistes. Il allure un cigare, ce qu'il fait rarement, surtout le matin. Voici Mathilde, revenue

parce qu'elle ne parvient pas à croire à la réalité de cette folie collective. Partagée entre sa colère digne et son épouvante devant l'absurdité des événements, elle dit à l'Empereur, touché de sa présence :

– Mon cousin, vous ne rappelez guère Dunois jeune et beau qui, avant de partir pour la Syrie, allait prier Marie de bénir ses exploits. Vous me rappelez plutôt le pauvre Marlborough...

On est loin, en effet, des fidèles compagnons de Jeanne d'Arc. En revanche, l'allusion de la princesse à Marlborough est sévère. Plus populaire par une chanson que par ses exploits bien qu'il fût courageux, il était parti en guerre pour... la succession d'Espagne! Déjà! L'Empereur est maintenant à bord de la voiture-terrasse, celle qui permet d'être vu et salué; les compartiments, salons et chambre de l'Impératrice sont remplacés par des bureaux, des salles de cartes, des plans; seulement des hommes, tous en uniforme, sauf les valets. Le convoi ne part pas pour Biarritz ou Vichy mais pour Metz. L'Empereur embrasse sa femme. Il a son doux regard de l'homme résigné, livré à un combat dont il pressent l'issue. La tristesse voile son faciès artificiellement rosi par le maquillage. L'homme qui part est incapable de se tenir une heure à cheval sans une souffrance atroce, l'énorme calcul martyrisant sa vessie... Comment le laisse-t-on s'en aller dans un tel état? Le silence médical s'apparente à une complicité politique. Eugénie est au bord des larmes, d'une blancheur de mort comme dans une toile du Greco. La Garde salue, les ministres, oiseaux noirs d'un sinistre matin d'été, se découvrent. On crie « Vive l'Empereur! » Eugénie, on le voit, ne pense qu'à son fils. Elle ne lâche pas sa main, jusqu'au dernier instant. Il semble que, de sa voix brisée, elle ait prononcé le mot « devoir ». Y croit-elle encore? Le convoi s'éloigne, deux sentinelles referment la grille du parc. Le panache de la vapeur s'est dissipé dans les arbres et le train, effacé par le tunnel, va bifurquer vers l'est et contourner Paris, cette ville toute neuve qui braille « A Berlin! » au lieu de fredonner Offenbach.

L'Empereur est lucide et pudique, il refuse les acclamations prématurées qu'il recevrait s'il traversait le centre de la capitale et gagnait la gare de l'Est. Henri de Villemessant, célèbre patron du *Figaro*, a exprimé le sentiment de l'Empereur – il fallait du courage face à une opinion unanimement survoltée –

en écrivant qu'on ne doit jamais applaudir la guerre. Napoléon III souffre, surveillé par un médecin. Son calvaire débute
au rythme des cahots et des bielles. Il ne fait pas la guerre, il la
subit.

La voiture de l'Impératrice. Elle roule au pas à travers le
parc. En larmes, le visage caché dans un mouchoir, Eugénie
s'est effondrée dans les bras de la princesse Clotilde, l'épouse
de *Plon-Plon*, parti avec l'Empereur. Peut-être prie-t-elle ? Il y
a deux heures, surveillant et même finissant le paquetage du
prince impérial, elle a remis à son fils un exemplaire de *L'Imitation de Jésus-Christ*. Avec cette dédicace, en page de garde :
« Campagne de Prusse. A mon fils bien-aimé Louis Napoléon.
Que Dieu protège la France. Qu'il te donne une vie glorieuse
et plus tard, bien tard, une mort chrétienne. Soigne bien ton
père et pense à ta mère. Eugénie. Le 26 juillet 1870. » L'écriture est allongée, sans hésitation, féminine, déterminée. Son
fils est parti mais Eugénie a auprès d'elle ses neveux, arrivés
de Madrid au printemps. Elle aime profondément les enfants
de sa sœur, essayant de remplacer leur mère. Mais Louis
Napoléon représente tant d'espoirs... Ses pensées de mère
angoissée et de souveraine se mêlent. Le train impérial doit à
peine être du côté de Charenton qu'elle écrit, déjà, à son fils :
(...) *J'ai besoin de me rapprocher de toi, de ton père (...) J'ai le
ferme espoir que Dieu vous ramènera tous deux près de moi, peut-
être après bien des fatigues, bien des labeurs. (...) Dans quelques
jours, j'espère aller vous voir. (...) Soigne bien ton père, pense pour
lui afin qu'il ne se refroidisse pas. A Saint-Cloud notre pensée sera
toujours tournée vers vous et l'armée, aime bien nos soldats. J'ai
donné à ton valet de chambre mille francs en pièces de cinq francs et
mille francs en or. Cela te sera bien agréable de pouvoir en donner
sans changer les billets. Quand tu n'en auras plus, je t'en enverrai.
Soigne-toi bien, ne sois pas téméraire, garde ton moral et surtout
pense souvent à ta mère qui ne t'oublie pas un instant.* Et ces mots
dont l'adolescent sera le messager candide, sans mesurer ce
qu'ils peuvent exprimer de détresse : « Embrasse ton père tendrement pour moi. » – Tendrement ? Eugénie est devenue fragile. L'après-midi, de manière à imposer son rôle, Eugénie
préside le premier Conseil des ministres de la nouvelle
régence. Une revanche, bien sûr, mais d'un goût amer quand
elle voit tous ces regards sur elle, dont celui d'Emile Ollivier

qui la guette, obséquieux derrière ses lunettes. Il sait que l'Empereur est malade et incapable de commander des troupes. Et même si le fameux mémoire du professeur Sée n'a pas été communiqué à Eugénie ou si elle en a minimisé les avertissements d'il y a cinq semaines, le chef du gouvernement sait qu'un jeune chirurgien, Augé, choisi par Nélaton, ne quittera pas le malade. Et Eugénie a fait placer dans le fourgon une petite voiture, dite de parc, sans portière, pour que l'Empereur puisse se déplacer sans être obligé de trop faire pression sur son ventre. On ne prend pas une telle précaution pour de simples rhumatismes...

Ce premier Conseil est surtout consacré à l'adoption d'une méthode de travail. Il y aura deux réunions par jour, matin et soir. En cas d'urgence, annoncée par le télégraphe, la régente peut convoquer le cabinet à tout instant. Elle exige d'être informée à la minute. Son excitation du début du mois a disparu. Elle est grave, signe quelques décrets de son autoritaire *Eugénie* puis s'enferme dans son cabinet de travail. Elle attend. Si jamais la France n'a été aussi isolée, jamais la régente n'a été aussi seule. D'une certaine façon, le Conseil est son adversaire.

On avait parlé d'une promenade de l'autre côté du Rhin, « la canne à la main »... Le 30 juillet, la régente lit la première lettre que vient de lui envoyer l'Empereur, depuis Metz. Les ministres sont abasourdis : ce qu'a trouvé Napoléon III est pire que ce qu'on pouvait craindre. L'armée n'est pas prête et, sur tout le parcours, le train impérial a été acclamé ! Eugénie réagit à sa façon, chaque matin, une messe sera dite au château ; on n'ose pas dire jusqu'à quand.

Des incidents techniques paralysent les transmissions. Dans la salle des télégraphes, Eugénie s'inquiète du silence :

– Rien ?

– Rien, Madame...

En fait, le télégraphe lui-même n'est pas sûr. Il y a des coupures, de l'espionnage. 2 août. Eugénie, nerveuse, déchire une dépêche chiffrée, annonçant une attaque imminente sur Sarrebruck. Dans la journée, le succès français, bien modeste en vérité, annonce une retraite prussienne. Eugénie, soulagée, reçoit les Metternich à dîner et rend grâces au Ciel pour le baptême du feu du prince impérial dont il est sorti indemne.

Le cabinet juge que ce fait d'armes mérite d'être porté à la connaissance du public, ce qui est une grave erreur. Car il révèle la correspondance privée de Napoléon III avec sa femme, celle de deux parents fiers et aveuglés par cette fierté, ce qui est humain. Cette divulgation tourne à la caricature et au grotesque, les balles semblant éviter soigneusement l'héritier... La presse d'opposition, qui fait sa guerre, prend l'adolescent pour cible.

Le 4 août, un peu avant une heure du matin, un messager de l'Impératrice se présente chez Mathilde, alors dans sa résidence de Saint-Gratien. Les nouvelles sont très mauvaises, l'armée est battue à Wissembourg. En fait, ce message est un appel au secours. La régente a besoin que la princesse l'aide. Mais que faire? Dans la journée, Eugénie se rend aux Champs-Elysées. Au palais de l'Industrie, elle patronne le départ de la première ambulance. L'Impératrice a donné cinquante mille francs pour l'organisation de la société de secours aux blessés. En passant, elle donne l'ordre d'annuler les festivités habituelles du quinze août.

Le 6, après les défaites de Frœschwiller et de Forbach, l'annonce que Mac-Mahon a été battu par le prince royal de Prusse aggrave l'angoisse. L'Impératrice rentre d'urgence aux Tuileries. Le pire, ce sont les fausses nouvelles, dont beaucoup résultent d'erreurs de transcriptions ou d'informations partielles. Encore!

Dans la soirée, le gouvernement informe l'Impératrice que ses dépêches seront désormais rendues publiques. Elle se soucie peu de cette entorse au secret des affaires. Entre le gouvernement et Eugénie, jusque-là en compétition pour les erreurs, le cabinet prend le triste avantage; il agit ouvertement, sans être totalement informé et provoque la première panique. Son champ de bataille est le protocole, Eugénie n'a qu'à signer : voici le département de la Seine en état de siège car Paris s'émeut, murmure et s'apprête à bouger, les revers sont connus. Le pouvoir, dispersé, est affaibli. Et Paris est la capitale de l'opposition.

Elle était repartie pour Saint-Cloud, on finit par la réveiller pour qu'elle regagne les Tuileries. En un quart d'heure, elle est prête, chassant les pleureurs, les effondrés, les inutiles qui ne savent que répéter «Ah! Madame!...» Il est certain que dans ces jours et ces nuits sans sommeil, Eugénie vit sur les nerfs mais avec plus de courage que ses proches. Elle a recouvré des forces pour organiser ce qui doit l'être sous son autorité. Il est étonnant qu'après avoir été tant critiquée – avec raison – pour son incitation névrotique à la guerre, l'Impératrice soit, d'après les mêmes témoins, transformée. Elle agit comme si elle avait retrouvé une raison d'exister... Mérimée, dont la vie s'achève, écrit : « J'ai vu deux fois l'Impératrice depuis nos malheurs. Elle est ferme comme un roc. Elle m'a dit qu'elle ne sentait pas la fatigue. Si tout le monde avait son courage, le pays serait sauvé... » Le courage dans la chute. Elle ne dort presque pas et ne s'alimente guère. Toutefois, divers témoignages complémentaires, dissimulés pendant plus d'un demi-siècle, rapportent le désintéressement de la souveraine, son amour de la France : « (...) Elle était personnellement respectée ; on parlait d'elle avec une sympathie voisine de l'admiration ; mais c'était tout. Le sentiment qu'elle inspirait n'allait pas au-delà de sa personne et ne profitait pas au gouvernement... (...) » L'attitude humaine ne peut compenser la faute politique mais elle se bat, à sa façon qui est estimable. Dans la nuit, sa voiture roule vers les Tuileries. Sévère, à peine maquillée, en robe austère et neutre, Eugénie a déjà en mains un rapport du préfet de Police, signalant une agitation des extrémistes politiques et la présence d'individus louches arrivés d'Angleterre, de Belgique et de Suisse. Et, dit-on, ils auraient des armes.

Palais des Tuileries, dimanche 7 août, trois heures du matin. Un Conseil de crise. Eugénie signe les résolutions adoptées car elle les approuve pleinement. Des renforts sont mobilisés, toutes unités confondues, jusqu'aux fonctionnaires des douanes. Etrange moment car la régente anticipe l'issue redoutée si les revers continuent, c'est-à-dire une retraite et, pourquoi pas, jusqu'à Paris... L'Alsace et la Lorraine sont perdues, il faut sauver la capitale. Avec un mois d'avance sur l'histoire, la régente est certaine que deux périls vont se rejoindre pour fondre sur la ville-symbole, la Prusse et la Révolution, l'une entraînant l'autre. Il y a trois ans, les Français s'extasiaient devant les canons Krupp présentés à l'Exposition... Une grande confusion agite les esprits, de la gauche, du centre, de la droite, de partout. Déjà, on se jette des fautes à la tête; déjà, on se dispute des ruines. L'incapacité et les mensonges du ministre de la Guerre rassemblent les griefs de ceux qui croient encore que la situation peut être rétablie. A l'aube, dans les Tuileries qui avaient accueilli la fête impériale, Eugénie envoie un câble à l'Empereur : *Le maréchal Lebœuf est rendu responsable des ordres et contrordres donnés qui sont connus à Paris. On vient de me dire qu'on demandait à la Chambre son remplacement. Il est urgent, pour satisfaire l'opinion publique, qu'à l'ouverture de la Chambre on annonce le remplacement du maréchal Lebœuf.* La volonté qu'avait exprimée Emile Ollivier de rendre les dépêches publiques, pour contrôler la régente, se révèle catastrophique puisqu'elle étale devant l'opinion le chaos, les malentendus, les échecs. Le piège dressé contre la souveraine se referme aussi sur les ministres puisqu'ils ont mis en évidence la faillite militaire.

8 août. Elle tente un appel au peuple uni : « Vous me verrez la première au danger pour défendre le drapeau de la France. » Il faudrait une victoire éclatante pour fortifier ce propos; mais rien ne vient, au contraire. Eugénie comptait sur ce peuple qui, il y a exactement trois mois, plébiscitait l'Empire. Huit millions de suffrages... Il y a trois mois seulement. Mais les foules, versatiles, sont promptes à chasser leurs idoles quand le vent tourne et le silence honteux de la mémoire très courte est la seule réponse à son cri, pathétique et maladroit car ce n'est pas encore le pays qui est en danger, c'est l'Empire.

L'état de Napoléon III est, en effet, pitoyable, entêté dans sa volonté de commander et incapable de l'assumer. La folie initiale, celle de ne pas avoir réellement traité son mal, est maintenant tangible. Pourtant, sur place, le mensonge continue, sur son ordre. On ne dira pas à l'Impératrice que l'Empereur est presque incontinent. On ne lui révélera pas qu'il a demandé à ce que son pantalon soit bourré de serviettes... Le courage de cet homme, humilié dans son intimité, qui ne veut pas abandonner ses troupes, est fou, lui aussi. Mais, à ce point, est-ce encore du courage, ou de l'inconscience ? De toute manière, l'acharnement est inutile.

Mardi 9 août, avant le Conseil. Emile Ollivier est seul avec Eugénie. Cette fois il est franc et bien inspiré. Il n'y a qu'une décision à prendre, arranger au plus tôt le retour de l'Empereur à Paris. D'abord pour laisser aux maréchaux et généraux une chance d'agir car il les gêne par son inaction et, ensuite pour calmer le climat d'émeute qui se propage.

Eugénie s'y oppose. Une erreur de plus au nom d'un principe : on ne quitte pas les troupes avant une bataille. Mais c'est oublier l'état de délabrement physique et désormais moral dans lequel se trouve l'Empereur. Il ne s'agit pas d'une fuite mais d'une évacuation en raison d'un état sanitaire catastrophique dont les conséquences sont nationales. Déjà, depuis deux jours, en province, dans les centres industriels, des cris sont lancés en faveur de la paix et de la République.

Ce 9 août, le Conseil, l'Empire et la France vivent un affrontement décisif, celui de la raison contre la passion, de la politique contre le cœur et du bon sens contre la folie... Mais la confrontation révèle aussi le combat désespéré de l'Impératrice pour demeurer la régente. Si Napoléon III revient, sa délégation est caduque, sauf incapacité totale du souverain. Mais alors, dans quelles conditions pourrait-elle exister aux yeux des ministres, des assemblées et du peuple, du moins celui qui n'a pas encore renié son adhésion ? Comme si l'opposition entre Eugénie et le garde des Sceaux, chef du gouvernement, n'était pas suffisante, il en est une autre, une navrante querelle de susceptibilités entre le ministre de la Guerre et le commandant des troupes de Paris. Un maréchal s'oppose à Cousin-Montauban, comte de Palikao, général de soixante-quatorze ans et vétéran de la campagne de Chine pressenti comme nouveau ministre de la Guerre. Les deux hommes se jalousent. Eugénie a besoin du premier pour maintenir l'ordre dans la rue mais il montre une estime limitée envers la régente. Sachant que ce maréchal est lié à Mathilde, Eugénie charge la princesse d'une mission secrète. Elle accepte et se rend au Quartier général de la Première Division militaire. Elle prie son ami de montrer sa fidélité à l'Empereur en soutenant sa femme. Le maréchal maugrée. Et résume : le chef est absent, très malade. Sa femme confond autorité et autoritarisme. Et elle est incapable de faire taire une rivalité grotesque, la preuve. La princesse se cabre. Face à l'homme qui ne promet rien, elle prend, pour une fois, la défense d'Eugénie en défendant le régime :

– C'est lâche ce que vous faites là ! Vous avez profité de l'Empire tant qu'il a été heureux. Maintenant que la chance tourne, vous l'abandonnez !

Elle sort. Elle a échoué. Elle ne reverra jamais le maréchal et le fera mettre à la porte de chez elle quand il osera s'y présenter. Hélas, elle a raison, la chance tourne du pire côté, celui des défaites. Au Corps législatif, Emile Ollivier est mis en minorité ; il démissionne, aussitôt remplacé par le général à qui il voulait confier le ministère de la Guerre. La régente, qui reçoit des dépêches préfectorales annonçant les désastres, envoie un message à l'Empereur : « Ce que je craignais est arrivé : j'ai un changement de ministère. Palikao est à la tête, mesure admirablement acceptée. » En réalité, la chute du Cabinet Ollivier convient à la régente puisqu'il était son adversaire. Il était brillant, sans doute trop jeune dans ces circonstances pour s'imposer à cette femme aux aguets sans l'inquiéter. Pourra-t-elle s'entendre avec le vieux Palikao ? Au moins, c'est un militaire d'expérience mais son âge n'est-il pas l'inconvénient inverse du précédent ? Emile Ollivier racontera dans ses mémoires que lorsqu'il vient prendre congé, la régente est polie avec lui et ses ministres mais sans chaleur, presque distante. « Nous le comprîmes et nous nous levâmes. L'Impératrice parut soulagée. » Il faut toutefois préciser qu'elle a refusé un coup de force militaire que lui suggérait Ollivier, un *pronunciamiento*, comme en Espagne. Pas de guerre civile, c'est encore pire mais personne ne lui saura gré d'avoir évité, de son autorité, des assauts fratricides. Cependant, le calcul d'Eugénie est primaire : elle a sauvé la régence, sa place, son devoir. Encore une illusion car l'Empire vacille. Deux jours plus tard, Napoléon III, dépassé, épuisé, remet le commandement en chef à Bazaine. La régente est en sursis. Comme la France.

La déroute commence. Le gouvernement anglais pressent un désastre complet. Discrètement, avec l'accord de Victoria, l'Impératrice reçoit un passeport britannique, établi le 13 août. Au cas où... Elle n'a rien demandé, elle veut tenir. Mais tenir quoi et qui ? Le présent ne se joue pas à Paris. Son espoir s'amenuise. Devant l'incapacité du gouvernement, la régente fait approcher Thiers, à deux reprises, les 19 et 20, pour lui proposer de former un nouveau cabinet mais il refuse, convaincu qu'il est trop tard. Mérimée lui-même pense que l'on doit « s'attendre au pire ». Le 26 août, dans une brève lettre à ses neveux, leur tante avoue : (...) *Je crois que les Prussiens seront devant Paris dans quelques jours et par conséquent que le siège va commencer. Probablement, vous n'aurez de nouvelles que par les journaux. Du courage donc. J'envisage les choses avec calme : je ne sais si la fatigue et les inquiétudes en sont la cause, mais je regarde cette crise comme bonne et j'espère... Est-ce la foi?* La croyance en un miracle? Elle affiche une sérénité inconcevable car qui peut arrêter cette course à l'abîme? Deux jours plus tard, aux Tuileries, le dimanche 28 août, un nouveau courrier à ses neveux contient ce paragraphe : « (...) *Je suis inquiète et impatiente, car probablement d'ici à quelques jours, il y aura une grande bataille. C'est affreux, la guerre!* » L'écuyer du prince impérial, M. Bachon, est revenu, méconnaissable. « On lui donnerait quatre-vingts ans. » Elle apprend que son fils, qui a passé quarante-huit heures à cheval sans manger, a été dirigé sur Mézières, à la demande de son père. L'Empereur et son fils sont séparés mais elle ignore encore que Mac-Mahon, qui se porte au secours de Bazaine, verra sa route coupée par les Prussiens. Eugénie ne dort plus. Elle entend le récit de la chevauchée de la mort à Reichshoffen, la pluie de balles à Gravelotte. Et la colère des grandes voix républicaines qui sonnent l'hallali.

Gambetta rugit :

— Il s'agit de savoir si nous avons fait notre choix entre le salut de la nation et le salut d'une dynastie.

A Metz, *Plon-Plon*, qui avait incité l'Empereur à suivre l'avis du conseil de régence et à regagner Paris, lance au vieillard à bout de forces :

— Tombons au moins comme des hommes!

Mercredi 31 août. En Espagne, on s'inquiète (trop tard!) et la comtesse de Montijo a proposé à sa fille d'essayer de venir en France, de sauver l'héritier, démarche tendre mais irréalisable et inutile. Eugénie refuse, ne pense plus qu'à son fils qui doit se battre sur le sol français. Où est-il? Les dépêches passent de plus en plus mal. Est-il en fuite? Prisonnier? Des Français? De l'ennemi? Elle préférerait le savoir mort. L'absence de nouvelles est un calvaire, en recevoir un supplice. La fille de Manuela n'a plus que l'espérance en Dieu, sa destinée ne lui appartient plus : *(...) Nous ferons ce que nous devons, chacun de nous doit s'y préparer. Crois-moi, ce n'est pas le trône que je défends, c'est l'honneur et si après la guerre, quand il n'y aura plus un seul Prussien sur le sol français, le pays ne veut plus de nous, crois-moi, j'en serai heureuse et alors loin du bruit et*

du monde, je pourrai peut-être oublier que j'ai tant souffert (...).
L'amorce d'une abdication morale.

Depuis la veille, la nuit ne lui a apporté aucune nouvelle. Il y a, pourtant, des dépêches qui passent encore mais, ainsi que le révélera Augustin Filon, précepteur du prince impérial, « les employés du service télégraphique donnaient ou vendaient les dépêches de la correspondance impériale au comité républicain (...) »

Elle est seule. Pis, elle est isolée dans un palais sans vie, régente d'un vide rempli d'incapacités, d'incompétences, de prétentions, de lâchetés. Certains n'ont pas perdu la mémoire, tel Gustave Flaubert qui a écrit à George Sand, après la chute du ministère Ollivier : « Quelle bêtise ! Quelle ignorance ! Quelle présomption ! Mes compatriotes me donnent envie de vomir ! » Et, le lendemain, il avait eu le courage de s'insurger : « L'Empire n'est plus qu'une question de jours, mais il faut le défendre jusqu'au bout ! »

Eugénie a peur de devenir folle. Elle écrit encore à ses neveux : *(...) Nous nous préparons de plus en plus pour le siège, bien résolus à tenir tant que nous pourrons et si la ville faiblit, aller ailleurs continuer la guerre, car il la faut à outrance, tant qu'un seul Prussien sera sur le territoire français. Il me semble que toutes les souffrances par lesquelles je passe donnent une vigueur de plus à mon cœur pour en supporter d'autres et affirment l'idée de la résistance à outrance. (...)*

Un sursaut. Le dernier. Sa lettre est datée du 2 septembre. Elle ignore que l'Empereur vient de faire hisser le drapeau blanc et a capitulé, remettant son épée au roi de Prusse. Les dernières cartouches ont été tirées. Dans une atmosphère d'une surprenante courtoisie, le vaincu a rencontré Bismarck et lui a redit qu'il n'avait pas voulu cette guerre. Le Chancelier a balayé l'objection de la main : il le savait mieux que personne. Se considérant prisonnier de guerre, Napoléon III est effondré pour une raison qui domine les autres : il n'est pas mort. Et pourtant, la veille, près d'un pont, un obus avait explosé à côté de lui alors qu'il était à cheval, en agonie ; un médecin l'avait vu grimacer de souffrance et uriner du sang... Le destin lui avait volé sa mort au feu, la seule qu'il recherchait. Il n'est plus qu'un souverain battu, affalé de douleur sur les coussins de sa voiture... En le voyant arriver, Maurice Busch, le secrétaire de Bismarck, a du mal à le reconnaître

« (...) en cet homme court et épais avec un pardessus bordé de galons d'or et un pantalon rouge. Il portait des gants de peau blanche et fumait une cigarette. Son aspect n'avait rien de militaire. Il était trop alourdi par l'uniforme dont il était revêtu. C'était Napoléon III. » « Abattu mais digne et résigné », dira le roi de Prusse à sa femme, impressionné et même ému de cette situation. Il semble que cet homme si malade soit comme soulagé.

Le soir de sa capitulation, c'est à Eugénie qu'il écrit, les yeux encore trempés de larmes. Un courrier pathétique, la confession de l'aveuglement : *(...) Je pense aux dangers que tu cours et je suis bien inquiet des nouvelles que je recevrai de Paris. Il m'est impossible de te dire ce que j'ai souffert et ce que je souffre. Nous avons fait une marche contraire à tous les principes et au sens commun. Cela devait amener une catastrophe. Elle a été complète. J'aurais préféré la mort à être témoin d'une capitulation aussi désastreuse et, cependant, dans les circonstances présentes, c'était la seule manière d'éviter une boucherie de soixante mille personnes. Et encore si tous mes tourments n'étaient concentrés qu'ici ! Je pense à toi, à notre malheureux pays, à notre fils. Que Dieu les protège !* Et, après quelques considérations d'intendance sur le roi de Prusse « extrêmement gentleman et même cordial », il achève par ces mots. « Je suis au désespoir. » Et il l'embrasse « tendrement ». Cette lettre va mettre beaucoup de temps à atteindre sa destinataire... En revanche, une version réduite, par télégramme, est remise à l'Impératrice dans l'après-midi, par le directeur des Postes lui-même, qui s'est déplacé. Sa présence signifie que plusieurs agents, fonctionnaires et autres, ont pu lire la dépêche dont le contenu circule déjà au comité de la rue de la Sourdière. Prisonnier ? Napoléon prisonnier ? Il a capitulé ? Eugénie, tétanisée, incrédule, répète les mots. « Il n'a pas capitulé ! Il ne s'est pas constitué prisonnier ! Un Napoléon ne se rend pas ! Il est mort, l'Empereur est mort ! » La malheureuse hurle, martèle les sons, fixe, hagarde, son entourage. Elle tremble. Non, ce n'est pas possible. « Et son fils... Et le prince impérial... »

Puis, ses ultimes forces l'ayant trahie, dans un silence complet où personne n'ose murmurer le moindre mot de réconfort sur la vie de l'Empereur qui est sauve, l'Impératrice s'écroule sur un canapé, frappée par la révélation complète de la catastrophe mais où domine la vision de ce drapeau blanc agité dans la mitraille sur ordre de son mari. Les défaites, les morts, les dizaines de milliers de prisonniers, le territoire envahi, tout est horrible mais l'annonce de la capitulation est insoutenable. L'Impératrice-Régente était prête à apprendre la mort de l'Empereur car il aurait été un brave, un soldat, un héros peut-être et le reste n'avait plus d'importance. Mais vivant, il répand une tache immense sur la dynastie, le nom, le jugement de la postérité. Eugénie ne parle plus, elle a du mal à respirer. Les ministres sont sans voix.

Tous sont pétrifiés.

Cinq semaines plus tôt, en montant dans le train qui, en neuf heures, devait le conduire de Saint-Cloud à Metz, l'Empereur avait entendu son état-major assurer qu'il serait à Berlin dans un mois. Napoléon III n'y croyait pas et, immédiatement, il avait fait taire les optimistes. De cette impression d'aller au-devant de la tragédie après ne pas avoir su l'arrêter, on a plusieurs exemples. Retenons-en deux, peu connus mais symptomatiques : avec patience, l'Empereur avait réuni, à Pierrefonds, de magnifiques armures dont les plus anciennes remontaient au XVᵉ siècle, époque de la construction du château par Louis d'Orléans. En 1861, ayant acheté une exceptionnelle collection au prince Soltykoff, il avait fait installer les précieuses armures dans l'immense salle de bal du château. Dès le tout début de la guerre, Napoléon III avait donné l'ordre qu'on transfère ses armures, qu'il aimait tant, au Louvre ; elles seront ensuite déposées aux Invalides provisoirement... Elles s'y trouvent toujours. Il craignait une invasion du territoire, le saccage des résidences liées à l'Empire et l'encerclement de Paris. Cette même peur du pillage et de la destruction a heureusement incité Eugénie, vers la mi-août, à faire transporter au Louvre et au garde-meuble de la Couronne des meubles et œuvres d'art du palais de Saint-Cloud, précaution salvatrice. Le couple impérial partageait donc, secrètement, la même crainte, comme si, depuis le début, il avait redouté le pire. En revanche, quand Hortense Schneider avait publiquement juré qu'elle chanterait à Berlin dès que l'Empereur y serait, la foule l'avait crue ; la date, seule, restait à fixer.

L'aventure, insensée, injustifiable et incompréhensible, venait de s'effondrer à Sedan.

Sedan ! Tout le monde descend...

Le cauchemar

A six heures du soir, la régente réunit de toute urgence le Conseil des ministres et le Conseil privé. La discussion dure deux heures. Deux heures pour élaborer une déclaration gouvernementale qui énumère les drames, dresse un bilan des pertes, place Paris en état de défense et contient une phrase révélatrice : « L'Empereur a été fait prisonnier dans la lutte. » Eugénie y tient.

Les rumeurs s'enflent, des députés de l'opposition exigent la réunion d'urgence du Corps législatif après avoir dérangé à son domicile le président Eugène Schneider. Il est neuf heures du soir, Eugénie vient de se retirer dans ses appartements, exténuée, commençant à mesurer l'ampleur du désastre. Elle a refusé de prendre la moindre nourriture. Et dire que les journaux annonçaient, il y a encore deux jours, des victoires, et publiaient des communiqués claironnants alors que la régente recevait, dépêche sur dépêche l'accumulation des échecs. Les journaux... Pourquoi ont-ils menti ? *Le Siècle*, *Le Figaro*, *Le National*, *Le Pays*, *La Liberté*..., tous ont intoxiqué le gouvernement, déstabilisé la régence, abusé l'opinion. La vérité n'en est que plus terrifiante. Ce samedi 3 septembre, près des Halles, les républicains de la poste centrale ayant intercepté d'autres télégrammes, la nouvelle est diffusée. Beaucoup de Parisiens refusent d'y croire, eux aussi victimes de la propagande insensée. Le préfet de Police fait porter un message à la souveraine, un peu avant dix heures du soir. Vers les boulevards, des incidents ont éclaté autour des vendeurs de journaux à la criée. Des éditions spéciales confirment à l'opinion ce qu'elle refusait de croire. Et, ajoute le préfet, des cris ont été entendus. « A bas l'Impératrice ! Vive la République ! » L'émeute va-t-elle dégénérer ? Curieusement, non. La nuit est relativement calme sur le pavé, après l'attaque d'un poste de police. En revanche, de l'autre côté de la Seine, à la Chambre, la séance est très agitée. Plusieurs idées sont lancées, dans une invraisemblable confusion : que la régente remette ses pouvoirs à une délégation parlementaire, que le général, comte de Palikao, forme immédiatement une dictature pour assurer l'ordre ; il refuse, par fidélité au serment prêté à la régente, donc à l'Empereur. Il refuse aussi parce qu'il faudrait avoir constaté que le gouvernement, dont il est toujours le Premier ministre, a été renversé, ce qui n'est pas le cas. En effet, le gouvernement n'est pas tombé. C'est pire : il a disparu... Dans la nuit, lourde, courte, Eugénie a conservé le pouvoir, de plus en plus illusoire mais elle n'a pas cédé. Devant l'écroulement et les renoncements que l'on peut pressentir, l'Impératrice tient et se tient. Elle fait face. Comme dans une mise à mort, à l'issue d'une corrida.

Dimanche 4 septembre. Dans sa chambre des Tuileries, l'Impératrice se réveille tôt, avant six heures. En fait, elle n'a pratiquement pas dormi, hantée par le double cauchemar de la défaite frappée du sceau infamant de la reddition. Eugénie est vite prête. Cette journée, elle le sent, est décisive. Puisque l'Empereur est prisonnier, que peut devenir l'Empire ? Et son fils ? Une question la taraude au-delà de celle de la santé du Prince Impérial : comment cet adolescent juge-t-il son père ? Le spectre de la lâcheté hante la souveraine qui se prépare hâtivement, mécaniquement, aidée de ses femmes de chambre silencieuses. Le palais est plongé dans une inaction qui, souvent, est le prélude des orages dévastateurs. Dans son oratoire qui jouxte sa salle de bains, selon une disposition très espagnole, elle entend la messe. Et communie. Des femmes de sa suite prient. On insiste pour qu'elle s'alimente ; elle consent à boire une tasse de café très fort et à manger du pain. En silence. Elle dira plus tard qu'elle se sentait déjà surveillée. Un serviteur ose avancer l'idée d'une fuite. Pour quitter Paris, essayer de rejoindre le Prince Impérial, conduire un gouvernement du désespoir en province, dans ces campagnes si fidèles à l'Empereur et qui n'ont peut-être pas encore basculé dans la haine et l'abattement.

Elle refuse. Cette seule perspective l'indigne. Non, elle ne fuira pas. Elle a toujours affronté le danger, elle fera face. Sa détermination est impressionnante ; son entêtement à ne pas sombrer est la seule conduite qu'elle s'autorise. Ses dernières cartouches... Au préfet de Police, Piétri, qui l'informe de l'effervescence autour du Corps législatif, en face des Tuileries et des troupes massées à l'aube pour assurer l'ordre, elle répond, sèchement :

– Ne vous occupez pas de moi! Occupez-vous de la
France!

A huit heures trente, les ministres, annoncés à partir de huit
heures, sont réunis autour d'elle. Un moment de l'histoire de
France, les derniers du régime impérial. Elle préside le
Conseil, ultime réunion d'un gouvernement dépassé, sans
idées et sans moyens, miné par la captivité du souverain dont
l'armée n'est plus qu'un troupeau sans berger. Et Paris, tout
l'indique, est sur le point d'entrer en rébellion complète. On
échafaude quelques solutions bâtardes. Un conseil de régence
comprenant des parlementaires? Les députés et sénateurs ne
suivraient pas. Un autre gouvernement? Personne ne se précipite. Eugénie, avec une minutie de juriste, répond, point par
point, aux suggestions qui se résument à un seul avis: elle doit
abdiquer d'urgence. Sinon, on peut redouter l'émeute, la
guerre civile, le sang des Français n'a que trop coulé depuis
un mois. Son argumentation est d'une parfaite droiture, elle
n'abandonnera pas de son initiative. Ayant reçu ses pouvoirs
de l'Empereur, elle ne peut en être relevée que par lui; ce
qu'elle fera, elle le fera dans la légalité et sans offrir le spectacle de la couardise. Elle déclare, d'une voix implacable:
– Si le Corps législatif croit que je sois un obstacle, que le
nom de l'Empereur soit un obstacle et non une force pour
dominer la situation et organiser la résistance, que l'on prononce la déchéance. Je ne me plaindrai pas.
Ses derniers mots, qui trahissent son obsession et, peut-
être, la crainte du jugement de l'Histoire:
– Je pourrai quitter mon poste avec honneur. Je ne l'aurai
pas déserté.
On peut la tuer, on ne peut pas la taxer de lâcheté.
Un temps précieux est perdu en discussions, en allées et
venues à la Chambre. Eugénie y consent puisque le peuple,
par ses représentants, incarne l'autre volet de sa légitimité de
régente. En fin de matinée, Daru et Buffet, anciens ministres
du cabinet Ollivier, demandent à s'entretenir avec Eugénie.
D'un calme qui étonne et dont elle a rarement fait preuve,
l'Impératrice s'en tient à sa légitimité et rétorque par la nécessité de se grouper autour d'elle, de se rallier à sa personne. Pas
pour elle, pour le pays. Mais des dépêches arrivent, attestant
la colère populaire en province. A Lyon, un comité a proclamé

la République et arrêté le préfet. Plus grave, le drapeau rouge
a été hissé place Bellecour, acclamé et applaudi. Paris, quand
il n'a pas précédé ce mouvement dans les quartiers ouvriers,
va suivre. Le comte Daru insiste. Polytechnicien, filleul de
Napoléon Ier, ancien député et titulaire des Affaires étrangères
en janvier de cette année 1870, Daru aborde Eugénie par le
biais de sa fierté et son souci de l'honneur ; son propos sera
consigné par Augustin Filon, devenu secrétaire de l'Impératrice et présent à cette dramatique entrevue :

– Vous craignez, Madame, qu'on ne vous accuse d'avoir
déserté votre poste. Mais vous donneriez une bien plus grande
preuve de courage en vous sacrifiant au bien public et en épargnant à la France une révolution sous les yeux de l'ennemi.

Il a visé juste. Depuis son adolescence et les épreuves
qu'elle a subies, Eugénie a en elle ce goût, presque digne de
Philippe II à l'Escorial, d'une mortification par le sacrifice.
Elle attend une ordalie, l'épreuve du jugement de Dieu, et n'a
qu'une crainte : faillir. Une réaction très théâtrale, espagnole à
l'excès mais d'une grandeur aussi imposante qu'inquiétante.
Elle réfléchit un instant. Ce que Daru lui propose est, comme
l'a noté William Smith, un choix entre une révolution en
somme légale, contrôlée, proposée, et une révolution poussée
par le peuple, une immense vague déferlant sur le pays et la
population avec tous les risques connus d'une telle réaction,
d'autant plus forte qu'elle serait davantage retardée.

La régente répond, en essayant de conserver une liberté
déjà obérée :

– Eh bien ! Si mes ministres se rangent à votre opinion, j'y
adhérerai. Je ne demanderai qu'une chose : qu'on m'assigne
une résidence quelconque, qu'on me permette de partager
jusqu'au bout les périls et les souffrances de la capitale assiégée !

Elle accepte à une seule condition : résister.

Plus tard, elle parlera d'une idée folle qui lui avait traversé
l'esprit, celle d'apparaître au peuple, à cheval, dans une robe
noire, décidée à rallier cette foule ingrate et oublieuse. L'idée
a été vite abandonnée, faute de robe noire convenant à cette
tentative désespérée. Et nous ne saurons jamais si ce geste,
emprunté à *Don Quichotte* et à la dramatisation andalouse,
aurait été une inutilité supplémentaire et si même des partisans se seraient ralliés à son panache noir... C'est peu pro-

bable dans la mesure où, en début d'après-midi, la condition
posée par la régente est inapplicable. Les cris des députés et
ceux de la foule, grondante, sont unanimes : « Déchéance !
République ! » Plus personne ne veut d'Impératrice ou de
régente. Et Trochu ? Le général commandant les troupes de
Paris avait juré, quelques jours plus tôt, qu'il se ferait tuer sur
les marches du trône si la dynastie était en danger, déclaration
fanfaronne et qui n'aurait sauvé personne. Eugénie, d'ailleurs,
le lui avait fait savoir. On ne lui demandait pas un sacrifice
inutile. Trochu ? Il a tout oublié. Même de mourir : sa Garde
nationale vient, sur son ordre, de rejoindre les républicains et
les appels de Jules Favre à se diriger vers l'Hôtel de Ville
– comme d'habitude – pour y proclamer la République, car
l'hémicycle n'est que vociférations, confusions et, surtout, le
peuple est frustré par ces débats où l'on ne décide rien. La
révolution réussie est toujours une marche dans la rue. Elle
avance, en rangs grossis, le long de la Seine, soutenue par ses
éternels complices, les lâches et les indécis. Pourtant, il devait
bien y en avoir qui avaient crié « A Berlin ! »... Le régime impérial est en coma dépassé ; dans deux heures tout au plus, il
aura cessé d'exister.

La fugitive

Vers deux heures et demie, au palais des Tuileries. La géographie parisienne devient la compagne de l'histoire. En effet,
il n'y a que la Seine entre le palais et la Chambre, qui se vide
de ses députés que personne n'écoutait plus. Un pont franchi
et la foule est sur la Concorde, à la grille des jardins. Les
insurgés doivent donc passer le long des Tuileries, que ce soit
par les quais ou par la rue de Rivoli. Cette fois, la foule peut
menacer directement l'Impératrice en sursis. Eugénie refuse
toujours de s'enfuir, sa seule crainte avouée étant la folie sanguinaire des révolutions, celles d'Espagne et celles de France.
Elle défendra sa position bien plus tard en expliquant à
Augustin Filon sa phobie des foules déchaînées et son sentiment exact en cet après-midi du 4 septembre : *Je n'avais pas
peur de la mort. Tout ce que je craignais c'était de tomber dans les
mains de quelques mégères qui eussent mêlé à ma fin quelque épisode
honteux, qui eussent essayé de me déshonorer en me massacrant. Je*

me figurais mes jupes relevées, j'entendais des rires féroces, car, voyez-vous, les « tricoteuses » ont laissé une postérité. La sinistre époque de l'épuration sauvage, en 1945, prouvera, dans un contexte différent, que ces mêmes craintes restaient justifiées. La dernière dépêche télégraphique envoyée par celle qui est encore l'Impératrice et la régente, le matin, est destinée à sa mère. Des mots secs, la philosophie d'une vie : « Je ferai mon devoir. » Que se serait-il donc passé si, comme elle le veut encore vers trois heures, Eugénie s'obstine à ne pas fuir ? Elle aurait fait face et la suite n'est qu'hypothèses pénibles : son exécution ? son procès par un tribunal improvisé ? sa mort accidentelle dans l'invasion du palais ? une abdication forcée puis la prison ? Autant de questions pour l'éternité mais, l'Empereur prisonnier, la foule aurait tenu la coupable, la seule, la vraie...

Bientôt trois heures. Un palais qui se vide déjà de serviteurs, une femme isolée qui a refusé qu'on renforce la garde et qu'on la protège. La foule est maintenant massée contre les grilles. Un cri monte, le cri abominable de la haine xénophobe « A mort l'Espagnole ! » Eugénie, livide, en perçoit l'écho menaçant. Ainsi, l'horreur recommence devant ce palais maudit avec ses souvenirs atroces, le massacre des Suisses, la tête de la princesse de Lamballe au bout d'une pique, les fuites des souverains d'autrefois – il n'y a pas si longtemps –, le pillage...

Toutefois, la garnison est restée fidèle, composée d'un escadron et de cinq compagnies, des voltigeurs, des grenadiers, des cuirassiers. Tous ces hommes sont aux ordres du général Mellinet. Il vient prendre les instructions de la souveraine – elle l'est encore – car l'officier pressent l'assaut. Faire tirer sur la foule ? Disperser les révolutionnaires ? Pas question, c'est le peuple. Un peuple qui n'a jamais aimé Eugénie mais peu importe, elle ne sera pas celle qui a déclenché un bain de sang dans Paris. Elle ne se battra jamais contre des Français ; on se tromperait d'ennemi. Elle donne donc l'ordre que les soldats ne se manifestent pas et, si possible, qu'on ne les voie pas pour éviter toute provocation.

Trois heures. Ce moment est, de toute sa vie, celui de la plus grave décision jamais prise par la femme de Napoléon III, abandonnée des ministres. Oui, elle va partir... Mais ce n'est pas sa volonté, les événements la lui imposent et elle s'accroche à la nuance. Elle dit à ses fidèles, le dernier carré :

– Je cède à la force. Je cède à la violence.

Son ultime déclaration officielle dans ces Tuileries dont elle fut l'animatrice enviée. Pour quelles raisons accepte-t-elle enfin de fuir? Parce que trois hommes, d'un courage inattaquable, viennent de l'en persuader pour sauver sa vie, deux diplomates et un haut-fonctionnaire. Metternich, l'ambassadeur d'Autriche et Nigra, celui d'Italie, se sont entremis pour l'aider. Depuis des heures, ils tentaient de la faire fléchir. Ces années passées à Paris ont créé une sympathie entre l'Impératrice et ces hommes lucides. Pour la souveraine qui va s'enfuir, quelle curieuse protection que celle des deux représentants de pays qui ont tant compté dans sa vie mais de façons opposées! L'Autriche qu'elle n'a cessé de défendre et l'Italie qui lui avait valu tant de tourments. Mais ils sont fidèles, consternés de l'abandon quasi général de ceux qui avaient prêté serment et espèrent que leur immunité diplomatique leur permettra d'agir. Le troisième n'est autre que Pietri, le préfet de Police. Il vient d'arriver et supplie Eugénie de partir immédiatement, Paris n'est plus tenable. Ce fidèle serviteur de l'Empire ignore qu'au même moment, il est destitué et qu'on le recherche pour l'arrêter...

Déjà, les courtisans avaient retrouvé des forces pour disparaître, les domestiques pour emporter quelques souvenirs et des amis, plutôt encombrants d'habitude, s'étaient évanouis. Eugénie avait remercié ceux qui avaient pris la peine de lui dire adieu. Elle embrasse les dames qui ont voulu rester jusqu'au bout, la maréchale Canrobert, la duchesse de Malakoff et deux autres, en larmes.

Mais comment partir? Et pour aller où? Seule importe, pour l'instant, la première question. Un manteau léger mais imperméable, un chapeau rond comme on en porte en voyage, un sac de linge et un coffret à bijoux étaient prêts depuis le début de l'après-midi. L'Impératrice s'habille, rassemble le petit bagage avec sa lectrice, Mme Lebreton, sœur du général Bourbaki. Dans la hâte, Eugénie oublie un autre sac, contenant des vêtements de rechange et posé à côté de son bureau. Un dernier regard voilé sur cet appartement, pas un mot. Les gestes, mécaniques, suffisent. Et, du pas énergique avec lequel son départ était souligné lorsqu'elle prenait une décision à contrecœur, l'Impératrice des Français suit les

deux diplomates, accompagnée d'un officier d'ordonnance
qui n'a pas trahi, le capitaine Dressey. Conti, chef de Cabinet
de l'Empereur, est là aussi, de même que l'amiral Julien de La
Gravière. N'étant pas contraints à la réserve diplomatique de
Metternich et de Nigra, ils défendront la souveraine s'il le
faut. Le petit groupe glisse dans le palais déserté. Les longues
aiguilles noires du Pavillon de l'Horloge, au centre des Tuileries, qui, telles des flèches, avaient réglé le rythme de la vie
parisienne et de l'Empire, ont bougé en une légère saccade.
Quatre heures viennent de sonner dans cet univers figé, c'est
le temps de la fuite. Dans les chambres de service et les
offices, valets et femmes de chambre quittent leurs livrées ; ils
s'habillent en petits-bourgeois et passeront, sans s'attarder,
devant les gardes toujours de faction qui les reconnaîtront et
raconteront ces départs à la sauvette.

Vite, il faut faire vite. Le groupe se presse mais sans plan
précis. Tout a été improvisé, seule la décision de fuir
comptait. Rien n'a été prévu, pas même de savoir par où sortir... Eugénie marche vers l'inconnu, bien que chaque recoin
de l'immense palais lui soit familier. Elle choisit son escalier,
ce fameux escalier de l'Impératrice où un Cent-Garde, muet,
la salue ; il est toujours là, protégeant l'accès à cet appartement privé. Voici la petite porte et le perron du Prince Impérial... Une angoisse l'étreint, balayée par d'autres
réminiscences de peur et de honte. C'était par là, en effet, que
Louis XVI, Marie-Antoinette et Mme de Tourzel s'étaient
enfuis pour Varennes, lamentable équipée... Vite, vite... Ah !
Ces Tuileries... Il y a vingt-deux ans, Louis-Philippe s'échappait par le même couloir. Le palais de la fuite des souverains,
une vraie malédiction. Trois heures quarante-cinq. Ils
débouchent place du Carrousel où, selon les ordres toujours
en vigueur, jour et nuit, un coupé de palais attend. Cocher et
voiture sont prêts, mais on s'arrête : les armes impériales sur
les portières, la livrée de l'homme, tous ces signes vont trahir
l'Impératrice. Et traverser Paris dans ces conditions est impossible. Au moins, on ne recommencera pas toutes les erreurs de
la fuite à Varennes. Aux grilles, les cris ont de plus en plus de
vigueur, les mains serrent les barreaux. Vont-ils résister longtemps ? Que faire ? Le jardin privé qui débouche sur les quais
et à la Concorde ? C'est encore pire, autant se jeter dans la

gueule du loup. « A mort l'Espagnole ! » Les cris montent en
vagues de haine libérées par le confortable courage de la multitude. Les hommes et les deux femmes n'ont qu'une solution,
essayer de passer par le Louvre. Le vieux projet impérial de
réunir le palais au musée, les travaux de Visconti, la jonction
des bâtiments, voilà le salut. Eugénie et le groupe avancent de
plus en plus vite. Des escaliers, des portes, les pas qui
claquent le moins fort possible sur les dalles mais enfin, ils
claquent, éternel martèlement d'une fuite... Entre les Tuileries et le Louvre, la Grande Galerie débouche sur la place
Saint-Germain-l'Auxerrois, c'est la seule issue. Un couloir
étroit qui traverse les Tuileries dans leur longueur, il n'y a pas
d'autre possibilité. Par chance, il est éclairé au gaz en permanence. Les hommes et les deux femmes passent comme
des ombres. Pavillon d'Apollon, galerie de Diane... Metternich ouvre la marche, Nigra offre son bras à l'Impératrice.
Elle est encadrée des deux ambassadeurs, un symbole
incroyable, la vieille Autriche battue par Bismarck et la jeune
Italie pensée par Napoléon III protègent l'Empire français dis-
loqué. Ils passent devant *Le Radeau de la Méduse*, encore le
spectacle d'une agonie... Quelques gardiens sont stupéfaits et
bienveillants, d'autres tentent de barrer le chemin au groupe.
Le célèbre tableau de Géricault a-t-il déjà eu de pareils visiteurs ? La scène qui se déroule est, elle-même, digne d'un
musée historique, dans le genre des « adieux ».

Ici, en effet, Eugénie tient à se séparer de ses alliés afin de
ne pas les compromettre. Les deux ambassadeurs peuvent être
reconnus avec leurs hauts-de-forme trop protocolaires. Ils ont
faits plus que leur devoir. Et une telle troupe ne peut qu'attirer l'attention : quelle femme, en effet, peut sortir de ces bâtiments en ces instants avec une escorte aussi bizarre sinon
l'Impératrice ? Un fonctionnaire, le sous-régisseur des Tuileries, prévenu on ne sait exactement par qui, M. Tannois, surgit au bout d'une galerie. En fait, le brave homme vient à la
rencontre du groupe. Il n'oubliera jamais cette vision. (...) *Le
prince de Metternich une couverture de voyages toute sanglée à la
main, apparaît, attirant dans les ténèbres une femme recouverte
d'un water-proof marron, voilée d'un tissu de même couleur, très
épais, et tenant de la main gauche par la bride un chapeau rond de
voyage, de la droite une ombrelle verte à volants ; cette femme qui
s'avance péniblement et comme à regret, c'est l'Impératrice.*

Elle l'est encore pour quelques minutes. A l'Hôtel de Ville, la foule est de plus en plus serrée, dans l'attente nerveuse de la proclamation républicaine. Eugénie, soudain lasse, se reprend. Seule, jamais elle ne serait partie. On la presse... Toute son escorte, y compris des gardiens du musée, inquiets de ce qui peut arriver, doit la laisser. Complices du hasard, ces compagnons éphémères risquent peut-être leur vie. Eugénie insiste et les remercie. A sa manière, jusqu'au bout, par une révérence devant *Le Radeau de la Méduse*, un moment incroyable... La dernière révérence dans ces bâtiments aux fabuleux trésors. Les hommes se découvrent, l'Impératrice tend sa main à baiser. Les ultimes usages, la courtoisie finale. Jusqu'au bout, elle est l'Impératrice, interprétant avec gravité son rôle qu'elle connaît si bien.

Immobiles, ceux qui restent la regardent s'éloigner. Eugénie se mouche. Des larmes ? Peut-être mais surtout un rhume. S'enfuir enrhumée, quelle dérision ! Les quatre silhouettes traversent les Antiquités égyptiennes. Une immense et fascinante nécropole. Quatre heures. Par le portail sous la colonnade de Perrault, les voici place Saint-Germain-l'Auxerrois, la paroisse du Louvre et des rois de France qu'Haussmann a sauvée, lui, le protestant, qui ne voulait pas être accusé d'une revanche de la Saint-Barthélemy. Devant les deux femmes, sur la place, la mairie du IVe arrondissement et sa façade gothico-renaissance est une réponse à l'église, seulement restaurée en 1855. Maintenant, Eugénie n'est plus accompagnée que de Mme Lebreton et des deux ambassadeurs. Il y a du monde sur la place. Si on entend crier, c'est au loin. Ce sont surtout des badauds, des curieux, des promeneurs car, ne l'oublions pas, ce 4 septembre est un dimanche. Etonnant contraste, d'ailleurs, entre une foule hostile du côté de la Concorde et une foule attentive, moins tendue et plus clairsemée de ce côté. Nigra part à la recherche d'un fiacre. Il en trouve un, rue de Rivoli et revient avec. Les deux hommes s'inclinent tandis que les deux femmes s'engouffrent dans le coupé noir, anonyme, banal, leur meilleure sécurité. Un gamin croit reconnaître l'une des deux clientes mais il n'a pas le temps de hurler sa découverte. Le fiacre avance, lentement, au milieu de la foule rue de Rivoli. Jetée au fond de la voiture, Eugénie ne parle pas. Elle n'a même pas eu la force de donner une adresse. C'est Mme Lebreton qui a indiqué au cocher celle d'un conseiller d'Etat, boulevard Haussmann, un homme sûr, nommé Besson. Mais la foule, venue de la Concorde, est si dense qu'il est impossible de continuer à se frayer un chemin. Il faut tourner à droite avant, vers l'Opéra inachevé, la place Vendôme. Eugénie, anéantie, voit des émeutiers qui, à coups de marteau, démolissent les aigles de pierre encadrant les façades. A travers la fenêtre de la voiture, une tête passe, coiffée d'une casquette. La tête, ravie, crie :

– Vive la nation !

A ce moment, la voiture tourne dans une petite rue, la rue du 29-Juillet. Encore un nom qui sent la poudre révolutionnaire, celle de la troisième Glorieuse de 1830 mais aussi, pourquoi l'oublier, le temps de la chute de Robespierre aussi fin juillet, le 9 thermidor. Décidément, le quartier est sous le signe des mouvements populaires, comme tous les centres de villes.

Alors que le fiacre a pris la direction des larges boulevards percés par le préfet de la Seine, et dont aucune troupe ne se servira pour tirer au canon sur le peuple, on doit se poser deux questions. La première concerne l'attitude des ambassadeurs. Pourquoi les plénipotentiaires, qui connaissent parfaitement Paris et y ont de nombreuses relations et amis, ont-ils abandonné Eugénie et sa dame de compagnie au sort d'un cocher qui peut reconnaître l'Impératrice ? Pourquoi n'ont-ils pas pris la précaution d'abriter, discrètement, les fugitives dans leurs résidences, le temps d'organiser un départ pour une destination réfléchie ? Pourquoi, après avoir tant insisté pour que l'Impératrice fuie les menaces d'une foule qu'ils supposaient enragée, l'ont-ils laissée presque seule dans Paris, sans même savoir où elle se rendait ? En résumé, pourquoi, après tant d'empressements et d'attentions, ont-ils disparu comme si eux-mêmes craignaient d'être démasqués ? Il n'y a jamais eu de réponse satisfaisante : soit ils avaient agi de leur propre initiative, par déférence, courtoisie, amitié, esprit chevaleresque et ne pouvaient s'engager plus avant dans cette opération impliquant, tôt ou tard, leurs gouvernements ; soit ces mêmes autorités avaient donné leur accord, spontanément ou sur demande des diplomates, pour qu'ils prêtent secours à la souveraine en péril mais avec des instructions précises d'assurer l'évacuation des Tuileries et rien de plus. Cette seconde hypothèse risquait de conduire à une nouvelle catastrophe en livrant l'Impératrice au hasard de la foule parisienne, dans une ville basculant dans la république.

La seconde question qui se pose est celle du comportement d'Eugénie et de sa suivante. Manifestement, rien n'a été préparé. Aucun relais, aucun abri provisoire, aucune certitude que les gens auxquels l'Impératrice pourrait s'adresser sont chez eux, joignables, prêts à la secourir. Tout, dans cette fuite longtemps refusée est improvisé, selon une vieille habitude impériale. Comme dans cette maudite guerre... La preuve? Elles sont presque sans argent, Mme Lebreton n'a que cinq cents francs, remis en hâte par Filon à la dernière minute, ce qui atteste qu'aucun plan n'avait été élaboré, assorti de moyens de fuite. Il y a les bijoux mais comment les monnayer sans attirer l'attention? Des boucles d'oreilles pour une course? Folie. Cette impréparation est à peine croyable. La conclusion de ce double constat est évidente : Eugénie ne voulait pas s'enfuir, cette attitude souillant de honte sa résistance radicale depuis cinq semaines. Et elle n'a consenti à partir que sous la pression de deux ambassadeurs dont elle était proche... et qui viennent de la laisser, à peu de chose près, sur le trottoir encombré de la rue de Rivoli, à contre-courant de masses hurlantes. Jusqu'au bout, l'Impératrice a cru – et voulu! – contrecarrer la malédiction des monarques obligés de fuir les Tuileries. Rien n'y a fait, elle vit les instants cruels des souverains français chassés avec, au bout, la perspective noire de l'exil.

Vers cinq heures et demie, la déchéance de l'Empire est consommée à l'Hôtel de Ville, bien qu'elle ait déjà été prononcée au Corps législatif. La République est proclamée et un gouvernement dit de Défense nationale est constitué, groupant onze députés de Paris. Gambetta est à l'Intérieur et le « fidèle » Trochu, dont le soutien est indispensable, est maintenu dans ses fonctions de Gouverneur militaire de Paris en même temps qu'il est nommé ministre de la Guerre. Le matin même, il avait encore juré à l'Impératrice qu'il ne l'abandonnerait pas, qu'on devrait d'abord passer sur son cadavre et qu'Eugénie ne devait pas oublier qu'il était soldat, catholique et breton... Trochu a perdu la mémoire; son ralliement tardif – sa trahison – lui vaudra le surnom de « Trochu trois quarts... » A six heures et six minutes du soir, la dépêche télé-graphique est expédiée. Le Second Empire a vécu dix-huit ans, la dernière régence trente-neuf jours. L'agonie politique est finie, l'angoisse de l'inconnu commence pour deux femmes en fuite, dans un Paris aux réactions imprévisibles. En effet, la chute du régime impérial n'a été marquée d'aucune violence. Pas de révolution, pas de sang, pas de guerre civile. Pas un mort, pas même un blessé. La France a changé de maître en douceur. Il y a moins de quatre mois, elle plébisci-tait l'Empereur par sept millions et demi de voix. Il y a deux jours, elles s'étaient perdues du côté de Sedan. On n'a jamais su ce qu'elles étaient devenues... Mais, en dépit de ce stupé-fiant escamotage, rien n'est réellement réglé, l'ennemi étant sur le territoire national. Un député s'exclame, mécontent : « Une fois de plus, Paris fait la loi à la France. » Et la France a un gouvernement parisien.

Alors que les abords de l'Hôtel de Ville sont bruyants d'un optimisme forcé parce que provisoire, laissant, au passage, de nombreux habitants stupéfaits, tristes et inquiets, le fiacre est enfin arrivé à l'adresse que Mme Lebreton avait donnée... parce que c'était la première qui lui était passée par la tête. L'improvisation est le seul guide des deux femmes. Vers l'église Saint-Augustin, que les Parisiens germanophobes sur-nommaient « le casque à pointe », le boulevard haussmannien par excellence est calme. Comment croire que la Concorde soit noire d'une foule menaçante ? Mme Lebreton paie. Les deux femmes montent jusqu'au troisième étage. Elles sonnent. On ne répond pas. M. Besson, cet ancien préfet orléaniste devenu, comme tant d'autres, bonapartiste, est absent. Eugénie se laisse tomber sur une marche d'escalier. Que faire ? Où aller ? Une seule certitude, elles doivent cher-cher ailleurs. L'idée de se rendre chez le chambellan, M. de Piennes, est retenue. Il demeure avenue de Wagram ; elles iront à pied. Mais passe un fiacre découvert, place Saint-Augustin. Une voiture ouverte, ce n'est pas très prudent, tant pis. Il faut s'éloigner du centre. Deuxième malchance, M. de Piennes est lui aussi absent. Le désarroi gagne les deux femmes alors que le jour est encore clair. Soudain, un nom s'impose : Evans ! Le docteur Evans !

Eugénie explique à sa suivante, comme si elle se parlait à elle-même :

– C'est un Américain mais il n'a pas de fonctions politiques et, de plus, c'est un vieil ami... Et elle donne l'adresse, au coin de l'avenue de Malakoff et de l'avenue... de l'Impératrice [1] ! Un Américain ? Que vient-il faire dans cette triste équipée ? Thomas Evans, quarante-sept ans, arrivé à Paris à l'été 1850, est un dentiste réputé, spécialisé dans l'obturation des caries. Plutôt enrobé, des favoris à la François-Joseph, il a pour clientèle un véritable Almanach de Gotha. Il soigne tous les souverains d'Europe, y compris le Souverain Pontife Pie IX, et il a même traité, avec une infinie patience, les dents fortement gâtées de Louis II de Bavière. Ayant rencontré Louis-Napoléon en 1850, il est devenu son dentiste et, tout naturellement, il est aussi devenu celui de l'Impératrice et de la bonne société, se liant également avec divers écrivains et musiciens. Le couple impérial l'a toujours apprécié pour son amabilité, son savoir-faire et sa générosité. Napoléon III l'avait promu officier de la Légion d'honneur. A l'aise financièrement, il a fait construire, dès l'inauguration de l'avenue de l'Impératrice, un bel hôtel particulier. Le Docteur Evans, Eugénie n'en doute pas, est le gentilhomme qui peut les aider.

Malheureusement, lui aussi est absent. En voyage ? Non, dit le majordome, le docteur rentrera en fin d'après-midi. Et il prie les deux femmes d'attendre, n'ayant pas reconnu l'Impératrice masquée par son voile pour éviter de prendre froid, souffrant sans doute d'une névralgie. Avec ce rhume... Dans la bibliothèque, très confortable, l'attente paraît longue, même au milieu des trésors de ce collectionneur de médailles et de tabatières.

Six heures. Le docteur Evans est de retour. Ayant un dîner d'hommes chez lui le soir et sa femme étant en vacances en Normandie, il veut s'assurer du bon déroulement des préparatifs en cuisine. On lui apprend que deux dames l'attendent et qu'elles n'ont pas voulu donner leur nom... Il est stupéfait de

---

1. Conçue par Haussmann et tracée par Hittorf, l'avenue de l'Impératrice, ouverte en 1854, est l'une des plus prestigieuses et des plus élégantes du Paris impérial. En 1870, elle fut appelée avenue Ulrich, du nom d'un des défenseurs de Sedan. En 1875, elle fut rebaptisée avenue du Bois (ou du Bois de Boulogne). Depuis 1929, elle s'appelle avenue Foch, en l'honneur du Généralissime des Armées alliées en 1918 puis du Maréchal de France Ferdinand Foch, né en 1851 et disparu en 1929. L'hôtel particulier du Docteur Evans fut le premier en Europe équipé du chauffage central. Légué par son propriétaire à sa ville natale, Philadelphie, il fut loué par l'Etat comme résidence de souverains étrangers lors de l'Exposition universelle de 1900. L'hôtel a été démoli en 1907.

reconnaître l'Impératrice, très pâle. Depuis son arrivée, elle n'avait pas bougé de son fauteuil, regardant par la fenêtre fixement l'avenue, son avenue... Eugénie le prie de pardonner cette arrivée et lui avoue sa détresse :

– Je suis venue à vous pour avoir protection et assistance parce que j'ai une entière confiance dans votre dévouement à ma famille. Le service que je vous demande maintenant, pour moi et pour cette dame qui est avec moi, Mme Lebreton, mettra votre amitié à rude épreuve.

Après un silence, elle ajoute :

– Vous le voyez : je ne suis plus heureuse. Les mauvais jours sont venus et on m'abandonne...

Le docteur Evans sourit, rassure l'Impératrice. Elle a bien fait de venir. L'Américain sera son sauveur. Ce 4 septembre, des étrangers se portent plus volontiers au secours de l'Impératrice en difficulté que des Français... S'il a réagi en ami, il intervient aussi comme médecin ; Eugénie est épuisée, ses nerfs sont sur le point de la lâcher, elle tient à peine debout et elle n'a rien mangé ni bu depuis au moins douze heures. Il la calme et l'assure que pour préparer son départ, il lui faut un peu de temps. Qu'elle s'installe dans une chambre d'amis, elle en profitera pour se rafraîchir, s'allonger et il lui fait servir une collation. Qu'elle et sa suivante ne s'inquiètent pas, il va s'occuper de tout.

Où peut aller Eugénie ? En Angleterre, évidemment, selon la triste tradition des monarques français déchus. Elle a un passeport vierge, elle en a même plusieurs, précaution qui prouve qu'à Londres, on avait bien mesuré l'issue de cette guerre.

Mais Evans doit tout de même être prudent. En effet, dans une pièce attenante, l'un de ses amis, un autre médecin américain, le docteur Crane, l'attend. Les deux hommes avaient étudié dans l'après-midi la possibilité d'organiser des secours pour les soldats blessés français dans l'Est. Evans consulte Eugénie et, avec son accord, informe son confrère de l'incroyable situation. Oui, l'Impératrice est là-haut, cachée, en fuite, avec sa lectrice... Il faut assurer leur départ demain car il est impossible d'annuler le dîner prévu. Déjà, les premiers invités arrivent et tous ne parlent que des événements qui les laissent incrédules. Il y a plusieurs médecins parmi eux, Evans étant président du Comité sanitaire américain en

France. Evans fait expédier le dîner, prétextant des malades à visiter d'urgence. A la fin de la soirée, Evans et Crane ont tout mis au point, certains que le gouvernement est à la recherche de l'Impératrice et va bloquer les gares et les frontières.

Or, il n'en est rien. Alors que depuis le début de la guerre, la propagande et la manipulation d'informations ont servi les intérêts républicains, le mécanisme se retourne curieusement contre ses auteurs. En effet, sur la foi d'une rumeur, les nouvelles autorités croient qu'Eugénie est passée en Belgique, via Maubeuge, dans la soirée. Une dépêche est même placardée sur les murs de Paris, tôt le matin du 5, annonçant cette fuite et précisant que « son fils était passé avec sa suite à cinq heures du soir ». Le télégramme, reproduit à des centaines d'exemplaires, est signé du nouveau préfet de Police. D'où vient cette désinformation partielle ? Un amalgame, sans doute, car effectivement, le Prince Impérial a franchi la frontière belge. Napoléon III avait dû agir ainsi, contraint de passer par la Belgique pour gagner la résidence que Guillaume Ier lui a assignée en Allemagne.

Les docteurs Evans et Crane ignorent que l'on ne recherche plus officiellement Eugénie sur le territoire français. Ils multiplient donc les précautions, les solutions de rechange. Le plan est simple : Thomas Evans va rejoindre son épouse, en vacances à Deauville. Mais il ne faut pas attirer l'attention. En utilisant les passeports vierges, Crane devient un médecin britannique, Eugénie sa patiente qu'il conduit en Angleterre où elle doit être soignée, Evans est son frère et Mme Lebreton l'infirmière indispensable à ce transfert de malade. Techniquement, il est risqué de prendre le train car les gares sont sans doute surveillées, en particulier sur le chemin de l'Angleterre. On prendra des voitures.

5 septembre. Cinq heures du matin. La nuit parisienne a été calme et avenue de l'Impératrice on est déjà presque prêt. Eugénie avale du café, mange un peu de pain, comme hier. Evans a fait atteler son landau, premier maillon d'une chaîne de véhicules. Lorsque la voiture atteint la porte Maillot, c'est la première épreuve. Evans parlemente avec le sous-officier qui commande le poste de garde, décline son identité, signale

que tout le monde le connaît dans le quartier et qu'il se rend à une cérémonie campagnarde. Avec un journal et son visage encadré dans la portière, il cache le fond de la voiture. Eugénie est donc masquée à la vue du chef de poste, immobile, essayant de paraître normale. Le contrôle est rapide et, bientôt, la voiture franchit les anciennes fortifications abattues par Haussmann et dont on voit toujours le fossé.

Il est cinq heures et demie. L'impératrice Eugénie a quitté Paris. A Saint-Germain en Laye, l'octroi, poste douanier, est une deuxième épreuve. Les deux hommes parlent anglais, on ne se méfie pas de cette escorte sanitaire. Elle passe. La voiture continue. Vers dix heures et demie, Eugénie semble un peu soulagée, elle s'éloigne de Paris, de la furie révolutionnaire, des insultes que les femmes lui lanceraient. Où est l'Empereur ? Où est leur fils ? Onze heures. Les voici qui arrivent à Mantes. Les deux hommes ont acheté des provisions et les ont rapportées aux femmes qui ne sont pas descendues. Le spectre des imprudences de la fuite à Varennes... Après six heures de côtes et de petit trot, les chevaux ne peuvent continuer. Evans décide de trouver une autre voiture avec des chevaux frais donnant l'ordre à son cocher de regagner Paris tranquillement. Laissant Crane garder les deux femmes, le dentiste part. Sa recherche est longue. Enfin, il revient avec un superbe landau. Pour trente francs, le loueur a accepté de conduire cette malade anglaise jusqu'à Pacy-sur-Eure. Thomas Evans a aussi pu trouver un journal où il apprend enfin les événements de la soirée. L'avenue de l'Impératrice est plutôt éloignée des spasmes populaires...

Il lit à haute voix. Eugénie écoute, effondrée. Soudain, elle sursaute :

– Trochu ? Trochu président du gouvernement ? Trochu est avec les révolutionnaires ?

Elle s'étrangle de rage. Elle rappelle le serment solennel du général, il y a quarante-huit heures...

– Comment a-t-il pu nous trahir ainsi ? A qui aurais-je pu me fier si ce n'est à lui, un soldat choisi par l'Empereur lui-même ?

Eugénie, c'est avéré, n'a jamais craint la mort. Mais la bassesse humaine, la trahison, non, elle ne pourra s'y faire. Elle pleure, en silence. Ce sont des larmes de colère. Le landau avance. Il atteint Pacy-sur-Eure, à l'est d'Evreux, avant deux

heures. Il faut encore changer de voiture. On perd du temps
mais ce chemin détourné est plus sûr qu'une voie fréquentée.
Après discussion avec une paysanne, le quatuor se retrouve
dans une étrange voiture verte à quatre roues jaunes; la
capote, sale, est fendue et les passagers avancent au milieu de
grincements et de craquements dans « une de ces roulottes
que l'on rencontre parfois en France dans les chemins écartés
et qui appartiennent à quelques familles de bohémiens dont
les affaires sont prospères », se souviendra le docteur Evans [1].

Un drôle d'équipage. Il traverse Evreux sans incident. Dix
heures du soir. Les voyageurs se trouvent sur la route de Ber-
nay, à Thibouville. Ils sont harassés, comme leurs chevaux.
Près de dix-sept heures de voyage pour n'être qu'à une centaine de kilomètres de Paris, quelle lenteur! Voici une
auberge, dite de la Rivière. L'aubergiste, Mme Desrats, est
désolée : à une heure si tardive, elle n'a plus de chambres.
Tout a été pris par un cocher anglais et sa famille. Evans intervient, raconte au client que sa sœur est très malade, qu'elle
doit absolument se reposer et, bien entendu, le convainc avec
une jolie somme. Voici Eugénie dans la chambre libérée,
misérable. Nerveusement, elle éclate de rire. Mme Lebreton
n'apprécie pas cette gaieté dans la tragédie. Evans fait préparer un repas, Eugénie se brosse car elle est grise de poussière.
Epuisée, elle s'endort. Son odyssée n'est pas finie.

6 septembre. Mme Desrats, la patronne, ne comprendra
jamais rien aux Anglais car elle croit Evans sujet britannique.
Pourquoi donc veut-il louer une voiture pour aller à Lisieux
alors que le train local y passe et que la gare n'est qu'à un kilomètre? Evans n'insiste pas et les quatre voyageurs se rendent à
pied jusqu'à la petite gare. Huit heures cinq. Ils montent dans
le tortillard départemental à destination de Serquigny, important nœud ferroviaire du réseau normand. Ils y prennent la
correspondance d'un express, le Paris-Cherbourg. Un
compartiment vide. Ils s'y installent quand le chef de gare,
vérifiant la fermeture de la porte, arrête ses yeux sur Eugénie.
L'homme, assurera-t-elle, sourit mais avec « une expression de
haine » qu'elle n'oubliera jamais. Vraisemblablement il a
reconnu l'Impératrice mais ne dit rien. La portière en bois
claque, l'homme siffle, l'express démarre. Neuf heures vingt.
Il entre en gare de Lisieux. Le Calvados, la mer... L'Angle-

---

1. *Mémoires du Docteur Thomas Evans*, Plon, 1910.

terre se rapproche mais il vaut mieux quitter ce train. Qui sait
si le chef de gare n'a pas donné l'alerte ?

Le docteur Evans, infatigable, cherche une nouvelle voiture
dans Lisieux. Une chaude pluie d'été tombe. Crane et les
deux femmes le suivent, trempées. Elles s'abritent un moment
sous le portail d'un atelier de tapis. Enfin, l'Américain revient
avec une voiture, la dernière, dit-il. On passera par Pont
l'Evêque, tout a l'air calme. Mais en retrouvant ses compagnons, Thomas Evans a le cœur serré devant cette vision
d'une telle femme, seule sous la pluie, stoïque. Est-ce possible ? (...) *Il est impossible, me disais-je, que la femme qui a reçu*
tous ces honneurs en pays étranger, sur laquelle tant de millions de
personnes ont fixé des regards d'admiration, soit la même personne
que celle qui est aujourd'hui fugitive, sans abri contre l'inclémence
du temps, oubliée de ses propres sujets, au point qu'ils passent
auprès d'elle sans la remarquer, et perdue dans cette France même
où elle était autrefois si honorée, impossible enfin qu'il n'y ait que
deux hommes, deux étrangers, qui sachent qu'elle existe encore. Le
docteur Evans s'est posé cette question jusqu'à sa mort, en
1897. Eugénie lui avait déjà répondu : c'est possible. En effet,
dans une de ses réflexions sur l'ingratitude des peuples,
l'Impératrice lui a dit : *En France, on est honoré aujourd'hui et*
banni demain. Je me suis dit parfois que les Français mettent pour
ainsi dire les statues de leurs héros sur un piédestal de sel, de sorte
qu'à la première tempête, ils tombent pour rester couchés dans la
boue. Il n'y a pas de pays au monde où la distance entre le sublime
et le ridicule soit aussi courte qu'en France. Une remarque amère
mais qui n'a rien perdu de sa pertinence...

Trois heures et demie. Deauville, enfin... Le docteur Evans
et Eugénie, le visage dissimulé sous un parapluie, entrent dans
l'hôtel du Casino par l'escalier de service, tandis que, pour
faire diversion, Crane et Mme Lebreton empruntent la grande
porte et louent deux chambres. La prudence, jusqu'au bout.
Tous se retrouvent dans la chambre de Mme Evans, bouleversée de reconnaître l'Impératrice sous les traits de cette femme
trempée, épuisée, qui a visiblement besoin de prendre un bain
et de se changer. Mais elle sourit de reconnaissance envers le
courageux Américain. Ces derniers mètres, craignant qu'elle
ne s'écroule, qu'une femme de chambre ou qu'un garçon
d'étage ne la reconnaisse, il lui serrait le bras, pressait son pas,

la bousculait presque. Elle allait s'écrouler, il le sentait. Eugénie, l'Impératrice en fuite, s'effondre sur un fauteuil.

– Mon Dieu... Je suis sauvée !

Elle a quitté les Tuileries il y a exactement quarante-huit heures, les plus longues de sa vie, marquées par l'angoisse de devoir se cacher comme une criminelle. Il faut maintenant organiser le passage des deux femmes en Angleterre. Evans inspecte les bateaux dans le port, avec l'air d'un promeneur intéressé. Ce qu'il cherche est, évidemment, un yacht privé et battant pavillon britannique. En voici un, la *Gazelle*, quinze mètres de long, dont un marin arpente, lui aussi, le quai. Evans fait des compliments sur le yacht et apprend qu'il appartient à Sir John Burgoyne, un officier de l'armée anglaise. Evans n'hésite pas, fait passer sa carte et demande à voir le propriétaire qui, par chance, se trouve à bord.

L'Américain lui expose franchement la situation. Sir John devient sombre. Il n'est pas prêt à accueillir Eugénie car, marin au service de son pays, il risque gros si jamais on apprend qu'il a aidé l'Impératrice à quitter la France. Quels sont les rapports entre Londres et Paris depuis cette révolution qui n'a pas eu lieu mais qui a tout changé ? Il refuse. Le docteur Crane contre-attaque sur le plan de l'honneur vantant un geste qui ne serait peut-être pas perdu :

– Si vous conduisez l'Impératrice en Angleterre, vous serez peut-être content, un jour, d'avoir eu la bonne fortune de lui rendre service...

L'Anglais est perplexe. Officiellement maître à bord après Dieu, sir John est, en réalité, aux ordres de son épouse :

– Si lady Burgoyne est d'accord, l'Impératrice peut monter à bord.

En quelques secondes, l'affaire n'est plus une question de protocole, de diplomatie ni même de marine – bien que le baromètre baisse : c'est une affaire entre femmes. Lady Burgoyne n'a pas les états d'âme de son époux, elle accepte immédiatement. Pitié ? Solidarité ? Simple humanité ? Gifle donné aux *Frenchies* ? Peu importe.

– Il n'y a aucune difficulté. Vous pouvez conduire l'Impératrice à bord.

Sir John en est lui-même heureux et annonce seulement qu'il partira très tôt, profitant de la marée et avant que la mer soit trop forte.

Evans et Crane sont déjà retournés vers l'hôtel, avec la nouvelle décisive. Quel soulagement! Il faut seulement que les deux femmes montent à bord dans la nuit, discrètement. Elles se préparent, elles ont pu prendre un bain, s'arranger grâce à l'obligeance de Mme Evans qui a fourni tout ce qu'il fallait, mais elles n'ont pu se changer. Elles ont fait sécher leurs robes et leurs manteaux mais ils restent humides et boueux. Tant pis. Elles prennent un léger souper; l'heure de partir approche.

Or, un incident étrange se produit sur le bateau à onze heures trente du soir, une anomalie que sir John rapportera au général Ponsonby, secrétaire de la reine Victoria. Un jeune Russe, que sir John ne connaissait pratiquement pas, se présente, malgré l'heure inconvenante, avec « un ami de Paris qui était très désireux de visiter un yacht. J'ai eu le plaisir de leur faire visiter tout le bateau, sauf la cabine de lady Burgoyne, et je ne doute pas qu'il se soit agi d'un espion qui soupçonnait quelque chose. J'ai surveillé ces deux personnes jusqu'à ce qu'elles aient traversé le pont de chemin de fer qui conduit à Trouville ». Il ne faut, en effet, rien négliger, l'Impératrice devant être à bord vers minuit. Le caractère surprenant de cette visite insistante n'a pu être expliqué. Il est possible que le chef de gare, l'aubergiste ou un employé de l'hôtel ait reconnu l'Impératrice et, pour être bien vu, ait informé quelque autorité de ses soupçons. Dans le cas contraire, il s'agirait d'une coïncidence étonnante.

Minuit, hôtel du Casino. Evans et Eugénie partent les premiers. Crane et Mme Lebreton suivent avec un léger décalage. Mme Evans ne quitte pas sa chambre, semblant ne pas modifier ses vacances. La pluie a détrempé le sol, le chemin jusqu'au yacht est un cloaque, un parcours éprouvant entre les flaques et presque sans lumière. Eugénie dira qu'elles étaient « dans un état lamentable. Nos chaussures étaient trempées et nos vêtements crottés; nous étions couverts de boue des pieds à la tête ». Quelle arrivée humiliante, loin de la fraîcheur de Winterhalter! Sir John, sur le quai, est en alerte depuis la visite qu'on lui a demandée il y a une demi-heure, incident qu'ignorent les arrivants. Un bref salut de bienvenue à bord, pour ne pas attirer l'attention par des démonstrations affectées, Eugénie descend. L'officier la suit. Elle se retourne et dit :

– Vous êtes, je crois, le gentleman anglais qui veut bien me conduire en Angleterre. Je suis l'Impératrice.

L'émotion est trop forte, elle éclate en sanglots. « Je me nommai et elle prit le bras que je m'empressai de lui offrir. » Après son baisemain, sir John présente son épouse à l'Impératrice. Lady Burgoyne veille à une révérence discrète, car la place est comptée, mais bien marquée. Le docteur Crane quitte le yacht car il ne peut s'absenter trop longtemps de Paris et Eugénie l'a chargé de messages confidentiels. En revanche, Thomas Evans reste à bord car ces deux femmes doivent être accompagnées. On les installe. Le baromètre continue de descendre. On redoute une tempête. Tant pis, entre le péril marin et la haine dont les hommes et les femmes sont capables, sir John n'hésite pas. La nature peut offrir une chance. Mercredi 7 septembre, à six heures et demie du matin, la *Gazelle* quitte le port. Et la France, par un frais vent d'automne. Deauville, l'un des rendez-vous mondains créés par Morny, s'éloigne. Eugénie n'a pas eu un regard vers la statue, disgracieuse, du fondateur, son demi beau-frère, ni pour les villas des temps heureux. Elle est au fond de la cabine, apeurée, avec le sentiment d'être, pour ainsi dire, une passagère clandestine. L'Impératrice déchue reverra-t-elle ce pays qu'elle a aimé et qui venait de la rejeter brutalement en lui rappelant qu'elle n'avait toujours été qu'une étrangère ? Ou, ainsi qu'elle le redoute depuis si longtemps, ce vent qui s'est levé est-il le signe d'un voyage sans retour qu'on appelle l'exil ?

5

L'exilée

La mer est devenue forte. Vers une heure de l'après-midi, le yacht roule. Des vagues d'écume se fracassent sur la *Gazelle*. Le ciel et l'eau, soudés dans des tons d'ardoise, sont hostiles. La tempête annoncée se lève. Avec la nuit, les rafales de vent hurlent autour du bateau qui avance péniblement. Une nuit d'angoisse dans la Manche démontée. Des trombes d'eau et des éclairs ajoutent au spectacle de la furie. Eugénie n'a plus peur. Elle est entre les mains de Dieu, certainement plus clémentes que celles des humains. Que peut-il lui arriver de pire maintenant ? Sombrer ? Elle souhaite seulement revoir ceux qu'elle aime. Elle ne s'inquiète plus pour elle, hors d'atteinte, pense-t-elle. Mais l'Empereur ? Et le Prince Impérial ? Depuis trois jours, elle n'a aucune nouvelle de son mari et de son fils et ils sont dans le même cas. Leur seule information commune est la chute de l'Empire, et la proclamation de la République. Napoléon III a cherché à savoir ce qui se passait à Paris. Les postes belges ont pu lui apprendre, au soir du 4, que le palais des Tuileries n'était pas envahi, qu'il y avait de l'agitation dans les rues mais pas d'émeute, et que l'Impératrice était en fuite. Où est-elle ? Il ignore tout de son équipée. L'Empereur ne peut en savoir davantage et au moment où le yacht d'Eugénie s'approche, difficilement, de la côte anglaise, le cap choisi étant Southampton, l'Empereur prisonnier a traversé la Belgique après avoir vécu comme un supplice le spectacle de son armée en loques. Il a été insulté par des soldats hébétés et l'un d'eux s'est même jeté sur lui. Et le triste soir du 4 septembre, accompagné d'une suite invraisemblable de cent personnes dont le prince Achille Murat, cinq généraux, des officiers d'ordonnance, deux médecins et des secrétaires, Napoléon III, souverain en captivité, est arrivé, par train spécial, à Cassel puis au domaine de Wilhelmshöhe. Le choix de cette résidence, imposé par Guillaume Ier, est un crève-cœur supplémentaire ; en effet, au temps de l'autre empire, la ville très proche de Cassel était la capitale du royaume de Westphalie. L'endroit s'appelait alors Napoleonshöhe, *la Hauteur de Napoléon*...

Ce 4 septembre 1870, la déchéance avait remplacé la puissance d'autrefois. Que de souvenirs pour l'Empereur prisonnier : enfant, il avait séjourné dans cette grosse bâtisse avec sa mère, la reine Hortense. Maintenant, il n'est plus qu'un homme tassé, alourdi, le regard las, tremblant de fièvre et dont on n'imagine pas comment il a pu s'engager dans cette si funeste guerre. Sa captivité commence d'une façon incroyable : il a conservé quarante domestiques (!), les gardes prussiens lui rendent les honneurs quand il passe et il est traité avec tant d'égards qu'on peut se demander s'il s'agit bien d'une détention et non d'un séjour dans une caserne où le tact, la réserve et la bonne éducation auraient remplacé la discipline réglementaire. Des deux côtés, on en est étonné mais le roi de Prusse et son chancelier ont tenu à éviter toute humiliation. Le courrier de l'Empereur n'est pas ouvert, il peut même être chiffré (!), et un bureau de poste spécial a été installé pour sa suite. Drôle de captivité... Elle gêne presque le monarque déchu, ruminant les causes de sa capitulation, écrivant même une brochure sur cette douloureuse question du piège de Sedan : pourquoi ? Louis Napoléon est taraudé par ce désastre.

La tempête est effrayante. Eugénie se demande si elle va survivre tout en affichant un optimisme, fortifié à chaque rafale de vent qui la rapproche de l'Angleterre. Le yacht, bien barré, tient ; la mer épargne l'Impératrice mais c'est miraculeux car, à quelques encablures, deux bâtiments anglais sont pris dans la tourmente et l'un d'eux, le *Captain*, lourd vaisseau de la Royal Navy sombre, brisé en deux ; il n'y aura aucun survivant. Mme Lebreton prie, écrase ses doigts sur son chapelet et croit mourir à chaque instant. Eugénie aussi mais, résignée, elle ne le montre pas, rassérénée par la réussite de sa fuite. Et sa peur s'est muée en sentiment d'une fatalité dramatique, le point d'orgue d'une longue tragédie dont elle vit le dernier acte. Elle l'avouera au docteur Evans : « J'étais sûre que nous étions perdus mais, aussi singulier que cela puisse paraître, je ne ressentais pas la moindre crainte. Si je disparais maintenant, me disais-je, la mort ne pourrait peut-être pas venir à un meilleur moment ni me donner une tombe plus désirable. » Il ne manquait qu'un ouragan à sa fuite romanesque. Dans la nuit les deux femmes entendent un matelot crier :

– *We are aground!* (Nous allons échouer!)

Mme Lebreton, terrifiée, demande à Eugénie :

– Que dit-il ?

L'Impératrice juge prudent d'altérer la traduction. Au lieu de répondre littéralement, elle réplique ;

– Ils disent que nous sommes à terre !

Mme Lebreton soupire. La malheureuse enchaîne :

– Dieu soit béni !

Enfin, l'épouvantable traversée, qui a pris environ dix-neuf heures (!) s'achève. La *Gazelle* est en vue de l'île de Wight. Le journal de bord du yacht consigne l'arrivée : « A deux heures quarante-cinq du matin, rangé très près de la plage de Ryde et mouillé à l'ancre. » Les passagers et l'équipage se remettent de leurs émotions ; les estomacs sont vides... Sir John donne des ordres, tous ont bien mérité de reprendre des forces. « A trois heures, grâce au zèle du maître d'hôtel et du cuisinier, un souper confortable est servi et Sa Majesté vient se mettre à table avec nous. »

Eugénie, Impératrice détrônée en fuite, prend son premier repas d'exil. Elle a retrouvé confiance dans ses forces. La mort n'a pas voulu d'elle, ni à Paris ni en mer. Elle va s'organiser et se battre. Hélas, c'est une longue expiation qui commence, l'un de ces *Châtiments* que même Victor Hugo n'a pas su décrire dans son poème vengeur, il y a dix-huit ans. Une nouvelle fois, « l'aigle baissait la tête » mais l'Espagnole ne se déclare pas vaincue.

Pourtant, que de dignité il lui faut lorsque, s'étant présentée avec le docteur Evans et Mme Lebreton dans un hôtel du port, elle est refoulée, tout simplement à cause de sa tenue et de celle de ses compagnons d'odyssée. Le trio est sale, fripé, sans bagages conséquents. Mieux vaut ne pas penser au précédent passage d'Eugénie avec Napoléon III allant rendre

visite à Victoria qui séjournait à Osborne. C'était il y a treize
ans, autant dire un siècle... En revanche au York Hotel, on
accepte de leur louer trois chambres... de service, sous les
toits. Eugénie n'a qu'une idée, savoir où est son fils. Evans
achète la presse du matin. Enfin des nouvelles rassurantes !
Louis est arrivé, via Ostende et Douvres, à Hastings. Il a été
fort bien reçu en Angleterre puisqu'un train spécial a été mis à
sa disposition. Un journal précise qu'il est descendu au
Marine Hotel. A vol de mouette, Hastings est relativement
proche, une centaine de kilomètres à l'est, mais le trajet est
compliqué. A peine le temps d'une indispensable toilette et
Eugénie repart presque aussitôt avec ses complices, Evans
ayant repéré les moyens d'accès. Il leur faut d'abord prendre
un petit steamer, le *Princess Alice*, qui les dépose à Southea,
puis un tramway à vapeur jusqu'à Portsmouth et un train
jusqu'à Brighton et encore cinquante kilomètres pour
atteindre, enfin, Hastings où, sur une colline, s'était déroulée,
en 1066, la célèbre bataille qui avait décidé de la victoire des
Normands sur les Anglais. Ce périple dure une interminable
journée de voyage, d'attente et de fatigues. Mais Eugénie
oublie son immense lassitude et elle ne craint plus d'être
démasquée ; elle ne se cache plus. A dix heures du soir, elle va
pouvoir enfin embrasser le Prince Impérial. Evans propose
d'annoncer lui-même au jeune homme, qu'il connaît et a soigné, l'arrivée d'Eugénie, qui attend avec l'impatience d'une
mère angoissée, dans un hôtel voisin. Peu après, les voici réunis. Comme le garçon a changé ! Lui, si communicatif et
enjoué, n'est plus l'adolescent qui parlait sans cesse. L'atrocité de la guerre, l'humiliation de la défaite, la captivité de son
père le murent dans une lassitude visible, physique et morale.
Son précepteur, qui le rejoint le lendemain, constate que son
visage est « devenu pâle et immuable comme celui de l'Empereur ».
    Sa mère, consciente de cet état, ne veut pas céder à une tris-
tesse trop voyante. Elle réagit. Les journaux ayant annoncé sa
présence, des fidèles de son entourage parviennent à la
rejoindre, notamment ses nièces. L'hôtel est vite trop petit
pour accueillir cette réduction de cour mais la compassion des
gens et la curiosité générale, sans hostilité aucune, sont
réconfortantes. Eugénie adresse des courriers au tsar de Russie et à l'empereur-roi d'Autriche-Hongrie, les priant d'inter-

venir pour qu'une paix acceptable soit signée entre la France et la Prusse. En effet, les opérations se poursuivent. Bazaine, dont l'attitude est énigmatique, est enfermé dans Metz depuis le 18 août et les Prussiens encerclent Paris qui se prépare à un siège. La guerre impériale est devenue celle de la République. En attendant la réponse des souverains auxquels l'Impératrice s'est adressée, celle-ci reçoit, chaque jour, des témoignages et des preuves de fidélité. M. Chevreau, qui était encore ministre de l'Intérieur au matin du 4 septembre, arrive, avec son frère. Elle en est particulièrement touchée car devant les défections et les absences qui se multipliaient alors, elle lui avait posé cette question en forme de jugement : « On n'a donc plus d'amis en France quand on est malheureux ? » Le ministre avait protesté : « Madame, nous vous montrerons, mon frère et moi, qu'il y a des gens que le malheur attache plus que la toute-puissance. Où vous irez, nous irons. » Il avait tenu parole. On ne pouvait le comparer à l'opportuniste Trochu, dont la trahison ne cesse de révolter l'Impératrice.

Comme il est impossible de rester dans cet hôtel où ses moindres faits et gestes sont observés et rapportés par les journalistes qui la harcèlent respectueusement, elle charge Evans de trouver une résidence proche de Londres où elle pourra s'installer car il lui semble évident que son retour en France est hors de question dans un avenir proche. Le dimanche 11 septembre, après avoir assisté à une messe – le prince et sa mère y ont été salués avec enthousiasme et les fidèles se sont levés à leur entrée –, Eugénie envoie cette lettre à la comtesse de Montijo : *Je puis enfin t'écrire après les dures épreuves que je viens de traverser (...) Mais je tiens à ce que tu saches que je ne suis partie qu'après la proclamation de la République et lorsque j'ai été envahie aux Tuileries. Je n'ai donc pas déserté mon poste. Je ne puis rien te dire à présent sur mes projets. Je compte, si « on » me laisse, aller rejoindre l'Empereur, mais je ne saurai rien de définitif que plus tard. Je n'ai pas le courage de te parler de nous, nous sommes bien malheureux, la Providence nous écrase, mais que sa volonté soit faite. J'ai bien envie de t'embrasser mais il ne faut pas bouger pour le moment, ne sachant pas moi-même où j'irai. Ta toute dévouée et malheureuse fille.*

La missive contient une inexactitude, due sans doute à l'émotion, puisque l'Impératrice a fui avant une invasion des

Tuileries qu'elle redoutait mais qui n'a pas eu lieu. Il est significatif qu'elle insiste sur la preuve d'un départ forcé : elle n'a pas failli à son devoir, elle veut qu'on le sache. Elle, la régente, n'a pas abdiqué et elle estime pouvoir continuer à jouer son rôle auprès de l'armée ce qui éclaire, en partie, le comportement de Bazaine enfermé dans Metz avec cent cinquante mille hommes, attaché à rétablir l'Empire dans la personne du Prince Impérial qui serait proclamé Napoléon IV. Une situation extravagante mais qui ne l'est pas complètement puisque, par son ambassadeur à Londres, le comte Bernsdorff, la Prusse fait savoir à Eugénie que le gouvernement berlinois serait prêt à signer avec elle des préliminaires de paix. Cette proposition est assortie de deux conditions, le paiement d'une indemnité de guerre d'un milliard, et l'annexion de Strasbourg. Elle refuse. N'est-il pas étonnant qu'on la considère comme un interlocuteur autorisé alors qu'elle se dit régente d'un empire qui a été dissous par une nouvelle république et que le souverain qui lui avait délégué ses pouvoirs est déchu ? Si certains gouvernements ont vite reconnu la République – comme la prudente Confédération helvétique, ennemie des complications –, d'autres sont dans l'expectative. Et si, à Metz, Bazaine réussissait un sursaut militaire ? La position anglaise n'est pas figée. Il y a la réaction humaine, chaleureuse, et il y a la politique, nettement plus sèche. La princesse Victoria, fille aînée de la reine et devenue Prussienne par son mariage, est consternée de la situation mais juge le désastre comme la sanction de comportements déplorables : « (...) Apprenons où la frivolité, l'immoralité, l'arrogance conduisent ! », écrit-elle, avec une hypocrisie bien... victorienne, puisqu'elle considère la société anglaise morale et ignore la perversité de Bismarck ! Sa mère, la grande Victoria, si elle observe d'abord favorablement la perspective d'une Allemagne sur le chemin de l'unité, ne tardera pas à s'inquiéter des prétentions qu'on affiche outre-Rhin. Son gouvernement, qui avait observé une stricte neutralité officielle dans le conflit, va rapidement s'émouvoir des manœuvres de Bismarck, en particulier de sa volonté d'occuper l'Alsace-Lorraine. La reine se propose, en accord avec le secrétaire au Foreign Office, Lord Granville, d'adresser un télégramme en allemand au roi Guillaume pour lui demander « si, dans l'intérêt d'atténuer les souffrances humaines, il ne pourrait pas formuler ses exigences de façon à les rendre acceptables par la France. » L'opinion publique anglaise, initialement prusso-phile, va rejoindre cette évolution rapide, passant de l'accepta-tion au mécontentement.

A titre personnel, Victoria est très affectée. D'une manière étrange, elle n'apprend la présence d'Eugénie à Hastings que six jours après son arrivée, par un courrier de Lord Granville ; le ministre précise qu'Eugénie est « très déprimée, après beau-coup de tension nerveuse. Elle a demandé au roi des Belges que le roi de Prusse lui permette de rejoindre son mari ». Et il conclut qu'elle est dans la misère. Qu'en est-il au juste ? D'une part, deux jours après la proclamation de la Répu-blique, les biens personnels de l'Impératrice et de l'Empereur ont été placés sous séquestre. Eugénie ne peut donc disposer que de ses revenus d'Espagne et Napoléon III de ceux des Bonaparte en Italie. D'autre part, l'aide généreuse du docteur Evans ne peut suffire à maintenir un train de vie, même réduit ; Eugénie, de toute manière, ne veut pas accepter de s'endetter auprès de cet ami qui l'a déjà sauvée. Reste donc la question des bijoux. Diverses hypothèses ont été émises à ce sujet, certaines relevant de l'escroquerie ou de l'invention malveillante visant à discréditer davantage l'ex-souveraine, en particulier lors des rigueurs du siège hivernal puis des affron-tements de la Commune. Pendant des années, dans certains milieux, on a évoqué de mystérieux transferts d'argent et de bijoux juste avant la chute de l'Empire, des envois de caisses chargées de trésors à destination de l'Espagne, par des voies détournées en raison des circonstances. Dans les années 1920, divers auteurs ont pu faire justice de la plupart de ces alléga-tions. Mais il est bien compréhensible que le climat de la défaite, la rapidité de la chute du régime, la situation militaire confuse joints à la personnalité de l'Impératrice et à sa fuite aient favorisé des interprétations romanesques et même rocambolesques. Plusieurs intermédiaires et agents sont appa-rus, se disant chargés de mission ultra-secrètes, en particulier afin de mettre des joyaux en lieux sûrs, et il est fort difficile de démêler la réalité d'une fiction reconstituée à la manière, exci-tante, de Dumas père.

Il semble que l'Impératrice, femme de tête dès qu'il s'agis-sait des problèmes matériels, peu dispendieuse – de façon à être efficacement généreuse – et gérant ses avoirs d'une manière avisée, ait tout de même pris des dispositions avant de quitter les Tuileries. Les *Souvenirs* de la princesse de Metternich révèlent la face cachée du sentiment de la régente : dès la défaite de Mac-Mahon à Froeschwiller, le 6 août, elle fut convaincue que le cataclysme était inévitable. L'ambassadrice fut alors réveillée à son domicile par une visite inattendue de la maréchale-duchesse de Malakoff et de la fidèle Pepa, infaillible femme de chambre de l'Impératrice mais qui était également sa trésorière, gardienne de ses biens personnels. « (...) Toutes deux étaient pâles et tremblantes et tenaient dans leurs mains force paquets et force sacs ! Elles s'approchèrent de mon lit et voilà que, la voix étouffée par les larmes, la duchesse de Malakoff me dit en me serrant dans ses bras : " Rien n'est plus en sûreté aux Tuileries. Nous sommes à la veille d'une catastrophe et nous avons supplié l'Impératrice de nous permettre de placer ses bijoux en sûreté. Nous avons pensé à vous. Voulez-vous vous en charger ? Vous sauverez de cette façon une partie de la fortune de Sa Majesté. " » Et, de paquets improvisés dans du papier journal, sans écrins ni étuis, les deux femmes avaient extrait des diamants et des perles en grande quantité. En raison de la précipitation, aucun inventaire n'avait pu être dressé. Les deux émissaires remirent le tout à la princesse avec mission de trouver une cachette sûre. Pauline avait accepté cette responsabilité et chargé sa propre femme de chambre, dont elle répondait, d'envelopper avec elle les diadèmes, bracelets, boucles d'oreilles, broches, solitaires, aigrettes et pierreries de toutes sortes dans du papier de soie. Un relevé de ces trésors était joint à ces splendeurs, enfermées dans une boîte à chaussures, elle-même placée dans la petite commode des souliers et bottines de l'ambassadrice. Rien n'y manquait, pas même les ferrets... de l'Impératrice ! Entre-temps, Richard de Metternich avait été mis au courant de l'opération par Eugénie. L'ambassadeur et sa femme ressortirent les bijoux et Metternich les confia à un secrétaire de son ambassade, le comte Rodolphe de Montgelas, pour qu'il transporte le tout jusqu'à Londres afin de confier ces joyaux à la Banque d'Angleterre. Il fit le voyage vers le 10 août. Tout fut enfermé dans de solides coffres et la Banque délivra un reçu au diplomate établissant que le gros sac déposé par ses soins et tout son contenu étaient sa propriété. Lui seul pourrait le réclamer. La précaution se transformait en piège, un diplomate autrichien se trouvant l'unique et secret détenteur des bijoux de l'Impératrice des Français. En d'autres termes, à cette date, l'Impératrice n'est pas dans la misère mais gênée, ce qui est fort différent, ne pouvant récupérer et donc monnayer ses bijoux de grande valeur. L'arrivée des Metternich à Londres débloquera la situation, ce qui permettra à l'exilée de rechercher rapidement une résidence convenable [1].

Un tel déménagement s'impose car la présence de l'Impératrice, au vu et au su de tout le monde, attire inévitablement quelques personnages sympathiques et sincères mais également des intermédiaires douteux proposant leurs services intéressés. Ainsi, lors d'une promenade du Prince Impérial avec son précepteur, Filon, un individu aborde respectueusement Louis et lui déclare :

– Monseigneur, je suis Français. Je suis dévoué à l'Empire et je vais partir pour Wilhelmshohe où j'espère avoir le bonheur de pouvoir présenter mes devoirs comme sujet fidèle à l'Empereur. Voici une photographie de Hastings, représentant la plage avec les maisons qui la longent. Je compte la remettre à Sa Majesté et si Votre Altesse Impériale voulait y apposer son nom, j'apporterais ainsi à l'Empereur un souvenir qui lui fera sans doute grand plaisir. Mon nom est Régnier.

Filon, dévoué, ému et naïf, donne son accord et l'inconnu suit le prince jusqu'à son hôtel où il écrit, sur la photographie : « Cher Papa, voici la maison que nous habitons. Je vous embrasse Louis. » Reconnaissant, M. Régnier disparaît aussi mystérieusement qu'il était apparu. Lorsque Eugénie apprend cette démarche, elle réprimande Filon :

---

1. Dans le registre des fortunes disparues, la revue *Trésors de l'Histoire*, magazine spécialisé dans la chasse aux trésors et à la détection de métaux, a consacré une longue étude aux « Caisses de bijoux de l'impératrice Eugénie » (n° 176, juillet-août 2000). Selon cette enquête, signée Didier Audinot, la régente aurait fait évacuer plusieurs coffres à destination de sa mère, dont un dernier envoi, le cinquième, serait parti au matin du 4 septembre. Ce transport, confié à un certain Eduardo del Campo, concernait des bijoux et objets précieux ainsi qu'une somme de un million et demi de francs en billets. Selon cette relation, l'émissaire, se dirigeant vers l'Espagne par la Vallée du Rhône, aurait été contraint d'enterrer son magot dans le département de l'Ardèche, entre Le Teil et Viviers. Il est difficile de se prononcer sur l'authenticité des documents présentés et le résultat de divers recoupements ; le doute n'est pas levé. L'affaire est possible comme elle peut être la conclusion hâtive d'un ensemble de fausses pistes et de fantasmes classiques dans les périodes troublées. La présentation éditoriale de cette enquête fort intéressante sur le fond, nuit gravement à sa crédibilité : de très nombreuses et grossières erreurs historiques et des amalgames tendancieux altèrent, d'emblée, l'opinion du lecteur averti.

– Une autre fois, je vous prie de ne pas laisser signer le prince sans m'en avoir préalablement informée !

L'Impératrice se méfie et il se trouve qu'elle a raison car en montrant cette image autographiée, l'individu prétendra être un envoyé de l'Impératrice et se glisser dans les négociations. Son imposture sera démasquée. Deux jours après cet incident, la reine Victoria écrit à Eugénie qui n'avait pas osé faire le premier pas mais guettait, avec impatience, un signe de la souveraine. Très déférente, Victoria exprime sa sympathie protocolaire : « Votre Majesté me permettra de lui répéter que je pense souvent à Elle dans ce temps d'affreuse épreuve pour Elle et pour tout ce qui lui est cher... » Victoria veut en savoir davantage. Elle envoie donc une de ses dames d'honneur, lady Ely, faire une visite préalable à tout déplacement privé de la reine. Son émissaire revient en dressant un sombre portrait de l'Impératrice : « Elle lui a trouvé très mauvaise mine, les traits tirés, habillée de noir, très simplement, presque pitoyable, très agitée mais ne blâmant personne, s'inquiétant seulement des pertes de vies humaines. L'hôtel qu'elle habite est petit, minable, totalement morne. Son fils avait l'air bien et parle d'un retour à Paris. »

Pendant ce temps, Thomas Evans étudie les résidences que l'on propose à la souveraine en exil. Certaines sont écartées par des contraintes financières, d'autres parce qu'elles sont trop éloignées de Londres et d'une ligne de chemin de fer. Ainsi une villa à Torquay, sur la *Riviera anglaise* dans le Devon est exclue, à plus forte raison un château sis dans l'île d'Aran, en mer d'Irlande. Eugénie tient à séjourner dans un lieu paisible, abrité mais non isolé. A l'exil, elle refuse d'ajouter l'oubli. En une dizaine de jours, le docteur Evans a déniché la résidence qui convient. Elle se nomme Camden Place et se trouve à Chislehurst dans le Kent, à une petite demi-heure au sud de Londres, alors accessible par la gare de Charing Cross et sur la ligne de Douvres. En cas de nécessité, un embarquement rapide pour la France est donc possible. Eugénie est heureuse dans son malheur car cette maison, où elle emménage le 24 septembre, lui permettra de procurer à son mari le repos dont il a besoin. Car, elle n'en doute pas, il va bientôt la rejoindre. Toutefois, Camden Place est plus vaste que ce que Napoléon III prévoit pour son avenir : « Quand je serai libre, c'est en Angleterre que j'aimerais m'installer, avec toi et Louis, dans une petite maison avec des bow-windows et des plantes grimpantes », lui a-t-il écrit, rêvant d'un typique cottage au doux confort pour une simple vie de famille. Une ambition bien modeste, celle d'un homme las de tout peut-être parce qu'il a tout eu et qu'il a tout perdu sauf l'espoir d'un bonheur petit-bourgeois.

Camden place

L'un des visiteurs de cette plaisante demeure, Octave Feuillet, jugera que ce « n'est pas un château. C'est une maison de riche gentilhomme anglais mais nullement de grand seigneur » et lui reconnaît, notamment pour sa salle à manger, une « simplicité provinciale : les journalistes qui font un palais de cette maison sont des menteurs ou des gens qui n'ont jamais vu ni un palais ni même salon ». Il est permis de s'en faire une idée précise puisque la résidence existe toujours et a été extérieurement peu modifiée depuis le séjour impérial [1]. En pierre et en brique rouge, la maison pourrait être italienne. Le nom de Camden était celui d'un amateur d'art de l'époque d'Elizabeth Ire qui s'était installé à cet endroit pour échapper à une épidémie de peste ravageant Londres, au début du XVIIe siècle. Mais la demeure où arrive Eugénie et sa suite fut commencée en 1717 puis modifiée et agrandie en 1807. La famille Bonar, d'origine russe, propriétaire au début du XIXe siècle, y est assassinée par un valet de pied, ivre, en 1813. Après plusieurs acquéreurs, dont un prince Esterhazy, Camden Place a été acheté, en 1860, par Nathaniel Strode. Et, en 1870, il vient d'y faire des travaux ajoutant les ailes et la balustrade de pierres courant sur le toit. Il donne à l'escalier sa situation actuelle et, ardent francophile, il aménage une salle à manger, restée en l'état, permettant d'y installer les boiseries de chêne sombre provenant d'un ancienne résidence des Bourbons, le château de Bercy. Son intention est de donner à sa propriété l'aspect d'un petit château français.

---

1. La maison est, depuis le samedi 26 mai 1894, le siège du Chislehurst Golf Club. Le parc de 65 hectares a été transformé en parcours de dix-huit trous. Le souvenir de l'exil français est marqué de diverses façons, avec un discret respect et une grande courtoisie. Les boiseries de la salle à manger, divers tableaux, la plaque de cheminée dans le bureau de l'Empereur, la cheminée du billard (en prorphyre d'Egypte) et un buste d'Eugénie par Adam Solomon au bas de l'escalier, sont toujours en place. Une plaque, à gauche de l'entrée, rappelle, en français, que Napoléon III a vécu dans cette maison et y est mort. Les membres du Club portent une cravate avec des aigles...

Le choix de cette maison n'obéit pas qu'à des considérations pratiques. Il se trouve que son propriétaire, M. Strode, connaît Napoléon III depuis très longtemps. Et bien avant 1850, Louis-Napoléon a fréquenté la demeure en même temps que la fille du propriétaire de l'époque... Comble de hasard romanesque, Miss Howard avait été fort intime avec l'empressé M. Strode! A tous ces souvenirs, dont Eugénie n'est pas obligatoirement informée, ajoutons que M. Strode avait acheté à Paris, lors de l'Exposition universelle d'il y a trois ans, une élégante porte en fer forgé, démontée à la fin de 1867. C'était celle qu'empruntaient les souverains pour leurs visites. On retrouvait ainsi, au milieu d'arbres magnifiques et sur une douce colline verte, un témoignage inattendu de la plus éblouissante fête impériale. C'est, cependant, sous l'identité de comtesse de Pierrefonds qu'Eugénie signe le bail, pour six mois, ce qui indique son intention de ne pas rester très longtemps en Angleterre. M. Strode a immédiatement consenti un prix très modéré, six mille francs, mais il compte se dédommager en mondanités impériales puisqu'il s'est réservé une aile de la maison. Son personnel fait le service et lui-même s'invite à la table de Sa Majesté. Il croit bien faire car il tient absolument à ce que l'Impératrice ne manque de rien. Eugénie manque singulièrement d'intimité et on va faire comprendre à M. Strode qu'il n'est pas d'usage qu'un propriétaire partage, chaque jour, les repas de sa locataire! Sa présence ne compense pas la fadeur de la cuisine, préparée sans sel, aussi déprimante que le ciel gris. Il se contentera donc de passer une fois par semaine, au cas où l'on aurait besoin de son intervention.

Un fantôme de cour s'installe, avec l'arrivée de nombreux fidèles qui louent des maisons alentour dont Rouher, les Mouchy et les Murat. Dans l'aile droite où elle a pris ses quartiers, Eugénie écrit beaucoup et reçoit des nouvelles de France, toutes désastreuses. Il en est une qui l'accable particulièrement, celle de la mort de Mérimée. Don Prospero n'est plus! Il s'est éteint à Cannes, après avoir dit à la comtesse de Montijo son « énorme regret » de ne pas avoir revu la comtesse de Pierrefonds... Depuis le 4 septembre, Mérimée répétait : « La France meurt, je veux mourir avec elle. » Il n'avait résisté que trois semaines, ironique et tendre jusqu'au bout, écrivant : « Je saigne aujourd'hui des blessures de ces imbéciles de Français, je pleure de leurs humiliations et quelque ingrats et absurdes qu'ils soient, je les aime toujours. » Eugénie est bouleversée par la disparition de cet homme étonnant et passionnant, d'une inlassable fidélité. Sur le fronton de la maison, au-dessus de l'horloge, en arrivant, elle était restée silencieuse devant la devise latine dont le sens était d'une triste actualité, « Plutôt la mort que l'abandon, » et qui semblait lui convenir. Avec la perte de Mérimée, la mort frappait à nouveau sa jeunesse. Décidément, un monde, le sien, n'en finissait pas de s'écrouler. Elle devait lutter contre l'abandon Paris est assiégé, Bazaine est toujours dans Metz. Il lui fallait aider l'Empereur prisonnier, davantage par devoir que par espérance. Elle lui écrit qu'elle voudrait venir, il répond que sa visite serait indécente alors que des milliers d'hommes sont loin de leur foyer. Les propos traitent de questions d'intendance mais non sans dignité : « Ma chère Eugénie, tu as raison de me prêcher l'économie. J'ai vendu une partie de mes chevaux (...) J'ai avec moi deux cent soixante mille francs ; c'est tout ce que j'ai de libre ; mais, comme toi, je suis fier de tomber du trône sans avoir placé de l'argent à l'étranger. »

Comme si les malheurs de la France estompaient leurs ressentiments personnels et les rendaient dérisoires, Eugénie et son mari, séparés par la défaite et en proie aux pires incertitudes, se rapprochent par les mots. C'est lui, le premier, qui retrouve le ton de la tendresse avec une mélancolie lucide lorsqu'il écrit, le 6 octobre : « J'ai le cœur brisé de voir, par tes lettres, combien le tien est meurtri. Pourvu que j'y aie toujours une petite place... » Une capitulation conjugale. Elle répond avec la volonté manifeste d'oublier les rancunes et tout ce qui avait entaché l'harmonie de leur couple : *Cher et bien bon ami... La main dans la main, nous attendrons les décrets de Dieu. Des grandeurs passées, il ne reste rien de ce qui nous séparait. Nous sommes unis plus que jamais parce que nos souffrances et nos espérances se confondent sur cette chère petite tête de Louis. Plus l'avenir se rembrunit et plus se fait sentir le besoin de s'appuyer l'un sur l'autre. Soigne-toi donc, mon bon et cher ami, et pensons au temps qui nous ramènera l'un près de l'autre.* Le couple, hier à la dérive, surnage. En recevant cette missive, le prisonnier voilera son regard de larmes mais trouvera de nouvelles forces pour continuer à vivre. Eugénie, il est vrai, se

bat pour deux. Le lendemain, elle écrit une nouvelle supplique au roi Guillaume : *Sire, les malheurs qui accablent ma
patrie me déterminent à m'adresser directement à Votre Majesté.
Je puise le courage de faire cette démarche dans le souvenir du
passé. Le sang n'a-t-il point assez coulé ? Le moment n'est-il pas
venu de traiter avec la Nation française et Votre Majesté ne croit-
elle pas qu'une paix généreuse créant entre les deux pays d'indisso-
lubles liens, et n'imposant pas à la France un cruel stigmate, ne
serait pas pour le Roi l'un de ses plus grands titres de gloire dans
la postérité ? Sire, dans le malheur on juge mieux les événements ;
les sentiments que j'exprime à Votre Majesté doivent inspirer le
cœur du Roi. Je suis prête à tous les sacrifices personnels dans
l'intérêt de mon pays, mais je le demande à Votre Majesté elle-
même, puis-je signer un traité qui imposerait à la France une irréparable douleur ? Que Dieu éloigne à jamais le cœur du Roi les
amertumes qui remplissent le mien !*

La démarche paraît insensée. Elle ne l'est pas si on examine le comportement, suspect, du maréchal Bazaine dont
une opération sous Metz, à Ledonchamps, vient de faire
mille sept cents victimes prussiennes. Bazaine s'intéresse
davantage à son sort qu'à celui de son armée. Sachant que
les Etats allemands se refusent toujours à reconnaître le gouvernement français républicain et considérant que l'Impératrice-Régente n'a pas abdiqué, il s'imagine jouant un rôle de
premier plan, devenant régent lui-même... Rappelons que, au
Mexique, il avait songé à prendre la place de Maximilien.
C'est alors que réapparaît le mystérieux M. Régnier. Sans
doute grâce à Bismarck, ce personnage réussit à traverser les
lignes ennemies, à contacter le général Bourbaki lequel,
imprudemment, accepte d'aller voir l'Impératrice. Eugénie le
reçoit fort mal ; elle lui signifie qu'elle œuvre pour la paix
mais n'a aucune volonté d'entraver l'effort de guerre du gouvernement de Défense nationale, que dirige Thiers, et qui
subit d'effroyables épreuves à la veille de l'hiver. Le même
Régnier, toujours avec l'accord de Bazaine, tentera une
seconde mission confiée au général Boyer, sans plus de succès. En fait, Bazaine, possédé par une idée folle, imaginait
recevoir d'Eugénie ses pouvoirs de régente et entamer des
négociations avec Bismarck. Cette utopie s'effondre le
27 octobre par sa honteuse capitulation. La dernière armée
française est prisonnière avec un bilan épouvantable, trois

maréchaux de France, soixante généraux, six mille officiers et
cent soixante treize mille sous-officiers et soldats, déjà frappés par le typhus. Bazaine a perdu ses illusions et, ce qui est
impardonnable pour Eugénie, son honneur. En revanche,
Gambetta, qui s'est enfui de Paris en ballon, organise la
défense en province et galvanise le patriotisme de l'armée de
la Loire.

Dans toute cette période complexe, le Chancelier de Prusse
continue de jouer un jeu trouble. D'une part, il discute avec le
républicain Jules Favre, officiellement investi ; d'autre part, il
continue de considérer – ou le laisse entendre – qu'Eugénie,
toujours régente, est chef du gouvernement légitime et qu'il
ne peut rien entreprendre sans son avis ! Elle l'avait pris au
mot, exigeant un armistice et des secours pour Metz ; la
démarche était habile et avait gêné Bismarck. De plus, Eugénie doit subir l'arrivée à Chislehurst... de *Plon-Plon*, qui lui
demande de renoncer à la régence et de proclamer Bazaine
régent ! La scène est d'une violence inouïe. Eugénie est hors
d'elle, lui rappelant son absence de Paris le 4 septembre, elle
lui montre le poing, hurle à bout de nerfs et chasse le prince
Napoléon sur-le-champ. On a cru qu'ils allaient s'empoigner !
Des communiqués de presse de *Plon-Plon*, toujours aussi discret, étalent le désaccord sur la place publique, Eugénie a le
tort d'y répondre, l'effet est déplorable. Apprenant cette
pénible algarade, Napoléon III écrit à son cousin « (...) Il faut
avouer que ton langage vis-à-vis de l'Impératrice a été peu
convenable autant pour elle que pour moi. Le malheur aigrit
les caractères et divise, au lieu de réunir, ceux qui ont les
mêmes intérêts. »

Eugénie ne peut pardonner la manière dont le prince a
mis l'Empereur hors-jeu car, même prisonnier, il existe, et sa
captivité, originale, cause divers soucis à Guillaume Ier et à
Bismarck. Ce statut et ce traitement, initialement non prévus, sont mal perçus par l'opinion publique allemande qui
ne cesse de crier que c'est le vaincu qui a voulu la guerre.
Après la chute de Metz, Eugénie décide de partir pour Wilhelmshöhe car la santé de Napoléon III est toujours précaire. Leurs pensées se croisent car au moment où sa femme
s'est mise en route, le prisonnier lui écrivait en lui disant

qu'il souhaitait sa venue, si possible avec Louis. Il a envie de les voir. Elle désire le retrouver. Ils ne se sont pas vus depuis trois mois.

Le rendez-vous de Wilhelmshohe

Cassel, 30 octobre, le matin. Seulement accompagnée du comte Clary et d'une dame d'honneur, l'Impératrice descend d'un train et se rend au château qui, avec une légèreté germanique, mélange les styles d'un temple grec coiffé d'une coupole orientale, avec du néo-classique, du rococo, des alignements de colonnes, en bref une belle demeure... Signalée avant son arrivée à la grille du parc, Eugénie descend de sa voiture. Napoléon III, qu'on vient de prévenir de cette visite surprise, s'avance. Quelle émotion ! Et comme ils ont changé, marqués par les épreuves. Elle le trouve encore plus vieilli ; il la voit d'une pâleur aggravée par sa robe de deuil – le deuil de mon pays, dit-elle. Ses traits sont tirés. Ils peuvent à peine parler. Avec lenteur, ils montent vers l'appartement du souverain prisonnier, composé de six pièces, dont un billard et une bibliothèque, entretenus par les domestiques qu'il a pu conserver à son service. Ils sont, tout de même, encore quinze... Le général comte de Monts, gouverneur du château et responsable du captif, fait rendre les honneurs sur le passage du couple. Le prisonnier veut présenter les officiers qui partagent son sort mais la visiteuse n'en peut plus. Ces assauts de bonne éducation, quelle chimère ! La guerre entre gentlemen reste la guerre. Eugénie et son mari s'enferment dans le bureau pour s'effondrer dans les bras l'un de l'autre et pleurer de longues minutes sans pouvoir exprimer autre chose qu'une immense douleur partagée.

C'est la leur comme c'est celle de la France qu'ils incarnaient.

Le général de Monts est lui-même très impressionné par la venue d'Eugénie, selon son témoignage publié en France quarante ans plus tard : « Cette princesse, réellement digne d'intérêt, était, au moment où elle vint à Cassel, si atrocement frappée, si maltraitée par la destinée, qu'il ne venait à personne l'idée de la trouver légère et superficielle. Les derniers événements avaient, j'en suis assuré, mûri son âme. Dans tous les cas, en ce passage si rapide à Wilhelmshöhe, l'Impératrice ne m'a point paru telle qu'on me l'avait décrite. Il me semble encore voir en elle une femme que certainement la vie avait mûrie d'une façon précoce, enfin une femme judicieuse, prévoyante, consciente d'elle-même et de sa valeur, ajoutant à des formes gracieuses l'esprit et le cœur d'une épouse et d'une mère, qui considère l'intérêt public comme le sien. Nous éprouvions pour cette princesse infortunée une commisération très profonde et cette commisération s'accroissait encore par l'idée qu'elle ne pouvait pas reconnaître qu'elle avait pour sa part contribué à attirer sur elle les coups d'une destinée vengeresse. »

On avait dû informer le général qu'il se trouverait face à une hystérique, une agitée velléitaire. On avait dû lui rappeler, aussi, que cette guerre, elle l'avait voulue, ce qui est faux ; en revanche, elle ne l'avait pas empêchée et personne ne l'avait empêchée...

Eugénie reste à peine vingt-quatre heures. C'est assez pour qu'elle donne des instructions comme si elle était chez elle, en particulier sur la santé de son mari, à la fois bouffi et amaigri. Il s'alimente peu bien que la table soit bonne, boit un peu de vin de Moselle, délicieux, mais les plaisirs du palais n'ont plus grande importance. Il travaille, déjà, à justifier et à expliquer son action. Comme une gouvernante, elle a parlé d'un ton ferme au personnel. Le général de Monts, étonné de l'ascendant qu'elle avait sur son mari, crut presque avoir affaire à une nurse-intendante. Napoléon III ne se battait plus pour sa vie quotidienne. Même confortable, sa captivité lui importe peu. Il songe toujours à lancer des appels au peuple dès qu'il le pourra... Car il est vrai que la situation en France se dégrade. La sympathie dont Eugénie est entourée dans son exil reçoit en écho les inquiétudes de l'Europe. Le malheur français a fait place à la perplexité puis à la colère, y compris chez les vainqueurs, mécontents que la guerre continue au prix le plus fort pour les deux camps. Si à l'extérieur, les événements du 4 septembre avaient d'abord permis d'espérer la naissance rapide d'une Allemagne unifiée, l'enlisement est mal reçu. En France, le sursaut provincial devrait être ressenti à Paris mais des hésitations du commandement provoquent des catastrophes. Par les journaux puis quelques lettres, l'Impératrice

apprend que son cher Saint-Cloud, occupé par les Prussiens
depuis le 19 septembre, vient d'être incendié, le 13 octobre.
En douze heures, un chef-d'œuvre est en ruine [1]. Selon les
ordres d'Eugénie, l'intendant du château, l'héroïque
commandant Schneider, avait commencé l'évacuation des trésors mais tout n'avait pu être transporté jusqu'au garde-
meuble. Au milieu des boiseries en flammes, des pillards sont
à leur sinistre ouvrage. Dans une lettre adressée à sa mère,
Eugénie espère qu'une médiation russe pourra réussir tant elle
a été anéantie par son « triste voyage ». Son sort ne lui importe
plus, sinon d'être réunie avec l'Empereur : ce qui compte,
« ... c'est que la France soit sauvée n'importe par qui et comment. Quant à nous, le monde est assez grand pour que nous
puissions aller cacher nos infortunes s'il ne nous est pas donné
de sauver le pays. » Alors que son mari, éternel rêveur jadis
échappé de prison, espère réveiller des nostalgies bonapartistes, elle sait que la déception et l'humiliation attachées à
Napoléon III sont des plaies définitives. Seul, peut-être, avec
le temps, le Prince Impérial pourrait-il, peut-être, incarner un
espoir rénové. Elle s'accrochera à cette idée.

Ce rendez-vous, pathétique et en dehors des réalités, a le
mérite de renforcer l'intimité du couple. Le 15 novembre,
pour la Sainte-Eugénie, jadis jour de somptuosités, Napoléon III envoie des bouquets à sa femme rentrée en Angleterre
suivis de ces mots : « J'espère que tu as reçu, hier et
aujourd'hui, mes petites fleurs. Elles ne sont pas belles, mais
je n'en ai pas trouvé d'autres. Mes pensées sont avec toi et je
souffre d'être éloigné de toi plus dans ce jour que tout autre. »
Elle répond immédiatement, enfermée dans sa chambre du
premier étage, songeant à la permission qui leur est donnée de
s'écrire sans être censurés ou lus par des yeux indiscrets. Pendant ce terrible hiver, le secret de leur correspondance fait
resurgir la complicité amoureuse d'un homme et d'une
femme engloutis par une catastrophe. Il a fallu la chute de
l'Empire pour qu'ils puissent restaurer leur amour : *Ces longs*

---

1. Selon la version officielle, ce sont les Prussiens qui ont mis le feu au château. Mais,
comme le souligne Claude de Montclos dans sa passionnante et originale étude *La
mémoire des ruines* (Mengès, 1992), la haine de l'ennemi retire toute objectivité à cette
certitude. En effet, c'est l'artillerie française, retranchée dans le fort du Mont-Valérien,
qui a tiré sur Saint-Cloud où étaient les Prussiens... Un obus, tombé dans la chambre
de l'Empereur, aurait provoqué le début de l'incendie. À l'opposé, les Prussiens, s'ils
n'ont pas mis le feu, n'ont rien fait pour le combattre. Et même après l'armistice, au
début 1871, ils incendieront la ville de Saint-Cloud après en avoir évacué la population.

*jours d'exil me semblent si tristes! écrit-elle. (…) Ma tendresse et
mon affection ne font qu'augmenter pour toi. Je voudrais, au prix
de bien des sacrifices, te rendre la vie plus douce que les circonstances ne l'ont faite jusqu'à présent, mais plus tout se rembrunit
et plus nous devons croire que tout a une fin, les bons comme les
mauvais jours. Je t'embrasse, mon ami, de tout cœur. Je t'aime
tendrement. A toi pour toujours.*

Les très anciens mots du bonheur reviennent sous sa
plume. Mille fois exaspérée par l'inconstance de ce mari trop
charmeur, voici une Eugénie qui a pardonné. Elle réservera
ses rancunes aux traîtres et aux incapables; les nouvelles
qu'elle reçoit détruisent son moral : « Je ne puis m'habituer à
l'idée de voir la France ruinée et malheureuse et encore moins
de penser que je suis loin dans ces jours d'épreuve. » Alors, il
lui vient l'idée de repartir pour la France, de tenter de rameu-
ter des partisans au nom de la patrie en danger. Cette inacti-
vité, pesant sur elle qui s'estime toujours régente, lui fait
envisager de nouvelles illusions. Pour une fois, Napoléon III,
captif mais libre d'esprit, la supplie de rester calme et attentive, de ne pas se rendre en France pour y fomenter on ne sait
quoi. « Nous ne pouvons pas risquer de ces dangers qui
prêtent au ridicule comme d'être arrêté par quatre gendarmes », une situation qu'il avait bien connue dans un
contexte qui n'était pas celui de la guerre et de l'invasion. Le
drame d'Eugénie est d'être contrainte à une dignité sans éclat
et de donner l'exemple d'une contrition sincère alors que sa
culpabilité est dénoncée. L'Impératrice est un bouc émissaire
fort commode pour masquer d'immenses fautes sur le terrain.

30 novembre. Annoncée, espérée, voici la visite de la reine
Victoria à Camden Place. Une Victoria qui est elle-même à la
dérive car elle ne peut surmonter son chagrin. Albert, son
époux adoré, hante son cœur. La venue de la reine, outre sa
courtoisie convenue, révèle que la popularité d'Eugénie et
celle de Napoléon III ont grandi dans l'opinion britannique.
Un contemporain note même que les souverains déchus,
séparés et humiliés, suscitent une sympathie spontanée à
l'opposé de la curiosité et de l'étonnement lorsqu'ils représen-
taient la France. Le siège de Paris, les bombardements, le
froid, la famine font ressortir l'intransigeance prussienne et
modifient l'opinion, de prime abord défavorable, sur le couple

impérial parti en guerre inconscient, certes, mais manipulé d'une façon diabolique. Devant la maison rouge, Victoria est accueillie, suivie de sa dame d'honneur déjà venue, lady Ely, du lord de service, Charles Fitzroy et de la princesse Beatrice. Que de noirceur, que de deuils sous ce ciel maussade, de circonstance! « A la porte, il y avait l'Impératrice, note Victoria, vêtue de noir, le Prince Impérial et, derrière eux, à une petite distance, les dames et les messieurs. L'Impératrice m'a conduite par une sorte de corridor ou vestibule, et puis une antichambre dans un salon avec un bow-window. Le tout ressemblait à une maison française et il y avait de jolies choses par-ci, par-là... L'Impératrice est très pâle et très amaigrie mais elle est toujours très belle. Son visage est marqué par des traits d'une tristesse profonde et elle a eu fréquemment les larmes aux yeux. Elle était habillée d'une manière très simple, sans bijoux ni ornement et coiffée très sévèrement, les cheveux retenus en arrière par un filet. Elle a montré le plus grand tact en évitant de parler des choses qui risquaient d'être gênantes; elle m'a demandé si j'avais des nouvelles en disant : " Oh! Si seulement on pouvait avoir la paix! " »... Le Prince Impérial est un gentil garçon, mais petit de taille et trapu. Il a les yeux de sa mère mais à part cela je crois qu'il ressemble à l'Empereur... Nous sommes restées une demi-heure. L'Impératrice, très gentiment, nous a accompagnées à la porte. C'était une triste visite et il me semblait que c'était un mauvais rêve. »

Entre les deux femmes s'établit la solidarité du malheur, même de nature différente. Les drames ont effectivement mûri Eugénie. L'exubérance andalouse a cédé devant la retenue espagnole où la mort frôle les grands plusieurs fois avant de les frapper. L'Impératrice rejoint la Reine dans une même façon de faire face aux épreuves et, surtout, de ne pas se plaindre. Eugénie l'apprendra, la pudeur est une armure. Aussi, Victoria, impressionnée, invite Eugénie à Windsor. Il pleut, ce 5 décembre, et Eugénie est trempée autant par la pluie que par les larmes. Victoria note scrupuleusement ses impressions. « A son arrivée, elle était très nerveuse et pendant qu'on montait l'escalier d'honneur, elle dit en pleurant " Cela me fait une telle émotion ", et elle sanglotait. J'ai serré sa pauvre petite main et je l'ai amenée à la Salle d'Audience. Le Prince Impérial est venu avec l'Impératrice. Elle s'est intéressée à cette salle qu'elle n'avait pas vue auparavant et puis nous avons parlé de Windsor en général. (...) L'Impératrice est partie à quatre heures. Quel contraste effrayant avec sa visite ici en 55! Alors tout était faste et splendeur, un emportement, un enthousiasme! Et maintenant! Qu'il est étrange que j'aie vu ces deux révolutions de 48 et de 70! La pauvre Impératrice était si belle dans sa simple robe noire et si touchante dans sa douceur et sa résignation. » Ajoutons qu'Eugénie a eu le privilège rare de se rendre, dans le parc, au mausolée royal de Frogmore Garden où, depuis huit ans, repose le prince Albert. Le saint des saints de l'amour conjugal que Victoria, veuve inconsolable, ne montre qu'à quelques proches. Elle a déjà prévu sa place, à côté de son mari. Eugénie se recueille et reste songeuse. Cette visite n'est évidemment pas de nature à égayer l'atmosphère. Pourtant, il y a pire, ce sont les nouvelles de France.

Comme celles de l'Empire, les armées républicaines échouent. Après cent jours d'un siège abominable, Paris capitule, le 28 mars 1871. Parmi les conditions de l'armistice, la libération des prisonniers laisse espérer à Eugénie une arrivée rapide de l'Empereur à Camden Place. Mais Napoléon III refuse le traitement de faveur, il ne quittera son étrange prison qu'avec ses camarades de captivité. Aussi, Eugénie éprouve un sentiment de solitude accentué le 30 janvier, jour anniversaire de leur mariage. Une telle séparation ne s'était jamais produite. L'Impératrice écrit alors l'une de ses plus belles lettres à son époux, la dernière, d'une incontestable densité :

... Il se passera tristement, loin l'un de l'autre mais du moins je peux te dire que je te suis profondément attachée. Dans le bonheur, ces liens ont pu se relâcher. Je les ai crus rompus, mais il a fallu un jour d'orage pour m'en démontrer la solidité et plus que jamais je me souviens de ces mots de l'Evangile : la femme suivra son mari partout, en santé, en maladie, dans le bonheur et dans le malheur, etc. Toi et Louis, vous êtes tout pour moi et me tenez lieu de toute ma famille et de patrie. Les malheurs de la France me touchent profondément, mais je n'ai pas un instant de regrets pour le côté brillant de notre existence passée. Etre réunis enfin, et ce sera le but de mes désirs. Pauvre cher ami, puisse mon dévouement te faire oublier un instant les épreuves par lesquelles ta grande âme a passé. Ton adorable mansuétude me fait penser à Notre-Seigneur. Tu auras, crois-moi, aussi ton jour de justice. En attendant, Louis et moi t'embrassons de tout notre cœur. A toi, Eugénie.

Une confession admirable de détachement et d'espoir puisqu'elle va bientôt l'accueillir définitivement. Au même moment, Napoléon III, qui lui a dit « une telle paix sera le prélude à des incidents incessants qui troubleront l'Europe » est, une fois encore, traîné dans la boue de l'infamie par les députés qui ont dû se réfugier à Bordeaux. En vingt minutes du vote au milieu d'un triste tapage, l'Empereur est tenu pour responsable de tout. Or, c'est oublier que Napoléon III ne voulait pas cette guerre stupide et que son plus grand tort a été d'écouter le peuple qui la réclamait. Les politiciens et les généraux se défaussent de leurs responsabilités ; elles sont pourtant écrasantes. Il n'y a qu'un coupable, l'Empereur, et une seule complice, l'Impératrice. Le procès est terminé. Il restera sans appel...

Le 19 mars, le prisonnier est libéré. Il se dirige vers Ostende et, de là, gagne Douvres, par un bateau de ligne. Un témoin, qui n'est autre que sir John, l'officier qui avait accepté Eugénie à son bord, décrit cette arrivée anonyme au secrétaire de Victoria : « L'après-midi du 20 mars, parmi les passagers qui débarquaient à Douvres, il y eut un homme de taille moyenne qui avait l'air malade. Il descendit lentement la passerelle et sembla étonné de voir qu'une foule assez nombreuse l'attendait sur le quai. Les hommes le saluaient, les femmes lui jetaient des fleurs et plusieurs voix criaient " Vive l'Empereur ! " L'homme s'arrêta, montrant à la fois son étonnement et sa détresse car on vit des larmes couler sur ses joues. Ce fut ainsi que Napoléon III rentra encore une fois en Angleterre et en exil. »

Mais l'histoire est décidément un roman. Car, au moment où Eugénie et Louis sont embrassés tendrement par le voyageur, dans le couloir de l'hôtel où ils allaient attendre le train pour Chislehurst, voici un groupe de Français qui, par hasard, s'avance en sens inverse pour prendre le bateau. La famille d'Orléans ! Quel scénariste oserait imaginer un tel chassé-croisé ? Stupeur, gêne, silence. Dans le corridor, ils sont face à face. Après quelques secondes, Eugénie se déplace et fait... une révérence tandis que Napoléon III soulève son chapeau. Incroyable entrevue, sans un mot, mais qui en dit long sur le destin des dynasties. En 1848, elles s'étaient croisées dans l'autre sens. La famille du roi Louis-Philippe ne reçoit aucun hommage de la foule, incrédule. Un Bonaparte déchu, proscrit par les Français, venait d'être ovationné par les Anglais. On comprend, une fois encore, l'anglophilie du neveu de l'ennemi acharné de l'Angleterre. Ici, on l'aime toujours.

Le dernier exil

Enfin, ils sont ensemble. Les drames de la France s'accumulent, le pays s'enfonce dans l'horreur d'une guerre civile, ce qu'Eugénie avait évité. L'insurrection de la Commune, le gouvernement réfugié à Versailles, Paris de nouveau assiégé mais par Thiers avec des Français aidés des troupes impériales – puisque désormais il y avait un Empire allemand –, la province qui ne suit pas le mouvement communard, les Fédérés exécutant des otages, dont l'archevêque de Paris, Mgr Darboy, la répression effroyable menée contre les Fédérés par les Versaillais, la Semaine Sanglante, la haine incendiaire qui détruit l'Hôtel de Ville et les Tuileries, un inventaire d'abominations, de règlements de compte, de rancœurs.

Deux mythes allaient s'élever au-dessus du sang, le siège de l'hiver et la Commune. A ces nouvelles, les nerfs d'Eugénie se tendent, son mari est morose, Napoléon III dit à Victoria qu'il est « affreusement frappé par tout ce qui se passe à Paris ». La reine, en effet, a tenu à recevoir la famille reconstituée dès la fin mars à Windsor, l'invitation ayant été transmise à Chislehurst par le prince de Galles en personne, le futur Edouard VII. Dans son *Journal*, Victoria écrit : « Je suis allée à la porte d'entrée avec Louise et j'embrassai l'Empereur comme de rigueur [en français]. Ce fut un moment très émouvant : quand je pense à la dernière fois qu'il est venu ici en 55, mon très cher Albert le ramenant en triomphe de Douvres, tout le pays fou d'enthousiasme pour le recevoir et maintenant ! Il avait l'air très découragé et il avait des larmes aux yeux, mais il s'est maîtrisé et m'a dit : " Il y a bien longtemps que je n'ai vu Votre Majesté. " Il m'a précédée et nous sommes entrés dans la Salle d'Audience. Il a grossi, il a les cheveux gris et ses moustaches ne sont plus frisées ni cirées comme autrefois, mais à part cela, il a toujours ses manières douces, agréables et gracieuses. » La reine multiplie les attentions aimables, revenant le 20 avril à Camden Place pour le soixante-quatrième anniversaire de l'Empereur. On s'embrasse beaucoup. Mais Victoria, qui considère l'excès de chauffage comme une faute de goût, fait savoir, par sa dame d'honneur, que la prochaine fois, il serait convenable de ne pas faire des feux d'enfer. Une cheminée de faïence avait d'ailleurs été fendue sous l'effet de la température digne d'une serre ! Cette remarque n'empêche pas la reine d'inviter encore la famille impériale, le 1er mars 1872, à une réception officielle au palais de Buckingham en l'honneur du prince de Galles. A Paris, on est furieux. Thiers et le duc de Broglie protestent contre ces marques ostensibles de considération. Le Foreign Office répond que la reine reçoit qui elle veut à titre privé et Victoria juge l'irritation française « inexplicable et impertinente ». Les républicains se méfient de Louis Napoléon car un conspirateur tel que lui ne peut que nourrir de funestes idées de revanche. Pis : on a retrouvé des partisans bonapartistes ! C'est que la République, née de l'émeute, n'a pas bonne presse en Europe où l'on est lassé des révolutions et que le souverain déchu, retrouvant son goût du secret, entretient un réseau d'informateurs plus ou moins lucides et ne désespère pas de reconquérir le pouvoir car le gouvernement est fragile et l'opposition monarchiste toujours aussi divisée.

Officiellement, s'il suit attentivement la situation politique française, Napoléon III se préoccupe surtout de l'éducation de son fils. Le prince vient d'entrer comme élève-officier de la prestigieuse Académie militaire de Woolwich, à moins de vingt kilomètres de Chislehurst. Il n'est pas banal de voir le petit-neveu de Napoléon Ier porter l'uniforme noir galonné d'argent des aspirants de l'armée de Sa Gracieuse Majesté !

Dans Camden Place, la vie est paisible, bien organisée par une Eugénie heureuse d'être avec son mari qui est très tendre avec elle. Leurs malheurs ont permis l'éclosion d'un nouveau bonheur. Et on en arrive à sourire des manigances de la comtesse de Castiglione – mais oui ! – qui, depuis Florence, avait été utilisée par Thiers pour se mêler d'une médiation avec l'Allemagne sous couvert de la légation diplomatique de Prusse à Florence. La comtesse était incorrigible, Thiers le savait mais il savait aussi qu'elle avait des relations surprenantes, quelquefois utiles mais rarement indispensables. Dans son exil du Kent, Eugénie règne sur une maison bien tenue, avec douze serviteurs dont deux cuisiniers et un maître d'hôtel; la table s'en trouve nettement améliorée. Comment ce train de vie est-il assuré? L'Empereur a déjà vendu au jeune Etat italien un immeuble qu'il possédait à Rome, dans l'héritage Bonaparte. Valeur : six cent mille francs. Eugénie a cédé des terres espagnoles. A l'automne 1871, elle s'est rendue chez sa mère, via Lisbonne, et a réalisé une bonne part de ses biens; elle avait déjà négocié ses bijoux personnels à Londres – à un Rothschild, dit-on –, pour un montant de un million trois cent mille francs. Malgré ces opérations, si la famille vit dans une relative aisance, la fortune que lui attribuent les Français n'existe pas. Ni elle ni lui n'ont jamais placé un centime dans une banque étrangère mais on n'en aura la certitude qu'au début du xxᵉ siècle. En attendant, comme les clichés ont la vie dure, un pamphlet circulera pour prouver que les souverains avaient volé la France :

Des deux Napoléon, le sort est inégal
Tous deux ont suivi des chemins inégaux
Le premier, de l'Europe a pris les capitales,
Le second, de la France a pris les capitaux.

Le ton est donné. L'agressivité anti-impériale n'a cessé de parler de millions. Rappelons que, sur ce point, le couple, fort critiquable par ailleurs, doit être acquitté car, sous son règne, Napoléon III, de tempérament dépensier, assurait personnellement d'innombrables charges qui seraient, de nos jours, supportées par l'Etat, c'est-à-dire les contribuables. Il a même montré la voie au principe des subventions dans des domaines divers. N'avait-il pas payé lui-même les fouilles archéologiques permettant de mettre à jour le site de la bataille d'Alésia? En revanche, Eugénie est d'une prudence financière qui confine à l'avarice; elle épargnait pour ses œuvres et élèvera son fils dans le culte d'une gestion rigoureuse. Ni elle, ni son mari n'ont mis de l'argent de côté; ils ne roulent pas sur l'or. A la décharge des autorités républicaines de 1872, il faut préciser que lorsque l'ambassade de France à Londres l'eut informé de cette réalité, M. Thiers, jugea que cette situation était déplorable s'agissant d'une dynastie qui avait régné sur la France... Et que le relatif dénuement, prouvé, était même fâcheux pour l'image de cette même France, quel que fût son régime politique. Aussi, d'un trait de plume, le chef du gouvernement de la République raya les biens personnels de la souveraine placés sous séquestre. Un geste élégant et surprenant de la part d'un orléaniste, anti-bonapartiste farouche et qui avait été à l'origine du décret confirmant la déchéance de l'Empire lors de la tumultueuse séance du 1er mars 1871, à Bordeaux. Il est certain que l'estime personnelle qu'il porte à Eugénie pour son courage et sa détermination en tentant d'éviter le pire – elle l'avait même sollicité en août 1870 – a compté dans cette mesure exceptionnelle.

A Camden Place, l'emploi du temps s'écoule avec sérénité pour la petite Cour. Chaque matinée, l'Empereur travaille au premier étage, fumant beaucoup, et la tabagie de certains jours laisse croire que le brouillard s'est glissé à travers portes et fenêtres. Il est tenace, ce fameux brouillard anglais ! Un matin, le brave Filon, qui a repris ses fonctions de précepteur complétant l'éducation militaire du Prince Impérial, est avec l'Impératrice dans la longue galerie qui traverse tout le rez-de-chaussée. Dehors, la purée de pois a effacé les arbres et les pelouses. Eugénie colle son front contre une vitre :

– Ne trouvez-vous pas que nous avons l'air de poissons qui évoluent dans un aquarium ? Nous allons devenir des animaux aquatiques si cela dure !

Elle répétera son observation à sa famille. C'est dans cette même galerie que l'Empereur, après le déjeuner, reçoit ses visiteurs. Il en vient beaucoup. A cinq heures, pas question d'échapper au rite du thé, servi dans le petit salon à gauche. Le dîner au milieu des boiseries brunes est à sept heures trente puis, selon l'usage anglais, les hommes passent au fumoir, les dames au salon. Un peu de musique, un peu de billard, beaucoup de souvenirs. A onze heures, on procède à l'extinction des feux, bien que l'Empereur ait froid en toutes saisons. Et le seul sujet de discussions entre Eugénie et son mari est la température. L'Impératrice étouffe mais les médecins recommandent la chaleur. Alors, oubliant sa superbe, elle cède... et dort très mal ! Chaque dimanche, on peut les voir à la messe, célébrée dans la jolie petite église catholique de l'autre côté d'un vaste gazon. C'est la paroisse de Sainte Mary et l'Empereur tient à s'y rendre à pied quand le temps le permet, la seule promenade qui lui soit désormais autorisée. En marchant lentement, il longe le terrain destiné à des matches de cricket, aujourd'hui coupé par la route et, un jour, une balle est venue jusqu'à lui. Il l'a renvoyée en grimaçant et en riant, assurant qu'il ne comprendrait jamais rien aux règles si complexes de ce jeu qui passionne les Anglais. A la sortie de la messe, Eugénie est toujours entourée avec ferveur et elle entend des paroles douces et consolatrices. Elles changent de la haine. Aujourd'hui encore, dans une ruelle qui longe l'église sur sa droite, une maison agréablement fleurie s'appelle *Eugénie cottage*.

Malheureusement, la santé de l'Empereur ne s'améliore pas, rien, d'ailleurs, n'ayant été tenté dans ce sens. Certes, après son retour de captivité confortable, Eugénie avait constaté que ses douleurs s'apaisaient, sous doute le résultat des six mois de repos forcé. Mais à partir de l'été 1872, il éprouve de grandes difficultés à marcher, voire même à se lever et certains jours, il ne quitte pas le premier étage, prenant ses repas dans sa chambre, surtout le dîner, en général avec sa femme. Une nouvelle cure est envisagée, à Karlsbad (aujourd'hui Karlovy-Vary), en Bohême mais le voyage est si long qu'il faut l'exclure. Un essai de parcours en train jusqu'à... Londres a été satisfaisant mais au prix d'une fatigue décourageante. L'Empereur doit renoncer à monter à cheval le 11 décembre, alors qu'il avait envisagé un retour en France pour le 31 janvier de l'année suivante. L'idée fixe du coup d'Etat! Mais, désirant voir son fils à Woolwich, il a dû descendre du cheval au bout d'un kilomètre, en souffrant énormément. Les mêmes symptômes urinaires qu'en 1870 étaient réapparus, aggravés. Avec un courage trop tardif – et une culpabilité incontestable –, ses médecins finissent par lui dire qu'il faut l'opérer. Le malade est surpris :

– Jamais je ne me serais laissé entraîné à faire la guerre si j'avais su que j'étais atteint de la maladie de la pierre et qu'une opération était urgente.

Devant un tel aveu, le jugement de l'Histoire ne peut qu'être accablant. Il est trop tard pour lancer une polémique mais on peut – on doit – faire appel à la chirurgie. Le moral de Napoléon III est soudain très bas. Lui qui était heureux d'être avec les siens – bien que la séparation d'avec son fils lui soit pénible mais revient chaque dimanche –, lui qui écrivait, analysait, s'informait, lisait et entretenait une activité intellectuelle permanente reste, selon les témoins, prostré derrière sa fenêtre, le regard éteint, les joues creusées, le visage émacié. Adieu projets... S'accuse-t-il en conscience de son aveuglement ? Accuse-t-il ceux qui lui ont caché la vérité alors que lui-même se confortait d'illusions ? On ne sait, mais des journalistes anglais, auxquels il a tenu à accorder un entretien, repartent affolés « de sa voix basse comme celle d'un mourant ».

On propose de faire venir des chirurgiens français, comme Nélaton et Guyon, qui l'avaient examiné. Eugénie s'y oppose. Pourquoi ? Ne serait-ce pas bien vu de l'opinion outre-Manche d'appeler de tels spécialistes ? Son refus, qu'elle ne motive pas, pourrait s'expliquer par une réaction de colère contre ces praticiens qui n'ont pas assez insisté sur l'état déplorable de l'Empereur avant son départ ni sur les conséquences de l'utilisation de drogues pour le soulager. Il se peut qu'elle les assimile aux autres coupables du désastre, oubliant sa propre intransigeance. On lui glisse ensuite des noms qui ne sont pas suspects puisqu'ils n'avaient pas été appelés à Saint-Cloud : Péan, habile élève de Nélaton et Dolbeau, professeur de pathologie externe et spécialiste des lithotrities périnéales (le broyage des calculs), technique qu'il a été le premier à pratiquer et à laquelle il a donné son nom.

Eugénie s'y oppose encore ; cette fois, c'est inexplicable et coupable. Mais il faut pourtant intervenir. Le 15 décembre, ayant écouté Corvisart et Conneau, l'Impératrice fait appeler deux médecins réputés de Londres. L'un, sir James Paget opère à l'hôpital Saint-Barthélemy ; l'autre est sir William Gull, professeur de physiologie et de médecine interne, dont la reine Victoria a vanté les mérites puisque, deux ans plus tôt, il avait heureusement traité le prince de Galles. L'examen ne laisse aucun doute, la vessie est obstruée par un calcul de la grosseur d'un œuf de pigeon. Comment a-t-on pu laisser l'Empereur dans cet état depuis si longtemps ?

Le silence est une sentence. Les deux hommes recommandent de confier le patient aux soins de sir Henry Thomson, membre du prestigieux Collège Royal des Chirurgiens. Il vient d'opérer avec succès le roi des Belges, Léopold Ier. Son verdict est sans ambiguïté, il va pratiquer une lithotritie. Mais il faudra opérer en deux ou trois fois en raison de la grosseur estimée du calcul. Le procédé consiste à faire

pénétrer dans la vessie une sonde avec un appareil pour briser
le caillou puisque, à l'époque, seule la voie naturelle peut être
utilisée sans risque. Par ailleurs, l'extrême fatigue du malade
impose des phases de repos, et il est fiévreux, on doit donc
attendre. Après Noël, la fièvre tombe. L'opération commen-
cera le 1er janvier. Eugénie ne voit même plus les rideaux de
pluie jaunâtre – elle n'arrête pas depuis deux mois – et écrit à
sa mère : *(...) J'ai été affreusement inquiète pour l'Empereur.
Enfin, il s'est décidé à faire un examen qui a donné pour résultat la
constatation de la pierre. Après demain, on lui fera la première opération et j'espère beaucoup qu'après ces cruelles souffrances, il
entrera dans cette période de mieux et enfin de guérison complète. Je
le désire ardemment et je viens de passer par de cruelles inquiétudes.
Mon fils, qui adore son père, est aussi bien malheureux quoique je
lui cache tout ce qui est de nature à l'inquiéter (...) Pense à moi et
demande à Dieu du courage pour moi, car je suis bien éprouvée.*
Curieuse lettre : elle indiquerait que Napoléon III était le plus
entêté des deux, Eugénie se contentant, si l'on peut dire,
d'opposer son veto à certains noms de médecins...

Mercredi 1er janvier 1873. L'année commence dans
l'angoisse. Thomson, assisté de Gull et de deux élèves, les
docteurs Clover et Foster, s'installent à Camden Place avec
infirmières et matériel adéquat. La chambre de l'Empereur est
transformée en salle de chirurgie. La maisonnée retient son
souffle. Il pleut, l'arbre de Noël ne peut égayer l'atmosphère.
Eugénie, tendue, prie et implore le pardon du Ciel. Elle veut
croire à la guérison, elle a même le vague projet de retourner
en Espagne en avril. Si Dieu le veut.

2 janvier. On fait inhaler au patient du chloroforme. Puis,
Thomson pratique la première intervention, constatant que le
calcul est encore plus gros et surtout plus dur qu'il ne l'avait
pensé. Le chirurgien parvient à en broyer quelques fragments,
ce qui est insuffisant mais encourageant ; ces morceaux seront
éliminés dans les heures qui suivent sans trop de difficultés.
Le patient n'a pas de fièvre, ce qui est bon signe.

En quittant la chambre, sir Henry déclare à Eugénie :

– Madame ! Quel héroïsme extraordinaire cet homme a dû
déployer à la bataille de Sedan pour demeurer assis pendant
cinq heures sur la selle de son cheval à laquelle il lui fallait se
cramponner. Il a dû souffrir le martyre...

Elle ne répond pas. Que dire? Puis, elle demande s'il va bien... La réponse est positive.

3 janvier. L'Empereur est calme et sans fébrilité. On va laisser passer quelques jours pour qu'il se repose.

Lundi 6 janvier. Le chirurgien veut extraire la plus grosse partie de la pierre dont un fragment empêche le passage de l'appareil. C'est laborieux et très douloureux. A Eugénie, il déclare avoir obtenu des résultats «très considérables bien qu'il s'en faille encore de beaucoup que la pierre fût complètement écrasée». Qu'en penser? La nuit est mauvaise car les reins fonctionnent mal et le pouls est rapide.

7 janvier. L'Empereur est assoupi; son état semble s'améliorer.

8 janvier. Les douleurs sont moins vives, le pouls est normal; en revanche, la diurèse demeure insuffisante, le malade n'élimine pas assez. Gull prescrit, par précaution, un calmant à base d'hydrate de chloral. Les médecins se concertent. Ils redoutent l'atteinte rénale aux pires conséquences... Tous d'accord, ils informent Eugénie qu'ils procéderont, le lendemain, à une troisième lithotritie. Si elle n'est pas totalement satisfaisante, il faudra avoir recours à ce qu'ils nomment *la taille*, c'est-à-dire l'ouverture de la vessie, opération redoutable et redoutée, que l'on cherche toujours à éviter.

Jeudi 9 janvier. Toute la nuit, Conneau et Corvisart se sont relayés au chevet de l'Empereur. Eugénie est venue puis repartie comme une gardienne de la souffrance, digne au milieu des infirmières. Elle espère. Son mari dort. Lorsqu'il se réveille, son pouls s'est accéléré, à quatre-vingt-cinq pulsations par minuté. C'est trop pour opérer. Sir Henry décide de reporter au lendemain la nouvelle intervention. L'Impératrice, informée, décide de ce répit pour aller voir son fils à Woowich et lui donner elle-même des nouvelles de son père, plutôt rassurantes, alors que le comte Clary se proposait de le faire :

– Puisque l'Empereur est mieux, dit-elle, j'irai voir mon fils avec vous. Ma présence le rassurera plus que tout ce qu'on pourrait lui dire. Et puis, j'ai besoin de prendre l'air. Il y a quinze jours que je ne suis pas sortie.

En allant s'habiller, elle donne l'ordre d'atteler sa voiture. Elle partira à dix heures. Chapeau, gants, parapluie, elle est prête. Elle veut passer dans la chambre du malade. Le docteur Conneau l'arrête ; il est livide : ·

– Non, madame... Ne partez pas...

– Qu'y a-t-il? demande-t-elle, inquiète et blanche.

– Une crise. Il vaut mieux que vous ne vous éloigniez pas...

Eugénie ouvre doucement la porte de la chambre. L'Empereur, affalé sur ses oreillers, n'a plus qu'un regard vide. Il respire avec difficulté. Corvisart glisse à Clary :

– Vite, le prince...

Puis à Mme Lebreton :

– Un prêtre! Tout de suite!

Les trois médecins constatent plusieurs signes cliniques alarmants, dont la faiblesse du pouls. Eugénie s'approche.

– L'Impératrice est là, dit un docteur. Elle vient voir comment vous allez.

Son mari la cherche de ses yeux qui n'ont plus de flamme. Ses lèvres esquissent un baiser. L'Empereur sort soudain de la torpeur qui semble l'écraser; il reconnaît le docteur Conneau et lui parle, dans un ultime effort :

– Henri, étais-tu à Sedan?

– Oui, sire...

– N'est-ce pas que nous n'avons pas été des lâches à Sedan?

Cette question, hallucinante, restera, pour lui, sans réponse car il ne l'entend pas. Il sombre dans l'inconscience. L'abbé Goddard, le curé de Chislehurst, administre l'extrême-onction.

Eugénie est agenouillée, près du lit, immobile, telle une statue. A dix heures quarante-cinq, l'Empereur Napoléon III expire, victime d'une crise d'urémie; ses reins, détériorés et enflammés, avaient cessé leur fonction de filtre et le sang, vicié, a provoqué le coma. Sir Henry Thomson repose la bouteille de cognac avec lequel il avait espéré ranimer le mourant en humectant ses lèvres. Mais tout est fini. Dans son agonie, l'Empereur a entrevu sa femme, mais il n'a pas revu son fils.

Lorsque le Prince Impérial arrive, Eugénie comprend enfin. Elle n'y croyait pas à cette mort si rapide, en quelques instants. Etait-ce possible alors qu'on avait, enfin, décidé les interventions? Ses larmes coulent entre deux hoquets. Son fils la relève, doucement. Elle se jette dans ses bras, soufflant, suffoquant de douleur.

– Je n'ai plus que toi, Louis!

– Non, maman... pas Louis... Napoléon.

L'avenir des Bonaparte n'a que seize ans.

L'autopsie, pratiquée à cinq heures de l'après-midi, révélera que la pierre fatale, brisée en deux, pesait vingt-deux grammes, mesurait cinq centimètres de long sur trois d'épaisseur. La preuve du calvaire. La preuve, aussi, que le malheureux aurait dû être opéré depuis des années. La responsabilité des médecins du monarque est consternante car l'opération, pratiquée trop tard sur un tissu rénal détérioré, n'avait que peu de chances de réussir. La responsabilité des médecins anglais est moins lourde, sauf par l'absence de diagnostic des lésions. Sir William Gull, le chirurgien vers qui des regards accusateurs se tournent, s'empresse de partir, prétextant une urgence. Une pénible polémique éclatera en France où les bonapartistes accuseront les médecins anglais d'avoir précipité la mort du neveu comme ils l'avaient fait pour son oncle. Vaines querelles, l'intervention, même risquée devait être tentée. Au soir de ce 9 janvier 1873, on ne peut que constater que les deux empereurs, par une fatalité antique, sont morts chacun en territoire britannique. Mais ce qui ne doit pas être oublié est ce cri étouffé d'un homme universellement accusé de couardise qui a tenté de savoir la vérité, l'unique et atroce vérité contenue en un seul mot, Sedan... Une telle question atteste qu'il ne divaguait pas, au contraire. Depuis trois ans, elle était son obsession. Il fallait qu'il sache. Avant de mourir, il avait interpellé l'Histoire.

L'espoir foudroyé

Pourquoi est-elle absente? Pour quelles raisons l'Impératrice n'assiste-t-elle pas aux obsèques de l'Empereur, célébrées le 15 janvier dans l'église Sainte-Mary? La foule s'interroge, cherchant des yeux celle qui ne fêtera jamais ses vingt ans de mariage, à trois semaines près. C'est, en effet, bizarre. Pour justifier Eugénie, on avancera une « raison protocolaire », difficilement acceptable. Au nom de quoi? De qui? En réalité, l'Impératrice est dans un état physique et moral préoccupant, sa douleur s'ajoutant à des mois d'angoisse et au sursis espéré des derniers jours. Elle ne tient pas debout. L'embaumement, la préparation du corps – jusqu'au lissage des célèbres moustaches à l'*Impériale* – et l'obligation d'accueillir les personnalités et la foule ont eu raison de ses forces. Depuis une semaine, elle a dû recevoir le prince de Galles représentant la reine, venu s'incliner après la mise en bière et puis, dans le hall transformé en chapelle ardente décorée de drapeaux tricolores, vingt mille personnes ont défilé et signé les registres. Il avait fallu organiser un service d'ordre et jamais Chislehurst n'avait connu une telle animation. De longues nuits, Eugénie a veillé l'homme qu'elle avait adoré, qui l'avait fait souffrir et qu'elle n'avait pas su aimer comme il aurait fallu, y compris en lui tenant tête. Une autre raison peut expliquer son absence. Comme on pouvait le craindre, *Plon-Plon* a immédiatement accusé Eugénie d'avoir subtilisé un testament postérieur à celui qu'elle trouva dans le cabinet de travail, rédigé le 24 avril 1865. Ces dispositions avantageaient Eugénie, ce qui n'avait rien d'anormal. Légataire universelle, elle devait s'occuper de leur enfant. Au prince, son père laissait, en priorité, ce conseil : « Le pouvoir est un fardeau lourd. On ne peut pas y faire tout le bien que l'on voudrait et les contemporains vous rendent rarement justice. Pour accomplir sa mission, il faut avoir en soi la foi et la conscience de son devoir. » Sans la moindre preuve et sans la moindre raison, le prince Napoléon se répand, lourdement, en insinuations diverses. Et suivre le deuil de l'Empereur derrière le Prince Impérial lui est insupportable puisqu'il se considère toujours comme le vrai chef de famille. De même, on peut comprendre que l'Impératrice n'apprécie guère la présence de *Plon-Plon* qui ne sait même pas observer une attitude décente en de pareilles circonstances, jaloux des espoirs de son clan reportés sur le Prince Impérial. Les relations entre Eugénie et le prince seront détestables jusqu'au bout.

Il fait froid mais relativement beau, ce 15 janvier à Chislehurst. De Camden Place, le char funèbre, tiré par huit chevaux caparaçonnés de noir, part à dix heures vingt. Il mettra une demi-heure pour atteindre la modeste paroisse de Sainte-Mary où la foule s'écrase. Les deux cent cinquante places habituelles sont prises d'assaut. Il a fallu en réserver pour toute la famille impériale, dont Mathilde, fort émue, les anciens dignitaires et de hautes personnalités. Deux maréchaux, dont Leboeuf, qui devrait avoir cinq fois honte, sept amiraux, vingt-cinq généraux, huit ambassadeurs, trente-cinq préfets, dont Haussmann, cent quatre-vingt-dix anciens députés, sénateurs et conseillers d'Etat. Il suffit de visiter aujourd'hui cette petite église pour comprendre que la foule est surtout dehors, difficilement répartie entre les tombes du cimetière sur la gauche – un Poniatowski y est enterré – et le jardin. La presse anglaise, qui consacre une grande place à ces obsèques, compte dix mille Français ayant fait le déplacement ; il avait fallu retarder la date des funérailles pour leur donner le temps d'arriver. Deux délégations sont très émouvantes. L'une, d'une centaine d'ouvriers, n'oublie pas que Napoléon III, empereur social, avait organisé leurs droits ; l'autre, un groupe d'Alsaciens et d'Alsaciennes en costumes régionaux, souligne l'attachement à la France des départements occupés. Des centaines de bouquets, des drapeaux en berne, des crêpes et des voiles noirs sont immobiles pendant la messe célébrée par Mgr Danell, évêque du diocèse catholique de Southwark. L'abbé Goddard prononce une oraison funèbre fort digne. A la sortie, la cérémonie prend une tonalité incroyable ; au passage du Prince Impérial, des cris, en français, avec des accents divers, montent comme une prière tandis que les hommes se découvrent et que les drapeaux s'inclinent :

– Vive l'Empereur !

Emu mais digne, l'unique enfant du défunt attend que cette surprenante ovation cesse. Il s'avance depuis le porche et annonce, d'une voix soudain mûre :

– Non, mes amis. Ne dites pas Vive l'Empereur ! L'Empereur est mort. Dites plutôt *Vive la France !*

Mais la foule s'obstine, privilégiant la dynastie :

– Vive Napoléon IV !

Lorsque certains monarchistes français liront les comptes rendus de la presse anglaise, ils feront remarquer que, dans leur parti, on dit *Le Roi est mort ! Vive le Roi* car le souverain légitime n'est mort qu'une fois, le 21 janvier 1793. Le prince Napoléon, lui, n'a rien dit mais son visage trahissait son éternelle jalousie. Eugénie est enfermée dans sa chambre, prostrée, surveillée par une dame d'honneur. Il y a quatorze ans, le couple impérial échappait de peu à l'attentat d'Orsini... Le *Times* du 16 janvier publie un récit sur la simple grandeur ressentie par les présents : « Aucun souverain, mourant dans son palais au milieu des larmes de son peuple, n'a jamais rencontré une reconnaissance plus absolue de son rang suprême. Dans cette modeste maison de campagne, on retrouvait les Tuileries d'avant 1870. » Et le *Morning Post* estime : « Malgré les malheurs de la fin de son règne, la France a tenu à rendre un ultime hommage à Napoléon III. »

La France ? Des Français, plutôt. Car en France, on assiste à un déluge de calomnies, de mensonges et de mesquineries. La plupart des journaux sont d'une violence déplacée, dans la mesure où ces mêmes titres ont la mémoire courte sur ce qu'ils écrivaient moins de quatre ans auparavant... Des haines recuites, des rancœurs nationalistes et des mots qui ne remplacent pas l'action seront déversés. Notons la réflexion de George Sand, plus élevée que la plupart des commentaires rageurs, pauvres cris d'impuissance et de mauvaise foi. Dans *Le Temps*, la romancière résume : « L'Empereur s'est cru l'instrument de la Providence, il ne fut que celui du hasard. Le parti, d'abord minime et tout à coup immense qui le porta au pouvoir, n'était que l'engouement soudain des masses dégoûtées d'une république en dissolution. » Or, au même moment, la République n'est guère vaillante, l'opposition se ressaisit et bientôt, avec Mac-Mahon, la France aura un président monarchiste d'une république qui se cherche toujours. En lisant, plus tard, ce qu'écrira Maxime Du Camp, Eugénie pourra apprécier la plume d'un homme ne hurlant pas avec les loups : « Napoléon III ne méritait pas les injures dont il fut accablé. Le pays ne s'aperçut pas qu'en vomissant un torrent d'insultes contre le chef qu'il avait choisi, confirmé quatre fois, auquel il avait obéi sans effort, il s'insultait lui-même car il l'avait encouragé dans les sottises qui nous ont perdus. Les nations ne raisonnent pas, je le sais, elles sentent. Elles s'emportent dans des haines qui, trop souvent n'ont pas plus de raisons d'être que leur engouement. »

A l'étranger, on est plus digne et mieux élevé. En Angleterre, de nombreux magasins ont fermé le jour des obsèques. Au nom de la reine, le prince de Galles a annulé toutes les festivités publiques. A Vienne, Sissi et François-Joseph prennent le deuil pour douze jours. En Roumanie, monarchie née des efforts de Napoléon III précédant la guerre de Crimée, le roi décrète quinze jours de deuil. En Italie, l'émotion est immense et la ville de Milan ouvre une souscription pour l'édification d'une statue. Des milliers de signatures sont recueillies. A Berlin même, le ton est correct. A Madrid, les autorités et la presse disent leur sympathie émue à l'Impératrice.

Car la réalité va s'imposer immédiatement : à quarante-sept ans, Eugénie est veuve. On peut rappeler que, au-delà des invectives ou des hommages, selon les cas, publiquement envoyés à la mémoire de l'Empereur, l'Impératrice est touchée par certaines manifestations inattendues. Ainsi, des magistrats – certes, peu nombreux mais avec leurs titres et fonctions – adressent-ils des dépêches de condoléances à Camden Place. La comtesse Walewska les reçoit et les classe. Dès que cette démarche est connue, ces hommes qui rendent la justice sont réprimandés par le gouvernement qui était lui-même admonesté sous le régime impérial, toute justice reflétant l'état de la société. Mais, de tous les témoignages qui arrivent, il en est un, parvenu dès le 10 janvier, qu'Eugénie conservera toujours dans son cœur meurtri. C'est un télégramme signé Louis Pasteur. Il est un résumé de nombreux phénomènes nés sous le Second Empire et dont la troisième République tirera profit, attestant le modernisme du régime honni. En effet, le savant, qui avait trente ans au moment du coup d'État et avait soutenu vigoureusement ce coup de balai, intéressait scientifiquement Napoléon III, passionné par les applications pratiques des découvertes. Pasteur, qui avait d'abord opté pour la recherche pure, s'était retrouvé face à un choix délicat. Invité à Compiègne, il avait vu Eugénie se passionner pour la microscopie (à l'heure du thé, cela changeait de la musique !), puis pour des exposés biologiques après le dîner (cela changeait encore de la musique et évitait à l'Empereur de chanter faux son éternel *Carillon de Dunkerque* !). L'Impératrice lui avait demandé pourquoi il ne faisait pas breveter ses découvertes. Napoléon III approuvait l'idée de sa femme et Pasteur, dont les démêlés avec l'académie des Sciences étaient nombreux, allait retenir la suggestion. Il fallait subvenir aux besoins de la recherche. En janvier 1868, l'Empereur et l'Impératrice s'étaient rendus à la Sorbonne, pour visiter son laboratoire. A Marnes-la-Coquette, dans le voisinage de Saint-Cloud, Pasteur avait pu expérimenter ses travaux sur des chiens. Les voisins avaient crié au scandale mais Eugénie avait fait ouvrir les grilles du parc pour accueillir le savant et, de nos jours, un bâtiment en bordure de Garches perpétue le souvenir de ces expériences. Frappé d'hémiplégie, Louis Pasteur avait pu suivre une convalescence en Italie, près de Trieste. Grâce à l'insistance de l'Empereur, une cousine lui avait réservé un excellent accueil; dans cette villa, Pasteur s'était couvert de gloire en domptant la terrible maladie des vers à soie; il avait dédié ce succès à l'Impératrice. Confiant dans le plébiscite du 8 mai 1870, le savant faisait partie des millions de Français persuadés de l'alliance bénéfique de la dynastie avec la gloire. Et le 27 juillet, un décret le nommait sénateur à vie « pour services rendus à la Science ». L'ultime décret de Napoléon III en même temps que le premier de la régente dans cette période transitoire, la veille du départ de l'Empereur pour Metz. Un décret que les circonstances empêchent de publier au *Journal Officiel*. Enfin, le 5 septembre, ne pouvant joindre l'Impératrice en fuite, Pasteur s'était adressé en des termes rares au maréchal Vaillant, ancien ministre de la Maison de l'Empereur, détaché, depuis le 9 août, au contrôle des fortifications. Il le priait de faire savoir aux souverains, dès qu'il le pourrait, « qu'il se souviendra éternellement de leur générosité, que jusqu'au dernier jour, il restera fidèle à leur mémoire. Malgré les vaines et stupides clameurs de la rue, malgré les lâches défaillances de ces derniers temps, l'Empereur peut attendre, avec confiance, le jugement de la postérité. Son règne restera comme l'un des plus glorieux de notre histoire ». Pasteur, un homme qui au lendemain de la si rapide défaite se disait « brisé par la douleur » de ses illusions évanouies, adresse donc sa respectueuse tristesse à l'Impératrice. Un grand savant, mais aussi un grand homme.

L'inhumation de Napoléon III à Sainte-Mary est provisoire. Mais on ignore souvent qu'elle se déroula en deux phases. Le cercueil, d'abord déposé dans un caveau aujourd'hui condamné, se trouvait sous l'actuel presbytère, derrière le bureau des archives [1]. On y accédait par un petit escalier, à

---

1. Grâce à l'extrême amabilité du Révérend de Saint Mary's Church, j'ai pu visiter ces locaux privés. Derrière une porte, pour des raisons techniques liées à des travaux, des toilettes ont été aménagées à la place de l'entrée de l'ancien caveau provisoire. Le sol du passage, carrelé de couleurs, est d'origine : on y voit toujours le monogramme de l'Empereur et un aigle. C'est un humble couloir, ignoré du public qui recouvre l'ancien escalier conduisant à la première sépulture temporaire...

l'extérieur, à droite de l'autel. Cette première inhumation sera suivie, neuf mois plus tard, d'une seconde dans une chapelle construite à la demande et aux frais de l'Impératrice, cette fois à gauche de l'autel et que l'on peut toujours voir. Le marbre noir est offert par la reine Victoria. L'édification de la chapelle, en un temps aussi court, est un exploit. Il cache une volonté peu connue de l'Impératrice : elle aimerait transformer l'église en mausolée impérial et se dit prête à acheter le bâtiment, qui n'est évidemment pas à vendre. On lui objecte qu'il ne s'agit pas d'un oratoire privé mais d'un lieu de culte ouvert au public et que la population ne pourrait admettre de perdre le droit de fréquenter sa paroisse ; l'évêché, d'ailleurs, s'y opposerait, sans préjudice pour la mémoire de l'Empereur ni de la compassion exprimée à sa veuve dès qu'on l'aperçoit. L'attitude d'Eugénie est paradoxale car dans l'espoir que son fils régnera un jour sur la France apaisée, elle compte faire rapatrier la dépouille de l'Empereur aux Invalides afin qu'il repose auprès de son oncle. N'est-elle pas la vestale de l'Empire, elle que l'opposition surnommait, au moment de son mariage, *la Badinguette*?

Victoria n'avait pas voulu gêner le chancelant cabinet de Gladstone en assistant aux funérailles et avait prié le prince de Galles d'adopter la même réserve. Mais, dans le fond de son cœur, la reine est très atteinte par cette disparition survenue dans son propre pays. Le 20 février, son train spécial part de Windsor à dix heures quinze, traverse Londres ou plutôt son brouillard et s'arrête en gare de Chislehurst. Sa voiture gravit la côte et la reine se recueille dans l'église, devant le cercueil encore recouvert d'un linceul de velours noir orné d'abeilles dorées mais aussi de variétés de fleurs. Puis, elle arrive à Camden Place. Eugénie et son fils l'attendent. Victoria est soucieuse de l'aspect d'Eugénie car, selon son *Journal*, « A quelques pas de l'entrée, en grand deuil, paraissant très souffrante, très belle et l'image même du chagrin, se tenait la pauvre chère Impératrice... Nous nous embrassâmes en silence et elle me prit par le bras sans pouvoir parler, étouffée par l'émotion... L'Impératrice me fit voir les petits appartements restés dans l'état où il les avait laissés et tous ses objets sur sa table évoquant de si tristes souvenirs, comme je ne le sais que trop... Ce fut une bien mélancolique visite et je revois sans cesse le triste visage de l'Impératrice. » C'était la première fois que les deux femmes se retrouvaient veuves toutes deux, Victoria lassée par la politique, Eugénie concentrée sur l'avenir de son fils et sa mission de restaurer l'Empire...

A l'été, pour la Saint-Napoléon, Camden Place reçoit de nombreux partisans bonapartistes, Louis prononce un discours qui les encourage à ne pas laisser s'éteindre la flamme rallumée par son père. En 1874, le 16 mars, une importante cérémonie se déroule dans la maison pour les dix-huit ans du Prince Impérial, sa majorité. Un air de fête baigne cette journée comme il n'y en avait pas eu depuis le retour de Napoléon III. La comtesse de Castiglione – encore elle ! – réjouit et stupéfie l'entourage lorsqu'on apprend qu'elle est revenue à Paris, s'est installée dans un hôtel de l'actuelle rue Volney et, fidèle à la galanterie, est devenue la maîtresse de Paul de Cassagnac, porte-parole de l'opposition bonapartiste et rédacteur en chef du journal *Le Pays*. Il n'y a vraiment qu'elle pour oser jouer les entremetteuses prolongées... bien qu'elle n'ait que trente-sept ans ! Au printemps 1875, le prince, qui avait suivi avec passion les activités napoléoniennes en France, prend ses distances. Et, promu lieutenant d'artillerie de l'armée anglaise, il est attaché, sur sa demande, à une batterie du camp d'Aldershot, dans le Hampshire, au sud-ouest de Londres. Sa mère est troublée, déçue de son renoncement à la cause impériale, mais en même temps, son fils est souvent près d'elle. Ils peuvent ainsi voyager ensemble à l'automne et en hiver, en Italie et en Espagne. Une relative évasion des soucis de famille et des drames en tout genre, comme le décès d'une de ses deux nièces, à la suite d'une fausse-couche. L'Impératrice est consternée des divisions suicidaires du clan bonapartiste. De même que l'intransigeance des légitimistes à refuser le drapeau tricolore a permis l'instauration du régime républicain présidé par Mac-Mahon, les interminables querelles de la famille impériale sont d'un effet déplorable. Lors des élections, en Corse Eugénie s'indigne que le prince Jérôme se présente contre Rouher qui a reçu l'investiture du Prince Impérial. Celui-ci, mécontent, parlera, dans un communiqué, de Jérôme comme d'un candidat qui « s'appuie sur nos ennemis ».

L'élection corse, orageuse, consacre le triomphe de Rouher mais... il est invalidé. Un nouveau scrutin apporte la majorité des voix au prince Jérôme. Ce résultat est un échec pour le fils de Napoléon III et surtout un motif de lassitude. L'union est-elle donc impossible dans une même famille? Une lettre d'Eugénie à sa mère, écrite depuis Chislehurst, illustre son état d'esprit démoralisé : *Quand le devoir est défini, rien n'est plus facile car je trouve que rien ne doit abattre le courage mais je t'avoue que l'idée de faire un pas pour prendre la Couronne de France, qui est une véritable couronne d'épines, me laisse froide et insensible. Je me résumerai par ces mots : pour le devoir et l'honneur, tout, même la vie; par ambition, pas même l'effort le plus mince quand on est écœurée comme je le suis. Je t'assure que ce n'est pas une partie qu'on joue, mais un triste devoir qu'on accepte. Je suis donc incapable pour ma part de prendre une responsabilité, je me contente de voir ce qui se passe et d'éviter, si je le peux, que d'autres risquent la vie de mon fils pour mon propre intérêt. Je crois la France ingouvernable à moins que son amour-propre et sa vanité soient satisfaits (...)* Et elle conclut que : *... L'ère des hommes providentiels est passée! Quand l'enthousiasme n'existe plus, l'idée de se sacrifier perd du terrain et les rédempteurs dans une société sceptique sont des victimes. (...)* A ce désenchantement, on relève une exception : enfin, la situation en Espagne est stabilisée! La dernière guerre carliste est terminée et, le 20 mars 1876, le roi Alphonse XII entre triomphalement dans Madrid, à la tête des troupes libérales. L'Impératrice doit aussi faire face à de nombreuses provocations, calomnies et allégations en tout genre que la République, confortée, autorise à des auteurs venimeux. Le cas le plus retentissant est l'affirmation qu'Eugénie serait née... trois ans après la mort de son père! L'Impératrice est une bâtarde! La comtesse de Montijo s'enflamme, intente des procès aux journaux de Paris et de province qui répètent le ragot, lequel fait rire ou choque, selon les avis. Et Pierre Larousse lui-même, relayant cette infamie dans son *Grand Dictionnaire*, est contraint, par décision de justice, de supprimer la page litigieuse et de procéder à une nouvelle édition. On apprend, au même moment, que la Castiglione, plus fidèle à son tempérament qu'à ses idées – à supposer qu'elle en eût! – a maintenant une liaison avec le duc de Chartres, neveu du duc d'Aumale et petit-fils de Louis-Philippe! La comtesse a le cœur si vaste qu'elle passe, allègrement, d'une dynastie à une autre! Un voyage de son fils en Scandinavie suscite autour d'Eugénie des échos de mariage pour Louis. Il a beau démentir toute intention matrimoniale, les princesses du Nord sont passées en revue par les journaux. L'Impératrice répond qu'il n'en est pas question. Dans le cas contraire, elle en aurait été informée la première, ce qui semble logique. Au même moment, Eugénie, qui ne cesse de tousser depuis la fin janvier, suit les conseils de son médecin d'entreprendre une cure, comme autrefois. Quelle station suggère-t-il? On a du mal à le croire : Ems! Ems, la ville de la dépêche truquée! Le docteur est-il fou? Inconscient? Un plaisantin de mauvais goût? Un pervers?

Dans le riche annuaire du thermalisme européen, il n'a rien trouvé d'autre que la ville rhénane où Bismarck avait allumé la mèche! Certes, avant l'invention du télégraphe, on s'y soignait sans déclencher une guerre... Pour l'Impératrice, est-ce une torture? Non, cela n'a plus d'importance même si les douleurs sont éternelles. A sa mère, le 8 juillet 1878, elle écrit, depuis le Petit-Elysée (!) – encore une délicate attention envers les Français! (...) *J'ai passé hier devant l'hôtel où nous avons demeuré autrefois avant mon mariage. Singulière destinée que la mienne. Sans ambition d'aucune sorte, je suis parvenue bien haut et depuis que de souffrances et de froissements! J'ai vu frappés par la mort des êtres bien chers, et me voilà errante sans patrie ni home comme disent les Anglais. Je dois avouer que j'ai été surprise agréablement de l'accueil que le public nous fait. On est poli et respectueux chaque fois que je me trouve en contact avec le public.* (...) Est-ce la courtoisie à l'égard des vaincus que Napoléon III exigeait de son état-major?

Cependant, aux déceptions que lui inspire la situation française, s'ajoute chez le Prince Impérial l'envie irrésistible de servir son pays d'adoption, l'Angleterre, puisque la France lui interdit de porter ses uniformes. On dira qu'il souffre d'oisiveté et s'ennuie, ce qui n'est pas tout à fait exact. En revanche, tous ses intimes camarades de promotion de Woolwich sont partis se battre en Afrique australe contre la révolte des Zoulous. Dans la province du Natal, les forces britanniques ont perdu six cents hommes et comptent des milliers de blessés qui survivent dans d'épouvantables conditions. Pour tous les motifs que l'on connaît, cet officier de vingt-trois ans ne veut pas passer pour un lâche ou un tire-au-flanc.

« Comment pourrais-je reparaître à Aldershot quand ils sont tous là-bas? » s'interroge-t-il. A ce noble souci, il faut

adjoindre la volonté de Louis de répliquer à ses adversaires
tout en faisant la fierté de ses amis... lesquels, d'un côté
comme de l'autre, ne risquent pas les périls de cette campagne
lointaine. Certains, inconscients ou mal intentionnés, lui
répètent qu'il doit « faire parler de lui », selon une lettre de
l'Impératrice à sa dame d'honneur Marie de Larminat. En
effet, on va parler de lui. Et ce sera le plus douloureux calvaire
d'Eugénie, le sacrifice imposé de sa seule raison de vivre.

Tant de calomnies ont été répandues sur l'origine de cette
nouvelle tragédie qu'il convient de préciser que tout, absolument tout, fut tenté pour dissuader le Prince Impérial de partir. Mais il l'avait décidé et a su fléchir les autorités anglaises.
Et quand sa mère en fut informée, il devait quitter Southampton quatre jours plus tard. Louis a mis l'Impératrice devant le
fait accompli, la veille de l'annonce dans la presse. A sa mère,
déjà effondrée, il explique qu'il a vingt-trois ans, « un nom
trop lourd à porter pour ne rien faire, qu'il voit une occasion
pour lui de faire son métier et qu'il ne veut pas la perdre ». Au
commandant en chef de l'armée, le duc de Cambridge, il a
sobrement dit qu'il souhaitait « partager les fatigues et les dangers de ses camarades ». La requête d'un soldat. Transmise en
haut lieu elle provoque le refus de Disraeli, le Premier
ministre, mal en point par suite d'une crise d'asthme et très
inquiet des désastres africains. Une telle acceptation ne pourrait qu'attirer le mécontentement du gouvernement français,
sans compter l'étonnement des bonapartistes d'apprendre
qu'un des leurs, l'héritier, allait se battre sous l'uniforme
anglais et pour l'Angleterre! Louis insiste et, finalement, le
duc de Cambridge touché par la détermination du fils de
Napoléon III lui accorde le statut d'observateur accompagnant les renforts. Il sera bien entouré. Le sort en est jeté. La
reine, qui éprouve pour lui une tendresse particulière, le reçoit
longuement, à Windsor, le 26 février 1879. Un Napoléon officier de Sa Majesté britannique! Disraeli est furieux, écrivant à
Lord Salisbury, deux jours après l'engagement de Louis
Napoléon, des mots très durs : « Je ne m'explique pas le
départ de ce petit avorton de Prince Impérial. Je croyais que
nous étions convenus de ne point sanctionner son aventure.
Au lieu de quoi, le voilà reçu par la reine avant de partir (...)
Que dois-je dire là-dessus? Sa Majesté sait bien le peu de

sympathie que j'éprouve envers les Bonaparte. » Y a-t-il eu connivence entre la reine et l'Impératrice ? Victoria n'était pas enchantée de la proposition mais elle la comprenait. Quel pouvait être l'avenir réel de ce garçon ? Toutefois, elle était peinée car le sentiment de sa fille Beatrice pour Louis Napoléon n'était pas un mystère. Et l'Impératrice ? Elle n'a pas poussé son fils à partir, il le lui a imposé selon la loi des générations. Ajoutons encore cette considération qui concerne à la fois la mère et le fils, dans un post-scriptum d'une lettre d'Eugénie à sa mère pour lui faire part de la nouvelle. Il y est question du nouveau président de la République, Jules Grévy. L'Impératrice l'estime car, en 1870, au cœur du fatal mois d'août, « il fut le seul qui écouta l'appel fait à son patriotisme et à sa conscience ». Elle le respecte et note que ce M. Grévy, « sans être brillant, a une certaine surface et la République a besoin d'un certain temps pour s'user. C'est cette idée qui a décidé mon fils à aller au Cap. De cette sorte, la République, si elle s'use, ne pourra accuser personne d'intrigues ni de complots ». Les deux motivations du voyage, le courage militaire et la désaffection politique, sont donc réunies. Au nom de l'Angleterre et à cause de la France. Une entente cordiale involontaire, repoussée, refusée et qui, pourtant, est en route. Louis Napoléon s'est embarqué sur le *HMS Danube* sous les acclamations de la foule. On l'a même béni ! Vingt-huit jours de mer, une escale à Madère et l'espoir de relâcher à Sainte-Hélène... Sa mère n'y pouvait rien, Louis Napoléon était heureux et fier. On ne contrarie pas un destin. L'Impératrice le savait ; à nouveau elle allait être suspendue au télégraphe.

Et c'est le drame. Le 1er juin, le Prince Impérial tombe dans une embuscade sur une rivière au nom prémonitoire Blood River. Deux faits sont à retenir. L'héroïsme et le courage du jeune homme sont exemplaires : il a regardé la mort. Les Zoulous l'ont massacré avec dix-sept sagaies, tous les coups ayant été portés *de face*. Pas de fuite, pas de panique, pas de lâcheté. Mais ce comportement est d'autant plus remarquable que son escorte l'avait... abandonné, en dépit d'ordres stricts. Il s'est retrouvé seul, son cheval a eu peur, la selle a glissé. Louis est tombé, s'est relevé et a vidé son pistolet sur ses assaillants qui ne lui laissaient aucune chance. Un massacre. Ainsi est mort le petit-neveu de Napoléon Ier, le lieutenant Bonaparte, sous l'uniforme anglais, pour défendre son nom et l'empire de Sa Majesté Victoria.

Le télégraphe... A cette époque, il ne fonctionne pas encore entre Londres et Le Cap. Il passe par Madère, d'où la lenteur avec laquelle l'atroce nouvelle, venue de si loin, arrive à Londres. Trois semaines, pendant lesquelles, comme d'habitude, d'incroyables rumeurs circulent, toutes fausses ou dépassées et transitant par Madère. On parlait d'une fièvre pas grave, d'exploits héroïques puis d'une maladie africaine...

19 juin après-midi. A l'inauguration d'une exposition, Disraeli est informé. Catastrophé, il pressent déjà que la France accusera l'Angleterre d'avoir abandonné le prince, peut-être même de l'avoir jeté délibérément dans un guet-apens pour se débarrasser de lui. De fait, on ne se privera pas d'accuser, avec raison, la lâcheté de l'escorte. Disraeli déclare à un parlementaire, l'honorable G.W.E Russell, avec lequel il s'entretenait :

– J'ai la conscience pure. J'ai fait tout ce que j'ai pu pour l'empêcher de partir. Mais que faire quand on se trouve en face de deux femmes obstinées ?

Répété, le propos entretiendra la légende d'une conspiration Victoria-Eugénie pour occuper le prince. Nous avons vu ce qu'on doit en penser, l'intéressé ayant tout manigancé lui-même selon le caractère aventureux de son père. Sa mère, de réputation si autoritaire, s'était résignée et le prince était majeur. En France, une poussée d'anglophobie verra même dans ce drame la complicité active de la reine, autre accusation grotesque. N'est-il pas vrai que lorsqu'on ne peut éviter une tragédie, on est immédiatement coupable ?

Le soir même, la reine, alors à Balmoral, est avertie par télégramme. Hébétée, elle se fait répéter la nouvelle. Son entourage est frappé de stupeur. Quel drame ! Quelle responsabilité ! Louis n'était pas mort, il avait été tué. Beatrice répète :

– Ce n'est pas vrai ! Ce n'est pas possible !

La souveraine ne dort pas de la nuit. « Je pensais à la pauvre Impératrice qui n'était pas encore prévenue. » Avant l'aube, Victoria charge son grand chambellan, Lord Sydney, de faire prévenir d'urgence Eugénie avant qu'elle ne lise les journaux.

Il se rend à Camden Place. Le malheureux duc de Bassano sera celui qui portera l'effroyable message. Augustin Filon, statufié d'horreur comme toute la maison, raconte que « L'Impératrice demeura ainsi, anéantie, écrasée, une syncope succédant à l'autre, pendant toute cette fatale journée. On craignit pour sa vie et c'est seulement au bout de quelques jours qu'elle reprit la force de regarder sa douleur en face. » Le premier jour de l'été se voilait de noir ; il annonçait la longue nuit du désespoir. La douleur de la pauvre Impératrice est aussi insoutenable pour elle que pour les siens, accablés par cet acharnement de la fatalité. Combien de morts faut-il pour apaiser les forces du malheur ? L'opinion anglaise est émue puis révoltée par les conditions de la tragédie. Ce jeune officier, faussement anglais mais qui aime passionnément l'Angleterre, a donné une implacable leçon à un détachement authentiquement britannique mais fuyard. Le directeur du *Morning Post* ouvre une souscription pour qu'un monument à la mémoire du prince soit élevé dans l'abbaye de Westminster. Le Premier ministre, qui est victime d'une crise de goutte, s'y opposera. Un Bonaparte voisin de Nelson pour l'éternité, est-ce concevable ? Contrariée, Victoria donnera l'ordre d'élever le monument dans la chapelle Saint-George de Windsor. Le geste n'en est que plus fort puisque c'est le lieu de sépulture de plusieurs monarques. Et l'on verra le vitrail du monument décoré des armes de l'Empire français...

Le navire qui ramène le corps du prince atteint Plymouth le 10 juillet. Le lendemain, il est transporté, par train spécial, jusqu'à Chislehurst. Sa mère le veille toute la nuit dans cette même galerie où, six ans plus tôt, Eugénie avait prié pour son mari. Honneur exceptionnel et largement commenté, Victoria assiste aux funérailles le lendemain mais en tenant à rester auprès d'Eugénie. Une solidarité de femmes unies dans une épreuve « embarrassante » dit-on, discrètement, au Foreign Office. D'un regard, la reine a balayé les objections du gouvernement et a demandé un rapport complet sur les circonstances du drame. Etonnante tendresse d'une grand-mère étrangère et proche, remords avoué d'avoir laissé partir l'unique enfant d'Eugénie qu'elle a toujours aimé, soutenu et, dans le fond, compris. Elle avait déjà accompli le trajet pour présenter ses condoléances personnelles à l'Impératrice, elle reviendra encore à Camden Place. La levée du corps a lieu en présence du duc de Gloucester, généralissime des armées britanniques. La bière est déposée sur un affût d'artillerie tiré par huit chevaux. Victoria a exigé que ses quatre fils tiennent les cordons du poêle, le prince de Galles, les ducs d'Edimbourg, de Connaught et d'Albany. On reconnaît aussi le prince de Monaco et le prince royal de Suède. Suivent Rouher et Bassano. Stag, le cheval favori du prince, suit, les bottes retournées dans les étriers selon l'usage. *Plon-Plon* est venu avec ses deux fils, Victor et Louis. Dignitaires et hauts fonctionnaires du régime déchu sont présents, de même que tous les ambassadeurs des pays accrédités à la cour de Saint-James. Une pénible fausse note, tout de même, choque la foule : l'ambassadeur de France est absent. C'est une faute inutile. On la remarque, on s'en souviendra. Deux cents cadets de Woolwich avancent, d'un lent pas cadencé. Les tambours sont voilés de crêpe. Et quel symbole fort que ces drapeaux français et anglais recouvrant le cercueil ! Pendant la cérémonie, l'Impératrice s'est enfermée dans sa chambre, prostrée, ailleurs, en présence de Victoria qui dit tout ce que l'on peut dire pour la réconforter. Dans sa soixantaine, la reine, qui ne s'est jamais remise de la perte de son mari, trouve les mots simples et les silences qu'il faut pour soutenir l'Impératrice éprouvée. Ses filles Beatrice et Alix sont avec elles. Comme pour les funérailles de l'Empereur, Eugénie ne peut supporter les regards de la foule même sympathisante. « J'ai la solitude sauvage » dit-elle. Elle a toujours eu horreur de s'offrir en spectacle. Làhaut, au bout de l'escalier où, aujourd'hui, se trouve sa tête statufiée, Eugénie attend. Soudain, des salves d'artillerie secouent la douce campagne anglaise bien bousculée par les drames des Bonaparte. Ce sont des petits canons qui tirent ; malgré leur taille réduite, à peine cinquante centimètres, leurs détonations font trembler les vitres. Ces canons, souvent placés sur des yachts, dans des jardins ou sur des terrasses de châteaux, sont en principe chargés d'annoncer des événements aussi importants que l'arrivée d'invités, le service du déjeuner ou du dîner pour les distraits, les retardataires ou les sourds ; on les appelle souvent des *canons de réjouissance*, selon une étrange expression... Cette fois, après un insoutenable silence pour l'Impératrice, ils annoncent la fin de la cérémonie. Le cardinal Manning, archevêque de Westminster, bénit le corps; il a prononcé l'oraison funèbre comme un acte d'accusation contre les lâches et un acte d'admiration en faveur de ceux qui vivent leurs derniers instants les yeux grands ouverts, confiants dans la Rédemption. Le prélat est assisté de Mgr Danell qui avait officié pour l'Empereur. De fait, on retrouve dans la foule de nombreux visages aperçus il y a six ans. A nouveau, de nombreux Français ont traversé la Manche pour accompagner le garçon dont le corps a été transpercé, nouveau saint Sébastien profane : Chislehurst va-t-il devenir le pèlerinage des tragédies impériales? On a lu la belle prière du Prince Impérial, texte en français, rédigé par le prince lui-même et que l'on trouva dans son missel. Aujourd'hui, dans cette petite église, sa traduction est à la disposition des visiteurs. Le corps est déposé dans une chapelle exiguë, à droite de l'autel, à l'opposé de celle de son père. La maçonnerie est fragile, le bâtiment n'ayant pas été conçu pour de tels aménagements. A cet endroit, plus tard, Eugénie fera construire un gisant de son fils. En fin d'après-midi, la princesse Mathilde, profondément émue, rend visite à l'Impératrice qui l'attend; le temps des rivalités, des médisances et des mots cruels est tristement passé bien qu'Eugénie fasse un effort. En revanche, *Plon-Plon*, toujours égal à lui-même, n'est pas venu; il a fait demander sa voiture et, sans un mot d'excuse ni au revoir, a regagné Londres. Le souvenir du prince foudroyé dans son devoir lui est-il encore insupportable, comme s'il le gênait dans ses pénibles calculs dynastiques? «Je pense, dit l'impératrice, que l'âme de mon fils, contente du sacrifice que je faisais, m'a délivrée de le voir en le laissant agir selon ses instincts pervers. Quant à la politique, je suis complètement en dehors, il n'y a, à Camden, qu'une femme veuve et sans enfant qui attend l'heure de les rejoindre... » Dégoûtée par les petites passions et les intérêts mesquins de « ce qu'on appelle politique », Eugénie ne veut plus entendre parler de ces affaires; elles l'ont blessée du vivant du prince et ces querelles ont contribué à son départ pour le Zululand. Aussi, lorsque le prince Jérôme, qui avait présidé un service funèbre à Paris en l'église Saint-Augustin à la mémoire de Louis, s'était hâté d'envoyer à Camden un messager spécial porteur d'une lettre de condoléances, l'Impératice meurtrie n'y avait pas répondu. Les stupides chamailleries familiales avaient écœuré son fils. Elles étaient, en partie, cause du drame.

Le soir même, suivie de quelques personnes de sa Maison, la fine silhouette noire s'avance vers l'église Sainte-Mary. L'épreuve est un supplice. Face à l'Impératrice, il y a deux cercueils. Deux passions, deux espoirs, définitivement brisés. Faible – elle n'a pratiquement rien absorbé depuis quatre jours sinon un narcotique sur prescription médicale –, l'Impératrice du malheur s'effondre sur un prie-Dieu. Elle est si abattue qu'elle n'a plus la force de pleurer. Elle y reste une large partie de la nuit, n'en repartant qu'à regret; elle répète que, désormais, sa vie est entre ces deux tombes. En un mois, depuis l'horrible nouvelle jusqu'à cette cérémonie qui a bouleversé de nombreux pays d'Europe, l'Impératrice est passée de la réaction à l'abattement. *J'ai aujourd'hui le courage de te dire que je vis encore car la douleur ne tue pas* (lettre du 25 juin à sa mère, d'une écriture de plus en plus étendue, trois à quatre mots par ligne au maximum). *J'ai planté en face de la fenêtre du cabinet de mon fils une croix formée des violettes que lady Frere avait envoyées du Cap et qu'on avait placées autour de lui. Seulement, elles vivent et lui, hélas, n'est plus. Plus je pense à l'existence qui m'est faite et plus mon cœur s'abîme dans la tristesse; elle n'est ni violente, ni bruyante, c'est une douleur qui m'envahit complètement et je sens qu'elle sera désormais ma compagnie.* (23 juillet).

C'est une année maudite, la nature elle-même change et intervertit les Raisons de même que ce qui est à la fleur de l'âge tombe frappé avant l'heure. (25 juillet).

Victoria revient la voir, honteuse de ce qu'elle a appris sur la conduite des officiers qui devaient accompagner le Prince Impérial. Disraeli, toujours gravement handicapé par sa goutte, s'est rendu à Windsor. Pendant une heure et demie, il a exposé les conclusions de l'enquête, les sanctions prévues et, aussi, combien il est urgent de réorganiser l'administration militaire et coloniale, celles-ci ayant montré leurs tragiques défaillances. La reine informe donc l'Impératrice. Le lieutenant Carey, du 98ᵉ régiment de ligne, commandant le détachement dont faisait partie le Prince Impérial, est condamné et dégradé en cour martiale. Son dossier est soumis en appel au duc de Cambridge. Le généralissime, seule autorité militaire pouvant atténuer la sentence, reçoit alors un courrier le l'Impératrice. Une note comme on en a peu lues dans l'armée de Sa Majesté : « *Assez de récriminations. Que le souvenir de la mort de mon enfant réunisse en un commun regret tous ceux qui l'aimaient et que personne ne souffre ni dans sa réputation ni dans ses intérêts. Moi, qui ne peux plus rien désirer sur terre, je le demande comme une dernière prière.* » L'Impératrice, avocate commise d'office au nom de la charité, demande la clémence pour le responsable de la mort de son fils. A la suite de cette requête, l'officier conserve provisoirement son grade mais il est muté aux Indes. Quand il y arrive, tous ses camarades et ses hommes savent qu'il a abandonné le Prince Impérial face à... une trentaine de Zoulous. On lui tourne le dos, on l'isole, on ne lui parle pas. Aux Indes britanniques, la lâcheté est dénoncée par l'envoi de quatre plumes blanches au coupable. Le lieutenant Carey, humilié, honteux, pris dans l'étau du chagrin et de la culpabilité, mourra, d'un accident de cheval mais victime autant de sa couardise que de la punition infligée par ses pairs.

Eugénie remercie Victoria de sa nouvelle visite et de l'intérêt qu'elle prend au souvenir de son fils. La reine interviendra même pour qu'un portrait de Louis qu'elle a commandé soit plus ressemblant. Sans force, Eugénie lui confie :

– Je sens que toute ma vie est entre les deux tombes, en attendant que Dieu ait assez pitié de moi pour ouvrir la troisième.

La pitié divine sera longue à venir. A cinquante ans passés, la ravissante Impératrice des Français n'est plus qu'une frêle ombre en noir, condamnée à une interminable expiation.

6

La revenante

Elle le sait. Elle en souffre mais, une fois de plus, l'Impératrice accepte comme un ultime châtiment l'effondrement de son rêve ; la mort de son fils unique interdit le retour de la dynastie Bonaparte en France. L'avenir du pays à la tête duquel le sort l'avait hissée au rang d'Impératrice ne la concerne plus. Et les pitoyables disputes de prétendants éventuels l'affermissent dans sa volonté de se détacher des projets qu'elle formait il y a encore deux mois. L'Empire n'a plus d'avenir, seule son histoire survit. Le 8 août, Eugénie décrit sa résignation à sa mère, un choix définitif, imposé par la fatalité : (...) *Tu crois que c'est une consolation d'être entourée par des amis et parler avec eux des êtres chers qui nous ont précédés. Moi, au contraire, je ne puis goûter un peu de calme que dans la solitude la plus absolue. Personne au monde ne peut me consoler, c'est donc inutile de l'essayer. Du reste, de quoi pourrais-je parler du passé ? Il ne peut que faire contraste avec le présent et l'avenir. Il n'y en a plus pour moi et tout ce qui se passe ne m'intéresse pas, je suis comme les pauvres Indiens qui ont perdu leur caste, seule, sans patrie ni famille, car excepté toi, tous sont des collatéraux et ce n'est pas la même chose. Mes tombes chéries, voilà ce qui me reste et tout ce qui est au-dehors me semble appartenir à un autre monde. (...) Toute émotion me fait un mal affreux. Je suis trop faible pour en affronter et Dieu sait si j'en aurais en retournant en Espagne. Il me faut du calme, beaucoup de calme et de solitude : lorsque je suis absolument obligée de voir quelqu'un, je ne puis plus dormir la nuit, ni manger : la contraction de la gorge m'en empêche ; tandis que, lorsque je suis seule, je puis prendre quelque chose, ce qui me donne un peu de force, ce dont j'ai besoin ; mais il est rare que je n'aie pas une émotion : il y a si peu de gens qui comprennent et s'effacent. Je t'embrasse tendrement. Ta toute dévouée fille.* L'Impératrice s'est assigné un nouveau rôle, celui de gardienne des tombeaux de famille. Pourtant, chez cette femme dont l'énergie est manifestement altérée, la résignation n'est pas la contemplation. Puisque la chapelle de Sainte-Mary ne peut convenir comme sépulture définitive – le porche de l'enclave où repose son fils est trop étroit et la porte, réparée, ferme mal –, elle songe d'abord acquérir Camden Place et y faire élever un monument digne ; le parc est très vaste et l'endroit retiré.

Les discussions achoppent. Le propriétaire n'est pas d'accord, il faut chercher ailleurs. Pendant qu'elle explore la campagne anglaise, les détails de la fin de son fils lui sont fournis par les officiers revenus d'Afrique australe. Elle apprend que le prince a été tué en même temps que deux hommes et que l'indigne lieutenant Carey, dont elle avait plaidé la grâce, est considéré par certains esprits retors comme un héros alors qu'il s'agit d'un « homme qui n'a pas d'autre titre pour passer à la postérité que de s'être sauvé aussi vite que son cheval pouvait le porter »... Une glorification qu'elle juge malsaine. « Notre époque n'est pas digne de cette jeune et poétique figure, l'honneur même, droit et loyal. Ils l'oublient déjà et n'en parlent plus. La gloire n'a même pas la durée d'un feu de paille, tout s'efface, on parle plus d'un criminel que de cet enfant qui est allé mourir là-bas, faisant face à l'ennemi ! », observe-t-elle le 1er septembre. Le général Lord Chelmsford lui rapporte le sabre de son fils, cadeau, dit-on, de la famille du maréchal Ney, restitué aux Anglais par le roi des Zoulous lorsqu'il avait appris l'identité de la victime.

En novembre, apprenant que la comtesse de Montijo, âgée de quatre-vingt-cinq ans, va très mal, Eugénie fait demander au président de la République, Jules Grévy, l'autorisation exceptionnelle de traverser le territoire français pour se rendre au plus vite à Madrid. Grévy, surnommé le *Président Sagesse* parce qu'il incarne le modèle du républicain modéré aux vertus bourgeoises et familiales, donne son accord immédiatement avec celui du gouvernement. Les rancunes s'apaisent et M. Grévy est sensible au malheur peu courant qui a frappé l'ex-Impératrice. Quelle douleur de fouler le sol français dans ces conditions ! Malgré sa rapidité, elle n'arrive que le lendemain du décès de sa mère. Puis, les hostilités contre les Zoulous étant

terminées, elle prépare son voyage en Afrique du Sud, projet
qui lui tient à cœur. Il faut absolument qu'elle puisse voir
l'endroit où son fils français est tombé pour l'Angleterre. Vingt
jours de mer agitée, du chloral pour dormir puis huit jours pour
atteindre le Natal et, de là, un long périple sous la tente. Pour
prévenir tout danger dans le désert, l'Impératrice est entourée
d'une escorte de vingt hommes, plus quatre-vingts cavaliers.
Partie d'Angleterre le 28 mars 1880, elle atteint le site de la tragédie le 1er juin. Elle passe toute la nuit en prière devant un
monument que la reine Victoria a fait ériger six mois plus tôt.
Au tumulus de pierres, hâtivement édifié à l'origine, on a subs-
titué une croix de marbre blanc rappelant les circonstances de la
tragédie, « le sacrifice inutile d'un jeune prince » écrit Jean-
Claude Lachnitt au terme de son beau livre. Le pèlerinage,
douloureux mais indispensable pour mieux revivre les ultimes
instants de son fils, est accompli. Après un voyage de quatre
mois et sachant qu'elle ne reviendra jamais dans ce paysage
désolé brûlé par le soleil, Eugénie regagne l'Angleterre le 27 juillet 1880. Les yeux pleins d'images, le cœur gros d'impressions
émouvantes, il lui semble qu'elle est plus près de son fils.

Maintenant, il lui faut quitter Camden Place. Augustin Filon
note qu'elle est « encore plus préoccupée de loger ses chers
morts que de se loger elle-même... » A l'automne, son choix est
fait : elle achète une propriété à Farnborough, dans le Hampshire, à une soixantaine de kilomètres au sud-ouest de Londres,
facile d'accès en une quarantaine de minutes par chemin de fer.
Windsor n'est pas loin et le camp Aldershot où son fils avait été
en garnison est proche.

La dernière demeure

Farnborough Hill est un petit château – plutôt un vaste
manoir du genre pavillon de chasse – qu'un M. Longman,
célèbre éditeur londonien, avait fait construire en 1860. Cette
maison en brique rouge est située sur une pente, dans un cadre
paisible et boisé. Pour que l'endroit soit un véritable « sanc-
tuaire de souvenir », Eugénie prévoit d'élever, au sommet de la
colline, une abbaye. Là, elle fera construire les tombeaux défi-
nitifs de son mari, de son fils et le sien. Consultée, Victoria
approuve pleinement ce projet. L'ensemble comprendra une

abbaye, placée sous la patronage de Saint-Michel, protecteur revendiqué aussi bien par la France que par l'Angleterre, et une vaste chapelle pourvue d'une crypte. S'installant dans le voisinage immédiat – un collège féminin aujourd'hui – l'Impératrice se met en quête d'un architecte, souhaitant confier cette mission sacrée à Viollet-le-Duc. Ses compétences ne sont plus à démontrer, entre la rénovation de Saint-Denis, de Notre-Dame-de-Paris et la réinvention de Pierrefonds. Et la cause impériale lui a été chère, lui fournissant autant de chantiers majeurs, tels Vézelay et Carcassonne, que de divertissements. Or, depuis l'avènement de la République, l'architecte aux talents multiples a malheureusement contracté une maladie fort répandue, il a perdu la mémoire. Il pourrait rester neutre et se contenter d'exercer son noble art. Non, hélas... Il affiche des idées radicales et porte, en public, des jugements sévères voire outranciers sur le régime impérial dont le plus grand tort est d'être déchu.

Une trahison de plus et une immense déception, mais l'Impératrice a accumulé d'innombrables déconvenues et il est inutile d'insister. Eugénie avait rencontré un architecte ayant restauré plusieurs châteaux de la Vallée de la Loire, Gabriel Hippolyte Alexandre Destailleur. Il se trouve que M. Destailleur avait déjà reçu une commande de ce genre en Angleterre : il vient de construire, dans le Buckinghamshire, Waddesdon Manor pour un banquier, le baron Ferdinand de Rothschild.

Affaire conclue. Les travaux commencent au début de 1882. Destailleur s'attaque aux considérables travaux d'agrandissement et d'embellissement de la résidence principale ; il ajoute des tourelles, des clochetons et des pignons. Un an plus tard, Eugénie peut s'y installer avec sa suite bien que les travaux soient toujours en cours. Mais elle veut être sur place pour surveiller – c'est-à-dire faire avancer ! – les chantiers. Car le deuxième est ouvert et il est celui de sa « basilique impériale », selon son expression fière et... exagérée ! Que penser du résultat ? Les références et hommages sont nombreux. La pierre, jaune et blanche, est travaillée à l'extérieur dans le style gothique flamboyant. L'architecte s'est inspiré d'une église appelée Notre-Dame-des-Marais, à La Ferté-Bernard, dans la Sarthe, ainsi que de la cathédrale de Tours. La coupole est supposée rappeler celle des Invalides mais elle évoque aussi celle de Saint-Augustin, à Paris, une réminiscence qui n'est pas un hasard si l'on sait que sous cette grande église due à Victor Baltard, l'une des plus célèbres construites sous le Second Empire, une immense crypte fut prévue pour recevoir les cercueils de la famille impériale... La nef est éclairée de six vitraux, les arcs sont en marbre italien ; l'autel est surmonté d'une inscription en anglais *Saint-Michel, notre glorieux patron, priez pour la France et l'Angleterre*. Une statue de l'archange domine l'autel et, Empire oblige, des aigles et des abeilles décorent les murs. Lorsqu'on se trouve face au maître-autel, on a la surprise de remarquer, sur la gauche, un splendide et inattendu fauteuil en cuir de Cordoue, don de l'Impératrice aux célébrants, la seule note espagnole de l'ensemble à ce niveau, un second fauteuil identique se trouvant dans la crypte. Enfin, l'orgue, face aux fidèles, est l'œuvre d'Aristide Cavaillé-Coll, le célèbre facteur français ayant construit ou amélioré les orgues de plusieurs grandes églises parisiennes. Lors de la consécration au rite catholique de l'église Saint-Michel, Mgr Ronald Knox déclare qu'il s'agit d'une « France transplantée en Angleterre ».

L'Impératrice devra attendre la fin de 1887 pour recevoir les travaux car ceux de la crypte sont, à ses yeux, les plus importants et ses exigences étaient précises. Même au milieu des échafaudages, elle y est souvent descendue prier, agenouillée sur le premier banc à droite. Le 9 janvier 1888, se déroule, enfin, le transfert des restes de Napoléon III et de son fils, depuis l'église Sainte-Mary jusqu'à ce qu'il est convenu d'appeler l'abbaye Saint-Michel [1].

---

1. Selon le vœu de l'Impératrice, des moines doivent veiller sur le repos éternel des trois personnes inhumées dans la crypte. En 1886, les premiers arrivés s'installent dans les bâtiments alors en travaux. Ils sont quatre chanoines de l'ordre des Prémontrés. Puis, en 1895, à la suite des lois françaises restrictives sur les Congrégations et le développement d'un climat anticlérical en France, des Bénédictins, expulsés de la célèbre abbaye de Solesmes (Sarthe), remplacent les Prémontrés. Les bâtiments, agrandis dans l'esprit de Solesmes, accueillent une importante communauté. En 1914, les moines sont mobilisés. Sept d'entre eux sont tués et enterrés sur le côté gauche de l'église. Dès la fin de la Grande Guerre, le maréchal Pétain se rend à Farnborough pour les décorer à titre posthume, de la croix de guerre. Le petit cimetière est donc l'un des tout premiers de la guerre de 14-18. En 1922, avec le retour autorisé des bénédictins à Solesmes, il devient difficile de trouver des religieux français pour ces lieux. A partir de 1947, des moines britanniques, venus de Gloucester, rejoignent la communauté. De nos jours (été 2000), huit bénédictins, dont un Mexicain, dirigés par un Père Prieur, continuent de respecter la volonté de l'Impératrice. Observant la règle de Saint-Benoit, outre les offices de l'ordre, ils célèbrent des messes pour les trois disparus mais aussi Napoléon Ier, aux dates d'anniversaires de leurs décès respectifs. (9 janvier pour Napoléon III, 5 mai pour son oncle, 1er juin pour Louis le prince impérial et 11 juillet pour Eugénie).

La cérémonie est d'une grande solennité puisque Victoria reine et impératrice des Indes, y assiste ainsi que les souverains de Suède et de Danemark. La date est celle du quinzième anniversaire de la mort de l'Empereur. La crypte de Farnborough a la sérénité d'un mausolée jointe à l'intimité d'une chapelle privée. Les deux sarcophages de granit gris d'Aberdeen, cadeaux de Victoria, sont un rappel de la tombe de Napoléon Ier aux Invalides, de même que le sol en marbre dont le centre figure une immense étoile. Les arcs du déambulatoire sont d'inspiration romane. La tombe de l'Empereur est placée à droite, gravée des seuls mots *Napoléon III R.I.P.* Sur la gauche, en face, celle de son fils. La tombe du prince impérial est décorée, sur le sol, d'une couronne de fleurs offerte par la princesse Alice, la dernière fille de Victoria et d'une plaque commémorative de son aide de camp, le commandant d'Espeuilles. Eugénie et l'abbé Cabrol, premier père prieur de l'abbaye, se sont mis d'accord pour l'utilisation de la crypte. Il est convenu que du vivant de l'Impératrice, la crypte ne sera destinée qu'à la célébration de messes sauf autorisation expresse de sa part. Elle insiste pour que les militaires en uniforme soient toujours accueillis, en l'honneur de son fils, lui-même inhumé dans sa tenue d'officier anglais.

À partir de cette date, Eugénie atteint une tranquillité réelle, dormant mieux et s'alimentant normalement. Pendant les travaux, elle était terrifiée à l'idée de disparaître avant leur achèvement et la cérémonie qu'elle avait prévue. Sa mission sur terre n'était plus de vivre mais d'organiser le monde apparent des défunts. Elle a accompli son devoir et, désormais, les siens reposent auprès d'elle. Des fenêtres de sa chambre, elle peut voir le dôme de l'église. Elle y fera planter, devant l'entrée, une bouture du saule ayant abrité la tombe provisoire de Napoléon Ier à Sainte-Hélène et quelques marrons qu'elle avait ramassés dans le jardin des Tuileries. Dès qu'elle le peut, presque chaque jour, elle se rend dans le mausolée et répète :

— Ce sera ma dernière demeure.

L'Impératrice lève les yeux vers une modeste chapelle latérale qu'elle se destine mais à dater de 1908, l'alvéole sera occupée pendant douze ans par un autel en bois sculpté offert à la communauté monastique par les nonnes du couvent

Sainte-Catherine, de Queen Square, à Londres, afin de
commémorer leur conversion au catholicisme. Gardienne de
sa « crypte impériale », la veuve de l'Empereur y descend par
une porte ouverte au niveau du sol, derrière le cimetière, à mi-
hauteur d'un imposant escalier interne, en bois, édifié par
l'architecte. L'escalier communique avec le bâtiment. Seule
Eugénie et les moines disposent d'une clé, l'entrée normale de
la crypte étant sur la gauche.

Maintenant, Eugénie attend la mort mais elle ne vient pas.
L'Impératrice doit subir le destin d'une survivante mais, alors
que sa tristesse et sa peine semblaient lui peser au point de
gêner sa marche, elle retrouve un relatif entrain, un intérêt
pour l'extérieur et la force de voir le monde tel qu'il est, dans
ses convulsions et ses permanences. Rien ne peut plus réellement l'atteindre; elle a souffert l'intolérable et dit, songeant à
la perte de son fils :
– Je suis morte en 1879...

Une longévité comme la sienne ne va pas sans les inconvénients d'entendre ou de lire sur elle des impressions, des souvenirs, des témoignages en général défavorables. Entre ceux
qui la croient disparue et ceux qui savent que, quelle que soit
l'attaque ou la critique, l'Impératrice s'est fixé pour règle de
ne pas répondre publiquement, les situations douloureuses ou
émouvantes ne manquent pas. A ceux qui, perpétuellement,
refont l'Histoire, analysent les événements à leur manière et
racontent le passé au conditionnel (« Si l'Empereur était rentré à Paris, si l'Impératrice avait été moins sectaire... »), Eugénie oppose un mutisme absolu. Ce monde médiocre, hanté
par tant de lâches et d'opportunistes, n'est plus le sien. Elle
est la première à se réjouir de la fin de l'isolement français
voulu par Bismarck après 1870 grâce à l'alliance franco-russe
qui permet à la République française d'exister sur le plan
international à partir de 1889. On se doute que la commémo-
ration de la Révolution ne figure pas dans ses préoccupations
mais l'Exposition qui voit l'achèvement de la Tour Eiffel lui
plaît; elle fera, d'ailleurs, l'ascension de ce monument si original et se passionne pour les progrès techniques de la vie quotidienne. Beaucoup de ses censeurs finiront par se lasser mais
dans l'intervalle, que d'humiliations ou de nostalgies ! Le der-

nier tort d'Eugénie – et peut être le plus grave – est d'être toujours vivante. Elle est un reproche silencieux face à ceux
qu'elle estime plus coupables qu'elle. Eût-elle disparu lors du
4 septembre ou en Afrique du Sud au cours de son pèlerinage
de mère accablée, le romantisme de sa fin aurait atténué le
jugement porté sur elle. Parfois, lorsqu'on la reconnaît, un
respect inattendu et sincère l'entoure. Eugénie ne se prive pas,
dans l'immédiat et sans prolonger une polémique, d'apporter
une réponse cinglante à ceux qu'elle considère comme des fal-
sificateurs de l'Histoire. L'un des exemples les plus révéla-
teurs de sa vivacité se situe assez tôt, en 1876, lors d'une visite
qu'elle fait au roi Victor-Emmanuel d'Italie. De ce personnage
grossier et fanfaron, elle conserve un mauvais souvenir et
l'attitude de la Maison royale de Savoie en 1870 l'avait scandalisée. Mais son neveu, le duc d'Albe, ayant été désigné
comme ambassadeur extraordinaire d'Espagne aux cérémonies des noces d'argent des souverains italiens, Eugénie se
rend à Florence. Elle y rencontre Victor-Emmanuel dans un
salon, entouré de portraits de princes allemands, principalement des Hohenzollern. Le regard de l'Impératrice est insistant. Le roi, surpris et toujours aussi lourd dans ses
commentaires, lui demande :

– Vous êtes étonnée de ce que vous voyez?

N'ayant vu aucun portrait de Napoléon III, le véritable artisan de l'Unité italienne, elle réplique :

– Non. Je le suis de ce que je ne vois pas...

Le gouvernement républicain ne voit pas d'objections à ce
que l'Impératrice séjourne en France puisqu'elle se tient en
dehors de toute activité politique. Les disputes du clan Bonaparte la consternent. *Plon-Plon*, ayant appelé à la révolution
par voie d'affiches, avait été arrêté et emprisonné... à la
Conciergerie ! Eugénie vient à Paris dans un but de médiation
familiale et descend, place Vendôme, à l'hôtel du Rhin, ce qui
la rajeunit de quelque trente ans... Ses véritables regrets ne
sont pas des nostalgies d'une époque révolue, comme on a pu
le croire et le dire, mais le respect du passé. Ainsi, la décision
de ne pas reconstruire les Tuileries et, surtout, celle de raser
les ruines du palais de Saint-Cloud, en 1891, la choquent.
Dans ce dernier cas, la volonté républicaine d'effacer un symbole de toutes les monarchies est un acte de vandalisme parti-

culièrement honteux. En effet, on sait fort bien, maintenant, que le château, certes très dégradé, pouvait être relevé. Les photographies de l'époque (vers 1880) montrent que la majeure partie du gros œuvre est intacte; la restauration est donc possible. Crime contre le patrimoine et contre un haut-lieu de l'histoire de France, la destruction, acte purement politique, bouleverse Eugénie. Quelques années avant ce désastre supplémentaire – et inutile –, l'Impératrice avait pu visiter les ruines. La scène est poignante. Un ancien serviteur du château, qui fait alors fonction de gardien, reconnaît Eugénie, accompagnée d'une dame d'honneur. Cette dernière, Mme de Arcos, écrit à la reine Victoria l'émotion du brave homme croyant avoir vu une revenante : « (...) Il pleurait tellement qu'il s'est sauvé et quand il est revenu, il s'agenouilla devant elle et lui a baisé les mains à plusieurs reprises tout en sanglotant. Le pauvre vieux monsieur avait connu notre cher Prince car il a été à Saint-Cloud depuis des années... L'impression faite sur l'Impératrice fut des plus angoissantes. Elle dit qu'elle avait le sentiment d'avoir été morte pendant des siècles et puis de retourner à la vie pour trouver tous ceux qu'elle avait aimés disparus et les lieux en ruines. »

Cependant Eugénie survit. La vision de l'ancien jardin du prince impérial qui a pris l'aspect d'un cimetière abandonné à la campagne est atroce. Elle réagit. Il est vrai qu'elle a repris ses voyages et, du Cap Nord à la Sicile, elle est devenue une Impératrice errante. En réalité, il convient de partager ce titre en deux, surtout à partir de 1890. Il y a, en effet, en Europe, deux souveraines qui errent parmi les ombres et les souvenirs. Elles ont un pénible point commun, leurs deux fils sont morts jeunes et de façon violente. Ces deux femmes définitivement en noir, très belles et fantomatiques, se connaissent. Elles vont se découvrir.

Sous le soleil de la côte d'Azur, Eugénie retrouve Elisabeth, l'insaisissable, déconcertante et fascinante Sissi.

Le cap des impératrices

Quand Napoléon III régnait sur la France, Mérimée avait encouragé Eugénie à acheter des terrains du côté de Cannes. Il pressentait le développement de ce qui allait devenir une région fort courue. Eugénie, qui ne voulait pas entendre parler d'autres rivages que ceux de Biarritz, ne l'avait pas écouté. Depuis, le conseil de Mérimée, mort et enterré à Cannes, lui est apparu judicieux. En 1888, Eugénie découvre le Cap Martin, ce long jardin enchanté qui fend la Méditerranée. Elle séjourne au *Grand Hôtel* et la beauté du site séduit l'Impératrice. Venant d'achever les travaux et les cérémonies de Farnborough, elle se sent libérée. A la veuve du duc d'Aoste, née princesse Laetitia Bonaparte, elle achète un terrain face à la mer. Elle décide de faire construire une maison où, à la manière des Anglais qui se promènent du côté de Nice, elle passera ses hivers. Et avec le conseil d'amis architectes, elle commence à dessiner des plans. Ce sera une belle villa. Elle lui trouve un nom énigmatique et poétique, *Cyrnos*. Le nom que les Grecs donnaient à la Corse. Et lorsque cette demeure sera construite, Eugénie passera de longues heures à guetter l'horizon. Par temps clair, elle aperçoit le trait bleuté de l'île natale de Napoléon, là-bas, où l'épopée dont elle s'estime la gardienne autorisée avait commencé. Cette ravissante maison existe toujours. Elle a été magnifiquement restaurée par son actuelle propriétaire, avec, autant que faire se peut, un attentif respect des lieux. Malheureusement, ses prédécesseurs n'ont pas eu la même délicatesse ni le même goût [1]...

Une villa blanche, une vaste terrasse, un étage, un jardin délicieux et, à flanc de rocher, une partie qui restera à l'état sauvage, comme un balcon naturel sur la mer. L'Impératrice s'explique :

– Je n'aime pas tous ces palmiers ni ces aloès dont les jardiniers sont si fiers. Ils me rappellent mes voyages mais je préfère toujours les plantes qui poussent librement dans le terrain de leur choix.

Elle ne fait exception que pour les mauvaises herbes dont elle arrache les touffes. A l'intérieur, Eugénie ne vit pas à la mode, c'est-à-dire celle, bien lourde, de la Troisième République. A *Cyrnos*, le goût de l'Impératrice s'arrête au Second Empire. Fauteuils capitonnés, rideaux cramoisis, chaises noires, le théâtre de sa vie est en place. Eugénie a installé de grands tableaux de l'Empereur, au pied de l'escalier, des por-

1. La villa Cyrnos, propriété privée, n'est pas ouverte à la visite. Je ne puis qu'apprécier davantage le privilège exceptionnel d'y avoir été reçu et d'avoir pu y travailler. J'y ai fait d'intéressantes découvertes sur la dernière partie de la vie de l'Impératrice Eugénie. De cet accueil chaleureux, je tiens à remercier, ici, la propriétaire.

traits de son fils et, selon son entourage, la luminosité et le
soleil rendent les séjours moins déprimants qu'en Angleterre.
La villa, achevée en 1896, accueille une cour où ses neveux
Albe rajeunissent heureusement l'âge des anciens acteurs de
l'histoire. Il serait erroné de croire que l'Impératrice se
complaît dans la seule compagnie de gens de sa génération et
de *son temps*. Mais la comtesse de Pourtalès, « l'indestructible »
selon Eugénie, est toujours là de même que le fidèle Pietri, le
secrétaire de tous les secrets, et bien d'autres.

Pietri est chargé de suivre l'Impératrice lorsque « son
humeur capricante », comme il dit, la pousse sur le chemin
côtier. Il faut être douanier pour ne pas s'y rompre le cou
entre les rochers, les failles et les à-pics. A soixante-dix ans,
Eugénie fait preuve d'une agilité étonnante. Une vraie chèvre,
en effet. Sous une ombrelle empruntée à un tableau de Winterhalter ou de Monet, elle saute d'un caillou à l'autre, portant
une jupe large et noire mais des gants clair en chevreau. Pour
reposer ses yeux, très fatigués, elle porte de grosses lunettes
fumées. Au *Grand Hôtel*, curieusement, réside une autre
femme en noir mais portant aussi des gants clairs et qui court
toute la journée. Elle est de neuf ans la cadette d'Eugénie.
Voici l'impératrice Elisabeth d'Autriche et, depuis 1867, reine
Erzsébet de Hongrie. Sissi ne tient pas en place. Elle est
debout à cinq heures du matin, épuisant sa dame d'honneur.
D'une hygiène appliquée, Sissi, qui scandalisait sa belle-mère
en prenant des bains chaque jour dans les palais viennois, se
baigne dans de l'eau de mer chauffée après une promenade
matinale. Sissi ou les débuts de la thalassothérapie. Ayant gri-
gnoté un biscuit et bu un verre de lait de chèvre ou d'ânesse,
sans doute pour avoir le pied plus sûr, elle est coiffée par sa
femme de chambre : c'est une pénible opération tant sa chevelure, magnifique, est lourde. Elle voyage régulièrement avec
un pommeau de douche en forme de collier de manière à ce
que l'eau ne mouille pas ses cheveux. A l'hôtel comme partout, son régime alimentaire est aussi frugal que déséquilibré.
C'est à cet endroit qu'elle reçoit un courrier plaintif de François-Joseph, son mari, lequel déplore que son amie de cœur,
Mme Schratt, choisie par Sissi, se soit elle aussi mise au
régime sous l'influence de sa femme ! Pauvre empereur qui
préfère les rondeurs aux corps de gymnastes !

Un jour, Sissi vient voir Eugénie qui l'a invitée alors que la
villa est encore inachevée. Le début de ces rencontres est

malheureux car Eugénie se méfie du malheur des autres; les siens lui suffisent et Sissi n'a pas été épargnée.

– Elle me fait peur, avoue Eugénie à ses familiers, lorsqu'elle la voit apparaître en une petite porte en fer qu'elle lui a indiquée et qu'utilisent les jardiniers.

Mais, peu à peu, en une solidarité de deuils maternels, elles se promènent toutes les deux, discrètement suivies. Elles font le tour du Cap Martin. Les rares promeneurs ou habitants qui les croisent se découvrent et restent stupéfaits : les deux impératrices ensemble!

Eugénie parle de l'Europe, de la guerre hispano-américaine, des attentats anarchistes, de son fils en l'appelant « mon petit garçon », de la douleur de l'Alsace-Lorraine occupée. Sissi parle de la Hongrie, dont elle a appris la difficile langue, de Heine, son poète favori, de « l'orage qui éclatera dans les Balkans [1] » et de son fils Rodolphe, l'archiduc héritier mort à Mayerling. Sissi relit les dernières lettres de son fils, répétant « ce n'est pas possible! », et révèle à Eugénie la vérité qu'elle connaît sur ce drame qui a secoué l'Europe, une énigme dont la solution n'est peut-être pas ce qu'on en a dit. Elles parlent de la Méditerranée et de leurs voyages. A Eugénie, Sissi raconte ses séjours à Corfou, là où elle aussi a fait construire une villa qui domine les brumes de l'Adriatique, *L'Achilleion*. Ces deux femmes trépidantes, incapables de rester en place et curieuses de tout, fuient le monde pour le connaître. Elles partagent ce sentiment d'être une mouette, qui bat l'air longtemps avant de se poser. En effet, Eugénie a acheté un yacht, le *Thistle*, le Chardon, hommage à son ascendance écossaise. C'est un beau bateau, avec six cabines. Elle est si souvent à son bord qu'elle le considère comme un autre domicile. Il la conduira fort loin, à Malte, en Egypte. Un jour, le yacht est amarré dans un port de Sicile. Dans une résidence patricienne, un petit garçon est rapidement habillé par sa gouvernante. Sa mère l'attend au salon où il doit être présenté à une personne importante. Dans ses habits de fête, l'enfant se trouve, dira-t-il, face « à une très vieille dame voûtée, au nez crochu, enveloppée dans des crêpes de veuve qui s'agitaient furieusement sous les rafales ». La mystérieuse visiteuse est reçue avec beaucoup de respect. La mère de l'enfant a fait une révérence. Et le garçonnet un baisemain. Cet enfant est Giu-

---

1. Phrase prémonitoire vingt ans avant l'attentat de Sarajevo..

seppe Tomasi di Lampedusa, né à Palerme en 1896 et futur
auteur d'un livre admirable dont sera adapté un film extraordinaire, *Le Guépard*. Ainsi, l'Impératrice, pour qui l'Unité
italienne avait été un long tourment, rencontre-t-elle l'écrivain
qui fera de cette révolution le thème de son célèbre roman. Et
il n'oubliera pas qu'Eugénie, après sa visite digne d'une scène
de Luchino Visconti, était soudain partie vers sept heures du
soir « infligeant, avec une indifférence très impériale, un véritable supplice à ma mère ».

La vieille dame en noir

Château de Compiègne, 7 août 1910. Un groupe de visiteurs écoute les explications du guide. Les voici dans le salon
des Fleurs, l'ancienne chambre du prince impérial. On y voit
encore, sur une table, les traces d'inscriptions faites avec un
couteau par l'enfant, une bêtise qui lui avait valu une punition. Dans le groupe, une très vieille dame chancelle et
demande si elle peut s'asseoir. La chaleur ? Tout en noir malgré l'été, le visage complètement voilé, elle a le regard fixe. On
s'affaire autour d'elle, on lui donne à boire et, soudain, on la
reconnaît. L'Impératrice ! L'Impératrice à Compiègne ! On
alerte les conservateurs. Eugénie est accompagnée d'une
dame et de deux messieurs, Pietri et Primoli. Incroyable
scène, les visiteurs, qui ne comprennent pas tous de qui il
s'agit, reprennent la visite.

Eugénie demande une faveur :

– Puis-je rester seule un moment dans la chambre de mon
fils ?

Tout le monde se retire, on referme les portes. L'Impératrice redevient l'Impératrice...

Son dernier séjour, ses dernières *séries* remontent à... 1868 !
Un autre siècle, avant le Canal de Suez, la tour Eiffel, le Cinématographe, avant les drames... C'était il y a... quarante-deux
ans !

La vieille dame reste seule dans l'ancienne chambre de
Louis pendant dix minutes. Personne ne la dérange. Les murs
ont-ils une âme ? Elle peut se le demander en songeant à cet
enfant qui avait joué ici et qu'elle avait cru voir un jour régner
sur son pays. La porte s'ouvre, la dame d'honneur aide

l'Impératrice à faire bien retomber son long voile. Dans le
secret de sa méditation, elle l'avait relevé. Pour mieux retrouver une ultime fois les images des temps heureux. L'Impératrice aurait pu aussi se rendre à Pierrefonds. Seules cinq salles
ont été réellement décorées et les travaux ont été définitivement arrêtés en 1885. Mais si elle était entrée, comme un fantôme, dans la salle des Preuses, elle aurait sans doute éprouvé
un nouveau choc. Dans cette immense galerie, où jusqu'en
1870 se trouvaient les armures collectionnées par l'Empereur,
le manteau de la cheminée est orné de statues de neuf
Preuses, dans la tradition médiévale. Or, comme dans le
tableau de Winterhalter le visiteur est témoin d'une scène de
cour... sans le savoir. En effet, au centre des neuf statues, on
reconnaît l'Impératrice! C'est bien son visage, couronné! Un
clin d'œil de Viollet-le-Duc à l'époque où il ne craignait pas
d'être courtisan... Et la femme représentée à l'extrémité droite
n'est autre que Mme Carette, lectrice et confidente de l'Impératrice. Comme on peut encore le constater aujourd'hui, elle
est la seule à ne pas porter de couronne, n'étant pas aristocrate. Elle était née Bouvet et Viollet-le-Duc le lui rappelait de
façon peu courtoise... C'est à cette époque qu'un de mes
parents, mon cher oncle Hervé Lafond, qui avait une quinzaine d'années, fut, lui aussi, présenté à l'Impératrice et eut
l'honneur d'être à sa table l'écoutant raconter des choses
incroyables... Elle avait sauté sur les genoux de Stendhal! Elle
avait connu Louis-Philippe!

Juste avant la Première Guerre mondiale, l'Impératrice
avait reçu, à la villa *Cyrnos*, Lucien Daudet, qui devait écrire
sur elle, accompagné d'un jeune homme, un certain Jean Cocteau. Le futur *Prince des Poètes* ne peut oublier cette rencontre :
« Elle portait une manière de soutane, un chapeau de paille
sombre, une canne à béquilles. Elle était infatigable. Ses yeux
étaient délavés et il n'en restait qu'une vague tache bleu pâle
encerclée de maquillage noir. Elle éclatait parfois d'un rire
espagnol, ce rire qu'on entend aux arènes lorsque les femmes
trépignent d'enthousiasme, avec leurs petits pieds de bouc...
(...) J'étais très jeune. L'Impératrice était très vieille. Mon
coup d'œil était donc celui de quelqu'un qui entre et qui
regarde vite quelqu'un qui sort. »

Une belle image. Mais la vieille dame, intéressée par son
jeune visiteur à l'esprit vif, tient à l'accompagner à la gare. Elle

marche vite et parle sans arrêt. A la gare, elle a encore des choses à lui raconter. Il est médusé et la raccompagne à son tour... Ils auront du mal à se quitter! Quel après-midi!

En février 1914, pour la dernière fois avant la Grande Guerre, Eugénie séjourne à *Cyrnos* où un petit théâtre antique permet de se croire il y a bien longtemps. Elle assiste à une fête espagnole chez une voisine et projette une croisière en Adriatique.

Lorsque la guerre éclate, elle essaiera de joindre François-Joseph, qui l'avait si aimablement reçue à Bad Ischl, près de Salzbourg, après l'assassinat de Sissi. Elle propose au gouvernement français d'installer et d'entretenir, à sa charge, un hôpital au Cap Martin. La France refuse, réaction médiocre. Alors Eugénie verse des dons généreux à la Croix-Rouge française. Cette fois, les autorités acceptent mais l'Impératrice exige que son nom n'apparaisse nulle part. On peut la rassurer sur cette discrétion! Depuis longtemps, elle vit en anonyme, s'inventant même l'identité de marquise de Mora lors d'un voyage. Elle sait très bien que, pour beaucoup, cette nouvelle guerre est la conséquence de la précédente, ce qui est à la fois vrai et totalement faux. « Je déteste l'idée que je cherche à me mettre en avant ou poursuivre la popularité, dit-elle. Je ne suis plus qu'une épave d'un passé si calomnié. Je sens toujours la blessure; cela me rend plus pitoyable pour celle des autres. »

Et pourtant, cette fois, l'Impératrice n'a aucune responsabilité dans le conflit! D'ailleurs, elle le dit et certains la regardent, stupéfaits : oui, cette nouvelle guerre n'est pas la sienne. Et on chante « A Berlin! » comme en 1870... Et on part la fleur au fusil.

A Farnborough, elle transforme sa résidence en hôpital; l'initiative est très appréciée mais le fonctionnement n'en est pas simple, il y a quelques rivalités entre ladies. En 1915, l'Impératrice-Nurse, comme disent certains soldats, offre son yacht à l'amirauté britannique. Elle ne fera plus de croisières. Le *Thistle* intègre la *Royal Navy*. Eugénie ne voit presque plus clair mais elle tient absolument à apercevoir un Zeppelin. Une alerte, Eugénie n'écoute pas le factionnaire qui la prie de ne pas bouger de chez elle. Un dirigeable allemand? Elle veut voir cet appareil! L'une de ses nièces veut l'empêcher de sortir sous la pluie et dans le froid. Et puis, c'est dangereux... Et elle voit si mal...

– Bah! ce n'est pas à mon âge qu'on commence à avoir peur!

Malgré la cataracte qui voile sa vue, l'Impératrice dévore les journaux et les communiqués, se fait apporter des cartes d'état-major : elle suit les opérations, obsédée par la libération de l'Alsace-Lorraine.

Nuit du 7 au 8 novembre 1918. Venant de Saint-Quentin, dans l'Aisne, les plénipotentiaires allemands désignés pour la signature de l'armistice arrivent en automobile à Tergnier, une ville dévastée. Il est trois heures du matin. La gare est éclairée par des torches, une compagnie de chasseurs présente les armes. Les Allemands montent dans un train spécial.

Il est très spécial puisque composé d'une vieille voiture-salon d'autrefois. Ils sont éberlués de distinguer, très vaguement, un N couronné sur du satin vert... C'était l'une des voitures que Napoléon III avait offertes à Eugénie! Ainsi, la voiture de l'Impératrice conduit les plénipotentiaires du pays vaincu vers une destination qui ne sera révélée qu'à sept heures du matin, lorsqu'on retirera les caches placés sur les vitres. Rethondes, en forêt de Compiègne.... La revanche de Sedan... Le train s'arrête à côté d'un autre convoi, celui du maréchal Foch. Comment ce vestige du parc ferroviaire impérial, la voiture de l'Impératrice, a-t-il été choisi pour ce trajet historique? C'est difficile à établir.

Le matériel avait souffert, on ressortait des dépôts tout ce qui pouvait rouler et la gare de Compiègne n'est pas loin de Rethondes. Que le choix de cette voiture-salon du temps de la Fête impériale et des *séries* soit un hasard ou un acte délibéré, sa symbolique est forte. Et après la signature de l'armistice, le 11 novembre, les plénipotentiaires silencieux ont repris cette même vieille voiture impériale jusqu'à Tergnier, à l'heure où sonne le cessez-le-feu.

Eugénie sait-elle de quelle étonnante manière son nom et son souvenir se trouvent associés à l'armistice de Rethondes? On l'aimerait pour son apaisement. En revanche, on peut établir qu'elle se bat pour que l'Alsace et la Lorraine soient intégralement restituées à la France. En effet, elle se souvient que, en 1870, le vieux roi Guillaume de Prusse lui avait écrit pour lui préciser qu'il ne considérait pas ces territoires comme des morceaux de terre germanique mais comme des positions stratégiques. Fouillant dans ses papiers car cette lettre lui avait

paru essentielle pour la reconquête, l'Impératrice fait adresser
ce document à Clemenceau. Un courrier vieux de quarante-
huit ans.. et que personne ne connaissait... Or, Clemenceau,
républicain athée, est l'ennemi acharné des monarchies et les
Bonaparte n'échappent pas à sa haine. Que raconte cette
vieille bonne femme? Pourtant, le 30 novembre, ayant pris
connaissance de ce document capital et l'ayant soumis aux
Américains avec détermination, le *Tigre* bourru accepte le
texte envoyé par l'Impératrice catholique. Mieux : il l'en
remercie de sa main, ce qui constitue une correspondance que
rien ne pouvait laisser prévoir car tout sépare ces deux êtres.

   – Si mon pauvre enfant était là, qu'il serait heureux! dit-
elle.

Et à Farnborough, elle fait dire un *Te Deum* en l'honneur de
la victoire alliée. La tache de Sedan et de la capitulation n'est
sans doute pas effacée par l'effondrement allemand mais, tout
de même, n'est-ce-pas un baume sur ce vieux cœur qui saigne
depuis si longtemps? Lorsqu'elle revient au Cap Martin, en
1919, Eugénie est presque aveugle. Peu lui importe désormais, elle a vécu la victoire. Le 14 juillet, elle a vu le défilé de
la victoire. Elle est descendue une dernière fois à l'hôtel
Continental (rue de Castiglione!) où, sous le nom de
comtesse de Pierrefonds, elle a réservé son appartement habituel, une chambre et deux salons, les numéros 181, 182 et
183. Elle y a encore deviné les arbres des Tuileries, entendu la
joie revenue dans Paris. Le palais qu'elle avait fui il y a près
d'un demi-siècle n'est plus là pour lui rappeler sa peur, sa
honte mais aussi son énergie et sa ténacité quand tout s'écrou-
lait. Après la signature du traité de Versailles, l'Impératrice est
descendue par son escalier conduisant à la crypte de Farbo-
rough, brandissant le texte du premier traité, celui de 1871 et
le nouveau. Justice était faite. Pas pour elle mais pour cette
France qui s'étonnait de la voir en vie et si active.
   1920. Fin juin. Eugénie est à Madrid, revenant d'une traversée en Méditerranée sur un paquebot. Elle a pris l'aspect
d'un fantôme. Décharnée, le regard opaque mais continuant à
trotter si on lui tient la main. George V, le roi d'Angleterre, la
décore pour son action efficace auprès des blessés et son aide
pendant la guerre. Voici l'ancienne Impératrice des Français
nommée chevalier de l'Empire britannique. Une joie pro-

fonde, dans le souvenir de Victoria, mais elle ne souhaite pas qu'on en parle. Alors, on n'en parle pas... Opérée de la cataracte par le célèbre docteur Barraguer, elle semble s'en remettre fort bien. Mais, le dimanche 11 juillet, la veille dame en noir grelotte et son visage rougit. Une crise d'urémie, comme Napoléon III. A quatre-vingt-quatorze ans, il n'y a plus grand-chose à tenter. Ses dernières paroles sont sereines :

– Il est temps de m'en aller...

Elle s'en va, à l'heure où elle avait l'habitude de se rendre à la messe. Eugénie meurt dans le lit de sa sœur Paca, au palais Liria. En un temps record et avec les plus grands honneurs, son corps est transporté en Angleterre. Ses obsèques à Farnborough sont célébrées le 20 juillet. Le couple royal britannique est présent. George V et Mary sont très affectés. Ils conduisent le deuil avec le roi d'Espagne Alphonse XIII et son épouse, le prince Victor Napoléon et la princesse Clémentine. L'assistance est nombreuse et de très haut niveau. Une fausse note, encore : l'ambassade de France refuse qu'on lui rende les honneurs militaires. Une dernière mesquinerie, déplacée et inutile en un tel moment. Elle a donc droit aux honneurs militaires britanniques... comme son fils.

Sa tombe, au-dessus de l'autel, est entre celle de son mari et celle de son fils. Elle a attendu plus de quarante ans avant de les rejoindre. Aucun titre n'est gravé, seulement son prénom en français, Eugénie. Aujourd'hui, ce sarcophage gris n'est jamais fleuri. Celui de Napoléon III a reçu en témoignage de gratitude des fleurs et des rubans d'Italiens, disant merci. C'est tout. Et la crypte, comme l'église, est peu visitée par les Français. On peut, cependant, se replonger dans cette étonnante page de l'histoire européenne en suivant l'un des moines de l'abbaye. Chaque samedi après-midi, il ouvre la porte à trois heures et demie pour les visiteurs éventuels. Lors de mon passage, en plein été, nous étions cinq. Certains samedis, il n'y a personne.

Alors, la porte se referme sur l'oubli. C'est fort dommage. L'Impératrice était loin d'avoir tous les dons, mais elle n'a jamais manqué de courage.

Remerciements

Au cours des années de recherches et d'enquêtes nécessaires à la préparation et à la rédaction de ce livre, certaines personnes ont su m'apporter, à des titres divers et sur des aspects différents, une aide aussi précise que courtoise. Je suis très reconnaissant à celles et à ceux qui, en France, en Angleterre, en Espagne et en Allemagne, ont répondu à mes questions. En particulier Dom Cuthbert O.S.B., Père Prieur de l'Abbaye Saint-Michel de Farnborough ainsi que le Père Magnus, du même monastère bénédictin; le Révérend de l'église Sainte-Mary de Chislehurst; M. Nigel Pearson, secrétaire du Chislehurst Golf Club ainsi que le personnel du club; le Professeur William Smith; Mlle Françoise Maison, Conservateur en Chef du Château de Compiègne ainsi que le Personnel (Grands Appartements, Musée du Second Empire, Musée de l'Impératrice); le Personnel du Château de Pierrefonds; Mme Odile Schmitz, Présidente de l'Association des Amis de Saint-Cloud et le Personnel du Domaine national de Saint-Cloud; Mlle Marie-Pierre Porri, de Nice. Le comte Ghislain de Diesbach; Mme Kawthey Al Abood, pour son accueil exceptionnel; M. Bernard Petit. Et toutes celles et tous ceux qui souhaitent conserver l'anonymat et m'ont fourni de précieux documents et informations, en particulier les souvenirs de famille qui sont à l'origine de ma démarche. Sans oublier Laurent Theis, pour ses conseils avisés ni, bien sûr, Monique. Et aussi Epson, fidèle compagnon d'écriture...

Index

Table

À PARAÎTRE

Impression réalisée sur Presse Offset par

C P I
Brodard & Taupin

La Flèche (Sarthe), le 21-04-2008
pour le compte des Éditions Perrin
11, rue de Grenelle
Paris 7ᵉ

N° d'édition : 2389 – N° d'impression : 47147
Dépôt légal : avril 2008
Imprimé en France